ŒUVRES COMPLÈTES

DE

H. DE BALZAC.

LA

COMÉDIE HUMAINE

QUINZIÈME VOLUME

DEUXIÈME PARTIE

ÉTUDES PHILOSOPHIQUES

PARIS. — IMPRIMERIE DE PILLET FILS AINÉ
RUE DES GRANDS-AUGUSTINS, 5.

ÉTUDES
PHILOSOPHIQUES

TOME II

Massimilla Doni. — Gambara. — L'Enfant maudit. — Les Marana.
Adieu. — Le Réquisitionnaire. — El Verdugo.
Un Drame au bord de la mer. — L'Auberge rouge. — L'Élixir de longue vie.
Maitre Cornélius.
Sur Catherine de Médicis (1re partie) : Le Martyr calviniste.

PARIS
ALEXANDRE HOUSSIAUX, ÉDITEUR
RUE DU JARDINET-SAINT-ANDRÉ-DES-ARTS, 3.

1855

LE COMTE D'HÉROUVILLE.

(L'ENFANT MAUDIT.)

ÉTUDES
PHILOSOPHIQUES.

MASSIMILLA DONI.

A JACQUES STRUNZ.

Mon cher Strunz, il y aurait de l'ingratitude à ne pas attacher votre nom à l'une des deux œuvres que je n'aurais pu faire sans votre patiente complaisance et vos bons soins. Trouvez donc ici un témoignage de ma reconnaissante amitié, pour le courage avec lequel vous avez essayé, peut-être sans succès, de m'initier aux profondeurs de la science musicale. Vous m'aurez toujours appris ce que le génie cache de difficultés et de travaux dans ces poëmes qui sont pour nous la source de plaisirs divins. Vous m'avez aussi procuré plus d'une fois le petit divertissement de rire aux dépens de plus d'un prétendu connaisseur. Aucuns me taxent d'ignorance, ne soupçonnant ni les conseils que je dois à l'un des meilleurs auteurs de feuilletons sur les œuvres musicales, ni votre consciencieuse assistance. Peut-être ai-je été le plus infidèle des secrétaires? S'il en était ainsi, je ferais certainement un traître traducteur sans le savoir, et je veux néanmoins pouvoir toujours me dire un de vos amis.

Comme le savent les connaisseurs, la noblesse vénitienne est la première de l'Europe. Son Livre d'or a précédé les Croisades, temps où Venise, débris de la Rome impériale et chrétienne qui se plongea dans les eaux pour échapper aux Barbares, déjà puissante, illustre déjà, dominait le monde politique et commercial. A quelques exceptions près, aujourd'hui cette noblesse est entièrement ruinée. Parmi les gondoliers qui conduisent les Anglais à qui l'Histoire montre là leur avenir, il se trouve des fils d'anciens doges dont la race est plus ancienne que celle des souverains. Sur un pont par où passera votre gondole, si vous allez à Venise, vous admirerez une sublime jeune fille mal vêtue, pauvre enfant qui appartiendra peut-être à l'une des plus illustres races patriciennes. Quand un peuple de rois en est là, nécessairement il s'y rencontre des caractères bizarres. Il n'y a rien d'extraordinaire à ce qu'il jaillisse des étincelles parmi les cendres. Destinées à justifier l'étrangeté des personnages en action dans cette histoire, ces réflexions n'iront pas plus loin, car il n'est rien de plus insupportable que les redites de ceux qui parlent de Venise après tant de grands poëtes et tant de petits voyageurs. L'intérêt du récit exigeait seulement de constater l'opposition la plus vive de l'existence humaine : cette grandeur et cette misère qui se voient là chez certains hommes comme dans la plupart des habitations. Les nobles de Venise et ceux de Gênes, comme autrefois ceux de Pologne, ne prenaient point de titres. S'appeler Quirini, Doria, Brignole, Morosini, Sauli, Mocenigo, Fieschi (Fiesque), Cornaro, Spinola, suffisait à l'orgueil le plus haut. Tout se corrompt, quelques familles sont titrées aujourd'hui. Néanmoins, dans le temps où les nobles des républiques aristocratiques étaient égaux, il existait à Gênes un titre de prince pour la famille Doria qui possédait Amalfi en toute souveraineté, et un titre semblable à Venise, légitimé par une ancienne possession des Facino Cane, prince de Varèse. Les Grimaldi, qui devinrent souverains, s'emparèrent de Monaco beaucoup plus tard. Le dernier des Cane de la branche aînée disparut de Venise trente ans avant la chute de la république, condamné pour des crimes plus ou moins criminels. Ceux à qui revenait cette principauté nominale, les Cane Memmi, tombèrent dans l'indigence pendant la fatale période de 1796 à 1814. Dans la vingtième année de ce siècle, ils n'étaient plus représentés que par un jeune homme ayant nom Emilio, et par un palais qui passe pour un des plus beaux ornements du Canale Grande. Cet enfant de la belle Venise avait pour toute fortune cet inutile palais et quinze cents livres de rente provenant d'une maison de campagne située sur la Brenta, le dernier bien de ceux que sa famille posséda jadis en Terre-Ferme, et vendue au gouvernement autrichien. Cette rente viagère sauvait au bel Émilio la honte de recevoir, comme beaucoup de nobles, 'indemnité de vingt sous par jour, due à tous les patriciens indigents, stipulée dans le traité de cession à l'Autriche.

Au commencement de la saison d'hiver, ce jeune seigneur était encore dans une campagne située au pied des Alpes Tyroliennes, et achetée au printemps dernier par la duchesse Cataneo. La maison bâtie par Palladio pour les Piepolo consiste en un pavillon carré du style le plus pur. C'est un escalier grandiose, des portiques en marbre sur chaque face, des péristyles à voûtes couvertes de fresques et rendues légères par l'outremer du ciel où volent de délicieuses figures, des ornements gras d'exécution, mais si bien proportionnés que l'édifice les porte comme une femme porte sa coiffure, avec une facilité qui réjouit l'œil; enfin cette gracieuse noblesse qui distingue à Venise les procuraties de la Piazzetta. Des stucs admirablement dessinés entretiennent dans les appartements un froid qui rend l'atmosphère aimable. Les galeries extérieures peintes à fresque forment abat-jour. Partout règne ce frais pavé vénitien où les marbres découpés se changent en d'inaltérables fleurs. L'ameublement, comme celui des palais italiens, offrait les plus belles soieries richement employées, et de précieux tableaux bien placés : quelques-uns du prêtre génois dit *il Capucino*, plusieurs de Léonard de Vinci, de Carlo Dolci, de Tintoretto et de Titien. Les jardins étagés présentent ces merveilles où l'or a été métamorphosé en grottes de rocailles, en cailloutages qui sont comme la folie du travail, en terrasses bâties par les fées, en bosquets sévères de ton, où les cyprès hauts sur patte, les pins triangulaires, le triste olivier, sont déjà habilement mélangés aux orangers, aux lauriers, aux myrtes ; en bassins clairs où nagent des poissons d'azur et de cinabre. Quoi que l'on puisse dire à l'avantage des jardins anglais, ces arbres en parasols, ces ifs taillés, ce luxe des productions de l'art marié si finement à celui d'une nature habillée ; ces cascades à gradins de marbre où l'eau se glisse timidement et semble comme une écharpe enlevée par le vent, mais toujours renouvelée ; ces personnages en plomb doré qui meublent discrètement de silencieux asiles : enfin ce palais hardi qui fait point de vue de toutes parts en élevant sa dentelle au pied des Alpes ; ces vives pensées qui animent la pierre, le bronze et les végétaux, ou se dessinent en parterres, cette poétique prodigalité seyait à l'amour d'une duchesse et d'un joli jeune homme, lequel est une œuvre de poésie fort éloignée des fins de la brutale nature. Quiconque comprend la fantaisie, aurait voulu voir sur l'un de ces beaux escaliers, à côté d'un vase à bas-reliefs circulaires, quelque négrillon habillé à mi-corps d'un tonnelet en étoffe rouge, tenant d'une main un parasol au-dessus de la tête de la duchesse, et de l'autre la queue de sa longue robe pendant qu'elle écoutait une parole d'Emilio Memmi. Et que n'aurait pas gagné le Vénitien à être vêtu comme un de ces sénateurs peints par Titien? Hélas! dans ce palais de fée, assez semblable à celui des *Peschiere* de Gênes, la Cataneo obéissait aux firmans de Victorine et des modistes françaises. Elle portait une robe de mousseline et un chapeau de paille de riz, de jolis souliers gorge de pigeon, des bas de fil que le plus léger zéphyr eût emportés; elle avait sur les épaules un schall de dentelle noire! Mais ce qui ne se comprendra jamais à Paris, où les femmes sont serrées dans leurs robes comme des demoiselles dans leurs fourreaux annelés, c'est le délicieux laissez-aller avec lequel cette belle fille de la Toscane portait le vêtement français, elle l'avait italianisé. La Française met un incroyable sérieux à sa jupe, tandis qu'une Italienne s'en occupe peu, ne la défend par aucun regard gourmé, car elle se sait sous la protection d'un seul amour, passion sainte et sérieuse pour elle, comme pour autrui.

Étendue sur un sopha, vers onze heures du matin, au retour d'une promenade, et devant une table où se voyaient les restes d'un élégant déjeuner, la duchesse Cataneo laissait son amant maître de cette mousseline sans lui dire : *chut!* au moindre geste. Sur une bergère à ses côtés, Emilio tenait une des mains de la duchesse entre ses deux mains, et la regardait avec un entier abandon. Ne demandez pas s'ils s'aimaient; ils s'aimaient trop. Ils n'en étaient pas à lire dans le livre comme Paul et Françoise; loin de là, Émilio n'osait dire : *Lisons!* A la lueur de ces yeux où brillaient deux prunelles vertes tigrées par des fils d'or qui partaient du centre comme les éclats d'une fêlure, et communiquaient au regard un doux scintillement d'étoile, il sentait en lui-même une volupté nerveuse qui le faisait arriver au spasme. Par moments, il lui suffisait de voir les beaux cheveux noirs de cette tête adorée serrés par un simple cercle d'or, s'échappant en tresses luisantes de chaque côté d'un front volumineux, pour écouter dans ses oreilles les battements précipités de son sang soulevé par vagues, et menaçant de faire éclater les vaisseaux du cœur.

Par quel phénomène moral l'âme s'emparait-elle si bien de son corps qu'il ne se sentait plus en lui-même, mais tout en cette femme à la moindre parole qu'elle disait d'une voix qui troublait en lui les sources de la vie? Si, dans la solitude, une femme de beauté médiocre sans cesse étudiée devient sublime et imposante, peut-être une femme aussi magnifiquement belle que l'était la duchesse arrivait-elle à stupéfier un jeune homme chez qui l'exaltation trouvait des ressorts neufs, car elle absorbait réellement cette jeune âme.

Héritière des Doni de Florence, Massimilla avait épousé le duc sicilien Cataneo. En moyennant ce mariage, sa vieille mère, morte depuis, avait voulu la rendre riche et heureuse selon les coutumes de la vie florentine. Elle avait pensé que sortie du couvent pour entrer dans la vie, sa fille accomplirait selon les lois de l'amour ce second mariage de cœur qui est tout pour une Italienne. Mais Massimilla Doni avait pris au couvent un grand goût pour la vie religieuse, et quand elle eut donné sa foi devant les autels au duc de Cataneo, elle se contenta chrétiennement d'en être la femme. Ce fut la chose impossible. Cataneo, qui ne voulait qu'une duchesse, trouva fort sot d'être un mari; dès que Massimilla se plaignit de ses façons, il lui dit tranquillement de se mettre en quête d'un *primo cavaliere servante,* et lui offrit ses services pour lui en amener plusieurs à choisir. La duchesse pleura, le duc la quitta. Massimilla regarda le monde qui se pressait autour d'elle, fut conduite par sa mère à la Pergola, dans quelques maisons diplomatiques, aux Cascine, partout où l'on rencontrait de jeunes et jolis cavaliers; elle ne trouva personne qui lui plût, et se mit à voyager. Elle perdit sa mère, hérita, porta le deuil, vint à Venise, et y vit Emilio, qui passa devant sa loge en échangeant avec elle un regard de curiosité. Tout fut dit. Le Vénitien se sentit comme foudroyé; tandis qu'une voix cria: *le voilà!* dans les oreilles de la duchesse. Partout ailleurs, deux personnes prudentes et instruites se seraient examinées, flairées; mais ces deux ignorances se confondirent comme deux substances de la même nature qui n'en font qu'une seule en se rencontrant. Massimilla devint aussitôt vénitienne et acheta le palais qu'elle avait loué sur le Canareggio. Puis, ne sachant à quoi employer ses revenus, elle avait acquis aussi Rivalta, cette campagne où elle était alors. Emilio, présenté par la Vulpato à la Cataneo, vint pendant tout l'hiver très-respectueusement dans la loge de son amie. Jamais amour ne fut plus violent dans deux âmes, ni plus timide dans ses expressions. Ces deux enfants tremblaient l'un devant l'autre. Massimilla ne coquetait point, n'avait ni *secundo* ni *terzo*, ni *patito*. Occupée d'un sourire et d'une parole, elle admirait son jeune Vénitien au visage pointu, au nez long et mince, aux yeux noirs, au front noble, qui, malgré ses naïfs encouragements, ne vint chez elle qu'après trois mois employés à s'apprivoiser l'un l'autre. L'été montra son ciel oriental, la duchesse se plaignit d'aller seule à Rivalta. Heureux et inquiet tout à la fois du tête-à-tête, Emilio avait accompagné Massimilla dans sa retraite. Ce joli couple y était depuis six mois.

A vingt ans, Massimilla n'avait pas, sans de grands remords, immolé ses scrupules religieux à l'amour ; mais elle s'était lentement désarmée et souhaitait accomplir ce mariage de cœur, tant vanté par sa mère, au moment où Emilio tenait sa belle et noble main, longue, satinée, blanche, terminée par des ongles bien dessinés et colorés, comme si elle avait reçu d'Asie un peu de l'*henné* qui sert aux femmes des sultans à se les teindre en rose vif. Un malheur ignoré de Massimilla, mais qui faisait cruellement souffrir Émilio, s'était jeté bizarrement entre eux. Massimilla, quoique jeune, avait cette majesté que la tradition mythologique attribue à Junon, seule déesse à laquelle la mythologie n'ait pas donné d'amant, car Diane a été aimée, la chaste Diane a aimé ! Jupiter seul a pu ne pas perdre contenance devant sa divine moitié, sur laquelle se sont modelées beaucoup de ladies en Angleterre. Emilio mettait sa maîtresse beaucoup trop haut pour y atteindre. Peut-être un an plus tard ne serait-il plus en proie à cette noble maladie qui n'attaque que les très-jeunes gens et les vieillards. Mais comme celui qui dépasse le but en est aussi loin que celui dont le trait n'y arrive pas, la duchesse se trouvait entre un mari qui se savait si loin du but qu'il ne s'en souciait plus, et un amant qui le franchissait si rapidement avec les blanches ailes de l'ange qu'il ne pouvait plus y revenir. Heureuse d'être aimée, Massimilla jouissait du désir sans en imaginer la fin ; tandis que son amant, malheureux dans le bonheur, amenait de temps en temps par une promesse sa jeune amie au bord de ce que tant de femmes nomment l'*abîme*, et se voyait obligé de cueillir les fleurs qui le bordent, sans pouvoir faire autre chose que les effeuiller en contenant dans son cœur une rage qu'il n'osait exprimer. Tous deux s'étaient promenés en se redisant au matin un hymne d'amour comme en chantaient les oiseaux nichés dans les arbres. Au retour, le jeune homme, dont la situation ne peut se peindre qu'en le comparant à ces anges auxquels les peintres ne donnent qu'une tête et des ailes, s'était senti si violemment amoureux qu'il avait mis en doute l'entier dévouement de la duchesse, afin de l'amener à dire : « Quelle preuve en veux-tu ? » Ce mot avait été jeté d'un air royal, et Memmi baisait avec ardeur cette belle main ignorante. Tout à coup, il se leva furieux contre lui-même, et laissa Massimilla. La duchesse resta dans sa pose nonchalante sur le sopha, mais elle y pleura, se demandant en quoi, belle et jeune, elle déplaisait à Emilio. De son côté, le pauvre Memmi donnait de la tête contre les arbres comme une corneille coiffée. Un valet cherchait en ce moment le jeune Vénitien, et courait après lui pour lui donner une lettre arrivée par un exprès.

Marco Vendramini, nom qui dans le dialecte vénitien, où se suppriment certaines finales, se prononce également Vendramin, son seul ami lui apprenait que Marco Facino Cane, prince de Varèze, était mort dans un hôpital de Paris. La preuve du décès était arrivée. Ainsi les Cane Memmi devenaient princes de Varèze. Aux yeux des deux amis, un titre sans argent ne signifiait rien, Vendramin annonçait à Emilio comme une nouvelle beaucoup plus importante, l'engagement à la Fenice du fameux ténor Genovese, et de la célèbre signora Tinti. Sans achever la lettre, qu'il mit dans sa poche en la froissant, Emilio courut annoncer à la duchesse Cataneo la grande nouvelle, en oubliant son héritage héraldique. La duchesse ignorait la singulière histoire qui recommandait la Tinti à la curiosité de l'Italie, le prince la lui dit en quelques mots. Cette illustre cantatrice était une simple servante d'auberge, dont la voix merveilleuse avait surpris un grand seigneur sicilien en voyage. La beauté de cette enfant, qui avait alors douze ans, s'étant trouvée digne de la voix, le grand seigneur avait eu la constance de faire élever cette petite personne comme Louis XV fit jadis élever mademoiselle de Romans. Il avait attendu patiemment que la voix de Clara fût exercée par un fameux professeur, et qu'elle eût seize ans pour jouir de tous les trésors si laborieusement cultivés. En débutant l'année dernière, la Tinti avait ravi les trois capitales de l'Italie les plus difficiles à satisfaire.

— Je suis bien sûr que le grand seigneur n'est pas mon mari, dit la duchesse.

Aussitôt les chevaux furent commandés, et la Cataneo partit à l'instant pour Venise, afin d'assister à l'ouverture de la saison d'hiver. Par une belle soirée du mois de novembre, le nouveau prince de Varèse traversait donc la lagune de Mestre à Venise, entre la ligne de poteaux aux couleurs autrichiennes qui marque la route concédée par la douane aux gondoles. Tout en regardant la gondole de la Cataneo menée par des laquais en livrée, et qui sillonnait la mer à une portée de fusil en avant de lui, le pauvre Emilio, conduit par un vieux gondolier qui avait conduit son père au temps où Venise vivait encore, ne pouvait repousser les amères réflexions que lui suggérait l'investiture de son titre.

« Quelle raillerie de la fortune ! Être prince et avoir quinze cents francs de rente. Posséder l'un des plus beaux palais du monde, et ne pouvoir disposer des marbres, des escaliers, des peintures, des sculptures, qu'un décret autrichien venait de rendre inaliénables ! Vivre sur un pilotis en bois de Campêche estimé près d'un million et ne pas avoir de mobilier ! Être le maître de galeries somptueuses, et habiter une chambre au-dessus de la dernière frise arabesque bâtie avec des marbres rapportés de la Morée, que déjà, sous les Romains, un Memmius avait parcourue en conquérant ! Voir dans une des plus magnifiques églises de Venise ses ancêtres sculptés sur leurs tombeaux en marbres précieux, au milieu d'une chapelle ornée des peintures de Titien, de Tintoret, des deux Palma, de Bellini, de Paul Véronèse, et ne pouvoir vendre à l'Angleterre un Memmi de marbre pour donner du pain au prince de Varèse ! Genovese, le fameux ténor, aura, dans une saison, pour ses roulades, le capital de la rente avec laquelle vivrait heureux un fils des Memmius, sénateurs romains, aussi anciens que les César et les Sylla. Genovese peut fumer un houka des Indes, et le prince de Varèse ne peut consumer des cigares à discrétion ! »

Et il jeta le bout de son cigare dans la mer. Le prince de Varèse trouve ses cigares chez la Cataneo, à laquelle il voudrait apporter les richesses du monde ; la duchesse étudiait tous ses caprices, heureuse de les satisfaire ! Il fallait y faire son seul repas, le souper, car son argent passait à son habillement et à son entrée à la Fenice. Encore était-il obligé de prélever cent francs par an pour le vieux gondolier de son père, qui, pour le mener à ce prix, ne vivait que de riz. Enfin, il fallait aussi pouvoir payer les tasses de café noir que tous les matins il prenait au café Florian pour se soutenir jusqu'au soir dans une excitation nerveuse, sur l'abus de laquelle il comptait pour mourir, comme Vendramin comptait, lui, sur l'opium.

— Et je suis prince ! En se disant ce dernier mot, Emilio Memmi jeta, sans l'achever, la lettre de Marco Vendramini dans la lagune, où elle flotta comme un esquif de papier lancé par un enfant. — Mais Emilio, reprit-il, n'a que vingt-trois ans. Il vaut mieux ainsi que lord Wellington goutteux, que le régent paralytique, que la famille impériale d'Autriche attaquée du haut mal, que le roi de France... Mais en pensant au roi de France, le front d'Emilio se plissa, son teint d'ivoire jaunit, des larmes roulèrent dans ses yeux noirs, humectèrent ses longs cils ; il souleva d'une main digne d'être peinte par Titien son épaisse chevelure brune, et reporta son regard sur la gondole de la Cataneo.

— La raillerie que se permet le sort envers moi se rencontre encore dans mon amour, se dit-il. Mon cœur et mon imagination sont pleins de trésors, Massimilla les ignore ; elle est Florentine, elle m'abandonnera. Être glacé près d'elle lorsque sa voix et son regard développent en moi des sensations célestes ! En voyant sa gondole à quelque cents palmes de la mienne, il me semble qu'on me place un fer chaud dans le cœur. Un fluide invisible coule dans mes nerfs et les embrase, un nuage se répand sur mes yeux, l'air me semble avoir la couleur qu'il avait à Rivalta, quand le jour passait à travers un store de soie rouge, et que, sans qu'elle me vît, je l'admirais rêveuse et souriant avec finesse, comme la Monna Lisa de Léonardo. Ou mon altesse finira par un coup de pistolet, ou le fils des Cane suivra le conseil de son vieux Carmagnola : nous nous ferons matelots, pirates, et nous nous amuserons à voir combien de temps nous vivrons avant d'être pendus.

Le prince prit un nouveau cigare et contempla les arabesques de sa fumée livrée au vent, comme pour voir dans leurs caprices une répétition de sa dernière pensée. De loin, il distinguait déjà les pointes mauresques des ornements qui couronnaient son palais ; il redevint triste. La gondole de la duchesse avait disparu dans le Canareggio. Les fantaisies d'une vie romanesque et périlleuse, prise comme dénoûment de son amour, s'éteignirent avec son cigare, et la gondole de son amie ne lui marqua plus son chemin. Il vit alors le présent tel qu'il était : un palais sans âme, une âme sans action sur le corps, une principauté sans argent, un corps vide et un cœur plein, mille antithèses désespérantes. L'infortuné pleurait sa vieille Venise, comme la pleurait plus amèrement encore Vendramini, car une mutuelle et profonde douleur et un même sort avaient engendré une mutuelle et vive amitié entre ces deux jeunes gens, débris de deux illustres familles. Emilio ne put s'empêcher de penser aux jours où le palais Memmi vomissait la lumière par toutes ses croisées et retentissait de musiques portées au loin sur l'onde adriatique ; où l'on voyait à ses poteaux des centaines de gondoles attachées, où l'on entendait sur son perron baisé par les flots les masques élégants et les dignitaires de la République se pressant en foule ; où ses salons et sa galerie étaient enrichis par une assemblée intriguée et intriguant ; où la grande salle des festins meublée de tables rieuses, et ses galeries au pourtour aérien pleines de musique, semblaient contenir Venise entière allant et venant sur les escaliers retentissants de rires. Le ciseau des meilleurs artistes avait de siècle en siècle sculpté le bronze qui supportait alors les vases au long col ou ventrus achetés en Chine, et celui des candélabres aux mille bougies. Chaque pays avait fourni sa part du luxe qui parait les murailles et les plafonds. Aujourd'hui les murs dépouillés de leurs belles étoffes, les plafonds mornes, se taisaient et pleuraient. Plus de tapis de Turquie, plus de lustres festonnés de fleurs, plus de statues, plus de tableaux, plus de joie ni d'argent, ce grand véhicule de la joie ! Venise, cette Londres du moyen-âge, tombait pierre à pierre, homme à homme. La sinistre verdure que la mer entretient et caresse au bas des palais, était alors aux yeux du prince comme une frange noire que la nature y attachait en signe de mort. Enfin, un grand poëte anglais était venu s'abattre sur Venise comme un corbeau sur un cadavre, pour lui coasser en poésie lyrique, dans ce premier et dernier langage des sociétés, les stances d'un *De Profundis !* De la poésie anglaise jetée au front d'une ville qui avait enfanté la poésie italienne !... Pauvre Venise !

Jugez quel dut être l'étonnement d'un jeune homme absorbé par de telles pensées, au moment où Carmagnola s'écria : — Sérénissime altesse, le palais brûle, ou les anciens doges y sont revenus. Voici des lumières aux croisées de la galerie haute !

Le prince Emilio crut son rêve réalisé par un coup de baguette. A la nuit tombante, le vieux gondolier put, en retenant sa gondole à la première marche, aborder son jeune maître sans qu'il fût vu par aucun des gens empressés dans le palais, et dont quelques-uns bourdonnaient au perron comme des abeilles à l'entrée d'une ruche. Emilio se glissa sous l'immense péristyle où se développait le plus bel escalier de Venise et le franchit lestement pour connaître la cause de cette singulière aventure. Tout un monde d'ouvriers se hâtait d'achever l'ameublement et la décoration du palais. Le premier étage, digne de l'ancienne splendeur de Venise, offrait à ses regards les belles choses qu'Emilio rêvait un moment auparavant, et la fée les avait disposées dans le meilleur goût. Une splendeur digne des palais d'un roi parvenu éclatait jusque dans les plus minces détails. Emilio se promenait sans que personne lui fît la moindre observation, et il marchait de surprise en surprise. Curieux de voir ce qui se passait au second étage, il monta, et trouva l'ameublement fini. Les inconnus chargés par l'enchanteur de renouveler les prodiges des Mille et une Nuits en faveur d'un pauvre prince italien, remplaçaient quelques meubles mesquins apportés dans les premiers moments. Le prince Emilio arriva dans la chambre à coucher de l'appartement, qui lui sourit comme une conque d'où Venise serait sortie. Cette chambre était si délicieusement belle, si bien pomponnée, si coquette, pleine de recherches si gracieuses, qu'il s'alla plonger dans une bergère de bois doré devant laquelle on avait servi le souper froid le plus friand; et, sans autre forme de procès, il se mit à manger.

— Je ne vois dans le monde entier que Massimilla qui puisse avoir eu l'idée de cette fête. Elle a su que j'étais prince, le duc de Cataneo est peut-être mort en lui laissant ses biens, la voilà deux fois plus riche, elle m'épousera, et... Et il mangeait à se faire haïr d'un millionnaire malade qui l'aurait vu dévorant ce souper, et il buvait à torrents un excellent vin de Porto. —Maintenant je m'explique le petit air entendu qu'elle a pris en me disant : *A ce soir!* Elle va venir peut-être me désensorceler. Quel beau lit, et dans ce lit, quelle jolie lanterne!... Bah! une idée de Florentine.

Il se rencontre quelques riches organisations sur lesquelles le bonheur ou le malheur extrême produit un effet soporifique. Or, sur un jeune homme assez puissant pour idéaliser une maîtresse au point de ne plus y voir de femme, l'arrivée trop subite de la fortune devait faire l'effet d'une dose d'opium. Quand le prince eut bu la bouteille de vin de Porto, mangé la moitié d'un poisson et quelques fragments d'un pâté français, il éprouva le plus violent désir de se coucher. Peut-être était-il sous le coup d'une double ivresse. Il ôta lui-même la couverture, apprêta le lit, se déshabilla dans un très-joli cabinet de toilette, et se coucha pour réfléchir à sa destinée.

— J'ai oublié ce pauvre Carmagnola, mais mon cuisinier et mon sommelier y pourvoiront.

En ce moment, une femme de chambre entra folâtrement en chantonnant un air du Barbier de Séville. Elle jeta sur une chaise des vêtements de femme, toute une toilette de nuit en se disant :
— Les voici qui rentrent !

Quelques instants après vint en effet une jeune femme habillée à la française, et qui pouvait être prise pour l'original de quelque fantastique gravure anglaise inventée pour un *Forget me not*, une *belle assemblée*, ou pour un *Book of Beauty*. Le prince frissonna de peur et de plaisir, car il aimait Massimilla, comme vous savez. Or, malgré cette foi d'amour qui l'embrasait, et qui jadis inspira des tableaux à l'Espagne, des madones à l'Italie, des statues à Michel-Ange, les portes du Baptistère à Ghiberti, la Volupté l'enserrait de ses rets, et le désir l'agitait sans répandre en son cœur cette chaude essence éthérée que lui infusait un regard ou la moindre parole de la Cataneo. Son âme, son cœur, sa raison, toutes ses volontés se refusaient à l'Infidélité; mais la brutale et capricieuse Infidélité dominait son âme. Cette femme ne vint pas seule.

Le prince aperçut un de ces personnages à qui personne ne veut croire dès qu'on les fait passer de l'état réel où nous les admirons, à l'état fantastique d'une description plus ou moins littéraire. Comme celui des Napolitains, l'habillement de l'inconnu comportait cinq couleurs, si l'on veut admettre le noir du chapeau comme une couleur : le pantalon était olive, le gilet rouge étincelait de boutons dorés, l'habit tirait au vert et le linge arrivait au jaune. Cet homme semblait avoir pris à tâche de justifier le Napolitain que Gerolamo met toujours en scène sur son théâtre de marionnettes. Les yeux semblaient être de verre. Le nez en as de trèfle saillait horriblement. Le nez couvrait d'ailleurs avec pudeur un trou qu'il serait injurieux pour l'homme de nommer une bouche, et où se montraient trois ou quatre défenses blanches douées de mouvement, qui se plaçaient d'elles-mêmes les unes entre les autres. Les oreilles fléchissaient sous leur propre poids, et donnaient à cet homme une bizarre ressemblance avec un chien. Le teint, soupçonné de contenir plusieurs métaux infusés dans la sang par l'ordonnance de quelque Hippocrate, était poussé au noir. Le front pointu, mal caché par des cheveux plats, rares, et qui tombaient comme des filaments de verre soufflé, couronnait par des rugosités rougeâtres une face grimaude. Enfin, quoique maigre et de taille ordinaire, ce monsieur avait les bras longs et les épaules larges ; malgré ces horreurs, et quoique vous lui eussiez donné soixante-dix ans, il ne manquait pas d'une certaine majesté cyclopéenne ; il possédait des manières aristocratiques et dans le regard la sécurité du riche. Pour quiconque aurait eu le cœur assez ferme pour l'observer, son histoire était écrite par les passions dans ce noble argile devenu boueux. Vous eussiez deviné le grand seigneur, qui, riche dès sa jeunesse, avait vendu son corps à la Débauche pour en obtenir des plaisirs excessifs. La Débauche avait détruit la créature humaine et s'en était fait une autre à son usage. Des milliers de bouteilles avaient passé sous les arches empourprées de ce nez grotesque, en laissant leur lie sur les lèvres. De longues et fatigantes digestions avaient emporté les dents. Les yeux avaient pâli à la lumière des tables de jeu. Le sang s'était chargé de principes impurs qui avaient altéré le système nerveux. Le jeu des forces digestives avait absorbé l'intelligence. Enfin, l'amour avait dissipé la brillante chevelure du jeune homme. En héritier avide, chaque vice avait marqué sa part du cadavre encore vivant. Quand on observe la nature, on y découvre les plaisanteries d'une ironie supérieure : elle a, par exemple, placé les crapauds près des fleurs, comme était ce duc près de cette rose d'amour.

— Jouerez-vous du violon ce soir, mon cher duc? dit la femme en détachant l'embrasse et laissant retomber une magnifique portière sur la porte.

— Jouer du violon, reprit le prince Émilio, que veut-elle dire? Qu'a-t-on fait de mon palais? Suis-je éveillé? Me voilà dans le lit de cette femme qui se croit chez elle, elle ôte sa mantille ! Ai-je donc, comme Vendramin, fumé l'opium, et suis-je au milieu d'un de ces rêves où il voit Venise comme elle était il y a trois cents ans?

Assise devant sa toilette illuminée par des bougies, l'inconnue défaisait ses atours de l'air le plus tranquille du monde.

— Sonnez Julia, je suis impatiente de me déshabiller.

En ce moment, le duc aperçut le souper entamé, regarda dans la chambre, et vit le pantalon du prince étalé sur un fauteuil près du lit.

— Je ne sonnerai pas, Clarina, s'écria d'une voix grêle le duc furieux. Je ne jouerai du violon ni ce soir, ni demain, ni jamais...

— *Ta, ta, ta, ta!* chanta Clarina sur une seule note en passant chaque fois d'une octave à une autre avec l'agilité du rossignol.

— Malgré cette voix qui rendrait sainte Claire, ta patronne, jalouse, et le Christ amoureux, vous êtes par trop impudente, madame la drôlesse.

— Vous ne m'avez pas élevée à entendre de semblables mots, dit-elle avec fierté.

— Vous ai-je appris à garder un homme dans votre lit? Vous ne méritez ni mes bienfaits, ni ma haine.

— Un homme dans mon lit! s'écria Clarina en se retournant vivement.

— Et qui a familièrement mangé notre souper, comme s'il était chez lui, reprit le duc.

— Mais, s'écria Émilio, ne suis-je pas chez moi? Je suis le prince de Varèse, ce palais est le mien.

En disant ces paroles, Émilio se dressa sur son séant et montra sa belle et noble tête vénitienne au milieu des pompeuses draperies du lit. D'abord la Clarina se mit à rire d'un de ces rires fous qui prennent aux jeunes filles quand elles rencontrent une aventure comique en dehors de toute prévision. Ce rire eut une fin, quand elle remarqua ce jeune homme, qui, disons-le, était remarquablement beau, quoique peu vêtu; la même rage qui mordait Émilio la saisit, et comme elle n'aimait personne, aucune raison ne brida sa fantaisie de Sicilienne éprise.

— Si ce palais est le palais Memmi, votre Altesse sérénissime voudra cependant bien le quitter, dit le duc en prenant l'air froid et ironique d'un homme poli. Je suis ici chez moi...

— Apprenez, monsieur le duc, que vous êtes dans ma chambre et non chez vous, dit la Clarina sortant de sa léthargie. Si vous avez des soupçons sur ma vertu, je vous prie de me laisser les bénéfices de mon crime...

— Des soupçons! Dites, ma mie, des certitudes...

— Je vous le jure, reprit la Clarina, je suis innocente.

— Mais que vois-je là, dans ce lit? dit le duc.

— Ah! vieux sorcier, si tu crois ce que tu vois plus que ce que je te dis, s'écria la Clarina, tu ne m'aimes pas! Va-t'en et ne me romps plus les oreilles! M'entendez-vous? sortez, monsieur le duc! Ce jeune prince vous rendra le million que je vous coûte, si vous y tenez.

— Je ne rendrai rien, dit Émilio tout bas.

— Eh! nous n'avons rien à rendre, c'est peu d'un million pour avoir Clarina Tinti quand on est si laid. Allons, sortez, dit-elle au duc, vous m'avez renvoyée, et moi je vous renvoie, partant quitte.

Sur un geste du vieux duc, qui paraissait vouloir résister à cet ordre intimé dans une attitude digne du rôle de Sémiramis, qui avait acquis à la Tinti son immense réputation, la prima-donna s'élança sur le vieux singe et le mit à la porte.

— Si vous ne me laissez pas tranquille ce soir, nous ne nous reverrons jamais. Mon jamais vaut mieux que le vôtre, lui dit-elle.

— *Tranquille*, reprit le duc en laissant échapper un rire amer, il me semble, ma chère idole, que c'est *agitata* que je vous laisse.

Le duc sortit. Cette lâcheté ne surprit point Émilio. Tous ceux qui se sont accoutumés à quelque goût particulier, choisi dans tous les effets de l'amour, et qui concorde à leur nature, savent qu'aucune considération n'arrête un homme qui s'est fait une habitude de sa passion. La Tinti bondit comme un faon de la porte au lit.

— Prince, pauvre, jeune et beau, mais c'est un conte de fée!... dit-elle.

La Sicilienne se posa sur le lit avec une grâce qui rappelait le naïf laissez-aller de l'animal, l'abandon de la plante vers le soleil, ou le plaisant mouvement de valse par lequel les rameaux se donnent au vent. En détachant les poignets de sa robe, elle se mit à chanter, non plus avec la voix destinée aux applaudissements de la Fenice, mais d'une voix troublée par le désir. Son chant fut une brise qui apportait au cœur les caresses de l'amour. Elle regardait à la dérobée Émilio, tout aussi confus qu'elle; car cette femme de théâtre n'avait plus l'audace qui lui avait animé les yeux, les gestes et la voix en renvoyant le duc; non, elle était humble comme la courtisane amoureuse. Pour imaginer la Tinti, il faudrait avoir vu l'une des meilleures cantatrices françaises à son début dans *il Fazzoletto*, opéra de Garcia que les Italiens jouaient alors au théâtre de la rue Louvois; elle était si belle, qu'un pauvre garde-du-corps, n'ayant pu se faire écouter, se tua de désespoir. La prima-donna de la Fenice offrait la même finesse d'expression, la même élégance de formes, la même jeunesse; mais il y surabondait cette chaude couleur de Sicile qui dorait sa beauté; puis sa voix était plus nourrie, elle avait enfin cet air auguste qui distingue les contours de la femme italienne. La Tinti, de qui le nom a tant de ressemblance avec celui que se forgea la cantatrice française, avait dix-sept ans, et le pauvre prince en avait vingt-trois. Quelle main rieuse s'était plu à jeter ainsi le feu si près de la poudre? Une chambre embaumée, vêtue de soie incarnadine, brillant de bougies, un lit de dentelles, un palais silencieux, Venise! deux jeunesses, deux beautés! tous les fastes réunis. Émilio prit son pantalon, sauta hors du lit, se sauva dans le cabinet de toilette, se rhabilla, revint, et se dirigea précipitamment vers la porte.

Voici ce qu'il s'était dit en reprenant ses vêtements : « — Massimilla, chère fille des Doni chez lesquels la beauté de l'Italie s'est héréditairement conservée, toi qui ne démens pas le portrait de Margherita, l'une des rares toiles entièrement peintes par Raphaël pour sa gloire! ma belle et sainte maîtresse, ne sera-ce pas te mériter que de me sauver de ce gouffre de fleurs? serais-je digne de toi si je profanais un cœur tout à toi? Non, je ne tomberai pas dans le piége vulgaire que me tendent mes sens révoltés. A cette fille son duc, à moi ma duchesse! » Au moment où il soulevait la portière, il entendit un gémissement. Cet héroïque amant se retourna, vit la Tinti qui, prosternée la face sur le lit, y étouffait ses sanglots. Le croirez-vous? la cantatrice était plus belle à genoux, la figure cachée, que confuse et le visage étincelant. Ses cheveux dénoués sur ses épaules, sa pose de Magdeleine, le désordre de ses vêtements déchirés, tout avait été composé par le diable, qui, vous le savez, est un grand coloriste. Le prince prit par la taille cette pauvre Tinti, qui lui échappa comme une couleuvre, et qui se roula autour d'un de ses pieds que pressa mollement une chair adorable.

— M'expliqueras-tu, dit-il en secouant son pied pour le retirer de cette fille, comment tu te trouves dans mon palais? Comment le pauvre Émilio Memmi...

— Émilio Memmi! s'écria la Tinti en se relevant, tu te disais prince.

— Prince depuis hier.

— Tu aimes la Cataneo! dit la Tinti en le toisant.

Le pauvre Émilio resta muet, en voyant la prima-donna qui souriait au milieu de ses larmes.

— Votre Altesse ignore que celui qui m'a élevée pour le théâtre, que ce duc... est Cataneo lui-même, et votre ami Vendramin, croyant servir vos intérêts, lui a loué ce palais pour le temps de mon engagement à la Fenice, moyennant mille écus. Chère idole de mon désir, lui dit-elle en le prenant par la main et l'attirant à elle, pourquoi fuis-tu celle pour qui bien des gens se feraient casser les os? L'amour, vois-tu, sera toujours l'amour. Il est partout semblable à lui-même, il est comme le soleil de nos âmes, on se chauffe partout où il brille, et nous sommes ici en plein midi. Si, demain, tu n'es pas content, tue-moi! Mais je vivrai, va! car je suis furieusement belle.

Émilio résolut de rester. Quand il eut consenti par un signe de tête, le mouvement de joie qui agita la Tinti lui parut éclairé par une lueur jaillie de l'enfer. Jamais l'amour n'avait pris à ses yeux une expression si grandiose. En ce moment, Carmagnola siffla vigoureusement. — Que peut-il me vouloir? se dit le prince.

Vaincu par l'amour, Émilio n'écouta point les sifflements répétés de Carmagnola.

Si vous n'avez pas voyagé en Suisse, vous lirez peut-être avec plaisir cette description, et si vous avez grimpé par ces Alpes-là, vous ne vous en rappellerez pas les accidents sans émotion. Dans ce sublime pays, au sein d'une roche fendue en deux par une vallée, chemin large comme l'avenue de Neuilly à Paris, mais creux de quelques cents toises et craquelé de ravins, il se rencontre un cours d'eau tombé soit du Saint-Gothard, soit du Simplon, d'une cime alpestre quelconque, qui trouve un vaste puits, profond de je ne sais combien de brasses, long et large de plusieurs toises, bordé de quartiers de granit ébréchés sur lesquels on voit des prés, entre lesquels s'élancent des sapins, des aunes gigantesques, et où viennent aussi des fraises et des violettes; parfois on trouve un chalet aux fenêtres duquel se montre le frais visage d'une blonde Suissesse; selon les aspects du ciel, l'eau de ce puits est bleue ou verte, mais comme un saphir est bleu, comme une émeraude est verte; eh! bien, rien au monde ne représente au voyageur le plus insouciant, au diplomate le plus pressé, à l'épicier le plus bonhomme, les idées de profondeur, de calme, d'immensité, de céleste affection, de bonheur éternel, comme ce diamant liquide où la neige, accourue des plus hautes Alpes, coule en eau limpide par une rigole naturelle, cachée sous les arbres, creusée dans le roc, et d'où elle s'échappe par une fente, sans murmure; la nappe, qui se superpose au gouffre, glisse si doucement, que vous ne voyez aucun trouble à la surface où la voiture se mire en passant. Voici que les chevaux reçoivent deux coups de fouet! on tourne un rocher, on enfile un pont : tout à coup rugit un horrible concert de cascades se ruant les unes sur les autres; le torrent, échappé par une bonde furieuse, se brise en vingt chutes, se casse sur mille gros cailloux; il étincelle en cent gerbes contre un rocher tombé du haut de la chaîne qui domine la vallée, et tombé précisément au milieu de cette rue que s'est impérieusement frayée l'hydrogène nitré, la plus respectable de toutes les forces vives.

Si vous avez bien saisi ce paysage, vous aurez dans cette eau endormie une image de l'amour d'Émilio pour la duchesse, et dans les cascades bondissant comme un troupeau de moutons, une image de sa nuit amoureuse avec la Tinti. Au milieu de ces torrents d'amour, il s'élevait un rocher contre lequel se brisait l'onde. Le prince était comme Sisyphe, toujours sous le rocher.

— Que fait donc le duc Cataneo avec son violon ? se disait-il, est-ce à lui que je dois cette symphonie?

Il s'en ouvrit à Clara Tinti.

— Cher enfant... (elle avait reconnu que le prince était un enfant) cher enfant, lui dit-elle, cet homme qui a cent dix-huit ans à la paroisse du Vice et quarante-sept ans sur les registres de l'Église, n'a plus au monde qu'une seule et dernière jouissance par laquelle il sente la vie. Oui, toutes les cordes sont brisées, tout est ruine ou haillon chez lui. L'âme, l'intelligence, le cœur, les nerfs, tout ce qui produit chez l'homme un élan et le rattache au ciel par le désir ou par le feu du plaisir, tient non pas tant à la musique qu'à un effet pris dans les innombrables effets de la musique, à un accord parfait entre deux voix, ou entre une voix et la chanterelle de son violon. Le vieux singe s'assied sur moi, prend son violon, il joue assez bien, il en tire des sons, je tâche de les imiter, et quand arrive le moment longtemps cherché où il est impossible de distinguer dans la masse du chant quel est le son du violon, quelle est la note sortie de mon gosier, ce vieillard tombe alors en extase, ses yeux morts jettent leurs derniers feux, il est heureux, il se roule à terre comme un homme ivre. Voilà pourquoi il a payé Genovese si cher. Genovese est le seul ténor qui puisse parfois s'accorder avec le timbre de ma voix. Ou nous approchons réellement l'un de l'autre une ou deux fois par soirée, ou le duc se l'imagine ; pour cet imaginaire plaisir, il a engagé Genovese, Genovese lui appartient. Nul directeur de théâtre ne peut faire chanter ce ténor sans moi, ni me faire chanter sans lui. Le duc m'a élevée pour satisfaire ce caprice, je lui dois mon talent, ma beauté, sans doute ma fortune. Il mourra dans quelque attaque d'accord parfait. Le sens de l'ouïe est le seul qui ait survécu dans le naufrage de ses facultés, là est le fil par lequel il tient à la vie. De cette souche pourrie il s'élance une pousse vigoureuse. Il y a, m'a-t-on dit, beaucoup d'hommes dans cette situation ; veuille la Madone les protéger ! tu n'en es pas là, toi ! Tu peux tout ce que tu veux et tout ce que je veux, je le sais.

Vers le matin, le prince Émilio sortit doucement de la chambre et trouva Carmagnola couché en travers de la porte.

— Altesse, dit le gondolier, la duchesse m'avait ordonné de vous remettre ce billet.

Il tendit à son maître un joli petit papier triangulairement plié. Le prince se sentit défaillir, et il rentra pour tomber sur une bergère, car sa vue était troublée, ses mains tremblaient en lisant ceci :

« Cher Émile, votre gondole s'est arrêtée à votre palais, vous
« ne savez donc pas que Cataneo l'a loué pour la Tinti. Si vous
« m'aimez, allez dès ce soir chez Vendramin, qui me dit vous avoir
« arrangé un appartement chez lui. Que dois-je faire ? Faut-il
« rester à Venise en présence de mon mari et de sa cantatrice ?
« devons-nous repartir ensemble pour le Frioul ? Répondez-moi
« par un mot, ne serait-ce que pour me dire quelle était cette lettre
« que vous avez jetée dans la lagune.

« Massimilla Doni. »

L'écriture et la senteur du papier réveillèrent mille souvenirs dans l'âme du jeune Vénitien. Le soleil de l'amour unique jeta sa vive lueur sur l'onde bleue venue de loin, amassée dans l'abîme sans fond, et qui scintilla comme une étoile. Le noble enfant ne put retenir les larmes qui jaillirent de ses yeux en abondance ; car dans la langueur où l'avait mis la fatigue des sens rassasiés, il fut sans force contre le choc de cette divinité pure. Dans son sommeil, la Clarina entendit les larmes ; elle se dressa sur son séant, vit son prince dans une attitude de douleur, elle se précipita à ses genoux, les embrassa.

— On attend toujours la réponse, dit Carmagnola en soulevant la portière.

— Infâme, tu m'as perdu ! s'écria Émilio qui se leva en secouant du pied la Tinti.

Elle le serrait avec tant d'amour, en implorant une explication par un regard, un regard de Samaritaine éplorée, qu'Émilio, furieux de se voir encore entortillé dans cette passion qui l'avait fait déchoir, repoussa la cantatrice par un coup de pied brutal.

— Tu m'as dit de te tuer, meurs, bête venimeuse ! s'écria-t-il.

Puis il sortit de son palais, sauta dans sa gondole : — Rame, cria-t-il à Carmagnola.

— Où ? dit le vieux.

— Où tu voudras.

Le gondolier devina son maître et le mena par mille détours dans le Canareggio devant la porte d'un merveilleux palais que vous admirerez quand vous irez à Venise ; car aucun étranger n'a manqué de faire arrêter sa gondole à l'aspect de ces fenêtres toutes diverses d'ornement, luttant toutes de fantaisies, à balcons travaillés comme les plus folles dentelles, en voyant les encoignures de ce palais terminé par de longues colonnettes sveltes et tordues, en remarquant ces assises fouillées par un ciseau si capricieux, qu'on ne trouve aucune figure semblable dans les arabesques de chaque pierre. Combien est jolie la porte, et combien mystérieuse est la longue voûte en arcade qui mène à l'escalier ! Et qui n'admirerait ces marches où l'art intelligent a cloué, pour le temps que vivra Venise, un tapis riche comme un tapis de Turquie, mais composé de pierres aux mille contours incrustées dans un marbre blanc ! Vous aimerez les délicieuses fantaisies qui parent les berceaux, dorés comme ceux du palais ducal, et qui rampent au-dessus de vous, en sorte que les merveilles de l'art sont sous vos pieds et sur vos têtes. Quelles ombres douces, quel silence, quelle fraîcheur ! Mais quelle gravité dans ce vieux palais, où, pour plaire à Émilio comme à Vendramini, son ami, la duchesse avait rassemblé d'anciens meubles vénitiens, et où des mains habiles avaient restauré les plafonds ! Venise revivait là tout entière. Non-seulement le luxe était noble, mais il était instructif. L'archéologue eût retrouvé là les modèles du beau comme le produisit le Moyen-âge, qui prit ses exemples à Venise. On voyait et les premiers plafonds à planches couvertes de dessins fleuretés en or sur des fonds colorés, ou en couleurs sur un fond d'or, et les plafonds en stucs dorés qui, dans chaque coin, offraient une scène à plusieurs personnages, et dans leur milieu les plus belles fresques; genre si ruineux que le Louvre n'en possède pas deux, et que le faste de Louis XIV recula devant de telles profusions pour Versailles. Partout le marbre, le bois et les étoffes avaient servi de matière à des œuvres précieuses. Émilio poussa une porte en chêne sculpté, traversa cette longue galerie qui s'étend à chaque étage d'un bout à l'autre, dans les palais de Venise, et arriva devant une autre porte bien connue qui lui fit battre le cœur. A son aspect, la dame de compagnie sortit d'un immense salon, et le laissa entrer dans un cabinet de travail où il trouva la duchesse à genoux devant une madone. Il venait s'accuser et demander pardon. Massimilla priant le transforma. Lui et Dieu, pas autre chose dans ce cœur! La duchesse se releva simplement, tendit la main à son ami, qui ne la prit pas.

— Gianbattista ne vous a donc pas rencontré hier? lui dit-elle.
— Non, répondit-il.
— Ce contre-temps m'a fait passer une cruelle nuit, je craignais tant que vous ne rencontrassiez le duc, dont la perversité m'est si connue! quelle idée a eue Vandramini de lui louer votre palais!
— Une bonne idée, Milla, car ton prince est peu fortuné.

Massimilla était si belle de confiance, si magnifique de beauté, si calmée par la présence d'Émilio, qu'en ce moment le prince éprouva, tout éveillé, les sensations de ce cruel rêve qui tourmente les imaginations vives, et dans lequel, après être venu, dans un bal plein de femmes parées, le rêveur s'y voit tout à coup nu, sans chemise : la honte, la peur le flagellent tour à tour, et le réveil seul le délivre de ses angoisses. L'âme d'Émilio se trouvait ainsi devant sa maîtresse. Jusqu'alors cette âme avait été revêtue des plus belles fleurs du sentiment, la débauche l'avait mise dans un état ignoble, et lui seul le savait; car la belle Florentine accordait tant de vertus à son amour, que l'homme aimé par elle devait être incapable de contracter la moindre souillure. Comme Émilio n'avait pas accepté sa main, la duchesse se leva pour passer ses doigts dans les cheveux qu'avait baisés la Tinti. Elle sentit alors la main d'Émilio moite, et lui vit le front humide.

— Qu'avez-vous? lui dit-elle d'une voix à laquelle la tendresse donna la douceur d'une flûte.
— Je n'ai jamais connu qu'en ce moment la profondeur de mon amour, répondit Émilio.
— Hé! bien, chère idole, que veux-tu? reprit-elle.

A ces paroles, toute la vie d'Émilio se retira dans son cœur. — Qu'ai-je fait pour l'amener à cette parole ? pensa-t-il.

— Émilio, quelle lettre as-tu donc jetée dans la lagune ?

— Celle de Vendramini que je n'ai pas achevée, sans quoi je ne me serais pas rencontré dans mon palais avec le duc, de qui, sans doute, il me disait l'histoire.

Massimilla pâlit, mais un geste d'Émilio la rassura.

— Reste avec moi toute la journée, nous irons au théâtre ensemble, ne partons pas pour le Frioul, ta présence m'aidera sans doute à supporter celle de Cataneo, reprit-elle.

Quoique ce dût être une continuelle torture d'âme pour l'amant, il consentit avec une joie apparente. Si quelque chose peut donner une idée de ce que ressentiront les damnés en se voyant si indignes de Dieu, n'est-ce pas l'état d'un jeune homme encore pur devant une révérée maîtresse quand il se sent sur les lèvres le goût d'une infidélité, quand il apporte dans le sanctuaire de la divinité chérie l'atmosphère empestée d'une courtisane. Baader, qui expliquait dans ses leçons les choses célestes par des comparaisons érotiques, avait sans doute remarqué, comme les écrivains catholiques, la grande ressemblance qui existe entre l'amour humain et l'amour du ciel. Ces souffrances répandirent une teinte de mélancolie sur les plaisirs que goûta le Vénitien auprès de sa maîtresse. L'âme d'une femme a d'incroyables aptitudes pour s'harmonier aux sentiments : elle se colore de la couleur, elle vibre de la note qu'apporte un amant ; la duchesse devint donc songeuse. Les saveurs irritantes qu'allume le sel de la coquetterie sont loin d'activer l'amour autant que cette douce conformité d'émotions. Les efforts de la coquetterie indiquent trop une séparation, et quoique momentanée, elle déplaît ; tandis que ce partage sympathique annonce la constante fusion des âmes. Aussi le pauvre Émilio fut-il attendri par la silencieuse divination qui faisait pleurer la duchesse sur une faute inconnue. Se sentant plus forte en se voyant inattaquée du côté sensuel de l'amour, la duchesse pouvait être caressante ; elle déployait avec hardiesse et confiance son âme angélique, elle la mettait à nu, comme pendant cette nuit diabolique la véhémente Tinti avait montré son corps aux moelleux contours, à la chair souple et drue. Aux yeux d'Émilio, il y avait comme une joute entre l'amour saint de cette âme blanche, et l'amour de la nerveuse et colère Sicilienne. Cette journée fut donc employée en longs regards échangés après de profondes réflexions. Chacun d'eux sondait sa propre tendresse et la trouvait infinie, sécurité qui leur suggérait de douces paroles. La Pudeur, cette divinité qui, dans un moment d'oubli avec l'Amour, enfanta la Coquetterie, n'aurait pas eu besoin de mettre la main sur ses yeux en voyant ces deux amants. Pour toute volupté, pour extrême plaisir, Massimilla tenait la tête d'Émilio sur son sein et se hasardait par moments à imprimer ses lèvres sur les siennes, mais comme un oiseau trempe son bec dans l'eau pure d'une source, en regardant avec timidité s'il est vu. Leur pensée développait ce baiser comme un musicien développe un thème par les modes infinis de la musique, et il produisait en eux des retentissements tumultueux, ondoyants, qui les enfiévraient. Certes, l'idée sera toujours plus violente que le fait; autrement, le désir serait moins beau que le plaisir, et il est plus puissant, il l'engendre. Aussi étaient-ils pleinement heureux, car la jouissance du bonheur amoindrira toujours le bonheur. Mariés dans le ciel seulement, ces deux amants s'admiraient sous leur forme la plus pure, celle de deux âmes enflammées et conjointes dans la lumière céleste, spectacles radieux pour les yeux qu'a touchés la Foi, fertiles surtout en délices infinies que le pinceau des Raphaël, des Titien, des Murillo a su rendre, et que retrouvent à la vue de leurs compositions ceux qui les ont éprouvées. Les grossiers plaisirs prodigués par la Sicilienne, preuve matérielle de cette angélique union, ne doivent-ils pas être dédaignés par les esprits supérieurs? Le prince se disait ces belles pensées en se trouvant abattu dans une langueur divine sur la fraîche, blanche et souple poitrine de Massimilla, sous les tièdes rayons de ses yeux à longs cils brillants, et il se perdait dans l'infini de ce libertinage idéal. En ces moments, Massimilla devenait une de ces vierges célestes entrevues dans les rêves, que le chant du coq fait disparaître, mais que vous reconnaissez au sein de leur sphère lumineuse dans quelques œuvres des glorieux peintres du ciel.

Le soir les deux amants se rendirent au théâtre. Ainsi va la vie italienne : le matin l'amour, le soir la musique, la nuit le sommeil. Combien cette existence est préférable à celle des pays où chacun emploie ses poumons et ses forces à politiquer, sans plus pouvoir changer à soi seul la marche des choses qu'un grain de sable ne peut faire la poussière. La liberté, dans ces singuliers pays, consiste à disputailler sur la chose publique, à se garder soi-même, se dissiper en mille occupations patriotiques plus sottes les unes que les autres, en ce qu'elles dérogent au noble et saint égoïsme qui engendre toutes les grandes choses humaines. A Venise, au contraire, l'amour et ses mille liens, une douce occupation des joies réelles prend et enveloppe le temps. Dans ce pays l'amour est chose si naturelle que la duchesse était regardée comme une femme extraordinaire, car chacun avait la conviction de sa pureté, malgré la violence de la passion d'Émilio. Aussi les femmes plaignaient-elles sincèrement ce pauvre jeune homme qui passait pour victime de la sainteté de celle qu'il aimait. Personne n'osait d'ailleurs blâmer la duchesse : la religion est une puissance aussi vénérée que l'amour. Tous les soirs, au théâtre, la loge de la Cataneo était lorgnée la première, et chaque femme disait à son ami, en montrant la duchesse et son amant : — Où en sont-ils ?

L'ami observait Émilio, cherchait en lui quelques indices du bonheur et n'y trouvait que l'expression d'un amour pur et mélancolique. Dans toute la salle, en visitant chaque loge, les hommes disaient alors aux femmes : — La Cataneo n'est pas encore à Émilio.

— Elle a tort, disaient les vieilles femmes, elle le lassera.

— *Forse*, répondaient les jeunes femmes avec cette solennité que les Italiens mettent en disant ce grand mot qui répond à beaucoup de choses ici-bas.

Quelques femmes s'emportaient, trouvaient la chose de mauvais exemple et disaient que c'était mal entendre la religion que de lui laisser étouffer l'amour.

— Aimez-le donc, ma chère, disait tout bas la Vulpato à la duchesse en la rencontrant dans l'escalier à la sortie.

— Mais je l'aime de toutes mes forces, répondait-elle.

— Pourquoi donc n'a-t-il pas l'air heureux ?

La duchesse répondait par un petit mouvement d'épaule. Nous ne concevrions pas, dans la France comme nous l'a faite la manie des mœurs anglaises qui y gagne, le sérieux que la société vénitienne mettait à cette investigation. Vendramini connaissait seul le secret d'Émilio, secret bien gardé entre deux hommes qui avaient réuni chez eux leurs écussons en mettant au-dessus : *Non amici, fratres.*

L'ouverture d'une saison est un événement à Venise comme dans toutes les autres capitales de l'Italie ; aussi la Fenice était-elle pleine ce soir-là.

Les cinq heures de nuit que l'on passe au théâtre jouent un si grand rôle dans la vie italienne, qu'il n'est pas inutile d'expliquer les habitudes créées par cette manière d'employer le temps. En Italie, les loges diffèrent de celles des autres pays, en ce sens que partout ailleurs les femmes veulent être vues, et que les Italiennes se soucient fort peu de se donner en spectacle. Leurs loges forment un carré long également coupé en biais et sur le théâtre et sur le corridor. A droite et à gauche sont deux canapés, à l'extrémité desquels se trouvent deux fauteuils, l'un pour la maîtresse de la loge, l'autre pour sa compagne, quand elle en amène une. Ce cas est assez rare. Chaque femme est trop occupée chez elle pour faire des visites ou pour aimer à en recevoir ; aucune d'ailleurs ne se soucie de se procurer une rivale. Ainsi, une Italienne règne presque toujours sans partage dans sa loge : là, les mères ne sont point esclaves de leurs filles, les filles ne sont point embarrassées de leurs mères ; en sorte que les femmes n'ont avec elles ni enfants ni parents qui les censurent, les espionnent, les ennuient ou se jettent au travers de leurs conversations. Sur le devant, toutes les loges sont drapées en soie d'une couleur et d'une façon uniformes. De cette draperie pendent des rideaux de même couleur qui restent fermés quand la famille à laquelle la loge appartient est en deuil. A quelques exceptions près, et à Milan seulement, les loges ne sont point éclairées intérieurement ; elles ne tirent leur jour que de la scène ou d'un lustre peu lumineux, que, malgré de vives protestations, quelques villes ont laissé mettre dans la salle ; mais, à la faveur des rideaux, elles sont encore assez obscures, et, par la manière dont elles sont disposées, le fond est assez ténébreux pour qu'il soit très-difficile de savoir ce qui s'y passe. Ces loges, qui peuvent contenir environ huit à dix personnes, sont tendues en riches étoffes de soie, les plafonds sont agréablement peints et allégis par des couleurs claires, enfin les boiseries sont dorées. On y prend des glaces et des sorbets, on y croque des sucreries, car il n'y a plus que les gens de la classe moyenne qui y mangent. Chaque loge est une propriété immobilière d'un haut prix, il en est d'une valeur de trente mille livres ; à Milan, la famille Litta en possède trois qui se suivent. Ces faits indiquent la haute importance attachée à ce détail de la vie oisive. La causerie est souveraine absolue dans cet espace, qu'un des écrivains les plus ingénieux de ce temps, et l'un de ceux qui ont le mieux observé l'Italie, Stendhal, a nommé un petit salon dont la fenêtre donne sur un parterre. En effet, la musique et les enchantements de la scène sont purement accessoires, le grand intérêt est dans les conversations qui s'y tiennent, dans les grandes petites affaires de cœur qui s'y traitent, dans les rendez-vous qui s'y donnent, dans les récits et les observations qui s'y parfilent. Le théâtre est la réunion économique de toute une société qui s'examine et s'amuse d'elle-même.

Les hommes admis dans la loge se mettent les uns après les autres, dans l'ordre de leur arrivée, sur l'un ou l'autre sofa. Le premier venu se trouve naturellement auprès de la maîtresse de la loge ; mais quand les deux sofas sont occupés, s'il arrive une nouvelle visite, le plus ancien brise la conversation, se lève et s'en va. Chacun avance alors d'une place, et passe à son tour auprès de la souveraine. Ces causeries futiles, ces entretiens sérieux, cet élégant badinage de la vie italienne, ne sauraient avoir lieu sans un laissez-aller général. Aussi les femmes sont-elles libres d'être ou de n'être pas parées, elles sont si bien chez elles qu'un étranger admis dans leur loge peut les aller voir le lendemain dans leur maison. Le voyageur ne comprend pas de prime abord cette vie de spirituelle oisiveté, ce *dolce farniente* embelli par la musique. Un long séjour, une habile observation, peuvent seuls révéler à un étranger le sens de la vie italienne qui ressemble au ciel pur du pays, et où le riche ne veut pas un nuage. Le noble se soucie peu du maniement de sa fortune ; il laisse l'administration de ses biens à des intendants (*ragionati*) qui le volent et le ruinent ; il n'a pas l'élément politique qui l'ennuierait bientôt, il vit donc uniquement par la passion, et il en remplit ses heures. De là, le besoin qu'éprouvent l'ami et l'amie d'être toujours en présence pour se satisfaire ou pour se garder, car le grand secret de cette vie est l'amant tenu sous le regard pendant cinq heures par une femme qui l'a occupé durant la matinée. Les mœurs italiennes comportent donc une continuelle jouissance et entraînent une étude des moyens propres à l'entretenir, cachée d'ailleurs sous une apparente insouciance. C'est une belle vie, mais une vie coûteuse, car dans aucun pays il ne se rencontre autant d'hommes usés.

La loge de la duchesse était au rez-de-chaussée, qui s'appelle à Venise *pepiano* ; elle s'y plaçait toujours de manière à recevoir la lueur de la rampe, en sorte que sa belle tête, doucement éclairée, se détachait bien sur le clair-obscur. La Florentine attirait le regard par son front volumineux d'un blanc de neige, et couronné de ses nattes de cheveux noirs qui lui donnaient un air vraiment royal, par la finesse calme de ses traits qui rappelaient la tendre noblesse des têtes d'Andrea del Sarto, par la coupe de son visage et l'encadrement des yeux, par ces yeux de velours qui communiquaient le ravissement de la femme rêvant au bonheur, pure encore dans l'amour, à la fois majestueuse et jolie.

Au lieu de *Mosé* par où devait débuter la Tinti en compagnie de Genovese, l'on donnait *il Barbiere* où le ténor chantait sans la célèbre *prima donna*. L'*impressario* s'était dit contraint à changer le spectacle par une indisposition de la Tinti, et en effet le duc Cataneo ne vint pas au théâtre. Était-ce un habile calcul de l'*impressario* pour obtenir deux pleines recettes, en faisant débuter Genovese et la Clarina l'un après l'autre, ou l'indisposition annoncée par la Tinti était-elle vraie? Là où le parterre pouvait discuter, Émilio devait avoir une certitude; mais quoique la nouvelle de cette indisposition lui causât quelque remords en lui rappelant la beauté de la chanteuse et sa brutalité, cette double absence mit également à l'aise le prince et la duchesse. Genovese chanta d'ailleurs de manière à chasser les souvenirs nocturnes de l'amour impur et à prolonger les saintes délices de cette suave journée. Heureux d'être seul à recueillir les applaudissements, le ténor déploya les merveilles de ce talent devenu depuis européen. Genovese, alors âgé de vingt-trois ans, né à Bergame, élève de Veluti, passionné pour son art, bien fait, d'une agréable figure, habile à saisir l'esprit de ses rôles, annonçait déjà le grand artiste promis à la gloire et à la fortune. Il eut un succès fou, mot qui n'est juste qu'en Italie, où la reconnaissance d'un parterre a je ne sais quoi de frénétique pour qui lui donne une jouissance.

Quelques-uns des amis du prince vinrent le féliciter sur son héritage, et redire les nouvelles. La veille au soir, la Tinti, amenée par le duc Cataneo, avait chanté à la soirée de la Vulpato où elle avait paru aussi bien portante que belle en voix, sa maladie improvisée excitait donc de grands commentaires. Selon les bruits du café Florian, Genovese était passionnément épris de la Tinti; la Tinti voulait se soustraire à ses déclarations d'amour, et l'entrepreneur n'avait pu les décider à paraître ensemble. A entendre le général autrichien, le duc seul était malade, la Tinti le gardait, et Genovese avait été chargé de consoler le parterre. La duchesse devait la visite du général à l'arrivée d'un médecin français qu'il avait voulu lui présenter. Le prince, apercevant Vendramin qui rôdait autour du parterre, sortit pour causer confidentiellement avec cet ami qu'il n'avait pas vu depuis trois mois, et tout en se promenant dans l'espace qui existe entre les banquettes des parterres italiens et les loges du rez-de-chaussée, il put examiner comment la duchesse accueillait l'étranger.

— Quel est ce Français? demanda le prince à Vendramin.

— Un médecin mandé par Cataneo qui veut savoir combien de temps il peut vivre encore. Ce Français attend Malfatti, avec lequel la consultation aura lieu.

Comme toutes les dames italiennes qui aiment, la duchesse ne cessait de regarder Émilio; car en ce pays l'abandon d'une femme est si entier, qu'il est difficile de surprendre un regard expressif détourné de sa source.

— *Caro*, dit le prince à Vendramin, songe que j'ai couché chez toi cette nuit.

— As-tu vaincu? répondit Vendramin en serrant le prince par la taille.

— Non, repartit Émilio, mais je crois pouvoir être quelque jour heureux avec Massimilla.

— Eh! bien, reprit Marco, tu seras l'homme le plus envié de la terre. La duchesse est la femme la plus accomplie de l'Italie. Pour moi, qui vois les choses d'ici-bas à travers les brillantes vapeurs des griseries de l'opium, elle m'apparaît comme la plus haute expression de l'art, car vraiment la nature a fait en elle, sans s'en douter, un portrait de Raphaël. Votre passion ne déplaît pas à Cataneo, qui m'a bel et bien compté mille écus que j'ai à te remettre.

— Ainsi, reprit Émilio, quoi que l'on te dise, je couche toutes les nuits chez toi. Viens, car une minute passée loin d'elle, quand je puis être près d'elle, est un supplice.

Émilio prit sa place au fond de la loge et y resta muet dans son coin à écouter la duchesse, en jouissant de son esprit et de sa beauté. C'était pour lui et non par vanité que Massimilla déployait les grâces de cette conversation prodigieuse d'esprit italien, où le sarcasme tombait sur les choses et non sur les personnes, où la moquerie frappait sur les sentiments moquables, où le sel attique accommodait les riens. Partout ailleurs, la Cataneo eût peut-être été fatigante; les Italiens, gens éminemment intelligents, aiment peu à tendre leur intelligence hors de propos; chez eux, la causerie est tout unie et sans efforts; elle ne comporte jamais, comme en France, un assaut de maîtres d'armes où chacun fait briller son fleuret, et où celui qui n'a rien pu dire est humilié. Si chez eux la conversation brille, c'est par une satire molle et voluptueuse qui se joue avec grâce de faits bien connus, et au lieu d'une épigramme qui peut compromettre, les Italiens se jettent un regard ou un sourire d'une indicible expression. Avoir à comprendre des idées là où ils viennent chercher des jouissances, est selon eux, et avec raison, un ennui. Aussi la Vulpato disait-elle à la Cataneo : — « Si tu l'aimais, tu ne causerais pas si bien. » Émilio ne se mêlait jamais à la conversation, il écoutait et regardait. Cette réserve aurait fait croire à beaucoup d'étrangers que le prince était un homme nul, comme ils l'imaginent des Italiens épris, tandis que c'était tout simplement un amant enfoncé dans sa jouissance jusqu'au cou. Vendramin s'assit à côté du prince, en face du Français, qui, en sa qualité d'étranger, garda sa place au coin opposé à celui qu'occupait la duchesse.

— Ce monsieur est ivre? dit le médecin à voix basse à l'oreille de la Massimilla en examinant Vendramin.

— Oui, répondit simplement la Cataneo.

Dans ce pays de la passion, toute passion porte son excuse avec elle, et il existe une adorable indulgence pour tous les écarts. La duchesse soupira profondément et laissa paraître sur son visage une expression de douleur contrainte.

— Dans notre pays, il se voit d'étranges choses, monsieur! Vendramin vit d'opium, celui-ci vit d'amour, celui-là s'enfonce dans la science, la plupart des jeunes gens riches s'amourachent d'une danseuse, les gens sages thésaurisent; nous nous faisons tous un bonheur ou une ivresse.

— Parce que vous voulez tous vous distraire d'une idée fixe qu'une révolution guérirait radicalement, reprit le médecin. Le Génois regrette sa république, le Milanais veut son indépendance, le Piémontais souhaite le gouvernement constitutionnel, le Romagnol désire la liberté...

— Qu'il ne comprend pas, dit la duchesse. Hélas! il est des pays assez insensés pour souhaiter votre stupide charte qui tue l'influence des femmes. La plupart de mes compatriotes veulent lire vos productions françaises, inutiles billevesées.

— Inutiles! s'écria le médecin.

— Hé! monsieur, reprit la duchesse, que trouve-t-on dans un livre qui soit meilleur que ce que nous avons au cœur! L'Italie est folle!

— Je ne vois pas qu'un peuple soit fou de vouloir être son maître, dit le médecin.

— Mon Dieu, répliqua vivement la duchesse, n'est-ce pas acheter au prix de bien du sang le droit de s'y disputer comme vous le faites pour de sottes idées.

— Vous aimez le despotisme! s'écria le médecin.

— Pourquoi n'aimerai-je pas un système de gouvernement qui, en nous ôtant les livres et la nauséabonde politique, nous laisse les hommes tout entiers.

— Je croyais les Italiens plus patriotes, dit le Français.

La duchesse se mit à rire si finement, que son interlocuteur ne sut plus distinguer la raillerie de la vérité, ni l'opinion sérieuse de la critique ironique.

— Ainsi, vous n'êtes pas libérale? dit-il.

— Dieu m'en préserve! fit-elle. Je ne sais rien de plus mauvais goût pour une femme que d'avoir une semblable opinion. Aimeriez-vous une femme qui porterait l'Humanité dans son cœur?

— Les personnes qui aiment sont naturellement aristocrates, dit en souriant le général autrichien.

— En entrant au théâtre, reprit le Français, je vous vis la première, et je dis à Son Excellence que s'il était donné à une femme de représenter un pays, c'était vous; il m'a semblé apercevoir le génie de l'Italie, mais je vois à regret que si vous en offrez la sublime forme, vous n'en avez pas l'esprit... constitutionnel, ajouta-t-il.

— Ne devez-vous pas, dit la duchesse en lui faisant signe de regarder le ballet, trouver nos danseurs détestables, et nos chanteurs exécrables! Paris et Londres nous volent tous nos grands talents, Paris les juge, et Londres les paie. Genovese, la Tinti, ne nous resteront pas six mois...

En ce moment, le général sortit. Vendramin, le prince et deux autres Italiens échangèrent alors un regard et un sourire en se montrant le médecin français. Chose rare chez un Français, il douta de lui-même en croyant avoir dit ou fait une incongruité, mais il eut bientôt le mot de l'énigme.

— Croyez-vous, lui dit Émilio, que nous serions prudents en parlant à cœur ouvert devant nos maîtres ?

— Vous êtes dans un pays esclave, dit la duchesse d'un son de voix et avec une attitude de tête qui lui rendirent tout à coup l'expression que lui déniait naguère le médecin. — Vendramin, dit-elle en parlant de manière à n'être entendue que de l'étranger, s'est mis à fumer de l'opium, maudite inspiration due à un Anglais qui, par d'autres raisons que les siennes, cherchait une mort voluptueuse ; non cette mort vulgaire à laquelle vous avez donné la forme d'un squelette, mais la mort parée des chiffons que vous nommez en France des drapeaux, et qui est une jeune fille couronnée de fleurs ou de lauriers ; elle arrive au sein d'un nuage de poudre, porté sur le vent d'un boulet, ou couchée sur un lit entre deux courtisanes ; elle s'élève encore de la fumée d'un bol de punch, ou des lutines vapeurs du diamant qui n'est encore qu'à l'état de charbon. Quand Vendramin le veut, pour trois livres autrichiennes, il se fait général vénitien, il monte les galères de la république, et va conquérir les coupoles dorées de Constantinople ; il se roule alors sur les divans du sérail, au milieu des femmes du sultan devenu le serviteur de sa Venise triomphante. Puis il revient, rapportant pour restaurer son palais les dépouilles de l'empire turc. Il passe des femmes de l'Orient aux intrigues doublement masquées de ses chères Vénitiennes, en redoutant les effets d'une jalousie qui n'existe plus. Pour trois *swansiks*, il se transporte au conseil des Dix, il en exerce la terrible judicature, s'occupe des plus graves affaires, et sort du palais ducal pour aller dans une gondole se coucher sous deux yeux de flamme, ou pour aller escalader un balcon auquel une main blanche a suspendu l'échelle de soie ; il aime une femme à qui l'opium donne une poésie que nous autres femmes de chair et d'os ne pouvons lui offrir. Tout à coup, en se retournant, il se trouve face à face avec le terrible visage du sénateur armé d'un poignard ; il entend le poignard glissant dans le cœur de sa maîtresse qui meurt en lui souriant, car elle le sauve ! elle est bien heureuse, dit la duchesse en regardant le prince. Il s'échappe et court commander les Dalmates, conquérir la côte illyrienne à sa belle Venise, où la gloire lui obtient sa grâce, où il goûte la vie domestique : un foyer, une soirée d'hiver, une jeune femme, des enfants pleins de grâce qui prient saint Marc sous la conduite d'une vieille bonne. Oui, pour trois livres d'opium il meuble notre arsenal vide, il voit partir et arriver des convois de marchandises envoyées ou demandées par les quatre parties du monde. La moderne puissance de l'industrie n'exerce pas ses prodiges à Londres, mais dans sa Venise, où se reconstruisent les jardins suspendus de Sémiramis, le temple de Jérusalem, les merveilles de Rome. Enfin il agrandit le Moyen-âge par le monde de la vapeur, par de nouveaux chefs-d'œuvre qu'enfantent les arts, protégés comme Venise les protégeait autrefois. Les monuments, les hommes, se pressent et tiennent dans son étroit cerveau, où les empires, les villes, les révolutions se déroulent et s'écroulent en peu d'heures, où Venise seule s'accroît et grandit; car la Venise de ses rêves a l'empire de la mer, deux millions d'habitants, le sceptre de l'Italie, la possession de la Méditerranée et les Indes!

— Quel opéra qu'une cervelle d'homme, quel abîme peu compris, par ceux mêmes qui en ont fait le tour, comme Gall, s'écria le médecin.

— Chère duchesse, dit Vendramin d'une voix caverneuse, n'oubliez pas le dernier service que me rendra mon élixir: Après avoir entendu des voix ravissantes, avoir saisi la musique par tous mes pores, avoir éprouvé de poignantes délices, et dénoué les plus chaudes amours du paradis de Mahomet, j'en suis aux images terribles. J'entrevois maintenant dans ma chère Venise des figures d'enfant contractées comme celles des mourants, des femmes couvertes d'horribles plaies, déchirées, plaintives; des hommes disloqués, pressés par les flancs cuivreux de navires qui s'entre-choquent. Je commence à voir Venise comme elle est, couverte de crêpes, nue, dépouillée, déserte. De pâles fantômes se glissent dans ses rues!... Déjà grimacent les soldats de l'Autriche, déjà ma belle vie rêveuse se rapproche de la vie réelle; tandis qu'il y a six mois c'était la vie réelle qui était le mauvais sommeil, et la vie de l'opium était ma vie d'amour et de voluptés, d'affaires graves et de haute politique. Hélas! pour mon malheur, j'arrive à l'aurore de la tombe, où le faux et le vrai se réunissent en de douteuses clartés qui ne sont ni le jour ni la nuit, et qui participent de l'un et de l'autre.

— Vous voyez qu'il y a trop de patriotisme dans cette tête, dit le prince en posant sa main sur les touffes de cheveux noirs qui se pressaient au-dessus du front de Vendramin.

— Oh! s'il nous aime, dit Massimilla, il renoncera bientôt à son triste opium.

— Je guérirai votre ami, dit le Français.

— Faites cette cure, et nous vous aimerons, dit Massimilla ; mais si vous ne nous calomniez point à votre retour en France, nous vous aimerons encore davantage. Pour être jugés, les pauvres Italiens sont trop énervés par de pesantes dominations; car nous avons connu la vôtre, ajouta-t-elle en souriant.

— Elle était plus généreuse que celle de l'Autriche, répliqua vivement le médecin.

— L'Autriche nous pressure sans rien nous rendre, et vous nous pressuriez pour agrandir et embellir nos villes, vous nous stimuliez en nous faisant des armées. Vous comptiez garder l'Italie, et ceux-ci croient qu'ils la perdront, voilà toute la différence. Les Autrichiens nous donnent un bonheur stupéfiant et lourd comme eux, tandis que vous nous écrasiez de votre dévorante activité. Mais mourir par les toniques, ou mourir par les narcotiques, qu'importe! n'est ce pas toujours la mort, monsieur le docteur?

— Pauvre Italie! elle est à mes yeux comme une belle femme à qui la France devrait servir de défenseur, en la prenant pour maîtresse, s'écria le médecin.

— Vous ne sauriez pas nous aimer à notre fantaisie, dit la duchesse en souriant. Nous voulons être libres, mais la liberté que je veux n'est pas votre ignoble et bourgeois libéralisme qui tuerait les Arts. Je veux, dit-elle d'un son de voix qui fit tressaillir toute la loge, c'est-à-dire, je voudrais que chaque république italienne renaquît avec ses nobles, avec son peuple et ses libertés spéciales pour chaque caste. Je voudrais les anciennes républiques aristocratiques avec leurs luttes intestines, avec leurs rivalités qui produisirent les plus belles œuvres de l'art, qui créèrent la politique, élevèrent les plus illustres maisons princières. Étendre l'action d'un gouvernement sur une grande surface de terre, c'est l'amoindrir. Les républiques italiennes ont été la gloire de l'Europe au Moyen-âge. Pourquoi l'Italie a-t-elle succombé, là où les Suisses, ses portiers, ont vaincu?

— Les républiques suisses, dit le médecin, étaient de bonnes femmes de ménage occupées de leurs petites affaires, et qui n'avaient rien à s'envier ; tandis que vos républiques étaient des souveraines orgueilleuses qui se sont vendues pour ne pas saluer leurs voisines ; elles sont tombées trop bas pour jamais se relever. Les Guelfes triomphent !

— Ne vous plaignez pas trop, dit la duchesse d'une voix orgueilleuse qui fit palpiter les deux amis, nous vous dominons toujours ! Du fond de sa misère, l'Italie règne par les hommes d'élite qui fourmillent dans ses cités. Malheureusement, la partie la plus considérable de nos génies arrive si rapidement à comprendre la vie, qu'ils s'ensevelissent dans une pénible jouissance ; quant à ceux qui veulent jouer au triste jeu de l'immortalité, ils savent bien saisir votre or et mériter votre admiration. Oui, dans ce pays, dont l'abaissement est déploré par de niais voyageurs et par des poëtes hypocrites, dont le caractère est calomnié par des politiques, dans ce pays qui paraît énervé, sans puissance, en ruines, vieilli plutôt que vieux, il se trouve en toute chose de puissants génies qui poussent de vigoureux rameaux, comme sur un ancien plant de vigne s'élancent des jets où viennent de délicieuses grappes. Ce peuple d'anciens souverains donne encore des rois qui s'appellent Lagrange, Volta, Rasori, Canova, Rossini, Bartolini, Galvani, Vigano, Beccaria, Cicognara, Corvetto. Ces Italiens dominent le point de la science humaine sur lequel ils se fixent, ou régentent l'art auquel ils s'adonnent. Sans parler des chanteurs, des cantatrices, et des exécutants qui imposent l'Europe par une perfection inouïe, comme Taglioni, Paganini, etc., l'Italie règne encore sur le monde, qui viendra toujours l'adorer. Allez ce soir à Florian, vous trouverez dans Capraja l'un de nos hommes d'élite, mais amoureux de l'obscurité ; nul, excepté le duc Cataneo, mon maître, ne comprend mieux que lui la musique ; aussi l'a-t-on nommé ici *il fanatico !*

Après quelques instants, pendant lesquels la conversation s'anima entre le Français et la duchesse, qui se montra finement éloquente, les Italiens se retirèrent un à un pour aller dire dans toutes les loges que la Cataneo, qui passait pour être *una donna di gran spirito*, avait battu, sur la question de l'Italie, un habile médecin français. Ce fut la nouvelle de la soirée. Quand le Français se vit seul entre le prince et la duchesse, il comprit qu'il fallait les laisser seuls, et sortit. Massimilla salua le médecin par une inclination de tête qui le mettait si loin d'elle, que ce geste aurait pu lui attirer la haine de cet homme, s'il eût pu méconnaître le charme de sa parole et de sa beauté. Vers la fin de l'Opéra, Émilio fut donc seul avec la Cataneo ; tous deux ils se prirent la main, et entendirent ainsi le duo qui termine *il Barbiere.*

— Il n'y a que la musique pour exprimer l'amour, dit la duchesse émue par ce chant de deux rossignols heureux.

Une larme mouilla les yeux d'Émilio, Massimilla, sublime de la beauté qui reluit dans la sainte Cécile de Raphaël, lui pressait la main, leurs genoux se touchaient, elle avait comme un baiser en fleur sur les lèvres. Le prince voyait sur les joues éclatantes de sa maîtresse un flamboiement joyeux pareil à celui qui s'élève par un jour d'été au-dessus des moissons dorées, il avait le cœur oppressé par tout son sang qui y affluait ; il croyait entendre un concert de voix angéliques, il aurait donné sa vie pour ressentir le désir que lui avait inspiré la veille, à pareille heure, la détestée Clarina ; mais il ne se sentait même pas avoir un corps. Cette larme, la Massimilla malheureuse l'attribua, dans son innocence, à la parole que venait de lui arracher la cavatine de Genovese.

— *Carino*, dit-elle à l'oreille d'Émilio, n'es-tu pas au-dessus des expressions amoureuses autant que la cause est supérieure à l'effet ?

Après avoir mis la duchesse dans sa gondole, Émilio attendit Vendramin pour aller à Florian.

Le café Florian est à Venise une indéfinissable institution. Les négociants y font leurs affaires, et les avocats y donnent des rendez-vous pour y traiter leurs consultations les plus épineuses. Florian est tout à la fois une Bourse, un foyer de théâtre, un cabinet de lecture, un club, un confessionnal, et convient si bien à la simplicité des affaires du pays, que certaines femmes vénitiennes ignorent complètement le genre d'occupations de leurs maris, car s'ils ont une lettre à faire, ils vont l'écrire à ce café. Naturellement les espions abondent à Florian, mais leur présence aiguise le génie vénitien, qui peut dans ce lieu exercer cette prudence autrefois si célèbre. Beaucoup de personnes passent toute leur journée à Florian ; enfin Florian est un tel besoin pour certaines gens, que pendant les entr'actes, ils quittent la loge de leurs amies pour y faire un tour et savoir ce qui s'y dit.

Tant que les deux amis marchèrent dans les petites rues de la Merceria, ils gardèrent le silence, car il y avait trop de compagnie ; mais, en débouchant sur la place Saint-Marc, le prince dit : — N'entrons pas encore au café, promenons-nous. J'ai à te parler.

Il raconta son aventure avec la Tinti, et la situation dans laquelle il se trouvait. Le désespoir d'Émilio parut à Vendramin si voisin de la folie, qu'il lui promit une guérison complète, s'il voulait lui donner carte blanche auprès de Massimilla. Cette espérance vint à propos pour empêcher Émilio de se noyer pendant la nuit; car, au souvenir de la cantatrice, il éprouvait une effroyable envie de retourner chez elle. Les deux amis allèrent dans le salon le plus reculé du café Florian y écouter cette conversation vénitienne qu'y tiennent quelques hommes d'élite, en résumant les événements du jour. Les sujets dominants furent d'abord la personnalité de lord Byron, de qui les Vénitiens se moquèrent finement; puis l'attachement de Cataneo pour la Tinti, dont les causes parurent inexplicables, après avoir été expliquées de vingt façons différentes; enfin le début de Genovese; puis la lutte entre la duchesse et le médecin français : et le duc Cataneo se présenta dans le salon au moment où la conversation devenait passionnément musicale. Il fit, ce qui ne fut pas remarqué tant la chose parut naturelle, un salut plein de courtoisie à Émilio, qui le lui rendit gravement. Cataneo chercha s'il y avait quelque personne de connaissance; il avisa Vendramin et le salua, puis il salua son banquier, patricien fort riche, et enfin celui qui parlait en ce moment, un mélomane célèbre, ami de la comtesse Albrizzi, et dont l'existence, comme celle de quelques habitués de Florian, était totalement inconnue, tant elle était soigneusement cachée : on n'en connaissait que ce qu'il en livrait à Florian.

C'était Capraja, le noble de qui la duchesse avait dit quelques mots au médecin français. Ce Vénitien appartenait à cette classe de rêveurs qui devinent tout par la puissance de leur pensée. Théoricien fantasque, il se souciait autant de renommée que d'une pipe cassée. Sa vie était en harmonie avec ses opinions. Capraja se montrait sous les procuraties vers dix heures du matin, sans qu'on sût d'où il vînt, il flânait dans Venise et s'y promenait en fumant des cigares. Il allait régulièrement à la Fenice, s'asseyait au parterre, et dans les entr'actes venait à Florian, où il prenait trois ou quatre tasses de café par jour; le reste de sa soirée s'achevait dans ce salon, qu'il quittait vers deux heures du matin. Douze cents francs satisfaisaient à tous ses besoins, il ne faisait qu'un seul repas chez un pâtissier de la Merceria qui lui tenait son dîner prêt à une certaine heure sur une petite table au fond de sa boutique; la fille du pâtissier lui accommodait elle-même des huîtres farcies, l'approvisionnait de cigares, et avait soin de son argent. D'après son conseil, cette pâtissière, quoique très-belle, n'écoutait aucun amoureux, vivait sagement, et conservait l'ancien costume des Vénitiennes. Cette Vénitienne pur-sang avait douze ans quand Capraja s'y intéressa, et vingt-six ans quand il mourut; elle l'aimait beaucoup, quoiqu'il ne lui eût jamais baisé la main, ni le front, et qu'elle ignorât complètement les intentions de ce pauvre vieux noble. Cette fille avait fini par prendre sur le patricien l'empire absolu d'une mère sur son enfant : elle l'avertissait de changer de linge; le lendemain, Capraja venait sans chemise, elle lui en donnait une blanche qu'il emportait et mettait le jour suivant. Il ne regardait jamais une femme, soit au théâtre, soit en se promenant. Quoique issu d'une vieille famille patricienne, sa noblesse ne lui paraissait pas valoir une parole; le soir après minuit, il se réveillait de son apathie, causait et montrait qu'il avait tout observé, tout écouté. Ce Diogène passif et incapable d'expliquer sa doctrine, moitié Turc, moitié Vénitien, était gros, court et gras; il avait le nez pointu d'un doge, le regard satyrique d'un inquisiteur, une bouche prudente quoique rieuse. A sa mort, on apprit qu'il demeurait, proche San-Benedetto, dans un bouge. Riche de deux millions dans les fonds publics de l'Europe, il en laissa les intérêts dus depuis le placement primitif fait en 1814, ce qui produisait une somme énorme, tant par l'augmentation du capital que par l'accumulation des intérêts. Cette fortune fut léguée à la jeune pâtissière.

— Genovese, disait-il, ira fort loin. Je ne sais s'il comprend la destination de la musique ou s'il agit par instinct, mais voici le premier chanteur qui m'ait satisfait. Je ne mourrai donc pas sans avoir entendu des roulades exécutées comme j'en ai souvent écouté dans certains songes au réveil desquels il me semblait voir voltiger les sons dans les airs. La roulade est la plus haute expression de l'art, c'est l'arabesque qui orne le plus bel appartement du logis : un peu moins, il n'y a rien; un peu plus, tout est confus. Chargée de réveiller dans votre âme mille idées endormies, elle s'élance, elle traverse l'espace en semant dans l'air ses germes qui, ramassés par les oreilles, fleurissent au fond du cœur. Croyez-moi, en faisant sa sainte Cécile, Raphaël a donné la priorité à la musique sur la poésie. Il a raison : la musique s'adresse au cœur, tandis que les écrits ne s'adressent qu'à l'intelligence; elle communique immédiatement ses idées à la manière des parfums. La voix du chanteur vient frapper en nous non pas la pensée, non pas les souvenirs de nos félicités, mais les éléments de la pensée, et fait mouvoir les principes mêmes de nos sensations. Il est déplorable que le vulgaire ait forcé les musiciens à plaquer leurs expressions sur des paroles, sur des intérêts factices ; mais il est vrai qu'ils ne seraient plus compris par la foule. La roulade est donc l'unique point laissé aux amis de la musique pure, aux amoureux de l'art tout nu. En entendant ce soir la dernière cavatine, je me suis cru convié par une belle fille qui par un seul regard m'a rendu jeune ; l'enchanteresse m'a mis une couronne sur la tête et m'a conduit à cette porte d'ivoire par où l'on entre dans les pays mystérieux de la Rêverie. Je dois à Genovese d'avoir quitté ma vieille enveloppe pour quelques moments, courts à la mesure des montres et bien longs par les sensations. Pendant un printemps embaumé par les roses, je me suis trouvé jeune, aimé !

— Vous vous trompez, *caro* Capraja, dit le duc. Il existe en musique un pouvoir plus magique que celui de la roulade.

— Lequel ? dit Capraja.

— L'accord de deux voix ou d'une voix et du violon, l'instrument dont l'effet se rapproche le plus de la voix humaine, répondit le duc. Cet accord parfait nous mène plus avant dans le centre de la vie sur le fleuve d'éléments qui ranime les voluptés et qui porte l'homme au milieu de la sphère lumineuse où sa pensée peut convoquer le monde entier. Il te faut encore un thème, Capraja, mais à moi le principe pur suffit ; tu veux que l'eau passe par les mille canaux du machiniste pour retomber en gerbes éblouissantes ; tandis que je me contente d'une eau calme et pure, mon œil parcourt une mer sans rides, je sais embrasser l'infini !

— Tais-toi, Cataneo, dit orgueilleusement Capraja. Comment, ne vois-tu pas la fée qui, dans sa course agile à travers une lumineuse atmosphère, y rassemble, avec le fil d'or de l'harmonie, les mélodieux trésors qu'elle nous jette en souriant ? N'as-tu jamais senti le coup de baguette magique avec laquelle elle dit à la Curiosité : Lève-toi ! La déesse se dresse radieuse du fond des abîmes du cerveau, elle court à ses cases merveilleuses, les effleure comme un organiste frappe ses touches. Soudain s'élancent les Souvenirs, ils apportent les roses du passé, conservées divinement et toujours fraîches. Notre jeune maîtresse revient et caresse de ses mains blanches des cheveux de jeune homme; le cœur trop plein déborde, on revoit les rives fleuries des torrents de l'amour. Tous les buissons ardents de la jeunesse flambent et redisent leurs mots divins jadis entendus et compris ! Et la voix roule, elle resserre dans ses évolutions rapides ces horizons fuyants, elle les amoindrit; ils disparaissent éclipsés par de nouvelles, par de plus profondes joies, celles d'un avenir inconnu que la fée montre du doigt en s'enfuyant dans son ciel bleu.

— Et toi, répondit Cataneo, n'as-tu donc jamais vu la lueur directe d'une étoile t'ouvrir les abîmes supérieurs, et n'as-tu jamais monté sur ce rayon qui vous emporte dans le ciel au milieu des principes qui meuvent les mondes ?

Pour tous les auditeurs, le duc et Capraja jouaient un jeu dont les conditions n'étaient pas connues.

— La voix de Genovese s'empare des fibres, dit Capraja.

— Et celle de la Tinti s'attaque au sang, répondit le duc.

— Quelle paraphrase de l'amour heureux dans cette cavatine ! reprit Capraja. Ah ! il était jeune, Rossini, quand il écrivit ce thème pour le plaisir qui bouillonne ! Mon cœur s'est empli de sang frais, mille désirs ont pétillé dans mes veines. Jamais sons plus angéliques ne m'ont mieux dégagé de mes liens corporels, jamais la fée n'a montré de plus beaux bras, n'a souri plus amoureusement, n'a mieux relevé sa tunique jusqu'à mi-jambe, en me levant le rideau sous lequel se cache mon autre vie.

— Demain, mon vieil ami, répondit le duc, tu monteras sur le dos d'un cygne éblouissant qui te montrera la plus riche terre, tu verras le printemps comme le voient les enfants. Ton cœur recevra la lumière sidérale d'un soleil nouveau, tu te coucheras sur une soie rouge, sous les yeux d'une madone, tu seras comme un amant heureux mollement caressé par une Volupté dont les pieds nus se voient encore et qui va disparaître. Le cygne sera la voix de Genovese s'il peut s'unir à sa Léda, la voix de la Tinti. Demain l'on nous donne *Mosè*, le plus immense opéra qu'ait enfanté le plus beau génie de l'Italie.

Chacun laissa causer le duc et Capraja, ne voulant pas être la dupe d'une mystification; Vendramin seul et le médecin français les écoutèrent pendant quelques instants. Le fumeur d'opium entendait cette poésie, il avait la clef du palais où se promenaient ces deux imaginations voluptueuses. Le médecin cherchait à comprendre et comprit ; car il appartenait à cette pléiade de beaux génies de l'École de Paris, d'où le vrai médecin sort aussi profond métaphysicien que puissant analyste.

— Tu les entends ? dit Émilio à Vendramin en sortant du café vers deux heures du matin.

— Oui, cher Émilio, lui répondit Vendramin en l'emmenant chez lui. Ces deux hommes appartiennent à la légion des esprits purs qui peuvent se dépouiller ici-bas de leurs larves de chair, et qui savent voltiger à cheval sur le corps de la reine des sorcières, dans les cieux d'azur où se déploient les sublimes merveilles de la vie morale : ils vont dans l'Art là où te conduit ton extrême amour, là où me mène l'opium. Ils ne peuvent plus être entendus que par leurs pairs. Moi de qui l'âme est exaltée par un triste moyen, moi qui fais tenir cent ans d'existence en une seule nuit, je puis entendre ces grands esprits quand ils parlent du pays magnifique appelé le pays des chimères par ceux qui se nomment sages, appelé le pays des réalités par nous autres, qu'on nomme fous. Eh ! bien, le duc et Capraja, qui se sont jadis connus à Naples, où est né Cataneo, sont fous de musique.

— Mais quel singulier système Capraja voulait-il expliquer à Cataneo, demanda le prince ? Toi qui comprends tout, l'as-tu compris ?

— Oui, dit Vendramin. Capraja s'est lié avec un musicien de Crémone, logé au palais Capello, lequel musicien croit que les sons rencontrent en nous-mêmes une substance analogue à celle qui engendre les phénomènes de la lumière, et qui chez nous produit les idées. Selon lui, l'homme a des touches intérieures que les sons affectent, et qui correspondent à nos centres nerveux d'où s'élancent nos sensations et nos idées ! Capraja, qui voit dans les arts la collection des moyens par lesquels l'homme peut mettre en lui-même la nature extérieure d'accord avec une merveilleuse nature, qu'il nomme la vie intérieure, a partagé les idées de ce facteur d'instruments qui fait en ce moment un opéra. Imagine une création sublime où les merveilles de la création visible sont reproduites avec un grandiose, une légèreté, une rapidité, une étendue incommensurables, où les sensations sont infinies, et où peuvent pénétrer certaines organisations privilégiées qui possèdent une divine puissance, tu auras alors une idée des jouissances extatiques dont parlaient Cataneo et Capraja, poètes pour eux seuls. Mais aussi, dès que dans les choses de la nature morale, un homme vient à dépasser la sphère où s'enfantent les œuvres plastiques par les procédés de l'imitation, pour entrer dans le royaume tout spirituel des abstractions où tout se contemple dans son principe et s'aperçoit dans l'omnipotence des résultats, cet homme n'est-il plus compris par les intelligences ordinaires.

— Tu viens d'expliquer mon amour pour la Massimilla, dit Émilio. Cher, il est en moi-même une puissance qui se réveille au feu de ses regards, à son moindre contact, et me jette en un monde de lumière où se développent des effets dont je n'osais te parler. Il m'a souvent semblé que le tissu délicat de sa peau empreignît des fleurs sur la mienne quand sa main se pose sur ma main. Ses paroles répondent en moi à ces touches intérieures dont tu parles. Le désir soulève mon crâne en y remuant ce monde invisible au lieu de soulever mon corps inerte ; et l'air devient alors rouge et pétille, des parfums inconnus et d'une force inexprimable détendent mes nerfs, des roses me tapissent les parois de la tête, et il me semble que mon sang s'écoule par toutes mes artères ouvertes, tant ma langueur est complète.

— Ainsi fait mon opium fumé, répondit Vendramin.

— Tu veux donc mourir ? dit avec terreur Émilio.

— Avec Venise, fit Vendramin en étendant la main vers Saint-Marc. Vois-tu un seul de ces clochetons et de ces aiguilles qui soit droit ? Ne comprends-tu pas que la mer va demander sa proie ?

Le prince baissa la tête et n'osa parler d'amour à son ami. Il faut voyager chez les nations conquises pour savoir ce qu'est une patrie libre. En arrivant au palais Vendramini, le prince et Marco virent une gondole arrêtée à la porte d'eau. Le prince prit alors Vendramin par la taille, et le serra tendrement en lui disant : — Une bonne nuit, cher.

— Moi, une femme, quand je couche avec Venise ! s'écria Vendramin.

En ce moment, le gondolier appuyé contre une colonne regarda les deux amis, reconnut celui qui lui avait été signalé, et dit à l'oreille du prince : — La duchesse, monseigneur.

Émilio sauta dans la gondole où il fut enlacé par des bras de fer, mais souples, et attiré sur les coussins où il sentit le sein palpitant d'une femme amoureuse. Aussitôt le prince ne fut plus Émilio, mais l'amant de la Tinti, car ses sensations furent si étourdissantes, qu'il tomba comme stupéfié par le premier baiser.

— Pardonne-moi cette tromperie, mon amour, lui dit la Sicilienne. Je meurs si je ne t'emmène !

Et la gondole vola sur les eaux discrètes.

Le lendemain soir, à sept heures et demie, les spectateurs étaient à leurs mêmes places au théâtre, à l'exception des personnes du parterre qui s'asseyent toujours au hasard. Le vieux Capraja se trouvait dans la loge de Cataneo. Avant l'ouverture, le duc vint faire une visite à la duchesse ; il affecta de se tenir près d'elle et de laisser Émilio sur le devant de la loge, à côté de Massimilla. Il dit quelques phrases insignifiantes, sans sarcasmes, sans amertume, et d'un air aussi poli que s'il se fût agi d'une visite à une étrangère. Malgré ses efforts pour paraître aimable et naturel, le prince ne put changer sa physionomie, qui était horriblement soucieuse. Les indifférents durent attribuer à la jalousie une si forte altération dans des traits, habituellement calmes. La duchesse partageait sans doute les émotions d'Émilio, elle montrait un front morne, elle était visiblement abattue. Le duc, très-embarrassé entre ces deux bouderies, profita de l'entrée du Français pour sortir.

— Monsieur, dit Cataneo à son médecin avant de laisser retomber la portière de la loge, vous allez entendre un immense poème musical assez difficile à comprendre du premier coup ; mais je vous laisse auprès de madame la duchesse, qui, mieux que personne, peut l'interpréter, car elle est mon élève.

Le médecin fut frappé comme le duc de l'expression peinte sur le visage des deux amants, et qui annonçait un désespoir maladif.

— Un opéra italien a donc besoin d'un cicérone ? dit-il à la duchesse en souriant.

Ramenée par cette demande à ses obligations de maîtresse de loge, la duchesse essaya de chasser les nuages qui pesaient sur son front, et répondit en saisissant avec empressement un sujet de conversation où elle pût déverser son irritation intérieure.

— Ce n'est pas un opéra, monsieur, répondit-elle, mais un oratorio, œuvre qui ressemble effectivement à l'un de nos plus magnifiques édifices, et où je vous guiderai volontiers. Croyez-moi, ce ne sera pas trop que d'accorder à notre grand Rossini toute votre intelligence, car il faut être à la fois poète et musicien pour comprendre la portée d'une pareille musique. Vous appartenez à une nation dont la langue et le génie sont trop positifs pour qu'elle puisse entrer de plain-pied dans la musique; mais la France est aussi trop compréhensive pour ne pas finir par l'aimer, par la cultiver, et vous y réussirez comme en toute chose. D'ailleurs, il faut reconnaître que la musique comme l'ont créée Lulli, Rameau, Haydn, Mozart, Beethoven, Cimarosa, Paësiello, Rossini, comme la continueront de beaux génies à venir, est un art nouveau, inconnu aux générations passées, lesquelles n'avaient pas autant d'instruments que nous en possédons maintenant, et qui ne savaient rien de l'harmonie sur laquelle aujourd'hui s'appuient les fleurs de la mélodie, comme sur un riche terrain. Un art si neuf exige des études chez les masses, études qui développeront le sentiment auquel s'adresse la musique. Ce sentiment existe à peine chez vous, peuple occupé de théories philosophiques, d'analyse, de discussions, et toujours troublé par des divisions intestines. La musique moderne, qui veut une paix profonde, est la langue des âmes tendres, amoureuses, enclines à une noble exaltation intérieure. Cette langue, mille fois plus riche que celle des mots, est au langage ce que la pensée est à la parole; elle réveille les sensations et les idées sour leur forme même, là où chez nous naissent les idées et les sensations, mais en les laissant ce qu'elles sont chez chacun. Cette puissance sur notre intérieur est une des grandeurs de la musique. Les autres arts imposent à l'esprit des créations définies, la musique est infinie dans les siennes. Nous sommes obligés d'accepter les idées du poète, le tableau du peintre, la statue du sculpteur; mais chacun de nous interprète la musique au gré de sa douleur ou de sa joie, de ses espérances ou de son désespoir. Là où les autres arts cerclent nos pensées en les fixant sur une chose déterminée, la musique les déchaîne sur la nature entière qu'elle a le pouvoir de nous exprimer. Vous allez voir comment je comprends le Moïse de Rossini !

Elle se pencha vers le médecin afin de pouvoir lui parler et de n'être entendue que de lui.

— Moïse est le libérateur d'un peuple esclave ! lui dit-elle, souvenez-vous de cette pensée, et vous verrez avec quel religieux espoir la Fenice tout entière écoutera la prière des Hébreux délivrés, et par quel tonnerre d'applaudissements elle y répondra !

Émilio se jeta dans le fond de la loge au moment où le chef d'orchestre leva son archet. La duchesse indiqua du doigt au médecin la place abandonnée par le prince pour qu'il la prît. Mais le Français était plus intrigué de connaître ce qui s'était passé entre les deux amants que d'entrer dans le palais musical élevé par l'homme que l'Italie entière applaudissait alors, car alors Rossini triomphait dans son propre pays. Le Français observa la duchesse, qui parla sous l'empire d'une agitation nerveuse et lui rappela la Niobé qu'il venait d'admirer à Florence : même noblesse dans la douleur, même impassibilité physique ; cependant l'âme jetait un reflet dans le chaud coloris de son teint, et ses yeux, où s'éteignit la langueur sous une expression fière, séchaient leurs larmes par un feu violent. Ses douleurs contenues se calmaient quand elle regardait Émilio, qui la tenait sous un regard fixe. Certes, il était facile de voir qu'elle voulait attendrir un désespoir farouche. La situation de son cœur imprima je ne sais quoi de grandiose à son esprit. Comme la plupart des femmes, quand elles sont pressées par une exaltation extraordinaire, elle sortit de ses limites habituelles et eut quelque chose de la Pythonisse, tout en demeurant noble et grande, car ce fut la forme de ses idées et non sa figure qui se tordit désespérément. Peut-être voulait-elle briller de tout son esprit pour donner de l'attrait à la vie et y retenir son amant.

Quand l'orchestre eut fait entendre les trois accords en *ut* majeur que le maître a placés en tête de son œuvre pour faire comprendre que son ouverture sera chantée, car la véritable ouverture est le vaste thème parcouru depuis cette brusque attaque jusqu'au moment où la lumière apparaît au commandement de Moïse, la duchesse ne put réprimer un mouvement convulsif qui prouvait combien cette musique était en harmonie avec sa souffrance cachée.

—Comme ces trois accords vous glacent ! dit-elle. On s'attend à de la douleur. Écoutez attentivement cette introduction, qui a pour sujet la terrible élégie d'un peuple frappé par la main de Dieu. Quels gémissements ! Le roi, la reine, leur fils aîné, les grands, tout le peuple soupire ; ils sont atteints dans leur orgueil, dans leurs conquêtes, arrêtés dans leur avidité. Cher Rossini, tu as bien fait de jeter cet os à ronger aux *tedeschi*, qui nous refusaient le don de l'harmonie et la science ! Vous allez entendre la sinistre mélodie que le maître a fait rendre à cette profonde composition harmonique, comparable à ce que les Allemands ont de plus compliqué, mais d'où il ne résulte ni fatigue ni ennui pour nos âmes. Vous autres Français, qui avez accompli naguère la plus sanglante des révolutions, chez qui l'aristocratie fut écrasée sous la patte du lion populaire, le jour où cet oratorio sera exécuté chez vous, vous comprendrez cette magnifique plainte des victimes d'un Dieu qui venge son peuple. Un Italien pouvait seul écrire ce thème fécond, inépuisable et tout dantesque. Croyez-vous que ce ne soit rien que de rêver la vengeance pendant un moment? Vieux maîtres allemands, Hændel, Sébastien Bach, et toi-même, Beethoven, à genoux, voici la reine des arts, voici l'Italie triomphante!

La duchesse avait pu dire ces paroles pendant le lever du rideau. Le médecin entendit alors la sublime symphonie par laquelle le compositeur a ouvert cette vaste scène biblique. Il s'agit de la douleur de tout un peuple. La douleur est une dans son expression, surtout quand il s'agit de souffrances physiques. Aussi, après avoir instinctivement deviné, comme tous les hommes de génie, qu'il ne devait y avoir aucune variété dans les idées, le musicien, une fois sa phrase capitale trouvée, l'a-t-il promenée de tonalités en tonalités, en groupant les masses et ses personnages sur ce motif par des modulations et par des cadences d'une admirable souplesse. La puissance se reconnaît à cette simplicité. L'effet de cette phrase, qui peint les sensations du froid et de la nuit chez un peuple incessamment baigné par les ondes lumineuses du soleil, et que le peuple et ses rois répètent, est saisissant. Ce lent mouvement musical a je ne sais quoi d'impitoyable. Cette phrase fraîche et douloureuse est comme une barre tenue par quelque bourreau céleste qui la fait tomber sur les membres de tous ces patients par temps égaux. A force de l'entendre allant d'*ut* mineur en *sol* mineur, rentrant en *ut* pour revenir à la dominante *sol*, et reprendre en *fortissime* sur la tonique *mi* bémol, arriver en *fa* majeur et retourner en *ut* mineur, toujours de plus en plus chargée de terreur, de froid et de ténèbres, l'âme du spectateur finit par s'associer aux impressions exprimées par le musicien. Aussi le Français éprouva-t-il la plus vive émotion quand arriva l'explosion de toutes ces douleurs réunies qui crient :

O nume d'Israël!
Se brami in libertà
Il popol tuo fedel
Di lui, di noi pietà,

(O Dieu d'Israël, si tu veux que ton peuple fidèle sorte d'esclavage, daigne avoir pitié de lui et de nous!)

— Jamais il n'y eut une si grande synthèse des effets naturels, une idéalisation si complète de la nature. Dans les grandes infortunes nationales, chacun se plaint longtemps séparément ; puis il se détache sur la masse, çà et là, des cris de douleur plus ou moins violents ; enfin, quand la misère a été sentie par tous, elle éclate comme une tempête. Une fois entendus sur leur plaie commune, les peuples changent alors leurs cris sourds en des cris d'impatience. Ainsi a procédé Rossini. Après l'explosion en *ut* majeur, le Pharaon chante son sublime récitatif de : *Mano ultrice di un dio!* (Dieu vengeur, je te reconnais trop tard!) Le thème primitif prend alors un accent plus vif : l'Égypte entière appelle Moïse à son secours.

La duchesse avait profité de la transition nécessitée par l'arrivée de Moïse et d'Aaron pour expliquer ainsi ce beau morceau.

— Qu'ils pleurent, ajouta-t-elle passionnément, ils ont fait bien des maux. Expiez, Égyptiens, expiez les fautes de votre cour insensée ! Avec quel art ce grand peintre a su employer toutes les couleurs brunes de la musique et tout ce qu'il y a de tristesse sur la palette musicale? Quelles froides ténèbres ! quelles brumes ! N'avez-vous pas l'âme en deuil? n'êtes-vous pas convaincu de la réalité des nuages noirs qui couvrent la scène? Pour vous, les ombres les plus épaisses n'enveloppent-elles pas la nature? Il n'y a ni palais égyptiens, ni palmiers, ni paysages. Aussi quel bien ne vous feront-elles pas à l'âme, les notes profondément religieuses du médecin céleste qui va guérir cette cruelle plaie? Comme tout est gradué pour arriver à cette magnifique invocation de Moïse à Dieu ! Par un savant calcul dont les analogies vous seront expliquées par Capraja, cette invocation n'est accompagnée que par les cuivres. Ces instruments donnent à ce morceau sa grande couleur religieuse. Non-seulement cet artifice est admirable ici, mais encore voyez combien le génie est fertile en ressources. Rossini a tiré des beautés neuves de l'obstacle qu'il se créait. Il a pu réserver les instruments à cordes pour exprimer le jour quand il va succéder aux ténèbres, et arriver ainsi à l'un des plus puissants effets connus en musique. Jusqu'à cet inimitable génie, avait-on jamais tiré un pareil parti du récitatif? il n'y a pas encore un air ni un duo. Le poète s'est soutenu par la force de la pensée, par la vigueur des images, par la vérité de sa déclamation. Cette scène de douleur, cette nuit profonde, ces cris de désespoir, ce tableau musical, est beau comme le Déluge de votre grand Poussin.

Moïse agita sa baguette, le jour parut.

— Ici, monsieur, la musique ne lutte-t-elle pas avec le soleil dont elle a emprunté l'éclat, avec la nature entière dont elle rend les phénomènes dans les plus légers détails? reprit la duchesse à voix basse. Ici, l'art atteint à son apogée, aucun musicien n'ira plus loin. Entendez-vous l'Égypte se réveillant après ce long engourdissement? Le bonheur se glisse partout avec le jour. Dans quelle œuvre ancienne ou contemporaine rencontrerez-vous une si grande page? la plus splendide joie opposée à la plus profonde tristesse? Quels cris! quelles notes sautillantes! comme l'âme oppressée respire, quel délire, que *tremolo* dans cet orchestre, le beau *tutti*. C'est la joie d'un peuple sauvé! Ne tressaillez-vous pas de plaisir?

Le médecin, surpris par ce contraste, un des plus magnifiques de la musique moderne, battit des mains, emporté par son admiration.

— Bravo la Doni! fit Vendramin qui avait écouté.

— L'introduction est finie, reprit la duchesse. Vous venez d'éprouver une sensation violente, dit-elle au médecin; le cœur vous bat, vous avez vu dans les profondeurs de votre imagination le plus beau soleil inondant de ses torrents de lumière tout un pays, morne et froid naguère. Sachez maintenant comment s'y est pris le musicien, afin de pouvoir l'admirer demain dans les secrets de son génie après en avoir aujourd'hui subi l'influence. Que croyez-vous que soit ce morceau du lever du soleil, si varié, si brillant, si complet? Il consiste dans un simple accord d'*ut*, répété sans cesse, et auquel Rossini n'a mêlé qu'un accord de quart de sixte. En ceci, éclate la magie de son faire. Il a procédé, pour vous peindre l'arrivée de la lumière, par le même moyen qu'il employait pour vous peindre les ténèbres et la douleur. Cette aurore en images est absolument pareille à une aurore naturelle. La lumière est une seule et même substance, partout semblable à elle-même, et dont les effets ne sont variés que par les objets qu'elle rencontre, n'est-ce pas? Eh! bien, le musicien a choisi pour la base de sa musique un unique motif, un simple accord d'*ut*. Le soleil apparaît d'abord et verse ses rayons sur les cimes, puis de là dans les vallées. De même l'accord poind sur la première corde des premiers violons avec une douceur boréale, il se répand dans l'orchestre, il y anime un à un tous les instruments, il s'y déploie. Comme la lumière va colorant de proche en proche les objets, il va réveillant chaque source d'harmonie jusqu'à ce que toutes ruissellent dans le *tutti*. Les violons, que vous n'aviez pas encore entendus, ont donné le signal par leur doux *tremolo*, vaguement agité comme les premières ondes lumineuses. Ce joli, ce gai mouvement presque lumineux qui vous a caressé l'âme, l'habile musicien l'a plaqué d'accords de basse, par une fanfare indécise des cors contenus dans leurs notes les plus sourdes, afin de vous bien peindre les dernières ombres fraîches qui teignent les vallées pendant que les premiers feux se jouent dans les cimes. Puis les instruments à vent s'y sont mêlés doucement en renforçant l'accord général. Les voix s'y sont unies par des soupirs d'allégresse et d'étonnement. Enfin les cuivres ont résonné brillamment, les trompettes ont éclaté ! La lumière, source d'harmonie, a inondé la nature, toutes les richesses musicales se sont alors étalées avec une violence, avec un éclat pareils à ceux des rayons du soleil oriental. Il n'y a pas jusqu'au triangle dont l'*ut* répété ne vous ait rappelé le chant des oiseaux au matin par ses accents aigus et ses agaceries lutines. La même tonalité, retournée par cette main magistrale, exprime la joie de la nature entière en calmant la douleur qui vous navrait naguère. Là est le cachet du grand maître : l'unité ! C'est un et varié. Une seule phrase et mille sentiments de douleur, les misères d'une nation ; un seul accord et tous les accidents de la nature à son réveil, toutes les expressions de la joie d'un peuple. Ces deux immenses pages sont soudées par un appel au Dieu toujours vivant, auteur de toutes choses, de cette douleur comme de cette joie. A elle seule, cette introduction n'est-elle pas un grand poème ?

— C'est vrai, dit le Français.

— Voici maintenant un quintetto comme Rossini en sait faire; si jamais il a pu se laisser aller à la douce et facile volupté qu'on reproche à notre musique, n'est-ce pas dans ce joli morceau où chacun doit exprimer son allégresse, où le peuple esclave est délivré, et où cependant va soupirer un amour en danger. Le fils du Pharaon aime une Juive, et cette Juive le quitte. Ce qui rend ce quintette une chose délicieuse et ravissante, est un retour aux émotions ordinaires de la vie, après la peinture grandiose des deux plus immenses scènes nationales et naturelles, la misère, le bonheur, encadrées par la magie que leur prêtent la vengeance divine et le merveilleux de la Bible.

— N'avais-je pas raison ? dit en continuant la duchesse au Français quand fut finie la magnifique strette de

> *Voci di giubilo*
> *D'in'orno echeggino,*
> *Di pace l'Iride*
> *Per noi spuntò*

(Que des cris d'allégresse retentissent autour de nous, l'astre de la paix répand pour nous sa clarté.)

— Avec quel art le compositeur n'a-t-il pas construit ce morceau?... reprit-elle après une pause pendant laquelle elle attendit une réponse, il l'a commencé par un solo de cor d'une suavité divine, soutenu par des arpéges de harpes, car les premières voix qui s'élèvent dans ce grand concert sont celles de Moïse et d'Aaron qui remercient le vrai Dieu ; leur chant doux et grave rappelle les idées sublimes de l'invocation et s'unit néanmoins à la joie du peuple profane. Cette transition a quelque chose de céleste et de terrestre à la fois que le génie seul sait trouver, et qui donne à l'andante du quintetto une couleur que je comparerais à celle que Titien met autour de ses personnages divins. Avez-vous remarqué le ravissant enchâssement des voix ? Par quelles habiles entrées le compositeur ne les a-t-il pas groupées sur les charmants motifs chantés par l'orchestre ? Avec quelle science il a préparé les fêtes de son allégro ! N'avez-vous pas entrevu les chœurs dansants, les rondes folles de tout un peuple échappé au danger ? Et quand la clarinette a donné le signal de la strette *Voci di giubilo*, si brillante, si animée, votre âme n'a-t-elle pas éprouvé cette sainte pyrrhique dont parle le roi David dans ses psaumes, et qu'il prête aux collines ?

— Oui, cela ferait un charmant air de contredanse ! dit le médecin.

— Français ! Français ! toujours Français ! s'écria la duchesse atteinte au milieu de son exaltation par ce trait piquant. Oui, vous êtes capable d'employer ce sublime élan, si gai, si noblement pimpant, à vos rigodons. Une sublime poésie n'obtient jamais grâce à vos yeux. Le génie le plus élevé, les saints, les rois, les infortunes, tout ce qu'il y a de sacré doit passer par les verges de votre caricature. La vulgarisation des grandes idées par vos airs de contredanse est la caricature en musique. Chez vous l'esprit tue l'âme, comme le raisonnement y tue la raison.

La loge entière resta muette pendant le récitatif d'Osiride et de Membré qui complotent de rendre inutile l'ordre du départ donné par le Pharaon en faveur des Hébreux.

— Vous ai-je fâchée? dit le médecin à la duchesse, j'en serais au désespoir. Votre parole est comme une baguette magique, elle ouvre des cases dans mon cerveau et en fait sortir des idées nouvelles, animées par ces chants sublimes.

— Non, dit-elle. Vous avez loué notre grand musicien à votre manière. Rossini réussira chez vous, je le vois, par ses côtés spirituels et sensuels. Espérons en quelques âmes nobles et amoureuses de l'idéal qui doivent se trouver dans votre fécond pays et qui apprécieront l'élévation, le grandiose d'une telle musique. Ah! voici le fameux duo entre Elcia et Osiride, reprit-elle en profitant du temps que lui donna la triple salve d'applaudissements par laquelle le parterre salua la Tinti qui faisait sa première entrée. Si la Tinti a bien compris le rôle d'Elcia, vous allez entendre les chants sublimes d'une femme à la fois déchirée par l'amour de la patrie et par un amour pour un de ses oppresseurs, tandis qu'Osiride, possédé d'une passion frénétique pour sa belle conquête, s'efforce de la conserver. L'opéra repose autant sur cette grande idée, que sur la résistance des Pharaons à la puissance de Dieu et de la liberté, vous devez vous y associer sous peine de ne rien comprendre à cette œuvre immense. Malgré la défaveur avec laquelle vous acceptez les inventions de nos poëtes de livrets, permettez-moi de vous faire remarquer l'art avec lequel ce drame est construit. L'antagonisme nécessaire à toutes les belles œuvres, et si favorable au développement de la musique, s'y trouve. Quoi de plus riche qu'un peuple voulant sa liberté, retenu dans les fers par la mauvaise foi, soutenu par Dieu, entassant prodiges sur prodiges pour devenir libre? Quoi de plus dramatique que l'amour du prince pour une Juive, et qui justifie presque les trahisons du pouvoir oppresseur? Voilà pourtant tout ce qu'exprime ce hardi, cet immense poëme musical, où Rossini a su conserver à chaque peuple sa nationalité fantastique, car nous leur avons prêté des grandeurs historiques auxquelles ont consenti toutes les imaginations. Les chants des Hébreux et leur confiance en Dieu sont constamment en opposition avec les cris de rage et les efforts du Pharaon peint dans toute sa puissance. En ce moment Osiride, tout à l'amour, espère retenir sa maîtresse par le souvenir de toutes les douceurs de la passion, il veut l'emporter sur les charmes de la patrie. Aussi reconnaîtrez-vous les langueurs divines, les ardentes douceurs, les tendresses, les souvenirs voluptueux de l'amour oriental dans le :

Ah! se puoi cosi lasciarmi.

(Si tu as le courage de me quitter, brise-moi le cœur.) d'Osiride, et dans la réponse d'Elcia :

Ma perchè cosi straziarmi.

(Pourquoi me tourmenter ainsi, quand ma douleur est affreuse?)

— Non, deux cœurs si mélodieusement unis ne sauraient se séparer, dit-elle en regardant le prince. Mais voilà ces amants tout à coup interrompus par la triomphante voix de la patrie qui tonne dans le lointain et qui rappelle Elcia. Quel divin et délicieux allégro que ce motif de la marche des Hébreux allant au désert! Il n'y a que Rossini pour faire dire tant de choses à des clarinettes et à des trompettes! Un art qui peut peindre en deux phrases tout ce qu'est la patrie, n'est-il donc pas plus voisin du ciel que les autres. Cet appel m'a toujours trop ému pour que je vous dise ce qu'il y a de cruel, pour ceux qui sont esclaves et enchaînés, à voir partir des gens libres!

La duchesse eut ses yeux mouillés en entendant le magnifique motif qui domine en effet l'opéra.

— *Dov'è mai quel core amante* (Quel cœur aimant ne partagerait mes angoisses), reprit-elle en italien quand la Tinti entama l'admirable cantilène de la strette où elle demande pitié pour ses douleurs. Mais que se passe-t-il? le parterre murmure.

— Genovese brame comme un cerf, dit le prince.

Ce duetto, le premier que chantait la Tinti était en effet troublé par la déroute complète de Genovese. Dès que le ténor chanta de concert avec la Tinti, sa belle voix changea. Sa méthode si sage, cette méthode qui rappelait à la fois Crescentini et Veluti, il semblait l'oublier à plaisir. Tantôt une tenue hors de propos, un agrément trop prolongé, gâtaient son chant. Tantôt des éclats de voix sans transition, le son lâché comme une eau à laquelle on ouvre une écluse, accusaient un oubli complet et volontaire des lois du goût. Aussi le parterre fut-il démesurément agité. Les Vénitiens crurent à quelque pari entre Genovese et ses camarades. La Tinti rappelée fut applaudie avec fureur, et Genovese reçut quelques avis qui lui apprirent les dispositions hostiles du parterre. Pendant la scène, assez comique pour un Français, des rappels continuels de la Tinti, qui revint onze fois recevoir seule les applaudissements frénétiques de l'assemblée, car Genovese presque sifflé, n'osa lui donner la main, le médecin fit à la duchesse une observation sur la strette du duo.

— Rossini devait exprimer là, dit-il, la plus profonde douleur, et j'y trouve une allure dégagée, une teinte de gaieté hors de propos.

— Vous avez raison, répondit la duchesse. Cette faute est l'effet d'une de ces tyrannies auxquelles doivent obéir nos compositeurs. Il a songé plus à sa prima donna qu'à Elcia quand il a écrit cette strette. Mais aujourd'hui la Tinti l'exécuterait encore plus brillamment, je suis si bien dans la situation, que ce passage trop gai est pour moi rempli de tristesse.

Le médecin regarda tour à tour et attentivement le prince et la duchesse, sans pouvoir deviner la raison qui les séparait et qui avait rendu ce duo déchirant pour eux. Massimilla baissa la voix et s'approcha de l'oreille du médecin.

— Vous allez entendre une magnifique chose, la conspiration du Pharaon contre les Hébreux. L'air majestueux de *A rispettar mi apprenda* (qu'il apprenne à me respecter) est le triomphe de Carthagenova qui va vous rendre à merveille l'orgueil blessé, la duplicité des cours. Le trône va parler : les concessions faites, il les retire, il arme sa colère. Pharaon va se dresser sur ses pieds pour s'élancer sur une proie qui lui échappe. Jamais Rossini n'a rien écrit d'un si beau caractère, ni qui soit empreint d'une si abondante, d'une si forte verve! C'est une œuvre complète, soutenue par un accompagnement d'un merveilleux travail, comme les moindres choses de cet opéra où la puissance de la jeunesse étincelle dans les plus petits détails.

Les applaudissements de toute la salle couronnèrent cette belle conception, qui fut admirablement rendue par le chanteur et surtout bien comprise par les Vénitiens.

— Voici le finale, reprit la duchesse. Vous entendez de nouveau cette marche inspirée par le bonheur de la délivrance, et par la foi en Dieu qui permet à tout un peuple de s'enfoncer joyeusement dans le désert ! Quels poumons ne seraient rafraîchis par les élans célestes de ce peuple au sortir de l'esclavage. Ah ! chères et vivantes mélodies ! Gloire au beau génie qui a su rendre tant de sentiments. Il y a je ne sais quoi de guerrier dans cette marche qui dit que ce peuple a pour lui le dieu des armées ! quelle profondeur dans ces chants pleins d'actions de grâce ! Les images de la Bible s'émeuvent dans notre âme, et cette divine scène musicale nous fait assister réellement à l'une des plus grandes scènes d'un monde antique et solennel. La coupe religieuse de certaines parties vocales, la manière dont les voix s'ajoutent les unes aux autres et se groupent, expriment tout ce que nous concevons des saintes merveilles de ce premier âge de l'humanité. Ce beau concert n'est cependant qu'un développement du thème de la marche dans toutes ses conséquences musicales. Ce motif est le principe fécondant pour l'orchestre et les voix, pour le chant et la brillante instrumentation qui l'accompagne. Voici Elcia qui se réunit à la horde et à qui Rossini a fait exprimer des regrets pour nuancer la joie de ce morceau. Écoutez son duettino avec Aménofi. Jamais amour blessé a-t-il fait entendre de pareils chants? la grâce des nocturnes y respire, il y a là le deuil secret de l'amour blessé. Quelle mélancolie ! Ah ! le désert sera deux fois désert pour elle ! Enfin voici la lutte terrible de l'Égypte et des Hébreux ! cette allégresse, cette marche, tout est troublé par l'arrivée des Égyptiens. La promulgation des ordres du Pharaon s'accomplit par une idée musicale qui domine le finale, une phrase sourde et grave, il semble qu'on entende le pas des puissantes armées de l'Égypte entourant la phalange sacrée de Dieu, l'enveloppant lentement comme un long serpent d'Afrique enveloppe sa proie. Quelle grâce dans les plaintes de ce peuple abusé ! n'est-il pas un peu plus Italien qu'Hébreu? Quel mouvement magnifique jusqu'à l'arrivée du Pharaon qui achève de mettre en présence les chefs des deux peuples et toutes les passions du drame. Quel admirable mélange de sentiments dans le sublime *ottetto*, où la colère de Moïse et celle des deux Pharaons se trouvent aux prises ! quelle lutte de voix et de colères déchaînées ! Jamais sujet plus vaste ne s'était offert à un compositeur. Le fameux finale de *Don Juan* ne présente après tout qu'un libertin aux prises avec ses victimes qui invoquent la vengeance céleste; tandis qu'ici la terre et ses puissances essaient de combattre contre Dieu. Deux peuples, l'un faible, l'autre fort, sont en présence. Aussi, comme il avait à sa disposition tous les moyens, Rossini les a-t-il savamment employés. Il a pu sans être ridicule vous exprimer les mouvements d'une tempête furieuse sur laquelle se détachent d'horribles imprécations. Il a procédé par accords plaqués sur un rhythme en trois temps avec une sombre énergie musicale, avec une persistance qui finit par vous gagner. La fureur des Égyptiens surpris par une pluie de feu, les cris de vengeance des Hébreux voulaient des masses savamment calculées : aussi voyez comme il a fait marcher le développement de l'orchestre avec les chœurs? L'*allegro assai* en *ut* mineur est terrible au milieu de ce déluge de feu. Avouez, dit la duchesse au moment où en levant sa baguette Moïse fait tomber la pluie de feu et où le compositeur déploie toute sa puissance à l'orchestre et sur la scène, que jamais musique n'a plus savamment rendu le trouble et la confusion?

— Elle a gagné le parterre, dit le Français.

— Mais qu'arrive-t-il encore? le parterre est décidément très-agité, reprit la duchesse.

Au finale, Genovese avait donné dans de si absurdes gargouillades en regardant la Tinti, que le tumulte fut à son comble au parterre, dont les jouissances étaient troublées. Il n'y avait rien de plus choquant pour ses oreilles italiennes que ce contraste du bien et du mal. L'entrepreneur prit le parti de comparaître, et dit que sur l'observation par lui faite à son premier homme, il signor Genovese avait répondu qu'il ignorait en quoi et comment il avait pu perdre la faveur du public, au moment même où il essayait d'atteindre à la perfection de son art.

— Qu'il soit mauvais comme hier, nous nous en contenterons! répondit Capraja d'une voix furieuse.

Cette apostrophe remit le parterre en belle humeur. Contre la coutume italienne, le ballet fut peu écouté. Dans toutes les loges, il n'était question que de la singulière conduite de Genovese, et de l'allocution du pauvre entrepreneur. Ceux qui pouvaient entrer dans les coulisses s'empressèrent d'aller y savoir le secret de la comédie, et bientôt il ne fut plus question que d'une scène horrible faite par la Tinti à son camarade Genovese, dans laquelle la prima donna reprochait au ténor d'être jaloux de son succès, de l'avoir entravé par sa ridicule conduite, et d'avoir essayé même de la priver de ses moyens en jouant la passion. La cantatrice pleurait à chaudes larmes de cette infortune. « — Elle avait espéré, disait-elle, plaire à son amant qui devait être dans la salle, et qu'elle n'avait pu découvrir. » Il faut connaître la paisible vie actuelle des Vénitiens, si dénuée d'événements qu'on s'entretient d'un léger accident survenu entre deux amants, ou de l'altération passagère de la voix d'une cantatrice, en y donnant l'importance que l'on met en Angleterre aux affaires politiques, pour savoir combien la Fenice et le café Florian étaient agités. La Tinti amoureuse, la Tinti qui n'avait pas déployé ses moyens, la folie de Genovese, ou le mauvais tour qu'il jouait, inspiré par cette jalousie d'art que comprennent si bien les Italiens, quelle riche mine de discussions vives! Le parterre entier causait comme on cause à la Bourse, il en résultait un bruit qui devait étonner un Français habitué au calme des théâtres de Paris. Toutes les loges étaient en mouvement comme des ruches qui essaimaient. Un seul homme ne prenait aucune part à ce tumulte. Émilio Memmi tournait le dos à la scène, et les yeux mélancoliquement attachés sur Massimilla, il semblait ne vivre que de son regard, il n'avait pas regardé la cantatrice une seule fois.

— Je n'ai pas besoin, *caro carino*, de te demander le résultat de ma négociation, disait Vendramin à Émilio. Ta Massimilla si pure et si religieuse a été d'une complaisance sublime, enfin elle a été la Tinti!

Le prince répondit par un signe de tête plein d'une horrible mélancolie.

— Ton amour n'a pas déserté les cimes éthérées où tu planes, reprit Vendramin excité par son opium, il ne s'est pas matérialisé. Ce matin, comme depuis six mois, tu as senti des fleurs déployant leurs calices embaumés sous les voûtes de ton crâne démesurément agrandi. Ton cœur grossi a reçu tout ton sang, et s'est heurté à ta gorge. Il s'est développé là, dit-il en lui posant la main sur la poitrine, des sensations enchanteresses. La voix de Massimilla y arrivait par ondées lumineuses, sa main délivrait mille voluptés emprisonnées qui abandonnaient les replis de ta cervelle pour se grouper nuageusement autour de toi, et t'enlever, léger de ton corps, baigné de pourpre, dans un air bleu au-dessus des montagnes de neige où réside le pur amour des anges. Le sourire et les baisers de ses lèvres te revêtaient d'une robe vénéneuse qui consumait les derniers vestiges de ta nature terrestre. Ses yeux étaient deux étoiles qui te faisaient devenir lumière sans ombre. Vous étiez comme deux anges prosternés sur les palmes célestes, attendant que les portes du paradis s'ouvrissent ; mais elles tournaient difficilement sur leurs gonds, et dans ton impatience tu les frappais sans pouvoir les atteindre. Ta main ne rencontrait que des nuées plus alertes que ton désir. Couronnée de roses blanches et semblable à une fiancée céleste, ta lumineuse amie pleurait de ta fureur. Peut-être disait-elle à la Vierge de mélodieuses litanies, tandis que les diaboliques voluptés de la terre te soufflaient leurs infâmes clameurs, tu dédaignais alors les fruits divins de cette extase dans laquelle je vis aux dépens de mes jours.

— Ton ivresse, cher Vendramin, dit avec calme Émilio, est au-dessous de la réalité. Qui pourrait dépeindre cette langueur purement corporelle où nous plonge l'abus des plaisirs rêvés, et qui laisse à l'âme son éternel désir, à l'esprit ses facultés pures? Mais je suis las de ce supplice qui m'explique celui de Tantale. Cette nuit est la dernière de mes nuits. Après avoir tenté mon dernier effort, je rendrai son enfant à notre mère, l'Adriatique recevra mon dernier soupir!...

— Es-tu bête, reprit Vendramin ; mais non, tu es fou, car la folie, cette crise que nous méprisons, est le souvenir d'un état antérieur qui trouble notre forme actuelle. Le génie de mes rêves m'a dit de ces choses et bien d'autres! Tu veux réunir la duchesse et la Tinti ; mais, mon Émilio, prends-les séparément, ce sera plus sage. Raphaël seul a réuni la Forme et l'Idée. Tu veux être Raphaël en amour ; mais on ne crée pas le hasard. Raphaël est un raccroc du Père éternel qui a fait la Forme et l'Idée ennemies, autrement rien ne vivrait. Quand le principe est plus fort que le résultat, il n'y a rien de produit. Nous devons être ou sur la terre ou dans le ciel. Reste dans le ciel, tu seras toujours trop tôt sur la terre.

— Je reconduirai la duchesse, dit le prince, et je risquerai ma dernière tentative... Après?

— Après, dit vivement Vendramin, promets-moi de venir me prendre à Florian?

— Oui.

Cette conversation, tenue en grec moderne entre Vendramin et le prince, qui savaient cette langue comme la savent beaucoup de Vénitiens, n'avait pu être entendue de la duchesse et du Français. Quoique très en dehors du cercle d'intérêt qui enlaçait la duchesse, Émilio et Vendramin, car tous trois se comprenaient par des regards italiens, fins, incisifs, voilés, obliques tour à tour, le médecin finit par entrevoir une partie de la vérité. Une ardente prière de la duchesse à Vendramin avait dicté à ce jeune Vénitien sa proposition à Émilio, car la Cataneo avait flairé la souffrance qu'éprouvait son amant dans le pur ciel où il s'égarait, elle qui ne flairait pas la Tinti.

— Ces deux jeunes gens sont fous, dit le médecin.

— Quant au prince, répondit la duchesse, laissez-moi le soin de le guérir; quant à Vendramin, s'il n'a pas entendu cette sublime musique, peut-être est-il incurable.

— Si vous vouliez me dire d'où vient leur folie, je les guérirais, s'écria le médecin.

— Depuis quand un grand médecin n'est-il plus un devin? demanda railleusement la duchesse.

Le ballet était fini depuis longtemps, le second acte de *Mosè* commençait, le parterre se montrait très-attentif. Le bruit s'était répandu que le duc Cataneo avait sermoné Genovese en lui représentant combien il faisait de tort à Clarina, la *diva* du jour. On s'attendait à un sublime second acte.

— Le prince et son père ouvrent la scène, dit la duchesse, ils ont cédé de nouveau, tout en insultant aux Hébreux; mais ils frémissent de rage. Le père est consolé par le prochain mariage de son fils, et le fils est désolé de cet obstacle qui augmente encore son amour, contrarié de tous côtés. Genovese et Carthagenova chantent admirablement. Vous le voyez, le ténor fait sa paix avec le parterre. Comme il met bien en œuvre les richesses de cette musique?... La phrase dite par le fils sur la tonique, redite par le père sur la dominante, appartient au système simple et grave sur lequel repose cette partition, où la sobriété des moyens rend encore plus étonnante la fertilité de la musique. L'Égypte est là tout entière. Je ne crois pas qu'il existe un morceau moderne où respire une pareille noblesse. La paternité grave et majestueuse d'un roi s'exprime dans cette phrase magnifique et conforme au grand style qui règne dans toute l'œuvre. Certes, le fils d'un Pharaon versant sa douleur dans le sein de son père, et la lui faisant éprouver, ne peut être mieux représenté que par ces images grandioses. Ne trouvez-vous pas en vous-même un sentiment de la splendeur que nous prêtons à cette antique monarchie.

C'est de la musique sublime ! dit le Français.

— L'air de la *Pace mia smarrita*, que va chanter la reine est un de ces airs de bravoure et de facture auxquels tous les compositeurs sont condamnés et qui nuisent au dessin général du poëme, mais leur opéra n'existerait souvent point s'ils ne satisfaisaient l'amour-propre de la prima donna. Néanmoins cette tartine musicale est si largement traitée qu'elle est textuellement exécutée sur tous les théâtres. Elle est si brillante que les cantatrices n'y substituent point leur air favori, comme cela se pratique dans la plupart des opéras. Enfin voici le point brillant de la partition, le duo d'Osiride et d'Elcia dans le souterrain où il veut la cacher pour l'enlever aux Hébreux qui partent, et s'enfuir avec elle de l'Égypte. Les deux amants sont troublés par l'arrivée d'Aaron qui est allé prévenir Amalthée, et nous allons entendre le roi des quatuors : *Mi manca la voce, mi sento morire*. Ce *Mi manca la voce* est un de ces chefs-d'œuvre qui résisteront à tout, même au temps, ce grand destructeur des modes en musique, car il est pris à ce langage d'âme qui ne varie jamais. Mozart possède en propre son fameux finale de *Don Juan*, Marcello son psaume *Cœli enarrant gloriam Dei*, Cimarosa son *Pria chè spunti*, Beethoven sa Symphonie en *ut* mineur, Pergolèse son *Stabat*, Rossini gardera son *Mi manca la voce*. C'est surtout la facilité merveilleuse avec laquelle il varie la forme qu'il faut admirer chez Rossini ; pour obtenir ce grand effet, il a eu recours au vieux mode du canon à l'unisson pour faire entrer ses voix et les fondre dans une même mélodie. Comme la forme de ces sublimes cantilènes était neuve, il l'a établie dans un vieux cadre ; et pour la mieux mettre en relief, il a éteint l'orchestre, en n'accompagnant la voix que par des arpéges de harpes. Il est impossible d'avoir plus d'esprit dans les détails et plus de grandeur dans l'effet général. Mon Dieu ! toujours du tumulte, dit la duchesse.

Genovese, qui avait si bien chanté son duo avec Carthagenova, faisait sa propre charge auprès de la Tinti. De grand chanteur, il devenait le plus mauvais de tous les choristes. Il s'éleva le plus effroyable tumulte qui ait oncques troublé les voûtes de la Fenice. Le tumulte ne céda qu'à la voix de la Tinti qui, enragée de l'obstacle apporté par l'entêtement de Genovese, chanta *Mi manca la voce,* comme nulle cantatrice ne le chantera. L'enthousiasme fut au comble, les spectateurs passèrent de l'indignation et de la fureur aux jouissances les plus aiguës.

— Elle me verse des flots de pourpre dans l'âme disait Capraja en bénissant de sa main étendue *la diva* Tinti.

— Que le ciel épuise ses grâces sur ta tête ! lui cria un gondolier.

— Le Pharaon va révoquer ses ordres, reprit la duchesse pendant que l'émeute se calmait au parterre, Moïse le foudroiera sur son trône en lui annonçant la mort de tous les aînés de l'Égypte et chantant cet air de vengeance qui contient les tonnerres du ciel, et où résonnent les clairons hébreux. Mais ne vous y trompez pas, cet air est un air de Pacini, que Carthagenova substitue à celui de Rossini. Cet air de *Paventa* restera sans doute dans la partition ; il fournit trop bien aux basses l'occasion de déployer les richesses de leur voix, et ici l'expression doit l'emporter sur la science. D'ailleurs, l'air est magnifique de menaces, aussi ne sais-je si l'on nous le laissera longtemps chanter.

Une salve de bravos et d'applaudissements, suivi d'un profond et prudent silence, accueillit l'air ; rien ne fut plus significatif ni plus vénitien que cette hardiesse, aussitôt réprimée.

— Je ne vous dirai rien du *tempo di marcia* qui annonce le couronnement d'Osiride, par lequel le père veut braver la menace de Moïse, il suffit de l'écouter. *Leur* fameux Beethoven n'a rien écrit de plus magnifique. Cette marche, pleine de pompes terrestres, contraste admirablement avec la marche des Hébreux. Comparez-les ? La musique est ici d'une inouïe fécondité. Elcia déclare son amour à la face des deux chefs des Hébreux, et le sacrifie par cet admirable air de *Porge la destra amata* (Donnez à une autre votre main adorée). Ah ! quelle douleur ! voyez la salle ?

— Bravo ! cria le parterre quand Genovese fut foudroyé.

— Délivrée de son déplorable compagnon, nous entendrons la Tinti chanter : *O desolata Elcia !* la terrible cavatine où crie un amour réprouvé par Dieu

— Rossini, où es-tu pour entendre si magnifiquement rendu ce que ton génie t'a dicté, dit Cataneo, Clarina n'est-elle pas son égale ? demanda-t-il à Capraja. Pour animer ces notes par des bouffées de feu qui, parties des poumons, se grossissent dans l'air de je ne sais quelles substances ailées que nos oreilles aspirent et qui nous élèvent au ciel par un ravissement amoureux, il faut être Dieu !

— Elle est comme cette belle plante indienne qui s'élance de terre, ramasse dans l'air une invisible nourriture et lance de son calice arrondi en spirale blanche, des nuées de parfums qui font éclore des rêves dans notre cerveau, répondit Capraja.

La Tinti fut rappelée et reparut seule, elle fut saluée par des acclamations, elle reçut mille baisers que chacun lui envoyait du bout des doigts ; on lui jeta des roses, et une couronne pour laquelle des femmes donnèrent les fleurs de leurs bonnets, presque tous envoyés par les modistes de Paris. On redemanda la cavatine.

— Avec quelle impatience Capraja, l'amant de la roulade, n'attendait-il pas ce morceau qui ne tire sa valeur que de l'exécution, dit alors la duchesse. Là, Rossini a mis, pour ainsi dire, la bride sur le cou à la fantaisie de la cantatrice. La roulade et l'âme de la cantatrice y sont tout. Avec une voix ou une exécution médiocre, ce ne serait rien. Le gosier doit mettre en œuvre les brillants de ce passage. La cantatrice doit exprimer la plus immense douleur, celle d'une femme qui voit mourir son amant sous ses yeux ! La Tinti, vous l'entendez, fait retentir la salle des notes les plus aiguës, et pour laisser toute liberté à l'art pur, à la voix, Rossini a écrit là des phrases nettes et franches, il a, par un dernier effort, inventé ces déchirantes exclamations musicales : *Tormenti ! affanni ! smanie !* Quels cri ! que de douleur dans ces roulades ! La Tinti, vous le voyez, a enlevé la salle par ses sublimes efforts.

Le Français, stupéfait de cette furie amoureuse de toute une salle pour la cause de ses jouissances, entrevit un peu la véritable Italie ; mais ni la duchesse, ni Vendramin, ni Émilio ne firent la moindre attention à l'ovation de la Tinti qui recommença. La duchesse avait peur de voir son Émilio pour la dernière fois ; quant au prince, devant la duchesse, cette imposante divinité qui l'enlevait au ciel, il ignorait où il se trouvait, il n'entendait pas la voix voluptueuse de celle qui l'avait initié aux voluptés terrestres, car une horrible mélancolie faisait entendre à ses oreilles un concert de voix plaintives accompagnées d'un bruissement semblable à celui d'une pluie abondante. Vendramin, habillé en procurateur, voyait alors la cérémonie du Bucentaure. Le Français, qui avait fini par deviner un étrange et douloureux mystère entre le prince et la duchesse, entassait les plus spirituelles conjectures pour se l'expliquer. La scène avait changé. Au milieu d'une belle décoration représentant le désert et la mer Rouge, les évolutions des Égyptiens et des Hébreux se firent, sans que les pensées auxquelles les quatre personnages de cette loge étaient en proie eussent été troublées. Mais quand les premiers accords des harpes annoncèrent la prière des Hébreux délivrés, le prince et Vendramin se levèrent et s'appuyèrent chacun à l'une des cloisons de la loge, la duchesse mit son coude sur l'appui de velours, et se tint la tête dans sa main gauche.

Le Français, averti par ces mouvements de l'importance attachée par toute la salle à ce morceau si justement célèbre, l'écouta religieusement. La salle entière redemanda la prière en l'applaudissant à outrance.

— Il me semble avoir assisté à la libération de l'Italie, pensait un Milanais.

— Cette musique relève les têtes courbées, et donne de l'espérance aux cœurs les plus endormis, s'écriait un Romagnol.

— Ici, dit la duchesse au Français dont l'émotion fut visible, la science a disparu, l'inspiration seule a dicté ce chef-d'œuvre, il est sorti de l'âme comme un cri d'amour! Quant à l'accompagnement, il consiste en arpéges de harpe, et l'orchestre ne se développe qu'à la dernière reprise de ce thème céleste. Jamais Rossini ne s'élèvera plus haut que dans cette prière, il fera tout aussi bien, jamais mieux : le sublime est toujours semblable à lui-même; mais ce chant est encore une de ces choses qui lui appartiendront en entier. L'analogue d'une pareille conception ne pourrait se trouver que dans les psaumes divins du divin Marcello, un noble Vénitien qui est à la musique ce que le Giotto est à la peinture. La majesté de la phrase, dont la forme se déroule en nous apportant d'inépuisables mélodies, est égale à ce que les génies religieux ont inventé de plus ample. Quelle simplicité dans le moyen! Moïse attaque le thème en *sol* mineur, et termine par une cadence en *si* bémol, qui permet au chœur de le reprendre pianissimo d'abord en *si* bémol, et de le rendre par une cadence en *sol* mineur. Ce jeu si noble dans les voix recommencé trois fois s'achève à la dernière strophe par une strette en *sol* majeur dont l'effet est étourdissant pour l'âme. Il semble qu'en montant vers les cieux, le chant de ce peuple sorti d'esclavage rencontre des chants tombés des sphères célestes. Les étoiles répondent joyeusement à l'ivresse de la terre délivrée. La rondeur périodique de ces motifs, la noblesse des lentes gradations qui préparent l'explosion du chant et son retour sur lui-même, développent des images célestes dans l'âme. Ne croiriez-vous pas voir les cieux entr'ouverts, les anges armés de leurs sistres d'or, les séraphins prosternés agitant leurs encensoirs chargés de parfums, et les archanges appuyés sur leurs épées flamboyantes qui viennent de vaincre les impies? Le secret de cette harmonie, qui rafraîchit la pensée, est, je crois, celui de quelques œuvres humaines bien rares, elle nous jette pour un moment dans l'infini, nous en avons le sentiment, nous l'entrevoyons dans ces mélodies sans bornes comme celles qui se chantent autour du trône de Dieu. Le génie de Rossini nous conduit à une hauteur prodigieuse. De là, nous apercevons une terre promise où nos yeux caressés par des lueurs célestes se plongent sans y rencontrer d'horizon. Le dernier cri d'Elcia presque guérie rattache un amour terrestre à cette hymne de reconnaissance. Ce cantilène est un trait de génie. — Chantez, dit la duchesse en entendant la dernière strophe exécutée comme elle était écoutée, avec un sombre enthousiasme; chantez, vous êtes libres.

Ce dernier mot fut dit d'un accent qui fit tressaillir le médecin; et pour arracher la duchesse à son amère pensée, il lui fit, pendant le tumulte excité par les rappels de la Tinti, une de ces querelles auxquelles les Français excellent.

— Madame, dit-il, en m'expliquant ce chef-d'œuvre que grâce à vous je reviendrai entendre demain, en le comprenant et dans ses moyens et dans son effet, vous m'avez parlé souvent de la couleur de la musique, et de ce qu'elle peignait; mais en ma qualité d'analyste et de matérialiste, je vous avouerai que je suis toujours révolté par la prétention qu'ont certains enthousiastes de nous faire croire que la musique peint avec des sons. N'est-ce pas comme si les admirateurs de Raphaël prétendaient qu'il chante avec des couleurs?

— Dans la langue musicale, répondit la duchesse, peindre, c'est réveiller par des sons certains souvenirs dans notre cœur, ou certaines images dans notre intelligence, et ces souvenirs, ces images ont leur couleur, elles sont tristes ou gaies. Vous nous faites une querelle de mots, voilà tout. Selon Capraja, chaque instrument a sa mission, et s'adresse à cetaines idées comme chaque couleur répond en nous à certains sentiments. En contemplant des arabesques d'or sur un fond bleu, avez-vous les mêmes pensées qu'excitent en vous des arabesques rouges sur un fond noir ou vert? Dans l'une comme dans l'autre peinture, il n'y a point de figures, point de sentiments exprimés, c'est par l'art pur, et néanmoins nulle âme ne restera froide en les regardant. Le hautbois n'a-t-il pas sur tous les esprits le pouvoir d'éveiller des images champêtres, ainsi que presque tous les instruments à vent? Les cuivres n'ont-ils pas je ne sais quoi de guerrier, ne développent-ils pas en nous des sensations animées et quelque peu furieuses? Les cordes, dont la substance est prise aux créations organisées, ne s'attaquent-elles pas aux fibres les plus délicates de notre organisation, ne vont-elles pas au fond de notre cœur? Quand je vous ai parlé des sombres couleurs, du froid des notes employées dans l'introduction de *Mosè*, n'étais-je pas autant dans le vrai que vos critiques en nous parlant de la couleur de tel ou tel écrivain? Ne reconnaissez-vous pas le style nerveux, le style pâle, le style animé, le style coloré? L'Art peint avec des mots, avec des sons, avec des couleurs, avec des lignes, avec des formes; si ses moyens sont divers, les effets sont les mêmes. Un architecte italien vous donnera la sensation qu'excite en nous l'introduction de *Mosè*, en nous promenant dans des allées sombres, hautes, touffues, humides, et nous faisant arriver subitement en face d'une vallée pleine d'eau, de fleurs, de fabriques, et inondée de soleil. Dans leurs efforts grandioses, les arts ne sont que l'expression des grands spectacles de la nature. Je ne suis pas assez savante pour entrer dans la philosophie de la musique; allez questionner Capraja, vous serez surpris de ce qu'il vous dira. Selon lui, chaque instrument ayant pour ses expressions la durée, le souffle ou la main de l'homme, est supérieur comme langage à la couleur qui est fixe, et au mot qui a des bornes. La langue musicale est infinie, elle contient tout, elle peut tout exprimer. Savez-vous maintenant en quoi consiste la supériorité de l'œuvre que vous avez entendue? Je vais vous l'expliquer en peu de mots. Il y a deux musiques : une petite, mesquine, de second ordre, partout semblable à elle-même, qui repose sur une centaine de phrases que chaque musicien s'approprie, et qui constitue un bavardage plus ou moins agréable avec lequel vivent la plupart des compositeurs; on écoute leurs chants, leurs prétendues mélodies, on a plus ou moins de plaisir, mais il n'en reste absolument rien dans la mémoire. Cent ans se passent, ils sont oubliés. Les peuples, depuis l'antiquité jusqu'à nos jours, ont gardé, comme un précieux trésor, certains chants qui résument leurs mœurs et leurs habitudes, je dirai presque leur histoire. Écoutez un de ces chants nationaux (et le chant grégorien a recueilli l'héritage des peuples antérieurs en ce genre), vous tombez en des rêveries profondes, il se déroule dans votre âme des choses inouïes, immenses, malgré la simplicité de ces rudiments, de ces ruines musicales. Eh ! bien, il y a par siècle un ou deux hommes de génie, pas davantage, les Homères de la musique, à qui Dieu donne le pouvoir de devancer les temps, et qui formulent ces mélodies pleines de faits accomplis, grosses de poëmes immenses. Songez-y bien, rappelez-vous cette pensée, elle sera féconde, redite par vous : c'est la mélodie et non l'harmonie qui a le pouvoir de traverser les âges. La musique de cet oratorio contient un monde de ces choses grandes et sacrées. Une œuvre qui débute par cette introduction et qui finit par cette prière est immortelle, immortelle comme l'*O filii et filiæ* de Pâques, comme le *Dies iræ* de la Mort, comme tous les chants qui survivent en tous les pays à des splendeurs, à des joies, à des prospérités perdues.

Deux larmes que la duchesse essuya en sortant de sa loge disaient assez qu'elle songeait à la Venise qui n'était plus ; aussi Vendramin lui baisa-t-il la main.

La représentation finissait par un concert des malédictions les plus originales, par les sifflets prodigués à Genovese, et par un accès de folie en faveur de la Tinti. Depuis longtemps les Vénitiens n'avaient eu de théâtre plus animé, leur vie était enfin réchauffée par cet antagonisme qui n'a jamais failli en Italie, où la moindre ville a toujours vécu par les intérêts opposés de deux factions : les Gibelins et les Guelfes partout, les Capulets et les Montaigu à Vérone, les Geremeï et les Lomelli à Bologne, les Fieschi et les Doria à Gênes, les patriciens et le peuple, le sénat et les tribuns de la république romaine, les Pazzi et les Medici à Florence, les Sforza et les Visconti à Milan, les Orsini et les Colonna à Rome ; enfin partout et en tous lieux le même mouvement. Dans les rues, il y avait déjà des Genovesiens et des Tintistes. Le prince reconduisit la duchesse, que l'amour d'Osiride avait plus qu'attristée ; elle croyait pour elle-même à quelque catastrophe semblable, et ne pouvait que presser Émilio sur son cœur, comme pour le garder près d'elle.

— Songe à ta promesse, lui dit Vendramin, je t'attends sur la place.

Vendramin prit le bras du Français, et lui proposa de se promener sur la place Saint-Marc en attendant le prince.

— Je serai bien heureux s'il ne revient pas, dit-il.

Cette parole fut le point de départ d'une conversation entre le Français et Vendramin, qui vit en ce moment un avantage à consulter un médecin, et qui lui raconta la singulière position dans laquelle était Émilio. Le Français fit ce qu'en toute occasion font les Français, il se mit à rire. Vendramin, qui trouvait la chose énormément sérieuse, se fâcha ; mais il s'apaisa quand l'élève de Magendie, de Flourens, de Cuvier, de Dupuytren, de Broussais, lui dit qu'il croyait pouvoir guérir le prince de son bonheur excessif, et dissiper la céleste poésie dans laquelle il environnait la duchesse comme d'un nuage.

— Heureux malheur, dit-il. Les anciens, qui n'étaient pas aussi niais que le feraient supposer leur ciel de cristal et leurs idées en physique, ont voulu peindre dans leur fable d'Ixion cette puissance qui annule le corps et rend l'esprit souverain de toutes choses.

Vendramin et le médecin virent venir Genovese, accompagné du fantasque Capraja. Le mélomane désirait vivement savoir la véritable cause du *fiasco*. Le ténor, mis sur cette question, bavardait comme ces hommes qui se grisent par la force des idées que leur suggère une passion.

— Oui, signor, je l'aime, je l'adore avec une fureur dont je ne me croyais plus capable après m'être lassé des femmes. Les femmes nuisent trop à l'art pour qu'on puise mener ensemble les plaisirs et le travail. La Clara croit que je suis jaloux de ses succès et que j'ai voulu empêcher son triomphe à Venise ; mais je l'applaudissais dans la coulisse et criais : *Diva!* plus fort que toute la salle.

— Mais, dit Gataneo en survenant, ceci n'explique pas comment de chanteur divin tu es devenu le plus exécrable de tous ceux qui font passer de l'air par leur gosier, sans l'empreindre de cette suavité enchanteresse qui nous ravit.

— Moi, dit le virtuose, moi devenu mauvais chanteur, moi qui égale les plus grands maîtres !

En ce moment, le médecin français, Vendramin, Capraja, Cataneo et Genovese avaient marché jusqu'à la Piazzeta. Il était minuit. Le golfe brillant que dessinent les églises de Saint-Georges et de Saint-Paul au bout de la Giudecca, et le commencement du canal Grande, si glorieusement ouvert par la *dogana*, et par l'église dédiée à la Maria della Salute, ce magnifique golfe était paisible. La lune éclairait les vaisseaux devant la rive des Esclavons. L'eau de Venise, qui ne subit aucune des agitations de la mer, semblait vivante, tant ses millions de paillettes frissonnaient. Jamais chanteur ne se trouva sur un plus magnifique théâtre. Genovese prit le ciel et la mer à témoin par un mouvement d'emphase; puis, sans autre accompagnement que le murmure de la mer, il chanta l'air d'*ombra adorata*, le chef-d'œuvre de Crescentini. Ce chant, qui s'éleva entre les fameuses statues de Saint-Théodore et Saint-Georges, au sein de Venise déserte, éclairée par la lune, les paroles si bien en harmonie avec ce théâtre, et la mélancolique expression de Genovese, tout subjugua les Italiens et le Français. Aux premiers mots, Vendramin eut le visage couvert de grosses larmes. Capraja fut immobile comme une des statues du palais ducal. Cataneo parut ressentir une émotion. Le Français, surpris, réfléchissait comme un savant saisi par un phénomène qui casse un de ses axiomes fondamentaux. Ces quatre esprits si différents, dont les espérances étaient si pauvres, qui ne croyaient à rien ni pour eux ni après eux, qui se faisaient à eux-mêmes la concession d'être une forme passagère et capricieuse, comme une herbe ou quelque coléoptère, entrevirent le ciel. Jamais la musique ne mérita mieux son épithète de divine. Les sons consolateurs partis de ce gosier environnaient les âmes de nuées douces et caressantes. Ces nuées à demi visibles, comme les cimes de marbre qu'argentait alors la lune autour des auditeurs, semblaient servir de siéges à des anges dont les ailes exprimaient l'adoration, l'amour, par des agitations religieuses. Cette simple et naïve mélodie, en pénétrant les sens intérieurs, y apportait la lumière. Comme la passion était sainte! Mais quel affreux réveil la vanité du ténor préparait à ces nobles émotions.

— Suis-je un mauvais chanteur? dit Genovese après avoir terminé l'air.

Tous regrettèrent que l'instrument ne fût pas une chose céleste. Cette musique angélique était donc due à un sentiment d'amour-propre blessé. Le chanteur ne sentait rien, il ne pensait pas plus aux pieux sentiments, aux divines images qu'il soulevait dans les cœurs, que le violon ne sait ce que Paganini lui fait dire. Tous avaient voulu voir Venise soulevant son linceul et chantant elle-même, et il ne s'agissait que du *fiasco* d'un ténor.

— Devinez-vous le sens d'un pareil phénomène? demanda le médecin à Capraja en désirant faire causer l'homme que la duchesse lui avait signalé comme un profond penseur.

— Lequel?... dit Capraja.

— Genovese, excellent quand la Tinti n'est pas là, devient auprès d'elle un âne qui brait, dit le Français.

— Il obéit à une loi secrète dont la démonstration mathématique sera peut-être donnée par un de vos chimistes, et que le siècle suivant trouvera dans une formule pleine d'X, d'A et de B entremêlés de petites fantaisies algébriques, de barres, de signes et de lignes qui me donnent la colique, en ce que les plus belles inventions de la Mathématique n'ajoutent pas grand'chose à la somme de nos jouissances. Quand un artiste a le malheur d'être plein de la passion qu'il veut exprimer, il ne saurait la peindre, car il est la chose même au lieu d'en être l'image. L'art procède du cerveau et non du cœur. Quand votre sujet vous domine, vous en êtes l'esclave et non le maître. Vous êtes comme un roi assiégé par son peuple. Sentir trop vivement au moment où il s'agit d'exécuter, c'est l'insurrection des sens contre la faculté!

— Ne devrions-nous pas nous convaincre de ceci par un nouvel essai? demanda le médecin.

— Cataneo, tu peux mettre encore en présence ton ténor et la prima donna, dit Capraja à son ami Cataneo.

— Messieurs, répondit le duc, venez souper chez moi. Nous devons réconcilier le ténor avec la Clarina, sans quoi la saison serait perdue pour Venise.

L'offre fut acceptée.

— Gondoliers, cria Cataneo.

— Un instant, dit Vendramin au duc, Memmi m'attend à Florian, je ne veux pas le laisser seul, grisons-le ce soir, ou il se tuera demain...

— *Corpo santo*, s'écria le duc, je veux conserver ce brave garçon pour le bonheur et l'avenir de ma famille, je vais l'inviter.

Tous revinrent au café Florian, où la foule était animée par d'orageuses discussions qui cessèrent à l'aspect du ténor. Dans un coin, près d'une des fenêtres donnant sur la galerie, sombre, l'œil fixe, les membres immobiles, le prince offrait une horrible image du désespoir.

— Ce fou, dit en français le médecin à Vendramin, ne sait pas ce qu'il veut! Il se rencontre au monde un homme qui peut séparer une Massimilla Doni de toute la création, en la possédant dans le ciel, au milieu des pompes idéales qu'aucune puissance ne peut réaliser ici-bas. Il peut voir sa maîtresse toujours sublime et pure, toujours entendre en lui-même ce que nous venons d'écouter au bord de la mer, toujours vivre sous le feu de deux yeux qui lui font l'atmosphère chaude et dorée que Titien a mise autour de sa vierge dans son Assomption, et que Raphaël le premier avait inventée, après quelque révélation, pour le Christ transfiguré, et cet homme n'aspire qu'à barbouiller cette poésie! Par mon ministère, il réunira son amour sensuel et son amour céleste dans cette seule femme! Enfin il fera comme nous tous, il aura une maîtresse. Il possédait une divinité, il veut en faire une femelle! Je vous le dis, monsieur, il abdique le ciel. Je ne réponds pas que plus tard il ne meure de désespoir. O figures féminines, finement découpées par un ovale pur et lumineux, qui rappelez les créations où l'art a lutté victorieusement avec la nature! Pieds divins qui ne pouvez marcher, tailles sveltes qu'un souffle terrestre briserait, formes élancées qui ne concevront jamais, vierges entrevues par nous au sortir de l'enfance, admirées en secret, adorées sans espoir, enveloppées des rayons de quelque désir infatigable, vous qu'on ne revoit plus, mais dont le sourire domine toute notre existence, quel pourceau d'Épicure a jamais voulu vous plonger dans la fange de la terre! Eh! monsieur, le soleil ne rayonne sur la terre et ne l'échauffe que parce qu'il est à trente-trois millions de lieues; allez auprès, la science vous avertit qu'il n'est ni chaud ni lumineux, car la science sert à quelque chose, ajouta-t-il en regardant Capraja.

— Pas mal pour un médecin français! dit Capraja en frappant un petit coup de main sur l'épaule de l'étranger. Vous venez d'expliquer ce que l'Europe comprend le moins de *Dante*, sa *Bice*! ajouta-t-il. Oui, Béatrix, cette figure idéale, la reine des fantaisies du poëte, élue entre toutes, consacrée par les larmes, déifiée par le souvenir, sans cesse rajeunie par les désirs inexaucés!

— Mon prince, disait le duc à l'oreille d'Émilio, venez souper avec moi. Quand on prend à un pauvre Napolitain sa femme et sa maîtresse, on ne peut lui rien refuser.

Cette bouffonnerie napolitaine, dite avec le bon ton aristocratique, arracha un sourire à Émilio, qui se laissa prendre par le bras et emmener. Le duc avait commencé par expédier chez lui l'un des garçons du café. Comme le palais Memmi était dans le canal Grande, du côté de Santa-Maria della Salute, il fallait y aller en faisant le tour à pied par le Rialto, ou s'y rendre en gondole; mais les convives ne voulurent pas se séparer, et chacun préféra marcher à travers Venise. Le duc fut obligé par ses infirmités de se jeter dans sa gondole.

Vers deux heures du matin, qui eût passé devant le palais Memmi l'aurait vu vomissant la lumière sur les eaux du grand canal par toutes ses croisées, aurait entendu la délicieuse ouverture de la *Semiramide*, exécutée au bas de ses degrés par l'orchestre de la Fenice, qui donnait une sérénade à la Tinti. Les convives étaient à table dans la galerie du second étage. Du haut du balcon, la Tinti chantait en remerciement le *buona sera* d'Almaviva, pendant que l'intendant du duc distribuait aux pauvres artistes les libéralités de son maître, en les conviant à un dîner pour le lendemain; politesses auxquelles sont obligés les grands seigneurs qui protégent des cantatrices, et les dames qui protégent des chanteurs. Dans ce cas, il faut nécessairement épouser tout le théâtre. Cataneo faisait richement les choses, il était le croupier de l'entrepreneur, et cette saison lui coûta deux mille écus. Il avait fait venir le mobilier du palais, un cuisinier français, des vins de tous les pays. Aussi croyez que le souper fut royalement servi. Placé à côté de la Tinti, le prince sentit vivement, pendant tout le souper, ce que les poëtes appellent dans toutes les langues les flèches de l'amour. L'image de la sublime Massimilla s'obscurcissait comme l'idée de Dieu se couvre parfois des nuages du doute dans l'esprit des savants solitaires. La Tinti se trouvait la plus heureuse femme de la terre en se voyant aimée par Émilio; sûre de le posséder, elle était animée d'une joie qui se réflétait sur son visage, sa beauté resplendissait d'un éclat si vif, que chacun en vidant son verre ne pouvait s'empêcher de s'incliner vers elle par un salut d'admiration.

— La duchesse ne vaut pas la Tinti, disait le médecin en oubliant sa théorie sous le feu des yeux de la Sicilienne.

Le ténor mangeait et buvait mollement, il semblait vouloir s'identifier à la vie de la prima donna, et perdait ce gros bon sens de plaisir qui distingue les chanteurs italiens.

— Allons, *signorina*, dit le duc en adressant un regard de prière à la Tinti, et vous *caro primo uomo*, dit-il à Genovese, confondez vos voix dans un accord parfait. Répétez l'*ut* de *Qual portento*, à l'arrivée de la lumière dans l'oratorio, pour convaincre mon vieil ami Capraja de la supériorité de l'accord sur la roulade!

— Je veux l'emporter sur le prince qu'elle aime, car cela crève les yeux, elle l'adore! se dit Genovese en lui-même.

Quelle fut la surprise des convives qui avaient écouté Genovese au bord de la mer, en l'entendant braire, roucouler, miauler, grincer, se gargariser, rugir, détonner, aboyer, crier, figurer même des sons qui se traduisaient par un râle sourd; enfin, jouer une comédie incompréhensible en offrant aux regards étonnés une figure exaltée et sublime d'expression, comme celle des martyrs peints par Zurbaran, Murillo, Titien et Raphaël. Le rire que chacun laissa échapper se changea en un sérieux presque tragique au moment où chacun s'aperçut que Genovese était de bonne foi. La Tinti parut comprendre que son camarade l'aimait et avait dit vrai sur le théâtre, pays de mensonges.

— *Poverino!* s'écriait-elle en caressant la main du prince sous la table.

— *Per dio santò*, s'écria Capraja, m'expliqueras-tu quelle est la partition que tu lis en ce moment, assassin de Rossini! Par grâce, dis-nous ce qui se passe en toi, quel démon se débat dans ton gosier.

— Le démon? reprit Genovese, dites le dieu de la musique. Mes yeux, comme ceux de sainte Cécile, aperçoivent des anges qui, du doigt, me font suivre une à une les notes de la partition écrite en traits de feu, et j'essaie de lutter avec eux. *Per dio*, ne me comprenez-vous pas? le sentiment qui m'anime a passé dans tout mon être; dans mon cœur et dans mes poumons. Mon gosier et ma cervelle ne font qu'un seul souffle. N'avez-vous jamais en rêve écouté de sublimes musiques, pensées par des compositeurs inconnus qui emploient le son pur que la nature a mis en toute chose et que nous réveillons plus ou moins bien par les instruments avec lesquels nous composons des masses colorées, mais qui, dans ces concerts merveilleux, se produit dégagé des imperfections qu'y mettent les exécutants, ils ne peuvent pas être tout sentiment, tout âme?... eh! bien, ces merveilles, je vous les rends, et vous me maudissez! Vous êtes aussi fou que le parterre de la Fenice, qui m'a sifflé. Je méprisais ce vulgaire de ne pas pouvoir monter avec moi sur la cime d'où l'on domine l'art, et c'est à des hommes remarquables, un Français... Tiens, il est parti!...

— Depuis une demi-heure, dit Vendramin.

— Tant pis! il m'aurait peut-être compris, puisque de dignes Italiens, amoureux de l'art, ne me comprennent pas...

— Va, va, va! dit Capraja en frappant de petits coups sur la tête du ténor en souriant, galope sur l'hippogriffe du divin Arioste; cours après tes brillantes chimères, theriaki musical.

En effet, chaque convive, convaincu que Genovese était ivre, le laissait parler sans l'écouter. Capraja seul avait compris la question posée par le Français.

Pendant que le vin de Chypre déliait toutes les langues, et que chacun caracolait sur son dada favori, le médecin attendait la duchesse dans une gondole, après lui avoir fait remettre un mot écrit par Vendramin. Massimilla vint dans ses vêtements de nuit, tant elle était alarmée des adieux que lui avait faits le prince, et surprise par les espérances que lui donnait cette lettre.

— Madame, dit le médecin à la duchesse en la faisant asseoir et donnant l'ordre du départ aux gondoliers, il s'agit en ce moment de sauver la vie à Émilio Memmi, et vous seule avez ce pouvoir.

— Que faut-il faire? demanda-t-elle.

— Ah! vous résignerez-vous à jouer un rôle infâme malgré la plus noble figure qu'il soit possible d'admirer en Italie. Tomberez-vous, du ciel bleu où vous êtes, au lit d'une courtisane? Enfin, vous, ange sublime, vous, beauté pure et sans tache, consentirez-vous à deviner l'amour de la Tinti, chez elle, et de manière à tromper l'ardent Émilio que l'ivresse rendra d'ailleurs peu clairvoyant.

— Ce n'est que cela, dit-elle en souriant et en montrant au Français étonné un coin inaperçu par lui du délicieux caractère de l'Italienne aimante. Je surpasserai la Tinti, s'il le faut, pour sauver la vie à mon ami.

— Et vous confondrez en seul deux amours séparés chez lui par une montagne de poésie qui fondra comme la neige d'un glacier sous les rayons du soleil en été.

— Je vous aurai d'éternelles obligations, dit gravement la duchesse.

Quand le médecin français rentra dans la galerie, où l'orgie avait pris le caractère de la folie vénitienne, il eut un air joyeux qui échappa au prince fasciné par la Tinti, de laquelle il se promettait les enivrantes délices qu'il avait déjà goûtées. La Tinti nageait en vraie Sicilienne dans les émotions d'une fantaisie amoureuse sur le point d'être satisfaite. Le Français dit quelques mots à l'oreille de Vendramin, et la Tinti s'en inquiéta.

— Que complotez-vous? demanda-t-elle à l'ami du prince.

— Êtes-vous bonne fille? lui dit à l'oreille le médecin qui avait la dureté de l'opérateur.

Ce mot entra dans l'entendement de la pauvre fille comme un coup de poignard dans le cœur.

— Il s'agit de sauver la vie à Émilio! ajouta Vendramin.

— Venez, dit le médecin à la Tinti.

La pauvre cantatrice se leva et alla au bout de la table, entre Vendramin et le médecin, où elle parut être comme une criminelle entre son confesseur et son bourreau. Elle se débattit longtemps, mais elle succomba par amour pour Émilio. Le dernier mot du médecin fut : Et vous guérirez Genovese !

La Tinti dit un mot au ténor en faisant le tour de la table. Elle revint au prince, le prit par le cou, le baisa dans les cheveux avec une expression de désespoir qui frappa Vendramin et le Français, les seuls qui eussent leur raison, puis elle s'alla jeter dans sa chambre. Émilio, voyant Genovese quitter la table, et Cataneo enfoncé dans une longue discussion musicale avec Capraja, se coula vers la porte de la chambre de la Tinti, souleva la portière et disparut comme une anguille dans la vase.

— Hé! bien, Cataneo, disait Capraja, tu as tout demandé aux jouissances physiques, et te voilà suspendu dans la vie à un fil, comme un arlequin de carton, bariolé de cicatrices, et ne jouant que si l'on tire la ficelle d'un accord.

— Mais toi, Crapaja, qui as tout demandé aux idées, n'es-tu pas dans le même état, ne vis-tu pas à cheval sur une roulade ?

— Moi, je possède le monde entier, dit Capraja qui fit un geste royal en étendant la main.

— Et moi je l'ai dévoré, répliqua le duc.

Ils s'aperçurent que le médecin et Vendramin étaient partis, et qu'ils se trouvaient seuls.

Le lendemain, après la plus heureuse des nuits heureuses, le sommeil du prince fut troublé par un rêve. Il sentait des perles sur la poitrine qui lui étaient versées par un ange, il se réveilla, il était inondé par les larmes de Massimilla Doni, dans les bras de laquelle il se trouvait, et qui le regardait dormant.

Genovese, le soir à la Fenice, quoique sa camarade Tinti ne l'eût pas laissé se lever avant deux heures après-midi, ce qui, dit-on, nuit à la voix d'un ténor, chanta divinement son rôle dans la *Semiramide*, il fut redemandé avec la Tinti, il y eut de nouvelles couronnes données, le parterre fut ivre de joie, le ténor ne s'occupait plus de séduire la prima donna par les charmes d'une méthode angélique.

Vendramin fut le seul que le médecin ne put guérir. L'amour d'une patrie qui n'existe plus est une passion sans remède. Le jeune Vénitien, à force de vivre dans sa république du treizième siècle, et de coucher avec cette grande courtisane amenée par l'opium, et de se retrouver dans la vie réelle où le reconduisait l'abattement, succomba, plaint et chéri de ses amis.

L'auteur n'ose pas dire le dénoûment de cette aventure, il est trop horriblement bourgeois. Un mot suffira pour les adorateurs de l'idéal.

La duchesse était grosse !

Les péris, les ondines, les fées, les sylphides du vieux temps, les muses de la Grèce, les vierges de marbre de la Certosa da Pavia, le Jour et la Nuit de Michel-Ange, les petits anges que Bellini le premier mit au bas des tableaux d'église, et que Raphaël a fait si divinement au bas de la vierge au donataire, et de la madone qui gèle à Dresde, les délicieuses filles d'Orcagna, dans l'église de San-Michele à Florence, les chœurs célestes du tombeau de saint Sébald à Nuremberg, quelques vierges du Duomo de Milan, les peuplades de cent cathédrales gothiques, tout le peuple des figures qui brisent leur forme pour venir à vous, artistes compréhensifs, toutes ces angéliques filles incorporelles accoururent autour du lit de Massimilla, et y pleurèrent !

Paris, 25 mai 1839.

GAMBARA.

A M. LE MARQUIS DE BELLOY.

C'est a coin du feu, dans une mystérieuse, dans une splendide retraite qui n'existe plus, mais qui vivra dans notre souvenir, et d'où nos yeux découvraient Paris, depuis les collines de Bellevue jusqu'à celles de Belleville, depuis Montmartre jusqu'à l'Arc-de-Triomphe de l'Étoile, que, par une matinée arrosée de thé, à travers les mille idées qui naissent et s'éteignent comme des fusées dans votre étincelante conversation, vous avez, prodigue d'esprit, jeté sous ma plume ce personnage digne d'Hoffman, ce porteur de trésors inconnus, ce pèlerin assis à la porte du Paradis, ayant des oreilles pour écouter les chants des anges, et n'ayant plus de langue pour les répéter, agitant sur les touches D'ivoire des doigts brisés par les contractions de l'inspiration divine, et croyant exprimer la musique du ciel à des auditeurs stupéfaits. Vous avez créé GAMBARA, je ne l'ai qu'habillé. Laissez-moi rendre à César ce qui appartient à César, en regrettant que vous ne saisissiez pas la plume à une époque où les gentilshommes doivent s'en servir aussi bien que de leur épée, afin de sauver leur pays. Vous pouvez ne pas penser à vous; mais vous nous devez vos talents.

Le premier jour de l'an mil huit cent trente et un vidait ses cornets de dragées, quatre heures sonnaient, il y avait foule au Palais-Royal, et les restaurants commençaient à s'emplir. En ce moment un coupé s'arrêta devant le perron, il en sortit un jeune homme de fière mine, étranger sans doute; autrement il n'aurait eu ni le chasseur à plumes aristocratiques, ni les armoiries que les héros de juillet poursuivaient encore. L'étranger entra dans le

Palais-Royal et suivit la foule sous les galeries, sans s'étonner de la lenteur à laquelle l'affluence des curieux condamnait sa démarche, il semblait habitué à l'allure noble qu'on appelle ironiquement un pas d'ambassadeur; mais sa dignité sentait un peu le théâtre : quoique sa figure fût belle et grave, son chapeau, d'où s'échappait une touffe de cheveux noirs bouclés, inclinait peut-être un peu trop sur l'oreille droite, et démentait sa gravité par un air tant soit peu mauvais sujet; ses yeux distraits et à demi fermés laissaient tomber un regard dédaigneux sur la foule.

— Voilà un jeune homme qui est fort beau, dit à voix basse une grisette en se rangeant pour le laisser passer.

— Et qui le sait trop, répondit tout haut sa compagne qui était laide.

Après un tour de galerie, le jeune homme regarda tour à tour le ciel et sa montre, fit un geste d'impatience, entra dans un bureau de tabac, y alluma un cigare, se posa devant une glace, et jeta un regard sur son costume, un peu plus riche que ne le permettent en France les lois du goût. Il rajusta son col et son gilet de velours noir sur lequel se croisait plusieurs fois une de ces grosses chaînes d'or fabriquées à Gênes; puis, après avoir jeté par un seul mouvement sur son épaule gauche son manteau doublé de velours en le drapant avec élégance, il reprit sa promenade sans se laisser distraire par les œillades bourgeoises qu'il recevait. Quand les boutiques commencèrent à s'illuminer et que la nuit lui parut assez noire, il se dirigea vers la place du Palais-Royal en homme qui craignait d'être reconnu, car il côtoya la place jusqu'à la fontaine, pour gagner à l'abri des fiacres l'entrée de la rue Froidmanteau, rue sale, obscure et mal hantée; une sorte d'égout que la police tolère auprès du Palais-Royal assaini, de même qu'un majordome italien laisserait un valet négligent entasser dans un coin de l'escalier les balayures de l'appartement. Le jeune homme hésitait. On eût dit d'une bourgeoise endimanchée allongeant le cou devant un ruisseau grossi par une averse. Cependant l'heure était bien choisie pour satisfaire quelque honteuse fantaisie. Plus tôt on pouvait être surpris, plus tard on pouvait être devancé. S'être laissé convier par un de ces regards qui encouragent sans être provoquants; avoir suivi pendant une heure, pendant un jour peut-être, une femme jeune et belle, l'avoir divinisée dans sa pensée et avoir donné à sa légèreté mille interprétations avantageuses; s'être repris à croire aux sympathies soudaines, irrésistibles ; avoir imaginé sous le feu d'une excitation passagère une aventure dans un siècle où les romans s'écrivent précisément parce qu'ils n'arrivent plus ; avoir rêvé balcons, guitares, stratagèmes, verrous, et s'être drapé dans le manteau d'Almaviva ; après avoir écrit un poëme dans sa fantaisie, s'arrêter à la porte d'un mauvais lieu ; puis, pour tout dénoûment, voir dans la retenue de sa Rosine une précaution imposée par un règlement de police, n'est-ce pas une déception par laquelle ont passé bien des hommes qui n'en conviendront pas ? Les sentiments les plus naturels sont ceux qu'on avoue avec le plus de répugnance, et la fatuité est un de ces sentiments-là. Quand la leçon ne va pas plus loin, un Parisien en profite ou l'oublie, et le mal n'est pas grand ; mais il n'en devait pas être ainsi pour l'étranger, qui commençait à craindre de payer un peu cher son éducation parisienne.

Ce promeneur était un noble Milanais banni de sa patrie, où quelques équipées libérales l'avaient rendu suspect au gouvernement autrichien. Le comte Andrea Marcosini s'était vu accueillir à Paris avec cet empressement tout français qu'y rencontreront toujours un esprit aimable, un nom sonore, accompagnés de deux cent mille livres de rente et d'un charmant extérieur. Pour un tel homme, l'exil devait être un voyage de plaisir ; ses biens furent simplement séquestrés, et ses amis l'informèrent qu'après une absence de deux ans au plus, il pourrait sans danger reparaître dans sa patrie. Après avoir fait rimer *crudeli affanni* avec *i miei tiranni* dans une douzaine de sonnets, après avoir soutenu de sa bourse les malheureux Italiens réfugiés, le comte Andrea, qui avait le malheur d'être poëte, se crut libéré de ses idées patriotiques. Depuis son arrivée, il se livrait donc sans arrière-pensée aux plaisirs de tout genre que Paris offre gratis à quiconque est assez riche pour les acheter. Ses talents et sa beauté lui avaient valu bien des succès auprès des femmes qu'il aimait collectivement autant qu'il convenait à son âge, mais parmi lesquelles il n'en distinguait encore aucune. Ce goût était d'ailleurs subordonné en lui à ceux de la musique et de la poésie qu'il cultivait depuis l'enfance, et où il lui paraissait plus difficile et plus glorieux de réussir qu'en galanterie, puisque la nature lui épargnait les difficultés que les hommes aiment à vaincre. Homme complexe comme tant d'autres, il se laissait facilement séduire par les douceurs du luxe sans lequel il n'aurait pu vivre, de même qu'il tenait beaucoup aux distinctions sociales que ses opinions repoussaient. Aussi ses théories d'artiste, de penseur, de poëte, étaient-elles souvent en contradiction avec ses goûts, avec ses sentiments, avec ses habitudes de gentilhomme millionnaire; mais il se consolait de ces non-sens en les retrouvant chez beaucoup de Parisiens, libéraux par intérêt, aristocrates par nature. Il ne s'était donc pas surpris sans une vive inquiétude, le 31 décembre 1830, à pied, par un de nos dégels, attaché aux pas d'une femme dont le costume annonçait une misère profonde, radicale, ancienne, invétérée, qui n'était pas plus belle que tant d'autres qu'il voyait chaque soir aux Bouffons, à l'Opéra, dans le monde, et certainement moins jeune que madame de Manerville, de laquelle il avait obtenu un rendez-vous pour ce jour même, et qui l'attendait peut-être encore. Mais il y avait dans le regard à la fois tendre et farouche, profond et rapide, que les yeux noirs de cette femme lui dardaient à la dérobée, tant de douleurs et tant de voluptés étouffées! Mais elle avait rougi avec tant de feu, quand, au sortir d'un magasin où elle était demeurée un quart d'heure, et ses yeux s'étaient si bien rencontrés avec ceux du Milanais, qui l'avait attendue à quelques pas!... Il y avait enfin tant de mais et de si que le comte, envahi par une de ces tentations furieuses pour lesquelles il n'est de nom dans aucune langue, même dans celle de l'orgie, s'était mis à la poursuite de cette femme, chassant enfin à la grisette comme un vieux Parisien. Chemin faisant, soit qu'il se trouvât suivre ou devancer cette femme, il l'examinait dans tous les détails de sa personne ou de sa mise, afin de déloger le désir absurde et fou qui s'était barricadé dans sa cervelle; il trouva bientôt à cette revue un plaisir plus ardent que celui qu'il avait goûté la veille en contemplant, sous les ondes d'un bain parfumé, les formes irréprochables d'une personne aimée; parfois baissant la tête, l'inconnue lui jetait le regard oblique d'une chèvre attachée près de la terre, et se voyant toujours poursuivie, elle hâtait le pas comme si elle eût voulu fuir. Néanmoins, quand un embarras de voitures ou tout autre accident ramenait Andrea près d'elle, le noble la voyait fléchir sous son regard, sans que rien dans ses traits exprimât le dépit. Ces signes certains d'une émotion combattue donnèrent le dernier coup d'éperon aux rêves désordonnés qui l'emportaient, et il galopa jusqu'à la rue Froidmanteau, où, après bien des détours, l'inconnue entra brusquement, croyant avoir dérobé sa trace à l'étranger, bien surpris de ce manége. Il faisait nuit. Deux femmes tatouées de rouge, qui buvaient du cassis sur le comptoir d'un épicier, virent la jeune femme et l'appelèrent. L'inconnue s'arrêta sur le seuil de la porte, répondit par quelques mots pleins de douceur au compliment cordial qui lui fut adressé, et reprit sa course. Andrea, qui marchait derrière elle, la vit disparaître dans une des plus sombres allées de cette rue dont le nom lui était inconnu. L'aspect repoussant de la maison où venait d'entrer l'héroïne de son roman lui causa comme une nausée. En reculant d'un pas pour examiner les lieux, il trouva près de lui un homme de mauvaise mine et lui demanda des renseignements. L'homme appuya sa main droite sur un bâton noueux, posa la gauche sur sa hanche, et répondit par un seul mot : — Farceur ! Mais en toisant l'Italien, sur qui tombait la lueur du réverbère, sa figure prit une expression pateline.

— Ah! pardon, monsieur, reprit-il en changeant tout à coup de ton, il y a aussi un restaurant, une sorte de table d'hôte où la cuisine est fort mauvaise, et où l'on met du fromage dans la soupe. Peut-être monsieur cherche-t-il cette gargote, car il est facile de voir au costume que monsieur est Italien ; les Italiens aiment beaucoup le velours et le fromage. Si monsieur veut que je lui indique un meilleur restaurant, j'ai à deux pas d'ici une tante qui aime beaucoup les étrangers.

Andrea releva son manteau jusqu'à ses moustaches et s'élança hors de la rue, poussé par le dégoût que lui causa cet immonde personnage, dont l'habillement et les gestes étaient en harmonie avec la maison ignoble où venait d'entrer l'inconnue. Il retrouva avec délices les mille recherches de son appartement, et alla passer la soirée chez la marquise d'Espard pour tâcher de laver la souillure de cette fantaisie qui l'avait si tyranniquement dominé pendant une partie de la journée. Cependant, lorsqu'il fut couché, par le recueillement de la nuit, il retrouva sa vision du jour, mais plus lucide et plus animée que dans la réalité. L'inconnue marchait encore devant lui. Parfois, en traversant les ruisseaux, elle découvrait encore sa jambe ronde. Ses hanches nerveuses tressaillaient à chacun de ses pas. Andrea voulait de nouveau lui parler, et n'osait, lui, Marcosini, noble Milanais! Puis il la voyait entrant dans cette allée obscure qui la lui avait dérobée, et il se reprochait alors de ne l'y avoir point suivie. — Car enfin, se disait-il, si elle m'évitait et voulait me faire perdre ses traces, elle m'aime.

Chez les femmes de cette sorte, la résistance est une preuve d'amour. Si j'avais poussé plus loin cette aventure, j'aurais fini peut-être par y rencontrer le dégoût, et je dormirais tranquille. Le comte avait l'habitude d'analyser ses sensations les plus vives, comme font involontairement les hommes qui ont autant d'esprit que de cœur, et il s'étonnait de revoir l'inconnue de la rue Froidmanteau, non dans la pompe idéale des visions, mais dans la nudité de ses réalités affligeantes. Et néanmoins si sa fantaisie avait dépouillé cette femme de la livrée de la misère, elle la lui aurait gâtée ; car il la voulait, il la désirait, il l'aimait avec ses bas crottés, avec ses souliers éculés, avec son chapeau de paille de riz ! Il la voulait dans cette maison même où il l'avait vue entrer ! — Suis-je donc épris du vice ! se disait-il tout effrayé. Je n'en suis pas encore là, j'ai vingt-trois ans et n'ai rien d'un vieillard blasé. L'énergie même du caprice dont il se voyait le jouet le rassurait un peu. Cette singulière lutte, cette réflexion et cet amour à la course pourront à juste titre surprendre quelques personnes habituées au train de Paris ; mais elles devront remarquer que le comte Andrea Marcosini n'était pas Français.

Élevé entre deux abbés qui, d'après la consigne donnée par un père dévot, le lâchèrent rarement, Andrea n'avait pas aimé une cousine à onze ans, ni séduit à douze la femme de chambre de sa mère ; il n'avait pas hanté ces colléges où l'enseignement le plus perfectionné n'est pas celui que vend l'État ; enfin il n'habitait Paris que depuis quelques années : il était donc encore accessible à ces impressions soudaines et profondes contre lesquelles l'éducation et les mœurs françaises forment une égide si puissante. Dans les pays méridionaux, de grandes passions naissent souvent d'un coup d'œil. Un gentilhomme gascon, qui tempérait beaucoup de sensibilité par beaucoup de réflexion, s'était approprié mille petites recettes contre les soudaines apoplexies de son esprit et de son cœur, avait conseillé au comte de se livrer au moins une fois par mois à quelque orgie magistrale pour conjurer ces orages de l'âme qui, sans de telles précautions, éclatent souvent mal à propos. Andrea se rappela le conseil. — Eh ! bien, pensa-t-il, je commencerai demain, premier janvier.

Ceci explique pourquoi le comte Andrea Marcosini louvoyait si timidement pour entrer dans la rue Froidmanteau. L'homme élégant embarrassait l'amoureux, il hésita longtemps ; mais après avoir fait un dernier appel à son courage, l'amoureux marcha d'un pas assez ferme jusqu'à la maison qu'il reconnut sans peine. Là, il s'arrêta encore. Cette femme était-elle bien ce qu'il imaginait ? N'allait-il pas faire quelque fausse démarche ? Il se souvint alors de la table d'hôte italienne, et s'empressa de saisir un moyen terme qui servait à la fois son désir et sa répugnance. Il entra pour dîner, et se glissa dans l'allée au fond de laquelle il trouva, non sans tâtonner longtemps, les marches humides et grasses d'un escalier qu'un grand seigneur italien devait prendre pour une échelle. Attiré vers le premier étage par une petite lampe posée à terre et par une forte odeur de cuisine, il poussa la porte entr'ouverte et vit une salle brune de crasse et de fumée où trottait une Léonarde occupée à parer une table d'environ vingt couverts. Aucun des convives ne s'y trouvait encore. Après un coup d'œil jeté sur cette chambre mal éclairée, et dont le papier tombait en lambeaux, le noble alla s'asseoir près d'un poêle qui fumait et ronflait dans un coin. Amené par le bruit que fit le comte en entrant et déposant son manteau, le maître d'hôtel se montra brusquement. Figurez-vous un cuisinier maigre, sec, d'une grande taille, doué d'un nez grassement démesuré, et jetant autour de lui, par moments et avec une vivacité fébrile, un regard qui voulait paraître prudent. A l'aspect d'Andrea, dont toute la tenue annonçait une grande aisance, *il signor* Giardini s'inclina respectueusement. Le comte manifesta le désir de prendre habituellement ses repas en compagnie de quelques compatriotes, de payer d'avance un certain nombre de cachets, et sut donner à la conversation une tournure familière afin d'arriver promptement à son but. A peine eut-il parlé de son inconnue, que *il signor* Giardini fit un geste grotesque, et regarda son convive d'un air malicieux, en laissant errer un sourire sur ses lèvres.

— *Basta !* s'écria-t-il, *capisco !* Votre seigneurie est conduite ici par deux appétits. *La signora* Gambara n'aura point perdu son temps, si elle est parvenue à intéresser un seigneur aussi généreux que vous paraissez l'être. En peu de mots, je vous apprendrai tout ce que nous savons ici sur cette pauvre femme, vraiment bien digne de pitié. Le mari est né, je crois, à Crémone, et arrive d'Allemagne ; il voulait faire prendre une nouvelle musique et de nouveaux instruments chez les *Tedeschi !* N'est-ce pas à faire pitié ? dit Giardini en haussant les épaules. *Il signor* Gambara, qui se croit un grand compositeur, ne me paraît pas fort sur tout le reste. Galant homme d'ailleurs, plein de sens et d'esprit, quelquefois fort aimable, surtout quand il a bu quelques verres de vin, cas rare, vu sa profonde misère, il s'occupe nuit et jour à composer des opéras et des symphonies imaginaires, au lieu de chercher à gagner honnêtement sa vie. Sa pauvre femme est réduite à travailler pour toute sorte de monde, le monde de la borne ! Que voulez-vous ? elle aime son mari comme un père et le soigne comme un enfant. Beaucoup de jeunes gens ont dîné chez moi pour faire leur cour à madame, mais pas un n'a réussi, dit-il en appuyant sur le dernier mot. *La signora* Marianna est sage, mon cher monsieur, trop sage pour son malheur ! Les hommes ne donnent rien pour rien aujourd'hui. La pauvre femme mourra donc à la peine. Vous croyez que son mari la récompense de ce dévouement ?... bah ! monsieur ne lui accorde pas un sourire ; et leur cuisine se fait chez le boulanger, car, non-seulement ce diable d'homme ne gagne pas un sou, mais encore il dépense tout le fruit du travail de sa femme en instruments qu'il taille, qu'il allonge, qu'il raccourcit, qu'il démonte et remonte jusqu'à ce qu'ils ne puissent plus rendre que des sons à faire fuir les chats ; alors il est content. Et pourtant vous verrez en lui le plus doux, le meilleur de tous les hommes, et nullement paresseux, il travaille toujours. Que vous dirai-je ? il est fou et ne connaît pas son état. Je l'ai vu, limant et forgeant ses instruments, manger du pain noir avec un appétit qui me faisait envie à moi-même, à moi, monsieur, qui ai la meilleure table de Paris. Oui, Excellence, avant un quart d'heure vous saurez quel homme je suis. J'ai introduit dans la cuisine italienne des raffinements qui vous surprendront. Excellence, je suis Napolitain, c'est-à-dire né cuisinier. Mais à quoi sert l'instinct sans la science ? la science ! j'ai passé trente ans à l'acquérir, et voyez où elle m'a conduit. Mon histoire est celle de tous les hommes de talent ! Mes essais, mes expériences ont ruiné trois restaurants successivement fondés à Naples, à Parme et à Rome. Aujourd'hui, que je suis encore réduit à faire métier de mon art, je me laisse aller le plus souvent à ma passion dominante. Je sers à ces pauvres réfugiés quelques-uns de mes ragoûts de prédilection. Je me ruine ainsi ! Sottise, direz-vous ? Je le sais ; mais que voulez-vous ? le talent m'emporte, et je ne puis résister à confectionner un mets qui me sourit. Ils s'en aperçoivent toujours, les gaillards. Ils savent bien, je vous le jure, qui de ma

femme ou de moi a servi la batterie. Qu'arrive-t-il? desoixante et
quelques convives que je voyais chaque jour à ma table, à l'époque
où j'ai fondé ce misérable restaurant, je n'en reçois plus aujourd'hui qu'une vingtaine environ à qui je fais crédit pour la plupart
du temps. Les Piémontais, les Savoyards sont partis; mais les connaisseurs, les gens de goût, les vrais Italiens me sont restés. Aussi,
pour eux, n'est-il sacrifice que je ne fasse! je leur donne bien souvent
pour vingt-cinq sous par tête un dîner qui me revient au double.

La parole du signor Giardini sentait tant la naïve roperie napolitaine, que le comte charmé se crut encore à Gérolamo.

— Puisqu'il en est ainsi, mon cher hôte, dit-il familièrement au
cuisinier, puisque le hasard et votre confiance m'ont mis dans le
secret de vos sacrifices journaliers, permettez-moi de doubler la
somme.

En achevant ces mots, Andrea faisait tourner sur le poêle une
pièce de quarante francs, sur laquelle le signor Giardini lui rendit
religieusement deux francs cinquante centimes, non sans quelques
façons discrètes qui le réjouirent fort.

— Dans quelques minutes, reprit Giardini, vous allez voir votre
donnina. Je vous placerai près du mari, et si vous voulez être dans
ses bonnes grâces, parlez musique, je les ai invités tous deux,
pauvres gens! A cause du nouvel an, je régale mes hôtes d'un mets
dans la confection duquel je crois m'être surpassé...

La voix du signor Giardini fut couverte par les bruyantes félicitations des convives qui vinrent deux à deux, un à un, assez
capricieusement, suivant la coutume des tables d'hôte. Giardini
affectait de se tenir près du comte, et faisait le cicerone en lui indiquant quels étaient ses habitués. Il tâchait d'amener par ses lazzi
un sourire sur les lèvres d'un homme en qui son instinct de Napolitain lui indiquait un riche protecteur à exploiter.

— Celui-ci, dit-il, est un pauvre compositeur, qui voudrait
passer de la romance à l'opéra et ne peut. Il se plaint des directeurs, des marchands de musique, de tout le monde, excepté de
lui-même, et, certes, il n'a pas de plus cruel ennemi. Vous voyez
quel teint fleuri, quel contentement de lui, combien peu d'efforts
dans ses traits, si bien disposés pour la romance; celui qui l'accompagne et qui a l'air d'un marchand d'allumettes, est une des
plus grandes célébrités musicales, Gigelmi! le plus grand chef
d'orchestre italien connu; mais il est sourd, et finit malheureuse

ment sa vie, privé de ce qui la lui embellissait. Oh! voici notre grand Ottoboni, le plus naïf vieillard que la terre ait porté, mais il est soupçonné d'être le plus enragé de ceux qui veulent la régénération de l'Italie. Je me demande comment l'on peut bannir un si aimable vieillard?

Ici Giardini regarda le comte, qui, se sentant sondé du côté politique, se retrancha dans une immobilité tout italienne.

— Un homme obligé de faire la cuisine à tout le monde doit s'interdire d'avoir une opinion politique, Excellence, dit le cuisinier en continuant. Mais tout le monde, à l'aspect de ce brave homme, qui a plus l'air d'un mouton que d'un lion, eût dit ce que je pense devant l'ambassadeur d'Autriche lui-même. D'ailleurs nous sommes dans un moment où la liberté n'est plus proscrite et va recommencer sa tournée! Ces braves gens le croient du moins dit-il en s'approchant de l'oreille du comte, et pourquoi contrarierai-je leurs espérances! car moi, je ne hais pas l'absolutisme, Excellence! Tout grand talent est absolutiste! Hé! bien, quoique plein de génie, Ottoboni se donne des peines inouïes pour l'instruction de l'Italie, il compose des petits livres pour éclairer l'intelligence des enfants et des gens du peuple, il les fait passer très-habilement en Italie, il prend tous les moyens de refaire un moral à notre pauvre patrie, qui préfère la jouissance à la liberté, peut-être avec raison!

Le comte gardait une attitude si impassible que le cuisinier ne put rien découvrir de ses véritables opinions politiques.

— Ottoboni, reprit-il, est un saint homme, il est très-secourable, tous les réfugiés l'aiment, car, Excellence, un libéral peut avoir des vertus! Oh! oh! fit Giardini, voilà un journaliste, dit-il en désignant un homme qui avait le costume ridicule que l'on donnait autrefois aux poëtes logés dans les greniers, car son habit était râpé, ses bottes crevassées, son chapeau gras, et sa redingote dans un état de vétusté déplorable. Excellence, ce pauvre homme est plein de talent et incorruptible! il s'est trompé sur son époque, il dit la vérité à tout le monde, personne ne peut le souffrir. Il rend compte des théâtres dans deux journaux obscurs, quoiqu'il soit assez instruit pour écrire dans les grands journaux. Pauvre homme! Les autres ne valent pas la peine de vous être indiqués, et Votre Excellence les devinera, dit-il en s'apercevant qu'à l'aspect de la femme du compositeur le comte ne l'écoutait plus.

En voyant Andrea, la signora Marianna tressaillit et ses joues se couvrirent d'une vive rougeur.

— Le voici, dit Giardini à voix basse en serrant le bras du comte et lui montrant un homme d'une grande taille. Voyez comme il est pâle et grave le pauvre homme ! aujourd'hui le dada n'a sans doute pas trotté à son idée.

La préoccupation amoureuse d'Andrea fut troublée par un charme saisissant qui signalait Gambara à l'attention de tout véritable artiste. Le compositeur avait atteint sa quarantième année : mais quoique son front large et chauve fût sillonné de quelques plis parallèles et peu profonds, magré ses tempes creuses où quelques veines nuançaient de bleu le tissu transparent d'une peau lisse, malgré la profondeur des orbites où s'encadraient ses yeux noirs pourvus de larges paupières aux cils clairs, la partie inférieure de son visage lui donnait tous les semblants de la jeunesse par la tranquillité des lignes et par la mollesse des contours. Le premier coup d'œil disait à l'observateur que chez cet homme la passion avait été étouffée au profit de l'intelligence qui seule s'était vieillie dans quelque grande lutte. Andrea jeta rapidement un regard à Marianna qui l'épiait. A l'aspect de cette belle tête italienne dont les proportions exactes et la splendide coloration révélaient une de ces organisations où toutes les forces humaines sont harmoniquement balancées, il mesura l'abîme qui séparait ces deux êtres unis par le hasard. Heureux du présage qu'il voyait dans cette dissemblance entre les deux époux, il ne songeait point à se défendre d'un sentiment qui devait élever une barrière entre la belle Marianna et lui. Il ressentait déjà pour cet homme de qui elle était l'unique bien, une sorte de pitié respectueuse en devinant la digne et sereine infortune qu'accusait le regard doux et mélancolique de Gambara. Après s'être attendu à rencontrer dans cet homme un de ces personnages grotesques si souvent mis en scène par les conteurs allemands et par les poëtes de *libretti*, il trouvait un homme simple et réservé dont les manières et la tenue, exemptes de toute étrangeté, ne manquaient pas de noblesse. Sans offrir la moindre apparence de luxe, son costume était plus convenable que ne le comportait sa profonde misère, et son linge attestait la tendresse qui veillait sur les moindres détails de sa vie. Andrea leva des yeux humides sur Marianna, qui ne rougit point et laissa échapper un demi-sourire où perçait peut-être l'orgueil que lui inspira ce muet hommage. Trop sérieusement épris pour ne pas épier le moindre indice de complaisance, le comte se crut aimé en se voyant si bien compris. Dès lors il s'occupa de la conquête du mari plutôt que de celle de la femme, en dirigeant toutes ses batteries contre le pauvre Gambara, qui, ne se doutant de rien, avalait sans les goûter les *bocconi* du signor Giardini. Le comte entama la conversation sur un sujet banal ; mais, dès les premiers mots, il tint cette intelligence, prétendue aveugle peut-être sur un point, pour fort clairvoyante sur tous les autres, et vit qu'il s'agissait moins de caresser la fantaisie de ce malicieux bonhomme que de tâcher d'en comprendre les idées. Les convives, gens affamés dont l'esprit se réveillait à l'aspect d'un repas bon ou mauvais laissaient percer les dispositions les plus hostiles au pauvre Gambara, et n'attendaient que la fin du premier service pour donner l'essor à leurs plaisanteries. Un réfugié, dont les œillades fréquentes trahissaient de prétentieux projets sur Marianna et qui croyait se placer bien avant dans le cœur de l'Italienne en cherchant à répandre le ridicule sur son mari, commença le feu pour mettre le nouveau venu au fait des mœurs de la table d'hôte.

— Voici bien du temps que nous n'entendons plus parler de l'opéra de Mahomet, s'écria-t-il en souriant à Marianna, serait-ce que tout entier aux soins domestiques, absorbé par les douceurs du pot-au-feu, Paolo Gambara négligerait un talent surhumain, laisserait refroidir son génie et attiédir son imagination ?

Gambara connaissait tous les convives, il se sentait placé dans une sphère si supérieure qu'il ne prenait plus la peine de repousser leurs attaques, il ne répondit point.

— Il n'est pas donné à tout le monde, reprit le journaliste, d'avoir assez d'intelligence pour comprendre les élucubrations musicales de monsieur, et là sans doute est la raison qui empêche notre divin *maestro* de se produire aux bons Parisiens.

— Cependant, dit le compositeur de romances, qui n'avait ouvert la bouche que pour y engloutir tout ce qui se présentait, je connais des gens à talent qui font un certain cas du jugement des Parisiens. J'ai quelque réputation en musique, ajouta-t-il d'un air modeste, je ne la dois qu'à mes petits airs de vaudeville et au succès qu'obtiennent mes contredanses dans les salons ; mais je compte faire bientôt exécuter une messe composée pour l'anniversaire de la mort de Beethoven, et je crois que je serai mieux compris à Paris que partout ailleurs. Monsieur me fera-t-il l'honneur d'y assister? dit-il en s'adressant à Andrea.

— Merci, répondit le comte, je ne me sens pas doué des organes nécessaires à l'appréciation des chants français. Mais si vous étiez mort, monsieur, et que Beethoven eût fait la messe, je ne manquerais pas d'aller l'entendre.

Cette plaisanterie fit cesser l'escarmouche de ceux qui voulaient mettre Gambara sur la voie de ses lubies, afin de divertir le nouveau venu. Andrea sentait déjà quelque répugnance à donner une folie si noble et si touchante en spectacle à tant de vulgaires sagesses. Il poursuivit sans arrière-pensée un entretien à bâtons rompus, pendant lequel le nez du signor Giardini s'interposa souvent à deux répliques. A chaque fois qu'il échappait à Gambara quelque plaisanterie de bon ton ou quelque aperçu paradoxal, le cuisinier avançait la tête, jetait au musicien un regard de pitié, un regard d'intelligence au comte, et lui disait à l'oreille : — *Ematto!* Un moment vint où le cuisinier interrompit le cours de ses observations judicieuses, pour s'occuper du second service auquel il attachait la plus grande importance. Pendant son absence, qui dura peu, Gambara se pencha vers l'oreille d'Andrea.

— Ce bon Giardini, lui dit-il à demi-voix, nous a menacés aujourd'hui d'un plat de son métier que je vous engage à respecter, quoique sa femme en ait surveillé la préparation. Le brave homme a la manie des innovations en cuisine. Il s'est ruiné en essais dont le dernier l'a forcé à partir de Rome sans passe-port, circonstance sur laquelle il se tait. Après avoir acheté un restaurant en réputation, il fut chargé d'un gala que donnait un cardinal nouvellement promu, et dont la maison n'était pas encore montée. Giardani crut avoir trouvé une occasion de se distinguer; il y parvint : le soir même, accusé d'avoir voulu empoisonner tout le conclave, il fut contraint de quitter Rome et l'Italie sans faire ses malles. Ce malheur lui a porté le dernier coup, et maintenant...

Gambara se posa un doigt au milieu de son front, et secoua la tête.

— D'ailleurs, ajouta-t-il, il est bonhomme. Ma femme assure que nous lui avons beaucoup d'obligations.

Giardini parut portant avec précaution un plat qu'il posa au milieu de la table, et après il revint modestement se placer auprès d'Andrea, qui fut servi le premier. Dès qu'il eut goûté ce mets, le comte trouva un intervalle infranchissable entre la première et la seconde bouchée. Son embarras fut grand, il tenait fort à ne point mécontenter le cuisinier qui l'observait attentivement. Si le restaurateur français se soucie peu de voir dédaigner un mets dont le paiement est assuré, il ne faut pas croire qu'il en soit de même d'un restaurateur italien à qui souvent l'éloge ne suffit pas. Pour gagner du temps, Andrea complimenta chaleureusement Giardini, mais il se pencha vers l'oreille du cuisinier, lui glissa sous la table une pièce d'or, et le pria d'aller acheter quelques bouteilles de vin de Champagne en le laissant libre de s'attribuer tout l'honneur de cette libéralité.

Quand le cuisinier reparut, toutes les assiettes étaient vides, et la salle retentissait des louanges du maître d'hôtel. Le vin de Champagne échauffa bientôt les têtes italiennes, et la conversation, jusqu'alors contenue par la présence d'un étranger, sauta par-dessus les bornes d'une réserve soupçonneuse pour se répandre çà et là dans les champs immenses des théories politiques et artistiques. Andrea, qui ne connaissait d'autres ivresses que celles de l'amour et de la poésie, se rendit bientôt maître de l'attention générale, et conduisit habilement la discussion sur le terrain des questions musicales.

— Veuillez m'apprendre, monsieur, dit-il au faiseur de contredanses, comment le Napoléon des petits airs s'abaisse à détrôner Palestrina, Pergolèse, Mozart, pauvres gens qui vont plier bagage aux approches de cette foudroyante messe de mort?

— Monsieur, dit le compositeur, un musicien est toujours embarrassé de répondre quand sa réponse exige le concours de cent exécutants habiles. Mozard, Haydn et Beethoven, sans orchestre, sont peu de chose.

— Peu de chose? reprit le comte, mais tout le monde sait que l'auteur immortel de *Don Juan* et du *Requiem* s'appelle Mozart, et j'ai le malheur d'ignorer celui du fécond inventeur des contredanses qui ont tant de vogue dans les salons.

— La musique existe indépendamment de l'exécution, dit le chef d'orchestre qui malgré sa surdité avait saisi quelques mots de la discussion. En ouvrant la symphonie en *ut mineur* de Beethoven, un homme de musique est bientôt transporté dans le monde de la Fantaisie sur les ailes d'or du thème en *sol naturel*, répété en *mi* par les cors. Il voit toute une nature tour à tour éclairée par d'éblouissantes gerbes de lumières, assombrie par des nuages de mélancolie, égayée par des chants divins.

— Beethoven est dépassé par la nouvelle école, dit dédaigneusement le compositeur de romances.

— Il n'est pas encore compris, dit le comte, comment serait-il dépassé?

Ici Gambara but un grand verre de vin de Champagne, et accompagna sa libation d'un demi-sourire approbateur.

— Beethoven, reprit le comte, a reculé les bornes de la musique instrumentale, et personne ne l'a suivi.

Gambara réclama par un mouvement de tête.

— Ses ouvrages sont surtout remarquables par la simplicité du plan, et par la manière dont est suivi ce plan, reprit le comte. Chez la plupart des compositeurs, les parties d'orchestre folles et désordonnées ne s'entrelacent que pour produire l'effet du moment, elles ne concourent pas toujours à l'ensemble du morceau par la régularité de leur marche. Chez Beethoven, les effets sont pour ainsi dire distribués d'avance. Semblables aux différents régiments qui contribuent par des mouvements réguliers au gain de la bataille, les parties d'orchestre des symphonies de Beethoven suivent les ordres donnés dans l'intérêt général, et sont subordonnées à des plans admirablement bien conçus. Il y a parité sous ce rapport chez un génie d'un autre genre. Dans les magnifiques compositions historiques de Walter Scott, le personnage le plus en dehors de l'action vient, à un moment donné, par des fils tissus dans la trame de l'intrigue, se rattacher au dénoûment.

— *E vero!* dit Gambara à qui le bon sens semblait revenir en sens inverse de sa sobriété.

Voulant pousser l'épreuve plus loin, Andrea oublia pour un moment toutes ses sympathies, il se prit à battre en brèche la réputation européenne de Rossini, et fit à l'école italienne ce procès qu'elle gagne chaque soir depuis trente ans sur plus de cent théâtres en Europe. Il avait fort à faire assurément. Les premiers mots qu'il prononça élevèrent autour de lui une sourde rumeur d'improbation ; mais ni les interruptions fréquentes, ni les exclamations, ni les froncements de sourcils, ni les regards de pitié n'arrêtèrent l'admirateur forcené de Beethoven.

— Comparez, dit-il, les productions sublimes de l'auteur dont je viens de parler, avec ce qu'on est convenu d'appeler musique italienne : quelle inertie de pensées! quelle lâcheté de style! Ces tournures uniformes, cette banalité de cadences, ces éternelles fioritures jetées au hasard, n'importe la situation, ce monotone *crescendo* que Rossini a mis en vogue et qui est aujourd'hui partie intégrante de toute composition ; enfin ces rossignolades forment une sorte de musique bavarde, caillette, parfumée, qui n'a de mérite que par le plus ou moins de facilité du chanteur et la légèreté de la vocalisation. L'école italienne a perdu de vue la haute mission de l'art. Au lieu d'élever la foule jusqu'à elle, elle est descendue jusqu'à la foule ; elle n'a conquis sa vogue qu'en acceptant des suffrages de toutes mains, en s'adressant aux intelligences vulgaires qui sont en majorité. Cette vogue est un escamotage de carrefour. Enfin, les compositions de Rossini en qui cette musique est personnifiée, ainsi que celles des maîtres qui procèdent plus ou moins de lui, me semblent dignes tout au plus d'amasser dans les rues le peuple autour d'un orgue de Barbarie, et d'accompagner les entrechats de Polichinelle. J'aime encore mieux la musique française, et c'est tout dire. Vive la musique allemande!... quand elle sait chanter, ajouta-t-il à voix basse.

Cette sortie résuma une longue thèse dans laquelle Andrea s'était soutenu pendant plus d'un quart d'heure dans les plus hautes régions de la métaphysique, avec l'aisance d'un somnambule qui marche sur les toits. Vivement intéressé par ces subtilités, Gambara n'avait pas perdu un mot de toute la discussion ; il prit la parole aussitôt qu'Andrea parut l'avoir abandonnée, et il se fit alors un mouvement d'attention parmi tous les convives, dont plusieurs se disposaient à quitter la place.

— Vous attaquez bien vivement l'école italienne, reprit Gambara fort animé par le vin de Champagne, ce qui d'ailleurs m'est assez indifférent. Grâce à Dieu, je suis en dehors de ces pauvretés plus ou moins mélodiques ! Mais un homme du monde montre peu de reconnaissance pour cette terre classique d'où l'Allemagne et la France tirèrent leurs premières leçons. Pendant que les compositions de Carissimi, Cavalli, Scarlati, Rossi s'exécutaient dans toute l'Italie, les violonistes de l'Opéra de Paris avaient le singulier privilége de jouer du violon avec des gants. Lulli, qui étendit l'empire de l'harmonie et le premier classa les dissonances, ne trouva, à son arrivée en France, qu'un cuisinier et un maçon qui eussent des voix et l'intelligence suffisante pour exécuter sa musique ; il fit un ténor du premier, et métamorphosa le second en basse-taille. Dans ce temps-là, l'Allemagne, à l'exception de Sébastien Bach, ignorait la musique. Mais, monsieur, dit Gambara du ton humble d'un homme qui craint de voir ses paroles accueillies par le dédain ou par la malveillance, quoique jeune, vous avez longtemps étudié ces hautes questions de l'art, sans quoi vous ne les exposeriez pas avec tant de clarté.

Ce mot fit sourire une partie de l'auditoire, qui n'avait rien compris aux distinctions établies par Andrea ; Giardini. persuadé que le comte n'avait débité que des phrases sans suite, le poussa légèrement en riant sous cape d'une mystification de laquelle il aimait à se croire complice.

— Il y a dans tout ce que vous venez de nous dire beaucoup de choses qui me paraissent fort sensées, dit Gambara en poursuivant, mais prenez garde ! Votre plaidoyer, en flétrissant le sensualisme italien, me paraît incliner vers l'idéalisme allemand, qui n'est pas une moins funeste hérésie. Si les hommes d'imagination et de sens, tels que vous, ne désertent un camp que pour passer à l'autre, s'ils ne savent pas rester neutres entre les deux excès, nous subirons éternellement l'ironie de ces sophistes qui nient le progrès, et qui comparent le génie de l'homme à cette nappe, laquelle, trop courte pour couvrir entièrement la table du signor Giardini, n'en pare une des extrémités qu'aux dépens de l'autre.

Giardini bondit sur sa chaise comme si un taon l'eût piqué, mais une réflexion soudaine le rendit à sa dignité d'amphitryon, il leva les yeux au ciel, et poussa de nouveau le comte, qui commençait à croire son hôte plus fou que Gambara. Cette façon grave et religieuse de parler de l'art intéressait le Milanais au plus haut point. Placé entre ces deux folies, dont l'une était si noble et l'autre si vulgaire, et qui se bafouaient mutuellement au grand divertissement de la foule, il y eut un moment où le comte se vit ballotté entre le sublime et la parodie, ces deux farces de toute création humaine. Rompant alors la chaîne des transitions incroyables qui l'avaient amené dans ce bouge enfumé, il se crut le jouet de quelque hallucination étrange, et ne regarda plus Gambara et Giardini que comme deux abstractions.

Cependant, à un dernier lazzi du chef d'orchestre qui répondit à Gambara, les convives s'étaient retirés en riant aux éclats. Giardini s'en alla préparer le café qu'il voulait offrir à l'élite de ses hôtes.

Sa femme enlevait le couvert. Le comte placé près du poêle, entre Marianna et Gambara, était précisément dans la situation que le fou trouvait si désirable : il avait à gauche le sensualisme, et l'idéalisme à droite. Gambara, rencontrant pour la première fois un homme qui ne lui riait point au nez, ne tarda pas à sortir des généralités pour parler de lui-même, de sa vie, de ses travaux et de la régénération musicale de laquelle il se croyait le Messie.

— Écoutez, vous qui ne m'avez point insulté jusqu'ici ! je veux vous raconter ma vie, non pour faire parade d'une constance qui ne vient point de moi, mais pour la plus grande gloire de celui qui a mis en moi sa force. Vous semblez bon et pieux ; si vous ne croyez point en moi, du moins vous me plaindrez : la pitié est de l'homme, la foi vient de Dieu.

Andrea, rougissant, ramena sous sa chaise un pied qui effleurait celui de la belle Marianna, et concentra son attention sur elle, tout en écoutant Gambara.

— Je suis né à Crémone d'un facteur d'instruments, assez bon exécutant, mais plus fort compositeur, reprit le musicien. J'ai donc pu connaître de bonne heure les lois de la construction musicale, dans sa double expression matérielle et spirituelle, et faire en enfant curieux des remarques qui plus tard se sont représentées dans l'esprit de l'homme fait. Les Français nous chassèrent, mon père et moi, de notre maison. Nous fûmes ruinés par la guerre. Dès l'âge de dix ans, j'ai donc commencé la vie errante à laquelle ont été condamnés presque tous les hommes qui roulèrent dans leur tête des innovations d'art, de science ou de politique. Le sort ou les dispositions de leur esprit, qui ne cadrent point avec les compartiments où se tiennent les bourgeois, les entraînent providentiellement sur les points où ils doivent recevoir leurs enseignements. Sollicité par ma passion pour la musique, j'allais de théâtre en théâtre par toute l'Italie, en vivant de peu, comme on vit là. Tantôt je faisais la basse dans un orchestre, tantôt je me trouvais sur le théâtre dans les chœurs, ou sous le théâtre avec les machinistes. J'étudiais ainsi la musique dans tous ses effets, interrogeant l'instrument et la voix humaine, me demandant en quoi ils diffèrent, en quoi ils s'accordent, écoutant les partitions et appliquant les lois que mon père m'avait apprises. Souvent je voyageais en raccommodant des instruments. C'était une vie sans pain, dans un pays où brille toujours le soleil, où l'art est partout, mais où il n'y a d'argent nulle part pour l'artiste, depuis que Rome n'est plus que de nom seulement la reine du monde chrétien. Tantôt bien accueilli, tantôt chassé pour ma misère, je ne perdais point courage; j'écoutais les voix intérieures qui m'annonçaient la gloire ! La musique me paraissait être dans l'enfance. Cette opinion, je l'ai conservée. Tout ce qui nous reste du monde musical antérieur au dix-septième siècle, m'a prouvé que les anciens auteurs n'ont connu que la mélodie; ils ignoraient l'harmonie et ses immenses ressources. La musique est tout à la fois une science et un art. Les racines qu'elle a dans la physique et les mathématiques en font une science ; elle devient un art par l'inspiration qui emploie à son insu les théorèmes de la science. Elle tient à la physique par l'essence même de la substance qu'elle emploie : le son est de l'air modifié; l'air est composé de principes, lesquels trouvent sans doute en nous des principes analogues qui leur répondent, sympathisent et s'agrandissent par le pouvoir de la pensée. Ainsi l'air doit contenir autant de particules d'élasticités différentes, et capables d'autant de vibrations de durées diverses qu'il y a de tons dans les corps sonores, et ces particules perçues par notre oreille, mises en œuvre par le musicien, répondent à des idées suivant nos organisations. Selon moi, la nature du son est identique à celle de la lumière. Le son est la lumière sous une autre forme : l'une et l'autre procèdent par des vibrations qui aboutissent à l'homme et qu'il transforme en pensées dans ses centres nerveux. La musique, de même que la peinture, emploie des corps qui ont la faculté de dégager telle ou telle propriété de la substance-mère, pour en composer des tableaux. En musique, les instruments font l'office des couleurs qu'emploie le peintre. Du moment où tout son produit par un corps sonore est toujours accompagné de sa tierce majeure et de sa quinte, qu'il affecte des grains de poussière placés sur un parchemin tendu, de manière à y tracer des figures d'une construction géométrique toujours les mêmes, suivant les différents volumes du son, régulières quand on fait un accord, et sans formes exactes quand on produit des dissonances, je dis que la musique est un art tissu dans les entrailles mêmes de la Nature. La musique obéit à des lois physiques et mathématiques. Les lois physiques sont peu connues, les lois mathématiques le sont davantage ; et, depuis qu'on a commencé à étudier leurs relations, on a créé l'harmonie, à laquelle nous avons dû Haydn, Mozart, Beethoven et Rossini, beaux génies qui certes ont produit une musique plus perfectionnée que celle de leurs devanciers, gens dont le génie d'ailleurs est incontestable. Les vieux maîtres chantaient au lieu de disposer de l'art et de la science, noble alliance qui permet de fondre en un toutes les belles mélodies et la puissante harmonie. Or, si la découverte des lois mathémathiques a donné ces quatre grands musiciens, où n'irions-nous pas si nous trouvions les lois physiques en vertu desquelles (saisissez bien ceci) nous rassemblons, en plus ou moins grande quantité, suivant des proportions à rechercher, une certaine substance éthérée, répandue dans l'air, et qui nous donne la musique aussi bien que la lumière, les phénomènes de la végétation aussi bien que ceux de la zoologie! Comprenez-vous? Ces lois nouvelles armeraient le compositeur de pouvoirs nouveaux en lui offrant des instruments supérieurs aux instruments actuels, et peut-être une harmonie grandiose comparée à celle qui régit aujourd'hui la musique. Si chaque son modifié répond à une puissance, il faut la connaître pour marier toutes ces forces d'après leurs véritables lois. Les compositeurs travaillent sur des substances qui leur sont inconnues. Pourquoi l'instrument de métal et l'instrument de bois, le basson et le cor, se ressemblent-ils si peu tout en employant les mêmes substances, c'est-à-dire les gaz constituants de l'air? Leurs dissemblances procèdent d'une décomposition quelconque de ces gaz, ou d'une appréhension des principes qui leur sont propres et qu'ils renvoient modifiés, en vertu de facultés inconnues. Si nous connaissions ces facultés, la science et l'art y gagneraient. Ce qui étend la science étend l'art. Eh! bien, ces découvertes, je les ai flairées et je les ai faites. Oui, dit Gambara en s'animant, jusqu'ici l'homme a plutôt noté les effets que les causes ! S'il pénétrait les causes, la musique deviendrait le plus grand de tous les arts. N'est-il pas celui qui pénètre le plus avant dans l'âme? Vous ne voyez que ce que la peinture vous montre, vous n'entendez que ce que le poëte vous dit, la musique va bien au delà : ne forme-t-elle pas votre pensée, ne réveille-t-elle pas les souvenirs engourdis ? Voici mille âmes dans une salle, un motif s'élance du gosier de la Pasta, dont l'exécution répond bien aux pensées qui brillaient dans l'âme de Rossini quand il écrivit son air, la phrase de Rossini transmise dans ces âmes y développe autant de poëmes différents : à celui-ci se montre une femme longtemps rêvée, à celui-là je ne sais quelle rive le long de laquelle il a cheminé, et dont les saules trainants, l'onde claire et les espérances qui dansaient sous les berceaux feuillus lui apparaissent ; cette femme se rappelle les mille sentiments qui la torturèrent pendant une heure de jalousie ; l'une pense aux vœux non satisfaits de son cœur et se peint avec les riches couleurs du rêve un être idéal à qui elle se livre en éprouvant les délices de la femme caressant sa chimère dans la mosaïque romaine ; l'autre songe que le soir même elle réalisera quelque désir, et se plonge par avance dans le torrent des voluptés, en en recevant les ondes bondissant sur sa poitrine en feu. La musique seule a la puissance de nous faire rentrer en nous-mêmes ; tandis que les autres arts nous donnent des plaisirs définis. Mais je m'égare. Telles furent mes premières idées, bien vagues, car un inventeur ne fait d'abord qu'entrevoir une sorte d'aurore. Je portais donc ces glorieuses idées au fond de mon bissac, elles me faisaient manger gaiement la croûte séchée que je trempais souvent dans l'eau des fontaines. Je travaillais, je composais des airs, et après les avoir exécutés sur un instrument quelconque, je reprenais mes courses à travers l'Italie. Enfin, à l'âge de vingt-deux ans, je vins habiter Venise, où je goûtai pour la première fois le calme, et me trouvai dans une situation supportable. J'y fis la connaissance d'un vieux noble vénitien à qui mes idées plurent, qui m'encouragea dans mes recherches, et me fit employer au théâtre de la Fenice. La vie était à bon marché, le logement coûtait peu. J'occupais un appartement dans ce palais Capello, d'où sortit un soir la fameuse Bianca, et qui devint grande-duchesse de Toscane. Je me figurais que ma gloire inconnue partirait de là pour se faire aussi couronner quelque jour. Je passais les soirées au théâtre, et les journées au travail. J'eus un désastre. La représentation d'un opéra dans la partition duquel j'avais essayé ma musique fit *fiasco*. On ne comprit rien à ma musique des *Martyrs*. Donnez du Beethoven aux Italiens, ils n'y sont plus. Personne n'avait la patience d'attendre un effet préparé par des motifs différents que donnait chaque instrument, et qui devaient se rallier dans un grand ensemble. J'avais fondé quelques espérances sur l'opéra des *Martyrs*, car nous nous escomptons toujours le succès, nous autres amants de la bleue déesse, l'Espérance ! Quand on se croit destiné à produire de grandes choses, il est difficile de ne pas les laisser pressentir ; le boisseau a toujours des fentes par où passe la lumière. Dans cette maison se trouvait la famille de ma femme, et l'espoir d'avoir la main de Marianna, qui me souriait souvent de sa fenêtre, avait beaucoup contribué à mes efforts. Je tombai dans une noire mélancolie en mesurant la profondeur de l'abîme où j'étais tombé, car j'entrevoyais clairement une vie de misère, une lutte constante où devait périr l'amour. Marianna fit comme le génie : elle sauta pieds joints par-dessus toutes les difficultés. Je ne vous dirai pas le peu de bonheur qui dora le commencement de mes infortunes. Épouvanté de ma chute, je jugeai que l'Italie, peu compréhensive et endormie dans les flonflons de la routine, n'était point disposée à recevoir les innovations que je méditais; je songeai donc à l'Allemagne. En voyageant dans ce pays, où j'allai par la Hongrie, j'écoutais les mille voix de la nature, et je m'efforçais de reproduire ces sublimes harmonies à l'aide d'instruments que je composais ou modifiais dans ce but. Ces essais comportaient des frais énormes qui eurent bientôt absorbé notre épargne. Ce fut cependant notre plus beau temps : je fus apprécié en Allemagne. Je ne connais rien de plus grand dans ma vie que cette époque. Je ne saurais rien comparer aux sensations tumultueuses qui m'assaillaient près de Marianna, dont la beauté revêtit alors un éclat et une puissance célestes. Faut-il le dire ? je fus heureux. Pendant ces heures de faiblesse, plus d'une fois je fis parler à ma passion le langage des harmonies terrestres. Il m'arriva de composer quelques-unes de ces mélodies qui ressemblent à des figures géométriques, et que l'on prise beaucoup dans le monde où vous vivez. Aussitôt que j'eus du succès, je rencontrai d'invincibles obstacles multipliés par mes confrères, tous pleins de mauvaise foi ou d'ineptie. J'avais entendu parler de la France comme d'un pays où les innovations étaient favorablement accueillies, je voulus y aller; ma femme trouva quelques ressources, et nous arrivâmes à Paris. Jusqu'alors on ne m'avait point ri au nez; mais dans cette affreuse ville, il me fallut supporter ce nouveau genre de supplice, auquel la misère vint bientôt ajouter ses poignantes angoisses. Réduits à nous loger dans ce quartier infect, nous vivons depuis plusieurs mois du seul travail de Marianna, qui a mis son aiguille au service des malheureuses prostituées qui font de cette rue leur galerie. Marianna assure qu'elle a rencontré chez ces pauvres femmes des égards et de la générosité, ce que j'attribue à l'ascendant d'une vertu si pure, que le vice lui-même est contraint de la respecter.

— Espérez, lui dit Andrea. Peut-être êtes-vous arrivé au terme de vos épreuves. En attendant que mes efforts, unis aux vôtres, aient mis vos travaux en lumière, permettez à un compatriote, à un artiste comme vous, de vous offrir quelques avances sur l'infaillible succès de votre partition.

— Tout ce qui rentre dans les conditions de la vie matérielle est du ressort de ma femme, lui répondit Gambara ; elle décidera de ce que nous pouvons accepter sans rougir d'un galant homme tel que vous paraissez l'être. Pour moi, qui depuis longtemps ne me suis laissé aller à de si longues confidences, je vous demande la permission de vous quitter. Je vois une mélodie qui m'invite, elle passe et danse devant moi, nue et frissonnant comme une belle fille qui demande à son amant les vêtements qu'il tient cachés. Adieu, il faut que j'aille habiller une maîtresse, je vous laisse ma femme.

Il s'échappa comme un homme qui se reprochait d'avoir perdu un temps précieux, et Marianna embarrassée voulut le suivre : Andrea n'osait la retenir, Giardini vint à leur secours à tous deux.

— Vous avez entendu, *signorina*, dit-il. Votre mari vous a laissé plus d'une affaire à régler avec le seigneur comte.

Marianna se rassit, mais sans lever les yeux sur Andrea, qui hésitait à lui parler.

— La confiance du signor Gambara, dit Andrea d'une voix émue, ne me vaudra-t-elle pas celle sa femme ? la belle Marianna refusera-t-elle de me faire connaître l'histoire de sa vie ?

— Ma vie, répondit Marianna, ma vie est celle des lierres. Si vous voulez connaître l'histoire de mon cœur, il faut me croire aussi exempte d'orgueil que dépourvue de modestie pour m'en demander le récit après ce que vous venez d'entendre.

— Et à qui le demanderai-je ? s'écria le comte chez qui la passion éteignait déjà tout esprit.

— A vous-même, répliqua Marianna. Ou vous m'avez déjà comprise, ou vous ne me comprendrez jamais. Essayez de vous interroger.

— J'y consens, mais vous m'écouterez. Cette main que je vous ai prise, vous la laisserez dans la mienne aussi longtemps que mon récit sera fidèle.

— J'écoute, dit Marianna.

— La vie d'une femme commence à sa première passion, dit Andrea, ma chère Marianna a commencé à vivre seulement du jour où elle a vu pour la première fois Paolo Gambara, il lui fallait une passion profonde à savourer, il lui fallait surtout quelque intéressante faiblesse à protéger, à soutenir. La belle organisation de femme dont elle est douée appelle peut-être moins encore l'amour que la maternité. Vous soupirez, Marianna ? J'ai touché à l'une des plaies vives de votre cœur. C'était un beau rôle à prendre pour vous, si jeune, que celui de protectrice d'une belle intelligence égarée. Vous vous disiez : Paolo sera mon génie, moi je serai sa raison, à nous deux nous ferons cet être presque divin qu'on appelle un ange, cette sublime créature qui jouit et comprend, sans que la sagesse étouffe l'amour. Puis, dans le premier élan de la jeunesse, vous avez entendu ces mille voix de la nature que le poëte voulait reproduire. L'enthousiasme vous saisissait quand Paolo étalait devant vous ces trésors de poésie en en cherchant la formule dans le langage sublime mais borné de la musique, et vous l'admiriez pendant qu'une exaltation délirante l'emportait loin de vous, car vous aimiez à croire que toute cette énergie déviée serait enfin ramenée à l'amour. Vous ignoriez l'empire tyrannique et jaloux que la Pensée exerce sur les cerveaux qui s'éprennent d'amour pour elle. Gambara s'était donné, avant de vous connaître, à l'orgueilleuse et vindicative maîtresse à qui vous l'avez disputé en vain jusqu'à ce jour. Un seul instant vous avez entrevu le bonheur. Retombé des hauteurs où son esprit planait sans cesse, Paolo s'étonna de trouver la réalité si douce, vous avez pu croire que sa folie s'endormirait dans les bras de l'amour. Mais bientôt la musique reprit sa proie. Le mirage éblouissant qui vous avait tout à coup transportée au milieu des délices d'une passion partagée rendit plus morne et plus aride la voie solitaire où vous vous étiez engagée. Dans le récit que votre mari vient de nous faire, comme dans le contraste frappant de vos traits et des siens, j'ai entrevu les secrètes angoisses de votre vie, les douloureux mystères de cette union mal assortie dans laquelle vous avez pris le lot des souffrances. Si votre conduite fut toujours héroïque, si votre énergie ne se démentit pas une fois dans l'exercice de vos devoirs pénibles, peut-être dans le silence de vos nuits solitaires, ce cœur dont les battements soulèvent en ce moment votre poitrine murmura-t-il plus d'une fois ! Votre plus cruel supplice fut la grandeur même de votre mari : moins noble, moins pur, vous eussiez pu l'abandonner ; mais ses vertus soutenaient les vôtres. Entre votre héroïsme et le sien vous vous demandiez qui céderait le dernier. Vous poursuiviez la réelle grandeur de votre tâche, comme Paolo poursuivait sa chimère. Si le seul amour du devoir vous eût soutenue et guidée, peut-être le triomphe vous eût-il semblé plus facile ; il vous eût suffi de tuer votre cœur et de transporter votre vie dans le monde des abstractions, la religion eût absorbé le reste, et vous eussiez vécu dans une idée, comme les saintes femmes qui éteignent au pied de l'autel les instincts de la nature. Mais le charme répandu sur toute la personne de votre Paul, l'élévation de son esprit, les rares et touchants témoignages de sa tendresse, vous rejetaient sans cesse hors de ce monde idéal, où la vertu voulait vous retenir, ils exaltaient en vous des forces sans cesse épuisées à lutter contre le fantôme de l'amour. Vous ne doutiez point encore! les moindres lueurs de l'espérance vous entraînaient à la poursuite de votre douce chimère. Enfin les déceptions de tant d'années vous ont fait perdre patience, elle eût depuis longtemps échappé à un ange. Aujourd'hui cette apparence si longtemps poursuivie est une ombre et non un corps. Une folie qui touche au génie de si près doit être incurable en ce monde. Frappée de cette pensée, vous avez songé à toute votre jeunesse, sinon perdue, au moins sacrifiée ; vous avez alors amèrement reconnu l'erreur de la nature qui vous avait donné un père quand vous appeliez un époux. Vous vous êtes demandé si vous n'aviez pas outrepassé les devoirs de l'épouse en vous gardant tout entière à cet homme qui se réservait à la science. Marianna, laissez-moi votre main, tout ce que j'ai dit est vrai. Et vous avez jeté les yeux autour de vous ; mais vous étiez alors à Paris, et non en Italie, où l'on sait si bien aimer.

— Oh! laissez-moi achever ce récit, s'écria Marianna, j'aime mieux dire moi-même ces choses. Je serai franche, je sens maintenant que je parle à mon meilleur ami. Oui, j'étais à Paris, quand se passait en moi tout ce que vous venez de m'expliquer si clairement ; mais quand je vous vis, j'étais sauvée, car je n'avais rencontré nulle part l'amour rêvé depuis mon enfance. Mon costume et ma demeure me soustrayaient aux regards des hommes comme vous. Quelques jeunes gens à qui leur situation ne permettait pas de m'insulter me devinrent plus odieux encore par la légèreté avec laquelle ils me traitaient : les uns bafouaient mon mari comme un vieillard ridicule, d'autres cherchaient bassement à gagner ses bonnes grâces pour le trahir ; tous parlaient de m'en séparer, aucun ne comprenait le culte que j'ai voué à cette âme, qui n'est si loin de nous que parce qu'elle est près du ciel, à cet ami, à ce frère que je veux toujours servir. Vous seul avez compris le lien qui m'attache à lui, n'est-ce pas ? Dites-moi que vous vous êtes pris pour mon Paul d'un intérêt sincère et sans arrière-pensée…

— J'accepte ces éloges, interrompit Andrea ; mais n'allez pas plus loin, ne me forcez pas de vous démentir. Je vous aime, Marianna, comme on aime dans ce beau pays où nous sommes nés l'un et l'autre ; je vous aime de toute mon âme et de toutes mes forces, mais avant de vous offrir cet amour, je veux me rendre digne du vôtre. Je tenterai un dernier effort pour vous rendre l'homme que vous aimez depuis l'enfance, l'homme que vous aimerez toujours. En attendant le succès ou la défaite, acceptez sans rougir l'aisance que je veux vous donner à tous deux ; demain nous irons ensemble choisir un logement pour lui. M'estimez-vous assez pour m'associer aux fonctions de votre tutelle ?

Marianna, étonnée de cette générosité, tendit la main au comte, qui sortit en s'efforçant d'échapper aux civilités du *signor Giardini* et de sa femme.

Le lendemain, le comte fut introduit par Giardini dans l'appartement des deux époux. Quoique l'esprit élevé de son amant lui fût déjà connu, car il est certaines âmes qui se pénètrent promptement, Marianna était trop bonne femme de ménage pour ne pas laisser percer l'embarras qu'elle éprouvait à recevoir un si grand seigneur dans une si pauvre chambre. Tout y était fort propre. Elle avait passé la matinée entière à épousseter son étrange mobilier, œuvre du signor Giardini, qui l'avait construit à ses moments de loisir avec les débris des instruments rebutés par Gambara. Andrea n'avait jamais rien vu de si extravagant. Pour se maintenir dans une gravité convenable, il cessa de regarder un lit grotesque pratiqué par le malicieux cuisinier dans la caisse d'un vieux clavecin, et reporta ses yeux sur le lit de Marianna, étroite couchette dont l'unique matelas était couvert d'une mousseline blanche, aspect qui lui inspira des pensées tout à la fois tristes et douces. Il voulut parler de ses projets et de l'emploi de la matinée, mais l'enthousiaste Gambara, croyant avoir enfin rencontré un bénévole auditeur, s'empara du comte et le contraignit d'écouter l'opéra qu'il avait écrit pour Paris.

— Et d'abord, monsieur, dit Gambara, permettez-moi de vous apprendre en deux mots le sujet. Ici les gens qui reçoivent les impressions musicales ne les développent pas en eux-mêmes, comme la religion nous enseigne à développer par la prière les textes saints ; il est donc bien difficile de leur faire comprendre qu'il existe dans la nature une musique éternelle, une mélodie suave, une harmonie parfaite, troublée seulement par les révolutions indépendantes de la volonté divine, comme les passions le sont de la volonté des hommes. Je devais donc trouver un cadre immense où pussent tenir les effets et les causes, car ma musique a pour but d'offrir une peinture de la vie des nations prise à son point de vue le plus élevé. Mon opéra, dont le *libretto* a été composé par moi, car un poëte n'en eût jamais développé le sujet, embrasse la vie de Mahomet, personnage en qui les magies de l'antique sabéisme et la poésie orientale de la religion juive se sont résumées, pour produire un des plus grands poëmes humains, la domination des Arabes. Certes, Mahomet a emprunté aux Juifs l'idée du gouvernement absolu, et aux religions pastorales ou sabéiques le mouvement progressif qui a créé le brillant empire des califes. Sa destinée était écrite dans sa naissance même, il eut pour père un païen et pour mère une juive. Ah ! pour être grand musicien, mon cher comte, il faut être aussi très-savant. Sans instruction, point de couleur locale, point d'idées dans la musique. Le compositeur qui chante pour chanter est un artisan et non un artiste. Ce magnifique opéra continue la grande œuvre que j'avais entreprise. Mon premier opéra s'appelait LES MARTYRS, et j'en dois faire un troisième de LA JÉRUSALEM DÉLIVRÉE. Vous saisissez la beauté de cette triple composition et ses ressources si diverses : *les Martyrs, Mahomet, la Jérusalem!* Le Dieu de l'Occident, celui de l'Orient, et la lutte de leurs religions autour d'un tombeau. Mais ne parlons pas de mes grandeurs à jamais perdues ! Voici le sommaire de mon opéra.

— Le premier acte, dit-il après une pause, offre Mahomet facteur chez Cadhige, riche veuve chez laquelle l'a placé son oncle ; il est amoureux et ambitieux ; chassé de la Mekke, il s'enfuit à Médine et date son ère de sa fuite (*l'hégire*). Le second montre Mahomet prophète et fondant une religion guerrière. Le troisième présente Mahomet dégoûté de tout, ayant épuisé la vie, et dérobant le secret de sa mort pour devenir un Dieu, dernier effort de l'orgueil humain. Vous allez juger de ma manière d'exprimer par des sons un grand fait que la poésie ne saurait rendre qu'imparfaitement par des mots.

Gambara se mit à son piano d'un air recueilli, et sa femme lui apporta les volumineux papiers de sa partition qu'il n'ouvrit point.

— Tout l'opéra, dit-il, repose sur une base comme sur un riche terrain. Mahomet devait avoir une majestueuse voix de basse, et sa première femme avait nécessairement une voix de contralto. Cadhige était vieille, elle avait vingt ans. Attention, voici l'ouverture ! Elle commence (*ut mineur*) par un *andante* (*trois temps*). Entendez-vous la mélancolie de l'ambitieux que ne satisfait pas l'amour ? A travers ses plaintes, par une transition au temps relatif (*mi bémol, allégro quatre temps*) percent les cris de l'amoureux épileptique, ses fureurs et quelques motifs guerriers, car le sabre tout-puissant des califes commence à luire à ses yeux. Les beautés de la femme unique lui donnent le sentiment de cette pluralité d'amour qui nous frappe tant dans *Don Juan*. En entendant ces motifs, n'entrevoyez-vous pas le paradis de Mahomet ? Mais voici (*la bémol majeur, six huit*) un *cantabile* capable d'épanouir l'âme la plus rebelle à la musique : Cadhige a compris Mahomet ! Cadhige annonce au peuple les entrevues du prophète avec l'ange Gabriel (*Maestoso sostenuto en fa mineur*). Les magistrats, les prêtres, le pouvoir et la religion, qui se sentent attaqués par le novateur comme Socrate et Jésus-Christ attaquaient des pouvoirs et des religions expirantes ou usées, poursuivent Mahomet et le chassent de la Mekke (*strette en ut majeur*). Arrive ma belle dominante (*sol quatre temps*) : l'Arabie écoute son prophète, les cavaliers arrivent (*sol majeur, mi bémol, si bémol, sol mineur ! toujours quatre temps*). L'avalanche d'hommes grossit ! Le faux prophète a commencé sur une peuplade ce qu'il va faire sur le monde (*sol, sol*). Il promet une domination universelle aux Arabes, on le croit parce qu'il est inspiré. Le crescendo commence (*par cette même dominante*). Voici quelques fanfares (*en ut majeur*), des cuivres plaqués sur l'harmonie qui se détachent et se font jour pour exprimer les premiers triomphes. Médine est conquise au prophète et l'on marche sur la Mekke (*Explosion en ut majeur*). Les puissances de l'orchestre se développent comme un incendie, tout instrument parle, voici des torrents d'harmonie. Tout à coup le *tutti* est interrompu par un gracieux motif (*une tierce mineure*). Écoutez le dernier cantilène de l'amour dévoué ?

La femme qui a soutenu le grand homme meurt en lui cachant son désespoir, elle meurt dans le triomphe de celui chez qui l'amour est devenu trop immense pour s'arrêter à une femme, elle l'adore assez pour se sacrifier à la grandeur qui la tue! Quel amour de feu! Voici le désert qui envahit le monde (*l'ut majeur reprend*). Les forces de l'orchestre reviennent et se résument dans une terrible quinte partie de la basse fondamentale qui expire, Mahomet s'ennuie, il a tout épuisé! le voilà qui veut mourir Dieu? L'Arabie l'adore et prie, et nous retombons dans mon premier thème de mélancolie (*par l'ut mineur*) au lever du rideau. — Ne trouvez-vous pas, dit Gambara en cessant de jouer et se retournant vers le comte, dans cette musique vive, heurtée, bizarre, mélancolique et toujours grande, l'expression de la vie d'un épileptique enragé de plaisir, ne sachant ni lire ni écrire, faisant de chacun de ses défauts un degré pour le marchepied de ses grandeurs, tournant ses fautes et ses malheurs en triomphes? N'avez-vous pas eu l'idée de sa séduction exercée sur un peuple avide et amoureux, dans cette ouverture, échantillon de l'opéra?

D'abord calme et sévère, le visage du maëstro, sur lequel Andrea avait cherché à deviner les idées qu'il exprimait d'une voix inspirée, et qu'un amalgame indigeste de notes ne permettait pas d'entrevoir, s'était animé par degrés et avait fini par prendre une expression passionnée qui réagit sur Marianna et sur le cuisinier. Marianna, trop vivement affectée par les passages où elle reconnaissait sa propre situation, n'avait pu cacher l'expression de son regard à Andrea. Gambara s'essuya le front, lança son regard avec tant de force vers le plafond, qu'il sembla le percer et s'élever jusqu'aux cieux.

— Vous avez vu le péristyle, dit-il, nous entrons maintenant dans le palais. L'opéra commence. PREMIER ACTE. Mahomet seul sur le devant de la scène, commence par un air (*fa naturel, quatre temps*) interrompu par un chœur de chameliers qui sont auprès d'un puits dans le fond du théâtre (*ils font une opposition dans le rhythme; douze huit*). Quelle majestueuse douleur! elle attendrira les femmes les plus évaporées, en pénétrant leurs entrailles si elles n'ont pas de cœur. N'est-ce pas la mélodie du génie contraint?

Au grand étonnement d'Andrea, car Marianna y était habituée, Gambara contractait si violemment son gosier, qu'il n'en sortait que des sons étouffés assez semblables à ceux que lance un chien de garde enroué. La légère écume qui vint blanchir les lèvres du compositeur fit frémir Andrea.

— Sa femme arrive (*la mineur*). Quel duo magnifique ! Dans ce morceau j'exprime comment Mahomet a la volonté, comment sa femme a l'intelligence. Cadhige y annonce qu'elle va se dévouer à une œuvre qui lui ravira l'amour de son jeune mari. Mahomet veut conquérir le monde, sa femme l'a deviné, elle l'a secondé en persuadant au peuple de la Mekke que les attaques d'épilepsie de son mari sont les effets de son commerce avec les anges. Chœur des premiers disciples de Mahomet qui viennent lui promettre leurs secours (*ut dièse mineur, sotto voce*). Mahomet sort pour aller trouver l'ange Gabriel (*récitatif en fa majeur*). Sa femme encourage le chœur. (*Air coupé par les accompagnements du chœur. Des bouffées de voix soutiennent le chant large et majestueux de Cadhige. La majeur*). ABDOLLAH, le père d'Aiesha, seule fille que Mahomet ait trouvée vierge, et de qui par cette raison le prophète changea le nom en celui d'ABOUBECKER (*père de la pucelle*), s'avance avec Aiesha et se détache du chœur (*par des phrases qui dominent le reste des voix et qui soutiennent l'air de Cadhige en s'y joignant, en contre-point*). Omar, père d'Hafsa, autre fille que doit posséder Mahomet, imite l'exemple d'Aboubecker, et vient avec sa fille former un quintetto. La vierge Aiesha est un primo soprano, Hafsa fait le second soprano ; Aboubecker est une basse-taille, Omar est un baryton. Mahomet reparaît inspiré. Il chante son premier air de bravoure, qui commence le finale (*mi majeur*) ; il promet l'empire du monde à ses premiers Croyants. Le prophète aperçoit les deux filles, et, par une transition douce (*de si majeur en sol majeur*), il leur adresse des phrases amoureuses. Ali, cousin de Mahomet, et Khaled, son plus grand général, deux ténors, arrivent et annoncent la persécution : les magistrats, les soldats, les seigneurs, ont proscrit le prophète (*récitatif*). Mahomet s'écrie dans une invocation (*en ut*) que l'ange Gabriel est avec lui, et montre un pigeon qui s'envole. Le chœur des Croyants répond par des accents de dévouement sur une modulation (*en si majeur*). Les soldats, les magistrats, les grands arrivent (*tempo di marcia ; quatre temps en si majeur*). Lutte entre les deux chœurs (*stretteen mi majeur*). Mahomet (*par une succession de septièmes diminuées descendante*) cède à l'orage et s'enfuit. La couleur sombre et farouche de ce finale est nuancée par les motifs des trois femmes qui présagent à Mahomet son triomphe, et dont les phrases se trouveront développées au troisième acte, dans la scène où Mahomet savoure les délices de sa grandeur.

En ce moment des pleurs vinrent aux yeux de Gambara, qui, après un moment d'émotion, s'écria : — DEUXIÈME ACTE ! Voici la religion instituée. Les Arabes gardent la tente de leur prophète qui consulte Dieu (*chœur en la mineur*). Mahomet paraît (*prière en fa*). Quelle brillante et majestueuse harmonie plaquée sous ce chant où j'ai peut-être reculé les bornes de la mélodie ! Ne fallait-il pas exprimer les merveilles de ce grand mouvement d'hommes qui a créé une musique, une architecture, une poésie, un costume et des mœurs ? En l'entendant, vous vous promenez sous les arcades du Généralife, sous les voûtes sculptées de l'Alhambra ! Les fioritures de l'air peignent la délicieuse architecture moresque et les poésies de cette religion galante et guerrière qui devait s'opposer à la guerrière et galante chevalerie des chrétiens ? Quelques cuivres se réveillent à l'orchestre et annoncent les premiers triomphes (*par une cadence rompue*). Les Arabes adorent le prophète (*mi bémol majeur*). Arrivée de Khaled, d'Amrou et d'Ali par un *tempo di marcia*. Les armées des Croyants ont pris des villes et soumis les trois Arabies ! Quel pompeux récitatif ! Mahomet récompense ses généraux en leur donnant ses filles. (Ici, dit-il d'un air piteux, il y a un de ces ignobles ballets qui coupent le fil des plus belles tragédies musicales !) Mais Mahomet (*si mineur*) relève l'opéra par sa grande prophétie, qui commence chez ce pauvre monsieur de Voltaire par ce vers :

Le temps de l'Arabie est à la fin venu.

Elle est interrompue par le chœur des Arabes triomphants (*douze-huit accéléré*). Les clairons, les cuivres reparaissent avec les tribus qui arrivent en foule. Fête générale où toutes les voix concourent l'une après l'autre, et où Mahomet proclame sa polygamie. Au milieu de cette gloire, la femme qui a tant servi Mahomet se détache par un air magnifique (*si majeur*). « Et moi, dit-elle, moi, ne serais-je donc plus aimée ? — Il faut nous séparer ; tu es une femme, et je suis un prophète ; je puis avoir des esclaves, mais plus d'égal ! » Écoutez ce duo (*sol dièse mineur*). Quels déchirements ! La femme comprend la grandeur qu'elle a élevée de ses mains, elle aime assez Mahomet pour se sacrifier à sa gloire, elle l'adore comme un Dieu sans le juger, et sans un murmure. Pauvre femme, la première dupe et la première victime! Quel thème pour le finale (*si majeur*) que cette douleur brodée en couleurs si brunes sur le fond des acclamations du chœur, et mariée aux accents de Mahomet abandonnant sa femme comme un instrument inutile, mais faisant voir qu'il ne l'oubliera jamais! Quelles triomphantes girandoles, quelles fusées de chants joyeux et perlés élancent les deux jeunes voix (*primo et secondo soprano*) d'Aiesha et d'Hafsa, soutenus par Ali et sa femme, par Omar et Aboubecker! Pleurez, réjouissez-vous! Triomphes et larmes! Voilà la vie.

Marianna ne put retenir ses pleurs. Andrea fut tellement ému, que ses yeux s'humectèrent légèrement. Le cuisinier napolitain qu'ébranla la communication magnétique des idées exprimées par les spasmes de la voix de Gambara, s'unit à cette émotion. Le musicien se retourna, vit ce groupe et sourit.

— Vous me comprenez enfin! s'écria-t-il.

Jamais triomphateur mené pompeusement au Capitole, dans les rayons pourpres de sa gloire, aux acclamations de tout un peuple, n'eut pareille expression en sentant poser la couronne sur sa tête. Le visage du musicien étincelait comme celui d'un saint martyr. Personne ne dissipa cette erreur. Un horrible sourire effleura les lèvres de Marianna. Le comte fut épouvanté par la naïveté de cette folie.

— Troisième acte! dit l'heureux compositeur en se rasseyant au piano. (*Andantino solo*). Mahomet malheureux dans son sérail, entouré de femmes. Quatuor de houris (*en la majeur*). Quelles pompes! quels chants de rossignols heureux! Modulations (*fa dièse mineur*). Le thème se représente (*sur la dominante mi pour reprendre en la majeur*). Les voluptés se groupent et se dessinent afin de produire leur opposition au sombre finale du premier acte. Après les danses, Mahomet se lève et chante un grand air de bravoure (*fa mineur*) pour regretter l'amour unique et dévoué de sa première femme en s'avouant vaincu par la polygamie. Jamais musicien n'a eu pareil thème. L'orchestre et le chœur des femmes expriment les joies des houris, tandis que Mahomet revient à la mélancolie qui a ouvert l'opéra.

— Où est Beethoven, s'écria Gambara, pour que je sois bien compris dans ce retour prodigieux de tout l'opéra sur lui-même. Comme tout s'est appuyé sur la basse! Beethoven n'a pas construit autrement sa symphonie en ut. Mais son mouvement héroïque est purement instrumental, au lieu qu'ici mon mouvement héroïque est appuyé par un sextuor des plus belles voix humaines, et par un chœur des Croyants qui veillent à la PORTE de la maison sainte. J'ai toutes les richesses de la mélodie et de l'harmonie, un orchestre et des voix ! Entendez l'expression de toutes les existences humaines, riches ou pauvres ? *la lutte, le triomphe et l'ennui !* Ali arrive, l'Alcoran triomphe sur tous les points (*duo en ré mineur*). Mahomet se confie à ses deux beaux-pères, il est las de tout, il veut abdiquer le pouvoir et mourir inconnu pour consolider son œuvre. Magnifique sextuor (*si bémol majeur*). Il fait ses adieux (*solo en fa naturel*). Ses deux beaux-pères institués ses vicaires (*kalifes*) appellent le peuple. Grande marche triomphale. Prière générale des Arabes agenouillés devant la maison sainte (*kasba*) d'où s'envole le pigeon (*même tonalité*). La prière faite par soixante voix, et commandée par les femmes (*en si bémol*), couronne cette œuvre gigantesque où la vie des nations et de l'homme est exprimée. Vous avez eu toutes les émotions humaines et divines.

Andrea contemplait Gambara dans un étonnement stupide. Si d'abord il n'avait été saisi par l'horrible ironie que présentait cet homme en exprimant les sentiments de la femme de Mahomet sans les reconnaître chez Marianna, la folie du mari fut éclipsée par celle du compositeur. Il n'y avait pas l'apparence d'une idée poétique ou musicale dans l'étourdissante cacophonie qui frappait les oreilles : les principes de l'harmonie, les premières règles de la composition étaient totalement étrangères à cette informe création. Au lieu de la musique savamment enchaînée que désignait Gambara, ses doigts produisaient une succession de quintes, de septièmes et d'octaves, de tierces majeures, et des marches de quarte sans sixte à la basse, réunion de sons discordants jetés au hasard qui semblait combinée pour déchirer les oreilles les moins délicates. Il est difficile d'exprimer cette bizarre exécution, car il faudrait des mots nouveaux pour cette musique impossible. Péniblement affecté de la folie de ce brave homme, Andrea rougissait et regardait à la dérobée Marianna qui, pâle et les yeux baissés, ne pouvait retenir ses larmes. Au milieu de son brouhaha de notes, Gambara avait lancé de temps en temps des exclamations qui décelaient le ravissement de son âme : il s'était pâmé d'aise, il avait souri à son piano, l'avait regardé avec colère, lui avait tiré la langue, expression à l'usage des inspirés; enfin il paraissait enivré de la poésie qui lui remplissait la tête et qu'il s'était vainement efforcé de traduire. Les étranges discordances qui hurlaient sous ses doigts avaient évidemment résonné dans son oreille comme de célestes harmonies. Certes, au regard inspiré de ses yeux bleus ouverts sur un autre monde, à la rose lueur qui colorait ses joues, et surtout à cette sérénité divine que l'extase répandait sur ses traits si nobles et si fiers, un sourd aurait cru assister à une improvisation due à quelque grand artiste. Cette illusion eût été d'autant plus naturelle que l'exécution de cette musique insensée exigeait une habileté merveilleuse pour se rompre à un pareil doigté. Gambara avait dû travailler pendant plusieurs années. Ses mains n'étaient pas d'ailleurs seules occupées, la complication des pédales imposait à tout son corps une perpétuelle agitation ; aussi la sueur ruisselait-elle sur son visage pendant qu'il travaillait à enfler un crescendo de tous les faibles moyens que l'ingrat instrument mettait à son service : il avait trépigné, soufflé, hurlé; ses doigts avaient égalé en prestesse la double langue d'un serpent ; enfin, au dernier hurlement du piano, il s'était jeté en arrière et avait laissé tomber sa tête sur le dos de son fauteuil.

— Par Bacchus! je suis tout étourdi, s'écria le comte en sortant, un enfant dansant sur un clavier ferait de meilleure musique.

— Assurément, le hasard n'éviterait pas l'accord de deux notes avec autant d'adresse que ce diable d'homme l'a fait pendant une heure, dit Giardini.

— Comment l'admirable régularité des traits de Marianna ne s'altère-t-elle point à l'audition continuelle de ces effroyables discordances? se demanda le comte. Marianna est menacée d'enlaidir.

— Seigneur, il faut l'arracher à ce danger, s'écria Giardini.

— Oui, dit Andrea, j'y ai songé. Mais, pour reconnaître si mes projets ne reposent point sur une fausse base, j'ai besoin d'appuyer mes soupçons sur une expérience. Je reviendrai pour examiner les instruments qu'il a inventés. Ainsi demain, après le dîner, nous ferons une médianoche, et j'enverrai moi-même le vin et les friandises nécessaires.

Le cuisinier s'inclina. La journée suivante fut employée par le comte à faire arranger l'appartement qu'il destinait au pauvre ménage de l'artiste. Le soir, Andrea vint et trouva, selon ses instructions, ses vins et ses gâteaux servis avec une espèce d'apprêt par Marianna et par le cuisinier ; Gambara lui montra triomphalement les petits tambours sur lesquels étaient des grains de poudre à l'aide desquels il faisait ses observations sur les différentes natures des sons émis par les instruments.

— Voyez-vous, lui dit-il, par quels moyens simples j'arrive à prouver une grande proposition. L'acoustique me révèle ainsi des actions analogues de son sur tous les objets qu'il affecte. Toutes les harmonies partent d'un centre commun et conservent entre elles d'intimes relations ; ou plutôt, l'harmonie, une comme la lumière, est décomposée par nos arts comme le rayon par le prisme.

Puis il présenta des instruments construits d'après ses lois, en expliquant les changements qu'il introduisait dans leur contexture. Enfin il annonça, non sans emphase, qu'il couronnerait cette séance préliminaire, bonne tout au plus à satisfaire la curiosité de l'œil, en faisant entendre un instrument qui pouvait remplacer un orchestre entier, et qu'il nommait *Panharmonicon*.

— Si c'est celui qui est dans cette cage et qui nous attire les plaintes du voisinage quand vous y travaillez, dit Giardini, vous n'en jouerez pas longtemps, le commissaire de police viendra bientôt. Y pensez-vous ?

— Si ce pauvre fou reste, dit Gambara à l'oreille du comte, il me sera impossible de jouer.

Le comte éloigna le cuisinier en lui promettant une récompense, s'il voulait guetter au dehors afin d'empêcher les patrouilles ou les voisins d'intervenir. Le cuisinier, qui ne s'était pas épargné en versant à boire à Gambara, consentit. Sans être ivre, le compositeur était dans cette situation où toutes les forces intellectuelles sont surexcitées, où les parois d'une chambre deviennent lumineuses, où les mansardes n'ont plus de toits, où l'âme voltige dans le monde des esprits. Marianna dégagea, non sans peine, de ses couvertures un instrument aussi grand qu'un piano à queue, mais ayant un buffet supérieur de plus. Cet instrument bizarre offrait, outre ce buffet et sa table, les pavillons de quelques instruments à vent et les becs aigus de quelques tuyaux.

— Jouez-moi, je vous prie, cette prière que vous dites être si belle et qui termine votre opéra, dit le comte.

Au grand étonnement de Marianna et d'Andrea, Gambara commença par plusieurs accords qui décelèrent un grand maître ; à leur étonnement succéda d'abord une admiration mêlée de surprise, puis une complète extase au milieu de laquelle ils oublièrent et le lieu et l'homme. Les effets d'orchestre n'eussent pas été si grandioses que le furent les sons des instruments à vent qui rappelaient l'orgue et qui s'unirent merveilleusement aux richesses harmoniques des instruments à corde; mais l'état imparfait dans lequel se trouvait cette singulière machine arrêtait les développements du compositeur, dont la pensée parut alors plus grande. Souvent la perfection dans les œuvres d'art empêche l'âme de les agrandir. N'est-ce pas le procès gagné par l'esquisse contre le tableau fini, au tribunal de ceux qui achèvent l'œuvre par la pensée, au lieu de l'accepter toute faite? La musique la plus pure et la plus suave que le comte eût jamais entendue s'éleva sous les doigts de Gambara comme un nuage d'encens au-dessus d'un autel. La voix du compositeur redevint jeune; et, loin de nuire à cette riche mélodie, son organe l'expliqua, la fortifia, la dirigea, comme la voix atone et chevrotante d'un habile lecteur, comme l'était Andrieux, étendait le sens d'une sublime scène de Corneille ou de Racine en y ajoutant une poésie intime. Cette musique digne des anges accusait les trésors cachés dans cet immense opéra, qui ne pouvait jamais être compris, tant que cet homme persisterait à s'expliquer dans son état de raison. Également partagés entre la musique et la surprise que leur causait cet instrument aux cent voix, dans lequel un étranger aurait pu croire que le facteur avait caché des jeunes filles invisibles, tant les sons avaient par moments d'analogie avec la voix humaine, le comte et Marianna n'osaient se communiquer leurs idées ni par le regard ni par la parole. Le visage de Marianna était éclairé par une magnifique lueur d'espérance qui lui rendit les splendeurs de la jeunesse. Cette renaissance de sa beauté, qui s'unissait à la lumineuse apparition du génie de son mari, nuança d'un nuage de chagrin les délices que cette heure mystérieuse donnait au comte.

— Vous êtes notre bon génie, lui dit Marianna. Je suis tentée de croire que vous l'inspirez, car moi, qui ne le quitte point, je n'ai jamais entendu pareille chose.

— Et les adieux de Cadhige! s'écria Gambara qui chanta la cavatine à laquelle il avait donné la veille l'épithète de sublime et qui fit pleurer les deux amants, tant elle exprimait bien le dévouement le plus élevé de l'amour.

— Qui a pu vous dicter de pareils chants ? demanda le comte.

— L'esprit, répondit Gambara ; quand il apparaît, tout me semble en feu. Je vois les mélodies face à face, belles et fraîches, colorées comme des fleurs ; elles rayonnent, elles retentissent, et j'écoute, mais il faut un temps infini pour les reproduire.

— Encore ! dit Marianna.

Gambara, qui n'éprouvait aucune fatigue, joua sans efforts ni grimaces. Il exécuta son ouverture avec un si grand talent et découvrit des richesses musicales si nouvelles, que le comte ébloui finit par croire à une magie semblable à celle que déploient Paganini et Listz, exécution qui, certes, change toutes les conditions de la musique en en faisant une poésie au-dessus des créations musicales.

— Eh ! bien, Votre Excellence le guérira-t-elle ? demanda le cuisinier quand Andrea descendit.

— Je le saurai bientôt, répondit le comte. L'intelligence de cet homme a deux fenêtres, l'une fermée sur le monde, l'autre ouverte sur le ciel : la première est la musique, la seconde est la poésie ; jusqu'à ce jour il s'est obstiné à rester devant la fenêtre bouchée, il faut le conduire à l'autre. Vous le premier m'avez mis sur la voie, Giardini, en me disant que votre hôte raisonne plus juste dès qu'il a bu quelques verres de vin.

— Oui, s'écria le cuisinier, et je devine le plan de Votre Excellence.

— S'il est encore temps de faire tonner la poésie à ses oreilles, au milieu des accords d'une belle musique, il faut le mettre en état d'entendre et de juger. Or, l'ivresse peut seule venir à mon secours. M'aiderez-vous à griser Gambara, mon cher ? cela ne vous fera-t-il pas de mal à vous-même ?

— Comment l'entend Votre Excellence ?

Andrea s'en alla sans répondre, mais en riant de la perspicacité qui restait à ce fou. Le lendemain, il vint chercher Marianna, qui avait passé la matinée à se composer une toilette simple mais convenable, et qui avait dévoré toutes ses économies. Ce changement eût dissipé l'illusion d'un homme blasé, mais chez le comte, le caprice était devenu passion. Dépouillée de sa poétique misère et transformée en simple bourgeoise, Marianna le fit rêver au mariage, il lui donna la main pour monter dans un fiacre et lui fit part de son projet. Elle approuva tout, heureuse de trouver son amant encote plus grand, plus généreux, plus désintéressé qu'elle ne l'espérait. Elle arriva dans un appartement où Andrea s'était plu à rappeler son souvenir à son amie par quelques-unes de ces recherches qui séduisent les femmes les plus vertueuses.

— Je ne vous parlerai de mon amour qu'au moment où vous désespérerez de votre Paul, dit le comte à Marianna en revenant rue Froidmanteau. Vous serez témoin de la sincérité de mes efforts; s'ils sont efficaces, peut-être ne saurai-je pas me résigner à mon rôle d'ami, mais alors je vous fuirai, Marianna. Si je me sens assez de courage pour travailler à votre bonheur, je n'aurai pas assez de force pour le contempler.

— Ne parlez pas ainsi, les générosités ont leur péril aussi, répondit-elle en retenant mal ses larmes. Mais quoi, vous me quittez déjà!

— Oui, dit Andrea, soyez heureuse sans distraction.

S'il fallait croire le cuisinier, le changement d'hygiène fut favorable aux deux époux. Tous les soirs après boire, Gambara paraissait moins absorbé, causait davantage et plus posément; il parlait enfin de lire les journaux. Andrea ne put s'empêcher de frémir en voyant la rapidité inespérée de son succès; mais quoique ses angoisses lui révélassent la force de son amour, elles ne le firent point chanceler dans sa vertueuse résolution. Il vint un jour reconnaître les progrès de cette singulière guérison. Si l'état de son malade lui causa d'abord quelque joie, elle fut troublée par la beauté de Marianna, à qui l'aisance avait rendu tout son éclat. Il revint dès lors chaque soir engager des conversations douces et sérieuses où il apportait les clartés d'une opposition mesurée aux singulières théories de Gambara. Il profitait de la merveilleuse lucidité dont jouissait l'esprit de ce dernier sur tous les points qui n'avoisinaient pas de trop près sa folie, pour lui faire admettre sur les diverses branches de l'art des principes également applicables plus tard à la musique. Tout allait bien tant que les fumées du vin échauffaient le cerveau du malade; mais dès qu'il avait complètement recouvré, ou plutôt reperdu sa raison, il retombait dans sa manie. Néanmoins, Paolo se laissait déjà plus facilement distraire par l'impression des objets extérieurs, et déjà son intelligence se dispersait sur un plus grand nombre de points à la fois. Andrea, qui prenait un intérêt d'artiste à cette œuvre semi-médicale, crut enfin pouvoir frapper un grand coup. Il résolut de donner à son hôtel un repas auquel Giardini fut admis par la fantaisie qu'il eut de ne point séparer le drame et la parodie, le jour de la première représentation de l'opéra de *Robert-de-Diable*, à la répétition duquel il avait assisté, et qui lui parut propre à dessiller les yeux de son malade. Dès le second service, Gambara déjà ivre se plaisanta lui-même avec beaucoup de grâce, et Giardini avoua que ses innovations culinaires ne valaient pas le diable. Andrea n'avait rien négligé pour opérer ce double miracle. L'Orvieto, le Montefiascone, amenés avec les précautions infinies qu'exige leur transport, le Lacryma-Christi, le Giro, tous les vins chauds de la *cara patria* faisaient monter aux cerveaux des convives la double ivresse de la vigne et du souvenir. Au dessert, le musicien et le cuisinier abjurèrent gaiement leurs erreurs : l'un fredonnait une cavatine de Rossini, l'autre entassait sur son assiette des morceaux qu'il arrosait de marasquin de Zara, en faveur de la cuisine française. Le comte profita de l'heureuse disposition de Gambara, qui se laissa conduire à l'Opéra avec la douceur d'un agneau. Aux premières notes de l'introduction, l'ivresse de Gambara parut se dissiper pour faire place à cette excitation fébrile qui parfois mettait en harmonie son jugement et son imagination, dont le désaccord habituel causait sans doute sa folie, et la pensée dominante de ce grand drame musical lui apparut dans son éclatante simplicité, comme un éclair qui sillonna la nuit profonde où il vivait. A ses yeux dessillés, cette musique dessina les horizons immenses d'un monde où il se trouvait jeté pour la première fois, tout en y reconnaissant des accidents déjà vus en rêve. Il se crut transporté dans les campagnes de son pays, où commence la belle Italie et que Napoléon nommait si judicieusement le glacis des Alpes. Reporté par le souvenir au temps où sa raison jeune et vive n'avait pas encore été troublée par l'extase de sa trop riche imagination, il écouta dans une religieuse attitude et sans vouloir dire un seul mot. Aussi le comte respecta-t-il le travail intérieur qui se faisait dans cette âme. Jusqu'à minuit et demi Gambara resta si profondément immobile, que les habitués de l'Opéra durent le prendre pour ce qu'il était, un homme ivre. Au retour, Andrea se mit à attaquer l'œuvre de Meyerbeer, afin de réveiller Gambara, qui restait plongé dans un de ces demi-sommeils que connaissent les buveurs.

— Qu'y a-t-il donc de si magnétique dans cette incohérente partition, pour qu'elle vous mette dans la position d'un somnambule?

dit Andrea en arrivant chez lui. Le sujet de *Robert-le-Diable* est loin sans doute d'être dénué d'intérêt, Holtei l'a développé avec un rare bonheur dans un drame très-bien écrit et rempli de situations fortes et attachantes ; mais les auteurs français ont trouvé le moyen d'y puiser la fable la plus ridicule du monde. Jamais l'absurdité des libretti de Vesari, de Schikaneder, n'égala celle du poëme de *Robert-le-Diable*, vrai cauchemar dramatique qui oppresse les spectateurs sans faire naître d'émotions fortes. Meyerbeer a fait au diable une trop belle part. Bertram et Alice représentent la lutte du bien et du mal, le bon et le mauvais principe. Cet antagonisme offrait le contraste le plus heureux au compositeur. Les mélodies les plus suaves placées à côté de chants âpres et durs, étaient une conséquence naturelle de la forme du *libretto*, mais dans la partition de l'auteur allemand les démons chantent mieux que les saints. Les inspirations célestes démentent souvent leur origine, et si le compositeur quitte pendant un instant les formes infernales, il se hâte d'y revenir, bientôt fatigué de l'effort qu'il a fait pour les abandonner. La mélodie, ce fil d'or qui ne doit jamais se rompre dans une composition si vaste, disparaît souvent dans l'œuvre de Meyerbeer. Le sentiment n'y est pour rien, le cœur n'y joue aucun rôle ; aussi ne rencontre-t-on jamais de ces motifs heureux, de ces chants naïfs qui ébranlent toutes les sympathies et laissent au fond de l'âme une douce impression. L'harmonie règne souverainement, au lieu d'être le fonds sur lequel doivent se détacher les groupes du tableau musical. Ces accords dissonants, loin d'émouvoir l'auditeur, n'excitent dans son âme qu'un sentiment analogue à celui que l'on éprouverait à la vue d'un saltimbanque suspendu sur un fil, et se balançant entre la vie et la mort. Des chants gracieux ne viennent jamais calmer ces crispations fatigantes. On dirait que le compositeur n'a eu d'autre but que de se montrer bizarre, fantastique ; il saisit avec empressement l'occasion de produire un effet baroque, sans s'inquiéter de la vérité, de l'unité musicale, ni de l'incapacité des voix écrasées sous ce déchaînement instrumental.

— Taisez-vous, mon ami, dit Gambara, je suis encore sous le charme de cet admirable chant des enfers que les porte-voix rendent encore plus terrible, instrumentation neuve ! Les cadences rompues qui donnent tant d'énergie au chant de Robert, la cavatine du quatrième acte, le finale du premier, me tiennent encore sous la fascination d'un pouvoir surnaturel! Non, la déclamation de Gluck lui-même ne fut jamais d'un si prodigieux effet, et je suis étonné de tant de science.

— Signor maëstro, reprit Andrea en souriant, permettez-moi de vous contredire. Gluck avant d'écrire réfléchissait longtemps. Il calculait toutes les chances et arrêtait un plan qui pouvait être modifié plus tard par ses inspirations de détail, mais qui ne lui permettait jamais de se fourvoyer en chemin. De là cette accentuation énergique, cette déclamation palpitante de vérité. Je conviens avec vous que la science est grande dans l'opéra de Meyerbeer, mais cette science devient un défaut lorsqu'elle s'isole de l'inspiration, et je crois avoir aperçu dans cette œuvre le pénible travail d'un esprit fin qui a trié sa musique dans des milliers de motifs des opéras tombés ou oubliés, pour se les approprier en les étendant, les modifiant ou les concentrant. Mais il est arrivé ce qui arrive à tous les faiseurs de *centons*, l'abus des bonnes choses. Cet habile vendangeur de notes prodigue des dissonances qui, trop fréquentes, finissent par blesser l'oreille et l'accoutument à ces grands effets que le compositeur doit ménager beaucoup, pour en tirer un plus grand parti lorsque la situation les réclame. Ces transitions *enharmoniques* se répètent à satiété, et l'abus de la *cadence plagale* lui ôte une grande partie de sa solennité religieuse. Je sais bien que chaque compositeur a ses formes particulières auxquelles il revient malgré lui, mais il est essentiel de veiller sur soi et d'éviter ce défaut. Un tableau dont le coloris n'offrirait que du bleu ou du rouge serait loin de la vérité et fatiguerait la vue. Ainsi le rhythme presque toujours le même dans la partition de Robert jette de la monotonie sur l'ensemble de l'ouvrage. Quant à l'effet des porte-voix dont vous parlez, il est depuis longtemps connu en Allemagne, et ce que Meyerbeer nous donne pour du neuf a été toujours employé par Mozart, qui faisait chanter de cette sorte le chœur des diables de *Don Juan.*

Andrea essaya, tout en l'entraînant à de nouvelles libations, de faire revenir Gambara par ses contradictions au vrai sentiment musical, en lui démontrant que sa prétendue mission en ce monde ne consistait pas à régénérer un art hors de ses facultés, mais bien à chercher sous une autre forme, qui n'était autre que la poésie, l'expression de sa pensée.

— Vous n'avez rien compris, cher comte, à cet immense drame

musical, dit négligemment Gambara qui se mit devant le piano d'Andrea, fit résonner les touches, écouta le son, s'assit et parut penser pendant quelques instants, comme pour résumer ses propres idées.

— Et d'abord sachez, reprit-il, qu'une oreille intelligente comme la mienne a reconnu le travail de sertisseur dont vous parlez. Oui, cette musique est choisie avec amour, mais dans les trésors d'une imagination riche et féconde où la science a pressé les idées pour en extraire l'essence musicale. Je vais vous expliquer ce travail.

Il se leva pour mettre les bougies dans la pièce voisine, et avant de se rasseoir, il but un plein verre de vin de *Giro*, vin de Sardaigne qui recèle autant de feu que les vieux vins de Tokai en allument.

— Voyez-vous, dit Gambara, cette musique n'est faite ni pour les incrédules ni pour ceux qui n'aiment point. Si vous n'avez pas éprouvé dans votre vie les vigoureuses atteintes d'un esprit mauvais qui dérange le but quand vous le visez, qui donne une fin triste aux plus belles espérances; en un mot, si vous n'avez jamais aperçu la queue du diable frétillant en ce monde, l'opéra de Robert sera pour vous ce qu'est l'Apocalypse pour ceux qui croient que tout finit avec eux. Si, malheureux et persécuté, vous comprenez le génie du mal, ce grand singe qui détruit à tout moment l'œuvre de Dieu, si vous l'imaginez ayant non pas aimé, mais violé une femme presque divine, et remportant de cet amour les joies de la paternité, au point de mieux aimer son fils éternellement malheureux avec lui, que de le savoir éternellement heureux avec Dieu; si vous imaginez enfin l'âme de la mère planant sur la tête de son fils pour l'arracher aux horribles séductions paternelles, vous n'aurez encore qu'une faible idée de cet immense poëme auquel il manque peu de chose pour rivaliser avec le Don Juan de Mozart. Don Juan est au-dessus par sa perfection, je l'accorde; Robert-le-Diable représente des idées, Don Juan excite des sensations. Don Juan est encore la seule œuvre musicale où l'harmonie et la mélodie soient en proportions exactes; là seulement est le secret de sa supériorité sur Robert, car Robert est plus abondant. Mais à quoi sert cette comparaison, si ces deux œuvres sont belles de leurs beautés propres? Pour moi, qui gémis sous les coups réitérés du démon, Robert m'a parlé plus énergiquement qu'à vous, et je l'ai trouvé vaste et concentré tout à la fois. Vraiment, grâce à vous, je viens d'habiter le beau pays des rêves où nos sens se trouvent agrandis, où l'univers se déploie dans des proportions gigantesques par rapport à l'homme. (Il se fit un moment de silence.) Je tressaille encore, dit le malheureux artiste, aux quatre mesures de timbales qui m'ont atteint dans les entrailles et qui ouvrent cette courte, cette brusque introduction où le solo de trombone, les flûtes, le hautbois et la clarinette jettent dans l'âme une couleur fantastique. Cet *andante* en ut mineur fait pressentir le thème de l'invocation des âmes dans l'abbaye, et vous agrandit la scène par l'annonce d'une lutte toute spirituelle. J'ai frissonné !

Gambara frappa les touches d'une main sûre, il étendit magistralement le thème de Meyerbeer par une sorte de décharge d'âme à la manière de Listz. Ce ne fut plus un piano, ce fut l'orchestre tout entier, le génie de la musique évoqué.

— Voilà le style de Mozart, s'écria-t-il. Voyez comme cet Allemand manie les accords, et par quelles savantes modulations il fait passer l'épouvante pour arriver à la dominante d'ut. J'entends l'enfer ! La toile se lève. Que vois-je ? le seul spectacle à qui nous donnions le nom d'infernal, une orgie de chevaliers, en Sicile. Voilà dans ce chœur en fa toutes les passions humaines déchaînées par un *allegro* bachique. Tous les fils par lesquels le diable nous mène se remuent ! Voilà bien l'espèce de joie qui saisit les hommes quand ils dansent sur un abîme, ils se donnent eux-mêmes le vertige. Quel mouvement dans ce chœur ! Sur ce chœur, la réalité de la vie, la vie naïve et bourgeoise se détache en sol mineur par un chant plein de simplicité, celui de Raimbaut. Il me rafraîchit un moment l'âme ce bon homme qui exprime la verte et plantureuse Normandie, en venant la rappeler à Robert au milieu de l'ivresse. Ainsi, la douceur de la patrie aimée nuance d'un filet brillant ce sombre début. Puis vient cette merveilleuse ballade en ut majeur, accompagnée du chœur en ut mineur, et qui dit si bien le sujet ? — *Je suis Robert !* éclate aussitôt. La fureur du prince offensé par son vassal n'est déjà plus une fureur naturelle ; mais elle va se calmer, car les souvenirs de l'enfance arrivent avec Alice par cet *allegro* en la majeur plein de mouvement et de grâce. Entendez-vous les cris de l'innocence qui, en entrant dans ce drame infernal, y entre persécutée ? — *Non, non !* chanta Gambara qui sut faire chanter son pulmonique piano. La patrie et ses émotions sont venues ! l'enfance et ses souvenirs ont refleuri dans le cœur de Robert ; mais voici l'ombre de la mère qui se lève accompagnée des suaves idées religieuses ! La religion anime cette belle romance en mi majeur, et dans laquelle se trouve une merveilleuse progression harmonique et mélodique sur les paroles :

> Car dans les cieux comme sur la terre,
> Sa mère va prier pour lui.

La lutte commence entre les puissances inconnues et le seul homme qui ait dans ses veines le feu de l'enfer pour y résister. Et pour que vous le sachiez bien, voici l'entrée de Bertram, sous laquelle le grand musicien a plaqué en ritournelle à l'orchestre un rappel de la ballade de Raimbaut. Que d'art ! quelle liaison de toutes les parties, quelle puissance de construction ! Le diable est là-dessous, il se cache, il frétille. Avec l'épouvante d'Alice, qui reconnaît le diable du Saint-Michel de son village, le combat des deux principes est posé. Le thème musical va se développer, et par quelles phases variées? Voici l'antagonisme nécessaire à tout opéra fortement accusé par un beau récitatif, comme Gluck en faisait, entre Bertram et Robert.

> Tu ne sauras jamais à quel excès je t'aime.

Cet *ut* mineur diabolique, cette terrible basse de Bertram entame son jeu de sape qui détruira tous les efforts de cet homme à tempérament violent. Là, pour moi tout est effrayant. Le crime aura-t-il le criminel? le bourreau aura-t-il sa proie? le malheur dévorera-t-il le génie de l'artiste ! la maladie tuera-t-elle le malade? l'ange gardien préservera-t-il le chrétien? Voici le finale, la scène de jeu où Bertram tourmente son fils en lui causant les plus terribles émotions. Robert, dépouillé, colère, brisant tout, voulant tout tuer, tout mettre à feu et à sang, lui semble bien son fils, il est ressemblant ainsi. Quelle atroce gaieté dans le *je ris de tes coups* de Bertram ! Comme la barcarolle vénitienne nuance bien ce finale ! par quelles transitions hardies cette scélérate paternité rentre en scène pour ramener Robert au jeu? Ce début est accablant pour ceux qui développent les thèmes au fond de leur cœur en leur donnant l'étendue que le musicien leur a commandé de communiquer. Il n'y avait que l'amour à opposer à cette grande symphonie chantée où vous ne surprenez ni monotonie, ni l'emploi d'un même moyen : elle est une et variée, caractère de tout ce qui est grand et naturel. Je respire, j'arrive dans la sphère élevée d'une cour galante ; j'entends les jolies phrases fraîches et légèrement mélancoliques d'Isabelle, et le chœur de femmes en deux parties et en imitation qui sent un peu les teintes moresques de l'Espagne. En cet endroit, la terrible musique s'adoucit par des teintes molles, comme une tempête qui se calme, pour arriver à ce duo fleureté, coquet, bien modulé, qui ne ressemble à rien de la musique précédente. Après les tumultes du camp des héros chercheurs d'aventures, vient la peinture de l'amour. Merci, poëte. Mon cœur n'eût pas résisté plus longtemps. Si je ne cueillais pas là les marguerites d'un opéra-comique français, si je n'entendais pas la douce plaisanterie de la femme qui sait aimer et consoler, je ne soutiendrais pas la terrible note grave sur laquelle apparaît Bertram, répondant à son fils ce : *Si je le permets!* quand il promet à sa princesse adorée de triompher sous les armes qu'elle lui donne. A l'espoir du joueur corrigé par l'amour, l'amour de la plus belle femme, car l'avez-vous vue cette Sicilienne ravissante, et son œil de faucon sûr de sa proie ? (Quels interprètes a trouvés le musicien !) A l'espoir de l'homme, l'Enfer oppose le sien par ce cri sublime : *A toi, Robert de Normandie!* N'admirez-vous pas la sombre et profonde horreur empreinte dans ces longues et belles notes écrites sur *dans la forêt prochaine ?* Il y a là tous les enchantements de la Jérusalem délivrée, comme on en retrouve la chevalerie dans ce chœur à mouvement espagnol et dans *le tempo di marcia*. Que d'originalité dans cet allégro, modulations des quatre timbales accordées (*ut ré, ut sol*) ! combien de grâce dans l'appel au tournoi ! Le mouvement de la vie héroïque du temps est là tout entier, l'âme s'y associe, je lis un roman de chevalerie et un poëme. L'exposition est finie, il semble que les ressources de la musique soient épuisées, vous n'avez rien entendu de semblable, et cependant tout est homogène. Vous avez aperçu la vie humaine dans sa seule et unique expression : Serai-je heureux ou malheureux ? disent les philosophes. Serai-je damné ou sauvé ? disent les chrétiens.

Ici, Gambara s'arrêta sur la dernière note du chœur, il la développa mélancoliquement, et se leva pour aller boire un autre grand verre de vin de *Giro*. Cette liqueur semi-africaine ralluma l'incandescence de sa face, que l'exécution passionnée et merveilleuse de l'opéra de Meyerbeer avait fait légèrement pâlir

— Pour que rien ne manque à cette composition, reprit-il, le grand artiste nous a largement donné le seul duo bouffe que pût se permettre un démon, la séduction d'un pauvre trouvère. Il a mis la plaisanterie à côté de l'horreur, une plaisanterie où s'abîme la seule réalité qui se montre dans la sublime fantaisie de son œuvre : les amours pures et tranquilles d'Alice et de Raimbaut, leur vie sera troublée par une vengeance anticipée ; les âmes grandes peuvent seules sentir la noblesse qui anime ces airs bouffes, vous n'y trouvez ni le papillotage trop abondant de notre musique italienne, ni le commun des ponts-neufs français. C'est quelque chose de la majesté de l'Olympe. Il y a le rire amer d'une divinité opposé à la surprise d'un trouvère qui se *donjuanise*. Sans cette grandeur, nous serions revenus trop brusquement à la couleur générale de l'opéra, empreinte dans cette horrible rage en septièmes diminuées qui se résout en une valse infernale et nous met enfin face à face avec les démons. Avec quelle vigueur le couplet de Bertram se détache en *si mineur* sur le chœur des enfers, en nous peignant la paternité mêlée à ces chants démoniaques par un désespoir affreux! Quelle ravissante transition que l'arrivée d'Alice sur la ritournelle en *si bémol!* J'entends encore ces chants angéliques de fraîcheur, n'est-ce pas le rossignol après l'orage? La grande pensée de l'ensemble se retrouve ainsi dans les détails, car que pourrait-on opposer à cette agitation des démons grouillants dans leur trou, si ce n'est l'air merveilleux d'Alice :

   Quand j'ai quitté la Normandie !

Le fil d'or de la mélodie court toujours le long de la puissante harmonie comme un espoir céleste, elle la brode, et avec quelle profonde habileté ! Jamais le génie ne lâche la science qui le guide. Ici le chant d'Alice se trouve en *si bémol* et se rattache au *fa dièse*, la dominante du chœur infernal. Entendez-vous le *tremolo* de l'orchestre? on demande Robert dans le cénacle des démons. Bertram rentre sur la scène, et là se trouve le point culminant de l'intérêt musical, un récitatif comparable à ce que les grands maîtres ont inventé de plus grandiose, la chaude lutte en *mi bémol* où éclatent les deux athlètes, le Ciel et l'Enfer, l'un par : *Oui, tu me connais!* sur une septième diminuée, l'autre par son *fa* sublime :

Le ciel est avec moi! L'Enfer et la Croix sont en présence. Viennent les menaces de Bertram à Alice, le plus violent pathétique du monde, le génie du mal s'étalant avec complaisance et s'appuyant comme toujours sur l'intérêt personnel. L'arrivée de Robert, qui nous donne le magnifique trio en *la bémol* sans accompagnement, établit un premier engagement entre les deux forces rivales et l'homme. Voyez comme il se produit nettement, dit Gambara en resserrant cette scène par une exécution passionnée qui saisit Andrea. Toute cette avalanche de musique, depuis les quatre temps de timbale, a roulé vers ce combat des trois voix. La magie du mal triomphe! Alice s'enfuit, et vous entendez le duo en *ré* entre Bertram et Robert, le diable lui enfonce ses griffes au cœur, il le lui déchire pour se le mieux approprier; il se sert de tout : bonheur, espoir, jouissances éternelles et infinies, il fait tout briller à ses yeux; il le met, comme Jésus, sur le pinacle du temple, et lui montre tous les joyaux de la terre, l'écrin du mal; il le pique au jeu du courage, et les beaux sentiments de l'homme éclatent dans ce cri :

> Des chevaliers de ma patrie
> L'honneur toujours fut le soutien !

Enfin, pour couronner l'œuvre, voilà le thème qui a si fatalement ouvert l'opéra, le voilà, ce chant principal, dans la magnifique évocation des âmes :

> Nonnes, qui reposez sous cette froide pierre,
> M'entendez-vous ?

Glorieusement parcourue, la carrière musicale est glorieusement terminée par l'*allegro vivace* de la bacchanale en *ré* mineur. Voici bien le triomphe de l'Enfer! Roule, musique, enveloppe-nous de tes plis redoublés, roule et séduis! Les puissances infernales ont saisi leur proie, elles la tiennent, elles dansent. Ce beau génie destiné à vaincre, à régner, le voilà perdu! les démons sont joyeux, la misère étouffera le génie, la passion perdra le chevalier.

Ici Gambara développa la bacchanale pour son propre compte, en improvisant d'ingénieuses variations et s'accompagnant d'une voix mélancolique, comme pour exprimer les intimes souffrances qu'il avait ressenties.

— Entendez-vous les plaintes célestes de l'amour négligé ? reprit-il, Isabelle appelle Robert au milieu du grand chœur des chevaliers allant au tournoi, et où reparaissent les motifs du second acte, afin de bien faire comprendre que le troisième acte s'est accompli dans une sphère surnaturelle. La vie réelle reprend. Ce chœur s'apaise à l'approche des enchantements de l'Enfer qu'apporte Robert avec le talisman, les prodiges du troisième acte vont se continuer. Ici vient le duo du viol, où le rhythme indique bien la brutalité des désirs d'un homme qui peut tout, et où la princesse, par des gémissements plaintifs, essaie de rappeler son amant à la raison. Là, le musicien s'était mis dans une situation difficile à vaincre, et il a vaincu par le plus délicieux morceau de l'opéra. Quelle adorable mélodie dans la cavatine de : *Grâce pour toi!* Les femmes en ont bien saisi le sens, elles se voyaient toutes étreintes et saisies sur la scène. Ce morceau seul ferait la fortune de l'opéra, car elles croyaient être toutes aux prises avec quelque violent chevalier. Jamais il n'y a eu de musique si passionnée ni si dramatique. Le monde entier se déchaîne alors contre le réprouvé. On peut reprocher à ce finale sa ressemblance avec celui de *Don Juan*, mais il y a dans la situation cette énorme différence qu'il y éclate une noble croyance en Isabelle, un amour vrai qui sauvera Robert; car il repousse dédaigneusement la puissance infernale qui lui est confiée, tandis que don Juan persiste dans ses incrédulités. Ce reproche est d'ailleurs commun à tous les compositeurs qui depuis Mozart ont fait des finales. Le finale de *Don Juan* est une de ces formes classiques trouvées pour toujours. Enfin la religion se lève toute-puissante avec sa voix qui domine les mondes, qui appelle tous les malheurs pour les consoler, tous les repentirs pour les réconcilier. La salle entière s'est émue aux accents de ce chœur :

> Malheureux ou coupables,
> Hâtez-vous d'accourir!

Dans l'horrible tumulte des passions déchaînées, la voix sainte n'eût pas été entendue; mais en ce moment critique, elle peut tonner la divine Église Catholique, elle se lève brillante de clartés. Là, j'ai été étonné de trouver après tant de trésors harmoniques une veine nouvelle où le compositeur a rencontré le morceau capital de *Gloire à la Providence!* écrit dans la manière de Hændel. Arrive Robert, éperdu, déchirant l'âme avec son : *Si je pouvais prier.* Poussé par l'arrêt des enfers, Bertram poursuit son fils et tente un dernier effort. Alice vient faire apparaître la mère ; vous entendez alors le grand trio vers lequel a marché l'opéra : le triomphe de l'âme sur la matière, de l'esprit du bien sur l'esprit du mal. Les chants religieux dissipent les chants infernaux, le bonheur se montre splendide ; mais ici la musique a faibli : j'ai vu une cathédrale au lieu d'entendre le concert des anges heureux, quelque divine prière des âmes délivrées applaudissant à l'union de Robert et d'Isabelle. Nous ne devions pas rester sous le poids des enchantements de l'enfer, nous devions sortir avec une espérance au cœur. A moi, musicien catholique, il me fallait une autre prière de *Mosè.* J'aurais voulu savoir comment l'Allemagne aurait lutté contre l'Italie, ce que Meyerbeer aurait fait pour rivaliser avec Rossini. Cependant, malgré ce léger défaut, l'auteur peut dire qu'après cinq heures d'une musique si substantielle, un Parisien préfère une décoration à un chef-d'œuvre musical ! Vous avez entendu les acclamations adressées à cette œuvre, elle aura cinq cents représentations ! Si les Français ont compris cette musique...

— C'est parce qu'elle offre des idées, dit le comte.

— Non, c'est parce qu'elle présente avec autorité l'image des luttes où tant de gens expirent, et parce que toutes les existences individuelles peuvent s'y rattacher par le souvenir. Aussi, moi, malheureux, aurais-je été satisfait d'entendre ce cri des voix célestes que j'ai tant de fois rêvé.

Aussitôt Gambara tomba dans une extase musicale, et improvisa la plus mélodieuse et la plus harmonieuse cavatine que jamais Andrea devait entendre, un chant divin divinement chanté dont le thème avait une grâce comparable à celle de l'*O filii et filiæ,* mais plein d'agréments que le génie musical le plus élevé pouvait seul trouver. Le comte resta plongé dans l'admiration la plus vive : les nuages se dissipaient, le bleu du ciel s'entr'ouvrait, des figures d'anges apparaissaient et levaient les voiles qui cachent le sanctuaire, la lumière du ciel tombait à torrents. Bientôt le silence régna. Le comte, étonné de ne plus rien entendre, contempla Gambara qui, les yeux fixes et dans l'attitude des tériakis, balbutiait le mot *Dieu !* Le comte attendit que le compositeur descendît des pays enchantés où il était monté sur les ailes diaprées de l'inspiration, et résolut de l'éclairer avec la lumière qu'il en rapporterait.

— Hé ! bien, lui dit-il en lui offrant un autre verre plein et trinquant avec lui, vous voyez que cet Allemand a fait selon vous un sublime opéra sans s'occuper de théorie, tandis que les musiciens qui écrivent des grammaires peuvent comme les critiques littéraires être de détestables compositeurs.

— Vous n'aimez donc pas ma musique !

— Je ne dis pas cela, mais si au lieu de viser à exprimer des idées, et si au lieu de pousser à l'extrême le principe musical, ce qui vous fait dépasser le but, vous vouliez simplement réveiller en nous des sensations, vous seriez mieux compris, si toutefois vous ne vous êtes pas trompé sur votre vocation. Vous êtes un grand poète.

— Quoi ! dit Gambara, vingt-cinq ans d'études seraient inutiles ! Il me faudrait étudier la langue imparfaite des hommes, quand je tiens la clef du *verbe céleste !* Ah ! si vous aviez raison, je mourrais...

— Vous, non. Vous êtes grand et fort, vous recommenceriez votre vie, et moi je vous soutiendrais. Nous offririons la noble et rare alliance d'un homme riche et d'un artiste qui se comprennent l'un l'autre.

— Êtes-vous sincère ? dit Gambara frappé d'une soudaine stupeur.

— Je vous l'ai déjà dit, vous êtes plus poète que musicien.

— Poète ! poète ! Cela vaut mieux que rien. Dites-moi la vérité, que prisez-vous le plus de Mozart ou d'Homère ?

— Je les admire à l'égal l'un de l'autre.

— Sur l'honneur ?

— Sur l'honneur.

— Hum ! encore un mot. Que vous semble de Meyerbeer et de Byron ?

— Vous les avez jugés en les rapprochant ainsi.

La voiture du comte était prête, le compositeur et son noble médecin franchirent rapidement les marches de l'escalier, et arrivèrent en peu d'instants chez Marianna. En entrant, Gambara se jeta dans les bras de sa femme, qui recula d'un pas en détournant la tête, le mari fit également un pas en arrière, et se pencha sur le comte.

— Ah ! monsieur, dit Gambara d'une voix sourde, au moins fallait-il me laisser ma folie. Puis il baissa la tête et tomba.

— Qu'avez-vous fait ? Il est ivre-mort, s'écria Marianna en jetant sur le corps un regard où la pitié combattait le dégoût.

Le comte aidé par son valet releva Gambara, qui fut posé sur son lit. Andrea sortit, le cœur plein d'une horrible joie.

Le lendemain, le comte laissa passer l'heure ordinaire de sa visite, il commençait à craindre d'avoir été la dupe de lui-même, et d'avoir vendu un peu cher l'aisance et la sagesse à ce pauvre ménage, dont la paix était à jamais troublée.

Giardini parut enfin, porteur d'un mot de Marianna.

« Venez, écrivait-elle, le mal n'est pas aussi grand que vous « l'auriez voulu, cruel ! »

— Excellence, dit le cuisinier pendant qu'Andrea faisait sa toilette, vous nous avez traités magnifiquement hier au soir, mais convenez qu'à part les vins qui étaient excellents, votre maître d'hôtel ne nous a pas servi un plat digne de figurer sur la table d'un vrai gourmet. Vous ne nierez pas non plus, je suppose, que le mets qui vous fut servi chez moi le jour où vous me fîtes l'honneur de vous asseoir à ma table ne renfermât la quintessence de tous ceux qui salissaient hier votre magnifique vaisselle. Aussi ce matin me suis-je éveillé en songeant à la promesse que vous m'avez faite d'une place de chef. Je me regarde comme attaché maintenant à votre maison.

— La même pensée m'est venue il y a quelques jours, répondit Andrea. J'ai parlé de vous au secrétaire de l'ambassade d'Autriche, et vous pouvez désormais passer les Alpes quand bon vous semblera. J'ai un château en Croatie où je vais rarement, là vous cumulerez les fonctions de concierge, de sommelier et de maître-d'hôtel, à deux cents écus d'appointements. Ce traitement sera aussi celui de votre femme, à qui le surplus du service est réservé. Vous pourrez vous livrer à des expériences *in animâ vili*, c'est-à-dire sur l'estomac de mes vassaux. Voici un bon sur mon banquier pour vos frais de voyage.

Giardini baisa la main du comte, suivant la coutume napolitaine.

— Excellence, lui dit-il, j'accepte le bon sans accepter la place, ce serait me déshonorer que d'abandonner mon art, en déclinant le jugement des plus fins gourmets qui, décidément, sont à Paris.

Quand Andrea parut chez Gambara, celui-ci se leva et vint à sa rencontre.

— Mon généreux ami, dit-il de l'air le plus ouvert, ou vous avez abusé hier de la faiblesse de mes organes, pour vous jouer de moi, ou votre cerveau n'est pas plus que le mien à l'épreuve des vapeurs natales de nos bons vins du Latium. Je veux m'arrêter à cette dernière supposition, j'aime mieux douter de votre estomac que de votre cœur. Quoi qu'il en soit, je renonce à jamais à l'usage du vin, dont l'abus m'a entraîné hier au soir dans de bien coupables folies. Quand je pense que j'ai failli... (il jeta un regard d'effroi sur Marianna). Quant au misérable opéra que vous m'avez fait entendre, j'y ai bien songé, c'est toujours de la musique faite par les moyens ordinaires, c'est toujours des montagnes de notes entassées, *verba et voces* : c'est la lie de l'ambroisie que je bois à longs traits en rendant la musique céleste que j'entends ! C'est des phrases hachées dont j'ai reconnu l'origine. Le morceau de : *Gloire à la Providence !* ressemble un peu trop à un morceau de Hændel, le chœur des chevaliers allant au combat est parent de l'air écossais dans *la Dame blanche;* enfin si l'opéra plaît tant, c'est que la musique est de tout le monde, aussi doit-elle être populaire. Je vous quitte, mon cher ami, j'ai depuis ce matin dans ma tête quelques idées qui ne demandent qu'à remonter vers Dieu sur les ailes de la musique; mais je voulais vous voir et vous parler. Adieu, je vais demander mon pardon à la muse. Nous dînerons ce soir ensemble, mais point de vin, pour moi du moins. Oh ! j'y suis décidé...

— J'en désespère, dit Andrea en rougissant.

— Ah ! vous me rendez ma conscience, s'écria Marianna, je n'osais plus l'interroger. Mon ami ! mon ami, ce n'est pas notre faute, il ne veut pas guérir.

Six ans après, en janvier 1837, la plupart des artistes qui avaient le malheur de gâter leurs instruments à vent ou à cordes, les apportaient rue Froidmanteau dans une infâme et horrible maison où demeurait au cinquième étage un vieil Italien nommé Gambara. Depuis cinq ans, cet artiste avait été laissé à lui-même et abandonné par sa femme, il lui était survenu bien des malheurs. Un instrument sur lequel il comptait pour faire fortune, et qu'il nommait le *Panharmonicon*, avait été vendu par autorité de justice sur la place du Châtelet, ainsi qu'une charge de papier réglé, barbouillé de notes de musique. Le lendemain de la vente ces partitions avaient enveloppé à la Halle du beurre, du poisson et des fruits. Ainsi, trois grands opéras dont parlait ce pauvre homme, mais qu'un ancien cuisinier napolitain devenu simple regrattier, disait être un amas de sottises, avaient été disséminés dans Paris et dévorés par les éventaires des revendeuses. N'importe, le propriétaire de la maison avait été payé de ses loyers, et les huissiers de leurs frais. Au dire du vieux regrattier napolitain qui vendait aux filles de la rue Froidmanteau les débris des repas les plus somptueux faits en ville, la signora Gambara avait suivi en Italie un grand seigneur milanais, et personne ne pouvait savoir ce qu'elle était devenue. Fatiguée de quinze années de misère, elle ruinait peut-être ce comte par un luxe exorbitant, car ils s'adoraient l'un l'autre si bien que dans le cours de sa vie le Napolitain n'avait pas eu l'exemple d'une semblable passion.

Vers la fin de ce même mois de janvier, un soir que Giardini le regrattier causait, avec une fille qui venait chercher à souper, de cette divine Marianna, si pure et si belle, si noblement dévouée, *et qui cependant avait fini comme toutes les autres*, la fille, le regrattier et sa femme aperçurent dans la rue une femme maigre, au visage noirci, poudreux, un squelette nerveux et ambulant qui regardait les numéros et cherchait à reconnaître une maison.

— *Ecco la Marianna*, dit en italien le regrattier.

Marianna reconnut le restaurateur napolitain Giardini dans le pauvre revendeur, sans s'expliquer par quels malheurs il était arrivé à tenir une misérable boutique de *regrat*. Elle entra, s'assit, car elle venait de Fontainebleau; elle avait fait quatorze lieues dans la journée, et avait mendié son pain depuis Turin jusqu'à Paris. Elle effraya cet effroyable trio! De sa beauté merveilleuse, il ne lui restait plus que deux beaux yeux malades et éteints. La seule chose qu'elle trouvât fidèle était le malheur. Elle fut bien accueillie par le vieux et habile raccommodeur d'instruments qui la vit entrer avec un indicible plaisir.

— Te voilà donc, ma pauvre Marianna! lui dit-il avec bonté. Pendant ton absence, *ils* m'ont vendu mon instrument et mes opéras!

Il était difficile de tuer le veau gras pour le retour de la Samaritaine, mais Giardini donna un restant de saumon, la fille paya le vin, Gambara offrit son pain, la signora Giardini mit la nappe, et ces infortunes si diverses soupèrent dans le grenier du compositeur. Interrogée sur ses aventures, Marianna refusa de répondre, et leva seulement ses beaux yeux vers le ciel en disant à voix basse à Giardini : Marié avec une danseuse!

— Comment allez-vous faire pour vivre ? dit la fille. La route vous a tuée et...

— Et vieillie, dit Marianna. Non, ce n'est ni la fatigue, ni la misère, mais le chagrin.

— Ah çà ! pourquoi n'avez-vous rien envoyé à votre homme ? lui demanda la fille.

Marianna ne répondit que par un coup d'œil, et la fille en fut atteinte au cœur.

— Elle est fière, excusez du peu ! s'écria-t-elle. A quoi ça lui sert-il ? dit-elle à l'oreille de Giardini.

Dans cette année, les artistes furent pleins de précautions pour leurs instruments, les raccommodages ne suffirent pas à défrayer ce pauvre ménage ; la femme ne gagna pas non plus grand'chose avec son aiguille, et les deux époux durent se résigner à utiliser leurs talents dans la plus basse de toutes les sphères. Tous deux sortaient le soir à la brune et allaient aux Champs-Élysées y chanter des duos que Gambara, le pauvre homme ! accompagnait sur une méchante guitare. En chemin, sa femme, qui pour ces expéditions mettait sur sa tête un méchant voile de mousseline, conduisait son mari chez un épicier du faubourg Saint-Honoré, lui faisait boire quelques petits verres d'eau-de-vie et le grisait, autrement il eût fait de la mauvaise musique. Tous deux se plaçaient devant le beau monde assis sur des chaises, et l'un des plus grands génies de ce temps, l'Orphée inconnu de la musique moderne, exécutait des fragments de ses partitions, et ces morceaux étaient si remarquables, qu'ils arrachaient quelques sous à l'indolence parisienne. Quand un dilettante des Bouffons, assis là par hasard, ne reconnaissait pas de quel opéra ces morceaux étaient tirés, il interrogeait la femme habillée en prêtresse grecque qui lui tendait un rond à bouteille en vieux moiré métallique où elle recueillait les aumônes.

— Ma chère, où prenez-vous cette musique ?

— Dans l'opéra de *Mahomet*, répondait Marianna.

Comme Rossini a composé un *Mahomet II*, le dilettante disait alors à la femme qui l'accompagnait : — Quel dommage que l'on ne veuille pas nous donner aux Italiens les opéras de Rossini que nous ne connaissons pas ! car voilà, certes, de la belle musique.

Gambara souriait.

Il y a quelques jours, il s'agissait de payer la misérable somme de trente-six francs pour le loyer des greniers où demeure le pauvre couple résigné. L'épicier n'avait pas voulu faire crédit de l'eau-de-vie avec laquelle la femme grisait son mari pour le faire bien jouer. Gambara fut alors si détestable, que les oreilles de la population riche furent ingrates, et le rond de moiré métallique revint vide. Il était neuf heures du soir, une belle Italienne, la *principessa* Massimilla di Varese, eut pitié de ces pauvres gens, elle leur donna quarante francs et les questionna, en reconnaissant au remercîment de la femme qu'elle était Vénitienne ; le prince Émilio leur demanda l'histoire de leurs malheurs, et Marianna la dit sans aucune plainte contre le ciel ni contre les hommes.

— Madame, dit en terminant Gambara qui n'était pas gris, nous sommes victimes de notre propre supériorité. Ma musique est belle, mais quand la musique passe de la sensation à l'idée, elle ne peut avoir que des gens de génie pour auditeurs, car eux seuls ont la puissance de la développer. Mon malheur vient d'avoir écouté les concerts des anges et d'avoir cru que les hommes pouvaient les comprendre. Il en arrive autant aux femmes quand chez elles l'amour prend les formes divines, les hommes ne les comprennent plus.

Cette phrase valait les quarante francs qu'avait donnés la Massimilla, aussi tira-t-elle de sa bourse une autre pièce d'or en disant à Marianna qu'elle écrirait à Andrea Marcosini.

— Ne lui écrivez pas, madame, dit Marianna, et que Dieu vous conserve toujours belle.

— Chargeons-nous d'eux ? demanda la princesse à son mari, car cet homme est resté fidèle à l'IDÉAL que nous avons tué.

En voyant la pièce d'or, le vieux Gambara pleura ; puis il lui vint une réminiscence de ses anciens travaux scientifiques, et le pauvre compositeur dit, en essuyant ses larmes, une phrase que la circonstance rendit touchante : — L'eau est un corps brûlé.

Paris, juin 1837.

L'ENFANT MAUDIT.

A MADAME LA BARONNE JAMES ROTHSCHILD.

COMMENT VÉCUT LA MÈRE.

Par une nuit d'hiver et sur les deux heures du matin, la comtesse Jeanne d'Hérouville éprouva de si vives douleurs que, malgré son inexpérience, elle pressentit un prochain accouchement; et l'instinct qui nous fait espérer le mieux dans un changement de position lui conseilla de se mettre sur son séant, soit pour étudier la nature de souffrances toutes nouvelles, soit pour réfléchir à sa situation. Elle était en proie à de cruelles craintes causées moins par les risques d'un premier accouchement dont s'épouvantent la plupart des femmes, que par les dangers qui attendaient l'enfant. Pour ne pas éveiller son mari couché près d'elle, la pauvre femme prit des précautions qu'une profonde terreur rendait aussi minutieuses que peuvent l'être celles d'un prisonnier qui s'évade. Quoique les douleurs devinssent de plus en plus intenses, elle cessa de les sentir, tant elle concentra ses forces dans la pénible entreprise d'appuyer sur l'oreiller ses deux mains humides, pour faire quitter à son corps endolori la posture où elle se trouvait sans énergie. Au moindre bruissement de l'immense courte-pointe en moire verte sous laquelle elle avait très-peu dormi depuis son mariage, elle s'arrêtait comme si elle eût tinté une cloche. Forcée d'épier le comte, elle partageait son attention entre les plis de la criarde étoffe et une large figure basanée dont la moustache frôlait son épaule. Si quelque respiration par trop bruyante s'exhalait des lèvres de son mari, elle lui inspirait des peurs soudaines qui ravivaient l'éclat du vermillon répandu sur ses joues par sa double angoisse. Le criminel parvenu nuitamment jusqu'à la porte de sa prison et qui tâche de tourner sans bruit dans une impitoyable serrure la clef qu'il a trouvée, n'est pas plus timidement audacieux. Quand la comtesse se vit sur son séant sans avoir réveillé son gardien, elle laissa échapper un geste de joie enfantine où se révélait la touchante naïveté de son caractère ; mais le sourire à demi formé sur ses lèvres enflammées fut promptement réprimé : une pensée vint rembrunir son front pur, et ses longs yeux bleus reprirent leur expression de tristesse. Elle poussa un soupir et replaça ses mains, non sans de prudentes précautions, sur le fatal oreiller conjugal. Puis, comme si pour la première fois depuis son mariage elle se trouvait libre de ses actions et de ses pensées, elle regarda les choses autour d'elle en tendant le cou par de légers mouvements semblables à ceux d'un oiseau en cage. A la voir ainsi, on eût facilement deviné que naguère elle était tout joie et tout folâtrerie ; mais que subitement le destin avait moissonné ses premières espérances et changé son ingénue gaieté en mélancolie.

La chambre était une de celles que, de nos jours encore, quelques concierges octogénaires annoncent aux voyageurs qui visitent les vieux châteaux en leur disant : — Voici la chambre de parade où Louis XIII a couché. De belles tapisseries généralement brunes de ton étaient encadrées de grandes bordures en bois de noyer dont les sculptures délicates avaient été noircies par le temps. Au plafond, les solives formaient des caissons ornés d'arabesques dans le style du siècle précédent, et qui conservaient les couleurs du châtaignier. Ces décorations pleines de teintes sévères réfléchissaient si peu la lumière, qu'il était difficile de voir leurs dessins, alors même que le soleil donnait en plein dans cette chambre haute d'étage, large et longue. Aussi la lampe d'argent posée sur le manteau d'une vaste cheminée l'éclairait-elle alors si faiblement, que sa lueur tremblotante pouvait être comparée à ces étoiles nébuleuses qui, par moments, percent le voile grisâtre d'une nuit d'automne. Les marmousets pressés dans le marbre de cette cheminée qui faisait face au lit de la comtesse, offraient des figures si grotesquement hideuses, qu'elle n'osait y arrêter ses regards, elle craignait de les voir se remuer ou d'entendre un rire éclatant sortir de leurs bouches béantes et contournées. En ce moment une horrible tempête grondait par cette cheminée qui en redisait les moindres rafales en leur prêtant un sens lugubre, et la largeur de son tuyau la mettait si bien en communication avec le ciel, que les nombreux tisons du foyer avaient une sorte de respiration, ils brillaient et s'éteignaient tour à tour, au gré du vent. L'écusson de la famille d'Hérouville, sculpté en marbre blanc avec tous ses lambrequins et les figures de ses tenants, prêtait l'apparence d'une tombe à cette espèce d'édifice qui faisait le pendant du lit, autre monument élevé à la gloire de l'hyménée. Un architecte moderne eût été fort embarrassé de décider si la chambre avait été construite pour le lit, ou le lit pour la chambre. Deux amours qui jouaient sur un ciel de noyer orné de guirlandes auraient pu passer pour des anges, et les colonnes de même bois qui soutenaient ce dôme présentaient des allégories mythologiques dont l'explication se trouvait également dans la Bible ou dans les Métamorphoses d'Ovide. Otez le lit, ce ciel aurait également bien couronné dans une église la chaire ou les bancs de l'œuvre. Les époux montaient par trois marches à cette somptueuse couche entourée d'une estrade et décorée de deux courtines de moire verte à grands dessins brillants, nommés *ramages*, peut-être parce que les oiseaux qu'ils représentent sont censés chanter. Les plis de ces immenses rideaux étaient si roides, qu'à la nuit on eût pris cette soie pour un tissu de métal. Sur le velours vert, orné de crépines d'or, qui formait le fond de ce lit seigneurial, la superstition des comtes d'Hérouville avait attaché un grand crucifix où leur chapelain plaçait un nouveau buis bénit, en même temps qu'il renouvelait au jour de *Pâques fleuries* l'eau du bénitier incrusté au bas de la croix.

D'un côté de la cheminée était une armoire de bois précieux et magnifiquement ouvré, que les jeunes mariées recevaient encore en province le jour de leurs noces. Ces vieux bahuts si recherchés aujourd'hui par les antiquaires étaient l'arsenal où les femmes puisaient les trésors de leurs parures aussi riches qu'élégantes. Ils contenaient les dentelles, les corps de jupe, les hauts cols, les robes de prix, les aumônières, les masques, les gants, les voiles, toutes les inventions de la coquetterie du seizième siècle. De l'autre côté, pour la symétrie, s'élevait un meuble semblable où la comtesse mettait ses livres, ses papiers et ses pierreries. D'antiques fauteuils en damas, un grand miroir verdâtre fabriqué à Venise et richement encadré dans une espèce de toilette roulante, achevaient l'ameublement de cette chambre. Le plancher était couvert d'un tapis de Perse dont la richesse attestait la galanterie du comte. Sur la dernière marche du lit se trouvait une petite table sur laquelle la femme de chambre servait tous les soirs, dans une coupe d'argent ou d'or, un breuvage préparé avec des épices.

Quand nous avons fait quelques pas dans la vie, nous connaissons la secrète influence exercée par les lieux sur les dispositions de l'âme. Pour qui ne s'est-il pas rencontré des instants mauvais où l'on voit je ne sais quels gages d'espérance dans les choses qui nous environnent ? Heureux ou misérable, l'homme prête une physionomie aux moindres objets avec lesquels il vit ; il les écoute et les consulte, tant il est naturellement superstitieux. En ce moment, la comtesse promenait ses regards sur tous les meubles, comme s'ils eussent été des êtres ; elle semblait leur demander secours ou protection ; mais ce luxe sombre lui paraissait inexorable.

Tout à coup la tempête redoubla. La jeune femme n'osa plus rien augurer de favorable en entendant les menaces du ciel, dont les changements étaient interprétés à cette époque de crédulité suivant les idées ou les habitudes de chaque esprit. Elle reporta soudain les yeux vers deux croisées en ogive qui étaient au bout de la chambre ; mais la petitesse des vitraux et la multiplicité des lames de plomb ne lui permirent pas de voir l'état du firmament et de reconnaître si la fin du monde approchait, comme le prétendaient quelques moines affamés de donations. Elle aurait facilement pu croire à ces prédictions, car le bruit de la mer irritée, dont les vagues assaillaient les murs du château, se joignit à la grande voix de la tempête, et les rochers parurent s'ébranler. Quoique les souffrances se succédassent toujours plus vives et plus cruelles, la comtesse n'osa pas réveiller son mari ; mais elle en examina les traits, comme si le désespoir lui avait conseillé d'y chercher une consolation contre tant de sinistres pronostics.

Si les choses étaient tristes autour de la jeune femme, cette figure, malgré le calme du sommeil, paraissait plus triste encore. Agitée par les flots du vent, la clarté de la lampe qui se mourait aux bords du lit n'illuminait la tête du comte que par moments, en sorte que les mouvements de la lueur simulaient sur ce visage en repos les débats d'une pensée orageuse. A peine la comtesse fût-elle rassurée en reconnaissant la cause de ce phénomène. Chaque fois qu'un coup de vent projetait la lumière sur cette grande figure en ombrant les nombreuses callosités qui la caractérisaient, il lui semblait que son mari allait fixer sur elle deux yeux d'une insoutenable rigueur. Implacable comme la guerre que se faisaient alors l'Église et le Calvinisme, le front du comte était encore menaçant pendant le sommeil; de nombreux sillons produits par les émotions d'une vie guerrière y imprimaient une vague ressemblance avec ces pierres vermiculées qui ornent les monuments de ce temps; pareils aux mousses blanches des vieux chênes, des cheveux gris avant le temps l'entouraient sans grâce, et l'intolérance religieuse y montrait ses brutalités passionnées. La forme d'un nez aquilin qui ressemblait au bec d'un oiseau de proie, les contours noirs et plissés d'un œil jaune, les os saillants d'un visage creusé, la rigidité des rides profondes, le dédain marqué dans la lèvre inférieure, tout indiquait une ambition, un despotisme, une force d'autant plus à craindre que l'étroitesse du crâne trahissait un défaut absolu d'esprit et de courage sans générosité. Ce visage était horriblement défiguré par une large balafre transversale dont la couture figurait une seconde bouche dans la joue droite. A l'âge de trente-trois ans, le comte, jaloux de s'illustrer dans la malheureuse guerre de religion dont le signal fut donné par la Saint-Barthélemi, avait été grièvement blessé au siége de la Rochelle. La malencontre de sa blessure, pour parler le langage du temps, augmenta sa haine contre ceux de la Religion; mais, par une disposition assez naturelle, il enveloppa aussi les hommes à belles figures dans son antipathie. Avant cette catastrophe, il était déjà si laid qu'aucune dame n'avait voulu recevoir ses hommages. La seule passion de sa jeunesse fut une femme célèbre nommée la Belle Romaine. La défiance que lui donna sa nouvelle disgrâce le rendit susceptible au point de ne plus croire qu'il pût inspirer une passion véritable; et son caractère devint si sauvage, que s'il eut des succès en galanterie, il les dut à la frayeur inspirée par ses cruautés. La main gauche, que ce terrible catholique avait hors du lit, achevait de peindre son caractère. Étendue de manière à garder la comtesse comme un avare garde son trésor, cette main énorme était couverte de poils si abondants, elle offrait un lacis de veines et de muscles si saillants, qu'elle ressemblait à quelque branche de hêtre entourée par les tiges d'un lierre jauni. En contemplant la figure du comte, un enfant aurait reconnu l'un de ces ogres dont les terribles histoires leur sont racontées par les nourrices. Il suffisait de voir la largeur et la longueur de la place que le comte occupait dans lit pour deviner ses proportions gigantesques. Ses gros sourcils grisonnants lui cachaient les paupières de manière à rehausser la clarté de son œil où éclatait la férocité lumineuse de celui d'un loup au guet dans la feuillée. Sous son nez de lion, deux larges moustaches peu soignées, car il méprisait singulièrement la toilette, ne permettaient pas d'apercevoir la lèvre supérieure. Heureusement pour la comtesse, la large bouche de son mari était muette en ce moment, car les plus doux sons de cette voix rauque la faisaient frissonner. Quoique le comte d'Hérouville eût à peine cinquante ans, au premier abord on pouvait lui en donner soixante, tant les fatigues de la guerre, sans altérer sa constitution robuste, avaient outragé sa physionomie; mais il se souciait fort peu de passer pour un *mignon*.

La comtesse, qui atteignait à sa dix-huitième année, formait auprès de cette immense figure un contraste pénible à voir. Elle était blanche et svelte. Ses cheveux châtains, mélangés de teintes d'or, se jouaient sur son cou comme des nuages de bistre et découpaient un de ces visages délicats trouvés par Carlo Dolci pour ses madones au teint d'ivoire, qui semblent près d'expirer sous les atteintes de la douleur physique. Vous eussiez dit de l'apparition d'un ange chargé d'adoucir les volontés du comte d'Hérouville.

— Non, il ne nous tuera pas, s'écria-t-elle mentalement après avoir longtemps contemplé son mari. N'est-il pas franc, noble, courageux et fidèle à sa parole?... Fidèle à sa parole? En reproduisant cette phrase par la pensée, elle tressaillit violemment et resta comme stupide.

Pour comprendre l'horreur de la situation où se trouvait la comtesse, il est nécessaire d'ajouter que cette scène nocturne avait lieu en 1591, époque à laquelle la guerre civile régnait en France, et où les lois étaient sans vigueur. Les excès de la Ligue, opposée à l'avénement de Henri IV, surpassaient toutes les calamités des guerres de religion. La licence devint même alors si grande que personne n'était surpris de voir un grand seigneur faisant tuer son ennemi publiquement, en plein jour. Lorsqu'une expédition militaire dirigée dans un intérêt privé était conduite au nom de la Ligue ou du Roi, elle obtenait des deux parts les plus grands éloges. Ce fut ainsi que Balagny, un soldat, faillit devenir prince souverain, aux portes de la France. Quant aux meurtres commis en famille, s'il est permis de se servir de cette expression, on ne s'en souciait pas plus, dit un contemporain, que d'une gerbe de *feurre*, à moins qu'ils n'eussent été accompagnés de circonstances par trop cruelles. Quelque temps avant la mort du roi, une dame de la cour assassina un gentilhomme qui avait tenu sur elle des discours malséants. L'un des mignons de Henri III lui dit : — Elle l'a, vive Dieu ! sire, fort joliment dagué !

Par la rigueur de ces exécutions, le comte d'Hérouville, un des plus emportés royalistes de Normandie, maintenait sous l'obéissance de Henri IV toute la partie de cette province qui avoisine la Bretagne. Chef de l'une des plus riches familles de France, il avait considérablement augmenté le revenu de ses nombreuses terres en épousant, sept mois avant la nuit pendant laquelle commence cette histoire, Jeanne de Saint-Savin, jeune demoiselle qui, par un hasard assez commun dans ces temps où les gens mouraient dru comme mouches, avait subitement réuni sur sa tête les biens des deux branches de la maison de Saint-Savin. La nécessité, la terreur, furent les seuls témoins de cette union. Dans un repas donné, deux mois après, par la ville de Bayeux au comte et à la comtesse d'Hérouville à l'occasion de leur mariage, il s'éleva une discussion qui, par cette époque d'ignorance fut trouvée fort saugrenue ; elle était relative à la prétendue légitimité des enfants venant au monde dix mois après la mort du mari, ou sept mois après la première nuit des noces. — Madame, dit brutalement le comte à sa femme, quant à me donner un enfant dix mois après ma mort, je n'y peux. Mais pour votre début, n'accouchez pas à sept mois. — Que ferais-tu donc, vieil ours ? demanda le jeune marquis de Verneuil pensant que le comte voulait plaisanter. — Je tordrais fort proprement le col à la mère et à l'enfant. Une réponse si péremptoire servit de clôture à cette discussion imprudemment élevée par un seigneur bas-normand. Les convives gardèrent le silence en contemplant avec une sorte de terreur la jolie comtesse d'Hérouville. Tous étaient persuadés que dans l'occurrence ce farouche seigneur exécuterait sa menace.

La parole du comte retentit dans le sein de la jeune femme alors enceinte ; à l'instant même, un de ces pressentiments qui sillonnent l'âme comme un éclair de l'avenir l'avertit qu'elle accoucherait à sept mois. Une chaleur intérieure enveloppa la jeune femme de la tête aux pieds, en concentrant la vie au cœur avec tant de violence qu'elle se sentit extérieurement comme dans un bain de glace. Depuis lors, il ne se passa pas un jour sans que ce mouvement de terreur secrète n'arrêtât les élans les plus innocents de son âme. Le souvenir du regard et de l'inflexion de voix par lesquels le comte accompagna son arrêt, glaçait encore le sang de la comtesse et faisait taire ses douleurs, lorsque, penchée sur cette tête endormie, elle voulait y trouver durant le sommeil les indices d'une pitié qu'elle y cherchait vainement pendant la veille. Cet enfant menacé de mort avant de naître, lui demandant le jour par un mouvement vigoureux, elle s'écria d'une voix qui ressemblait à un soupir : — Pauvre petit! Elle n'acheva point, il y a des idées qu'une mère ne supporte pas. Incapable de raisonner en ce moment, la comtesse fut comme étouffée par une angoisse qui lui était inconnue. Deux larmes échappées de ses yeux roulèrent lentement le long de ses joues, y tracèrent deux lignes brillantes, et restèrent suspendues au bas de son blanc visage, semblables à deux gouttes de rosée sur un lis. Quel savant oserait prendre sur lui de dire que l'enfant reste sur un terrain neutre où les émotions de la mère ne pénètrent pas, pendant ces heures où l'âme embrasse le corps et y communique ses impressions, où la pensée infiltre au sang des baumes réparateurs ou des fluides vénéneux? Cette terreur qui agitait l'arbre troubla-t-elle le fruit? Ce mot : Pauvre petit! fut-il un arrêt dicté par une vision de son avenir? Le tressaillement de la mère fut bien énergique, et son regard fut bien perçant!

La sanglante réponse échappée au comte était un anneau qui rattachait mystérieusement le passé de sa femme à cet accouchement prématuré. Ces odieux soupçons, si publiquement exprimés, avaient jeté dans les souvenirs de la comtesse la terreur qui retentissait jusque dans l'avenir. Depuis ce fatal gala, elle chassait, avec autant de crainte qu'une autre femme aurait pris de plaisir à les évoquer, mille tableaux épars que sa vive imagination lui dessinait souvent malgré ses efforts. Elle se refusait à l'émouvante contemplation des heureux jours où son cœur était libre d'aimer. Semblables aux mélodies du pays natal qui font pleurer les bannis, ces souvenirs lui retraçaient des sensations si délicieuses, que sa jeune conscience les lui reprochait comme autant de crimes, et s'en servait pour rendre plus terrible encore la promesse du comte : là était le secret de l'horreur qui oppressait la comtesse.

Les figures endormies possèdent une espèce de suavité due au repos parfait du corps et de l'intelligence; mais quoique ce calme changeât peu la dure expression des traits du comte, l'illusion offre aux malheureux de si attrayants mirages, que la jeune femme finit par trouver un espoir dans cette tranquillité. La tempête qui déchaînait alors des torrents de pluie ne fit plus entendre qu'un mugissement mélancolique ; ses craintes et ses douleurs lui laissèrent également un moment de répit. En contemplant l'homme auquel sa vie était liée, la comtesse se laissa donc entraîner dans une rêverie dont la douceur fut si enivrante, qu'elle n'eut pas la force d'en rompre le charme. En un instant, par une de ces visions qui participent de la puissance divine, elle fit passer devant elle les rapides images d'un bonheur perdu sans retour.

Jeanne aperçut d'abord faiblement, et comme dans la lointaine lumière de l'aurore, le modeste château où son insouciante enfance s'écoula : ce fut bien la pelouse verte, le ruisseau frais, la petite chambre, théâtre de ses premiers jeux. Elle se vit cueillant des fleurs, les plantant, et ne devinant pas pourquoi toutes se fanaient sans grandir, malgré sa constance à les arroser. Bientôt apparut confusément encore la ville immense et le grand hôtel noirci par le temps où sa mère la conduisit à l'âge de sept ans. Sa railleuse mémoire lui montra les vieilles têtes des maîtres qui la tourmentèrent. A travers un torrent de mots espagnols ou italiens, en répétant en son âme des romances aux sons d'un joli rebec, elle se rappela la personne de son père. Au retour du Palais, elle allait au-devant du Président, elle le regardait descendant de sa mule à son montoir, lui prenait la main pour gravir avec lui l'escalier, et par son babil chassait les soucis judiciaires qu'il ne dépouillait pas toujours avec la robe noire ou rouge dont, par espièglerie, la fourrure blanche mélangée de noir tomba sous ses ciseaux. Elle ne jeta qu'un regard sur le confesseur de sa tante, la supérieure des Clarisses, homme rigide et fanatique, chargé de l'initier aux mystères de la religion. Endurci par les sévérités que nécessitait l'hérésie, ce vieux prêtre secouait à tout propos les chaînes de l'enfer, ne parlait que des vengeances célestes, et la rendait craintive en lui persuadant qu'elle était toujours en présence de Dieu. Devenue timide, elle n'osait lever les yeux, et n'avait plus que du respect pour sa mère, à qui jusqu'alors elle avait fait partager ses folâtreries. Dès ce moment, une religieuse terreur s'emparait de son jeune cœur, quand elle voyait cette mère bien-aimée arrêtant sur elle ses yeux bleus avec une apparence de colère.

Elle se retrouva tout à coup dans sa seconde enfance, époque pendant laquelle elle ne comprit rien encore aux choses de la vie. Elle salua par un regret presque moqueur ces jours où tout son bonheur fut de travailler avec sa mère dans un petit salon de tapisserie, de prier dans une grande église, de chanter une romance en s'accompagnant du rebec, de lire en cachette un livre de chevalerie, déchirer une fleur par curiosité, découvrir quels présents lui ferait son père à la fête du bienheureux saint Jean, et chercher le sens des paroles qu'on n'achevait pas devant elle. Aussitôt elle effaça par une pensée, comme on efface un mot crayonné sur un album, les enfantines joies que, pendant ce moment où elle ne souffrait pas, son imagination venait de lui choisir parmi tous les tableaux que les seize premières années de sa vie pouvaient lui offrir. La grâce de cet océan limpide fut bientôt éclipsée par l'éclat d'un plus frais souvenir, quoique orageux. La joyeuse paix de son enfance lui apportait moins de douceur qu'un seul des troubles semés dans les deux dernières années de sa vie, années riches en trésors pour toujours ensevelis dans son cœur. La comtesse arriva soudain à cette ravissante matinée où, précisément au fond du grand parloir en bois de chêne sculpté qui servait de salle à manger, elle vit son beau cousin pour la première fois. Effrayée par les séditions de Paris, la famille de sa mère envoyait à Rouen ce jeune courtisan, dans l'espérance qu'il s'y formerait aux devoirs de la magistrature auprès de son grand-oncle, de qui la charge lui serait transmise quelque jour. La comtesse sourit involontairement en songeant à la vivacité avec laquelle elle s'était retirée en reconnaissant ce parent attendu qu'elle ne connaissait pas. Malgré sa promptitude à ouvrir et fermer la porte, son coup d'œil avait mis dans son âme une si vigoureuse empreinte de cette scène, qu'en ce moment il lui semblait encore le voir tel qu'il se produisit en se retournant. Elle n'avait alors admiré qu'à la dérobée le goût et le luxe répandus sur des vêtements faits à Paris ; mais, aujourd'hui plus hardie dans son souvenir, son œil allait librement du manteau en velours violet brodé d'or et doublé de satin, aux ferrons qui garnissaient les bottines, et des jolies losanges crevées du pourpoint et du haut-de-chausse, à la riche collerette rabattue qui laissait voir un cou frais aussi blanc que la dentelle. Elle flattait avec la main une figure caractérisée par deux petites moustaches relevées en pointe, et par une royale pareille à l'une des queues d'hermine semées sur l'épitoge de son père. Au milieu du silence et de la nuit, les yeux fixés sur les courtines de moire qu'elle ne voyait plus, oubliant et l'orage et son mari, la comtesse osa se rappeler comment, après bien des jours qui lui semblèrent aussi longs que des années, tant pleins ils furent, le jardin entouré de vieux murs noirs et le noir hôtel de son père lui parurent dorés et lumineux. Elle aimait, elle était aimée! Comment, craignant les regards sévères de sa mère, elle s'était glissée un matin dans le cabinet de son père pour lui faire ses jeunes confidences, après s'être assise sur lui et s'être permis des espiègleries qui avaient attiré le sourire aux lèvres de l'éloquent magistrat, sourire qu'elle attendait pour lui dire : « — Me gronderez-vous, si je vous dis quelque chose? » Elle croyait entendre encore son père lui disant après un interrogatoire où, pour la première fois, elle parlait de son amour : — « Eh! bien, mon enfant, nous verrons. S'il étudie bien, s'il veut me succéder, s'il continue à te plaire, je me mettrai de ta conspiration! » Elle n'avait plus rien écouté, elle avait baisé son père et renversé les paperasses pour courir au grand tilleul où, tous les matins avant le lever de sa redoutable mère, elle rencontrait le gentil George de Chaverny! Le courtisan promettait de dévorer les lois et les coutumes, il quittait les riches ajustements de la noblesse d'épée pour prendre le sévère costume des magistrats. — « Je t'aime bien mieux vêtu de noir, » lui disait-elle. Elle mentait, mais ce mensonge avait rendu son bien-aimé moins triste d'avoir jeté la dague aux champs. Le souvenir des ruses employées pour tromper sa mère dont la sévérité semblait grande, lui rendirent les joies fécondes d'un amour innocent, permis et partagé. C'était quelque rendez-vous sous les tilleuls, où la parole était plus libre sans témoins; les furtives étreintes et les baisers surpris, enfin tous les naïfs à-compte de la passion qui ne dépasse point les bornes de la modestie. Révivant comme en songe dans ces délicieuses journées où elle s'accusait d'avoir eu trop de bonheur, elle osa baiser dans le vide cette jeune figure aux regards enflammés, et cette bouche vermeille qui lui parla si bien d'amour. Elle avait aimé Chaverny pauvre en apparence; mais combien de trésors n'avait-elle pas découverts dans cette âme aussi douce qu'elle était forte! Tout à coup meurt le président, Chaverny ne lui succède pas, la guerre civile survient flamboyante. Par les soins de leur cousin, elle et sa mère trouvent un asile secret dans une petite ville de la Basse-Normandie. Bientôt les morts successives de quelques parents la rendent une des plus riches héritières de France. Avec la médiocrité de fortune s'enfuit le bonheur. La sauvage et terrible figure du comte d'Hérouville qui demande sa main, lui apparaît comme une nuée grosse de foudre qui étend son crêpe sur les richesses de la terre jusqu'alors dorée par le soleil. La pauvre comtesse s'efforce de chasser le souvenir des scènes de désespoir et de larmes amenées par sa longue résistance. Elle voit confusément l'incendie de la petite ville, puis Chaverny le huguenot mis en prison, menacé de mort, et attendant un horrible supplice. Arrive cette épouvantable soirée où sa mère pâle et mourante se prosterne à ses pieds, Jeanne peut sauver son cousin, elle cède. Il est nuit; le comte, revenu sanglant du combat, se trouve prêt; il fait surgir un prêtre, des flambeaux, une église! Jeanne appartient au malheur. A peine peut-elle dire adieu à son beau cousin délivré. — « Chaverny, si tu m'aimes, ne me revois jamais! » Elle entend le bruit lointain des pas de son noble ami qu'elle n'a plus revu; mais elle garde au fond du cœur son dernier regard qu'elle retrouve si souvent dans ses songes et qui les lui éclaire. Comme un chat enfermé dans la cage d'un lion, la jeune femme craint à chaque heure les griffes du maître, toujours levées sur elle. La comtesse se fait un crime de revêtir à certains jours, consacrés par quelque plaisir inattendu, la robe que portait la jeune fille au moment où elle vit son amant. Aujourd'hui, pour être heureuse, elle doit oublier le passé, ne plus songer à l'avenir.

— Je ne me crois pas coupable, se dit-elle; mais si je le parais aux yeux du comte, n'est-ce pas comme si je l'étais? Peut-être le suis-je! La sainte Vierge n'a-t-elle pas conçu sans... Elle s'arrêta.

Pendant ce moment où ses pensées étaient nuageuses, où son âme voyageait dans le monde des fantaisies, sa naïveté lui fit attribuer au dernier regard, par lequel son amant lui darda toute sa vie, le pouvoir qu'exerça la Visitation de l'ange sur la mère du Sauveur. Cette supposition, digne du temps d'innocence auquel sa rêverie l'avait reportée, s'évanouit devant le souvenir d'une scène conjugale plus odieuse que la mort. La pauvre comtesse ne pouvait plus conserver de doute sur la légitimité de l'enfant qui s'agitait dans son sein. La première nuit des noces lui apparut dans toute l'horreur de ses supplices, traînant à sa suite bien d'autres nuits, et de plus tristes jours!

— Ah! pauvre Chaverny! s'écria-t-elle en pleurant, toi si soumis, si gracieux, tu m'as toujours été bienfaisant!

Elle tourna les yeux sur son mari, comme pour se persuader encore que cette figure lui promettait une clémence si chèrement achetée. Le comte était éveillé. Ses deux yeux jaunes, aussi clairs que ceux d'un tigre, brillaient sous les touffes de ses sourcils, et jamais son regard n'avait été plus incisif qu'en ce moment. La comtesse, épouvantée d'avoir rencontré ce regard, se glissa sous la courte-pointe et resta sans mouvement.

— Pourquoi pleurez-vous? demanda le comte en tirant vivement le drap sous lequel sa femme s'était cachée.

Cette voix, toujours effrayante pour elle, eut en ce moment une douceur factice qui lui sembla de bon augure.

— Je souffre beaucoup, répondit-elle.

— Eh! bien, ma mignonne, est-ce un crime que de souffrir? Pourquoi trembler quand je vous regarde? Hélas! que faut-il donc faire pour être aimé? Toutes les rides de son front s'amassèrent entre ses deux sourcils. — Je vous cause toujours de l'effroi, je le vois bien, ajouta-t-il en soupirant.

Conseillée par l'instinct des caractères faibles, la comtesse interrompit le comte en jetant quelques gémissements, et s'écria : — Je crains de faire une fausse couche! J'ai couru sur les rochers pendant toute la soirée, je me serai sans doute trop fatiguée.

En entendant ces paroles, le sire d'Hérouville jeta sur sa femme un regard si soupçonneux qu'elle rougit en frissonnant. Il prit la peur qu'il inspirait à cette naïve créature pour l'expression d'un remords.

— Peut-être est-ce un accouchement véritable qui commence? demanda-t-il.

— Eh! bien? dit-elle.

— Eh! bien, dans tous les cas, il faut ici un homme habile, et je vais l'aller chercher.

L'air sombre qui accompagnait ces paroles glaça la comtesse, elle retomba sur le lit en poussant un soupir arraché plutôt par le sentiment de sa destinée que par les angoisses de la crise prochaine. Ce gémissement acheva de prouver au comte la vraisemblance des soupçons qui se réveillaient dans son esprit. En affectant un calme que les accents de sa voix, ses gestes et ses regards démentaient, il se leva précipitamment, s'enveloppa d'une robe qu'il trouva sur un fauteuil, et commença par fermer une porte située auprès de la cheminée, et par laquelle on passait de la chambre de parade dans les appartements de réception qui communiquaient à l'escalier d'honneur. En voyant son mari garder cette clef, la comtesse eut le pressentiment d'un malheur ; elle l'entendit ouvrir la porte opposée à celle qu'il venait de fermer, et se rendre dans une autre pièce où couchaient les comtes d'Hérouville, quand ils n'honoraient pas leurs femmes de leur noble compagnie. La comtesse ne connaissait que par ouï-dire la destination de cette chambre, la jalousie fixait son mari près d'elle. Si quelques expéditions militaires l'obligeaient à quitter le lit d'honneur, le comte laissait au château des argus dont l'incessant espionnage accusait ses outrageuses défiances. Malgré l'attention avec laquelle la comtesse s'efforçait d'écouter le moindre bruit, elle n'entendit plus rien. Le comte était arrivé dans une longue galerie contiguë à sa chambre, et qui occupait l'aile occidentale du château. Le cardinal d'Hérouville, son grand-oncle, amateur passionné des œuvres de l'imprimerie, y avait amassé une bibliothèque aussi curieuse par le nombre que par la beauté des volumes, et la prudence lui avait fait pratiquer dans les murs une de ces inventions conseillées par la solitude ou par la peur monastique. Une chaîne d'argent mettait en mouvement, au moyen de fils invisibles, une sonnette placée au chevet d'un serviteur fidèle. Le comte tira cette chaîne, un écuyer de garde ne tarda pas à faire retentir du bruit de ses bottes et de ses éperons les dalles sonores d'une vis en colimaçon contenue dans la haute tourelle qui flanquait l'angle occidental du château du côté de la mer. En entendant monter son serviteur, le comte alla dérouiller les ressorts de fer et les verrous qui défendaient la porte secrète par laquelle la galerie communiquait avec la tour, et il introduisit dans ce sanctuaire de la science un homme d'armes dont l'encolure annonçait un serviteur digne du maître. L'écuyer, à peine éveillé, semblait avoir marché par instinct ; la lanterne de corne qu'il tenait à la main éclaira si faiblement la longue galerie, que son maître et lui se dessinèrent dans l'obscurité comme deux fantômes.

— Selle mon cheval de bataille à l'instant même, et tu vas m'accompagner. Cet ordre fut prononcé d'un son de voix profond qui réveilla l'intelligence du serviteur ; il leva les yeux sur son maître, et rencontra un regard si perçant, qu'il en reçut comme une secousse électrique. — Bertrand, ajouta le comte en posant la main droite sur le bras de l'écuyer, tu quitteras ta cuirasse et prendras les habits d'un capitaine de miquelets.

— Vive Dieu, monseigneur, me déguiser en ligueur! Excusez-moi, je vous obéirai, mais j'aimerais autant être pendu.

Flatté dans son fanatisme, le comte sourit; mais pour effacer ce rire qui contrastait avec l'expression répandue sur son visage, il répondit brusquement : — Choisis dans l'écurie un cheval assez vigoureux pour que tu me puisses suivre. Nous marcherons comme des balles au sortir de l'arquebuse. Quand je serai prêt, sois-le. Je sonnerai de nouveau.

Bertrand s'inclina en silence et partit; mais quand il eut descendu quelques marches, il se dit à lui-même, en entendant siffler l'ouragan : — Tous les démons sont dehors, jarnidieu ! j'aurais été bien étonné de voir celui-ci rester tranquille. Nous avons surpris Saint-Lô par une tempête semblable.

Le comte trouva dans sa chambre le costume qui lui servait souvent pour ses stratagèmes. Après avoir revêtu sa mauvaise casaque, qui avait l'air d'appartenir à l'un de ces pauvres reîtres dont la solde était si rarement payée par Henri IV, il revint dans la chambre où gémissait sa femme.

— Tâchez de souffrir patiemment, lui dit-il. Je crèverai, s'il le faut, mon cheval, afin de revenir plus vite pour apaiser vos douleurs.

Ces paroles n'annonçaient rien de funeste, et la comtesse enhardie se préparait à faire une question, lorsque le comte lui demanda tout à coup : — Ne pourriez-vous me dire où sont vos masques ?

— Mes masques, répondit-elle. Bon Dieu! qu'en voulez-vous faire?

— Où sont vos masques ? répéta-t-il avec sa violence ordinaire.

— Dans le bahut, dit-elle.

La comtesse ne put s'empêcher de frémir en voyant son mari choisir dans ses masques un *touret de nez*, dont l'usage était aussi naturel aux dames de cette époque, que l'est celui des gants aux femmes d'aujourd'hui. Le comte devint entièrement méconnaissable quand il eut mis sur sa tête un mauvais chapeau de feutre gris, orné d'une vieille plume de coq toute cassée. Il serra autour de ses reins un large ceinturon de cuir dans la gaîne duquel il passa une dague qu'il ne portait pas habituellement. Ces misérables vêtements lui donnèrent un aspect si effrayant, et il s'avança vers le lit par un mouvement si étrange, que la comtesse crut sa dernière heure arrivée.

— Ah! ne nous tuez pas, s'écria-t-elle, laissez-moi mon enfant, et je vous aimerai bien.

— Vous vous sentez donc bien coupable pour m'offrir comme une rançon de vos fautes l'amour que vous me devez?

La voix du comte eut un son lugubre sous le velours; ses amères paroles furent accompagnées d'un regard qui eut la pesanteur du plomb et anéantit la comtesse en tombant sur elle.

— Mon Dieu, s'écria-t-elle douloureusement, l'innocence serait-elle donc funeste?

— Il ne s'agit pas de votre mort, lui répondit son maître en sortant de la rêverie où il était tombé, mais de faire exactement, et pour l'amour de moi, ce que je réclame en ce moment de vous. Il jeta sur le lit un des deux masques qu'il tenait, et sourit de pitié en voyant le geste de frayeur involontaire qu'arrachait à sa femme le choc si léger du velours noir. — Vous ne me ferez qu'un mièvre enfant! s'écria-t-il. Ayez ce masque sur votre visage lorsque je serai de retour, ajouta-t-il. Je ne veux pas qu'un croquant puisse se vanter d'avoir vu la comtesse d'Hérouville!

— Pourquoi prendre un homme pour cet office? demanda-t-elle à voix basse.

— Oh! oh! ma mie, ne suis-je pas le maître ici? répondit le comte.

— Qu'importe un mystère de plus! dit la comtesse au désespoir.

Son maître avait disparu, cette exclamation fut sans danger pour elle, car souvent l'oppresseur étend ses mesures aussi loin que va la crainte de l'opprimé. Par un des courts moments de calme qui séparaient les accès de la tempête, la comtesse entendit le pas de deux chevaux qui semblaient voler à travers les dunes périlleuses et les rochers sur lesquels ce vieux château était assis. Ce bruit fut promptement étouffé par la voix des flots. Bientôt elle se trouva prisonnière dans ce sombre appartement, seule au milieu d'une nuit tour à tour silencieuse ou menaçante, et sans secours pour conjurer un malheur qu'elle voyait s'avancer à grands pas. La comtesse chercha quelque ruse pour sauver cet enfant conçu dans les larmes, et déjà devenu toute sa consolation, le principe de ses idées, l'avenir de ses affections, sa seule et frêle espérance. Soutenue par un maternel courage, elle alla prendre le petit cor dont se servait son mari pour faire venir ses gens, ouvrit une fenêtre, et tira du cuivre des accents grêles qui se perdirent sur la vaste étendue des eaux, comme une bulle lancée dans les airs par un enfant. Elle comprit l'inutilité de cette plainte ignorée des hommes, et se mit à marcher à travers les appartements, en espérant que toutes les issues ne seraient pas fermées. Parvenue à la bibliothèque, elle chercha, mais en vain, s'il n'y existerait pas quelque passage secret, elle traversa la longue galerie des livres, atteignit la fenêtre la plus rapprochée de la cour d'honneur du château, fit de nouveau retentir les échos en sonnant du cor, et lutta sans succès avec la voix de l'ouragan. Dans son découragement, elle pensait à se confier à l'une de ses femmes, toutes créatures de son mari, lorsqu'en passant dans son oratoire elle vit que le comte avait fermé la porte qui conduisait à leurs appartements. Ce fut une horrible découverte. Tant de précautions prises pour l'isoler annonçaient le désir de procéder sans témoins à quelque terrible exécution. A mesure que la comtesse perdait tout espoir, les douleurs venaient l'assaillir plus vives, plus ardentes. Le pressentiment d'un meurtre possible, joint à la fatigue de ses efforts, lui enleva le reste de ses forces. Elle ressemblait au naufragé qui succombe, emporté par une dernière lame moins furieuse que toutes celles qu'il a vaincues. La douloureuse ivresse de l'enfantement ne lui permit plus de compter les heures. Au moment où elle se crut sur le point d'accoucher, seule, sans secours, et qu'à ses terreurs se joignit la crainte des accidents auxquels son inexpérience l'exposait, le comte arriva soudain sans qu'elle l'eût entendu venir. Cet homme se trouva là comme un démon réclamant, à l'expiration d'un pacte, l'âme qui lui a été vendue ; il gronda sourdement en voyant le visage de sa femme découvert ; mais après l'avoir assez adroitement masquée, il l'emporta dans ses bras et la déposa sur le lit de sa chambre.

L'effroi que cette apparition et cet enlèvement inspirèrent à la comtesse fit taire un moment ses douleurs, elle put jeter un regard furtif sur les acteurs de cette scène mystérieuse, et ne reconnut pas Bertrand qui s'était masqué aussi soigneusement que son maître. Après avoir allumé à la hâte quelques bougies dont la clarté se mêlait aux premiers rayons du soleil qui rougissait les vitraux, ce serviteur alla s'appuyer à l'angle d'une embrasure de fenêtre. Là, le visage tourné vers le mur, il semblait en mesurer l'épaisseur et se tenait dans une immobilité si complète que vous eussiez dit d'une statue de chevalier. Au milieu de la chambre, la comtesse aperçut un petit homme gras, tout pantois, dont les yeux étaient bandés et dont les traits étaient si bouleversés par la terreur, qu'il lui fut impossible de deviner leur expression habituelle.

— Par la mort-dieu! monsieur le drôle, dit le comte en lui rendant la vue par un mouvement brusque qui fit tomber au cou de l'inconnu le bandeau qu'il avait sur les yeux, ne t'avise pas de regarder autre chose que la misérable sur laquelle tu vas exercer ta science; sinon, je te jette dans la rivière qui coule sous ces fenêtres après t'avoir mis un collier de diamants qui pèseront plus de cent livres! Et il tira légèrement sur la poitrine de son auditeur stupéfait la cravate qui avait servi de bandeau. — Examine d'abord si ce n'est qu'une fausse couche; dans ce cas ta vie me répondrait de la sienne; mais si l'enfant est vivant, tu me l'apporteras.

Après cete allocution, le comte saisit par le milieu du corps le pauvre opérateur, l'enleva comme une plume de la place où il était, et le posa devant la comtesse. Le seigneur alla se placer au fond de l'embrasure de la croisée, où il joua du tambour avec ses doigts sur le vitrage, en portant alternativement ses yeux sur son serviteur, sur le lit et sur l'Océan, comme s'il eût voulu promettre à l'enfant attendu la mer pour berceau

L'homme que, par une violence inouie, le comte et Bertrand venaient d'arracher au plus doux sommeil qui eût jamais clos paupière humaine, pour l'attacher en croupe sur un cheval qu'il put croire poursuivi par l'enfer, était un personnage dont la physionomie peut servir à caractériser celle de cette époque, et dont l'influence se fit d'ailleurs sentir dans la maison d'Hérouville.

Jamais en aucun temps les nobles ne furent moins instruits en sciences naturelles, et jamais l'astrologie judiciaire ne fut plus en honneur, car jamais on ne désira plus vivement connaître l'avenir. Cette ignorance et cette curiosité générale avaient amené la plus grande confusion dans les connaissances humaines; tout y était pratique personnelle, car les nomenclatures de la théorie manquaient encore; l'imprimerie exigeait de grands frais, les communications scientifiques avaient peu de rapidité; l'Église persécutait encore les sciences tout d'examen qui se basaient sur l'analyse des phénomènes naturels. La persécution engendrait le mystère. Donc, pour le peuple comme pour les grands, physicien et alchimiste, mathématicien et astronome, astrologue et nécromancien, étaient six attributs qui se confondaient en la personne du médecin. Dans ce temps, le médecin supérieur était soupçonné de cultiver la magie; tout en guérissant ses malades, il devait tirer des horoscopes. Les princes protégeaient d'ailleurs ces génies auxquels se révélait l'avenir, ils les logeaient chez eux et les pensionnaient. Le fameux Corneille Agrippa, venu en France pour être le médecin de Henri II, ne voulut pas, comme le faisait Nostradamus, pronostiquer l'avenir, et il fut congédié par Catherine de Médicis qui le remplaça par Cosme Ruggieri. Les hommes supérieurs à leur temps et qui travaillaient aux sciences étaient donc difficilement appréciés ; tous inspiraient la terreur qu'on avait pour les sciences occultes et leurs résultats.

Sans être précisément un de ces fameux mathématiciens, l'homme enlevé par le comte jouissait en Normandie de la réputation équivoque attachée à un médecin chargé d'œuvres ténébreuses. Cet homme était l'espèce de sorcier que les paysans nomment encore, dans plusieurs endroits de la France, un *Rebouteur*. Ce nom appartenait à quelques génies bruts qui, sans étude apparente, mais par des connaissances héréditaires et souvent par l'effet d'une longue pratique dont les observations s'accumulaient dans une famille, *reboutaient*, c'est-à-dire remettaient les jambes et les bras cassés, guérissaient bêtes et gens de certaines maladies, et possédaient des secrets prétendus merveilleux pour le traitement des cas graves. Non-seulement maître Antoine Beauvouloir, tel était le nom du rebouteur, avait eu pour aïeul et pour père deux fameux praticiens desquels il tenait d'importantes traditions, mais encore il était instruit en médecine; il s'occupait de sciences naturelles. Les gens de la campagne voyaient son cabinet plein de livres et de choses étranges qui donnaient à ses succès une teinte de magie. Sans passer précisément pour sorcier, Antoine Beauvouloir imprimait, à trente lieues à la ronde, un respect voisin de la terreur aux gens du peuple ; et, chose plus dangereuse pour lui-même, il avait à sa disposition des secrets de vie et de mort qui concernaient les familles nobles du pays. Comme son grand-père et son père, il était célèbre par son habileté dans les accouchements, avortements et fausses couches. Or, dans ces temps de désordres, les fautes furent assez fréquentes et les passions assez mauvaises pour que la haute noblesse se vît obligée d'initier souvent maître Antoine Beauvouloir à des secrets honteux ou terribles. Nécessaire à sa sécurité, sa discrétion était à toute épreuve ; aussi sa clientèle le payait-elle généreusement, en sorte que sa fortune héréditaire s'augmentait beaucoup. Toujours en route, tantôt surpris comme il venait de l'être par le comte, tantôt obligé de passer plusieurs jours chez quelque grande dame, il ne s'était pas encore marié ; d'ailleurs sa renommée avait empêché plusieurs filles de l'épouser. Incapable de chercher des consolations dans les hasards de son métier qui lui conférait tant de pouvoir sur les faiblesses féminines, le pauvre rebouteur se sentait fait pour les joies de la famille, et ne pouvait se les donner. Ce bonhomme cachait un excellent cœur sous les apparences trompeuses d'un caractère gai, en harmonie avec sa figure joufflue, avec ses formes rondes, avec la vivacité de son petit corps gras et la franchise de son parler. Il désirait donc se marier pour avoir une fille qui transportât ses biens à quelque pauvre gentilhomme ; car il n'aimait pas son état de rebouteur, et voulait faire sortir sa famille de la situation où la mettaient les préjugés du temps. Son caractère s'était d'ailleurs assez bien accommodé de la joie et des repas qui couronnaient ses principales opérations. L'habitude d'être partout l'homme le plus important avait ajouté à sa gaieté constitutive une dose de vanité grave. Ses impertinences étaient presque toujours bien reçues dans les moments de crise, où il se plaisait à opérer avec une certaine lenteur magistrale. De plus, il était curieux comme un rossignol, gourmand comme un lévrier et bavard comme le sont les diplomates qui parlent sans jamais rien trahir de leurs secrets. A ces défauts près, développés en lui par les aventures multipliées où le jetait sa profession, Antoine Beauvouloir passait pour être le moins mauvais homme de la Normandie. Quoiqu'il appartînt au petit nombre d'esprits supérieurs à leur temps, un bon sens de campagnard normand lui avait conseillé de tenir cachées ses idées acquises et les vérités qu'il découvrait.

En se trouvant placé par le comte devant une femme en mal d'enfant, le rebouteur recouvra toute sa présence d'esprit. Il se mit à tâter le pouls de la dame masquée, sans penser aucunement à elle ; mais, à l'aide de ce maintien doctoral, il pouvait réfléchir et réfléchissait sur sa propre situation. Dans aucune des intrigues honteuses et criminelles où la force l'avait contraint d'agir en instrument aveugle, jamais les précautions n'avaient été gardées avec autant de prudence qu'elles l'étaient dans celle-ci. Quoique sa mort eût été souvent mise en délibération, comme moyen d'assurer le succès des entreprises auxquelles il participait malgré lui, jamais sa vie n'avait été compromise autant qu'elle l'était en ce moment. Avant tout, il résolut de reconnaître ceux qui l'employaient, et de s'enquérir ainsi de l'étendue de son danger afin de pouvoir sauver sa chère personne.

— De quoi s'agit-il ? demanda le rebouteur à voix basse en disposant la comtesse à recevoir les secours de son expérience.

— Ne lui donnez pas l'enfant.

— Parlez haut, dit le comte d'une voix tonnante qui empêcha maître Beauvouloir d'entendre le dernier mot prononcé par la victime. Sinon, ajouta le seigneur qui déguisait soigneusement sa voix, dis ton *In manus*.

— Plaignez-vous à haute voix, dit le rebouteur à la dame. Criez, jarnidieu ! cet homme a des pierreries qui ne vous iraient pas mieux qu'à moi ! Du courage, ma petite dame ?

— Aie la main légère, cria de nouveau le comte.

— Monsieur est jaloux, répondit l'opérateur d'une petite voix aigre qui fut heureusement couverte par les cris de la comtesse.

Pour la sûreté de maître Beauvouloir, la nature se montra clémente. Ce fut plutôt un avortement qu'un accouchement, tant l'enfant qui vint était chétif ; aussi causa-t-il peu de douleurs à sa mère.

— Par le ventre de la sainte Vierge, s'écria le curieux rebouteur, ce n'est pas une fausse couche !

Le comte fit trembler le plancher en piétinant de rage, et la comtesse pinça maître Beauvouloir.

— Ah ! j'y suis, se dit-il à lui-même. — Ce devait donc être une fausse couche ? demanda-t-il tout bas à la comtesse qui lui répondit par un geste affirmatif, comme si ce geste eût été le seul langage qui pût exprimer ses pensées. — Tout cela n'est pas encore bien clair, pensa le rebouteur.

Comme tous les gens habiles en son art, l'accoucheur reconnaissait facilement une femme qui en était, disait-il, à son premier malheur. Quoique la pudique inexpérience de certains gestes lui

révélât la virginité de la comtesse, le malicieux rebouteur s'écria :
— Madame accouche comme si elle n'avait jamais fait que cela !

Le comte dit alors avec un calme plus effrayant que sa colère :
— A moi l'enfant.

— Ne le lui donnez pas, au nom de Dieu ! fit la mère dont le cri presque sauvage réveilla dans le cœur du petit homme une courageuse bonté qui l'attacha, beaucoup plus qu'il ne le crut lui-même, à ce noble enfant renié par son père.

— L'enfant n'est pas encore venu. Vous vous battez de la chape à l'évêque, répondit-il froidement au comte en cachant l'avorton.

Étonné de ne pas entendre de cris, le rebouteur regarda l'enfant en le croyant déjà mort ; le comte s'aperçut alors de la supercherie et sauta sur lui d'un seul bond.

— Tête-dieu pleine de reliques ! me le donneras-tu, s'écria le seigneur en lui arrachant l'innocente victime qui jeta de faibles cris.

— Prenez garde, il est contrefait et presque sans consistance, dit maître Beauvouloir en s'accrochant au bras du comte. C'est un enfant venu sans doute à sept mois ! Puis, avec une force supérieure qui lui était donnée par une sorte d'exaltation, il arrêta les doigts du père en lui disant à l'oreille, d'une voix entrecoupée : — Épargnez-vous un crime, il ne vivra pas.

— Scélérat ! répliqua vivement le comte aux mains duquel le rebouteur avait arraché l'enfant, qui te dit que je veuille la mort de mon fils ? Ne vois-tu pas que je le caresse ?

— Attendez alors qu'il ait dix-huit ans pour le caresser ainsi, répondit Beauvouloir en retrouvant son importance. Mais ajouta-t-il en pensant à sa propre sûreté, car il venait de reconnaître le seigneur d'Hérouville qui dans son emportement avait oublié de déguiser sa voix, baptisez-le promptement et ne parlez pas de mon arrêt à la mère : autrement, vous la tueriez.

La joie secrète que le comte avait trahie par le geste qui lui échappa quand la mort de l'avorton lui fut prophétisée, avait suggéré cette phrase au rebouteur, et venait de sauver l'enfant ; Beauvouloir s'empressa de le reporter près de la mère alors évanouie, et il la montra par un geste ironique, pour effrayer le comte de l'état dans lequel leur débat l'avait mise. La comtesse avait tout entendu, car il n'est pas rare de voir dans les grandes crises de la vie les organes humains contractant une délicatesse inouïe ; cependant les cris de son enfant posé sur le lit la rendirent comme par magie à la vie ; elle crut entendre la voix de deux anges quand, à la faveur des vagissements du nouveau-né, le rebouteur lui dit à voix basse, en se penchant à son oreille : — Ayez-en bien soin, il vivra cent ans. Beauvouloir s'y connaît.

Un soupir céleste, un mystérieux serrement de main furent la récompense du rebouteur qui cherchait à s'assurer, avant de livrer aux embrassements de la mère impatiente cette frêle créature dont la peau portait encore l'empreinte des doigts du comte, si la caresse paternelle n'avait rien dérangé dans sa chétive organisation. Le mouvement de folie par lequel la mère cacha son fils auprès d'elle et le regard menaçant qu'elle jeta sur le comte par les deux trous du masque firent frissonner Beauvouloir.

— Elle mourrait si elle perdait trop promptement son fils, dit-il au comte.

Pendant cette dernière partie de la scène, le sire d'Hérouville semblait n'avoir rien vu, ni entendu. Immobile et comme absorbé dans une profonde méditation, il avait recommencé à battre du tambour avec ses doigts sur les vitraux ; mais après la dernière phrase que lui dit le rebouteur, il se retourna vers lui par un mouvement d'une violence frénétique, et tira sa dague.

— Misérable *manant!* s'écria-t-il, en lui donnant le sobriquet par lequel les Royalistes outrageaient les Ligueurs. Impudent coquin ! La science, qui te vaut l'honneur d'être le complice des gentilshommes pressés d'ouvrir ou de fermer des successions, me retient à peine de priver à jamais la Normandie de son sorcier. Au grand contentement de Beauvouloir, le comte repoussa violemment sa dague dans le fourreau. — Ne saurais-tu, dit le sire d'Hérouville en continuant, te trouver une fois en ta vie dans l'honorable compagnie d'un seigneur et de sa dame, sans les soupçonner de ces méchants calculs que tu laisses faire à la canaille, sans songer qu'elle n'y est pas autorisée comme les gentilshommes par des motifs plausibles ? Puis-je avoir, dans cette occurrence, des raisons d'État pour agir comme tu le supposes ? Tuer mon fils ! l'enlever à sa mère ! Où as-tu pris ces billevesées ? Suis-je fou ? Pourquoi nous effraies-tu sur les jours de ce vigoureux enfant ? Bélître, comprends donc que je me suis défié de ta pauvre vanité. Si tu avais su le nom de la dame que tu as accouchée, tu te serais vanté de l'avoir vue ! Pâque-Dieu ! Tu aurais peut-être tué, par trop de précaution, la mère ou l'enfant. Mais songes-y bien, ta misérable vie me répond et de ta discrétion et de leur bonne santé !

Le rebouteur fut stupéfait du changement subit qui s'opérait dans les intentions du comte. Cet accès de tendresse pour l'avorton l'effrayait encore plus que l'impatiente cruauté et la morne indifférence d'abord manifestées par le seigneur. L'accent du comte en prononçant sa dernière phrase décelait une combinaison plus savante pour arriver à l'accomplissement d'un dessein immuable. Maître Beauvouloir s'expliqua ce dénoûment imprévu par la double promesse qu'il avait faite à la mère et au père : — J'y suis ! se dit-il. Ce bon seigneur ne veut pas se rendre odieux à sa femme, et s'en remettra sur la providence de l'apothicaire. Il faut alors que je tâche de prévenir la dame de veiller sur son noble marmot.

Au moment où il se dirigeait vers le lit, le comte, qui s'était approché d'une armoire, l'arrêta par une impérative interjection. Au geste que fit le seigneur en lui tendant une bourse, Beauvouloir se mit en devoir de recueillir, non sans une joie inquiète, l'or qui brillait à travers un réseau de soie rouge, et qui lui fut dédaigneusement jeté.

— Si tu m'as fait raisonner comme un vilain, je ne me crois pas dispensé de te payer en seigneur. Je ne te demande pas la discrétion ! L'homme que voici, dit le comte en montrant Bertrand, a dû t'expliquer que partout où il se rencontre des chênes et des rivières, mes diamants et mes colliers savent trouver les manants qui parlent de moi.

En achevant ces paroles de clémence, le géant s'avança lentement vers le rebouteur interdit, lui approcha bruyamment un siége, et parut l'inviter à s'asseoir comme lui, près de l'accouchée.

— Eh ! bien, ma mignonne, nous avons enfin un fils, reprit-il. C'est bien de la joie pour nous. Souffrez-vous beaucoup ?

— Non, dit en murmurant la comtesse.

L'étonnement de la mère et sa gêne, les tardives démonstrations de la joie factice du père convainquirent maître Beauvouloir qu'un incident grave échappait à sa pénétration habituelle ; il persista dans ses soupçons, et appuya sa main sur celle de la jeune femme, moins pour s'assurer de son état, que pour lui donner quelques avis.

— La peau est bonne, dit-il. Nul accident fâcheux n'est à craindre pour madame. La fièvre de lait viendra sans doute, ne vous en épouvantez pas, ce ne sera rien.

Là, le rusé rebouteur s'arrêta, serra la main de la comtesse pour la rendre attentive.

— Si vous ne voulez pas avoir d'inquiétude sur votre enfant, madame, reprit-il, vous ne devez pas le quitter. Laissez-le long-temps boire le lait que ses petites lèvres cherchent déjà ; nourrissez-le vous-même, et gardez-vous bien des drogues de l'apothicaire. Le sein est le remède à toutes les maladies des enfants. J'ai beaucoup observé d'accouchements à sept mois, mais j'ai rarement vu de délivrance aussi peu douloureuse que la vôtre. Ce n'est pas étonnant, l'enfant est si maigre ! Il tiendrait dans un sabot ! Je suis sûr qu'il ne pèse pas quinze onces. Du lait ! du lait ! S'il reste toujours sur votre sein, vous le sauverez.

Ces dernières paroles furent accompagnées d'un nouveau mouvement de doigts. Malgré les deux jets de flamme que dardaient les yeux du comte par les trous de son masque, Beauvouloir débita ses périodes avec le sérieux imperturbable d'un homme qui voulait gagner son argent.

— Oh ! oh ! rebouteur, tu oublies ton vieux feutre noir, lui dit Bertrand au moment où l'opérateur sortait avec lui de la chambre.

Les motifs de la clémence du comte envers son fils étaient puisés dans un *et cœtera* de notaire. Au moment où Beauvouloir lui arrêta les mains, l'Avarice et la Coutume de Normandie s'étaient dressées devant lui. Par un signe, ces deux puissances lui engourdirent les doigts et imposèrent silence à ses passions haineuses. L'une lui cria : — « Les biens de ta femme ne peuvent appartenir à la maison d'Hérouville que si un enfant mâle les y transporte ! » L'autre lui montra la comtesse mourant et les biens réclamés par la branche collatérale des Saint-Savin. Toutes deux lui conseillèrent de laisser à la nature le soin d'emporter l'avorton, et d'attendre la naissance d'un second fils qui fût sain et vigoureux, pour pouvoir se moquer de la vie de sa femme et de son premier-né. Il ne vit plus un enfant, il vit des domaines, et sa tendresse devint subitement aussi forte que son ambition. Dans son désir de satisfaire à la Coutume, il souhaita que ce fils mort-né eût les apparences d'une robuste constitution. La mère, qui connaissait bien le caractère du comte, fut encore plus surprise que ne l'était le rebouteur, et conserva des craintes instinctives qu'elle manifestait parfois avec hardiesse, car en un instant le courage des mères avait doublé sa force.

Pendant quelques jours, le comte resta très-assidûment auprès de sa femme, et lui prodigua des soins auxquels l'intérêt imprimait une sorte de tendresse. La comtesse devina promptement qu'elle seule était l'objet de toutes ces attentions. La haine du père pour son fils se montrait dans les moindres détails; il s'abstenait toujours de le voir ou de le toucher; il se levait brusquement et allait donner des ordres au moment où les cris se faisaient entendre; enfin, il semblait ne lui pardonner de vivre que dans l'espoir de le voir mourir. Cette dissimulation coûtait encore trop au comte. Le jour où il s'aperçut que l'œil intelligent de la mère pressentait sans le comprendre le danger qui menaçait son fils, il annonça son départ pour le lendemain de la messe des relevailles, en prenant le prétexte d'amener toutes ses forces au secours du roi.

Telles furent les circonstances qui accompagnèrent et précédèrent la naissance d'Étienne d'Hérouville. Pour désirer incessamment la mort de ce fils désavoué, le comte n'aurait pas eu le puissant motif de l'avoir déjà voulue; il aurait même fait taire cette triste disposition que l'homme se sent à persécuter l'être auquel il a déjà nui; il ne se serait pas trouvé dans l'obligation, cruelle pour lui, de feindre de l'amour pour un odieux avorton qu'il croyait fils de Chaverny, le pauvre Étienne n'en aurait pas moins été l'objet de son aversion. Le malheur d'une constitution rachitique et maladive, aggravé peut-être par sa caresse, était à ses yeux une offense toujours flagrante pour son amour-propre de père. S'il avait en exécration les beaux hommes, il ne détestait pas moins les gens débiles chez lesquels la force de l'intelligence remplaçait la force du corps. Pour lui plaire, il fallait être laid de figure, grand, robuste et ignorant. Étienne, que sa faiblesse vouait en quelque sorte aux occupations sédentaires de la science, devait donc trouver dans son père un ennemi sans générosité. Sa lutte avec ce colosse commençait dès le berceau; et pour tout secours contre un si dangereux antagoniste, il n'avait que le cœur de sa mère, dont l'amour s'accroissait, par une loi touchante de la nature, de tous les périls qui le menaçaient.

Ensevelie tout à coup dans une profonde solitude par le brusque départ du comte, Jeanne de Saint-Savin dut à son enfant les seuls semblants de bonheur qui pouvaient consoler sa vie. Ce fils, dont la naissance lui était reprochée à cause de Chaverny, la comtesse l'aima comme les femmes aiment l'enfant d'un illicite amour; obligée de le nourrir, elle n'en éprouva nulle fatigue. Elle ne voulut être aidée en aucune façon par ses femmes, elle vêtait et dévêtait son enfant en ressentant de nouveaux plaisirs à chaque petit soin qu'il exigeait. Ces travaux incessants, cette attention de toutes les heures, l'exactitude avec laquelle elle devait s'éveiller la nuit pour allaiter son enfant, furent des félicités sans bornes. Le bonheur rayonnait sur son visage quand elle obéissait aux besoins de ce petit être. Comme Étienne était venu prématurément, plusieurs vêtements manquaient, elle désira les faire elle-même, et les fit, avec quelle perfection, vous le savez, vous qui, dans l'ombre et le silence, mères soupçonnées, avez travaillé pour des enfants adorés! A chaque aiguillée de fil, c'était une souvenance, un désir, des souhaits, mille choses qui se brodaient sur l'étoffe comme les jolis dessins qu'elle y fixait. Toutes ces folies furent redites au comte d'Hérouville et grossirent l'orage déjà formé. Les jours n'avaient plus assez d'heures pour les occupations multipliées et les minutieuses précautions de la nourrice; ils s'enfuyaient chargés de contentements secrets.

Les avis du rebouteur étaient toujours écrits devant la comtesse; aussi craignait-elle pour son enfant, et les services de ses femmes, et la main de ses gens; elle aurait voulu pouvoir ne pas dormir afin d'être sûre que personne n'approcherait d'Étienne pendant son sommeil; elle le couchait près d'elle. Enfin elle assit la Défiance à ce berceau. Pendant l'absence du comte, elle osa faire venir le chirurgien de qui elle avait bien retenu le nom. Pour elle, Beauvouloir était un être envers lequel elle avait une immense dette de reconnaissance à payer; mais elle désirait surtout le questionner sur mille choses relatives à son fils. Si l'on devait empoisonner Étienne, comment pouvait-elle déjouer les tentatives? comment gouverner sa frêle santé? fallait-il l'allaiter longtemps? Si elle mourait, Beauvouloir se chargerait-il de veiller sur la santé du pauvre enfant?

Aux questions de la comtesse, Beauvouloir attendri lui répondit qu'il redoutait autant qu'elle le poison pour Étienne; mais sur ce point, la comtesse n'avait rien à craindre tant qu'elle le nourrirait de son lait; puis pour l'avenir, il lui recommanda de toujours goûter à la nourriture d'Étienne.

— Si madame la comtesse, ajouta le rebouteur, sent quoi que ce soit d'étrange sur la langue, une saveur piquante, amère, forte, salée, tout ce qui étonne le goût enfin, rejetez l'aliment. Que les vêtements de l'enfant soient lavés devant vous, et gardez la clef du bahut où ils seront. Enfin, quoi qu'il lui arrive, mandez-moi, je viendrai.

Les enseignements du rebouteur se gravèrent dans le cœur de Jeanne, qui le pria de compter sur elle comme sur une personne dont il pouvait disposer; Beauvouloir lui dit alors qu'elle tenait entre ses mains tout son bonheur.

Il raconta succinctement à la comtesse comment le seigneur d'Hérouville, faute de belles et de nobles amies qui voulussent de lui à la cour, avait aimé dans sa jeunesse une courtisane surnommée la *Belle Romaine*, et qui précédemment appartenait au cardinal de Lorraine. Bientôt abandonnée, la Belle Romaine était venue à Rouen pour solliciter de plus près le comte en faveur d'une fille de laquelle il ne voulait point entendre parler, en alléguant sa beauté pour ne la point reconnaître. A la mort de cette femme qui périt misérable, la pauvre enfant, nommée Gertrude, encore plus belle que sa mère, avait été recueillie par les Dames du couvent des Clarisses, dont la supérieure était mademoiselle de Saint-Savin, tante de la comtesse. Ayant été appelé pour soigner Gertrude, il s'était épris d'elle à en perdre la tête. Si madame la comtesse, dit Beauvouloir, voulait entremettre cette affaire, elle s'acquitterait non-seulement de ce qu'elle croyait lui devoir, mais encore il s'estimerait être son redevable. Ainsi sa venue au château, fort dangereuse aux yeux du comte, serait justifiée; puis tôt ou tard, le comte s'intéresserait à une si belle enfant, et pourrait peut-être un jour la protéger indirectement en le faisant son médecin.

La comtesse, cette femme si compatissante aux vraies amours, promit de servir celles du pauvre médecin. Elle poursuivit si chaudement cette affaire, que, lors de son second accouchement, elle obtint, pour la grâce qu'à cette époque les femmes étaient autorisées à demander à leurs maris en accouchant, une dot pour Gertrude, la belle bâtarde, qui, vers ce temps, au lieu d'être religieuse, épousa Beauvouloir. Cette dot et les économies du rebouteur le mirent à même d'acheter Forcalier, un joli domaine voisin du château d'Hérouville, et que vendaient alors des héritiers.

Rassurée ainsi par le bon rebouteur, la comtesse sentit sa vie à jamais remplie par des joies inconnues aux autres mères. Certes, toutes les femmes sont belles quand elles suspendent leurs enfants à leur sein en veillant à ce qu'ils y apaisent leurs cris et leurs commencements de douleur; mais il était difficile de voir, même dans les tableaux italiens, une scène plus attendrissante que celle offerte par la comtesse, lorsqu'elle sentait Étienne se gorgeant de son lait, et son sang devenir ainsi la vie de ce pauvre être menacé. Son visage étincelait d'amour, elle contemplait ce cher petit être, en craignant toujours de lui voir un trait de Chaverny à qui elle avait trop songé. Ces pensées, mêlées sur son front à l'expression de son plaisir, le regard par lequel elle couvait son fils, son désir de lui communiquer la force qu'elle se sentait au cœur, ses brillantes espérances, la gentillesse de ses gestes, tout formait un tableau qui subjugua les femmes qui l'entouraient : la comtesse vainquit l'espionnage.

Bientôt ces deux êtres faibles s'unirent par une même pensée, et se comprirent avant que le langage ne pût leur servir à s'entendre. Au moment où Étienne exerça ses yeux avec la stupide avidité naturelle aux enfants, ses regards rencontrèrent les sombres lambris de la chambre d'honneur. Lorsque sa jeune oreille s'efforça de percevoir les sons et de reconnaître leurs différences, il entendit le bruissement monotone des eaux de la mer qui venait se briser sur les rochers par un mouvement aussi régulier que celui d'un balancier d'horloge. Ainsi les lieux, les sons, les choses, tout ce qui frappe les sens, prépare l'entendement et forme le caractère, le rendit enclin à la mélancolie. Sa mère ne devait-elle pas vivre et mourir au milieu des nuages de la mélancolie ? Dès sa naissance, il put croire que la comtesse était la seule créature qui existât sur la terre, voir le monde comme un désert, et s'habituer à ce sentiment de retour sur nous-mêmes qui nous porte à vivre seuls, à chercher en nous-mêmes le bonheur, en développant les immenses ressources de la pensée. La comtesse n'était-elle pas condamnée à demeurer seule dans la vie, et à trouver tout dans son fils, persécuté comme le fut son amour à elle. Semblable à tous les enfants en proie à la souffrance, Étienne gardait presque toujours l'attitude passive qui, douce ressemblance, était celle de sa mère. La délicatesse de ses organes fut si grande, qu'un bruit trop soudain ou que la compagnie d'une personne tumultueuse lui donnait une sorte de fièvre. Vous eussiez dit d'un de ces petits insectes pour lesquels Dieu semble modérer la violence du vent et la chaleur du soleil; comme eux incapable de lutter contre le moindre obstacle, il cédait comme eux, sans résistance ni plainte, à tout ce qui paraissait agressif. Cette patience angélique inspirait à la comtesse un sentiment profond qui ôtait toute fatigue aux soins minutieux réclamés par une santé si chancelante.

Elle remercia Dieu, qui plaçait Étienne, comme une foule de créatures, au sein de la sphère de paix et de silence, la seule où il pût s'élever heureusement. Souvent les mains maternelles, pour lui si douces et si fortes à la fois, le transportaient dans la haute région des fenêtres ogives. De là, ses yeux, bleus comme ceux de sa mère, semblaient étudier les magnificences de l'Océan. Tous deux restaient alors des heures entières à contempler l'infini de cette vaste nappe, tour à tour sombre et brillante, muette et sonore. Ces longues méditations étaient pour Étienne un secret apprentissage de la douleur. Presque toujours alors les yeux de sa mère se mouillaient de larmes, et pendant ces pénibles songes de l'âme, les jeunes traits d'Étienne ressemblaient à un léger réseau tiré par un poids trop lourd. Bientôt sa précoce intelligence du malheur lui révéla le pouvoir que ses jeux exerçaient sur la comtesse; il essaya de la divertir par les mêmes caresses dont elle se servait pour endormir ses souffrances. Jamais ses petites mains lutines, ses petits mots bégayés, ses rires intelligents, ne manquaient de dissiper les rêveries de sa mère. Était-il fatigué, sa délicatesse instinctive l'empêchait de se plaindre.

— Pauvre chère sensitive, s'écria la comtesse en le voyant endormi de lassitude après une folâtrerie qui venait de faire enfuir un de ses plus douloureux souvenirs, où pourras-tu vivre? Qui te comprendra jamais, toi dont l'âme tendre sera blessée par un regard trop sévère? toi qui, semblable à ta triste mère, estimeras un doux sourire chose plus précieuse que tous les biens de la terre? Ange aimé de ta mère, qui t'aimera dans le monde? Qui devinera les trésors cachés sous ta frêle enveloppe? Personne. Comme moi, tu seras seul sur terre. Dieu te garde de concevoir, comme moi, un amour favorisé par Dieu, traversé par les hommes!

Elle soupira, elle pleura. La gracieuse pose de son fils qui dormait sur ses genoux la fit sourire avec mélancolie : elle le regarda longtemps en savourant un de ces plaisirs qui sont un secret entre les mères et Dieu. Après avoir reconnu combien sa voix, unie aux accents de la mandoline, plaisait à son fils, elle lui chantait les romances si gracieuses de cette époque, et elle croyait voir sur ses petites lèvres barbouillées de son lait le sourire par lequel Georges de Chaverny la remerciait jadis quand elle quittait son rebec. Elle se reprochait ces retours sur le passé, mais elle y revenait toujours. L'enfant, complice de ces rêves, souriait précisément aux airs qu'aimait Chaverny.

A dix-huit mois, la faiblesse d'Étienne n'avait pas encore permis à la comtesse de le promener au dehors; mais les légères couleurs qui nuançaient le blanc mat de sa peau, comme si le plus pâle des pétales d'un églantier y eût été apporté par le vent, attestaient déjà la vie et la santé. Au moment où elle commençait à croire aux prédictions du rebouteur, et s'applaudissait d'avoir pu, en l'absence du comte, entourer son fils des précautions les plus sévères, afin de le préserver de tout danger, les lettres écrites par le secrétaire de son mari lui en annoncèrent le prochain retour. Un matin, la comtesse, livrée à la folle joie qui s'empare de toutes les mères quand elles voient pour la première fois marcher leur premier enfant, jouait avec Étienne à ces jeux aussi indescriptibles que peut l'être le charme des souvenirs; tout à coup elle entendit craquer les planchers sous un pas pesant. A peine s'était-elle levée, par un mouvement de surprise involontaire, qu'elle se trouva devant le comte. Elle jeta un cri, mais elle essaya de réparer ce tort involontaire en s'avançant vers le comte et lui tendant son front avec soumission pour y recevoir un baiser.

— Pourquoi ne pas me prévenir de votre arrivée? dit-elle.

— La réception, répondit le comte en l'interrompant, eût été plus cordiale, mais moins franche.

Il avisa l'enfant, l'état de santé dans lequel il le revoyait lui arracha d'abord un geste de surprise empreint de fureur; mais il réprima soudain sa colère, et se mit à sourire.

— Je vous apporte de bonnes nouvelles, reprit-il. J'ai le gouvernement de Champagne, et la promesse du roi d'être fait duc et pair. Puis, nous avons hérité d'un parent; ce maudit huguenot de Chaverny est mort.

La comtesse pâlit et tomba sur un fauteuil. Elle devinait le secret de la sinistre joie répandue sur la figure de son mari, et que la vue d'Étienne semblait accroître.

— Monsieur, dit-elle d'une voix émue, vous n'ignorez pas que j'ai longtemps aimé mon cousin de Chaverny. Vous répondrez à Dieu de la douleur que vous me causez.

A ces mots, le regard du comte étincela; ses lèvres tremblèrent sans qu'il pût proférer une parole, tant il était ému par la rage; il jeta sa dague sur la table avec une telle violence que le fer résonna comme un coup de tonnerre.

— Écoutez-moi, cria-t-il de sa grande voix, et souvenez-vous de mes paroles : je veux ne jamais entendre ni voir le petit monstre que vous tenez dans vos bras, car il est votre enfant et non le mien; a-t-il un seul de mes traits? tête-Dieu pleine de reliques! cachez-le bien, ou sinon...

— Juste ciel! cria la comtesse, protégez-nous.

— Silence! répondit le colosse. Si vous ne voulez pas que je le heurte, faites en sorte que je ne le trouve jamais sur mon passage.

— Mais alors, reprit la comtesse, qui se sentit le courage de lutter contre son tyran, jurez-moi de ne point attenter à ses jours, si vous ne le rencontrez plus. Puis-je compter sur votre parole de gentilhomme?

— Que veut dire ceci? reprit le comte.

— Eh! bien tuez-nous donc aujourd'hui tous deux! s'écria-t-elle en se jetant à genoux et serrant son enfant dans ses bras.

— Levez-vous, madame! Je vous engage ma foi de gentilhomme de ne rien entreprendre sur la vie de ce maudit embryon, pourvu qu'il demeure sur les rochers qui bordent la mer au-dessous du château; je lui donne la maison du pêcheur pour habitation et la grève pour domaine; mais malheur à lui, si je le retrouve jamais au delà de ces limites!

La comtesse se mit à pleurer amèrement.

— Voyez-le donc, dit-elle. C'est votre fils.

— Madame!

A ce mot, la mère épouvantée emporta son enfant dont le cœur palpitait comme celui d'une fauvette surprise dans son nid par un pâtre. Soit que l'innocence ait un charme auquel les hommes les plus endurcis ne sauraient se soustraire, soit que le comte se reprochât sa violence et craignît de plonger dans un trop grand désespoir une créature nécessaire à ses plaisirs autant qu'à ses desseins, sa voix s'était faite aussi douce qu'elle pouvait l'être, quand sa femme revint.

— Jeanne, ma mignonne, lui dit-il, ne soyez pas rancunière, et donnez-moi la main. On ne sait comment se comporter avec vous autres femmes. Je vous apporte de nouveaux honneurs, de nouvelles richesses, tête-dieu ! vous me recevez comme un malheustre qui tombe en un parti de manants ! Mon gouvernement va m'obliger à de longues absences, jusqu'à ce que je l'aie échangé contre celui de Normandie ; au moins, ma mignonne, faites-moi bon visage pendant mon séjour ici.

La comtesse comprit le sens de ces paroles dont la feinte douceur ne pouvait plus la tromper.

— Je connais mes devoirs, répondit-elle avec un accent de mélancolie que son mari prit pour de la tendresse.

Cette timide créature avait trop de pureté, trop de grandeur pour essayer, comme certaines femmes adroites, de gouverner le comte en mettant du calcul dans sa conduite, espèce de prostitution par laquelle les belles âmes se trouvent salies. Elle s'éloigna silencieuse pour aller consoler son désespoir en promenant Étienne.

— Tête-Dieu pleine de reliques ! je ne serai donc jamais aimé, s'écria le comte en surprenant une larme dans les yeux de sa femme au moment où elle sortit.

Incessamment menacée, la maternité devint chez la comtesse une passion qui prit la violence que les femmes portent dans leurs sentiments coupables. Par une espèce de sortilége dont le secret gît dans le cœur de toutes les mères, et qui eut encore plus de force entre la comtesse et son fils, elle réussit à lui faire comprendre le péril qui le menaçait sans cesse, et lui apprit à redouter l'approche de son père. La scène terrible de laquelle Étienne avait été témoin se grava dans sa mémoire, de manière à produire en lui comme une maladie. Il finit par pressentir la présence du comte avec tant de certitude, que, si l'un de ces sourires dont les signes imperceptibles éclatent aux yeux d'une mère, animait sa figure au moment où ses organes imparfaits, déjà façonnés par la crainte, lui annonçaient la marche lointaine de son père, ses traits se contractaient, et l'oreille de la mère n'était pas plus alerte que l'instinct du fils. Avec l'âge, cette faculté créée par la terreur grandit si bien, que, semblable aux Sauvages de l'Amérique, Étienne distinguait le pas de son père, savait écouter sa voix à des distances éloignées, et prédisait sa venue. Voir le sentiment de terreur que son mari lui inspirait, partagé si tôt par son enfant, le rendit encore plus précieux à la comtesse ; et leur union se fortifia si bien, que, comme deux fleurs attachées au même rameau, ils se courbaient sous le même vent, se relevaient par la même espérance. Ce fut une même vie.

Au départ du comte, Jeanne commençait une seconde grossesse. Elle accoucha cette fois au terme voulu par les préjugés, et mit au monde, non sans des douleurs inouïes, un gros garçon, qui quelques mois après, offrit une si parfaite ressemblance avec son père que la haine du comte pour l'aîné s'en accrut encore. Afin de sauver son enfant chéri, la comtesse consentit à tous les projets que son mari forma pour le bonheur et la fortune de son second fils. Étienne, promis au cardinalat, dut devenir prêtre pour laisser à Maximilien les biens et les titres de la maison d'Hérouville. A ce prix, la pauvre mère assura le repos de l'enfant maudit.

Jamais deux frères ne furent plus dissemblables qu'Étienne et Maximilien. Le cadet eut en naissant le goût du bruit, des exercices violents et de la guerre ; aussi le comte conçut-il pour lui autant d'amour que sa femme en avait pour Étienne. Par une sorte de pacte naturel et tacite, chacun des époux se chargea de son enfant de prédilection. Le duc, car vers ce temps Henri IV récompensa les éminents services du seigneur d'Hérouville, le duc ne voulut pas, dit-il, fatiguer sa femme, et donna pour nourrice à Maximilien une bonne grosse Bayeusaine choisie par Beauvouloir. A la grande joie de Jeanne de Saint-Savin, il se défia de l'esprit autant que du lait de la mère, et prit la résolution de façonner son enfant à son goût. Il éleva Maximilien dans une sainte horreur des livres et des lettres ; il lui inculqua les connaissances mécaniques de l'art militaire, il le fit de bonne heure monter à cheval, tirer l'arquebuse et jouer de la dague. Quand son fils devint grand, il le mena chasser pour qu'il contractât cette sauvagerie de langage, cette rudesse de manières, cette force de corps, cette virilité dans le regard et dans la voix qui rendaient à ses yeux un homme accompli. Le petit gentilhomme fut à douze ans un lionceau fort mal léché, redoutable à tous au moins autant que le père, ayant la permission de tout tyranniser dans les environs et tyrannisant tout.

Étienne habita la maison située au bord de l'Océan que lui avait donnée son père, et que la duchesse fit disposer de manière à ce qu'il y trouvât quelques-unes des jouissances auxquelles il avait droit. La duchesse y allait passer la plus grande partie de la journée. La mère et l'enfant parcouraient ensemble les rochers et les grèves ; elle indiquait à Étienne les limites de son petit domaine de sable, de coquilles, de mousse et de cailloux ; la terreur profonde qui la saisissait en lui voyant quitter l'enceinte concédée, lui fit comprendre que la mort l'attendait au delà. Étienne trembla pour sa mère avant de trembler pour lui-même ; puis bientôt chez lui, le nom même du duc d'Hérouville excita un trouble qui le dépouillait de son énergie, et le soumettait à l'atonie qui fait tomber une jeune fille à genoux devant un tigre. S'il apercevait de loin ce géant sinistre, ou s'il en entendait la voix, l'impression douloureuse qu'il avait ressentie jadis au moment où il fut maudit lui glaçait le cœur. Aussi, comme un Lapon qui meurt au delà de ses neiges, se fit-il une délicieuse patrie de sa cabane et de ses rochers ; s'il en dépassait la frontière, il éprouvait un malaise indéfinissable. En prévoyant que son pauvre enfant ne pourrait trouver de bonheur que dans une humble sphère silencieuse, la duchesse regretta moins d'abord la destinée qu'on lui avait imposée ; elle s'autorisa de cette vocation forcée pour lui préparer une belle vie en remplissant sa solitude par les nobles occupations de la science, et fit venir au château Pierre de Sebonde pour servir de précepteur au futur cardinal d'Hérouville. Malgré la tonsure destinée à son fils, Jeanne de Saint-Savin ne voulut pas que cette éducation sentît la prêtrise, et la sécularisa par son intervention. Beauvouloir fut chargé d'initier Étienne aux mystères des sciences naturelles. La duchesse, qui surveillait elle-même les études afin de les mesurer à la force de son enfant, le récréait en lui apprenant l'italien et lui dévoilait insensiblement les richesses poétiques de cette langue. Pendant que le duc conduisait Maximilien devant les sangliers au risque de le voir se blesser, Jeanne s'engageait avec Étienne dans la voie lactée des sonnets de Pétrarque ou dans le gigantesque labyrinthe de la Divine Comédie. Pour dédommager Étienne de ses infirmités, la nature l'avait doué d'une voix si mélodieuse, qu'il était difficile de résister au plaisir de l'entendre ; sa mère lui enseigna la musique. Des chants tendres et mélancoliques, soutenus par les accents d'une mandoline, étaient une récréation favorite que promettait la mère en récompense de quelque travail demandé par l'abbé de Sebonde. Étienne écoutait sa mère avec une admiration passionnée qu'elle n'avait jamais vue que dans les yeux de Chaverny. La première fois que la pauvre femme retrouva ses souvenirs de jeune fille dans le long regard de son enfant, elle le couvrit de baisers insensés. Elle rougit quand Étienne lui demanda pourquoi elle paraissait l'aimer mieux en ce moment ; puis elle lui répondit qu'à chaque heure elle l'aimait davantage. Bientôt elle retrouva, dans les soins que voulaient l'éducation de l'âme et la culture de l'esprit, les mêmes plaisirs qu'elle avait goûtés en nourrissant, en élevant le corps de son enfant. Quoique les mères ne grandissent pas toujours avec leurs fils, la duchesse était une de celles qui portent dans la maternité les humbles adorations de l'amour ; elle pouvait caresser et juger ; elle mettait son amour-propre à rendre Étienne supérieur à elle en toute chose et non à le régenter ; peut-être se savait-elle si grande par son inépuisable affection, qu'elle ne redoutait aucun amoindrissement. C'est les cœurs sans tendresse qui aiment la domination, mais les sentiments vrais chérissent l'abnégation, cette vertu de la Force. Lorsqu'Étienne ne comprenait pas tout d'abord quelque démonstration, un texte ou un théorème, la pauvre mère, qui assistait aux leçons, semblait vouloir lui infuser la connaissance des choses, comme naguère, au moindre cri, elle lui versait des flots de lait. Mais aussi de quel éclat la joie n'empourprait-elle pas le regard de la duchesse, alors qu'Étienne saisissait le sens des choses et se l'appropriait ? Elle montrait, comme disait Pierre de Sebonde, que la mère est un être double dont les sensations embrassent toujours deux existences.

La duchesse augmentait ainsi le sentiment naturel qui lie un fils à sa mère, par les tendresses d'un amour ressuscité. La délicatesse d'Étienne lui fit continuer pendant plusieurs années les soins donnés à l'enfance, elle venait l'habiller, elle le couchait ; elle seule peignait, lissait, bouclait et parfumait la chevelure de son fils. Cette toilette était une caresse continuelle ; elle donnait à cette tête chérie autant de baisers qu'elle y passait de fois le peigne d'une main légère. De même que les femmes aiment à se faire presque mères pour leurs amants en leur rendant quelques soins domestiques, de même la mère se faisait de son fils un simulacre d'amant ; elle lui trouvait une vague ressemblance avec le cousin aimé par delà le tombeau. Étienne était comme le fantôme de Georges, entrevu dans le lointain d'un miroir magique ; elle se disait qu'il était plus gentilhomme qu'ecclésiastique.

Si quelque femme aussi aimante que moi voulait lui infuser

la vie de l'amour, il pourrait être bien heureux! pensait-elle souvent.

Mais les terribles intérêts qui exigeaient la tonsure sur la tête d'Étienne lui revenaient en mémoire, et elle baisait les cheveux que les ciseaux de l'Église devaient retrancher, en y laissant des larmes. Malgré l'injuste convention faite avec le duc, elle ne voyait Étienne ni prêtre ni cardinal dans ces trouées que son œil de mère faisait à travers les épaisses ténèbres de l'avenir. Le profond oubli du père lui permit de ne pas engager son pauvre enfant dans les Ordres.

— Il sera toujours bien temps! se disait-elle.

Puis, sans s'avouer une pensée enfouie dans son cœur, elle formait Étienne aux belles manières des courtisans, elle le voulait doux et gentil comme était Georges de Chaverny. Réduite à quelque mince épargne par l'ambition du duc, qui gouvernait lui-même les biens de sa maison en employant tous les revenus à son agrandissement ou à son train, elle avait adopté pour elle la mise la plus simple, et ne dépensait rien afin de pouvoir donner à son fils des manteaux de velours, des bottes en entonnoir garnies de dentelles, des pourpoints en fines étoffes taillaées. Ses privations personnelles lui faisaient éprouver les mêmes joies que causent les dévouements qu'on se plaît tant à cacher aux personnes aimées. Elle se faisait des fêtes secrètes en pensant, quand elle brodait un collet, au jour où le cou de son fils en serait orné. Elle seule avait soin des vêtements, du linge, des parfums, de la toilette d'Étienne, elle ne se parait que pour lui, car elle aimait à être trouvée belle par lui. Tant de sollicitudes accompagnées d'un sentiment qui pénétrait la chair de son fils et la vivifiait, eurent leur récompense. Un jour Beauvouloir, cet homme divin qui par ses leçons s'était rendu cher à l'enfant maudit et dont les services n'étaient pas d'ailleurs ignorés d'Étienne; ce médecin de qui le regard inquiet faisait trembler la duchesse toutes les fois qu'il examinait cette frêle idole, déclara qu'Étienne pouvait vivre de longs jours si aucun sentiment violent ne venait agiter brusquement ce corps si délicat. Étienne avait alors seize ans.

A cet âge, la taille d'Étienne avait atteint cinq pieds, mesure qu'il ne devait plus dépasser; mais Georges de Chaverny était de taille moyenne. Sa peau, transparente et satinée comme celle d'une petite fille, laissait voir le plus léger rameau de ses veines bleues. Sa blancheur était celle de la porcelaine. Ses yeux, d'un bleu clair empreints d'une douceur ineffable, imploraient la protection des hommes et des femmes ; les entraînantes suavités de la prière s'échappaient de son regard et séduisaient avant que les mélodies de sa voix n'achevassent le charme. La modestie la plus vraie se révélait dans tous ses traits. De longs cheveux châtains, lisses et fins, se partageaient en deux bandeaux sur son front et se bouclaient à leurs extrémités. Ses joues pâles et creuses, son front pur, marqué de quelques rides, exprimaient une souffrance native qui faisait mal à voir. Sa bouche, gracieuse et ornée de dents très-blanches, conservait cette espèce de sourire qui se fixe sur les lèvres des mourants. Ses mains blanches comme celles d'une femme, étaient remarquablement belles de forme. Semblable à une plante étiolée, ses longues méditations l'avaient habitué à pencher la tête, et cette attitude seyait à sa personne : c'était comme la dernière grâce qu'un grand artiste met à un portrait pour en faire ressortir toute la pensée. Vous eussiez cru voir une tête de jeune fille malade placée sur un corps d'homme débile et contrefait.

La studieuse poésie dont les riches méditations nous font parcourir en botaniste les vastes champs de la pensée, la féconde comparaison des idées humaines, l'exaltation que nous donne la parfaite intelligence des œuvres du génie, étaient devenues les inépuisables et tranquilles félicités de sa vie rêveuse et solitaire. Les fleurs, créations ravissantes dont la destinée avait tant de ressemblance avec la sienne, eurent tout son amour. Heureuse de voir à son fils des passions innocentes qui le garantissaient du rude contact de la vie sociale auquel il n'aurait pas plus résisté que la plus jolie dorade de l'Océan n'eût soutenu sur la grève un regard du soleil, la comtesse avait encouragé les goûts d'Étienne, en lui apportant des *romanceros* espagnols, des *motets* italiens, des livres, des sonnets, des poésies. La bibliothèque du cardinal d'Hérouville était l'héritage d'Étienne, la lecture devait remplir sa vie. Chaque matin, l'enfant trouvait sa solitude peuplée de jolies plantes aux riches couleurs, aux suaves parfums. Ainsi, ses lectures, auxquelles sa frêle santé ne lui permettait pas de se livrer longtemps, et ses exercices au milieu des rochers, étaient interrompus par de naïves méditations qui le faisaient rester des heures entières assis devant ses riantes fleurs, ses douces compagnes, ou tapi dans le creux de quelque roche en présence d'une algue, d'une mousse, d'une herbe marine en en étudiant les mystères. Il cherchait une rime au sein des corolles odorantes, comme l'abeille y eût butiné son miel. Il admirait souvent sans but, et sans vouloir s'expliquer son plaisir, les filets délicats imprimés sur les pétales en couleurs foncées, la délicatesse des riches tuniques d'or ou d'azur, vertes ou violâtres, les découpures si profusément belles des calices ou des feuilles, leurs tissus mats ou veloutés qui se déchiraient, comme devait se déchirer son âme au moindre effort. Plus tard, penseur autant que poëte, il devait surprendre la raison de ces innombrables différences d'une même nature, en y découvrant l'indice de facultés précieuses ; car, de jour en jour, il fit des progrès dans l'interprétation du Verbe divin écrit sur toute chose de ce monde. Ces recherches obstinées et secrètes, faites dans le monde occulte, donnaient à sa vie l'apparente somnolence des génies méditatifs. Étienne demeurait pendant de longues journées couché sur le sable, heureux, poëte à son insu. L'irruption soudaine d'un insecte doré, les reflets du soleil dans l'Océan, les tremblements du vaste et limpide miroir des eaux, un coquillage, une araignée de mer, tout devenait événement et plaisir pour cette âme ingénue. Voir venir sa mère, entendre de loin le frôlement de sa robe, l'attendre, la baiser, lui parler, l'écouter, lui causaient des sensations si vives, que souvent un retard ou la plus légère crainte lui causaient une fièvre dévorante. Il n'y avait qu'une âme en lui, et pour que le corps faible et toujours débile ne fût pas détruit par les vives émotions de cette âme, il fallait à Étienne le silence, des caresses, la paix dans le paysage, et l'amour d'une femme. Pour le moment, sa mère lui prodiguait l'amour et les caresses ; les rochers étaient silencieux ; les fleurs, les livres charmaient sa solitude ; enfin, son petit royaume de sable et de coquilles, d'algues et de verdure, lui semblait un monde toujours frais et nouveau.

Étienne eut tous les bénéfices de cette vie physique si profondément innocente, et de cette vie morale si poétiquement étendue. Enfant par la forme, homme par l'esprit, il était également angélique sous les deux aspects. Par la volonté de sa mère, ses études avaient transporté ses émotions dans la région des idées. L'action de sa vie s'accomplit alors dans le monde moral, loin du monde social qui pouvait le tuer ou le faire souffrir. Il vécut par l'âme et par l'intelligence. Après avoir saisi les pensées humaines par la lecture, il s'éleva jusqu'aux pensées qui meuvent la matière, il sentit des pensées dans les airs, il en lut d'écrites au ciel. Enfin, il gravit de bonne heure la cime éthérée où se trouvait la nourriture délicate propre à son âme, nourriture enivrante, mais qui le prédestinait au malheur le jour où ces trésors accumulés se joindraient aux richesses qu'une passion met soudain au cœur. Si parfois Jeanne de Saint-Savin redoutait cet orage, elle se consolait bientôt par une pensée que lui inspirait la triste destinée de son fils ; car cette pauvre mère ne trouvait d'autre remède à un malheur qu'un malheur moindre ; aussi chacune de ses jouissances était-elle pleine d'amertume !

— Il sera cardinal, se disait-elle, il vivra par le sentiment des arts dont il se fera le protecteur. Il aimera l'art au lieu d'aimer une femme, et l'art ne le trahira jamais.

Les plaisirs de cette amoureuse maternité furent donc sans cesse altérés par de sombres pensées qui naissaient de la singulière situation où se trouvait Étienne au sein de sa famille. Les deux frères avaient déjà dépassé l'un et l'autre l'âge de l'adolescence sans se connaître, sans s'être vus, sans soupçonner leur existence rivale. La duchesse avait longtemps espéré pouvoir, pendant une absence de son mari, lier les deux frères par quelque scène solennelle où elle comptait les envelopper de son âme. Elle se flattait d'intéresser Maximilien à Étienne, en disant au cadet combien il devait de protection et d'amour à son aîné souffrant en retour des renoncements auxquels il avait été soumis, et auxquels il serait fidèle, quoique contraint. Cet espoir longtemps caressé s'était évanoui. Loin de vouloir amener une reconnaissance entre les deux frères, elle redoutait plus une rencontre entre Étienne et Maximilien qu'entre Étienne et son père. Maximilien, qui ne croyait qu'au mal, eût craint qu'un jour Étienne ne redemandât ses droits méconnus, et l'aurait jeté dans la mer en lui mettant une pierre au cou. Jamais fils n'eut moins de respect que lui pour sa mère. Aussitôt qu'il avait pu raisonner, il s'était aperçu du peu d'estime que le duc avait pour sa femme. Si le vieux gouverneur conservait quelques formes dans ses manières avec la duchesse, Maximilien, peu contenu par son père, causait mille chagrins à sa mère. Aussi Bertrand veillait-il incessamment à ce que jamais Maximilien ne vît Étienne, de qui la naissance d'ailleurs était soigneusement cachée. Tous les gens du château haïssaient cordialement le marquis de Saint-Sever, nom que portait Maximilien, et ceux qui savaient l'existence de l'aîné le regardaient comme un vengeur que Dieu tenait en réserve. L'avenir d'Étienne était donc douteux ; peut-être serait-il persécuté par son frère ! La pauvre duchesse n'avait point de parents auxquels elle pût confier la vie et les intérêts de son enfant chéri ; Étienne n'accuserait-il pas sa mère, quand, sous la pourpre romaine, il voudrait être père comme elle avait été mère ? Ces pensées, sa vie mélancolique et pleine de douleurs secrètes, étaient comme une longue maladie tempérée par un doux régime. Son cœur exigeait les ménagements les plus habiles, et ceux qui l'entouraient étaient cruellement inexperts en douceurs. Quel cœur de mère n'eût pas été meurtri sans cesse en voyant le fils aîné, l'homme de tête et de cœur en qui se révélait un beau génie, dépouillé de ses droits ; tandis que le cadet, homme de sac et de corde, sans aucun talent, même militaire, était chargé de porter la couronne ducale et de perpétuer la famille. La maison d'Hérouville reniait sa gloire. Incapable de maudire, la douce Jeanne de Saint-Savin ne savait que bénir et pleurer ; mais elle levait souvent les yeux au ciel, pour lui demander compte de cet arrêt bizarre. Ses yeux s'emplissaient de larmes quand elle pensait qu'à sa mort son fils serait tout à fait orphelin et resterait en butte aux brutalités d'un frère sans foi ni loi. Tant de sensations réprimées, un premier amour inoublié, tant de douleurs incomprises, car elle taisait ses plus vives souffrances à son enfant chéri, ses joies toujours troublées, ses chagrins incessants, avaient affaibli les principes de la vie et développé chez elle une maladie de langueur qui, loin d'être atténuée, prit chaque jour une force nouvelle. Enfin, un dernier coup activa la consomption de la duchesse, elle essaya d'éclairer le duc sur l'éducation de Maximilien et fut rebutée ; elle ne put porter aucun remède aux détestables semences qui germaient dans l'âme de cet enfant. Elle entra dans une période de dépérissement si visible, que cette maladie nécessita la promotion de Beauvouloir au poste de médecin de la maison d'Hérouville et du gouvernement de Normandie. L'ancien rebouteur vint demeurer au château. Dans ce temps, ces places appartenaient à des savants qui y trouvaient les loisirs nécessaires à l'accomplissement de leurs travaux et les honoraires indispensables à leur vie studieuse. Beauvouloir souhaitait depuis quelque temps cette position, car son savoir et sa fortune lui avaient valu de nombreux et d'acharnés ennemis. Malgré la protection d'une grande famille à laquelle il avait rendu service dans une affaire dont il était question, il avait été récemment impliqué dans un procès criminel, et l'intervention du gouverneur de Normandie, sollicitée par la duchesse, arrêta seule les poursuites. Le duc n'eut pas à se repentir de l'éclatante protection qu'il accordait à l'ancien rebouteur : Beauvouloir sauva le marquis de Saint-Sever d'une maladie si dangereuse, que tout autre médecin eût échoué dans cette cure. Mais la blessure de la duchesse datait de trop loin pour qu'on pût la guérir, surtout quand elle était incessamment ravivée au logis. Lorsque les souffrances firent entrevoir une fin prochaine à cet ange que tant de douleurs préparaient à de meilleures destinées, la mort eut un véhicule dans les sombres prévisions de l'avenir.

— Que deviendra mon pauvre enfant sans moi ! était une pensée que chaque heure ramenait comme un flot amer.

Enfin, lorsqu'elle dut demeurer au lit, la duchesse inclina promptement vers la tombe ; car alors elle fut privée de son fils, à qui son chevet était interdit par le pacte à l'observation duquel il devait la vie. La douleur de l'enfant fut égale à celle de la mère. Inspiré par le génie particulier aux sentiments comprimés, Étienne se créa le plus mystique des langages pour pouvoir s'entretenir avec sa mère. Il étudia les ressources de sa voix comme eût fait la plus habile des cantatrices, et venait chanter d'une voix mélancolique sous les fenêtres de sa mère, quand, par un signe, Beauvouloir lui disait qu'elle était seule. Jadis, au maillot, il avait consolé sa mère par d'intelligents sourires ; devenu poëte, il la caressait par les plus suaves mélodies.

— Ces chants me font vivre ! disait la duchesse à Beauvouloir en aspirant l'air animé par la voix d'Étienne.

Enfin arriva le moment où devait commencer un long deuil pour l'enfant maudit. Déjà plusieurs fois il avait trouvé de mystérieuses correspondances entre ses émotions et les mouvements de l'Océan. La divination des pensées de la matière dont l'avait doué sa science occulte, rendait ce phénomène plus éloquent pour lui que pour tout autre. Pendant la fatale soirée où il allait voir sa mère pour la dernière fois, l'Océan fut agité par des mouvements qui lui parurent extraordinaires. C'était un remuement d'eaux qui montrait la mer travaillée intestinement ; elle s'enflait par de grosses vagues qui venaient expirer avec ces bruits lugubres et semblables aux hurlements des chiens en détresse. Étienne se surprit à se dire à lui-même : — Que me veut-elle? elle tressaille et se plaint comme une créature vivante ! Ma mère m'a souvent raconté que l'Océan était en proie à d'horribles convulsions pendant la nuit où je suis né. Que va-t-il m'arriver?

Cette pensée le fit rester debout à la fenêtre de sa chaumière, les yeux tantôt sur la croisée de la chambre de sa mère où tremblotait une lumière, tantôt sur l'Océan qui continuait à gémir. Tout à coup Beauvouloir frappa doucement, ouvrit, et montra sur sa figure assombrie le reflet d'un malheur.

— Monseigneur, dit-il, madame la duchesse est dans un si triste état qu'elle veut vous voir. Toutes les précautions sont prises pour qu'il ne vous advienne aucun mal au château ; mais il nous faut beaucoup de prudence, nous serons obligés de passer par la chambre de Monseigneur, là où vous êtes né.

Ces paroles firent venir des larmes aux yeux d'Étienne, qui s'écria : — L'Océan m'a parlé !

Il se laissa machinalement conduire vers la porte de la tour par où Bertrand était monté pendant la nuit où la duchesse avait accouché de l'enfant maudit. L'écuyer s'y trouvait une lanterne à la main. Étienne parvint à la grande bibliothèque du cardinal d'Hérouville, où il fut obligé de rester avec Beauvaloir pendant que Bertrand allait ouvrir les portes et reconnaître si l'enfant maudit pouvait passer sans danger. Le duc ne s'éveilla pas. En s'avançant à pas légers, Étienne et Beauvouloir n'entendaient dans cet immense château que la faible plainte de la mourante. Ainsi, les circonstances qui accompagnèrent la naissance d'Étienne se retrouvaient à la mort de sa mère. Même tempête, mêmes angoisses, même peur d'éveiller le géant sans pitié, qui cette fois dormait bien. Pour éviter tout malheur, l'écuyer prit Étienne dans ses bras et traversa la chambre de son redoutable maître, décidé à lui donner quelque prétexte tiré de l'état où se trouvait la duchesse, s'il était surpris. Étienne eut le cœur horriblement serré par la crainte qui animait ces deux fidèles serviteurs ; mais cette émotion le prépara pour ainsi dire au spectacle qui s'offrit à ses regards dans cette chambre seigneuriale où il revenait pour la première fois depuis le jour où la malédiction paternelle l'en avait banni. Sur ce grand lit que le bonheur n'approcha jamais, il chercha sa bien-aimée et ne la trouva pas sans peine, tant elle était maigrie. Blanche comme ses dentelles, n'ayant plus qu'un dernier souffle à exhaler, elle rassembla ses forces pour prendre les mains d'Étienne, et voulut lui donner toute son âme dans un long regard, comme autrefois Chaverny lui avait légué à elle toute sa vie dans un adieu. Beauvouloir et Bertrand, l'enfant et la mère, le duc endormi, se trouvaient encore réunis. Même lieu, même scène, mêmes acteurs; mais c'était la douleur funèbre au lieu des joies de la maternité, la nuit de la mort au lieu du jour de la vie. En ce moment, l'ouragan annoncé depuis le coucher du soleil par les lugubres hurlements de la mer, se déclara soudain.

— Chère fleur de ma vie, dit Jeanne de Saint-Savin en baisant son fils au front, tu fus détaché de mon sein au milieu d'une tempête, et c'est par une tempête que je me détache de toi. Entre ces deux orages tout me fut orage, hormis les heures où je t'ai vu. Voici ma dernière joie, elle se mêle à ma dernière douleur. Adieu mon unique amour, adieu belle image de deux âmes bientôt réunies, adieu ma seule joie, joie pure, adieu tout mon bien-aimé !

— Laisse-moi te suivre, dit Étienne qui s'était couché sur le lit de sa mère.

— Ce serait un meilleur destin! dit-elle en laissant couler deux larmes sur ses joues livides, car, comme autrefois, son regard parut lire dans l'avenir. — Personne ne l'a vu? demanda-t-elle à ses deux serviteurs. En ce moment le duc se remua dans son lit, tous tressaillirent. — Il y a du mélange jusque dans ma dernière joie ! dit la duchesse. Emmenez-le! emmenez-le!

— Ma mère, j'aime mieux te voir un moment de plus et mourir ! dit le pauvre enfant en s'évanouissant sur le lit.

A un signe de la duchesse, Bertrand prit Étienne dans ses bras, et le laissant voir une dernière fois à la mère qui le baisait par un dernier regard, il se mit en devoir de l'emporter, en attendant un nouvel ordre de la mourante.

— Aimez-le bien, dit-elle à l'écuyer et au rebouteur, car je ne lui vois pas d'autres protecteurs que vous et le ciel.

Avertie par un instinct qui ne trompe jamais les mères, elle s'était aperçue de la pitié profonde qu'inspirait à l'écuyer l'aîné de la maison puissante à laquelle il portait un sentiment de vénération comparable à celui des Juifs pour la Cité Sainte. Quant à Beauvouloir, le pacte entre la duchesse et lui s'était signé depuis longtemps. Ces deux serviteurs, émus de voir leur maîtresse forcée de leur léguer ce noble enfant, promirent par un geste sacré d'être la providence de leur jeune maître, et la mère eut foi en ce geste.

La duchesse mourut au matin, quelques heures après ; elle fut pleurée des derniers serviteurs qui, pour tout discours, dirent sur sa tombe qu'elle était une *gente femme tombée du paradis.*

Étienne fut en proie à la plus intense, à la plus durable des douleurs, douleur muette d'ailleurs. Il ne courut plus à travers les rochers, il ne se sentit plus la force de lire ni de chanter. Il demeura des journées entières accroupi dans le creux d'un roc, indifférent aux intempéries de l'air, immobile, attaché sur le granit, semblable à l'une des mousses qui y croissaient, pleurant bien rarement ; mais perdu dans une seule pensée, immense, infinie comme l'Océan ; et comme l'Océan, cette pensée prenait mille formes, devenait terrible, orageuse, calme. Ce fut plus qu'une douleur, ce fut une vie nouvelle, une irrévocable destinée faite à cette belle créature qui ne devait plus sourire. Il est des peines qui, semblables à du sang jeté dans une eau courante, teignent momentanément les flots ; l'onde, en se renouvelant, restaure la pureté de sa nappe ; mais, chez Étienne, la source même fut adultérée ; et chaque flot du temps lui apporta même dose de fiel.

Dans ses vieux jours, Bertrand avait conservé l'intendance des écuries, pour ne pas perdre l'habitude d'être une autorité dans la maison. Son logis se trouvait près de la maison où se retirait Étienne, en sorte qu'il était à portée de veiller sur lui avec la persistance d'affection et la simplicité rusée qui caractérisent les vieux soldats. Il dépouillait toute sa rudesse pour parler au pauvre enfant ; il allait doucement le prendre par les temps de pluie, et l'arrachait à sa rêverie pour le ramener au logis. Il mit de l'amour-propre à remplacer la duchesse de manière à ce que le fils trouvât, sinon le même amour, du moins les mêmes attentions. Cette pitié ressemblait à de la tendresse. Étienne supporta sans plainte ni résistance les soins du serviteur ; mais trop de liens étaient brisés entre l'enfant maudit et les autres créatures, pour qu'une vive affection pût renaître dans son cœur. Il se laissa machinalement protéger, car il devint une sorte de créature intermédiaire entre l'homme et la plante, ou peut-être entre l'homme et Dieu. A quoi comparer un être à qui les lois sociales, les faux sentiments du monde étaient inconnus, et qui conservait une ravissante innocence, en n'obéissant qu'à l'instinct de son cœur. Néanmoins, malgré sa sombre mélancolie, il sentit bientôt le besoin d'aimer, d'avoir une autre mère, une autre âme à lui ; mais séparé de la civilisation par une barrière d'airain, il était difficile qu'il rencontrât un être qui se fût fait fleur comme lui. A force de chercher un autre lui-même auquel il pût confier ses pensées et dont la vie pût devenir la sienne, il finit par sympathiser avec l'Océan. La mer devint pour lui un être animé, pensant. Toujours en présence de cette immense création dont les merveilles cachées contrastent si grandement avec celles de la terre, il y découvrit la raison de plusieurs mystères. Familiarisé dès le berceau avec l'infini de ces campagnes humides, la mer et le ciel lui racontèrent d'admirables poésies. Pour lui, tout était varié dans ce large tableau si monotone en apparence. Comme tous les hommes de qui l'âme domine le corps, il avait une vue perçante, et pouvait saisir à des distances énormes, avec une admirable facilité, sans fatigue, les nuances les plus fugitives de la lumière, les tremblements les plus éphémères de l'eau. Par un calme parfait, il trouvait encore des teintes multipliées à la mer qui, semblable à un visage de femme, avait alors une physionomie, des sourires, des idées, des caprices : là verte et sombre, ici riant dans son azur, tantôt unissant ses lignes brillantes avec les lueurs indécises de l'horizon, tantôt se balançant d'un air doux sous des nuages orangés. Il se rencontrait pour lui des fêtes magnifiques pompeusement célébrées au coucher du soleil, quand l'astre versait ses couleurs rouges sur les flots comme un manteau de pourpre. Pour lui la mer était gaie, vive, spirituelle au milieu du jour, lorsqu'elle frissonnait en répétant l'éclat de la lumière par ces mille facettes éblouissantes ; elle lui révélait d'étonnantes mélancolies, elle le faisait pleurer, lorsque, résignée, calme et triste, elle réfléchissait un ciel gris chargé de nuages. Il avait saisi les langages muets de cette immense création. Le flux et reflux était comme une respiration mélodieuse dont chaque soupir lui peignait un sentiment, il en comprenait le sens intime. Nul marin, nul savant n'aurait pu prédire mieux que lui la moindre colère de l'Océan, le plus léger changement de sa face. A la manière dont le flot venait mourir sur le rivage, il devinait les houles, les tempêtes, les grains, la force des marées. Quand la nuit étendait ses voiles vers le ciel, il voyait encore la mer sous les lueurs crépusculaires, et conversait avec elle ; il participait à sa féconde vie, il éprouvait en son âme une véritable tempête quand elle se courrouçait ; il respirait sa colère dans ses sifflements aigus, il courait avec les lames énormes qui se brisaient en mille franges liquides sur les rochers, il se sentait intrépide et terrible comme elle, et comme elle bondissait par des retours prodigieux ; il gardait ses silences mornes, il imitait ses clémences soudaines. Enfin, il avait épousé la mer, elle était sa confidente et son amie. Le matin, quand il venait sur ses rochers, en parcourant les sables fins et brillants de la grève, il reconnaissait l'esprit de l'Océan par un simple regard ; il en voyait soudain les paysages, et planait ainsi sur la grande face des eaux, comme un ange venu du ciel. Si de joyeuses, de lutines, de blanches vapeurs lui jetaient un réseau fin, comme un voile au front d'une fiancée, il en suivait les ondulations et les caprices avec une joie d'amant, aussi charmé de la trouver au matin coquette comme une femme qui se lève encore tout endormie, qu'un mari de revoir sa jeune épouse dans la beauté que lui a faite le plaisir. Sa pensée, mariée avec cette grande pensée divine, le consolait dans sa solitude, et les mille jets de son âme avaient peuplé son étroit désert de fantaisies sublimes. Enfin, il avait fini par deviner dans tous les mouvements de la mer sa liaison intime avec les rouages célestes, et il entrevit la nature dans son harmonieux ensemble, depuis le brin d'herbe jusqu'aux astres errants qui cherchent, comme des graines emportées par le vent, à se planter dans l'éther. Pur comme un ange, vierge des idées qui dégradent les hommes, naïf comme un enfant, il vivait comme une mouette, comme une fleur, prodigue seulement des trésors d'une imagination poétique, d'une science divine de laquelle il contemplait seul la féconde étendue. Incroyable mélange de deux créations ! tantôt il s'élevait jusqu'à Dieu par la prière, tantôt il redescendait, humble et résigné jusqu'au bonheur paisible de la brute. Pour lui, les étoiles étaient les fleurs de la nuit ; le soleil était un père ; les oiseaux étaient ses amis. Il plaçait partout l'âme de sa mère ; souvent il la voyait dans les nuages, il lui parlait, et ils communiquaient réellement par des visions célestes ; en certains jours, il entendait sa voix, il admirait son sourire, enfin il y avait des jours où il ne l'avait pas perdue ! Dieu semblait lui avoir donné la puissance des anciens solitaires, l'avoir doué de sens intérieurs perfectionnés qui pénétraient l'esprit des choses. Des forces morales inouïes lui permettaient d'aller plus avant que les autres hommes dans les secrets des œuvres immortelles. Ses regrets et sa douleur étaient comme des liens qui l'unissaient au monde des esprits ; il y allait, armé de son amour, pour y chercher sa mère, en réalisant ainsi par les sublimes accords de l'extase la symbolique entreprise d'Orphée. Il s'élançait dans l'avenir ou dans le ciel, comme de son rocher il volait sur l'Océan d'une ligne à l'autre de l'horison. Souvent aussi, quand il était tapi au fond d'un trou profond, capricieusement arrondi dans un fragment de granit, et dont l'entrée avait l'étroitesse d'un terrier ; quand, doucement éclairé par les chauds rayons du soleil qui passaient par des fissures et lui montraient les jolies mousses marines par lesquelles cette retraite était décorée, véritable nid de quelque oiseau de mer ; là, souvent, il était saisi d'un sommeil involontaire. Le soleil, son souverain, lui disait seul qu'il avait dormi en lui mesurant le temps pendant lequel avaient disparu pour lui ses paysages d'eau, ses sables dorés et ses coquillages. Il admirait à travers une lumière brillante comme celle des cieux, les villes immenses dont lui parlaient ses livres ; il allait regardant avec étonnement, mais sans envie, les cours, les rois, les batailles, les hommes, les monuments. Ce rêve en plein jour lui rendait toujours plus chères ses douces fleurs, ses nuages, son soleil, ses beaux rochers de granit. Pour le mieux attacher à sa vie solitaire, un ange semblait lui révéler les abîmes du monde moral, et les chocs terribles des civilisations. Il sentait que son âme, bientôt déchirée à travers ces océans d'hommes, périrait brisée comme une perle qui, à l'entrée royale d'une princesse, tombe de la coiffure dans la boue d'une rue.

COMMENT MOURUT LE FILS.

En 1617, vingt et quelques années après l'horrible nuit pendant laquelle Étienne fut mis au monde, le duc d'Hérouville, alors âgé de soixante-seize ans, vieux, cassé, presque mort, était assis au coucher du soleil dans un immense fauteuil, devant la fenêtre ogive de sa chambre à coucher, à la place où jadis la comtesse avait si vainement réclamé, par les sons du cor perdus dans les airs, le secours des hommes et du ciel. Vous eussiez dit d'un véritable débris de tombeau. Sa figure énergique, dépouillée de son aspect sinistre par la souffrance et par l'âge, avait une couleur blafarde en rapport avec les longues mèches de cheveux blancs qui tombaient autour de sa tête chauve, dont le crâne jaune semblait débile. La guerre et le fanatisme brillaient encore dans ses yeux jaunes, quoique tempérés par un sentiment religieux. La dévotion jetait une teinte monastique sur ce visage, jadis si dur et marqué maintenant de teintes qui en adoucissaient l'expression. Les reflets du couchant coloraient par une douce lueur rouge cette tête encore vigoureuse. Le corps affaibli, enveloppé de vêtements bruns, achevait, par sa pose lourde, par la privation de tout mouvement, de peindre l'existence monotone, le repos terrible de cet homme, autrefois si entreprenant, si haineux, si actif.

— Assez, dit-il à son chapelain.

Ce vieillard vénérable lisait l'Évangile en se tenant debout devant le maître dans une attitude respectueuse. Le duc, semblable à ces vieux lions de ménagerie qui arrivent à une décrépitude encore pleine de majesté, se tourna vers un autre homme en cheveux blancs, et lui tendit un bras décharné, couvert de poils rares, encore nerveux, mais sans vigueur.

— A vous, rebouteur, s'écria-t-il, voyez où j'en suis aujourd'hui.

— Tout va bien, monseigneur, et la fièvre a cessé. Vous vivrez encore de longues années.

— Je voudrais voir Maximilien ici, reprit le duc en laissant échapper un sourire d'aise. Ce brave enfant! il commande maintenant une compagnie d'arquebusiers chez le roi. Le maréchal d'Ancre a eu soin de mon gars, et notre gracieuse reine Marie pense à le bien apparenter, maintenant qu'il a été créé duc de Nivron. Mon nom sera donc dignement continué. Le gars a fait des prodiges de valeur à l'attaque...

En ce moment Bertrand arriva, tenant une lettre à la main.

— Qu'est ceci? dit vivement le vieux seigneur.

— Une dépêche apportée par un courrier que vous envoie le roi, répondit l'écuyer.

— Le roi et non la reine-mère! s'écria le duc. Que se passe-t-il donc? les Huguenots reprendraient-ils les armes, tête-dieu pleine de reliques! reprit le duc en se dressant et jetant un regard étincelant sur les trois vieillards. J'armerais encore mes soldats, et, avec Maximilien à mes côtés, la Normandie...

— Asseyez-vous, mon bon seigneur, dit le rebouteur inquiet de voir le duc se livrant à une bravade dangereuse chez un convalescent.

— Lisez, maître Corbineau, dit le vieillard en tendant la dépêche à son confesseur.

Ces quatre personnages formaient un tableau plein d'enseignements pour la vie humaine. L'écuyer, le prêtre et le médecin, blanchis par les années, tous trois debout devant leur maître assis dans son fauteuil, et ne se jetant l'un à l'autre que de pâles regards, traduisaient chacun l'une des idées qui finissent par s'emparer de l'homme au bord de la tombe. Fortement éclairés par un dernier rayon du soleil couchant, ces hommes silencieux composaient un tableau sublime de mélancolie et fertile en contrastes. Cette chambre sombre et solennelle, où rien n'était changé depuis vingt-cinq années, encadrait bien cette page poétique, pleine de passions éteintes, attristée par la mort, remplie par la religion.

— Le maréchal d'Ancre a été tué sur le pont du Louvre par ordre du roi, puis... Oh! mon Dieu...

— Achevez, cria le seigneur.

— Monseigneur le duc de Nivron...

— Eh! bien,

— Est mort!

Le duc pencha la tête sur sa poitrine, fit un grand soupir, et resta muet. A ce mot, à ce soupir, les trois vieillards se regardèrent. Il leur sembla que l'illustre et opulente maison d'Hérouville disparaissait devant eux comme un navire qui sombre.

— Le maître d'en haut, reprit le duc en lançant un terrible regard sur le ciel, se montre bien ingrat envers moi. Il ne se souvient pas des hauts faits que j'ai commis pour sa sainte cause!

— Dieu se venge, dit le prêtre d'une voix grave.

— Mettez cet homme au cachot, s'écria le seigneur.

— Vous pouvez me faire taire plus facilement que vous n'apaiserez votre conscience.

Le duc d'Hérouville redevint pensif.

— Ma maison périr! mon nom s'éteindre! Je veux me marier, avoir un fils! dit-il après une longue pause.

Quelque effrayante que fût l'expression du désespoir peint sur la face du duc d'Hérouville, le rebouteur ne put s'empêcher de sourire. En ce moment, un chant frais comme l'air du soir, aussi pur que le ciel, simple autant que la couleur de l'Océan, domina le murmure de la mer et s'éleva pour charmer la nature. La mélancolie de cette voix, la mélodie des paroles, répandirent dans l'âme comme un parfum. L'harmonie montait par nuages, remplissait les airs, versait du baume sur toutes douleurs, ou plutôt elle les consolait en les exprimant. La voix s'unissait au bruissement de l'onde avec une si rare perfection qu'elle semblait sortir du sein des flots. Ce chant fut plus doux pour ces vieillards que ne l'aurait été la plus tendre parole d'amour pour une jeune fille, il apportait tant de religieuses espérances qu'il résonna dans le cœur comme une voix partie du ciel.

— Qu'est ceci ? demanda le duc.

— Le petit rossignol chante, dit Bertrand, tout n'est pas perdu, ni pour lui, ni pour nous.

— Qu'appelez-vous un rossignol ?

— C'est le nom que nous avons donné au fils aîné de monseigneur, répondit Bertrand.

— Mon fils, s'écria le vieillard. J'ai donc un fils, enfin quelque chose qui porte mon nom et qui peut le perpétuer.

Il se dressa sur ses pieds, et se mit à marcher dans sa chambre d'un pas tour à tour lent et précipité ; puis il fit un geste de commandement et renvoya ses gens, à l'exception du prêtre.

Le lendemain matin, le duc appuyé sur son vieil écuyer allait le long de la grève, à travers les rochers cherchant le fils que jadis il avait maudit ; il l'aperçut de loin, tapi dans une crevasse de granit, nonchalamment étendu au soleil, la tête posée sur une touffe d'herbes fines, les pieds gracieusement ramassés sous le corps. Étienne ressemblait à une hirondelle en repos. Aussitôt que le grand vieillard se montra sur le bord de la mer, et que le bruit de ses pas assourdi par le sable résonna faiblement en se mêlant à la voix des flots, Étienne tourna la tête, jeta un cri d'oiseau surpris, et disparut dans le granit même, comme une souris qui rentre si lestement dans son trou que l'on finit par douter de l'avoir aperçue.

— Hé ! tête-dieu pleine de reliques, où s'est-il donc fourré ? s'écria le seigneur en arrivant au rocher sur lequel son fils était accroupi.

— Il est là, dit Bertrand en montrant une fente étroite dont les bords avaient été polis, usés par l'assaut répété des hautes marées.

— Étienne, mon fils bien-aimé ! s'écria le vieillard.

L'enfant maudit ne répondit pas. Pendant une partie de la matinée, le vieux duc supplia, menaça, gronda, implora tour à tour, sans pouvoir obtenir de réponse. Parfois il se taisait, appliquait l'oreille à la crevasse, et tout ce que son ouïe faible lui permettait d'entendre était le sourd battement du cœur d'Étienne, dont les pulsations précipitées retentissaient sous la voûte sonore.

— Il vit au moins, celui-là, dit le vieillard d'un son de voix déchirant.

Au milieu du jour, le père au désespoir eut recours à la prière.

— Étienne, lui disait-il, mon cher Étienne, Dieu m'a puni de t'avoir méconnu ! Il m'a privé de ton frère ! Aujourd'hui, tu es mon seul et unique enfant. Je t'aime plus que je m'aime moi-même. J'ai reconnu mon erreur, je sais que tu as véritablement dans tes veines mon sang ou celui de ta mère dont le malheur a été mon ouvrage. Viens, je tâcherai de te faire oublier mes torts en te chérissant pour tout ce que j'ai perdu. Étienne, tu es déjà duc de Nivron, et tu seras après moi duc d'Hérouville, pair de France, chevalier des Ordres et de la Toison-d'Or, capitaine de cent hommes d'armes, grand-bailli de Bessin, gouverneur de Normandie pour le roi, seigneur de vingt-sept domaines où se comptent soixante-neuf clochers, marquis de Saint-Sever. Tu auras pour femme la fille d'un prince. Tu seras le chef de la maison d'Hérouville. Veux-tu donc me faire mourir de chagrin? Viens, viens ! ou je reste agenouillé là, devant ta retraite, jusqu'à ce que je t'aie vu. Ton vieux père te prie, et s'humilie devant son enfant comme si c'était Dieu lui-même.

L'enfant maudit n'entendit pas ce langage hérissé d'idées sociales, de vanités qu'il ne comprenait point, et retrouvait dans son âme des impressions de terreur invincibles. Il resta muet, livré à d'affreuses angoisses. Sur le soir, le vieux seigneur, après avoir épuisé toutes les formules de langage, toutes les ressources de la prière et les accents du repentir, fut frappé d'une sorte de contrition religieuse. Il s'agenouilla sur le sable, et fit ce vœu :

— Je jure d'élever une chapelle à saint Jean et à saint Étienne, patrons de ma femme et de mon fils, d'y fonder cent messes en l'honneur de la Vierge, si Dieu et les saints me rendent l'affection de monsieur le duc de Nivron, mon fils, ici présent !

Il demeura dans une humilité profonde, agenouillé, les mains jointes, et pria. Mais ne voyant pas paraître son enfant, l'espoir de son nom, de grosses larmes sortirent de ses yeux si longtemps secs, et roulèrent le long de ses joues flétries. En ce moment, Étienne, qui n'entendait plus rien, se coula sur le bord de sa grotte comme une jeune couleuvre affamée de soleil, il vit les lar-

mes de ce vieillard abattu, reconnut le langage de la douleur, saisit la main de son père, et l'embrassa en disant d'une voix d'ange :
— O ma mère, pardonne!

Dans la fièvre du bonheur, le gouverneur de Normandie emporta dans ses bras son chétif héritier qui tremblait comme une fille enlevée; et le sentant palpiter, il s'efforça de le rassurer en le baisant avec les précautions qu'il aurait prises pour manier une fleur, il trouva pour lui de douces paroles qu'il n'avait jamais su prononcer.

— Vrai Dieu, tu ressembles à ma pauvre Jeanne, cher enfant! lui disait-il. Instruis-moi de tout ce qui te plaira, je te donnerai tout ce que tu désireras. Sois bien fort! porte-toi bien! Je t'apprendrai à monter à cheval sur une jument douce et gentille comme tu es doux et gentil. Rien ne te contrariera. Tête-dieu pleine de reliques! autour de toi tout pliera comme des roseaux sous le vent. Je vais te donner ici un pouvoir sans bornes. Moi-même je t'obéirai comme au Dieu de la famille.

Le père entra bientôt avec son fils dans la chambre seigneuriale où s'était écoulée la triste vie de la mère. Étienne alla soudain s'appuyer près de cette croisée où il avait commencé de vivre, d'où sa mère lui faisait des signaux pour lui annoncer le départ de son persécuteur qui maintenant, sans qu'il sût encore pourquoi, devenait son esclave et ressemblait à ces gigantesques créatures que le pouvoir d'une fée mettait aux ordres d'un jeune prince. Cette fée était la Féodalité. En revoyant la chambre mélancolique où ses yeux s'étaient habitués à contempler l'Océan, des pleurs vinrent aux yeux d'Étienne; les souvenirs de son long malheur mêlés aux mélodieuses souvenances des plaisirs qu'il avait goûtés dans le seul amour qui lui fût permis, l'amour maternel, tout fondit à la fois sur son cœur et y développa comme un poëme à la fois délicieux et terrible. Les émotions de cet enfant habitué à vivre dans les contemplations de l'extase, comme d'autres se livrent aux agitations du monde, ne ressemblaient à aucune des émotions habituelles aux hommes.

— Vivra-t-il? dit le vieillard étonné de la faiblesse de son héritier sur lequel il se surprit à retenir son souffle.

— Je ne pourrai vivre qu'ici, répondit simplement Étienne qui l'avait entendu.

— Hé! bien, cette chambre sera la tienne, mon enfant.

— Qu'y a-t-il? dit le jeune d'Hérouville en entendant des commensaux du château qui arrivaient dans la salle des gardes où le duc les avait convoqués tous pour leur présenter son fils, en ne doutant pas du succès.

— Viens, lui répondit son père en le prenant par la main et l'amenant dans la grande salle.

A cette époque un duc et pair, possessionné comme l'était le duc d'Hérouville, ayant ses charges et ses gouvernements, menait en France le train d'un prince; les cadets de famille ne répugnaient pas à le servir; il avait une maison et des officiers : le premier lieutenant de sa compagnie d'ordonnance était chez lui ce que sont aujourd'hui les aides de camp chez un maréchal. Quelques années plus tard, le cardinal de Richelieu eut des gardes du corps. Plusieurs princes alliés à la maison royale, les Guise, les Condé, les Nevers, les Vendôme avaient des pages pris parmi les enfants des meilleures maisons, dernière coutume de la chevalerie éteinte. Sa fortune et l'ancienneté de sa race normande indiquée par son nom (*herus villa*, maison du chef), avaient permis au duc d'Hérouville d'imiter la magnificence des gens qui lui étaient inférieurs, tels que les d'Épernon, les Luynes, les Balagny, les d'O, les Zamet, regardés en ce temps comme des parvenus, et qui néanmoins vivaient en princes. Ce fut donc un spectacle imposant pour le pauvre Étienne que de voir l'assemblée des gens attachés au service de son père. Le duc monta sur une chaise placée sous un de ces *solium* ou dais en bois sculpté garni d'une estrade élevée de quelques marches, d'où, dans quelques provinces, certains seigneurs rendaient encore des arrêts dans leurs châtellenies, rares vestiges de féodalité qui disparurent sous le règne de Richelieu. Ces espèces de trônes, semblables aux bancs d'œuvre dans les églises, sont devenus des objets de curiosité. Quand Étienne se trouva là, près de son vieux père, il frissonna de se voir le point de mire de tous les yeux.

— Ne tremble pas, lui dit le duc en abaissant sa tête chauve jusqu'à l'oreille de son fils, car tout ça, c'est nos gens.

A travers les ténèbres à demi lumineuses produites par le soleil couchant dont les rayons rougissaient les croisées de cette salle, Étienne apercevait le bailli, les capitaines et les lieutenants en armes, accompagnés de quelques soldats, les écuyers, le chapelain, les secrétaires, le médecin, le majordome, les huissiers, l'intendant, les piqueurs, les gardes-chasse, toute la livrée et les valets. Quoique ce monde se tînt dans une attitude respectueuse commandée par la terreur qu'inspirait le vieillard aux gens les plus considérables qui vivaient sous son commandement et dans sa province, il se faisait un bruit sourd produit par une curieuse attente. Ce bruit serra le cœur d'Étienne qui, pour la première fois, éprouvait l'influence de la lourde atmosphère d'une salle où respirait une assemblée nombreuse ; ses sens habitués à l'air pur et sain de la mer, furent offensés avec une promptitude qui indiquait la perfection de ses organes. Une horrible palpitation, due à quelque vice dans l'organisation de son cœur, l'agita de ses coups précipités, quand son père, obligé de se montrer comme un vieux lion majestueux, prononça, d'une voix solennelle, le petit discours suivant : — Mes amis, voici mon fils Étienne, mon premier-né, mon héritier présomptif, le duc de Nivron, à qui le roi confirmera sans doute les charges de défunt son frère ; je vous le présente afin que vous le reconnaissiez et que vous lui obéissiez comme à moi-même. Je vous préviens que si l'un de vous, ou si quelqu'un dans la province dont j'ai le gouvernement, déplaisait au jeune duc ou le heurtait en quoi que ce soit, il vaudrait mieux, cela étant et moi le sachant, que ce quelqu'un ne fût jamais sorti du ventre de sa mère. Vous avez entendu ? retournez tous à vos affaires, et que Dieu vous conduise. Les obsèques de Maximilien d'Hérouville se feront ici, lorsque son corps y sera rapporté. La maison prendra le deuil dans huit jours. Plus tard, nous fêterons l'avénement de mon fils Étienne.

— Vive monseigneur ! vivent les d'Hérouville ! fut crié de manière à faire mugir le château.

Les valets apportèrent des flambeaux pour éclairer la salle. Ce hourra, cette lumière et les sensations que donna à Étienne le discours de son père, jointes à celles qu'il avait éprouvées déjà, lui causèrent une défaillance complète, il tomba sur le fauteuil en laissant sa main de femme dans la large main de son père. Quand le duc, qui avait fait signe au lieutenant de sa compagnie d'approcher, lui dit : — Eh ! bien ! baron d'Artagnon, je suis heureux de pouvoir réparer ma perte, venez voir mon fils ! il sentit dans sa main une main froide, regarda le nouveau duc de Nivron, le crut mort, et jeta un cri de terreur qui épouvanta l'assemblée.

Beauvouloir ouvrit l'estrade, prit le jeune homme dans ses bras, et l'emmena en disant à son maître : — Vous l'avez tué en ne le préparant pas à cette cérémonie.

— Il ne pourra donc pas avoir d'enfant, s'il en est ainsi ? s'écria le duc qui suivit Beauvouloir dans la chambre seigneuriale où le médecin alla coucher le jeune héritier.

— Eh ! bien, maître ? demanda le père avec anxiété.

— Ce ne sera rien, répondit le vieux serviteur en montrant à son seigneur Étienne ranimé par un cordial dont il lui avait donné quelques gouttes sur un morceau de sucre, nouvelle et précieuse substance que les apothicaires vendaient au poids de l'or.

— Prends, vieux coquin, dit le vieux seigneur, en tendant sa bourse à Beauvouloir, et soigne-le comme le fils d'un roi. S'il mourait par ta faute, je te brûlerais moi-même sur un gril.

— Si vous continuez à vous montrer violent, le duc de Nivron mourra par votre fait, dit brutalement le médecin à son maître, laissez-le, il va s'endormir.

— Bonsoir, mon amour, dit le vieillard, en baisant son fils au front.

— Bonsoir, mon père, reprit le jeune homme dont la voix fit tressaillir le duc qui pour la première fois s'entendait donner par Étienne le nom de père.

Le duc prit Beauvouloir par le bras l'emmena dans la salle voisine, et le poussa dans l'embrasure d'une croisée en lui disant :
— Ha ! çà, vieux coquin, à nous deux ?

Ce mot, qui était la gracieuseté favorite du duc, fit sourire le médecin, qui depuis longtemps avait quitté ses rebouteries.

— Tu sais, dit le duc en continuant, que je ne te veux pas de mal. Tu as deux fois accouché ma pauvre Jeanne, tu as guéri mon fils Maximilien d'une maladie, enfin tu fais partie de ma maison. Pauvre enfant ! je le vengerai, je me charge de celui qui me l'a tué ! Tout l'avenir de la maison d'Hérouville est donc entre tes mains. Je veux marier cet enfant-là sans tarder. Toi seul peux savoir s'il y a chance de trouver en cet avorton de l'étoffe à faire des d'Hérouville... Tu m'entends. Que crois-tu ?

— Sa vie, au bord de la mer, a été si chaste et si pure, que la nature est plus drue chez lui qu'elle ne l'aurait été s'il eût vécu dans votre monde. Mais un corps si délicat est le très-humble serviteur de l'âme. Monseigneur Étienne doit choisir lui-même sa femme, car tout en lui sera l'ouvrage de la nature, et non celui de vos vouloirs. Il aimera naïvement, et fera, par désir de cœur, ce que vous souhaitez qu'il fasse pour votre nom. Donnez à votre fils une grande dame qui soit comme une haquenée, il ira se cacher dans ses rochers; bien plus! si quelque vive terreur le tuerait à coup sûr, je crois qu'un bonheur trop subit le foudroierait également. Pour éviter ce malheur, m'est avis de laisser Étienne s'engager de lui-même, et à son aise, dans la voie des amours. Écoutez, monseigneur, quoique vous soyez un grand et puissant prince, vous n'entendez rien à ces sortes de choses. Accordez-moi votre confiance entière, sans bornes, et vous aurez un petit-fils.

— Si j'obtiens un petit-fils par quelque sortilège que ce soit, je te fais anoblir. Oui, quoique ce soit difficile, de vieux coquin tu deviendras un galant homme, tu seras, Beauvouloir, baron de Forcalier. Emploie le vert et le sec, la magie blanche et noire, les neuvaines à l'Église et les rendez-vous au sabbat, pourvu que j'aie une lignée mâle, tout sera bien.

— Je sais, dit Beauvouloir, un chapitre de sorciers capable de tout gâter; ce sabbat n'est autre que vous-même, monseigneur. Je vous connais. Vous désirez une lignée à tout prix aujourd'hui; demain vous voudrez déterminer les conditions dans lesquelles doit venir cette lignée, et vous tourmenterez votre fils.

— Dieu m'en garde !

— Eh ! bien, allez à la cour, où la mort du maréchal et l'émancipation du roi doit avoir mis tout sens dessus dessous, et où vous avez affaire, ne fût-ce que pour vous faire donner le bâton de maréchal qu'on vous a promis. Laissez-moi gouverner monseigneur Étienne. Mais engagez-moi votre parole de gentilhomme de m'approuver en quoi que je fasse.

Le duc frappa dans la main du vieillard en signe d'une entière adhésion, et se retira dans son appartement.

Quand les jours d'un haut et puissant seigneur sont comptés, le médecin est un personnage important au logis. Aussi, ne faut-il pas s'étonner de voir un ancien rebouteur devenu si familier avec le duc d'Hérouville. A part les liens illégitimes par lesquels son mariage l'avait rattaché à cette grande maison, et qui militaient en sa faveur, le duc avait si souvent éprouvé le grand sens du savant, qu'il en avait fait l'un de ses conseillers favoris. Beauvouloir était le Coyctier de ce Louis XI. Mais, de quelque prix que fût sa science, le médecin n'avait pas, sur le gouverneur de Normandie, en qui respirait toujours la férocité des guerres religieuses, autant d'influence que la féodalité. Aussi, le serviteur avait-il deviné que les préjugés du noble nuisaient aux vœux du père. En grand médecin qu'il était, Beauvouloir comprit que, chez un être délicatement organisé comme Étienne, le mariage devait être une lente et douce inspiration qui lui communiquât de nouvelles forces en l'animant du feu de l'amour. Comme il l'avait dit, imposer une femme à Étienne, c'était le tuer. On devait éviter surtout que ce jeune solitaire s'effrayât du mariage dont il ne savait rien, et qu'il connût le but dont se préoccupait son père. Ce poëte inconnu n'admettait que la noble et belle passion de Pétrarque pour Laure, de Dante pour Béatrix. Comme sa mère, il était tout amour pur, et tout âme; on devait lui donner l'occasion d'aimer, attendre l'événement et non le commander; un ordre aurait tari en lui les sources de la vie.

Maître Antoine Beauvouloir était père, il avait une fille élevée dans des conditions qui en faisaient la femme d'Étienne. Il était si difficile de prévoir les événements qui rendraient un enfant destiné par son père au cardinalat, l'héritier présomptif de la maison d'Hérouville, que Beauvouloir n'avait jamais remarqué la ressemblance des destinées d'Étienne et de Gabrielle. Ce fut une idée subite inspirée par son dévouement à ces deux êtres plutôt que par son ambition. Malgré son habileté, sa femme était morte en couches en lui donnant une fille, dont la santé fut si faible, qu'il pensa que la mère avait dû léguer à son fruit des germes de mort. Beauvouloir aima sa Gabrielle comme tous les vieillards aiment leur unique enfant. Sa science et ses soins constants prêtèrent une vie factice à cette frêle créature, qu'il cultiva comme un fleuriste cultive une plante étrangère. Il l'avait soustraite à tous les regards dans son domaine de Forcalier, où elle fut protégée contre les malheurs du temps par la bienveillance générale qui s'était attachée à un homme auquel chacun devait un cierge, et dont le pouvoir scientifique inspirait une sorte de terreur respectueuse. En s'attachant à la maison d'Hérouville, il avait augmenté les immunités dont il jouissait dans la province, et déjoué les poursuites de ses ennemis par sa position formidable auprès du gouverneur; mais il s'était bien gardé, en venant au château, d'y amener la fleur qu'il tenait enfouie à Forcalier, domaine plus important par les terres qui en dépendaient que par l'habitation, et sur lequel il comptait pour trouver à sa fille un établissement conforme à ses vues. En promettant au vieux duc une postérité, en lui demandant sa parole d'approuver sa conduite, il pensa soudain à Gabrielle, à cette douce enfant, dont la mère avait été oubliée par le duc, comme il avait oublié son fils Étienne. Il attendit le départ de son maître avant de mettr son plan à exécution, en prévoyant que si le duc en avait connaissance, les énormes difficultés qui pourraient être levées à la faveur d'un résultat favorable, seraient dès l'abord insurmontables.

La maison de maître Beauvouloir était exposée au midi, sur le penchant d'une de ces douces collines qui cerclent les vallées de Normandie ; un bois épais l'enveloppait au nord ; des murs élevés et des haies normandes à fossés profonds, y faisaient une impénétrable enceinte. Le jardin descendait, en pente molle, jusqu'à la rivière qui arrosait les herbages de la vallée, et à laquelle le haut talus d'une double haie formait en cet endroit un quai naturel. Dans cette haie tournait une secrète allée, dessinée par les sinuosités des eaux, et que les saules, les hêtres, les chênes rendaient touffue comme un sentier de forêts. Depuis la maison jusqu'à ce rempart, s'étendaient les masses de la verdure particulière à ce riche pays, belle nappe ombragée par une lisière d'arbres rares, dont les nuances composaient une tapisserie heureusement colorée : là, les teintes argentées d'un pin se détachaient de dessus le vert foncé de quelques aulnes ; ici, devant un groupe de vieux chênes, un svelte peuplier élançait sa palme, toujours agitée ; plus loin, des saules pleureurs penchaient leurs feuilles pâles entre de gros noyers à tête ronde. Cette lisière permettait de descendre, à toute heure, de la maison vers la haie, sans avoir à craindre les rayons du soleil. La façade, devant laquelle se déroulait le ruban jaune d'une terrasse sablée, était ombrée par une galerie de bois autour de laquelle s'entortillaient des plantes grimpantes qui, dans le mois de mai, jetaient leurs fleurs jusqu'aux croisées du premier étage. Sans être vaste, ce jardin semblait immense par la manière dont il était percé ; et ses points de vue, habilement ménagés dans les hauteurs du terrain, se mariaient à ceux de la vallée où l'œil se promenait librement. Selon les instincts de sa pensée, Gabrielle pouvait, ou rentrer dans la solitude d'un étroit espace sans y apercevoir autre chose qu'un épais gazon et le bleu du ciel entre les cimes des arbres, ou planer sur les plus riches perspectives en suivant les nuances des lignes vertes, depuis leurs premiers plans si éclatants, jusqu'aux fonds purs de l'horizon où elles se perdaient, tantôt dans l'océan bleu de l'air, tantôt dans les montagnes de nuages qui y flottaient.

Soignée par sa grand'mère, servie par sa nourrice, Gabrielle Beauvouloir ne sortait de cette modeste maison que pour se rendre à la paroisse, dont le clocher se voyait au faîte de la colline, et où l'accompagnaient toujours son aïeule, sa nourrice et le valet de son père. Elle était donc arrivée à l'âge de dix-sept ans dans la suave igorance que la rareté des livres permettait à une fille de conserver sans qu'elle parût extraordinaire en un temps où les femmes instruites étaient de rares phénomènes. Cette maison avait été comme un couvent, plus la liberté, moins la prière ordonnée, et où elle avait vécu sous les yeux d'une vieille femme pieuse, sous la protection de son père, le seul homme qu'elle eût jamais vu. Cette solitude profonde, exigée dès sa naissance par la faiblesse apparente de sa constitution, avait été soigneusement entretenue par Beauvouloir. A mesure que Gabrielle grandissait, les soins qui lui étaient prodigués, l'influence d'un air pur avaient à la vérité fortifié sa jeunesse frêle. Néanmoins le savant médecin ne pouvait se tromper en voyant les teintes nacrées qui entouraient les yeux de sa fille s'attendrir, se brunir, s'enflammer suivant ses émotions : la débilité du corps et la force de l'âme se signaient là par des indices que sa longue pratique lui permettait de reconnaître ; puis, la céleste beauté de Gabrielle lui avait fait redouter les entreprises si communes par un temps de violence et de sédition. Mille raisons avaient donc conseillé à ce bon père d'épaissir l'ombre et d'agrandir la solitude autour de sa fille dont l'excessive sensibilité l'effrayait, une passion, un rapt, un assaut quelconque la lui aurait blessée à mort. Quoique sa fille encourût rarement des reproches, un mot de réprimande la bouleversait; elle le gardait au fond du cœur où il pénétrait et engendrait une mélancolie méditative ; elle allait pleurer, et pleurait longtemps. Chez Gabrielle, l'éducation morale n'avait donc pas voulu moins de soins que l'éducation physique. Le vieux médecin avait dû renoncer à conter à sa fille les histoires qui charment les enfants, elle en recevait de trop vives impressions. Aussi, cet homme, qu'une longue pratique avait rendu si savant, s'était-il empressé de développer le corps de sa fille afin d'amortir les coups qu'y portait une âme aussi vigoureuse. Comme Gabrielle était toute sa vie, son amour, sa seule héritière, il n'avait jamais hésité à se procurer les choses dont le concours devait amener le résultat souhaité. Il écarta soigneusement les livres, les tableaux, la musique, toutes les créations des arts qui pouvaient réveiller la pensée. Aidé par sa mère, il intéressait Gabrielle à des ouvrages manuels. La tapisserie, la couture, la dentelle, la culture des fleurs, les soins du ménage, la récolte des fruits, enfin les plus matérielles occupations de la vie étaient données en pâture à l'esprit de cette charmante enfant; Beauvouloir lui apportait de beaux rouets, des bahuts bien travaillés, de riches tapis, de la poterie de Bernard de Palissy, des tables, des prie-Dieu, des chaises sculptées et garnies d'étoffes précieuses, du linge ouvré, des bijoux. Avec l'instinct que donne la paternité, le vieillard choisissait toujours ses cadeaux parmi les œuvres dont les ornements appartenaient à ce genre fantasque nommé arabesque, et qui ne parlant ni aux sens ni à l'âme, s'adressent seulement à l'esprit par les créations de la fantaisie pure. Ainsi, chose étrange! la vie que la haine d'un père avait commandée à Étienne d'Hérouville, l'amour paternel avait dit à Beauvouloir de l'imposer à Gabrielle. Chez l'un et l'autre de ces deux enfants, l'âme devait tuer le corps; et sans une profonde solitude, ordonnée par le hasard chez l'un, voulue par la science chez l'autre, tous deux pouvaient succomber, celui-ci à la terreur, celle-là sous le poids d'une trop vive émotion d'amour. Mais, hélas! au lieu de naître dans un pays de landes et de bruyères, au sein d'une nature sèche aux formes arrêtées et dures, que tous les grands peintres ont donnée comme fonds à leurs vierges, Gabrielle vivait au fond d'une grasse et plantureuse vallée. Beauvouloir n'avait pu détruire l'harmonieuse disposition des bosquets naturels, le gracieux agencement des corbeilles de fleurs, la fraîche mollesse du tapis vert, l'amour exprimé par les entrelacements des plantes grimpantes. Ces vivaces poésies avaient leur langage, plutôt entendu que compris de Gabrielle qui se laissait aller à de confuses rêveries sous les ombrages; à travers les idées nuageuses que lui suggéraient ses admirations sous un beau ciel, et ses longues études de ce paysage observé dans tous les aspects qu'y imprimaient les saisons et les variations d'une atmosphère marine où viennent mourir les brumes de l'Angleterre, où commencent les clartés de la France, il s'élevait dans son esprit une lointaine lumière, une aurore qui perçait les ténèbres dans lesquelles la maintenait son père.

Beauvouloir n'avait pas soustrait non plus Gabrielle à l'influence de l'amour divin, elle joignait à l'admiration de la nature l'adoration du Créateur ; elle s'était élancée dans la première voie ouverte aux sentiments féminins : elle aimait Dieu, elle aimait Jésus, la Vierge et les saints, elle aimait l'Église et ses pompes ; elle était catholique à la manière de sainte Thérèse qui voyait dans Jésus un infaillible époux, un continuel mariage. Mais Gabrielle se livrait à cette passion des âmes fortes avec une simplicité si touchante, qu'elle aurait désarmé la séduction la plus brutale par l'enfantine naïveté de son langage.

Où cette vie d'innocence conduisait-elle Gabrielle ? Comment instruire une intelligence aussi pure que l'eau d'un lac tranquille qui n'aurait encore réfléchi que l'azur des cieux ? Quelles images dessiner sur cette toile blanche ? Autour de quel arbre tourner les clochettes de neiges épanouies sur ce liseron ? Jamais le père ne s'était fait ces questions sans éprouver un frisson intérieur. En ce moment, le bon vieux savant cheminait lentement sur sa mule, comme s'il eût voulu rendre éternelle la route qui menait du château d'Hérouville à Ourscamp, nom du village auprès duquel se trouvait son domaine de Forcalier. L'amour infini qu'il portait à sa fille lui avait fait concevoir un si hardi projet ! un seul être au monde pouvait la rendre heureuse, et cet homme était Étienne. Certes, le fils angélique de Jeanne de Saint-Savin et la candide fille de Gertrude Marana étaient deux créations jumelles. Toute autre femme que Gabrielle devait effrayer et tuer l'héritier présomptif de la maison d'Hérouville ; de même qu'il semblait à Beauvouloir que Gabrielle devait périr par le fait de tout homme de qui les sentiments et les formes extérieures n'auraient pas la virginale délicatesse d'Étienne. Certes le pauvre médecin n'y avait jamais songé, le hasard s'était complu à ce rapprochement, et l'ordonnait. Mais, sous le règne de Louis XIII, oser amener le duc d'Hérouville a marier son fils unique à la fille d'un rebouteur normand ! Et cependant de ce mariage seulement pouvait résulter cette lignée que voulait impérieusement le vieux duc. La nature avait destiné ces deux beaux êtres l'un à l'autre, Dieu les avait rapprochés par une incroyable disposition d'événements, tandis que les idées humaines, les lois mettaient entre eux des abîmes infranchissables. Quoique le vieillard crût voir en ceci le doigt de Dieu, et malgré la parole qu'il avait surprise au duc, il fut saisi par de telles appréhensions en pensant aux violences de ce caractère indompté, qu'il revint sur ses pas au moment où, parvenu sur le haut de la colline opposée à celle d'Ourscamp, il aperçut la fumée qui s'élevait de son toit entre les arbres de son enclos. Il fut décidé par son illégitime parenté, considération qui pouvait influer sur l'esprit de son maître. Puis une fois décidé, Beauvouloir eut confiance dans les hasards de la vie, il se pourrait que le duc mourût avant le mariage ; et d'ailleurs il compta sur les exemples : une paysanne du Dauphiné, Françoise Mignot, venait d'épouser le maréchal de l'Hôpital ; le fils du connétable Anne de Montmorency avait épousé Diane, la fille de Henri II et d'une dame piémontaise nommée Philippe Duc.

Pendant cette délibération, où l'amour paternel estimait toutes les probabilités, discutait les bonnes comme les mauvaises chances, et tâchait d'entrevoir l'avenir en en pesant les éléments, Gabrielle se promenait dans le jardin où elle choisissait des fleurs pour garnir les vases de l'illustre potier qui fit avec l'émail ce que Benvenuto Cellini avait fait avec les métaux. Gabrielle avait mis ce vase, orné d'animaux en relief, sur une table, au milieu de la salle, et le remplissait de fleurs pour égayer sa grand'mère, et peut-être aussi pour donner une forme à ses propres pensées. Le grand vase de faïence, dite de Limoges, était plein, achevé, posé sur le riche tapis de la table, et Gabrielle disait à sa grand'mère : — « Regardez donc ! » quand Beauvouloir entra. La fille courut se jeter dans les bras du père. Après les premières effusions de tendresse, Gabrielle voulut que le vieillard admirât le bouquet ; mais après l'avoir regardé, Beauvouloir plongea sur sa fille un regard profond qui la fit rougir.

— Il est temps, se dit-il en comprenant le langage de ces fleurs dont chacune avait été sans doute étudiée et dans sa forme et dans sa couleur, tant chacune était bien mise à sa place, où elle produisait un effet magique dans le bouquet.

Gabrielle resta debout, sans penser à la fleur commencée sur son métier. A l'aspect de sa fille, une larme roula dans les yeux de Beauvouloir, sillonna ses joues qui contractaient encore difficilement une expression sérieuse, et tomba sur sa chemise que, selon la mode du temps, son pourpoint ouvert sur le ventre laissait voir au-dessus de son haut-de-chausses. Il jeta son feutre orné d'une vieille plume rouge, pour pouvoir faire avec sa main le tour de sa tête pelée. En contemplant de nouveau sa fille qui, sous les solives brunes de cette salle tapissée de cuir, ornée de meubles en ébène, de portières en grosses étoffes de soie, parée de sa haute cheminée, et qu'éclairait un jour doux, était encore bien à lui, le pauvre père sentit des larmes dans ses yeux et les essuya. Un père qui aime son enfant voudrait le garder toujours petit; quant à celui qui peut voir, sans une profonde douleur, sa fille passant sous la domination d'un homme, il ne remonte pas vers les mondes supérieurs, il redescend dans les espaces infimes.

— Qu'avez-vous, mon fils? dit la vieille mère en ôtant ses lunettes et cherchant dans l'attitude ordinairement joyeuse du bonhomme le sujet du silence qui la surprenait.

Le vieux médecin montra du doigt sa fille à l'aïeule qui hocha la tête par un signe de satisfaction, comme pour dire : Elle est bien mignonne !

Qui n'eût pas éprouvé l'émotion de Beauvouloir en voyant la jeune fille comme la dessinait l'habillement de l'époque et le jour frais de la Normandie. Gabrielle portait ce corset en pointe par devant et carré par derrière que les peintres italiens ont presque tous donné à leurs saintes et à leurs madones. Cet élégant corselet en velours bleu de ciel, aussi joli que celui d'une demoiselle des eaux, enveloppait le corsage comme une guimpe, en le comprimant de manière à modeler finement les formes qu'il semblait aplatir; il moulait les épaules, le dos, la taille avec la netteté d'un dessin fait par le plus habile artiste, et se terminait autour du cou par une oblongue échancrure ornée d'une légère broderie en soie couleur carmélite, et qui laissait voir autant de nu qu'il en fallait pour montrer la beauté de la femme, mais pas assez pour éveiller le désir. Une robe de couleur carmélite, qui continuait le trait des lignes accusées par le corps de velours, tombait jusque sur les pieds en formant des plis minces et comme aplatis. La taille était si fine, que Gabrielle semblait grande. Son bras menu pendait avec l'inertie qu'une pensée profonde imprime à l'attitude. Ainsi posée, elle présentait un modèle vivant des naïfs chefs-d'œuvre de la statuaire dont le goût existait alors, et qui se recommande à l'admiration par la suavité de ses lignes droites sans roideur, et par la fermeté d'un dessin qui n'exclut pas la vie. Jamais profil d'hirondelle n'offrit, en rasant une croisée le soir, des formes plus élégamment coupées. Le visage de Gabrielle était

GABRIELLE.

Son front était rêveur, souvent étonné, riant parfois, et toujours
d'une auguste sérénité.

(L'ENFANT MAUDIT.)

mince sans être plat; sur son cou et sur son front couraient des filets bleuâtres qui y dessinaient des nuances semblables à celles de l'agate, en montrant la délicatesse d'un teint si transparent, qu'on eût cru voir le sang couler dans les veines. Cette blancheur excessive était faiblement teintée de rose aux joues. Cachés sous un petit bonnet de velours bleu brodé de perles, ses cheveux, d'un blond égal, coulaient comme deux ruisseaux d'or le long de ses tempes, et se jouaient en anneaux sur ses épaules, qu'ils ne couvraient pas. La couleur chaude de cette chevelure soyeuse animait la blancheur éclatante du cou, et purifiait encore par son reflet les contours du visage déjà si pur. Les yeux, longs et comme pressés entre des paupières grasses, étaient en harmonie avec la finesse du corps et de la tête; le gris de perle y avait du brillant sans vivacité, la candeur y recouvrait la passion. La ligne du nez eût paru froide comme une lame d'acier, sans deux narines veloutées et roses dont les mouvements semblaient en désaccord avec la chasteté d'un front rêveur, souvent étonné, riant parfois, et toujours d'une auguste sérénité. Enfin, une petite oreille alerte attirait le regard, en montrant sous le bonnet, entre deux touffes de cheveux, la poire d'un rubis dont la couleur se détachait vigoureusement sur le lait du cou. Ce n'était ni la beauté normande où la chair abonde, ni la beauté méridionale où la passion agrandit la matière, ni la beauté française, toute fugitive comme ses expressions, ni la beauté du Nord mélancolique et froide, c'était la séraphique et profonde beauté de l'Église catholique, à la fois souple et rigide, sévère et tendre.

— Où trouvera-t-on une plus jolie duchesse? se dit Beauvouloir en se complaisant à voir Gabrielle, qui, légèrement penchée, tendant le cou pour suivre au dehors le vol d'un oiseau, ne pouvait se comparer qu'à une gazelle arrêtée pour écouter le murmure de l'eau où elle va se désaltérer.

— Viens t'asseoir là, dit Beauvouloir en se frappant la cuisse et faisant à Gabrielle un signe qui annonçait une confidence.

Gabrielle comprit et vint. Elle se posa sur son père avec la légèreté de la gazelle, et passa son bras autour du cou de Beauvouloir dont le collet fut brusquement chiffonné.

— A qui pensais-tu donc en cueillant ces fleurs? jamais tu ne les as si galamment disposées.

— A bien des choses, dit-elle. En admirant ces fleurs, qui semblent faites pour nous, je me demandais pour qui nous sommes faites, nous ; quels sont les êtres qui nous regardent ? Vous êtes mon père, je puis vous dire ce qui se passe en moi ; vous êtes habile, vous expliquerez tout. Je sens en moi comme une force qui veut s'exercer, je lutte contre quelque chose. Quand le ciel est gris, je suis à demi contente, je suis triste, mais calme. Quand il fait beau, que les fleurs sentent bon, que je suis là-bas sur mon banc, sous les chèvrefeuilles et les jasmins, il s'élève en moi comme des vagues qui se brisent contre mon immobilité. Il me vient dans l'esprit des idées qui me heurtent et s'enfuient comme les oiseaux le soir à nos croisées, je ne peux pas les retenir. Eh ! bien, quand j'ai fait un bouquet où les couleurs sont nuancées comme sur une tapisserie, où le rouge mord le blanc, où le vert et le brun se croisent, quand tout y abonde, que l'air s'y joue, que les fleurs se heurtent, qu'il y a une mêlée de parfums et de calices entre-choqués, je suis comme heureuse en reconnaissant ce qui se passe en moi-même. Quand, à l'église, l'orgue joue et que le clergé répond, qu'il y a deux chants distincts qui se parlent, les voix humaines et la musique, eh ! bien, je suis contente, cette harmonie me retentit dans la poitrine, je prie avec un plaisir qui m'anime le sang...

En écoutant sa fille, Beauvouloir l'examina avec l'œil de la sagacité : son regard eût semblé stupide par la force même de ses pensées rayonnantes, de même que l'eau d'une cascade semble immobile. Il soulevait le voile de chair qui lui cachait le jeu secret par lequel l'âme réagit sur le corps, il étudiait les symptômes divers que sa longue expérience avait surpris dans toutes les personnes confiées à ses soins, et il les comparait aux symptômes contenus dans ce corps frêle dont les os l'effrayaient par leur délicatesse, dont le teint de lait l'épouvantait par son peu de consistance; et il tâchait de relier les enseignements de sa science à l'avenir de cette angélique enfant, et il avait le vertige en se trouvant ainsi, comme s'il eût été sur un abîme; la voix trop vibrante, la poitrine trop mignonne de Gabrielle l'inquiétait, et il s'interrogeait lui même, après l'avoir interrogée.

— Tu souffres ici ! s'écria-t-il enfin poussé par une dernière pensée où se résuma sa méditation. Elle inclina mollement la tête.

— A la grâce de Dieu ! dit le vieillard en jetant un soupir. Je t'emmène au château d'Hérouville, tu y pourras prendre, dans la mer, des bains qui te fortifieront.

— Cela est-il vrai, mon père? ne vous moquez pas de votre Gabrielle. J'ai tant désiré voir le château, les hommes d'armes, les capitaines et Monseigneur.

— Oui, ma fille. Ta nourrice et Jean t'accompagneront.

— Sera-ce bientôt?

— Demain, dit le vieillard qui se précipita dans le jardin pour cacher son agitation à sa mère et à sa fille.

— Dieu m'est témoin, s'écria-t-il, qu'aucune pensée ambitieuse ne me fait agir. Ma fille à sauver, le pauvre petit Étienne à rendre heureux, voilà mes seuls motifs!

S'il s'interrogeait ainsi lui-même, c'est qu'il sentait, au fond de sa conscience, une inextinguible satisfaction de savoir que, par la réussite de son projet, Gabrielle serait un jour duchesse d'Hérouville. Il y a toujours un homme chez un père. Il se promena longtemps, rentra pour souper, et se complut pendant toute la soirée à regarder sa fille au sein de la douce et brune poésie à laquelle il l'avait habituée.

Quand, avant le coucher, la grand'mère, la nourrice, le médecin et Gabrielle s'agenouillèrent pour faire leur prière en commun, il leur dit : — Supplions tous Dieu qu'il bénisse mon entreprise.

La grand'mère, qui connaissait le dessein de son fils, eut les yeux humectés par ce qui lui restait de larmes. La curieuse Gabrielle avait le visage rouge de bonheur. Le père tremblait, tant il avait peur d'une catastrophe.

— Après tout, lui dit sa mère, ne t'effraie pas, Antoine! Le duc ne tuera pas sa petite-fille.

— Non, répondit-il, mais il peut la contraindre à épouser quelque soudard de baron qui nous la meurtrirait.

Le lendemain Gabrielle, montée sur un âne, suivie de sa nourrice à pied, de son père à cheval sur sa mule, et accompagnée du valet qui conduisait deux chevaux chargés de bagages, se mit en route vers le château d'Hérouville, où la caravane n'arriva qu'à la tombée du jour. Afin de pouvoir tenir ce voyage secret, Beauvouloir s'était dirigé par les chemins détournés en partant de grand matin, et il avait fait emporter des provisions pour manger en route, sans se montrer dans les hôtelleries. Beauvouloir entra donc à la nuit, sans être remarqué par les gens du château, dans l'habitation que l'enfant maudit avait occupée si longtemps, et où l'attendait Bertrand, la seule personne qu'il eût mise dans sa confidence. Le vieil écuyer aida le médecin, la nourrice et le valet à décharger les chevaux, à transporter le bagage, et à établir la fille de Beauvouloir dans la demeure d'Étienne. Quand Bertrand vit Gabrielle, il resta tout ébahi.

— Il me semble voir Madame ? s'écria-t-il. Elle est mince et fluette comme elle ; elle a ses couleurs pâles et ses cheveux blonds ; le vieux duc l'aimera.

— Dieu le veuille! dit Beauvouloir. Mais reconnaîtra-t-il son sang à travers le mien ?

— Il ne peut guère le renier, dit Bertrand. Je suis allé souvent le quérir à la porte de la Belle Romaine, qui demeurait rue Culture-Sainte-Catherine, le cardinal de Lorraine la laissa forcément à monseigneur, par honte d'avoir été maltraité en sortant de chez elle. Monseigneur, qui, dans ce temps-là, marchait sur les talons de ses vingt ans, doit bien se souvenir de cette embûche, il était déjà bien hardi, je peux dire la chose aujourd'hui, il menait les affronteurs !

— Il ne pense plus guère à tout ceci, dit Beauvouloir. Il sait que ma femme est morte, mais à peine sait-il que j'ai une fille !

— Deux vieux reîtres comme nous mèneront la barque à bon port, dit Bertrand. Après tout, si le duc se fâche et s'en prend à nos carcasses, elles ont fait leur temps.

Avant de partir, le duc d'Hérouville avait défendu, sous les peines les plus graves, à tous les gens du château, d'aller sur la grève où Étienne avait jusqu'alors passé sa vie, à moins que le duc de Nivron n'y ramenât quelqu'un avec lui. Cet ordre, suggéré par Beauvouloir, qui avait démontré la nécessité de laisser Étienne maître de garder ses habitudes, garantissait à Gabrielle et à sa nourrice l'inviolabilité du territoire d'où le médecin leur commanda de ne jamais sortir sans sa permission.

Étienne était resté, pendant ces deux jours, dans la chambre seigneuriale, où le retenait le charme de ses douloureux souvenirs. Ce lit avait été celui de sa mère; à deux pas, elle avait subi cette terrible scène de l'accouchement où Beauvouloir avait sauvé deux existences ; elle avait confié ses pensées à cet ameublement, elle s'en était servie, ses yeux avaient souvent erré sur ces lambris; combien de fois était-elle venue à cette croisée pour appeler, par un cri, par un signe, son pauvre enfant désavoué, maintenant maître souverain du château. Demeuré seul dans cette chambre, où, la dernière fois, il n'était venu qu'à la dérobée, amené par Beauvouloir pour donner un dernier baiser à sa mère mourante, il l'y faisait revivre, il lui parlait, il l'écoutait ; il s'abreuvait à cette source qui ne tarit jamais, et d'où découlent tant de chants semblables au *Super flumina Babylonis*. Le lendemain de son retour, Beauvouloir vint voir son maître, et le gronda doucement d'être resté dans sa chambre sans sortir, en lui faisant observer qu'il ne fallait pas substituer à sa vie en plein air, la vie d'un prisonnier.

— Ceci est bien vaste, répondit Étienne, il y a l'âme de ma mère.

Le médecin obtint cependant, par la douce influence de l'affection, qu'Étienne se promènerait tous les jours, soit au bord de la mer, soit au dehors dans les campagnes qui lui étaient inconnues. Néanmoins Étienne, toujours en proie à ses souvenirs, resta le lendemain jusqu'au soir à sa fenêtre, occupé à regarder la mer ; elle lui offrit des aspects si multipliés, qu'il croyait ne l'avoir jamais vue si belle. Il entremêla ses contemplations de la lecture de Pétrarque, un de ses auteurs favoris, celui dont la poésie allait le plus à son cœur par la constance et l'unité de son amour. Étienne n'avait pas en lui l'étoffe de plusieurs passions, il ne pouvait aimer que d'une seule façon, une seule fois. Si cet amour devait être profond, comme tout ce qui est un, il devait être calme dans ses expressions, suave et pur comme les sonnets du poète italien. Au coucher du soleil, l'enfant de la solitude se mit à chanter de cette voix merveilleuse qui s'était produite, comme une espérance, dans les oreilles les plus sourdes à la musique, celles de son père. Il exprima sa mélancolie en variant un même air qu'il dit plusieurs fois à la manière du rossignol. Cet air, attribué au feu roi Henri IV, n'était pas l'air de *Gabrielle*, mais un air de beaucoup supérieur comme facture, comme mélodie, comme expression de tendresse, et que les admirateurs du vieux temps reconnaîtront aux paroles également composées par le grand roi ; l'air fut sans doute pris aux refrains qui avaient bercé son enfance dans les montagnes du Béarn.

    Viens, aurore,
    Je t'implore,
  Je suis gai quand je te vois,
    La bergère
    Qui m'est chère
  Est vermeille comme toi ;

De rosée
Arrosée,
La rose a moins de fraîcheur ;
Une hermine
Est moins fine,
Le lis a moins de blancheur.

Après s'être naïvement peint la pensée de son cœur par ses chants, Étienne contempla la mer en se disant : — Voilà ma fiancée et mon seul amour à moi ! Puis il chanta cet autre passage de la chansonnette :

Elle est blonde,
Sans seconde !

et le répéta en exprimant la poésie sollicitueuse qui surabonde chez un timide jeune homme, oseur quand il est solitaire. Il y avait des rêves dans ce chant onduleux, pris, repris, interrompu, recommencé, puis perdu dans une dernière modulation dont les teintes s'affaiblirent comme les vibrations d'une cloche. En ce moment, une voix qu'il fut tenté d'attribuer à quelque sirène sortie de la mer, une voix de femme répéta l'air qu'il venait de chanter, mais avec toutes les hésitations que devait y mettre une personne à laquelle se révèle pour la première fois la musique ; il reconnut le bégaiement d'un cœur qui naissait à la poésie des accords. Étienne, à qui de longues études sur sa propre voix avaient appris le langage des sons, où l'âme rencontre autant de ressources que dans la parole pour exprimer ses pensées, pouvait seul deviner tout ce que ces essais accusaient de timide surprise. Avec quelle religieuse et subtile admiration n'avait-il pas été écouté ? Le calme de l'air lui permettait de tout entendre, et il tressaillit au frémissement des plis flottants d'une robe ; il s'étonna, lui, que les émotions produites par la terreur poussaient toujours à deux doigts de la mort, de sentir en lui-même la sensation balsamique autrefois causée par la venue de sa mère.

— Allons, Gabrielle, mon enfant, dit Beauvouloir, je t'ai défendu de rester après le coucher du soleil sur ces grèves. Rentre, ma fille.

— Gabrielle ! se dit Étienne, le joli nom !

Beauvouloir apparut bientôt et réveilla son maître d'une de ces méditations qui ressemblaient à des rêves. Il était nuit, la lune se levait.

— Monseigneur, dit le médecin, vous n'êtes pas encore sorti aujourd'hui, ce n'est pas sage.

— Et moi, répondit Étienne, puis-je aller sur la grève après le coucher du soleil?

Le sous-entendu de cette phrase qui accusait la douce malice d'un premier désir fit sourire le vieillard.

— Tu as une fille? Beauvouloir.

— Oui, monseigneur, l'enfant de ma vieillesse, mon enfant chéri. Monseigneur le duc, votre illustre père, m'a si fort recommandé de veiller sur vos précieux jours, que, ne pouvant plus l'aller voir à Forcalier où elle était, je l'en ai fait sortir, à mon grand regret, et afin de la soustraire à tous les regards, je l'ai mise dans la maison où logeait auparavant monseigneur. Elle est si délicate, je crains tout pour elle, même un sentiment trop vif; aussi ne lui ai-je rien fait apprendre, elle se serait tuée.

— Elle ne sait rien! dit Étienne surpris.

— Elle a tous les talents d'une bonne ménagère; mais elle a vécu comme vit une plante. L'ignorance, monseigneur, est une chose aussi sainte que la science; la science et l'ignorance sont pour les créatures deux manières d'être; l'une et l'autre conservent l'âme comme dans un suaire; la science vous a fait vivre, l'ignorance sauvera ma fille. Les perles bien cachées échappent au plongeur et vivent heureuses. Je puis comparer ma Gabrielle à une perle, son teint en a l'orient, son âme en a la douceur, et jusqu'ici mon domaine de Forcalier lui a servi d'écaille.

— Viens avec moi, dit Étienne en s'enveloppant d'un manteau, je veux aller au bord de la mer, le temps est doux.

Beauvouloir et son maître cheminèrent en silence jusqu'à ce qu'une lumière partie d'entre les volets de la maison du pêcheur eût sillonné la mer par un ruisseau d'or.

— Je ne saurais exprimer, s'écria le timide héritier en s'adressant au médecin, les sensations que me cause la vue d'une lumière projetée sur la mer. J'ai si souvent contemplé la croisée de cette chambre jusqu'à ce que sa lumière s'éteignît! ajouta-t-il en montrant la chambre de sa mère.

— Quelque délicate que soit Gabrielle, répondit gaiement Beauvouloir, elle peut venir et se promener avec nous, la nuit est chaude et l'air ne contient aucune vapeur, je vais l'aller chercher ; mais soyez sage, monseigneur.

Étienne était trop timide pour proposer à Beauvouloir de l'accompagner à la maison du pêcheur ; d'ailleurs, il se trouvait dans l'état de torpeur où nous plonge l'affluence des idées et des sensations qu'engendre l'aurore de la passion. Plus libre en se trouvant seul, il s'écria, voyant la mer éclairée par la lune : — L'Océan a donc passé dans mon âme !

L'aspect de la jolie statuette animée qui venait à lui, et que la lune argentait en l'enveloppant de sa lumière, redoubla les palpitations au cœur d'Étienne, mais sans le faire souffrir.

— Mon enfant, dit Beauvouloir, voici monseigneur.

En ce moment, le pauvre Étienne souhaita la taille colossale de son père, il aurait voulu se montrer fort et non chétif. Toutes les vanités de l'amour et de l'homme lui entrèrent à la fois dans le cœur comme autant de flèches, et il demeura dans un morne silence en mesurant pour la première fois l'étendue de ses imperfections. Embarrassé d'abord du salut de la jeune fille, il le lui rendit gauchement et resta près de Beauvouloir avec lequel il causa tout en se promenant le long de la mer ; mais la contenance timide et respectueuse de Gabrielle l'enhardit, il osa lui adresser la parole. La circonstance du chant était l'effet du hasard ; le médecin n'avait rien voulu préparer, il pensait qu'entre deux êtres à qui la solitude avait laissé le cœur pur, l'amour se produirait dans toute sa simplicité. La répétition de l'air par Gabrielle fut donc un texte de conversation tout trouvé. Pendant cette promenade, Étienne sentit en lui-même cette légèreté corporelle que tous les hommes ont éprouvée au moment où le premier amour transporte le principe de leur vie dans une autre créature. Il offrit à Gabrielle de lui apprendre à chanter. Le pauvre enfant était si heureux de pouvoir se montrer aux yeux de cette jeune fille investi d'une supériorité quelconque, qu'il tressaillit d'aise quand elle accepta. Dans ce moment, la lumière donna pleinement sur Gabrielle et permit à Étienne de reconnaître les points de vague ressemblance qu'elle avait avec la feue duchesse. Comme Jeanne de Saint-Savin, la fille de Beauvouloir était mince et délicate ; chez elle comme chez la duchesse, la souffrance et la mélancolie produisaient une grâce mystérieuse. Elle avait la noblesse particulière aux âmes chez lesquelles les manières du monde n'ont rien altéré ;

en qui tout est beau parce que tout est naturel. Mais il se trouvait de plus en Gabrielle le sang de la Belle Romaine qui avait rejailli à deux générations, et qui faisait à cette enfant un cœur de courtisane violente dans une âme pure ; de là procédait une exaltation qui lui rougit le regard, qui lui sanctifia le front, qui lui fit exhaler comme une lueur, et communiqua les pétillements d'une flamme à ses mouvements. Beauvouloir frissonna quand il remarqua ce phénomène qu'on pourrait aujourd'hui nommer la phosphorescence de la pensée, et que le médecin observait alors comme une promesse de mort. Étienne surprit la jeune fille à tendre le cou par un mouvement d'oiseau timide qui regarde autour de son nid. Cachée par son père, Gabrielle voulait voir Étienne à son aise, et son regard exprimait autant de curiosité que de plaisir, autant de bienveillance que de naïve hardiesse. Pour elle, Étienne n'était pas faible, mais délicat ; elle le trouvait si semblable à elle-même, que rien ne l'effrayait dans ce suzerain : le teint souffrant d'Étienne, ses belles mains, son sourire malade, ses cheveux partagés en deux bandeaux et répandus en boucles sur la dentelle de son collet rabattu, ce front noble sillonné de jeunes rides, ces oppositions de luxe et de misère, de pouvoir et de petitesse lui plaisaient ; ne flattaient-elles pas les désirs de protection maternelle qui sont en germe dans l'amour ? ne stimulaient-elles pas déjà le besoin qui travaille toute femme de trouver des distinctions à celui qu'elle veut aimer ? Chez tous les deux, des idées, des sensations nouvelles s'élevaient avec une force, avec une abondance qui leur élargissaient l'âme ; ils restaient l'un et l'autre étonnés et silencieux, car l'expression des sentiments est d'autant moins démonstrative qu'ils sont plus profonds. Tout amour durable commence par de rêveuses méditations. Il convenait peut-être à ces deux êtres de se voir pour la première fois dans la lumière adoucie de la lune, afin de ne pas être ébloui tout à coup par les splendeurs de l'amour ; ils devaient se rencontrer au bord de la mer qui leur offrait une image de l'immensité de leurs sentiments. Ils se quittèrent pleins l'un de l'autre, en craignant tous deux de ne s'être pas plu.

De sa fenêtre Étienne regarda la lumière de la maison où était Gabrielle. Pendant cette heure d'espoir mêlée de craintes, le jeune poète trouva des significations nouvelles aux sonnets de Pétrarque. Il avait entrevu Laure, une fine et délicieuse figure, pure et dorée comme un rayon de soleil, intelligente comme l'ange, faible comme la femme. Ses vingt années d'études eurent un lien, il comprit la mystique alliance de toutes les beautés ; il reconnut combien il y avait de la femme dans les poésies qu'il adorait ; il aimait enfin depuis si longtemps sans le savoir, que tout son passé se confondit dans les émotions de cette belle nuit. La ressemblance de Gabrielle avec sa mère lui parut un ordre divinement donné. Il ne trahissait pas sa douleur en aimant, l'amour lui continuait la maternité. Il contemplait, à la nuit, l'enfant couchée dans cette chaumière, avec les mêmes sentiments qu'éprouvait sa mère quand il y était. Cette autre similitude lui rattachait encore le présent au passé. Sur les nuages de ses souvenirs, la figure endolorie de Jeanne de Saint-Savin lui apparut ; il la revit avec son sourire faible, il entendit sa parole douce, elle inclina la tête, et pleura. La lumière de la maison s'éteignit. Étienne chanta la jolie chansonnette d'Henri IV avec une expression nouvelle. De loin, les essais de Gabrielle lui répondirent. La jeune fille faisait aussi son premier voyage dans les pays enchantés de l'extase amoureuse. Cette réponse remplit de joie le cœur d'Étienne ; en coulant dans ses veines, le sang y répandit une force qu'il ne s'était jamais sentie, l'amour le rendait puissant. Les êtres faibles peuvent seuls connaître la volupté de cette création nouvelle au milieu de la vie. Les pauvres, les souffrants, les maltraités ont des joies ineffables, peu de chose est l'univers pour eux. Étienne tenait par mille liens au peuple de la Cité dolente. Sa grandeur récente ne lui causait que de la terreur, l'amour lui versait le baume créateur de la force : il aimait l'amour.

Le lendemain, Étienne se leva de bonne heure pour courir à son ancienne maison, où Gabrielle animée de curiosité, pressée par une impatience qu'elle ne s'avouait pas, avait de bon matin bouclé ses cheveux et revêtu son charmant costume. Tous deux étaient pleins du désir de se revoir, et craignaient mutuellement les effets de cette entrevue. Quant à lui, pensez qu'il avait choisi ses plus fines dentelles, son manteau le mieux orné, son haut-de-chausses de velours violet ; il avait pris enfin ce bel habillement que recommande à toutes les mémoires la pâle figure de Louis XIII, figure opprimée au sein de la grandeur comme Étienne l'avait été jusqu'alors. Cet habillement n'était pas le seul point de ressemblance qui existât entre le maître et le sujet. Mille sensibilités se rencontraient chez Étienne comme chez Louis XIII : la chasteté, la mélancolie, les souffrances vagues mais réelles, les timidités chevaleresques, la crainte de ne pouvoir exprimer le sentiment dans sa pureté, la peur d'être trop vite amené au bonheur que les âmes grandes aiment à différer, la pesanteur du pouvoir, cette pente à l'obéissance qui se trouve chez les caractères indifférents aux intérêts, mais pleins d'amour pour ce qu'un beau génie religieux a nommé l'*astral*.

Quoique très-inexperte du monde, Gabrielle avait pensé que la fille d'un rebouteur, l'humble habitante de Forcalier était jetée à une trop grande distance de monseigneur Étienne, duc de Nivron, l'héritier de la maison d'Hérouville, pour qu'ils fussent égaux; elle n'allait pas jusqu'à deviner l'anoblissement de l'amour. La naïve créature n'avait pas vu là sujet d'ambitionner une place à laquelle toute autre fille eût été jalouse de s'asseoir, elle n'y avait vu que des obstacles. Aimant déjà sans savoir ce que c'était qu'aimer, elle se trouvait loin de son plaisir et voulait s'en rapprocher, comme un enfant souhaite la grappe dorée, objet de sa convoitise, trop haut située. Pour une fille émue à l'aspect d'une fleur, et qui entrevoyait l'amour dans les chants de la liturgie, combien doux et forts n'avaient pas été les sentiments éprouvés la veille, à l'aspect de cette faiblesse seigneuriale qui rassurait la sienne; mais Étienne avait grandi pendant cette nuit, elle s'en était fait une espérance, un pouvoir; elle l'avait mis si haut qu'elle désespérait de parvenir jusqu'à lui.

— Me permettrez-vous de venir quelquefois près de vous, dans votre domaine? demanda le duc en baissant les yeux.

En voyant Étienne si craintif, si humble, car lui aussi avait déifié la fille de Beauvouloir, Gabrielle fut embarrassée du sceptre qu'il lui remettait; mais elle fut profondément émue et flattée de cette soumission. Les femmes seules savent combien le respect que leur porte un maître engendre de séductions. Néanmoins; elle eut peur de se tromper, et tout aussi curieuse que la première femme, elle voulut savoir.

— Ne m'avez-vous pas promis hier de me montrer la musique? lui répondit-elle tout en espérant que la musique serait un prétexte pour se trouver avec elle.

Si la pauvre enfant avait su la vie d'Étienne, elle se serait bien gardée d'exprimer un doute. Pour lui, la parole était un retentissement de l'âme, et cette phrase lui causa la plus profonde douleur.

Il arrivait le cœur plein en redoutant jusqu'à une obscurité dans sa lumière, et il rencontrait un doute. Sa joie s'éteignit, il se replongea dans son désert et n'y trouva plus les fleurs dont il l'avait embelli. Éclairée par la prescience des douleurs qui distingue l'ange chargé de les adoucir et qui sans doute est la Charité du ciel, Gabrielle devina la peine qu'elle venait de causer. Elle fut si vivement frappée de sa faute qu'elle souhaita la puissance de Dieu pour pouvoir dévoiler son cœur à Étienne, car elle avait ressenti la cruelle émotion que causaient un reproche, un regard sévère; elle lui montra naïvement les nuées qui s'étaient élevées en son âme et qui faisaient comme des langes d'or à l'aube de son amour. Une larme de Gabrielle changea la douleur d'Étienne en plaisir, et il voulut alors s'accuser de tyrannie. Ce fut un bonheur qu'à leur début ils connussent ainsi le diapason de leurs cœurs, ils évitèrent mille chocs qui les auraient meurtris. Tout à coup Étienne, impatient de se retrancher derrière une occupation, conduisit Gabrielle à une table, devant la petite croisée où il avait souffert et où désormais il allait admirer une fleur plus belle que toutes celles qu'il avait étudiées. Puis il ouvrit un livre sur lequel se penchèrent leurs têtes dont les cheveux se mêlèrent.

Ces deux êtres si forts par le cœur, si maladifs de corps, mais embellis par les grâces de la souffrance, formaient un touchant tableau. Gabrielle ignorait la coquetterie : un regard était accordé aussitôt que sollicité, et les doux rayons de leurs yeux ne cessaient de se confondre que par pudeur; elle eut de la joie à dire à Étienne combien sa voix lui faisait plaisir à entendre; elle oubliait la signification des paroles quand il lui expliquait la position des notes ou leur valeur; elle l'écoutait, laissant la mélodie pour l'instrument, l'idée pour la forme; ingénieuse flatterie, la première que rencontre l'amour vrai. Gabrielle trouvait Étienne beau, elle voulut manier le velours du manteau, toucher la dentelle du collet. Quant à Étienne, il se transformait sous le regard créateur de ces yeux fins; ils lui infusaient une séve fécondante qui étincelait dans ses yeux, reluisait à son front, qui le retrempait intérieurement, et il ne souffrait point de ce jeu nouveau de ses facultés; au contraire, elles se fortifiaient. Le bonheur était comme le lait nourricier de sa nouvelle vie.

Comme rien ne pouvait les distraire d'eux-mêmes, ils restèrent ensemble non-seulement cette journée, mais toutes les autres, car ils s'appartinrent dès le premier jour, en se passant l'un à l'autre le sceptre, et jouant avec eux-mêmes comme l'enfant joue avec la vie. Assis et heureux sur ce sable doré, chacun disait à l'autre son passé, douloureux chez celui-ci, mais plein de rêveries; rêveur chez celle-là, mais plein de souffrants plaisirs.

— Je n'ai pas eu de mère, disait Gabrielle, mais mon père a été bon comme Dieu.

— Je n'ai pas eu de père, répondait l'enfant maudit, mais ma mère a été tout un ciel.

Étienne racontait sa jeunesse, son amour pour sa mère, son goût pour les fleurs. Gabrielle se récriait à ce mot. Questionnée, elle rougissait, se défendait de répondre; puis, quand une ombre passait sur ce front que la mort semblait effleurer de son aile, sur cette âme visible où les moindres émotions d'Étienne apparaissaient, elle répondait : — C'est que moi aussi j'aimais les fleurs.

N'était-ce pas une déclaration comme les vierges en savent faire, que de se croire liée jusque dans le passé par la communauté des goûts! L'amour cherche toujours à se vieillir, c'est la coquetterie des enfants.

Étienne apporta des fleurs le lendemain, en ordonnant qu'on lui en cherchât de rares, comme sa mère en faisait jadis chercher pour lui. Sait-on la profondeur à laquelle arrivaient chez un être solitaire les racines d'un sentiment qui reprenait ainsi les traditions de la maternité, en prodiguant à une femme les soins caressants par lesquels sa mère avait charmé sa vie! Pour lui, quelle grandeur dans ces riens où se confondaient ses deux seules affections! Les fleurs et la musique devinrent le langage de leur amour. Gabrielle répondit par des bouquets aux envois d'Étienne, de ces bouquets dont un seul avait fait deviner au vieux rebouteur que son ignorante fille en savait déjà trop. L'ignorance matérielle des deux amants formait comme un fond noir sur lequel les moindres traits de leur accointance toute spirituelle se détachaient avec une grâce exquise, comme les profils rouges et si purs des figures étrusques. Leurs moindres paroles apportaient des flots d'idées, car elles étaient le fruit de leurs méditations. Incapables d'inventer la hardiesse, pour eux tout commencement leur semblait une fin. Quoique toujours libres, ils étaient emprisonnés dans une naïveté, qui eût été désespérante si l'un d'eux avait pu donner un sens à ses confus désirs. Ils étaient à la fois les poètes et la poésie. La musique, le plus sensuel des arts pour les âmes amoureuses, fut le truchement de leurs idées, et ils prenaient plaisir à répéter une même phrase en épanchant la passion dans ces belles nappes de sons où leurs âmes vibraient sans obstacle.

Beaucoup d'amours procèdent par opposition : c'est des querelles et des raccommodements, le vulgaire combat de l'Esprit et de la Matière. Mais le premier coup d'aile du véritable amour le met déjà bien loin de ces luttes, il ne distingue plus deux natures là où tout est même essence ; semblable au génie dans sa plus haute expression, il sait se tenir dans la lumière la plus vive, il la soutient, il y grandit, et n'a pas besoin d'ombre pour obtenir son relief. Gabrielle, parce qu'elle était femme, Étienne, parce qu'il avait beaucoup souffert et beaucoup médité, parcoururent promptement l'espace dont s'emparent les passions vulgaires, et allèrent bientôt au delà. Comme toutes les natures faibles, ils furent plus rapidement pénétrés par la Foi, par cette pourpre céleste qui double la force en doublant l'âme. Pour eux, le soleil fut toujours à son midi. Bientôt ils eurent cette divine croyance en eux-mêmes qui ne souffre ni jalousie, ni tortures ; ils eurent l'abnégation toujours prête, l'admiration constante. Dans ces conditions, l'amour était sans douleur. Égaux par leur faiblesse, forts par leur union, si le noble avait quelques supériorités de science ou quelque grandeur de convention, la fille du médecin les effaçait par sa beauté, par la hauteur du sentiment, par la finesse qu'elle imprimait aux jouissances. Ainsi, tout à coup, ces deux blanches colombes volent d'une aile semblable sous un ciel pur : Étienne aime, il est aimé, le présent est serein, l'avenir est sans nuage, il est souverain, le château est à lui, la mer est à tous deux, nulle inquiétude ne trouble l'harmonieux concert de leur double cantique ; la virginité des sens et de l'esprit leur agrandit le monde, leurs pensées se déduisent sans efforts ; le désir, dont les satisfactions flétrissent tant de choses, le désir, cette faute de l'amour terrestre, ne les atteint pas encore. Comme deux zéphyrs assis sur la même branche de saule, ils en sont au bonheur de contempler leur image dans le miroir d'une eau limpide ; l'immensité leur suffit, ils admirent l'Océan, sans songer à y glisser sur la barque aux blanches voiles, aux cordages fleuris que conduit l'Espérance.

Il est dans l'amour un moment où il se suffit à lui-même, où il est heureux d'être. Pendant ce printemps où tout est en bourgeon, l'amant se cache parfois de la femme aimée pour en mieux jouir, pour la mieux voir; mais Étienne et Gabrielle se plongèrent ensemble dans les délices de cette heure enfantine : tantôt c'était deux sœurs pour la grâce des confidences, tantôt deux frères pour la hardiesse des recherches. Ordinairement l'amour veut un esclave et un dieu, mais ils réalisèrent le délicieux rêve de Platon, il n'y avait qu'un seul être divinisé. Ils se protégeaient tour à tour. Les caresses vinrent, lentement, une à une, mais chastes comme les jeux si mutins, si gais, si coquets des jeunes animaux qui essaient la vie. Le sentiment qui les portait à transporter leur âme dans un chant passionné les conduisit à l'amour par les mille transformations d'un même bonheur. Leurs joies ne leur causaient ni délire ni insomnies. Ce fut l'enfance du plaisir grandissant sans connaître les belles fleurs rouges qui couronneront sa tige. Ils se livraient l'un à l'autre sans supposer de danger, ils s'abandonnaient dans un mot comme dans un regard, dans un baiser comme dans la longue pression de leurs mains entrelacées. Ils se vantaient leurs beautés l'un à l'autre ingénument, et dépensaient dans ces secrètes idylles des trésors de langage en devinant les plus douces exagérations, les plus violents diminutifs trouvés par la muse antique des Tibulle et redits par la Poésie italienne. C'était sur leurs lèvres et dans leurs cœurs le constant retour des franges liquides de la mer sur le sable fin de la grève, toutes pareilles, toutes dissemblables. Joyeuse, éternelle fidélité!

S'il fallait compter les jours, ce temps prit cinq mois; s'il fallait compter les innombrables sensations, les pensées, les rêves, les regards, les fleurs écloses, les espérances réalisées, les joies sans fin, une chevelure dénouée et vétilleusement éparpillée, puis remise et ornée de fleurs, les discours interrompus, renoués, abandonnés, les rires folâtres, les pieds trempés dans la mer, les chasses enfantines faites à des coquillages cachés dans les rochers, les baisers, les surprises, les étreintes, mettez toute une vie, la mort se chargera de justifier le mot. Il est des existences toujours sombres, accomplies sous des cieux gris; mais supposez un beau jour où le soleil enflamme un air bleu, tel fut le mai de leur tendresse pendant lequel Étienne avait suspendu toutes ses douleurs passées au cœur de Gabrielle, et la jeune fille avait rattaché ses joies à venir à celui de son seigneur. Étienne n'avait eu qu'une douleur dans sa vie, la mort de sa mère ; il ne devait y avoir qu'un seul amour, Gabrielle.

La grossière rivalité d'un ambitieux précipita le cours de cette vie de miel. Le duc d'Hérouville, vieux guerrier rompu aux ruses, politique rude mais habile, entendit en lui-même s'élever la voix de la défiance après avoir donné la parole que lui demandait son médecin. Le baron d'Artagnon, lieutenant de sa compagnie d'ordonnance, avait en politique toute sa confiance. Le baron était un homme comme les aimait le duc d'Hérouville, une espèce de boucher, taillé en force, grand, à visage mâle, acerbe et froid, le brave au service du trône, rude en ses manières, d'une volonté de bronze à l'exécution, et souple sous la main ; noble d'ailleurs, ambitieux avec la probité du soldat et la ruse du politique. Il avait la main que supposait sa figure, la main large et velue du condottière. Ses manières étaient brusques, sa parole était brève et concise. Or, le gouverneur avait chargé son lieutenant de surveiller la conduite que tiendrait le médecin auprès du nouvel héritier présomptif. Malgré le secret qui environnait Gabrielle, il était difficile de tromper le lieutenant d'une compagnie d'ordonnance : il entendit le chant de deux voix, il vit de la lumière le soir dans la maison au bord de la mer ; il devina que tous les soins d'Étienne, que les fleurs demandées et ses ordres multipliés concernaient une femme ; puis il surprit la nourrice de Gabrielle par les chemins allant chercher quelques ajustements à Forcalier, emportant du linge, en rapportant un métier ou des meubles de jeune fille. Le soudard voulut voir et vit la fille du rebouteur, il en fut épris. Beauvouloir était riche. Le duc allait être furieux de l'audace du bonhomme. Le baron d'Artagnon basa sur ces événements l'édifice de sa fortune. Le duc, apprenant que son fils était amoureux, voudrait lui donner une femme de grande maison, héritière de quelques domaines ; et pour détacher Étienne de son amour, il suffirait de rendre Gabrielle infidèle en la mariant à un noble dont les terres seraient engagées à quelque Lombard. Le baron n'avait pas de terres. Ces données eussent été excellentes avec les caractères qui se produisent ordinairement dans le monde, mais elles devaient échouer avec Étienne et Gabrielle. Le hasard avait cependant déjà bien servi le baron d'Artagnon.

Pendant son séjour à Paris, le duc avait vengé la mort de Maximilien en tuant l'adversaire de son fils, et il avait avisé pour

Étienne une alliance inespérée avec l'héritière des domaines d'une branche de la maison de Grandlieu, une grande et belle personne dédaigneuse, mais qui fut flattée par l'espérance de porter un jour le titre de duchesse d'Hérouville. Le duc espéra faire épouser à son fils mademoiselle de Grandlieu. En apprenant qu'Étienne aimait la fille d'un misérable médecin, il voulut ce qu'il espérait. Pour lui, cet échange ne faisait pas question. Vous savez si cet homme de politique brutale comprenait brutalement l'amour ! il avait laissé mourir près de lui la mère d'Étienne, sans avoir compris un seul de ses soupirs. Jamais peut-être en sa vie n'avait-il éprouvé de colère plus violente que celle dont il fut saisi quand la dernière dépêche du baron lui apprit avec quelle rapidité marchaient les desseins de Beauvouloir, auquel le capitaine prêta la plus audacieuse ambition. Le duc commanda ses équipages et vint de Paris à Rouen en conduisant à son château la comtesse de Grandlieu, sa sœur la marquise de Noirmoutier, et mademoiselle de Grandlieu, sous le prétexte de leur montrer la province de Normandie. Quelques jours avant son arrivée, sans que l'on sût comment ce bruit se répandait dans le pays, il n'était question, d'Hérouville à Rouen, que de la passion du jeune duc de Nivron pour Gabrielle Beauvouloir, la fille du célèbre rebouteur. Les gens de Rouen en parlèrent au vieux duc précisément au milieu du festin qui lui fut offert, car les convives étaient enchantés de piquer le despote de la Normandie. Cette circonstance excita la colère du gouverneur au dernier point. Il fit écrire au baron de tenir fort secrète sa venue à Hérouville, en lui donnant des ordres pour parer à ce qu'il regardait comme un malheur.

Dans ces circonstances, Étienne et Gabrielle avaient déroulé tout le fil de leur peloton dans l'immense labyrinthe de l'amour, et tous deux, peu inquiets d'en sortir, voulaient y vivre. Un jour, ils étaient restés auprès de la fenêtre où s'accomplirent tant de choses. Les heures, d'abord remplies par de douces causeries, avaient abouti à quelques silences méditatifs. Ils commençaient à sentir en eux-mêmes les vouloirs indécis d'une possession complète : ils en étaient à se confier l'un à l'autre leurs idées confuses, reflets d'une belle image dans deux âmes pures. Durant ces heures encore sereines, parfois les yeux d'Étienne s'emplissaient de larmes pendant qu'il tenait la main de Gabrielle collée à ses lèvres. Comme sa mère, mais en cet instant plus heureux en son amour qu'elle ne l'avait été, l'enfant maudit contemplait la mer, alors couleur d'or sur la grève, noire à l'horizon, et coupée çà et là de ces lames d'argent qui annoncent une tempête. Gabrielle, se conformant à l'attitude de son ami, regardait ce spectacle et se taisait. Un seul regard, un de ceux par lequel les âmes s'appuient l'une sur l'autre, leur suffisait pour se communiquer leurs pensées. Le dernier abandon n'était pas pour Gabrielle un sacrifice, ni pour Étienne une exigence. Chacun d'eux aimait de cet amour si divinement semblable à lui-même dans tous les instants de son éternité, qu'il ignore le dévouement, qu'il ne craint ni les déceptions ni les retards. Seulement, Étienne et Gabrielle étaient dans une ignorance absolue des contentements dont le désir aiguillonnait leur âme. Quand les faibles teintes du crépuscule eurent fait un voile à la mer, que le silence ne fut plus interrompu que par la respiration du flux et du reflux dans la grève, Étienne se leva, Gabrielle imita ce mouvement par une crainte vague, car il avait quitté sa main. Étienne prit Gabrielle dans un de ses bras en la serrant contre lui par un mouvement de tendre cohésion ; aussi, comprenant son désir, lui fit-elle sentir le poids de son corps assez pour lui donner la certitude qu'elle était à lui, pas assez pour le fatiguer. L'amant posa sa tête trop lourde sur l'épaule de son amie, sa bouche s'appuya sur le sein tumultueux, ses cheveux abondèrent sur le dos blanc et caressèrent le cou de Gabrielle. La jeune fille ingénument amoureuse pencha la tête afin de donner plus de place à Étienne en passant son bras autour de son cou pour se faire un point d'appui. Ils demeurèrent ainsi, sans se dire une parole, jusqu'à ce que la nuit fût venue. Les grillons chantèrent alors dans leurs trous, et les deux amants écoutèrent cette musique comme pour occuper tous leurs sens dans un seul. Certes ils ne pouvaient alors être comparés qu'à un ange qui, les pieds posés sur le monde, attend l'heure de revoler vers le ciel. Ils avaient accompli ce beau rêve du génie mystique de Platon et de tous ceux qui cherchent un sens à l'humanité ; ils ne faisaient qu'une seule âme, ils étaient bien cette perle mystérieuse destinée à orner le front de quelque astre inconnu, notre espoir à tous !

— Tu me reconduiras? dit Gabrielle en sortant la première de ce calme délicieux.

— Pourquoi nous quitter ? répondit Étienne.

— Nous devrions être toujours ensemble, dit-elle.

— Reste.

— Oui.

Le pas lourd du vieux Beauvouloir se fit entendre dans la salle voisine. Le médecin trouva les deux enfants séparés, et il les avait vus entrelacés à la fenêtre. L'amour le plus pur aime encore le mystère.

— Ce n'est pas bien, mon enfant, dit-il à Gabrielle. Demeurer si tard, ici, sans lumière.

— Pourquoi? dit-elle, vous savez bien que nous nous aimons, et qu'il est le maître au château.

— Mes enfants, reprit Beauvouloir, si vous vous aimez, votre bonheur exige que vous vous épousiez pour passer votre vie ensemble; mais votre mariage est soumis à la volonté de monseigneur le duc...

— Mon père m'a promis de satisfaire tous mes vœux, s'écria vivement Étienne en interrompant Beauvouloir.

— Écrivez-lui donc, monseigneur, répondit le médecin, exprimez-lui votre désir, et donnez-moi votre lettre pour que je la joigne à celle que je viens d'écrire. Bertrand partira sur-le-champ pour remettre ces dépêches à monseigneur lui-même. Je viens d'apprendre qu'il est à Rouen; il amène l'héritière de la maison de Grandlieu, et je ne pense pas que ce soit pour lui... Si j'écoutais mes pressentiments, j'emmènerais Gabrielle cette nuit même...

— Nous séparer, s'écria Étienne qui défaillit de douleur en s'appuyant sur son amie.

— Mon père!

— Gabrielle, dit le médecin en lui tendant un flacon qu'il alla prendre sur une table et qu'elle fit respirer à Étienne, Gabrielle, ma science m'a dit que la nature vous avait destinés l'un à l'autre... Mais je voulais préparer monseigneur le duc à un mariage qui froisse toutes ses idées, et le démon l'a prévenu contre nous. — Il est monsieur le duc de Nivron, dit le père à Gabrielle, et toi tu es la fille d'un pauvre médecin.

— Mon père a juré de ne me contrarier en rien, dit Étienne avec calme.

— Il m'a bien juré aussi, à moi, de consentir à ce que je ferais en vous cherchant une femme, répondit le médecin; mais s'il ne tient pas ses promesses?

Étienne s'assit comme foudroyé.

— La mer était sombre ce soir, dit-il après un moment de silence.

— Si vous saviez monter à cheval, monseigneur, dit le médecin, je vous dirais de vous enfuir avec Gabrielle, ce soir même : je vous connais l'un et l'autre, et sais que toute autre union vous sera funeste. Le duc me ferait certes jeter dans un cachot et m'y laisserait pour le reste de mes jours en apprenant cette fuite ; mais je mourrais joyeusement, si ma mort assurait votre bonheur. Hélas, monter à cheval, ce serait risquer votre vie et celle de Gabrielle. Il faut affronter ici la colère du gouverneur.

— Ici, répéta le pauvre Étienne.

— Nous avons été trahis par quelqu'un du château qui a courroucé votre père, reprit Beauvouloir.

— Allons nous jeter ensemble à la mer, dit Étienne à Gabrielle en se penchant à l'oreille de la jeune fille qui s'était mise à genoux auprès de son amant.

Elle inclina la tête en souriant. Beauvouloir devina tout.

— Monseigneur, reprit-il, votre savoir autant que votre esprit vous a fait éloquent, l'amour doit vous rendre irrésistible : déclarez votre amour à monseigneur le duc, vous confirmerez ma lettre qui est assez concluante. Tout n'est pas perdu, je le crois. J'aime autant ma fille que vous l'aimez, et veux la défendre.

Étienne hocha la tête.

— La mer était bien sombre ce soir, dit-il.

— Elle était comme une lame d'or à nos pieds, répondit Gabrielle d'une voix mélodieuse.

Étienne fit venir de la lumière, et se mit à sa table pour écrire à son père. D'un côté de sa chaise était Gabrielle agenouillée, silencieuse, regardant l'écriture sans la lire, elle lisait tout sur le front d'Étienne. De l'autre côté se tenait le vieux Beauvouloir dont la figure joviale était profondément triste, triste comme cette chambre où mourut la mère d'Étienne. Une voix secrète criait au médecin :
— Il aura la destinée de sa mère !

La lettre finie, Étienne la tendit au vieillard, qui s'empressa d'aller la donner à Bertrand. Le cheval du vieil écuyer était tout sellé, l'homme prêt ; il partit et rencontra le duc à quatre lieues d'Hérouville.

— Conduis-moi jusqu'à la porte de la tour, dit Gabrielle à son ami quand ils furent seuls.

Tous deux passèrent par la bibliothèque du cardinal, et descendirent par la tour où se trouvait la porte dont la clef avait été donnée à Gabrielle par Étienne. A basourdi par l'appréhension du malheur, le pauvre enfant laissa dans la tour le flambeau qui lui servait à éclairer sa bien-aimée, et la reconduisit vers sa maison. A quelques pas du petit jardin qui faisait une cour de fleurs à cette humble habitation, les deux amants s'arrêtèrent. Enhardis par la crainte vague qui les agitait, ils se donnèrent, dans l'ombre et le silence, ce premier baiser où les sens et l'âme se réunissent pour causer un plaisir révélateur. Étienne comprit l'amour dans sa double expression, et Gabrielle se sauva de peur d'être entraînée par la volupté, mais à quoi?... Elle n'en savait rien.

Au moment où le duc de Nivron montait les degrés de l'escalier, après avoir fermé la porte de la tour, un cri de terreur poussé par Gabrielle retentit à son oreille avec la vivacité d'un éclair qui brûle les yeux. Étienne traversa les appartements du château, descendit par le grand escalier, gagna la grève, et courut vers la maison de Gabrielle où il vit de la lumière. En arrivant dans le petit jardin, et à la lueur du flambeau qui éclairait le rouet de sa nourrice, Gabrielle avait aperçu sur la chaise un homme à la place de cette bonne femme. Au bruit des pas, cet homme s'était avancé vers elle et l'avait effrayée. L'aspect du baron d'Artagnon justifiait bien la peur qu'il inspirait à Gabrielle.

— Vous êtes la fille à Beauvouloir, le médecin de Monseigneur, lui dit le lieutenant de la compagnie d'ordonnance quand Gabrielle fut remise de sa frayeur.

— Oui, seigneur.

— J'ai des choses de la plus haute importance à vous confier. Je suis le baron d'Artagnon, le lieutenant de la compagnie d'ordonnance que monseigneur le duc d'Hérouville commande.

Dans les circonstances où se trouvaient les deux amants, Gabrielle fut frappée de ces paroles et du ton de franchise avec lequel le soldat les prononça.

— Votre nourrice est là, elle peut nous entendre, venez, dit le baron.

Il sortit, Gabrielle le suivit. Tous deux allèrent sur la grève qui était derrière la maison.

— Ne craignez rien, lui dit le baron.

Ce mot aurait épouvanté une personne qui n'eût pas été ignorante; mais une jeune fille simple et qui aime ne se croit jamais en péril.

— Chère enfant, lui dit le baron, en s'efforçant de donner un ton mielleux à sa voix, vous et votre père vous êtes au bord d'un abîme où vous allez tomber demain ; je ne saurais voir ceci sans vous avertir. Monseigneur est furieux contre votre père et contre vous, il vous soupçonne d'avoir séduit son fils, et il aime mieux le voir mort que le voir votre mari : voilà pour son fils. Quant à votre père, voici la résolution qu'a prise Monseigneur. Il y a neuf ans, votre père fut impliqué dans une affaire criminelle ; il s'agissait du détournement d'un enfant noble au moment de l'accouchement de la mère, et auquel il s'est employé. Monseigneur, sachant l'innocence de votre père, le garantit alors des poursuites du parlement ; mais il va le faire saisir et le livrer à la justice en demandant qu'on procède contre lui. Votre père sera rompu vif ; mais en faveur des services qu'il a rendus à son maître, peut-être obtiendra-t-il de n'être que pendu. J'ignore ce que Monseigneur a décidé de vous ; mais je sais que vous pouvez sauver monseigneur de Nivron de la colère de son père, sauver Beauvouloir du supplice horrible qui l'attend, et vous sauver vous-même.

— Que faut-il faire ? dit Gabrielle.

— Aller vous jeter aux pieds de Monseigneur, lui avouer que son fils vous aime malgré vous, et lui dire que vous ne l'aimez pas. En preuve de ceci, vous lui offrirez d'épouser l'homme qu'il lui plaira de vous désigner pour mari. Il est généreux, il vous établira richement.

— Je puis tout faire, excepté de renier mon amour.

— Mais s'il le faut pour sauver votre père, vous et monseigneur de Nivron ?

— Étienne, dit-elle, en mourra, et moi aussi !

— Monseigneur de Nivron sera triste de vous perdre, mais il vivra pour l'honneur de sa maison ; vous vous résignerez à n'être que la femme d'un baron, au lieu d'être duchesse, et votre père vivra, répondit l'homme positif.

En ce moment Étienne arrivait à la maison, il n'y vit pas Gabrielle, et jeta un cri perçant.

— Le voici, s'écria la jeune fille, laissez-moi l'aller rassurer.

— Je viendrai savoir votre réponse demain matin, dit le baron.

— Je consulterai mon père, répondit-elle.

— Vous ne le verrez plus, je viens de recevoir l'ordre de l'arrêter et de l'envoyer à Rouen, sous escorte et enchaîné, dit-il en quittant Gabrielle frappée de terreur.

La jeune fille s'élança dans la maison et y trouva Étienne épouvanté du silence par lequel la nourrice avait répondu à sa première question : — Où est-elle ?

— Me voilà, s'écria la jeune fille dont la voix était glacée, dont les couleurs avaient disparu, dont la démarche était lourde.

— D'où viens-tu ? dit-il, tu as crié.

— Oui, je me suis heurtée contre...

— Non, mon amour, répondit Étienne en l'interrompant, j'ai entendu les pas d'un homme.

— Étienne, nous avons sans doute offensé Dieu, mettons-nous à genoux et prions. Je te dirai tout après.

Étienne et Gabrielle s'agenouillèrent au prie-Dieu, la nourrice récita son rosaire.

— Mon Dieu, dit la jeune fille dans un élan qui lui fit franchir les espaces terrestres, si nous n'avons pas péché contre vos saints commandements, si nous n'avons offensé ni l'Église ni le roi, nous qui ne formons qu'une seule et même personne en qui l'amour reluit comme la clarté que vous avez mise dans une perle de la mer, faites-nous la grâce de ne nous séparer ni dans ce monde ni dans l'autre !

— Chère mère, ajouta Étienne, toi qui es dans les cieux, obtiens de la Vierge que si nous ne pouvons être heureux, Gabrielle et moi, nous mourions au moins ensemble, sans souffrir. Appelle-nous, nous irons à toi !

Puis, ayant récité leurs prières du soir, Gabrielle raconta son entretien avec le baron d'Artagnon.

— Gabrielle, dit le jeune homme en puisant du courage dans son désespoir d'amour, je saurai résister à mon père.

Il la baisa au front et non plus sur les lèvres ; puis il revint au château, résolu d'affronter l'homme terrible qui pesait tant sur sa vie. Il ne savait pas que la maison de Gabrielle allait être gardée par des soldats aussitôt qu'il l'aurait quittée.

Le lendemain, Étienne fut accablé de douleur quand, en allant voir Gabrielle, il la trouva prisonnière ; mais Gabrielle envoya sa nourrice pour lui dire qu'elle mourrait plutôt que de le trahir ; que d'ailleurs elle avait trouvé le moyen de tromper la vigilance des gardes, et qu'elle se réfugierait dans la bibliothèque du cardinal, où personne ne pourrait soupçonner qu'elle serait ; mais elle ignorait quand elle pourrait accomplir son dessein. Étienne se tint alors dans sa chambre, où les forces de son cœur s'usèrent dans une pénible attente.

A trois heures, les équipages du duc et sa suite entrèrent au château, où il devait venir souper avec sa compagnie. En effet, à la chute du jour, madame la comtesse de Grandlieu à qui sa fille donnait le bras, le duc et la marquise de Noirmoutier montaient le grand escalier dans un profond silence, car le front sévère de leur maître avait épouvanté tous les serviteurs. Quoique le baron d'Artagnon eût appris l'évasion de Gabrielle, il avait affirmé qu'elle était gardée ; mais il tremblait d'avoir compromis la réussite de son plan particulier, au cas où le duc verrait son dessein contrarié par cette fuite. Ces deux terribles figures avaient une expression farouche mal déguisée par l'air agréable que leur imposait la galanterie. Le duc avait commandé à son fils de se trouver au salon. Quand la compagnie y entra, le baron d'Artagnon reconnut à la physionomie abattue d'Étienne que l'évasion de Gabrielle lui était encore inconnue.

— Voici monsieur mon fils, dit le vieux duc en prenant Étienne par la main et le présentant aux dames.

Étienne les salua sans mot dire. La comtesse et mademoiselle de Grandlieu échangèrent un regard qui n'échappa point au vieillard.

— Votre fille sera mal partagée, dit-il à voix basse, n'est-ce pas là votre pensée ?

— Je pense tout le contraire, mon cher duc, répondit la mère en souriant.

La marquise de Noirmoutier qui accompagnait sa sœur se prit à rire finement. Ce rire perça le cœur d'Étienne, que la vue de la grande demoiselle avait déjà terrifié.

— Hé ! bien, monsieur le duc, lui dit son père à voix basse et d'un air enjoué, ne vous ai-je pas trouvé là un beau moule ? Que dites-vous de ce brin de fille, mon chérubin ?

Le vieux duc ne mettait pas en doute l'obéissance de son fils. Étienne était pour lui l'enfant de sa mère, la même pâte docile au doigt.

— Qu'il ait un enfant et qu'il crève ! pensait le vieillard, peu m'en chaut.

— Mon père, dit l'enfant d'une voix douce, je ne vous comprends pas.

— Venez chez vous, j'ai deux mots à vous dire, fit le duc en passant dans la chambre d'honneur.

Étienne suivit son père. Les trois dames, émues par un mouvement de curiosité que partagea le baron d'Artagnon, se promenèrent dans cette grande salle de manière à se trouver groupées à la porte de la chambre d'honneur que le duc avait laissée entr'ouverte.

— Cher Benjamin, dit le vieillard en adoucissant d'abord sa voix, je t'ai choisi pour femme cette grande et belle demoiselle ; elle est l'héritière des domaines d'une branche cadette de la maison de Grandlieu, bonne et vieille noblesse du duché de Bretagne. Ainsi, sois gentil compagnon, et rappelle-toi les plus jolies choses de tes livres pour leur dire des galanteries avant de leur en faire.

— Mon père, le premier devoir d'un gentilhomme n'est-il pas de tenir sa parole ?

— Oui !

— Hé ! bien, quand je vous ai pardonné la mort de ma mère, morte ici par le fait de son mariage avec vous, ne m'avez-vous pas promis de ne jamais contrarier mes désirs ? *Moi-même je t'obéirai comme au Dieu de la famille*, avez-vous dit. Je n'entreprends rien sur vous, je ne demande que d'avoir mon libre arbitre dans une affaire où il s'en va de ma vie, et qui me regarde seul : mon mariage.

— J'entendais, dit le vieillard en sentant tout son sang lui monter au visage, que tu ne t'opposerais pas à la continuation de notre noble race.

— Vous ne m'avez point fait de condition, dit Étienne. Je ne sais ce que l'amour a de commun avec une race ; mais ce que je sais bien, c'est que j'aime la fille de votre vieil ami Beauvouloir, et petite-fille de votre amie *la Belle Romaine*.

— Mais elle est morte, répondit le vieux colosse d'un air à la fois sombre et railleur qui annonçait l'intention où il était de la faire disparaître.

Il y eut un moment de profond silence.

Le vieillard aperçut les trois dames et le baron d'Artagnon. En cet instant suprême, Étienne, dont le sens de l'ouïe était si délicat, entendit dans la bibliothèque la pauvre Gabrielle qui, voulant faire savoir à son ami qu'elle s'y était renfermée, chantait ces paroles :

> Une hermine
> Est moins fine,
> Le lis a moins de fraîcheur.

L'enfant maudit, que l'horrible phrase de son père avait plongé dans les abîmes de la mort, revint à la surface de la vie sur les ailes de cette poésie. Quoique déjà ce mouvement de terreur, effacé si rapidement, lui eût brisé le cœur, il rassembla ses forces, releva la tête, regarda son père en face pour la première fois de sa vie, échangea mépris pour mépris, et dit avec l'accent de la haine : — Un gentilhomme ne doit pas mentir! D'un bond il sauta vers la porte opposée à celle du salon et cria : — Gabrielle !

Tout à coup, la suave créature apparut dans l'ombre comme un lis dans les feuillages, et trembla devant ce groupe de femmes moqueuses, instruites des amours d'Étienne. Semblable à ces nuages qui portent la foudre, le vieux duc, arrivé à un degré de rage qui ne se décrit point, se détachait sur le front brillant que produisaient les riches habillements de ces trois dames de cour. Entre la prolongation de sa race et une mésalliance, tout autre homme aurait hésité ; mais il se rencontra dans ce vieil homme indompté la férocité qui jusqu'alors avait décidé toutes les difficultés humaines ; il tirait à tout propos l'épée, comme le seul remède qu'il connût aux nœuds gordiens de la vie. Dans cette circonstance où le bouleversement de ses idées était au comble, le naturel devait triompher. Deux fois pris en flagrant délit de mensonge par un être abhorré, par son enfant maudit mille fois, et plus que jamais maudit au moment où sa faiblesse méprisée, et pour lui la plus méprisable, triomphait d'une omnipotence infaillible jusqu'alors, il n'y eut plus en lui ni père, ni homme : le tigre sortit de l'antre où il se cachait. Le vieillard, que la vengeance rendit jeune, jeta sur le plus ravissant couple d'anges qui eût consenti à mettre les pieds sur la terre, un regard pesant de haine et qui assassinait déjà.

— Eh ! bien, crevez tous ! Toi, sale avorton, la preuve de ma honte. Toi, dit-il à Gabrielle, misérable gourgandine à langue de vipère qui as empoisonné ma maison !

Ces paroles portèrent dans le cœur des deux enfants la terreur dont elles étaient chargées. Au moment où Étienne vit la large main de son père armée d'un fer et levée sur Gabrielle, il mourut, et Gabrielle tomba morte en voulant le retenir.

Le vieillard ferma la porte avec rage, et dit à mademoiselle de Grandlieu : — Je vous épouserai, moi!

— Et vous êtes assez vert-galant pour avoir une belle lignée, dit la comtesse à l'oreille de ce vieillard qui avait servi sous sept rois de France.

Paris, 1831-1836.

LES MARANA.

A MADAME LA COMTESSE MERLIN.

Malgré la discipline que le maréchal Suchet avait introduite dans son corps d'armée, il ne put empêcher un premier moment de trouble et de désordre à la prise de Tarragone. Selon quelques militaires de bonne foi, cette ivresse de la victoire ressembla singulièrement à un pillage, que le maréchal sut d'ailleurs promptement réprimer. L'ordre rétabli, chaque régiment parqué dans son quartier, le commandant de place nommé, vinrent les administrateurs militaires. La ville prit alors une physionomie métisse. Si l'on y organisa tout à la française, on laissa les Espagnols libres de persister, *in petto*, dans leurs goûts nationaux. Ce premier moment de pillage qui dura pendant une période de temps assez difficile à déterminer, eut, comme tous les événements sublunaires, une cause facile à révéler. Il se trouvait à l'armée du maréchal un régiment presque entièrement composé d'Italiens, et commandé par un certain colonel Eugène, homme d'une bravoure extraordinaire, un second Murat, qui, pour s'être mis trop tard en guerre, n'eut ni grand-duché de Berg, ni royaume de Naples, ni balle à Pizzo. S'il n'obtint pas de couronnes, il fut très-bien placé pour obtenir des balles, et il ne serait pas étonnant qu'il en eût rencontré quelques-unes. Ce régiment avait eu pour éléments les débris de la légion italienne. Cette légion était pour l'Italie ce que sont pour la France les bataillons coloniaux. Son dépôt, établi à l'île d'Elbe, avait servi à déporter honorablement et les fils de famille qui donnaient des craintes pour leur avenir, et ces grands hommes manqués, que la société marque d'avance au fer chaud, en les appelant des *mauvais sujets*. Tous gens incompris pour la plupart, dont l'existence peut devenir, ou belle au gré d'un sourire de femme qui les relève de leur brillante ornière, ou épouvantable à la fin d'une orgie, sous l'influence de quelque méchante réflexion échappée à leurs compagnons d'ivresse. Napoléon avait donc incorporé ces hommes d'énergie dans le 6ᵉ de ligne, en espérant les métamorphoser presque tous en généraux, sauf les déchets occasionnés par le boulet ; mais les calculs de l'empereur ne furent parfaitement justes que relativement aux ravages de la mort. Ce régiment, souvent décimé, toujours le même, acquit une grande réputation de valeur sur la scène militaire, et la plus détestable de toutes dans la vie privée. Au siége de Tarragone, les Italiens perdirent leur célèbre capitaine Bianchi, le même qui, pendant la campagne, avait parié manger le cœur d'une sentinelle espagnole, et le mangea. Ce divertissement de bivouac est raconté ailleurs (SCÈNES DE LA VIE PARISIENNE), et il s'y trouve sur le 6ᵉ de ligne certains détails qui confirment tout ce qu'on en dit ici. Quoique Bianchi fût le prince des démons incarnés auxquels ce régiment devait sa double réputation, il avait cependant cette espèce d'honneur chevaleresque qui, à l'armée, fait excuser les plus grands excès. Pour tout dire en un mot, il eût été, dans l'autre siècle, un admirable flibustier. Quelques jours auparavant, il s'était distingué par une action d'éclat que le maréchal avait voulu reconnaître. Bianchi refusa grade, pension, décoration nouvelle, et réclama pour toute récompense la faveur de monter le premier à l'assaut de Tarragone. Le maréchal accorda la requête et oublia sa promesse ; mais Bianchi le fit souvenir de Bianchi. L'enragé capitaine planta, le premier, le drapeau français sur la muraille, et y fut tué par un moine.

Cette digression historique était nécessaire pour expliquer comment le 6ᵉ de ligne entra le premier dans Tarragone, et pourquoi le désordre, assez naturel dans une ville emportée de vive force, dégénéra si promptement en un léger pillage.

Ce régiment comptait deux officiers peu remarquables parmi ces hommes de fer, mais qui joueront néanmoins dans cette histoire, par *juxta*-position, un rôle assez important.

Le premier, capitaine d'habillement, officier moitié militaire, moitié civil, passait, en style soldatesque, pour *faire ses affaires*.

Il se prétendait brave, se vantait, dans le monde, d'appartenir au 6ᵉ de ligne, savait relever sa moustache en homme prêt à tout briser, mais ses camarades ne l'estimaient point. Sa fortune le rendait prudent. Aussi l'avait-on, pour deux raisons, surnommé le *capitaine des corbeaux*. D'abord, il sentait la poudre d'une lieue, et fuyait les coups de fusil à tire-d'aile ; puis ce sobriquet renfermait encore un innocent calembour militaire, que du reste il méritait, et dont un autre se serait fait gloire. Le capitaine Montefiore, de l'illustre famille de Montefiore de Milan, mais à qui les lois du royaume d'Italie interdisaient de porter son titre, était un des plus jolis garçons de l'armée. Cette beauté pouvait être une des causes occultes de sa prudence aux jours de bataille. Une blessure qui lui eût déformé le nez, coupé le front, ou couturé les joues, aurait détruit l'une des plus belles figures italiennes de laquelle jamais femme ait rêveusement dessiné les proportions délicates. Son visage, assez semblable au type qui a fourni le jeune Turc mourant à Girodet dans son tableau de la Révolte du Caire, était un de ces visages mélancoliques dont les femmes sont presque toujours les dupes. Le marquis de Montefiore possédait des biens substitués, il avait engagé tous les revenus pour un certain nombre d'années, afin de payer des escapades italiennes qui ne se concevraient point à Paris. Il s'était ruiné à soutenir un théâtre de Milan, pour imposer au public une mauvaise cantatrice qui, disait-il, l'aimait à la folie. Le capitaine Montefiore avait donc un très-bel avenir, et ne se souciait pas de le jouer contre un méchant morceau de ruban rouge. Si ce n'était pas un brave, c'était au moins un philosophe, et il avait des précédents, s'il est permis de parler ici notre langage parlementaire. Philippe II ne jura-t-il pas, à la bataille de Saint-Quentin, de ne plus se retrouver au feu, excepté celui des bûchers de l'inquisition ; et le duc d'Albe ne l'approuva-t-il pas de penser que le plus mauvais commerce du monde était le troc involontaire d'une couronne contre une balle de plomb ? Donc, Montefiore était philippiste en sa qualité de marquis ; philippiste en sa qualité de joli garçon ; et, au demeurant, aussi profond politique que pouvait l'être Philippe II. Il se consolait de son surnom et de la mésestime du régiment en pensant que ses camarades étaient des chenapans, dont l'opinion pourrait bien un jour ne pas obtenir grande créance, si par hasard ils survivaient à cette guerre d'extermination. Puis, sa figure était un brevet de valeur ; il se voyait

forcément nommé colonel, soit par quelque phénomène de faveur
féminine, soit par une habile métamorphose du capitaine d'habillement en officier d'ordonnance, et de l'officier d'ordonnance en
aide de camp de quelque complaisant maréchal. Pour lui, la gloire
était une simple question d'habillement. Alors, un jour, je ne sais
quel journal dirait en parlant de lui, *le brave colonel Montefiore*,
etc. Alors il aurait cent mille scudi de rente, épouserait une fille
de haut lieu, et personne n'oserait ni contester sa bravoure ni vérifier ses blessures. Enfin, le capitaine Montefiore avait un ami
dans la personne du quartier-maître, Provençal né aux environs
de Nice, et nommé Diard.

Un ami, soit au bagne, soit dans une mansarde d'artiste, console
de bien des malheurs. Or, Montefiore et Diard étaient deux philosophes qui se consolaient de la vie par l'entente du vice, comme deux
artistes endorment les douleurs de leur vie par les espérances de
la gloire. Tous deux voyaient la guerre dans ses résultats, non dans
son action, et ils donnaient tout simplement aux morts le nom de
niais. Le hasard en avait fait des soldats, tandis qu'ils auraient dû
se trouver assis autour des tapis verts d'un congrès. La nature
avait jeté Montefiore dans le moule des Rizzio; et Diard, dans le
creuset des diplomates. Tous deux étaient doués de cette organisation fébrile, mobile, à demi féminine, également forte pour le
bien et pour le mal; mais dont il peut émaner, suivant le caprice
de ces singuliers tempéraments, un crime aussi bien qu'une action
généreuse, un acte de grandeur d'âme ou une lâcheté. Leur sort
dépend à tout moment de la pression plus ou moins vive produite
sur leur appareil nerveux par des passions violentes et fugitives.
Diard était un assez bon comptable, mais aucun soldat ne lui aurait confié ni sa bourse ni son testament, peut-être par suite de
l'antipathie qu'ont les militaires contre les bureaucrates. Le quartier-maître ne manquait ni de bravoure ni d'une sorte de générosité juvénile, sentiments dont se dépouillent certains hommes en
vieillissant, en raisonnant ou en calculant. Journalier comme peut
l'être la beauté d'une femme blonde, Diard était du reste vantard,
grand parleur, et parlait de tout. Il se disait artiste, et ramassait,
à l'imitation de deux célèbres généraux, les ouvrages d'art, uniquement, assurait-il, afin de n'en pas priver la postérité. Ses camarades eussent été fort embarrassés d'asseoir un jugement vrai sur lui.
Beaucoup d'entre eux, habitués à recourir à sa bourse, suivant

l'occurrence, le croyaient riche ; mais il était joueur, et les joueurs n'ont rien en propre. Il était joueur autant que Montefiore, et tous les officiers jouaient avec eux : parce que, à la honte des hommes, il n'est pas rare de voir autour d'un tapis vert des gens qui, la partie finie, ne se saluent pas et ne s'estiment point. Montefiore avait été l'adversaire de Bianchi dans le pari du cœur espagnol.

Montefiore et Diard se trouvèrent aux derniers rangs lors de l'assaut, mais les plus avancés au cœur de la ville, dès qu'elle fut prise. Il arrive de ces hasards dans les mêlées. Seulement, les deux amis étaient coutumiers du fait. Se soutenant l'un l'autre, ils s'engagèrent bravement à travers un labyrinthe de petites rues étroites et sombres, allant tous deux à leurs affaires, l'un cherchant des madones peintes, l'autre des madones vivantes. En je ne sais quel endroit de Tarragone, Diard reconnut à l'architecture du porche un couvent dont la porte était enfoncée, et sauta dans le cloître pour y arrêter la fureur des soldats. Il y arriva fort à propos, car il empêcha deux Parisiens de fusiller une Vierge de l'Albane qu'il leur acheta, malgré les moustaches dont l'avaient décorée les deux voltigeurs par fanatisme militaire. Montefiore, resté seul, aperçut en face du couvent la maison d'un marchand de draperies d'où partit un coup de feu tiré sur lui, au moment où, la regardant de haut en bas, il y fut arrêté par une foudroyante œillade qu'il échangea vivement avec une jeune fille curieuse, dont la tête s'était glissée dans le coin d'une jalousie. Tarragone prise d'assaut, Tarragone en colère, faisant feu par toutes les croisées ; Tarragone violée, les cheveux épars, à demi nue, ses rues flamboyantes, inondées de soldats français tués ou tuant, valait bien un regard, le regard d'une Espagnole intrépide. N'était-ce pas le combat de taureaux agrandi ? Montefiore oublia le pillage, et n'entendit plus, pendant un moment, ni les cris, ni la mousquetade, ni les grondements de l'artillerie. Le profil de cette Espagnole était ce qu'il avait vu de plus divinement délicieux, lui, libertin d'Italie, lui lassé d'Italiennes, lassé de femmes, et rêvant une femme impossible, parce qu'il était las des femmes. Il put encore tressaillir, lui, le débauché, qui avait gaspillé sa fortune pour réaliser les mille folies, les mille passions d'un homme jeune, blasé ; le plus abominable monstre que puisse engendrer notre société. Il lui passa par la tête une bonne idée que lui inspira sans doute le coup de fusil du boutiquier patriote; ce fut de mettre le feu à la maison. Mais il se trouvait seul, sans moyens d'action ; le centre de la bataille était sur la grande place où quelques entêtés se défendaient encore. D'ailleurs, il lui survint une meilleure idée. Diard sortit du couvent, Montefiore ne lui dit rien de sa découverte, et alla faire plusieurs courses avec lui dans la ville. Mais, le lendemain, le capitaine italien fut militairement logé chez le marchand de draperies. N'était-ce pas la demeure naturelle d'un capitaine d'habillement ?

La maison de ce bon Espagnol était composée au rez-de-chaussée d'une vaste boutique sombre, extérieurement armée de gros barreaux en fer, comme le sont à Paris les vieux magasins de la rue des Lombards. Cette boutique communiquait avec un parloir éclairé par une cour intérieure, grande chambre où respirait tout l'esprit du moyen âge : vieux tableaux enfumés, vieilles tapisseries, antique *brazero*, le chapeau à plumes suspendu à un clou, le fusil des guérillas et le manteau de Bartholo. La cuisine attenait à ce lieu de réunion, à cette pièce unique où l'on mangeait, où l'on se réchauffait à la sourde lueur du brasier, en fumant des cigares, en discourant pour animer les cœurs à la haine contre les Français. Des brocs d'argent, la vaisselle précieuse, ornaient une crédence, à la mode ancienne. Mais le jour, parcimonieusement distribué, ne laissait briller que faiblement les objets éclatants; et, comme dans un tableau de l'école hollandaise, là tout devenait brun, même les figures. Entre la boutique et ce salon si beau de couleur et de vie patriarcale, se trouvait un escalier assez obscur qui conduisait à un magasin où des jours, habilement pratiqués, permettaient d'examiner les étoffes. Puis, au-dessus était l'appartement du marchand et de sa femme. Enfin, le logement de l'apprenti et d'une servante avait été ménagé dans une mansarde établie sous un toit en saillie sur la rue, et soutenue par des arcs-boutants qui prêtaient à ce logis une physionomie bizarre; mais leurs chambres furent prises par le marchand et par sa femme, qui abandonnèrent à l'officier leur propre appartement, sans doute afin d'éviter toute querelle.

Montefiore se donna pour un ancien sujet de l'Espagne, persécuté par Napoléon et qui le servait contre son gré ; ces demi-mensonges eurent le succès qu'il en attendait. Il fut invité à partager le repas de la famille, comme le voulaient son nom, sa naissance et son titre. Montefiore avait ses raisons en cherchant à capter la bienveillance du marchand ; il sentait sa madone, comme l'ogre sentait la chair fraîche du petit Poucet et de ses frères. Malgré la confiance qu'il sut inspirer au drapier, celui-ci garda le plus profond secret sur cette madone; et non-seulement le capitaine n'aperçut aucune trace de jeune fille durant la première journée qu'il passa sous le toit de l'honnête Espagnol, mais encore il ne put entendre aucun bruit ni saisir aucun indice qui lui en révélât la présence dans cet antique logis. Cependant tout résonnait si bien entre les planchers de cette construction, presque entièrement bâtie en bois, que pendant le silence des premières heures de la nuit, Montefiore espéra deviner en quel lieu se trouvait cachée la jeune inconnue. Imaginant qu'elle était la fille unique de ces vieilles gens, il la crut consignée par eux dans les mansardes, où ils avaient établi leur domicile pour tout le temps de l'occupation. Mais aucune révélation ne trahit la cachette de ce précieux trésor. L'officier resta bien le visage collé aux petits carreaux en losange, et retenus par des branches de plomb, qui donnaient sur la cour intérieure, noire enceinte de murailles ; mais il n'y aperçut aucune lueur, si ce n'est celle que projetaient les fenêtres de la chambre où étaient les deux vieux époux, toussant, allant, venant, parlant. De la jeune fille, pas même l'ombre. Montefiore était trop fin pour risquer l'avenir de sa passion en se hasardant à sonder nuitamment la maison, ou à frapper doucement aux portes. Découvert par ce chaud patriote, soupçonneux comme doit l'être un Espagnol père et marchand de draperies, c'eût été se perdre infailliblement. Le capitaine résolut donc d'attendre avec patience, espérant tout du temps et de l'imperfection des hommes, qui finissent toujours, même les scélérats, à plus forte raison les honnêtes gens, par oublier quelque précaution. Le lendemain, il découvrit où couchait la servante, en voyant une espèce de hamac dans la cuisine. Quant à l'apprenti, il dormait sur les comptoirs de la boutique. Pendant cette seconde journée, au souper, Montefiore, en maudissant Napoléon, réussit à dérider le front soucieux de son hôte, Espagnol grave, noir visage, semblable à ceux que l'on sculptait jadis sur le manche des rebecs ; et sa femme retrouva un sourire gai de haine dans les plis de sa vieille figure. La lampe et les reflets du *brazero* éclairaient fantastiquement cette noble salle. L'hôtesse venait d'offrir un *cigaretto* à leur demi-compatriote. En ce moment, Montefiore entendit le frôlement d'une robe et la chute d'une chaise, derrière une tapisserie.

JUANA.

C'était une figure blanche, où le ciel de l'Espagne avait jeté quelques légers tons de bistre.

(LES MARANAS.)

— Allons, dit la femme en pâlissant, que tous les saints nous assistent! et qu'il ne soit pas arrivé de malheur.

— Vous avez donc là quelqu'un? dit l'Italien sans donner signe d'émotion.

Le drapier laissa échapper un mot d'injure contre les filles. Alarmée, sa femme ouvrit une porte secrète, et amena demi-morte la madone de l'Italien, à laquelle cet amoureux ravi ne parut faire aucune attention. Seulement, pour éviter toute affectation, il regarda la jeune fille, se retourna vers l'hôte et lui dit dans sa langue maternelle : — Est-ce là votre fille, seigneur?

Perez de Lagounia, tel était le nom du marchand, avait eu de grandes relations commerciales à Gênes, à Florence, à Livourne; il savait l'italien et répondit dans la même langue : — Non. Si c'eût été ma fille, j'eusse pris moins de précautions. Cet enfant nous est confiée, et j'aimerais mieux périr que de lui voir arriver le moindre malheur. Mais donnez donc de la raison à une fille de dix-huit ans!

— Elle est bien belle, dit froidement Montefiore, qui ne regarda plus la jeune fille.

— La beauté de la mère est assez célèbre, répondit le marchand.

Et ils continuèrent à fumer en s'observant l'un l'autre. Quoique Montefiore se fût imposé la dure loi de ne pas jeter le moindre regard qui pût compromettre son apparente froideur, cependant, au moment où Perez tourna la tête pour cracher, il se permit de lancer un coup d'œil à la dérobée sur cette fille, et il en rencontra les yeux pétillants. Mais alors, avec cette science de vision qui donne à un débauché, aussi bien qu'à un sculpteur, le fatal pouvoir de déshabiller pour ainsi dire une femme, d'en deviner les formes par des inductions, et rapides et sagaces, il vit un de ces chefs-d'œuvre dont la création exige tous les bonheurs de l'amour. C'était une figure blanche où le ciel de l'Espagne avait jeté quelques légers tons de bistre qui ajoutaient à l'expression d'un calme séraphique, une ardente fierté, lueur infusée sous ce teint diaphane, peut-être due à un sang tout mauresque qui le vivifiait et le colorait. Relevés sur le sommet de la tête, ses cheveux retombaient et entouraient de leurs reflets noirs de fraîches oreilles transparentes, en dessinant les contours d'un cou faiblement azuré. Ces bouches luxuriantes mettaient en relief des yeux brûlants, et les lèvres rouges d'une bouche bien arquée. La basquine du pays faisait bien valoir la cambrure d'une taille facile à ployer comme un rameau de saule. C'était, non pas la Vierge de l'Italie, mais la Vierge de l'Espagne, celle du Murillo, le seul artiste assez osé pour l'avoir peinte enivrée de bonheur par la conception du Christ, imagination délirante du plus hardi, du plus chaud des peintres. Il se trouvait en cette fille trois choses réunies, dont une seule suffit à diviniser une femme : la pureté de la perle gisant au fond des mers, la sublime exaltation de la sainte Thérèse espagnole, et la volupté qui s'ignore. Sa présence eut toute la vertu d'un talisman. Montefiore ne vit plus rien de vieux autour de lui : la jeune fille avait tout rajeuni. Si l'apparition fut délicieuse, elle dura peu. L'inconnue fut reconduite dans la chambre mystérieuse, où la servante lui porta dès lors ostensiblement et de la lumière et son repas.

— Vous faites bien de la cacher, dit Montefiore en italien. Je vous garderai le secret. Diantre ! nous avons des généraux capables de vous l'enlever militairement.

L'enivrement de Montefiore alla jusqu'à lui suggérer l'idée d'épouser l'inconnue. Alors il demanda quelques renseignements à son hôte, Perez lui raconta volontiers l'aventure à laquelle il devait sa pupille, et le prudent Espagnol fut engagé à faire cette confidence, autant par l'illustration des Montefiore, dont il avait entendu parler en Italie, que pour montrer combien étaient fortes les barrières qui séparaient la jeune fille d'une séduction. Quoique le bonhomme eût une certaine éloquence de patriarche, en harmonie avec ses mœurs simples et conforme au coup d'escopette tiré sur Montefiore, ses discours gagneront à être résumés.

Au moment où la révolution française changea les mœurs des pays qui servirent de théâtre à ses guerres, vint à Tarragone une fille de joie, chassée de Venise par la chute de Venise. La vie de cette créature était un tissu d'aventures romanesques et de vicissitudes étranges. A elle, plus souvent qu'à toute autre femme de cette classe en dehors du monde, il arrivait, grâce au caprice d'un seigneur frappé de sa beauté extraordinaire, de se trouver pendant un certain temps gorgée d'or, de bijoux, entourée des mille délices de la richesse. C'était les fleurs, les carrosses, les pages, les caméristes, les palais, les tableaux, l'insolence, les voyages comme les faisait Catherine II ; enfin la vie d'une reine absolue dans ses caprices et obéie souvent par delà ses fantaisies. Puis, sans que jamais ni elle, ni personne, nul savant, physicien, chimiste ou autre, ait pu découvrir par quel procédé s'évaporait son or, elle retombait sur le pavé, pauvre, dénuée de tout, ne conservant que sa toute-puissante beauté, vivant d'ailleurs sans aucun souci du passé, du présent ni de l'avenir. Jetée, maintenue en sa misère par quelque pauvre officier joueur de qui elle adorait la moustache, elle s'attachait à lui comme un chien à son maître, partageant avec lui seulement les maux de cette vie militaire qu'elle consolait ; du reste, faite à tout, dormant aussi gaie sous le toit d'un grenier que sous la soie des plus opulentes courtines. Italienne, Espagnole tout ensemble, elle observait très-exactement les pratiques religieuses, et plus d'une fois elle avait dit à l'amour : — Tu reviendras demain, aujourd'hui je suis à Dieu. Mais cette fange pétrie d'or et de parfums, cette insouciance de tout, ces passions furieuses, cette religieuse croyance jetée à ce cœur comme un diamant dans la boue, cette vie commencée et finie à l'hôpital, ces chances du joueur transportées à l'âme, à l'existence entière ; enfin cette haute alchimie où le vice attisait le feu du creuset dans lequel se fondaient les plus belles fortunes, se fluidifiaient et disparaissaient les écus des aïeux et l'honneur des grands noms ; tout cela procédait d'un génie particulier, fidèlement transmis de mère en fille depuis le Moyen-Age. Cette femme avait nom LA MARANA. Dans sa famille, purement féminine, et depuis le treizième siècle, l'idée, la personne, le nom, le pouvoir d'un père avaient été complétement inconnus. Le mot de *Marana* était, pour elle, ce que la dignité de *Stuart* fut pour la célèbre race royale écossaise, un nom d'honneur substitué au nom patronymique, par l'hérédité constante de la même charge inféodée à la famille.

Jadis en France, en Espagne et en Italie, quand ces trois pays eurent, du quatorzième au quinzième siècle, des intérêts communs qui les unirent ou les désunirent par une guerre continuelle, le mot de Marana servit à exprimer, dans sa plus large acception, une fille de joie. A cette époque, ces sortes de femmes avaient dans le monde un certain rang duquel rien aujourd'hui ne peut donner l'idée. Ninon de Lenclos et Marion Delorme ont seules, en France, joué le rôle des Impéria, des Catalina, des Marana, qui, dans les siècles précédents, réunissaient chez elles la soutane, la robe et l'épée. Une Impéria bâtit à Rome je ne sais quelle église, dans un accès de repentir, comme Rhodope construisit jadis une pyramide en

Égypte. Ce nom, infligé d'abord comme une flétrissure à la famille bizarre dont il est ici question, avait fini par devenir le sien et ennoblir le vice en elle par l'incontestable antiquité du vice. Or, un jour, la Marana du dix-neuvième siècle, un jour d'opulence ou de misère, on ne sait, ce problème fut un secret entre elle et Dieu, mais certes, ce fut dans une heure de religion et de mélancolie, cette femme se trouva les pieds dans un bourbier et la tête dans les cieux. Elle maudit alors le sang de ses veines, elle se maudit elle-même, elle trembla d'avoir une fille, et jura, comme jurent ces sortes de femmes, avec la probité, avec la volonté du bagne, la plus forte volonté, la plus exacte probité qu'il y ait sous le ciel ; elle jura donc devant un autel, en croyant à l'autel, de faire de sa fille une créature vertueuse, une sainte, afin de donner, à cette longue suite de crimes amoureux et de femmes perdues, un ange, pour elles toutes, dans le ciel. Le vœu fait, le sang de Marana parla, la courtisane se rejeta dans sa vie aventureuse, une pensée de plus au cœur. Enfin, elle vint à aimer du violent amour des prostituées, comme Henriette Wilson aima lord Ponsomby, comme mademoiselle Dupuis aima Bolingbroke, comme la marquise de Pescaire aima son mari ; mais non, elle n'aima pas, elle adora l'un de ces hommes à blonds cheveux, un homme à moitié femme, à laquelle elle prêta les vertus qu'elle n'avait pas, voulant garder pour elle tout ce qui était vice. Puis, de cet homme faible, de ce mariage insensé, de ce mariage qui n'est jamais béni par Dieu ni par les hommes, que le bonheur devrait justifier, mais qui n'est jamais absous par le bonheur et duquel rougissent un jour les gens sans front, elle eut une fille, une fille à sauver, une fille pour laquelle elle désira une belle vie, et surtout les pudeurs qui lui manquaient. Alors, qu'elle vécût heureuse ou misérable, opulente ou pauvre, elle eut au cœur un sentiment pur, le plus beau de tous les sentiments humains, parce qu'il est le plus désintéressé. L'amour a encore son égoïsme à lui, l'amour maternel n'en a plus. La Marana fut mère comme aucune mère n'était mère ; car, dans son naufrage éternel, la maternité pouvait être une planche de salut. Accomplir saintement une partie de sa tâche terrestre en envoyant un ange de plus dans le paradis, n'était-ce pas mieux qu'un tardif repentir ? n'était-ce pas la seule prière pure qui lui fût permis d'élever jusqu'à Dieu ? Aussi, quand cette fille, quand sa Maria-Juana-Pepita (elle aurait voulu lui donner pour patrones toutes les saintes de la Légende) ; donc, lorsque cette petite créature lui fut accordée, elle eut une si haute idée de la majesté d'une mère, qu'elle supplia le Vice de lui octroyer une trêve. Elle se fit vertueuse, et vécut solitaire. Plus de fêtes, plus de nuits, plus d'amours. Toutes ces fortunes, toutes ses joies étaient dans le frêle berceau de sa fille. Les accents de cette voix enfantine lui bâtissaient une oasis dans les sables ardents de sa vie. Ce sentiment n'eut rien qui pût se mesurer à aucun autre. Ne comprenait-il pas tous les sentiments humains et toutes les espérances célestes ? La Marana ne voulut entacher sa fille d'aucune souillure autre que celle du péché originel de sa naissance, qu'elle essaya de baptiser dans toutes les vertus sociales ; aussi réclama-t-elle du jeune père une fortune paternelle, et le nom paternel. Cette fille ne fut donc plus une Juana Marana, mais Juana de Mancini. Puis, quand après sept années de joie et de baisers, d'ivresse et de bonheur, il fallut que la pauvre Marana se privât de cette idole, afin de ne pas lui courber le front sous la honte héréditaire, cette mère eut le courage de renoncer à son enfant pour son enfant, et lui chercha, non sans d'horribles douleurs, une autre mère, une famille, des mœurs à prendre, de saints exemples à imiter. L'abdication d'une mère est un acte épouvantable ou sublime ; ici, n'était-il pas sublime ?

Donc, à Tarragone, un hasard heureux lui fit rencontrer les Lagounia dans une circonstance où elle put apprécier la probité de l'Espagnol et la haute vertu de sa femme. Elle arriva pour eux comme un ange libérateur. La fortune et l'honneur du marchand, momentanément compromis, nécessitaient un secours et prompt et secret, la Marana lui remit la somme dont se composait la dot de Juana, ne lui en demandant ni reconnaissance ni intérêt. Dans sa jurisprudence, à elle, un contrat était une chose de cœur, un stylet, la justice du faible, et Dieu, le tribunal suprême. Après avoir avoué les malheurs de sa situation à dona Lagounia, elle confia fille et fortune au vieil honneur espagnol qui respirait pur et sans tache dans cette antique maison. Dona Lagounia n'avait point d'enfant, elle se trouva très-heureuse d'avoir une fille adoptive à élever. La courtisane se sépara de sa chère Juana, certaine d'en avoir assuré l'avenir et de lui avoir trouvé une mère, une mère qui ferait d'elle une Mancini, et non une Marana. En quittant la simple et modeste maison du marchand où vivaient les vertus bourgeoises de la famille, où la religion, où la sainteté des sentiments et l'honneur étaient dans l'air, la pauvre fille de joie, mère déshéritée de son enfant, put supporter ses douleurs en voyant Juana, vierge, épouse et mère, mère heureuse pendant toute une longue vie. La courtisane laissa sur le seuil de cette maison une de ces larmes que recueillent les anges. Depuis ce jour de deuil et d'espérance, la Marana, ramenée par d'invincibles pressentiments, était revenue à trois reprises pour revoir sa fille. La première fois, Juana se trouvait en proie à une maladie dangereuse. — « Je le savais, » dit-elle à Perez en arrivant chez lui. Dans son sommeil et de loin, elle avait aperçu Juana mourante. Elle la servit, la veilla ; puis, un matin, pendant que sa fille en convalescence dormait, elle la baisa au front, et partit sans s'être trahie. La mère chassait la courtisane. Une seconde fois, la Marana vint dans l'église où communiait Juana de Mancini. Vêtue simplement, obscure, cachée dans le coin d'un pilier, la mère proscrite se reconnut dans sa fille telle qu'elle avait été un jour, céleste figure d'ange, pure comme l'est la neige tombée le matin même sur une Alpe. Courtisane dans sa maternité même, la Marana sentit au fond de son âme une jalousie plus forte que ne l'étaient tous ses amours ensemble, et sortit de l'église, incapable de résister plus longtemps au désir de tuer dona Lagounia, en la voyant là, le visage rayonnant, être trop bien la mère. Enfin, une dernière rencontre eut lieu entre la mère et la fille, à Milan, où le marchand et sa femme étaient allés. La Marana passait au Corso dans tout l'appareil d'une souveraine ; elle apparut à sa fille, rapide comme un éclair, et n'en fut pas reconnue. Effroyable angoisse ! A cette Marana chargée de baisers, il en manquait un, un seul, pour lequel elle aurait vendu tous les autres, le baiser frais et joyeux donné par une fille à sa mère, à sa mère honorée, à sa mère en qui resplendissent toutes les vertus domestiques. Juana vivante était morte pour elle ! Une pensée ranima cette courtisane, à laquelle le duc de Lina disait alors : — « Qu'avez-vous, mon amour ? » Pensée délicieuse ! Juana était désormais sauvée. Elle serait la plus humble des femmes peut-être, mais non pas une infâme courtisane à qui tous les hommes pouvaient dire : Qu'avez-vous, mon amour ! Enfin, le marchand et sa femme avaient accompli leurs devoirs avec une rigoureuse intégrité. La fortune de Juana, devenue la leur, serait décuplée. Perez de Lagounia, le plus riche négociant de la province, portait à la jeune fille un sentiment à demi superstitieux. Après avoir préservé sa vieille maison d'une ruine déshonorante, la présence de cette céleste créature n'y avait-elle pas amené des prospérités inouïes ? sa femme, âme d'or et pleine de délicatesse, en avait fait une enfant religieuse, pure autant que belle. Juana pouvait être aussi bien l'épouse d'un seigneur que d'un riche commerçant, elle ne faillirait à aucune des vertus nécessaires en ses brillantes destinées ; sans les événements, Perez, qui avait rêvé d'aller à Madrid, l'eût mariée à quelque grand d'Espagne.

— Je ne sais où est aujourd'hui la Marana, dit Perez en terminant ; mais, en quelque lieu du monde qu'elle puisse être, si elle apprend et l'occupation de notre province par vos armées, et le siége de Tarragone, elle doit être en route pour y venir, afin de veiller sur sa fille.

Ce récit changea les déterminations du capitaine italien, il ne voulut plus faire de Juana de Mancini la marquise de Montefiore. Il reconnut le sang des Marana dans l'œillade que la jeune fille avait échangée avec lui à travers la jalousie, dans la ruse qu'elle venait d'employer pour servir sa curiosité, dans le dernier regard qu'elle lui avait jeté. Ce libertin voulait pour épouse une femme vertueuse. Cette aventure était pleine de périls, mais de ces périls dont ne s'épouvante jamais l'homme le moins courageux, car ils avaient l'amour et ses plaisirs. L'apprenti couché sur les comptoirs, la servante au bivouac dans la cuisine, Perez et sa femme ne dormant sans doute que du sommeil des vieillards, la sonorité de la maison, une surveillance de dragon pendant le jour, tout était obstacle, tout faisait de cet amour un amour impossible. Mais Montefiore avait pour lui, contre tant d'impossibilités, le sang des Marana qui pétillait au cœur de cette curieuse Italienne, Espagnole par les mœurs, vierge de fait, impatiente d'aimer. La passion, la fille et Montefiore pouvaient tous trois défier l'univers entier.

Montefiore, poussé autant par l'instinct des hommes à bonnes fortunes que par ces espérances vagues que l'on ne s'explique point et auxquelles nous donnons le nom de pressentiment, mot d'une étonnante vérité, Montefiore passa les premières heures de cette nuit à sa croisée, occupé à regarder au-dessous de lui, dans la situation présumée de la cachette où les deux époux avaient logé l'amour et la joie de leur vieillesse. Le magasin de l'entre-sol, pour me servir d'une expression française qui fera mieux comprendre les localités, séparait les deux jeunes gens. Le capitaine ne pouvait donc pas recourir aux bruits significativement faits d'un plancher à l'autre, langage tout artificiel que les amants savent créer en semblable occasion. Mais le hasard vint à son secours, ou la jeune fille peut-être ! Au moment où il se mit à sa croisée, il vit, sur la noire muraille de la cour, une zone de lumière au centre de laquelle se dessinait la silhouette de Juana; les mouvements répétés du bras, l'attitude, tout faisait deviner qu'elle se coiffait de nuit.

— Est-elle seule ? se demanda Montefiore. Puis-je mettre sans danger au bout d'un fil une lettre chargée de quelques pièces de monnaie et en frapper la vitre ronde de l'œil-de-bœuf par lequel sa cellule est sans doute éclairée ?

Aussitôt il écrivit un billet, le vrai billet de l'officier, du soldat déporté par sa famille à l'île d'Elbe, le billet du marquis déchu, jadis musqué, maintenant capitaine d'habillement. Puis il fit une corde avec tout ce qui fut ingrédient de cordage, y attacha le billet chargé de quelques écus, et le descendit dans le plus profond silence jusqu'au milieu de cette lueur sphérique.

— Les ombres, en se projetant, me diront si sa mère ou sa servante sont avec elle, et si elle n'est pas seule, pensa Montefiore, je remonterai vivement ma corde.

Mais quand, après mille peines faciles à comprendre, l'argent frappa la vitre, une seule figure, le svelte buste de Juana s'agita sur la muraille. La jeune fille ouvrit le carreau bien doucement, vit le billet, le prit et resta debout en le lisant. Montefiore s'était nommé, demandait un rendez-vous; il offrait, en style de vieux roman, son cœur et sa main à Juana de Mancini. Ruse infâme et vulgaire, mais dont le succès sera toujours certain ! A l'âge de Juana, la noblesse de l'âme n'augmente-t-elle pas les dangers de l'âge ? Un poëte de ce temps a dit gracieusement : La femme ne succombe que dans sa force. L'amant feint de douter de l'amour qu'il inspire au moment où il est le plus aimé; confiante et fière, une jeune fille voudrait inventer des sacrifices à faire, et ne connaît ni le monde ni les hommes assez pour rester calme au sein de ses passions soulevées, et accabler de son mépris l'homme qui peut accepter une vie offerte en expiation d'un reproche fallacieux.

Depuis la sublime constitution des sociétés, la jeune fille se trouve entre les horribles déchirements que lui causent et les calculs d'une vertu prudente et les malheurs d'une faute. Elle perd souvent un amour, le plus délicieux en apparence, le premier, si elle résiste; elle perd un mariage si elle est imprudente. En jetant un coup d'œil sur les vicissitudes de la vie sociale à Paris, il est impossible de douter de la nécessité d'une religion, en sachant que tous les soirs il n'y a pas trop de jeunes filles séduites. Mais Paris est situé dans le quarante-huitième degré de latitude, et Tarragone sous le quarante et unième. La vieille question des climats est encore utile aux narrateurs pour justifier et les dénoûments brusques et les imprudences ou les résistances de l'amour.

Montefiore avait les yeux attachés sur l'élégant profil noir dessiné au milieu de la lueur. Ni lui ni Juana ne pouvaient se voir, une malheureuse frise, bien fâcheusement placée, leur ôtait les bénéfices de la correspondance muette qui peut s'établir entre deux amoureux quand ils se penchent en dehors de leurs fenêtres. Aussi l'âme et l'attention du capitaine étaient-elles concentrées sur le cercle lumineux où, peut-être à son insu, la jeune fille allait innocemment laisser interpréter ses pensées par les gestes qui lui échapperaient. Mais non. Les étranges mouvements de Juana ne permettaient pas à Montefiore de concevoir la moindre espérance. Juana s'amusait à découper le billet. La vertu, la morale, imitent souvent, dans leurs défiances, les prévisions inspirées par la jalousie aux Bartholo de la comédie. Juana, sans encre, sans plume et sans papier, répondait à coups de ciseaux. Bientôt elle rattacha le billet, l'officier le remonta, l'ouvrit, le mit à la lumière de sa lampe et le lut, en lettres à jour : *Venez!*

— Venir! se dit-il. Et le poison, l'escopette, la dague de Perez! Et l'apprenti à peine endormi sur le comptoir! Et la servante dans son hamac! Et cette maison aussi sonore que l'est une basse d'opéra, et où j'entends d'ici le ronflement du vieux Perez. Venir? Elle n'a donc plus rien à perdre?

Réflexion poignante! Les débauchés seuls savent être si logiques, et peuvent punir une femme de son dévouement. L'homme a inventé Satan et Lovelace; mais la vierge est un ange auquel il ne sait rien prêter que ses vices; elle est si grande, si belle, qu'il ne peut ni la grandir, ni l'embellir : il ne lui a été donné que le fatal pouvoir de la flétrir en l'attirant dans sa vie fangeuse. Montefiore attendit l'heure la plus somnifère de la nuit; puis, malgré ses réflexions, il descendit sans chaussure, muni de ses pistolets, alla pas à pas, s'arrêta pour écouter le silence, avança les mains, sonda les marches, vit presque dans l'obscurité, toujours prêt à rentrer chez lui s'il survenait le plus léger incident. L'Italien avait revêtu son plus bel uniforme, il avait parfumé sa noire chevelure, et s'était donné l'éclat particulier que la toilette et les soins prêtent aux beautés naturelles ; en semblable occurrence, la plupart des hommes sont aussi femmes qu'une femme. Montefiore put arriver sans encombre à la porte secrète du cabinet où la jeune fille avait été logée, cachette pratiquée dans un coin de la maison, élargie en cet endroit par un de ces rentrants capricieux assez fréquents là où les hommes sont obligés, par la cherté du terrain, de serrer leurs maisons les unes contre les autres. Cette cellule appartenait exclusivement à Juana, qui s'y tenait pendant le jour, loin de tous les regards. Jusqu'alors, elle avait couché près de sa mère adoptive ; mais l'exiguïté des mansardes où s'étaient réfugiés les deux époux ne leur avait pas permis de prendre avec eux leur pupille. Dona Lagounia avait donc laissé la jeune fille sous la garde et la clef de la porte secrète, sous la protection des idées religieuses les plus efficaces, car elles étaient devenues des superstitions, et sous la défense d'une fierté naturelle, d'une pudeur de sensitive qui faisaient de la jeune Mancini une exception dans son sexe : elle en avait également les vertus les plus touchantes et les inspirations les plus passionnées ; aussi avait-il fallu la modestie, la sainteté de cette vie monotone pour calmer et rafraîchir ce sang brûlé des Marana qui pétillait dans son cœur, et que sa mère adoptive appelait des tentations du démon. Un léger sillon de lumière, tracé sur le plancher par la fente de la porte, permit à Montefiore d'en voir la place ; il y gratta doucement, Juana ouvrit. Montefiore entra tout palpitant, et reconnut en la recluse une expression de naïve curiosité, l'ignorance la plus complète de son péril, et une sorte d'admiration candide. Il resta pendant un moment frappé par la sainteté du tableau qui s'offrait à ses regards.

Sur les murs une tapisserie à fond gris parsemée de fleurs violettes ; un petit bahut d'ébène, un antique miroir, un immense et vieux fauteuil également en ébène et couvert en tapisserie ; puis une table à pieds contournés : sur le plancher un joli tapis ; auprès de la table une chaise : voilà tout. Mais sur la table des fleurs et un ouvrage de broderie ; mais au fond, un lit étroit et mince sur lequel Juana rêvait ; au-dessus du lit, trois tableaux ; au chevet, un crucifix à bénitier, une prière écrite en lettres d'or et encadrée. Les fleurs exhalaient de faibles parfums, les bougies répandaient une douce lumière; tout était calme, pur et sacré. Les idées rêveuses de Juana, mais Juana surtout, avaient communiqué leur charme aux choses, et son âme semblait y rayonner : c'était la perle dans sa nacre. Juana, vêtue de blanc, belle de sa seule beauté, laissant son rosaire pour appeler l'amour, aurait inspiré du respect à Montefiore lui-même, si le silence, si la nuit, si Juana n'avaient pas été si amoureuses, si le petit lit blanc n'avait pas laissé voir les draps entr'ouverts et l'oreiller confident de mille confus désirs. Montefiore demeura longtemps debout, ivre d'un bonheur inconnu, peut-être celui de Satan apercevant le ciel par une échappée des nuages qui en forment l'enceinte.

— Aussitôt que je vous ai vue, dit-il en pur toscan et d'une voix italiennement mélodieuse, je vous ai aimée. En vous ont été mon âme et ma vie, en vous elles seront pour toujours, si vous voulez.

Juana écoutait en aspirant dans l'air le son de ses paroles que la langue de l'amour rendait magnifiques.

— Pauvre petite, comment avez-vous pu respirer si longtemps dans cette noire maison sans y périr? Vous, faites pour régner dans le monde, pour habiter le palais d'un prince, vivre de fête en fête, ressentir les joies que vous faites naître, voir tout à vos pieds, effacer les plus belles richesses par celles de votre beauté qui ne rencontrera pas de rivales, vous avez vécu là, solitaire, avec ces deux marchands.

Question intéressée. Il voulait savoir si Juana n'avait point eu d'amant.

— Oui, répondit-elle. Mais qui donc vous a dit mes pensées les plus secrètes? Depuis quelques mois je suis triste à mourir. Oui, j'aimerais mieux être morte que de rester plus longtemps dans cette maison. Voyez cette broderie, il n'y a pas un point qui n'y ait été fait sans mille pensées affreuses. Que de fois j'ai voulu m'évader pour aller me jeter à la mer! Pourquoi? je ne le sais déjà plus... De petits chagrins d'enfant, mais bien vifs, malgré leur niaiserie... Souvent j'ai embrassé ma mère le soir, comme on embrasse sa mère pour la dernière fois, en me disant intérieurement : — Demain je me tuerai. Puis je ne mourais pas. Les suicidés vont en enfer, et j'avais si grand'peur de l'enfer que je me résignais à vivre, à toujours me lever, me coucher, travailler aux mêmes heures et faire les mêmes choses. Je ne m'ennuyais pas, mais je souffrais... Et cependant mon père et ma mère m'adorent. Ah ! je suis mauvaise, je le dis bien à mon confesseur.

— Vous êtes donc toujours restée ici sans divertissements, sans plaisirs ?

— Oh ! je n'ai pas toujours été ainsi. Jusqu'à l'âge de quinze ans, les chants, la musique, les fêtes de l'église m'ont fait plaisir à voir. J'étais heureuse de me sentir comme les anges, sans péché, de pouvoir communier tous les huit jours, enfin j'aimais Dieu. Mais depuis trois ans, de jour en jour, tout a changé en moi. D'abord j'ai voulu des fleurs ici, j'en ai eu de bien belles ; puis j'ai voulu... Mais je ne veux plus rien, ajouta-t-elle après une pose en souriant à Montefiore. Ne m'avez-vous pas écrit tout à l'heure que vous m'aimeriez toujours ?

— Oui, ma Juana, s'écria doucement Montefiore en prenant cette adorable fille par la taille et la serrant avec force contre son cœur, oui. Mais laisse-moi te parler comme tu parles à Dieu. N'es-tu pas plus belle que la Marie des cieux ? Écoute. Je te jure, reprit-il en la baisant dans ses cheveux, je jure en prenant ton front comme le plus beau des autels, de faire de toi mon idole, de te prodiguer toutes les fortunes du monde. A toi mes carrosses, à toi mon palais de Milan, à toi tous les bijoux, les diamants de mon antique famille ; à toi, chaque jour, de nouvelles parures ; à toi les mille jouissances, toutes les joies du monde.

— Oui, dit-elle, j'aime bien tout cela ; mais je sens dans mon âme que ce que j'aimerai le plus au monde, ce sera mon cher époux. *Mio caro sposo !* dit-elle ; car il est impossible d'attacher aux deux mots français l'admirable tendresse, l'amoureuse élégance de sons dont la langue et la prononciation italiennes revêtent ces trois mots délicieux. Or, l'italien était la langue maternelle de Juana.

— Je retrouverai, reprit-elle en lançant à Montefiore un regard où brillait la pureté des chérubins, je retrouverai ma chère religion en *lui.* Lui et Dieu, Dieu et lui. — Ce sera donc vous ? dit-elle. — Et certes, ce sera vous, s'écria-t-elle après une pause. Tenez, venez voir le tableau que mon père m'a rapporté d'Italie.

Elle prit une bougie, fit un signe à Montefiore, et lui montra au pied du lit un saint Michel terrassant le démon.

— Regardez, n'a-t-il pas vos yeux ? Aussi, quand je vous ai vu dans la rue, cette rencontre m'a-t-elle semblé un avertissement du ciel. Pendant mes rêveries du matin, avant d'être appelée par ma mère pour la prière, j'avais tant de fois contemplé cette peinture, cet ange, que j'avais fini par en faire mon époux. Mon Dieu ! je vous parle comme je me parle à moi-même. Je dois vous paraître bien folle ; mais si vous saviez comme une pauvre recluse a besoin de dire les pensées qui l'étouffent ! Seule, je parlais à ces fleurs, à ces bouquets de tapisserie : ils me comprenaient mieux, je crois, que mon père et ma mère, toujours si graves.

— Juana, reprit Montefiore en lui prenant les mains et les baisant avec une passion qui éclatait dans ses yeux, dans ses gestes et dans le son de sa voix, parle-moi comme à ton époux, comme à toi-même. J'ai souffert tout ce que tu as souffert. Entre nous il doit suffire de peu de paroles pour que nous comprenions notre passé ; mais il n'y en aura jamais assez pour exprimer nos félicités à venir. Mets ta main sur mon cœur. Sens-tu comme il bat ? Promettons-nous devant Dieu, qui nous voit et nous entend, d'être l'un à l'autre fidèles pendant toute notre vie. Tiens, prends cet anneau... Donne-moi le tien.

— Donner mon anneau ! s'écria-t-elle avec effroi.

— Et pourquoi non ? demanda Montefiore inquiet de tant de naïveté.

— Mais il me vient de notre saint-père le pape ; il m'a été mis au doigt dans mon enfance par une belle dame qui m'a nourrie, qui m'a mise dans cette maison, et m'a dit de le garder toujours.

— Juana, tu ne m'aimeras donc pas?

— Ah ! dit-elle, le voici. Vous, n'est-ce donc pas mieux que moi ?

Elle tenait l'anneau en tremblant, et le serrait en regardant Montefiore avec une lucidité questionneuse et perçante. Cet anneau, c'était tout elle-même ; elle le lui donna.

— Oh ! ma Juana, dit Montefiore en la serrant dans ses bras, il faudrait être un monstre pour te tromper... Je t'aimerai toujours...

Juana était devenue rêveuse. Montefiore, pensant en lui-même que, dans cette première entrevue, il ne fallait rien risquer qui pût effaroucher une jeune fille si pure, imprudente par vertu plus que par désir, s'en remit sur l'avenir, sur sa beauté dont il connaissait le pouvoir, et sur l'innocent mariage de l'anneau, la plus magnifique des unions, la plus légère et la plus forte de toutes les cérémonies, l'hymen du cœur. Pendant le reste de la nuit et pendant la journée du lendemain, l'imagination de Juana devait être une complice de sa passion. Donc il s'efforça d'être aussi respectueux que tendre. Dans cette pensée, aidé par sa passion et plus encore par les désirs que lui inspirait Juana, il fut caressant et onctueux dans ses paroles. Il embarqua l'innocente fille dans tous les projets d'une vie nouvelle, lui peignit le monde sous les couleurs les plus brillantes, l'entretint de ces détails de ménage qui plaisent tant aux jeunes filles, fit avec elle de ces conventions disputées qui donnent des droits et de la réalité à l'amour. Puis, après avoir décidé l'heure accoutumée de leurs rendez-vous nocturnes, il laissa Juana heureuse, mais changée ; la Juana pure et sainte n'existait plus, dans le dernier regard qu'elle lui lança, dans le joli mouvement qu'elle fit pour apporter son front aux lèvres de son amant, il y avait déjà plus de passion qu'il n'est permis à une fille d'en montrer. La solitude, l'ennui des travaux en opposition avec la nature de cette fille avaient fait tout cela ; pour la rendre sage et vertueuse, il aurait fallu peut-être l'habituer peu à peu au monde, ou le lui cacher à jamais.

— La journée, demain, me paraîtra bien longue, dit-elle en recevant sur le front un baiser chaste encore. Mais restez dans la salle, et parlez un peu haut, pour que je puisse entendre votre voix, elle me remplit le cœur.

Montefiore, devinant toute la vie de Juana, n'en fut que plus satisfait d'avoir su contenir ses désirs pour en mieux assurer le contentement. Il remonta chez lui sans accident. Dix jours se passèrent sans qu'aucun événement troublât la paix et la solitude de cette maison. Montefiore avait déployé toutes ses câlineries italiennes pour le vieux Perez, pour dona Lagounia, pour l'apprenti, même pour la servante, et tous l'aimaient ; mais, malgré la confiance qu'il sut leur inspirer, jamais il ne voulut en profiter pour demander à voir Juana, pour faire ouvrir la porte de la délicieuse cellule. La jeune Italienne, affamée de voir son amant, l'en avait bien souvent prié ; mais il s'y était toujours refusé par prudence. D'ailleurs, il avait usé tout son crédit et toute sa science pour endormir les soupçons des deux vieux époux, il les avait accoutumés à le voir, lui militaire, ne plus se lever qu'à midi. Le capitaine s'était dit malade. Les deux amants ne vivaient donc plus que la nuit, au moment où tout dormait dans la maison. Si Montefiore n'avait pas été un de ces libertins auxquels l'habitude du plaisir permet de conserver leur sang-froid en toute occasion, ils eussent été dix fois perdus pendant ces dix jours. Un jeune amant, dans la candeur du premier amour, se serait laissé aller à de ravissantes imprudences auxquelles il est si difficile de résister. Mais l'Italien résistait même à Juana boudeuse, à Juana folle, à Juana faisant de ses longs cheveux une chaîne qu'elle lui passait autour du cou pour le retenir. Cependant l'homme le plus perspicace eût été fort embarrassé de deviner les secrets de leurs rendez-vous nocturnes. Il est à croire que, sûr du succès, l'Italien se donna les plaisirs ineffables d'une séduction allant à petits pas, d'un incendie qui gagne graduellement et finit par tout embraser. Le onzième jour, en dînant, il jugea nécessaire de confier, sous le sceau du secret, au vieux Perez, que la cause de sa disgrâce dans sa famille était un mariage disproportionné. Cette fausse confidence était quelque chose d'horrible au milieu du drame nocturne qui se jouait dans cette maison. Montefiore, en joueur expérimenté, se préparait un dénoûment dont il jouissait d'avance en artiste qui aime son art. Il comptait bientôt quitter sans regret la maison et son amour. Or, quand Juana, risquant sa vie peut-être dans une question, demanderait à Perez où était son hôte, après l'avoir longtemps attendu, Perez lui dirait sans connaître l'importance de sa réponse : Le marquis de Montefiore s'est réconcilié avec sa famille, qui consent à recevoir sa femme, et il est allé la présenter.

Alors Juana !... L'Italien ne s'était jamais demandé ce que deviendrait Juana; mais il en avait étudié la noblesse, la candeur, toutes les vertus, et il était sûr du silence de Juana.

Il obtint une mission de je ne sais quel général. Trois jours après, pendant la nuit, la nuit qui précédait son départ, Montefiore voulant sans doute, comme un tigre, ne rien laisser de sa proie, au lieu de remonter chez lui, entra dès l'après-dîner chez Juana pour se faire une plus longue nuit d'adieux. Juana, véritable Espagnole, véritable Italienne, ayant double passion, fut bien heureuse de cette hardiesse, elle accusait tant d'ardeur ! Trouver dans l'amour pur du mariage les cruelles félicités d'un engagement illicite, cacher son époux dans les rideaux de son lit; tromper à demi son père et sa mère adoptive, et pouvoir leur dire, en cas de surprise : — Je suis la marquise de Montefiore! Pour une jeune fille romanesque, et qui, depuis trois ans, ne rêvait pas l'amour sans en rêver tous les dangers, n'était-ce pas une fête? La porte en tapisserie retomba sur eux, sur leurs folies, sur leur bonheur, comme un voile, qu'il est inutile de soulever. Il était alors environ neuf heures, le marchand et sa femme lisaient leurs prières du soir; tout à coup le bruit d'une voiture attelée de plusieurs chevaux résonna dans la petite rue; des coups frappés en hâte retentirent dans la boutique, la servante courut ouvrir la porte. Aussitôt, en deux bonds, entra dans la salle antique une femme magnifiquement vêtue, quoiqu'elle sortît d'une berline de voyage horriblement crottée par la boue de mille chemins. Sa voiture avait traversé l'Italie, la France et l'Espagne. C'était la Marana! la Marana qui, malgré ses trente-six ans, malgré ses joies, était dans tout l'éclat d'une *belta folgorante*, afin de ne pas perdre le superbe mot créé pour elle à Milan par ses passionnés adorateurs; la Marana qui, maîtresse avouée d'un roi, avait quitté Naples, les fêtes de Naples, le ciel de Naples, l'apogée de sa vie d'or et de madrigaux, de parfums et de soie, en apprenant par son royal amant les événements d'Espagne et le siége de Tarragone.

— A Tarragone, avant la prise de Tarragone! s'était-elle écriée. Je veux être dans dix jours à Tarragone...

Et sans se soucier d'une cour, ni d'une couronne, elle était arrivée à Tarragone, munie d'un firman quasi-impérial, munie d'or qui lui permit de traverser l'empire français avec la vélocité d'une fusée et dans tout l'éclat d'une fusée. Pour les mères il n'y a pas d'espace, une vraie mère pressent tout et voit son enfant d'un pôle à l'autre.

— Ma fille! ma fille! cria la Marana.

A cette voix, à cette brusque invasion, à l'aspect de cette reine au petit pied, le livre de prières tomba des mains de Perez et de sa femme; cette voix retentissait comme la foudre, et les yeux de la Marana en lançaient les éclairs.

— Elle est là, répondit le marchand d'un ton calme, après une pause pendant laquelle il se remit de l'émotion que lui avaient causée cette brusque arrivée, le regard et la voix de la Marana. — Elle est là, répéta-t-il en montrant la petite cellule.

— Oui, mais elle n'a pas été malade, elle est toujours...

— Parfaitement bien, dit dona Lagounia.

— Mon Dieu, jette-moi maintenant dans l'enfer pour l'éternité, si cela te plaît, s'écria la Marana en se laissant aller tout épuisée, à demi morte, dans un fauteuil.

La fausse coloration due à ses anxiétés tomba soudain, elle pâlit.

Elle avait eu de la force pour supporter les souffrances, elle n'en avait plus pour sa joie. La joie était plus violente que sa douleur, car elle contenait les échos de la douleur et les angoisses de la joie.

— Cependant, dit-elle, comment avez-vous fait ? Tarragone a été prise d'assaut.

— Oui, reprit Perez. Mais en me voyant vivant, comment m'avez-vous fait une question ? Ne fallait-il pas me tuer pour arriver à Juana ?

A cette réponse, la courtisane saisit la main calleuse de Perez, et la baisa en y jetant des larmes qui lui vinrent aux yeux. C'était tout ce qu'elle avait de plus précieux sous le ciel, elle qui ne pleurait jamais.

— Bon Perez, dit-elle enfin. Mais vous devez avoir eu des militaires à loger ?

— Un seul, répondit l'Espagnol. Par bonheur, nous avons le plus loyal des hommes, un homme jadis Espagnol, un Italien qui hait Bonaparte, un homme marié, un homme froid.... Il se lève tard et se couche de bonne heure. Il est même malade en ce moment.

— Un Italien ! Quel est son nom ?

— Le capitaine Montefiore...

— Alors ce ne peut pas être le marquis de Montefiore...

— Si, sénora, lui-même.

— At-il vu Juana ?

— Non, dit dona Lagounia.

— Vous vous trompez, ma femme, reprit Perez. Le marquis a dû voir Juana pendant un bien court instant, il est vrai ; mais je pense qu'il l'aura regardée le jour où elle est entrée ici pendant le souper.

— Ah ! je veux voir ma fille.

— Rien de plus facile, dit Perez. Elle dort. Si elle a laissé la clef dans la serrure, il faudra cependant la réveiller.

En se levant pour prendre la double clef de la porte, les yeux du marchand tombèrent par hasard sur la haute croisée. Alors, dans le cercle de lumière projeté sur la noire muraille de la cour intérieure, par la grande vitre ovale de la cellule, il aperçut la silhouette d'un groupe que, jusqu'au gracieux Canova, nul autre sculpteur n'aurait su deviner. L'Espagnol se retourna.

— Je ne sais pas, dit-il à la Marana, où nous avons mis cette clef.

— Vous êtes bien pâle, lui dit-elle.

— Je vais vous dire pourquoi, répondit-il en sautant sur son poignard, qu'il saisit, et dont il frappa violemment la porte de Juana en criant : — Juana, ouvrez ! ouvrez !

Son accent exprimait un épouvantable désespoir qui glaça les deux femmes.

Et Juana n'ouvrit pas, parce qu'il lui fallut quelque temps pour cacher Montefiore. Elle ne savait rien de ce qui se passait dans la salle. Les doubles portières de tapisserie étouffaient les paroles.

— Madame, je vous mens en disant que je ne sais pas où est la clef. La voici, reprit-il en la tirant du buffet. Mais elle est inutile. Celle de Juana est dans la serrure, et sa porte est barricadée. Nous sommes trompés, ma femme ! dit-il en se tournant vers elle. Il y a un homme chez Juana.

— Par mon salut éternel, la chose est impossible, lui dit sa femme.

— Ne jurez pas, doña Lagounia. Notre honneur est mort, et cette femme... il montra la Marana qui s'était levée et restait immobile, foudroyée par ces paroles ; cette femme a le droit de nous mépriser. Elle nous a sauvé vie, fortune, honneur, et nous n'avons su que lui garder ses écus.

— Juana, ouvrez, cria-t-il, ou je brise votre porte.

Et sa voix, croissant en violence, alla retentir jusque dans les greniers de la maison. Mais il était froid et calme. Il tenait en ses mains la vie de Montefiore, et allait laver ses remords avec tout le sang de l'Italien.

— Sortez, sortez, sortez, sortez tous ! cria la Marana en sautant avec l'agilité d'une tigresse sur le poignard qu'elle arracha des mains de Perez étonné.

— Sortez, Perez, reprit-elle avec tranquillité, sortez, vous, votre femme, votre servante et votre apprenti. Il va y avoir un meurtre ici. Vous pourriez être fusillés tous par les Français. N'y soyez pour rien, cela me regarde seule. Entre ma fille et moi, il ne doit y avoir que Dieu. Quant à l'homme, il m'appartient. La terre entière ne l'arracherait pas de mes mains. Allez, allez donc, je vous pardonne. Je le vois, cette fille est une Marana. Vous, votre religion, votre honneur, étiez trop faibles pour lutter contre mon sang.

Elle poussa un soupir affreux et leur montra des yeux secs. Elle avait tout perdu et savait souffrir, elle était courtisane. La porte s'ouvrit. La Marana oublia tout, et Perez, faisant signe à sa femme, put rester à son poste. En vieil Espagnol intraitable sur l'honneur, il voulait aider à la vengeance de la mère trahie. Juana, doucement éclairée, blanchement vêtue, se montra calme au milieu de sa chambre.

— Que me voulez-vous? dit-elle.

La Marana ne put réprimer un léger frisson.

— Perez, demanda-t-elle, ce cabinet a-t-il une autre issue?

Perez fit un geste négatif; et, confiante en ce geste, la courtisane s'avança dans la chambre.

— Juana, je suis votre mère, votre juge, et vous vous êtes mise dans la seule situation où je pusse me découvrir à vous. Vous êtes venue à moi, vous que je voulais au ciel. Ah! vous êtes tombée bien bas. Il y a chez vous un amant.

— Madame, il ne doit et ne peut s'y trouver que mon époux, répondit-elle. Je suis la marquise de Montefiore.

— Il y en a donc deux? dit le vieux Perez de sa voix grave. Il m'a dit être marié.

— Montefiore, mon amour! cria la jeune fille en déchirant les rideaux et montrant l'officier, viens, ces gens te calomnient.

L'Italien se montra pâle et blême, il voyait un poignard dans la main de la Marana, et connaissait la Marana.

Aussi, d'un bond, s'élança-t-il hors de la chambre, en criant d'une voix tonnante : — Au secours! au secours! l'on assassine un Français. Soldats du 6ᵉ de ligne, courez chercher le capitaine Diard! Au secours!

Perez avait étreint le marquis, et allait de sa large main lui faire un bâillon naturel, lorsque la courtisane, l'arrêtant, lui dit :

— Tenez-le bien, mais laissez-le crier. Ouvrez les portes, laissez-les ouvertes, et sortez tous, je vous le répète. — Quant à toi, reprit-elle en s'adressant à Montefiore, crie, appelle au secours... Quand les pas de tes soldats se feront entendre, tu auras cette lame dans le cœur. — Es-tu marié? Réponds.

Montefiore, tombé sur le seuil de la porte, à deux pas de Juana, n'entendait plus, ne voyait plus rien, si ce n'est la lame du poignard, dont les rayons luisants l'aveuglaient.

— Il m'aurait donc trompée, dit lentement Juana. Il s'est dit libre.

— Il m'a dit être marié, reprit Perez de sa voix grave.

— Sainte Vierge! s'écria dona Lagounia.

— Répondras-tu donc, âme de boue? dit la Marana à voix basse, en se penchant à l'oreille du marquis.

— Votre fille, dit Montefiore.

— La fille que j'avais est morte ou va mourir, répliqua la Marana. Je n'ai plus de fille. Ne prononce plus ce mot. Réponds, es-tu marié?

— Non, madame, dit enfin Montefiore, voulant gagner du temps. Je veux épouser votre fille.

— Mon noble Montefiore! dit Juana respirant.

— Alors pourquoi fuir et appeler au secours? demanda l'Espagnol.

Terrible lueur!

Juana ne dit rien, mais elle se tordit les mains et alla s'asseoir dans son fauteuil. En cet instant, il se fit au dehors un tumulte assez facile à distinguer par le profond silence qui régnait au parloir. Un soldat du 6ᵉ de ligne, passant par hasard dans la rue au moment où Montefiore criait au secours, était allé prévenir Diard. Le quartier-maître, qui heureusement rentrait chez lui, vint, accompagné de quelques amis.

— Pourquoi fuir, reprit Montefiore en entendant la voix de son ami? Parce que je vous disais vrai. Diard! Diard! cria-t-il d'une voix perçante.

Mais, sur un mot de son maître, qui voulait que tout chez lui fût du meurtre, l'apprenti ferma la porte, et les soldats furent obligés de l'enfoncer. Avant qu'ils n'entrassent, la Marana put donc donner au coupable un coup de poignard ; mais sa colère concentrée l'empêcha de bien ajuster, et la lame glissa sur l'épaulette de Montefiore. Néanmoins, elle y mit tant de force, que l'Italien alla tomber aux pieds de Juana, qui ne s'en aperçut pas. La Marana sauta sur lui ; puis, cette fois, pour ne pas le manquer, elle le prit à la gorge, le maintint avec un bras de fer, et le visa au cœur.

— Je suis libre et j'épouse! je le jure par Dieu, par ma mère, par tout ce qu'il y a de plus sacré au monde; je suis garçon, j'épouse, ma parole d'honneur!

Et il mordait le bras de la courtisane.

— Allez! ma mère, dit Juana, tuez-le. Il est trop lâche, je n'en veux pas pour époux, fût-il dix fois plus beau.

— Ah! je retrouve ma fille, cria la mère.

— Que se passe-t-il donc ici? demanda le quartier-maître survenant.

— Il y a, s'écria Montefiore, que l'on m'assassine au nom de cette fille, qui prétend que je suis son amant, qui m'a entraîné dans un piége, et que l'on veut me forcer d'épouser contre mon gré...

— Tu n'en veux pas, s'écria Diard, frappé de la beauté sublime que l'indignation, le mépris et la haine prêtaient à Juana, déjà si belle; tu es bien difficile! s'il lui faut un mari, me voilà. Rengaînez vos poignards.

La Marana prit l'Italien, le releva, l'attira près du lit de sa fille, et lui dit à l'oreille : — Si je t'épargne, rends-en grâce à ton dernier mot. Mais, souviens-t'en! Si ta langue flétrit jamais ma fille, nous nous reverrons. — De quoi peut se composer la dot? demanda-t-elle à Perez.

— Elle a deux cent mille piastres fortes...

— Ce ne sera pas tout, monsieur, dit la courtisane à Diard. Qui êtes-vous ? — Vous pouvez sortir, reprit-elle en se tournant vers Montefiore.

En entendant parler de deux cent mille piastres fortes, le marquis s'avança disant : — Je suis bien réellement libre...

Un regard de Juana lui ôta la parole. — Vous êtes bien réellement libre de sortir, lui dit-elle.

Et l'Italien sortit.

— Hélas! monsieur, reprit la jeune fille en s'adressant à Diard, je vous remercie avec admiration. Mon époux est au ciel, ce sera Jésus-Christ. Demain j'entrerai au couvent de...

— Juana, ma Juana, tais-toi! cria la mère en la serrant dans ses bras. Puis elle lui dit à l'oreille : — Il te faut un autre époux.

Juana pâlit.

— Qui êtes-vous, monsieur? répéta-t-elle en regardant le Provençal.

— Je ne suis encore, dit-il, que le quartier-maître du 6e de ligne. Mais, pour une telle femme, on se sent le cœur de devenir maréchal de France. Je me nomme Pierre-François Diard. Mon père était prévôt des marchands; je ne suis donc pas un...

— Eh! vous êtes honnête homme, n'est-ce pas? s'écria la Marana. Si vous plaisez à la signora Juana de Mancini, vous pouvez être heureux l'un et l'autre.

— Juana, reprit-elle d'un ton grave, en devenant la femme d'un brave et digne homme, songe que tu seras mère. J'ai juré que tu pourrais embrasser au front tes enfants sans rougir... (là, sa voix s'altéra légèrement). J'ai juré que tu serais une femme vertueuse. Attends-toi donc, dans cette vie, à bien des peines ; mais, quoi qu'il arrive, reste pure, et sois en tout fidèle à ton mari ; sacrifie-lui tout, il sera le père de tes enfants... Un père à tes enfants!... Va ! entre un amant et toi, tu rencontreras toujours ta mère ; je la serai dans les dangers seulement... Vois-tu le poignard de Perez... Il est dans ta dot, dit-elle en prenant l'arme et la jetant sur le lit de Juana, je l'y laisse comme une garantie de ton honneur, tant que j'aurai les yeux ouverts et les bras libres. — Adieu, dit-elle en retenant ses pleurs, fasse le ciel que nous ne nous revoyions jamais.

A cette idée, ses larmes coulèrent en abondance.

— Pauvre enfant ! tu as été bien heureuse dans cette cellule, plus que tu ne le crois ! — Faites qu'elle ne la regrette jamais, dit-elle en regardant son futur gendre.

Ce récit purement introductif n'est point le sujet principal de cette Étude, pour l'intelligence de laquelle il était nécessaire d'expliquer, avant toutes choses, comment il se fit que le capitaine Diard épousa Juana de Mancini ; comment Montefiore et Diard se connurent, et de faire comprendre quel cœur, quel sang, quelles passions animaient madame Diard.

Lorsque le quartier-maître eut rempli les longues et lentes formalités sans lesquelles il n'est pas permis à un militaire français de se marier, il était devenu passionnément amoureux de Juana de Mancini. Juana de Mancini avait eu le temps de réfléchir à sa destinée. Destinée affreuse ! Juana, qui n'avait pour Diard ni estime, ni amour, se trouvait néanmoins liée à lui par une parole, imprudente sans doute, mais nécessaire. Le Provençal n'était ni beau, ni bien fait. Ses manières dépourvues de distinction se ressentaient également du mauvais ton de l'armée, des mœurs de sa province et d'une incomplète éducation. Pouvait-elle donc aimer Diard, cette jeune fille toute grâce et toute élégance, mue par un invincible instinct de luxe et de bon goût, et que sa nature entraînait d'ailleurs vers la sphère des hautes classes sociales? Quant à l'estime, elle refusait même ce sentiment à Diard, précisément parce que Diard l'épousait. Cette répulsion était toute naturelle. La femme est une sainte et belle créature, mais presque toujours incomprise ; et presque toujours mal jugée, parce qu'elle est incomprise. Si Juana eût aimé Diard, elle l'eût estimé. L'amour crée dans la femme une femme nouvelle : celle de la veille n'existe plus le lendemain. En revêtant la robe nuptiale d'une passion où il y va de toute la vie, une femme la revêt pure et blanche. Renaissant vertueuse et pudique, il n'y a plus de passé pour elle ; elle est tout avenir et doit tout oublier, pour tout réapprendre. En ce sens, le vers assez célèbre qu'un poète moderne a mis aux lèvres de Marion Delorme était trempé dans le vrai, vers tout cornélien d'ailleurs.

Et l'amour m'a refait une virginité.

Ce vers ne semblait-il pas une réminiscence de quelque tragédie de Corneille, tant y revivait la facture substantivement énergique du père de notre théâtre ? Et cependant le poète a été forcé d'en faire le sacrifice au génie essentiellement vaudevilliste du parterre.

Donc Juana, sans amour, restait la Juana trompée, humiliée, dégradée. Juana ne pouvait pas honorer l'homme qui l'acceptait ainsi. Elle sentait, dans toute la consciencieuse pureté du jeune âge, cette distinction, subtile en apparence, mais d'une vérité sacrée, légale selon le cœur, et que les femmes appliquent instinctivement dans tous leurs sentiments, même les plus irréfléchis. Juana devint profondément triste en découvrant l'étendue de la vie. Elle tourna souvent ses yeux pleins de larmes, fièrement réprimées, et sur Perez et sur dona Lagounia, qui, tous deux, comprenaient les amères pensées contenues dans ces larmes ; mais ils se taisaient. A quoi bon les reproches ? Pourquoi des consolations ? Plus vives elles sont, plus elles élargissent le malheur.

Un soir, Juana, stupide de douleur, entendit, à travers la portière de sa cellule, que les deux époux croyaient fermée, une plainte échappée à sa mère adoptive.

— La pauvre enfant mourra de chagrin.

— Oui, répliqua Perez d'une voix émue. Mais que pouvons-nous ? Irais-je maintenant vanter la chaste beauté de ma pupille au comte d'Arcos, à qui j'espérais la marier ?

— Une faute n'est pas le vice, dit la vieille femme, indulgente autant que pouvait l'être un ange.

— Sa mère l'a donnée, reprit Perez.

— En un moment, et sans la consulter, s'écria dona Lagounia.

— Elle a bien su ce qu'elle faisait.

— En quelles mains ira notre perle !

— N'ajoute pas un mot, ou je cherche querelle à ce... Diard.

— Et, ce serait un autre malheur.

En entendant ces terribles paroles, Juana comprit alors le bonheur dont le cours avait été troublé par sa faute. Les heures pures et candides de sa douce retraite auraient donc été récompensées par cette éclatante et splendide existence dont elle avait si souvent rêvé les délices, rêves qui avaient causé sa ruine. Tomber du haut de la Grandesse à *monsieur* Diard ! Juana pleura, Juana devint presque folle. Elle flotta pendant quelques instants entre le vice et la religion. Le vice était un prompt dénoûment ; la religion, une vie entière de souffrances. La méditation fut orageuse et solennelle. Le lendemain était un jour fatal, celui du mariage. Juana pouvait encore rester Juana. Libre, elle savait jusqu'où irait son malheur ; mariée, elle ignorait jusqu'où il devait aller. La religion triompha. Dona Lagounia vint près de sa fille prier et veiller aussi pieusement qu'elle eût prié, veillé près d'une mourante.

— Dieu le veut, dit-elle à Juana.

La nature donne alternativement à la femme une force particulière qui l'aide à souffrir, et une faiblesse qui lui conseille la résignation. Juana se résigna sans arrière-pensée. Elle voulut obéir au vœu de sa mère et traverser le désert de la vie pour arriver au ciel, tout en sachant qu'elle ne trouverait point de fleurs dans son pénible voyage. Elle épousa Diard. Quant au quartier-maître, s'il ne trouvait pas grâce devant Juana, qui ne l'aurait absous ? il aimait avec ivresse. La Marana, si naturellement habile à pressentir l'amour, avait reconnu en lui l'accent de la passion, et deviné le caractère brusque, les mouvements généreux, particuliers aux méridionaux. Dans le paroxysme de sa grande colère, elle n'avait aperçu que les belles qualités de Diard, et crut en voir assez pour que le bonheur de sa fille fût à jamais assuré.

Les premiers jours de ce mariage furent heureux en apparence ; ou, pour exprimer l'un de ces faits latents dont toutes les misères sont ensevelies par les femmes au fond de leur âme, Juana ne voulut point détrôner la joie de son mari. Double rôle, épouvantable à jouer, et que jouent, tôt ou tard, la plupart des femmes mal mariées. De cette vie, un homme n'en peut raconter que les faits, les cœurs féminins seuls en devineront les sentiments. N'est-ce pas une histoire impossible à retracer dans toute sa vérité ? Juana, luttant à toute heure contre sa nature à la fois espagnole et italienne, ayant tari la source de ses larmes à pleurer en secret, était une de ces créations typiques, destinées à représenter le malheur féminin dans sa plus vaste expression : douleur incessamment active, et dont la peinture exigerait des observations si minutieuses que, pour les gens avides d'émotions dramatiques, elle deviendrait insipide. Cette analyse, où chaque épouse devrait retrouver quelques-unes de ses propres souffrances, pour les comprendre toutes, ne serait-elle pas un livre entier ? Livre ingrat de sa nature, et dont le mérite consisterait en teintes fines, en nuances délicates que les critiques trouveraient molles et diffuses. D'ailleurs, qui pourrait aborder, sans porter un autre cœur en son cœur, ces touchantes et profondes élégies que certaines femmes emportent dans la tombe : mélancolies incomprises, même de ceux qui les excitent ; soupirs inexaucés, dévouements sans récompenses, terrestres du moins ; magnifiques silences méconnus ; vengeances dédaignées ; générosités perpétuelles et perdues ; plaisirs souhaités et trahis ; charités d'ange accomplies mystérieusement ; enfin toutes ses religions et son inextinguible amour ? Juana connut cette vie, et le sort ne lui fit grâce de rien. Elle fut toute la femme, mais la femme malheureuse et souffrante, la femme sans cesse offensée et pardonnant toujours, la femme pure comme un diamant sans tache ; elle qui, de ce diamant, avait la beauté, l'éclat ; et, dans cette beauté, dans cet éclat, une vengeance toute prête. Elle n'était certes pas fille à redouter le poignard ajouté à sa dot.

Cependant, animé par un amour vrai, par une de ces passions qui changent momentanément les plus détestables caractères et mettent en lumière tout ce qu'il y a de beau dans une âme, Diard sut d'abord se comporter en homme d'honneur. Il força Montefiore à quitter le régiment, et même le corps d'armée, afin que sa femme ne le rencontrât point pendant le peu de temps qu'il comptait rester en Espagne. Puis, le quartier-maître demanda son changement, et réussit à passer dans la garde impériale. Il voulait à tout prix acquérir un titre, des honneurs et une considération en rapport avec sa grande fortune. Dans cette pensée, il se montra courageux à l'un de nos plus sanglants combats en Allemagne ; mais il y fut

trop dangereusement blessé pour rester au service. Menacé de
perdre une jambe, il eut sa retraite, sans le titre de baron, sans
les récompenses qu'il avait désiré gagner, et qu'il aurait peut-être
obtenues, s'il n'eût pas été Diard. Cet événement, sa blessure, ses
espérances trahies, contribuèrent à changer son caractère. Son
énergie provençale, exaltée pendant un moment, tomba soudain.
Néanmoins, il fut d'abord soutenu par sa femme, à laquelle ces efforts, ce courage, cette ambition, donnèrent quelque croyance en
son mari, et qui, plus que toute autre, devait se montrer ce que
sont les femmes, consolantes et tendres dans les peines de la vie.
Animé par quelques paroles de Juana, le chef de bataillon en retraite vint à Paris, et résolut de conquérir, dans la carrière admi-
nistrative, une haute position qui commandât le respect, fît oublier le quartier-maître du 6e de ligne, et dotât un jour madame
Diard de quelque beau titre. Sa passion pour cette séduisante créature l'aidait à en deviner les vœux secrets. Juana se taisait, mais il
la comprenait; il n'en était pas aimé comme un amant rêve de
l'être; il le savait, et voulait se faire estimer, aimer, chérir. Il pressentait le bonheur, ce malheureux homme, en trouvant en toute
occasion sa femme et douce et patiente; mais cette douceur, cette
patience trahissaient la résignation à laquelle il devait Juana. La
résignation, la religion, était-ce l'amour? Souvent Diard eût souhaité
des refus, là où il rencontrait une chaste obéissance; souvent, il
aurait donné sa vie éternelle pour que Juana daignât pleurer sur
son sein et ne déguisât pas ses pensées sous une riante figure qui
mentait noblement. Beaucoup d'hommes jeunes, car, à un certain
âge, nous ne luttons plus, veulent triompher d'une destinée mauvaise dont les nuages grondent, de temps à autre, à l'horizon de leur
vie; et au moment où ils roulent dans les abîmes du malheur, il
faut leur savoir gré de ces combats ignorés.

Comme beaucoup de gens, Diard essaya de tout, et tout lui fut
hostile. Sa fortune lui permit d'entourer sa femme des jouissances
du luxe parisien, elle eut un grand hôtel, de grands salons, et tint
une de ces grandes maisons où abondent et les artistes, peu jugeurs
de leur nature, et quelques intrigants qui font nombre, et les gens
disposés à s'amuser partout, et certains hommes à la mode, tous
amoureux de Juana. Ceux qui se mettent en évidence à Paris doivent ou dompter Paris ou subir Paris. Diard n'avait pas un caractère assez fort, assez compacte, assez persistant pour commander au

monde de cette époque, parce que, à cette époque, chacun voulait s'élever. Les classifications sociales toutes faites sont peut-être un grand bien, même pour le peuple. Napoléon nous a confié les peines qu'il se donna pour imposer le respect à sa cour, où la plupart de ses sujets avaient été ses égaux. Mais Napoléon était Corse, et Diard Provençal. A génie égal, un insulaire sera toujours plus complet que ne l'est l'homme de la terre ferme, et sous la même latitude, le bras de mer qui sépare la Corse de la Provence est, en dépit de la science humaine, un océan tout entier qui en fait deux patries.

De sa position fausse, qu'il faussa encore, dérivèrent pour Diard de grands malheurs. Peut-être y a-t-il des enseignements utiles dans la filiation imperceptible des faits qui engendrèrent le dénoûment de cette histoire. D'abord, les railleurs de Paris ne voyaient pas, sans un malin sourire, les tableaux avec lesquels l'ancien quartier-maître décora son hôtel. Les chefs-d'œuvre achetés la veille furent enveloppés dans le reproche muet que chacun adressait à ceux qui avaient été pris en Espagne, et ce reproche était la vengeance des amours-propres que la fortune de Diard offensait. Juana comprit quelques-uns de ces mots à double sens auxquels le Français excelle. Alors, par son conseil, son mari renvoya les tableaux à Tarragone. Mais le public, décidé à mal prendre les choses, dit : — Ce Diard est fin, il a vendu ses tableaux. De bonnes gens continuèrent à croire que les toiles qui restèrent dans ses salons n'étaient pas loyalement acquises. Quelques femmes jalouses demandaient comment *un Diard* avait pu épouser une jeune fille et si riche et si belle. De là, des commentaires, des railleries sans fin, comme on sait les faire à Paris. Cependant Juana rencontrait partout un respect commandé par sa vie pure et religieuse qui triomphait de tout, même des calomnies parisiennes; mais ce respect s'arrêtait à elle, et manquait à son mari. Sa perspicacité féminine et son regard brillant, en planant dans ses salons, ne lui apportaient que des douleurs.

Cette mésestime était encore une chose toute naturelle. Les militaires, malgré les vertus que l'imagination leur accorde, ne pardonnèrent pas à l'ancien quartier-maître du 6º de ligne, précisément parce qu'il était riche et voulait faire figure à Paris. Or, à Paris, de la dernière maison du faubourg Saint-Germain au dernier hôtel de la rue Saint-Lazare, entre la butte du Luxembourg et celle de Montmartre, tout ce qui s'habille et babille, s'habille pour sortir et sort pour babiller, tout ce monde de petits et de grands airs, ce monde vêtu d'impertinence et doublé d'humbles désirs, d'envie et de courtisanerie, tout ce qui est doré et dédoré, jeune et vieux, noble d'hier ou noble du quatrième siècle, tout ce qui se moque d'un parvenu, tout ce qui a peur de se compromettre, tout ce qui veut démolir un pouvoir, sauf à l'adorer s'il résiste ; toutes ces oreilles entendent, toutes ces langues disent et toutes ces intelligences savent, en une seule soirée, où est né, où a grandi, ce qu'a fait ou n'a pas fait le nouveau venu qui prétend à des honneurs dans ce monde. S'il n'existe pas de Cour d'assises pour la haute société, elle rencontre le plus cruel de tous les procureurs-généraux, un être moral, insaisissable, à la fois juge et bourreau : il accuse et il marque. N'espérez lui rien cacher, dites-lui tout vous-même, il veut tout savoir et sait tout. Ne demandez pas où est le télégraphe inconnu qui lui transmet à la même heure, en un clin d'œil, en tous lieux, une histoire, un scandale, une nouvelle ; ne demandez pas qui le remue. Ce télégraphe est un mystère social, un observateur ne peut qu'en constater les effets. Il y en a d'incroyables exemples, un seul suffit. L'assassinat du duc de Berry, frappé à l'Opéra, fut conté, dans la dixième minute qui suivit le crime, au fond de l'île Saint-Louis. L'opinion émanée du 6e de ligne sur Diard filtra dans le monde le soir même où il donna son premier bal.

Diard ne pouvait donc plus rien sur le monde. Dès lors, sa femme seule avait la puissance de faire quelque chose de lui. Miracle de cette singulière civilisation ! A Paris, si un homme ne sait rien être par lui-même, sa femme, lorsqu'elle est jeune et spirituelle, lui offre encore des chances pour son élévation. Parmi les femmes, il s'en est rencontré de malades, de faibles en apparence, qui, sans se lever de leur divan, sans sortir de leur chambre, ont dominé la société, remué mille ressorts, et placé leurs maris, là où elles voulaient être vaniteusement placées. Mais Juana, dont l'enfance s'était naïvement écoulée dans sa cellule de Tarragone, ne connaissait aucun des vices, aucune des lâchetés ni aucune des ressources du monde parisien ; elle le regardait en jeune fille curieuse, elle n'en apprenait que ce que sa douleur et sa fierté blessée lui en révélaient. D'ailleurs, Juana avait le tact d'un cœur vierge qui recevait les impressions par avance, à la manière des sensitives. La jeune solitaire, devenue si promptement femme, comprit que si elle essayait de contraindre le monde à honorer son mari, ce serait mendier à l'espagnole, une escopette en main. Puis, la fréquence et la multiplicité des précautions qu'elle devait prendre n'en accuseraient-elles pas toute la nécessité? Entre ne pas se faire respecter et se faire trop respecter, il y avait pour Diard tout un abîme. Soudain elle devina le monde comme naguère elle avait deviné la vie, et elle n'apercevait partout pour elle que l'immense étendue d'une infortune irréparable. Puis, elle eut encore le chagrin de reconnaître tardivement l'incapacité particulière de son mari, l'homme le moins propre à ce qui demandait de la suite dans les idées. Il ne comprenait rien au rôle qu'il devait jouer dans le monde, il n'en saisissait ni l'ensemble, ni les nuances, et les nuances y étaient tout. Ne se trouvait-il pas dans une de ces situations où la finesse peut aisément remplacer la force? Mais la finesse qui réussit toujours est peut-être la plus grande de toutes les forces.

Or, loin d'étancher la tache d'huile faite par ses antécédents, Diard se donna mille peines pour l'étendre. Ainsi, ne sachant pas bien étudier la phase de l'empire au milieu de laquelle il arrivait, il voulut, quoiqu'il ne fût que chef d'escadron, être nommé préfet. Alors presque tout le monde croyait au génie de Napoléon, sa faveur avait tout agrandi. Les préfectures, ces empires au petit pied, ne pouvaient plus être chaussées que par de grands noms, par des chambellans de S. M. l'empereur et roi. Déjà les préfets étaient devenus des vizirs. Donc, les faiseurs du grand homme se moquèrent de l'ambition avouée par le chef d'escadron, et Diard se mit à solliciter une sous-préfecture. Il y eut un désaccord ridicule entre la modestie de ses prétentions et la grandeur de sa fortune. Ouvrir des salons royaux, afficher un luxe insolent, puis quitter la vie millionnaire pour aller à Issoudun ou à Savenay, n'était-ce pas se mettre au-dessous de sa position? Juana, trop tard instruite de nos lois, de nos mœurs, de nos coutumes administratives, éclaira donc trop tard son mari. Diard, désespéré, sollicita successivement auprès de tous les pouvoirs ministériels; Diard, repoussé partout, ne put rien être, et alors le monde le jugea comme il était jugé par le gouvernement et comme il se jugeait lui-même. Diard avait été grièvement blessé sur un champ de bataille, et Diard n'était pas décoré. Le quartier-maître, riche, mais sans considération, ne trouva point de place dans l'État ; la société lui refusa logiquement celle à laquelle il prétendait dans la société. Enfin, chez lui, ce malheureux éprouvait en toute occasion la supériorité de sa femme. Quoiqu'elle usât d'un tact, il faudrait dire velouté, si l'épithète n'était trop hardie, pour déguiser à son mari cette suprématie qui l'étonnait elle-même, et dont elle était humiliée, Diard finit par en être affecté. Nécessairement, à ce jeu, les hommes s'abattent, se grandissent ou deviennent mauvais. Le courage ou la passion de cet homme devaient donc s'amoindrir sous les coups réitérés que ses fautes portaient à son amour-propre, et il faisait faute sur faute. D'abord, il avait tout à combattre, même ses habitudes et son caractère. Passionné Provençal, franc dans ses vices autant que dans ses vertus, cet homme, dont les fibres ressemblaient à des cordes de harpe, fut tout cœur pour ses anciens amis. Il secourut les gens crottés aussi bien que les nécessiteux de haut rang ; bref, il avoua tout le monde, et donna, dans son salon doré, la main à de pauvres diables. Voyant cela, le général de l'empire, variation de l'espèce humaine dont bientôt aucun type n'existera plus, n'offrit pas son accolade à Diard, et lui dit insolemment : — Mon cher ! en l'abordant. Là où les généraux déguisèrent leur insolence sous leur bonhomie soldatesque, le peu de gens de bonne compagnie que voyait Diard lui témoignèrent ce mépris élégant, verni, contre lequel un homme nouveau est presque toujours sans armes. Enfin le maintien, la gesticulation italienne à demi, le parler de Diard, la manière dont il s'habillait, tout en lui repoussait le respect que l'observation exacte des choses voulues par le bon ton fait acquérir aux gens vulgaires, et dont le joug ne peut être secoué que par les grands pouvoirs. Ainsi va le monde.

Ces détails peignent faiblement les mille supplices auxquels Juana fut en proie, ils vinrent un à un ; chaque nature sociale lui apporta son coup d'épingle ; et, pour une âme qui préfère les coups de poignard, n'y avait-il pas d'atroces souffrances dans cette lutte où Diard recevait des affronts sans les sentir, et où Juana les sentait sans les recevoir ? Puis un moment arriva, moment épouvantable, où elle eut du monde une perception lucide, et ressentit à la fois toutes les douleurs qui s'y étaient d'avance amassées pour elle. Elle jugea son mari tout à fait incapable de monter les hauts échelons de l'ordre social, et devina jusqu'où il devait en descendre le jour où le cœur lui faudrait. Là, Juana prit Diard en pitié.

L'avenir était bien sombre pour cette jeune femme. Elle vivait toujours dans l'appréhension d'un malheur, sans savoir d'où pourrait venir ce malheur. Ce pressentiment était dans son âme comme une contagion est dans l'air; mais elle savait trouver la force de déguiser ses angoisses sous des sourires. Elle en était venue à ne plus penser à elle. Juana se servit de son influence pour faire abdiquer à Diard toutes ses prétentions, et lui montrer, comme un asile, la vie douce et bienfaisante du foyer domestique. Les maux venaient du monde, ne fallait-il pas bannir le monde? Chez lui, Diard trouverait la paix, le respect; il y régnerait. Elle se sentait assez forte pour accepter la rude tâche de le rendre heureux, lui, mécontent de lui-même. Son énergie s'accrut avec les difficultés de la vie, elle eut tout l'héroïsme secret nécessaire à sa situation, et fut inspirée par ces religieux désirs qui soutiennent l'ange chargé de protéger une âme chrétienne : superstitieuse poésie, images allégoriques de nos deux natures.

Diard abandonna ses projets, ferma sa maison et vécut dans son intérieur, s'il est permis d'employer une expression si familière. Mais là fut l'écueil. Le pauvre militaire avait une de ces âmes tout excentriques auxquelles il faut un mouvement perpétuel. Diard était un de ces hommes instinctivement forcés à repartir aussitôt qu'ils sont arrivés, et dont le but vital semble être d'aller et de venir sans cesse, comme les roues dont parle l'Écriture sainte. D'ailleurs peut-être cherchait-il à se fuir lui-même. Sans se lasser de Juana, sans pouvoir accuser Juana, sa passion pour elle, devenue plus calme par la possession, le rendit à son caractère. Dès lors, ses moments d'abattement furent plus fréquents, et il se livra souvent à ses vivacités méridionales. Plus une femme est vertueuse et plus elle est irréprochable, plus un homme aime à la trouver en faute, quand ce ne serait que pour faire acte de sa supériorité légale; mais si par hasard elle lui est complètement imposante, il éprouve le besoin de lui forger des torts. Alors, entre époux, les riens grossissent et deviennent des Alpes. Mais Juana, patiente sans orgueil, douce sans cette amertume que les femmes savent jeter dans leur soumission, ne laissait aucune prise à la méchanceté calculée, la plus âpre de toutes les méchancetés. Puis, elle était une de ces nobles créatures auxquelles il est impossible de manquer; son regard, dans lequel sa vie éclatait, sainte et pure, son regard de martyre avait la pesanteur d'une fascination. Diard, gêné d'abord, puis froissé, finit par voir un joug pour lui dans cette haute vertu. La sagesse de sa femme ne lui donnait point d'émotions violentes, et il souhaitait des émotions. Il se trouve des milliers de scènes jouées au fond des âmes, sous ces froides déductions d'une existence en apparence simple et vulgaire. Entre tous ces petits drames, qui durent si peu, mais qui entrent si avant dans la vie, et sont presque toujours les présages de la grande infortune écrite dans la plupart des mariages, il est difficile de choisir un exemple. Cependant il est une scène qui servit plus particulièrement à marquer le moment où, dans cette vie à deux, la mésintelligence commença. Peut-être servira-t-elle à expliquer le dénoûment de cette histoire.

Juana avait deux enfants, deux garçons, heureusement pour elle. Le premier était venu sept mois après son mariage. Il se nommait Juan, et ressemblait à sa mère. Elle avait eu le second, deux ans après son arrivée à Paris. Celui-là ressemblait également à Diard et à Juana, mais beaucoup plus à Diard, il en portait les noms. Depuis cinq ans, Francisque était pour Juana l'objet des soins les plus tendres. Constamment la mère s'occupait de cet enfant : à lui les caresses mignonnes, à lui les joujoux ; mais à lui surtout les regards pénétrants de la mère ; Juana l'avait épié dès le berceau, elle en avait étudié les cris, les mouvements ; elle voulait en deviner le caractère pour en diriger l'éducation. Il semblait que Juana n'eût que cet enfant. Le Provençal, voyant Juan presque dédaigné, le prit sous sa protection ; et, sans s'expliquer si ce petit était l'enfant de l'amour éphémère auquel il devait Juana, ce mari, par une espèce de flatterie admirable, en fit son Benjamin. De tous les sentiments dus au sang de ses aïeules, et qui la dévoraient, madame Diard n'accepta que l'amour maternel. Mais elle aimait ses enfants et avec la violence sublime dont l'exemple a été donné par la Marana qui agit dans le préambule de cette histoire, et avec la gracieuse pudeur, avec l'entente délicate des vertus sociales dont la pratique était la gloire de sa vie et sa récompense intime. La pensée secrète, la consciencieuse maternité, qui avaient imprimé à la vie de la Marana un cachet de poésie rude, étaient pour Juana une vie avouée, une consolation de toutes les heures. Sa mère avait été vertueuse comme les autres femmes sont criminelles, à la dérobée ; elle avait volé son bonheur tacite ; elle n'en avait pas joui. Mais Juana, malheureuse par la vertu, comme sa mère était malheureuse par le vice, trouvait à toute heure les ineffables délices que sa mère avait tant enviées, et desquelles elle avait été privée. Pour elle, comme pour la Marana, la maternité comprit donc tous les sentiments terrestres. L'une et l'autre, par des causes contraires, n'eurent pas d'autre consolation dans leur misère. Juana aima peut-être davantage, parce que, sevrée d'amour, elle résolut toutes les jouissances qui lui manquaient par celles de ses enfants, et qu'il en est des passions nobles comme des vices : plus elles se satisfont, plus elles s'accroissent. La mère et le joueur sont insatiables. Quand Juana vit le pardon généreux imposé chaque jour sur la tête de Juan, par l'affection paternelle de Diard, elle fut attendrie; et, du jour où les deux époux changèrent de rôle, l'Espagnole prit à Diard cet intérêt profond et vrai dont elle lui avait donné tant de preuves, par devoir seulement. Si cet homme eût été plus conséquent dans sa vie; s'il n'eût pas détruit par le décousu, par l'inconstance et la mobilité de son caractère, les éclairs d'une sensibilité vraie, quoique nerveuse, Juana l'aurait sans doute aimé. Malheureusement il était le type de ces méridionaux, spirituels, mais sans suite dans leurs aperçus; capables de grandes choses la veille, et nuls le lendemain; souvent victimes de leurs vertus, et souvent heureux par leurs passions mauvaises : hommes admirables d'ailleurs, quand leurs bonnes qualités ont une constante énergie pour lien commun. Depuis deux ans, Diard était donc captivé au logis par la plus douce des chaînes. Il vivait, presque malgré lui, sous l'influence d'une femme qui se faisait gaie, amusante pour lui; qui usait les ressources du génie féminin pour le séduire au nom de la vertu, mais dont l'adresse n'allait pas jusqu'à lui simuler de l'amour.

En ce moment, tout Paris s'occupait de l'affaire d'un capitaine de l'ancienne armée qui, dans un paroxysme de libertinage, avait assassiné une femme. Diard, en rentrant chez lui pour dîner, apprit à Juana la mort de cet officier. Il s'était tué pour éviter le déshonneur de son procès et la mort ignoble de l'échafaud. Juana ne comprit pas tout d'abord la logique de cette conduite, et son mari fut obligé de lui expliquer la belle jurisprudence des lois françaises, qui ne permet pas de poursuivre les morts.

— Mais, papa, ne nous as-tu pas dit, l'autre jour, que le roi faisait grâce? demanda Francisque.

— Le roi ne peut donner que la vie, lui répondit Juan à demi courroucé.

Diard et Juana, spectateurs de cette scène, en furent bien diversement affectés. Le regard humide de joie que sa femme jeta sur l'aîné révéla fatalement au mari les secrets de ce cœur impénétrable jusqu'alors. L'aîné, c'était tout Juana; l'aîné, Juana le connaissait; elle était sûre de son cœur, de son avenir; elle l'adorait, et son ardent amour pour lui restait un secret pour elle, pour son enfant et Dieu. Juan jouissait instinctivement des brusqueries de sa mère, qui le serrait à l'étouffer quand ils étaient seuls, et qui paraissait le bouder en présence de son frère et de son père. Francisque était Diard, et les soins de Juana trahissaient le désir de combattre chez cet enfant les vices du père, et d'en encourager les bonnes qualités. Juana, ne sachant pas que son regard avait trop parlé, prit Francisque sur elle et lui fit, d'une voix douce, mais émue encore par le plaisir qu'elle ressentait de la réponse de Juan, une leçon appropriée à son intelligence.

— Son caractère exige de grands soins, dit le père à Juana.

— Oui, répondit-elle simplement.

— Mais Juan !

Madame Diard, effrayée de l'accent avec lequel ces deux mots furent prononcés, regarda son mari.

— Juan est né parfait, ajouta-t-il. Ayant dit, il s'assit d'un air sombre; et, voyant sa femme silencieuse, il reprit : — Il y a un de *vos* enfants que vous aimez mieux que l'autre.

— Vous le savez bien, dit-elle.

— Non! répliqua Diard, j'ai jusqu'à présent ignoré celui que vous préfériez.

— Mais ils ne m'ont encore donné de chagrin ni l'un ni l'autre, répondit-elle vivement.

— Oui, mais qui vous a donné le plus de joies? demanda-t-il plus vivement encore.

— Je ne les ai pas comptées.

— Les femmes sont bien fausses, s'écria Driard. Osez dire que Juan n'est pas l'enfant de votre cœur.

— Si cela est, reprit-elle avec noblesse, voulez-vous que ce soit un malheur.

— Vous ne m'avez jamais aimé. Si vous l'eussiez voulu, pour vous, j'aurais pu conquérir des royaumes. Vous savez tout ce que j'ai tenté, n'étant soutenu que par le désir de vous plaire. Ah! si vous m'eussiez aimé...

— Une femme qui aime, dit Juana, vit dans la solitude et loin du monde. N'est-ce pas ce que nous faisons?

— Je sais, Juana, que vous n'avez jamais tort.

Ce mot fut empreint d'une amertume profonde, et jeta du froid entre eux pour tout le reste de leur vie.

Le lendemain de ce jour fatal, Diard alla chez un de ses anciens camarades, et y retrouva les distractions du jeu. Par malheur, il y gagna beaucoup d'argent, et il se remit à jouer. Puis, entraîné par une pente insensible, il retomba dans la vie dissipée qu'il avait menée jadis. Bientôt il ne dîna plus chez lui. Quelques mois s'étant passés à jouir des premiers bonheurs de l'indépendance, il voulut conserver sa liberté, et se sépara de sa femme; il lui abandonna les grands appartements, et se logea dans un entre-sol. Au bout d'un an, Diard et Juana ne se voyaient plus que le matin, à l'heure du déjeuner. Enfin, comme tous les joueurs, il eut des alternatives de perte et de gain. Or, ne voulant pas entamer le capital de sa fortune, il désira soustraire au contrôle de sa femme la disposition des revenus; un jour donc, il lui retira la part qu'elle avait dans le gouvernement de la maison. A une confiance illimitée succédèrent les précautions de la défiance. Puis, relativement aux finances, jadis communes entre eux, il adopta, pour les besoins de sa femme, la méthode d'une pension mensuelle, ils en fixèrent ensemble le chiffre; la causerie qu'ils eurent à ce sujet fut la dernière de ces conversations intimes, un des charmes les plus attrayants du mariage. Le silence entre deux cœurs est un vrai divorce accompli, le jour où le *nous* ne se dit plus. Juana comprit que de ce jour elle n'était plus que mère, et elle en fut heureuse, sans rechercher la cause de ce malheur. Ce fut un grand tort. Les enfants rendent les époux solidaires de leur vie, et la vie secrète de son mari ne devait pas être seulement un texte de mélancolies et d'angoisses pour Juana. Diard, émancipé, s'habitua promptement à perdre ou à gagner des sommes immenses. Beau joueur et grand joueur, il devint célèbre par sa manière de jouer. La considération qu'il n'avait pas pu s'attirer sous l'Empire lui fut acquise, sous la Restauration, par sa fortune capitalisée qui roulait sur les tapis, et par son talent à tous les jeux qui devint célèbre. Les ambassadeurs, les plus gros banquiers, les gens à grandes fortunes, et tous les hommes qui, pour avoir trop pressé la vie, en viennent à demander au jeu ses exorbitantes jouissances, admirent Diard dans leurs clubs, rarement chez eux, mais ils jouèrent tous avec lui. Diard devint à la mode. Par orgueil, une fois ou deux pendant l'hiver, il donnait une fête pour rendre les politesses qu'il avait reçues. Alors Juana revoyait le monde par ces échappées de festins, de bals, de luxe, de lumières; mais c'était pour elle une sorte d'impôt mis sur le bonheur de sa solitude. Elle apparaissait, elle, la reine de ces solennités, comme une créature tombée là, d'un monde inconnu. Sa naïveté, que rien n'avait corrompue; sa belle virginité d'âme, que les mœurs nouvelles de sa nouvelle vie lui restituaient; sa beauté, sa modestie vraie lui acquéraient de sincères hommages. Mais, apercevant peu de femmes dans ses salons, elle comprenait que si son mari suivait, sans le lui communiquer, un nouveau plan de conduite, il n'avait encore rien gagné en estime, dans le monde.

Diard ne fut pas toujours heureux; en trois ans, il dissipa les trois quarts de sa fortune; mais sa passion lui donna l'énergie nécessaire pour la satisfaire. Il s'était lié avec beaucoup de monde, et surtout avec la plupart de ces roués de la Bourse, avec ces hommes qui, depuis la révolution, ont érigé en principe qu'un vol, fait en grand, n'est plus qu'une *noirceur*, transportant ainsi, dans les coffres-forts, les maximes effrontées adoptées en amour par le dix-huitième siècle. Diard devint homme d'affaires, et s'engagea dans ces affaires nommées *véreuses* en argot de palais. Il sut acheter à de pauvres diables, qui ne connaissaient pas les bureaux, des liquidations éternelles qu'il terminait en une soirée, en en partageant les gains avec les liquidateurs. Puis, quand les dettes liquides lui manquèrent, il en chercha de flottantes, et déterra, dans les États européens, barbaresques ou américains, des réclamations en déchéance qu'il faisait revivre. Lorsque la Restauration eut éteint les dettes des princes, de la République et de l'Empire, il se fit allouer des commissions sur des emprunts, sur des canaux, sur toute espèce d'entreprises. Enfin, il pratiqua le vol décent auquel se sont adonnés tant d'hommes habilement masqués, ou cachés dans les coulisses du théâtre politique; vol qui, fait dans la rue, à la lueur d'un réverbère, enverrait au bagne un malheureux, mais que sanctionne l'or des moulures et des candélabres. Diard accaparait et revendait les sucres, il vendait des places, il eut la gloire d'inventer *l'homme de paille* pour les emplois lucratifs qu'il était nécessaire de garder pendant un certain temps, avant d'en avoir d'autres. Puis, il méditait les primes, il étudiait le défaut des lois, il faisait une contrebande légale. Pour peindre d'un seul mot ce haut négoce, il demanda *tant pour cent* sur l'achat des quinze voix législatives qui, dans l'espace d'une nuit, passèrent des bancs de la Gauche aux bancs de la Droite. Ces actions ne sont plus ni des crimes ni des vols, c'est faire du gouvernement, commanditer l'industrie, être une tête financière. Diard fut assis par l'opinion publique sur le banc d'infamie, où siégeait déjà plus d'un homme habile. Là, se trouve l'aristocratie du mal. C'est la chambre haute des scélérats de bon ton. Diard ne fut donc pas un joueur vulgaire que le drame représente ignoble et finissant par mendier. Ce joueur n'existe plus dans le monde à une certaine hauteur topographique. Aujourd'hui, ces hardis coquins meurent brillamment attelés au vice et sous le harnais de la fortune. Ils vont se brûler la cervelle en carrosse et emportent tout ce dont on leur a fait crédit. Du moins, Diard eut le talent de ne pas acheter ses remords au rabais, et se fit un de ces hommes privilégiés. Ayant appris tous les ressorts du gouvernement, tous les secrets et les passions des gens en place, il sut se maintenir à son rang dans la fournaise ardente où il s'était jeté. Madame Diard ignorait la vie infernale que menait son mari. Satisfaite de l'abandon dans lequel il la laissait, elle ne s'en étonna pas d'abord, parce que toutes ses heures furent bien remplies. Elle avait consacré son argent à l'éducation de ses enfants, à payer un très-habile précepteur et tous les maîtres nécessaires pour un enseignement complet; elle voulait faire d'eux des hommes, leur donner une raison droite, sans déflorer leur imagination; n'ayant plus de sensations que par eux, elle ne souffrait donc plus de sa vie décolorée, ils étaient, pour elle, ce que sont les enfants, pendant longtemps, pour beaucoup de mères, une sorte de prolongement de leur existence. Diard n'était plus qu'un accident; et depuis que Diard avait cessé d'être le père, le chef de la famille, Juana ne tenait plus à lui que par les liens de parade socialement imposés aux époux. Néanmoins, elle élevait ses enfants dans le plus haut respect du pouvoir paternel, quelque imaginaire qu'il était pour eux; mais elle fut très-heureusement secondée par la continuelle absence de son mari. S'il était resté au logis, Diard aurait détruit les efforts de Juana. Ses enfants avaient déjà trop de tact et de finesse pour ne pas juger leur père. Juger son père, est un parricide moral. Cependant, à la longue, l'indifférence de Juana pour son mari s'effaça. Ce sentiment primitif se changea même en terreur. Elle comprit un jour que la conduite d'un père peut peser longtemps sur l'avenir de ses enfants, et sa tendresse maternelle lui donna parfois des révélations incomplètes de la vérité. De jour en jour, l'appréhension de ce malheur inconnu, mais inévitable, dans laquelle elle avait constamment vécu, devenait et plus vive et plus ardente. Aussi, pendant les rares instants durant lesquels Juana voyait Diard, jetait-elle sur sa face creusée, blême de nuits passées, ridée par les émotions, un regard perçant dont la clarté faisait presque tressaillir Diard. Alors, la gaieté de commande affichée par son mari l'effrayait encore plus que les sombres expressions de son inquiétude quand, par hasard, il oubliait son rôle de joie. Il craignait sa femme comme le criminel craint le bourreau. Juana voyait en lui la honte de ses enfants ; et Diard redoutait en elle la vengeance calme, une sorte de justice au front serein, le bras toujours levé, toujours armé.

Après quinze ans de mariage, Diard se trouva un jour sans ressources. Il devait cent mille écus et possédait à peine cent mille francs. Son hôtel, son seul bien visible, était grevé d'une somme d'hypothèques qui en dépassait la valeur. Encore quelques jours, et le prestige dont l'avait revêtu l'opulence allait s'évanouir. Après ces jours de grâce, pas une main ne lui serait tendue, pas une bourse ne lui serait ouverte. Puis, à moins de quelque événement favorable, il irait tomber dans le bourbier du mépris, plus bas peut-être qu'il ne devait y être, précisément parce qu'il s'en était tenu à une hauteur indue. Il apprit heureusement que, durant la saison des Eaux, il se trouverait à celle des Pyrénées plusieurs étrangers de distinction, des diplomates, tous jouant un jeu d'enfer, et sans doute munis de grosses sommes. Il résolut aussitôt de partir pour les Pyrénées. Mais il ne voulut pas laisser à Paris sa femme, à laquelle quelques créanciers pourraient révéler l'affreux mystère de sa situation, et il l'emmena avec ses deux enfants, en leur refusant même le précepteur. Il ne prit avec lui qu'un valet, et permit à peine à Juana de garder une femme de chambre. Son ton était devenu bref, impérieux, il semblait avoir retrouvé de l'énergie. Ce voyage soudain, dont la cause échappait à sa pénétration, glaça Juana d'un secret effroi. Son mari fit gaiement la route ; et, forcément réunis dans leur berline, le père se montra chaque jour plus attentif pour les enfants et plus aimable pour la mère. Néanmoins, chaque jour apportait à Juana de sinistres pressentiments, les pressentiments des mères, qui tremblent sans raison apparente, mais qui se trompent rarement quand elles tremblent ainsi. Pour elles, le voile de l'avenir semble être plus léger.

À Bordeaux, Diard loua, dans une rue tranquille, une petite maison tranquille, très-proprement meublée, et y logea sa femme. Cette maison était située par hasard à un des coins de la rue, et avait un grand jardin. Ne tenant donc que par un de ses flancs à la maison voisine, elle se trouvait en vue et accessible de trois côtés. Diard en paya le loyer, et ne laissa à Juana que l'argent strictement nécessaire pour sa dépense pendant trois mois ; à peine lui donna-t-il cinquante louis. Madame Diard ne se permit aucune observation sur cette lésinerie inaccoutumée. Quand son mari lui dit qu'il allait aux Eaux et qu'elle devait rester à Bordeaux, Juana forma le plan d'apprendre plus complétement à ses enfants l'espagnol, l'italien, et de leur faire lire les principaux chefs-d'œuvre de ces deux langues. Elle allait donc mener une vie retirée, simple et naturellement économique. Pour s'épargner les ennuis de la vie matérielle, elle s'arrangea, le lendemain du départ de Diard, avec un traiteur pour sa nourriture. Sa femme de chambre suffit à son service, et elle se trouva sans argent, mais pourvue de tout jusqu'au retour de son mari. Ses plaisirs devaient consister à faire quelques promenades avec ses enfants. Elle avait alors trente-trois ans. Sa beauté, largement développée, éclatait dans tout son lustre. Aussi, quand elle se montra, ne fut-il question dans Bordeaux que de la belle Espagnole. À la première lettre d'amour qu'elle reçut, Juana ne se promena plus que dans son jardin. Diard fit d'abord fortune aux Eaux ; il gagna trois cent mille francs en deux mois, et ne songea point à envoyer de l'argent à sa femme, il voulait en garder beaucoup pour jouer encore plus gros jeu. À la fin du dernier mois, vint aux Eaux le marquis de Montefiore, déjà précédé par la célébrité de sa fortune, de sa belle figure, de son heureux mariage avec une illustre Anglaise, et plus encore par son goût pour le jeu. Diard, son ancien compagnon, voulut l'y attendre, dans l'intention d'en joindre les dépouilles à celles de tous les autres. Un joueur armé de quatre cent mille francs environ est toujours dans une position d'où il domine la vie, et Diard, confiant en sa veine, renoua connaissance avec Montefiore ; celui-ci le reçut froidement, mais ils jouèrent, et Diard perdit tout ce qu'il possédait.

— Mon cher Montefiore, dit l'ancien quartier-maître après avoir fait le tour du salon, quand il eut achevé de se ruiner, je vous dois cent mille francs; mais mon argent est à Bordeaux, où j'ai laissé ma femme.

Diard avait bien les cent billets de banque dans sa poche; mais avec l'aplomb et le coup d'œil rapide d'un homme accoutumé à faire ressource de tout, il espérait encore dans les indéfinissables caprices du jeu. Montefiore avait manifesté l'intention de voir Bordeaux. En s'acquittant, Diard n'avait plus d'argent, et ne pouvait plus prendre sa revanche. Une revanche comble quelquefois toutes les pertes précédentes. Néanmoins, ces brûlantes espérances dépendaient de la réponse du marquis.

— Attends, mon cher, dit Montefiore, nous irons ensemble à Bordeaux. En conscience, je suis assez riche aujourd'hui pour ne pas vouloir prendre l'argent d'un ancien camarade.

Trois jours après, Diard et l'Italien étaient à Bordeaux. L'un offrit revanche à l'autre. Or, pendant une soirée, où Diard commença par payer ses cent mille francs, il en perdit deux cent mille autres sur sa parole. Le Provençal était gai comme un homme habitué à prendre des bains d'or. Onze heures venaient de sonner, le ciel était superbe, Montefiore devait éprouver autant que Diard le besoin de respirer sous le ciel et de faire une promenade pour se remettre de leurs émotions, celui-ci lui proposa donc de venir prendre son argent et une tasse de thé chez lui.

— Mais madame Diard, dit Montefiore.

— Bah! fit le Provençal.

Ils descendirent; mais avant de prendre son chapeau, Diard entra dans la salle à manger de la maison où il était, et demanda un verre d'eau; pendant qu'on le lui apprêtait, il se promena de long en large, et put, sans être aperçu, saisir un de ces couteaux d'acier très-petits, pointus et à manche de nacre, qui servent à couper les fruits au dessert, et qui n'avaient pas encore été rangés.

— Où demeures-tu? lui demanda Montefiore dans la cour. Il faut que j'envoie ma voiture à ta porte.

Diard indiqua parfaitement bien sa maison.

Tu comprends, lui dit Montefiore à voix basse en lui prenant le bras, que tant que je serai avec toi je n'aurai rien à craindre; mais si je revenais seul, et qu'un vaurien me suivît, je serais très-bon à tuer.

— Qu'as-tu donc sur toi?

— Oh! presque rien, répondit le défiant Italien. Je n'ai que mes gains. Cependant ils feraient encore une jolie fortune à un gueux qui, certes, aurait un bon brevet d'honnête homme pour le reste de ses jours.

Diard conduisit l'Italien par une rue déserte où il avait remarqué une maison dont la porte se trouvait au bout d'une espèce d'avenue garnie d'arbres, et bordée de hautes murailles très-sombres. En arrivant à cet endroit, il eut l'audace de prier militairement Montefiore d'aller en avant. Montefiore comprit Diard et voulut lui tenir compagnie. Alors, aussitôt qu'ils eurent tous deux mis le pied dans cette avenue, Diard, avec une agilité de tigre, renversa le marquis par un croc-en-jambe donné à l'articulation intérieure des genoux, lui mit hardiment le pied sur la gorge, et lui enfonça le couteau à plusieurs reprises dans le cœur, où la lame se cassa. Puis il fouilla Montefiore, lui prit portefeuille, argent, tout. Quoique Diard y allât avec une rage lucide, avec une prestesse de filou; quoiqu'il eût très-habilement surpris l'Italien, Montefiore avait eu le temps de crier : A l'assassin ! à l'assassin ! d'une voix claire et perçante qui dut remuer les entrailles des gens endormis. Ses derniers soupirs furent des cris horribles. Diard ne savait pas que, au moment où ils entrèrent dans l'avenue, un flot de gens sortis des théâtres où le spectacle était fini se trouvèrent en haut de la rue, et entendirent le râle du mourant, quoique le Provençal tâchât d'étouffer la voix en appuyant plus fortement le pied sur la gorge de Montefiore, et en fît graduellement cesser les cris. Ces gens se mirent donc à courir en se dirigeant vers l'avenue, dont les hautes murailles, répercutant les cris, leur indiquèrent l'endroit précis où se commettait le crime. Leurs pas retentirent dans la cervelle de Diard. Mais ne perdant pas encore la tête, l'assassin quitta l'avenue et sortit dans la rue, en marchant très-doucement, comme un curieux qui aurait reconnu l'inutilité des secours. Il se retourna même pour bien juger de la distance qui pouvait le séparer des survenants, il les vit se précipitant dans l'allée, à l'exception de l'un d'eux, qui, par une précaution toute naturelle, se mit à observer Diard.

— C'est lui ! c'est lui ! crièrent les gens entrés dans l'allée, lorsqu'ils aperçurent Montefiore étendu, la porte de l'hôtel fermée, et qu'il eurent tout fouillé sans rencontrer l'assassin.

Aussitôt que cette clameur eut retenti, Diard, se sentant de l'a-

vance, trouva l'énergie du lion et les bonds du cerf, il se mit à
courir ou mieux à voler. A l'autre bout de la rue, il vit ou crut voir
une masse de monde, et alors il se jeta dans une rue transversale.
Mais déjà toutes les croisées s'ouvraient, et à chaque croisée surgissaient des figures ; à chaque porte partaient et des cris et des
lueurs. Et Diard de se sauver, allant devant lui, courant au milieu
des lumières et du tumulte ; mais ses jambes étaient si activement
agiles, qu'il devançait le tumulte, sans néanmoins pouvoir se soustraire aux yeux qui embrassaient encore plus rapidement l'étendue
qu'il ne l'envahissait par sa course. Habitants, soldats, gendarmes,
tout dans le quartier fut sur pied en un clin d'œil. Des officieux
éveillèrent les commissaires, d'autres gardèrent le corps. La rumeur allait en s'envolant et vers le fugitif qui l'entraînait avec lui
comme une flamme d'incendie, et vers le centre de la ville où
étaient les magistrats. Diard avait toutes les sensations d'un rêve
à entendre ainsi une ville entière hurlant, courant, frissonnant.
Cependant il conservait encore ses idées et sa présence d'esprit, il
s'essuyait les mains le long des murs. Enfin, il atteignit le mur du
jardin de sa maison. Croyant avoir dépisté les poursuites, il se
trouvait dans un endroit parfaitement silencieux, où néanmoins
parvenait encore le lointain murmure de la ville, semblable au
mugissement de la mer. Il puisa de l'eau dans un ruisseau et la but.
Voyant un tas de pavés de rebut, il y cacha son trésor, en obéissant
à une de ces vagues pensées qui arrivent aux criminels, au moment
où, n'ayant plus la faculté de juger de l'ensemble de leurs actions,
ils sont pressés d'établir leur innocence sur quelque manque de
preuves. Cela fait, il tâcha de prendre une contenance placide, essaya de sourire, et frappa doucement à la porte de sa maison, en
espérant n'avoir été vu de personne. Il leva les yeux, et aperçut, à
travers les persiennes, la lumière des bougies qui éclairaient la
chambre de sa femme. Alors, au milieu de son trouble, les images
de la douce vie de Juana, assise entre ses fils, vinrent lui heurter
le crâne comme s'il y eût reçu un coup de marteau. La femme de
chambre ouvrit la porte, que Diard referma vivement d'un coup
de pied. En ce moment, il respira ; mais alors, il s'aperçut qu'il
était en sueur, il resta dans l'ombre et renvoya la servante près de
Juana. Il s'essuya le visage avec son mouchoir, mit ses vêtements
en ordre comme un fat qui déplisse son habit avant d'entrer chez
une jolie femme ; puis il vint à la lueur de la lune pour examiner

ses mains et se tâter le visage ; il eut un mouvement de joie en voyant qu'il n'avait aucune tache de sang, l'épanchement s'était sans doute fait dans le corps même de la victime. Mais cette toilette de criminel prit du temps. Il monta chez Juana, dans un maintien calme, posé, comme peut l'être celui d'un homme qui revient se coucher après être allé au spectacle. En gravissant les marches de l'escalier, il put réfléchir à sa position, et la résuma en deux mots : sortir et gagner le port. Ces idées il ne les pensa pas, il les trouvait écrites en lettres de feu dans l'ombre. Une fois au port, se cacher pendant le jour, revenir chercher le trésor à la nuit ; puis se mettre, comme un rat, à fond de cale d'un bâtiment, et partir sans que personne ne se doutât qu'il fût dans ce vaisseau. Pour tout cela, de l'or avant toute chose ! Et il n'avait rien. La femme de chambre vint l'éclairer.

— Félicie, lui dit-il, n'entendez-vous pas du bruit dans la rue, des cris ; allez en savoir la cause, vous me la direz...

Vêtue de ses blancs ajustements de nuit, sa femme était assise à une table, et faisait lire Francisque et Juan dans un Cervantes espagnol, où tous deux suivaient le texte pendant qu'elle le leur prononçait à haute voix. Ils s'arrêtèrent tous trois et regardèrent Diard qui restait debout, les mains dans ses poches, étonné peut-être de se trouver dans le calme de cette scène, si douce de lueur, embellie par les figures de cette femme et de ces deux enfants. C'était un tableau vivant de la Vierge entre son fils et saint Jean.

— Juana, j'ai quelque chose à te dire.

— Qu'y a-t-il ? demanda-t-elle en devinant sous la pâleur jaune de son mari le malheur qu'elle avait attendu chaque jour.

— Ce n'est rien, mais je voudrais te parler... à toi... seule.

Et il regarda fixement ses deux fils.

— Mes chers petits, allez dans votre chambre et couchez-vous, dit Juana. Dites vos prières sans moi.

Les deux fils sortirent en silence et avec l'incurieuse obéissance des enfants bien élevés.

— Ma chère Juana, reprit Diard d'une voix caressante, je t'ai laissé bien peu d'argent, et j'en suis désolé maintenant. Écoute, depuis que je t'ai ôté les soucis de ta maison en te donnant une pension, n'aurais-tu pas fait, comme toutes les femmes, quelques petites économies ?

— Non, répondit Juana, je n'ai rien. Vous n'aviez pas compté les frais de l'éducation de vos enfants. Je ne vous le reproche point, mon ami, et ne vous rappelle cette omission que pour vous expliquer mon manque d'argent. Tout celui que vous m'avez donné m'a servi pour payer les maîtres, et...

— Assez, s'écria Diard brusquement. Sacré tonnerre ! le temps est précieux. N'avez-vous pas des bijoux ?

— Vous savez bien que je n'en ai jamais porté.

— Il n'y a donc pas un sou ici, cria Diard avec frénésie.

— Pourquoi criez-vous ? dit-elle.

— Juana, reprit-il, je viens de tuer un homme.

Juana sauta vers la chambre de ses enfants, et en revint après avoir fermé toutes les portes.

— Que vos fils n'entendent rien, dit-elle. Mais avec qui donc avez-vous pu vous battre ?

— Avec Montefiore, répondit-il.

— Ah ! dit-elle, en laissant échapper un soupir, c'est le seul homme que vous eussiez le droit de tuer...

— Beaucoup de raisons voulaient qu'il mourût de ma main. Mais ne perdons pas de temps. De l'argent, de l'argent, de l'argent, au nom de Dieu ! Je puis être poursuivi. Nous ne nous sommes pas battus, je l'ai... tué.

— Tué ! s'écria-t-elle. Et comment...

— Mais, comme on tue ; il m'avait volé toute ma fortune au jeu, moi, je la lui ai reprise. Vous devriez, Juana, pendant que tout est tranquille, puisque nous n'avons pas d'argent, aller chercher le mien sous ce tas de pierres que vous savez, ce tas qui est au bout de la rue.

— Allons, dit Juana, vous l'avez volé.

— Qu'est-ce que cela vous fait ? Ne faut-il pas que je m'en aille ? Avez-vous de l'argent ? Ils sont sur mes traces !

— Qui ?

— Les juges !

Juana sortit et revint brusquement.

— Tenez, dit-elle, en lui tendant à distance un bijou, voilà la croix de dona Lagounia. Il y a quatre rubis de grande valeur, m'a-t-on dit. Allez, partez, partez... partez donc !

— Félicie ne revient point, dit-il avec stupeur. Serait-elle donc arrêtée ?

Juana laissa la croix au bord de la table, et s'élança vers les fenêtres qui donnaient sur la rue. Là, elle vit, à la lueur de la lune, des soldats qui se plaçaient, dans le plus grand silence, le long des murs. Elle revint, en affectant d'être calme, et dit à son mari :

— Vous n'avez pas une minute à perdre, il faut fuir par le jardin. Voici la clef de la petite porte.

Par un reste de prudence, elle alla cependant jeter un coup d'œil sur le jardin. Dans l'ombre, sous les arbres, elle aperçut alors quelques lueurs produites par le bord argenté des chapeaux de gendarmes. Elle entendit même la rumeur vague de la foule, attirée par la curiosité, mais qu'une sentinelle contenait aux différents bouts des rues par lesquelles elle affluait. En effet, Diard avait été vu par les gens qui s'étaient mis à leurs fenêtres. Bientôt, sur leurs indications, sur celles de sa servante que l'on avait effrayée, puis arrêtée, les troupes et le peuple avaient barré les deux rues, à l'angle desquelles était située la maison. Une douzaine de gendarmes revenus du théâtre l'ayant cernée, d'autres grimpaient par-dessus les murs du jardin et le fouillaient, autorisés par la flagrance du crime.

— Monsieur, dit Juana, vous ne pouvez plus sortir. Toute la ville est là.

Diard courut aux fenêtres avec la folle activité d'un oiseau enfermé qui se heurte à toutes les clartés. Il alla et vint à chaque issue. Juana resta debout, pensive.

— Où puis-je me cacher? dit-il.

Il regardait la cheminée, et Juana contemplait les deux chaises vides. Depuis un moment, pour elle, ses enfants étaient là. En cet instant la porte de la rue s'ouvrit, et un bruit de pas nombreux retentit dans la cour.

— Juana, ma chère Juana, donnez-moi donc, par grâce, un bon conseil.

— Je vais vous en donner un, dit-elle, et vous sauver.

— Ah! tu seras mon bon ange.

Juana revint, tendit à Diard un de ses pistolets, et détourna la tête. Diard ne prit pas le pistolet. Juana entendit le bruit de la cour, où l'on déposait le corps du marquis pour le confronter avec l'assassin, elle se retourna, vit Diard pâle et blême. Cet homme se sentait défaillir et voulait s'asseoir.

— Vos enfants vous en supplient, lui dit-elle, en lui mettant l'arme sur les mains.

— Mais, ma bonne Juana, ma petite Juana, tu crois donc que... Juana? Cela est-il bien pressé... Je voudrais t'embrasser.

Les gendarmes montaient les marches de l'escalier. Juana reprit alors le pistolet, ajusta Diard, le maintint malgré ses cris en le saisissant à la gorge, lui fit sauter la cervelle, et jeta l'arme par terre.

En ce moment la porte s'ouvrit brusquement. Le procureur du roi, suivi d'un juge, d'un médecin, d'un greffier, les gendarmes, enfin toute la Justice humaine apparut.

— Que voulez-vous? dit-elle.

— Est-ce là monsieur Diard ? répondit le procureur du roi, en montrant le corps courbé en deux.

— Oui, monsieur.

— Votre robe est pleine de sang, madame.

— Ne comprenez-vous pas pourquoi ? dit Juana.

Elle alla s'asseoir à la petite table où elle prit le volume de Cervantes, et resta pâle, dans une agitation nerveuse tout intérieure qu'elle tâcha de contenir.

— Sortez, dit le magistrat aux gendarmes.

Puis il fit un signe au juge d'instruction et au médecin, qui demeurèrent.

— Madame, en cette occasion, nous n'avons qu'à vous féliciter de la mort de votre mari. Du moins, s'il a été égaré par la passion, il sera mort en militaire, et rend inutile l'action de la justice. Mais quel que soit notre désir de ne pas vous troubler en un semblable moment, la loi nous oblige de constater toute mort violente. Permettez-nous de faire notre devoir.

— Puis-je aller changer de robe ? demanda-t-elle en posant le volume.

— Oui, madame; mais vous la rapporterez ici. Le docteur en aura sans doute besoin...

— Il serait trop pénible à madame de me voir et de m'entendre opérer, dit le médecin qui comprit les soupçons du magistrat. Messieurs, permettez-lui de demeurer dans la chambre voisine.

Les magistrats approuvèrent le charitable médecin, et alors Félicie alla servir sa maîtresse. Le juge et le procureur du roi se mirent à causer à voix basse. Les magistrats sont bien malheureux d'être obligés de tout soupçonner, de tout concevoir. A force de supposer des intentions mauvaises et de les comprendre toutes pour arriver à des vérités cachées sous les actions les plus contradictoires, il est impossible que l'exercice de leur épouvantable sacerdoce ne dessèche pas à la longue la source des émotions généreuses qu'ils sont contraints de mettre en doute. Si les sens du chirurgien qui va fouillant les mystères du corps finissent par se blaser, que devient la conscience du juge obligé de fouiller incessamment les replis de l'âme? Premiers martyrs de leur mission, les magistrats marchent toujours en deuil de leurs illusions perdues, et le crime ne pèse pas moins sur eux que sur les criminels. Un vieillard assis sur un tribunal est sublime, mais un juge jeune ne fait-il pas frémir? Or, ce juge d'instruction était jeune, et il fut obligé de dire au procureur du roi : — Croyez-vous que la femme soit complice du mari? Faut-il instruire contre elle? Êtes-vous d'avis de l'interroger?

Le procureur du roi répondit en faisant un geste d'épaules fort insouciant.

— Montefiore et Diard, ajouta-t-il, étaient deux mauvais sujets connus. La femme de chambre ne savait rien du crime. Restons-en là.

Le médecin opérait, visitait Diard, et dictait son procès-verbal au greffier. Tout à coup il s'élança dans la chambre de Juana.

— Madame...

Juana, ayant déjà quitté sa robe ensanglantée, vint au-devant du docteur.

— C'est vous, lui dit-il, en se penchant à l'oreille de l'Espagnole, qui avez tué votre mari.

— Oui, monsieur.

... *Et, de cet ensemble de faits...* continua le médecin en dictant, *il résulte pour nous que le nommé Diard s'est volontairement et lui-même donné la mort.*

— Avez-vous fini? demanda-t-il au greffier après une pause.

— Oui, dit le scribe.

Le médecin signa, Juana lui jeta un regard, en réprimant avec peine des larmes qui lui humectèrent passagèrement les yeux.

— Messieurs, dit-elle au procureur du roi, je suis étrangère, Espagnole. J'ignore les lois, je ne connais personne à Bordeaux, je réclame de vous un bon office. Faites-moi donner un passe-port pour l'Espagne.

— Un instant, s'écria le juge d'instruction. Madame, qu'est devenue la somme volée au marquis de Montefiore?

— Monsieur Diard, répondit-elle, m'a parlé vaguement d'un tas de pierres sous lequel il l'aurait cachée.

— Où?

— Dans la rue.

Les deux magistrats se regardèrent. Juana laissa échapper un geste sublime et appela le médecin.

— Monsieur, lui dit-elle à l'oreille, serais-je donc soupçonnée de quelque infamie? moi! Le tas de pierres doit être au bout de mon jardin. Allez-y vous-même, je vous en prie. Voyez, visitez, trouvez cet argent.

Le médecin sortit en emmenant le juge d'instruction, et ils retrouvèrent le portefeuille de Montefiore.

Le surlendemain, Juana vendit sa croix d'or pour subvenir aux frais de son voyage. En se rendant avec ses deux enfants à la diligence qui allait la conduire aux frontières de l'Espagne, elle s'entendit appeler dans la rue, sa mère mourante était conduite à l'hôpital; et, par la fente des rideaux du brancard sur lequel on la portait, elle avait aperçu sa fille. Juana fit entrer le brancard sous une porte cochère. Là, eut lieu la dernière entrevue entre la mère et la fille. Quoique toutes deux s'entretinssent à voix basse, Juan entendit ces mots d'adieu :

— Mourez en paix, ma mère, j'ai souffert pour vous toutes !

Paris, novembre 1832.

ADIEU.

AU PRINCE FRÉDÉRIC SCHWARZENBERG.

— Allons, député du centre, en avant ! Il s'agit d'aller au pas accéléré si nous voulons être à table en même temps que les autres. Haut le pied ! Saute, marquis ! là donc ! bien. Vous franchissez les sillons comme un véritable cerf !

Ces paroles étaient prononcées par un chasseur paisiblement assis sur une lisière de la forêt de l'Ile-Adam, et qui achevait de fumer un cigare de la Havane en attendant son compagnon, sans doute égaré depuis longtemps dans les halliers de la forêt. A ses côtés, quatre chiens haletants regardaient comme lui le personnage auquel il s'adressait. Pour comprendre combien étaient railleuses ces allocutions répétées par intervalles, il faut dire que le chasseur était un gros homme court dont le ventre proéminent accusait un embonpoint véritablement ministériel. Aussi arpentait-il avec peine les sillons d'un vaste champ récemment moissonné, dont les chaumes gênaient considérablement sa marche ; puis, pour surcroît de douleur, les rayons du soleil qui frappaient obliquement sa figure y amassaient de grosses gouttes de sueur. Préoccupé par le soin de garder son équilibre, il se penchait tantôt en avant, tantôt en arrière, en imitant ainsi les soubresauts d'une voiture fortement cahotée. Ce jour était un de ceux qui, pendant le mois de septembre, achèvent de mûrir les raisins par des feux équatoriaux. Le temps annonçait un orage. Quoique plusieurs grands espaces d'azur séparassent encore vers l'horizon de gros nuages noirs, on voyait des nuées blondes s'avancer avec une effrayante rapidité, en étendant, de l'ouest à l'est, un léger rideau grisâtre. Le vent, n'agissant que dans la haute région de l'air, l'atmosphère comprimait vers les bas-fonds les brûlantes vapeurs de la terre. Entouré de hautes futaies qui le privaient d'air, le vallon que franchissait le chasseur avait la température d'une fournaise. Ardente et silencieuse, la forêt semblait avoir soif. Les oiseaux, les insectes étaient muets, et les cimes des arbres s'inclinaient à peine. Les personnes auxquelles il reste quelque souvenir de l'été de 1819, doivent donc compatir aux maux du pauvre ministériel, qui suait sang et eau pour rejoindre son compagnon moqueur. Tout en fumant son cigare, celui-ci avait calculé, par la position du soleil, qu'il pouvait être environ cinq heures du soir.

— Où diable sommes-nous? dit le gros chasseur en s'essuyant le front et s'appuyant contre un arbre du champ, presque en face de son compagnon; car il ne se sentit plus la force de sauter le large fossé qui l'en séparait.

— Et c'est à moi que tu le demandes, répondit en riant le chasseur couché dans les hautes herbes jaunes qui couronnaient le talus. Il jeta le bout de son cigare dans le fossé, en s'écriant : — Je jure par saint Hubert qu'on ne me reprendra plus à m'aventurer dans un pays inconnu avec un magistrat, fût-il comme toi, mon cher d'Albon, un vieux camarade de collége!

— Mais, Philippe, vous ne comprenez donc plus le français? Vous avez sans doute laissé votre esprit en Sibérie, répliqua le gros homme en lançant un regard douloureusement comique sur un poteau qui se trouvait à cent pas de là.

— J'entends, répondit Philippe qui saisit son fusil, se leva tout à coup, s'élança d'un seul bond dans le champ, et courut vers le poteau. — Par ici, d'Albon, par ici! demi-tour à gauche, cria-t-il à son compagnon en lui indiquant par un geste une large voie pavée. *Chemin de Baillet à l'Ile-Adam!* reprit-il, ainsi nous trouverons dans cette direction celui de Cassan, qui doit s'embrancher sur celui de l'Ile-Adam.

— C'est juste, mon colonel, dit monsieur d'Albon en remettant sur sa tête une casquette avec laquelle il venait de s'éventer.

— En avant donc, mon respectable conseiller, répondit le colonel Philippe en sifflant les chiens qui semblaient déjà lui mieux obéir qu'au magistrat auquel ils appartenaient.

— Savez-vous, monsieur le marquis, reprit le militaire goguenard, que nous avons encore plus de deux lieues à faire? Le village que nous apercevons là-bas doit être Baillet.

— Grand Dieu! s'écria le marquis d'Albon, allez à Cassan, si cela peut vous être agréable, mais vous irez tout seul. Je préfère attendre ici, malgré l'orage, un cheval que vous m'enverrez du château. Vous vous êtes moqué de moi, Sucy. Nous devions faire une jolie petite partie de chasse, ne pas nous éloigner de Cassan, fureter sur les terres que je connais. Bah! au lieu de nous amuser, vous m'avez fait courir comme un lévrier depuis quatre heures du matin, et nous n'avons eu pour tout déjeuner que deux tasses de lait! Ah! si vous avez jamais un procès à la Cour, je vous le ferai perdre, eussiez-vous cent fois raison.

Le chasseur découragé s'assit sur une des bornes qui étaient au pied du poteau, se débarrassa de son fusil, de sa carnassière vide, et poussa un long soupir.

— France! voilà tes députés, s'écria en riant le colonel de Sucy. Ah! mon pauvre d'Albon, si vous aviez été comme moi six ans au fond de la Sibérie...

Il n'acheva pas et leva les yeux au ciel, comme si ses malheurs étaient un secret entre Dieu et lui.

— Allons! marchez! ajouta-t-il. Si vous restez assis, vous êtes perdu.

— Que voulez-vous, Philippe? c'est une si vieille habitude chez un magistrat! D'honneur, je suis excédé! Encore si j'avais tué un lièvre!

Les deux chasseurs présentaient un contraste assez rare. Le ministériel était âgé de quarante-deux ans et ne paraissait pas en avoir plus de trente, tandis que le militaire, âgé de trente ans, semblait en avoir au moins quarante. Tous deux étaient décorés de la rosette rouge, attribut des officiers de la Légion d'honneur. Quelques mèches de cheveux, mélangées de noir et de blanc comme l'aile d'une pie, s'échappaient de dessous la casquette du colonel; de belles boucles blondes ornaient les tempes du magistrat. L'un était d'une haute taille, sec, maigre, nerveux, et les rides de sa figure blanche trahissaient des passions terribles ou d'affreux malheurs; l'autre avait un visage brillant de santé, jovial et digne d'un épicurien. Tous deux étaient fortement hâlés par le soleil, et leurs longues guêtres de cuir fauve portaient les marques de tous les fossés, de tous les marais qu'ils avaient traversés.

— Allons, s'écria monsieur de Sucy, en avant! Après une petite heure de marche nous serons à Cassan, devant une bonne table.

— Il faut que vous n'ayez jamais aimé, répondit le conseiller d'un air piteusement comique, vous êtes aussi impitoyable que l'article 304 du Code pénal!

Philippe de Sucy tressaillit violemmment; son large front se plissa; sa figure devint aussi sombre que l'était le ciel en ce moment. Quoiqu'un souvenir d'une affreuse amertume crispât tous ses traits, il ne pleura pas. Semblable aux hommes puissants, il savait refouler ses émotions au fond de son cœur, et trouvait peut-être, comme beaucoup de caractères purs, une sorte d'impudeur à dévoiler ses peines quand aucune parole humaine n'en peut rendre la profondeur, et qu'on redoute la moquerie des gens qui ne veulent pas les comprendre. Monsieur d'Albon avait une de ces âmes délicates qui devinent les douleurs et ressentent vivement la commotion qu'elles ont involontairement produite par quelque maladresse. Il respecta le silence de son ami, se leva, oublia sa fatigue, et le suivit silencieusement, tout chagrin d'avoir touché une plaie qui probablement n'était pas cicatrisée.

— Un jour, mon ami, lui dit Philippe en lui serrant la main et en le remerciant de son muet repentir par un regard déchirant, un jour je te raconterai ma vie. Aujourd'hui, je ne saurais.

Ils continuèrent à marcher en silence. Quand la douleur du colonel parut dissipée, le conseiller retrouva sa fatigue; et avec l'instinct ou plutôt le vouloir d'un homme harassé, son œil sonda toutes les profondeurs de la forêt; il interrogea les cimes des arbres, examina les avenues, en espérant y découvrir quelque gîte où il pût demander l'hospitalité. En arrivant à un carrefour, il crut apercevoir une légère fumée qui s'élevait entre les arbres. Il s'arrêta, regarda fort attentivement, et reconnut, au milieu d'un massif immense, les branches vertes et sombres de quelques pins.

— Une maison! une maison! s'écria-t-il avec le plaisir qu'aurait eu un marin à crier : Terre! terre!

Puis il s'élança vivement à travers un hallier assez épais, et le colonel, qui était tombé dans une profonde rêverie, l'y suivit machinalement.

— J'aime mieux trouver ici une omelette, du pain de ménage et une chaise, que d'aller chercher à Cassan des divans, des truffes et du vin de Bordeaux.

Ces paroles étaient une exclamation d'enthousiasme arrachée au conseiller par l'aspect d'un mur dont la couleur blanchâtre tranchait, dans le lointain, sur la masse brune des troncs noueux de la forêt.

—Ah! ah! ceci m'a l'air d'être quelque ancien prieuré, s'écria derechef le marquis d'Albon en arrivant à une grille antique et noire, d'où il put voir, au milieu d'un parc assez vaste, un bâtiment construit dans le style employé jadis pour les monuments monastiques. — Comme ces coquins de moines savaient choisir un emplacement !

Cette nouvelle exclamation était l'expression de l'étonnement que causait au magistrat le poétique ermitage qui s'offrait à ses regards. La maison était située à mi-côte, sur le revers de la montagne, dont le sommet est occupé par le village de Nerville. Les grands chênes séculaires de la forêt, qui décrivait un cercle immense autour de cette habitation, en faisaient une véritable solitude. Le corps de logis jadis destiné aux moines avait son exposition au midi. Le parc paraissait avoir une quarantaine d'arpents. Auprès de la maison, régnait une verte prairie, heureusement découpée par plusieurs ruisseaux clairs, par des nattes d'eau gracieusement posées, et sans aucun artifice apparent. Çà et là s'élevaient des arbres verts aux formes élégantes, aux feuillages variés. Puis, des grottes habilement ménagées, des terrasses massives avec leurs escaliers dégradés et leurs rampes rouillées imprimaient une physionomie particulière à cette sauvage Thébaïde. L'art y avait élégamment uni ses constructions aux plus pittoresques effets de la nature. Les passions humaines semblaient devoir mourir aux pieds de ces grands arbres qui défendaient l'approche de cet asile aux bruits du monde, comme ils y tempéraient les feux du soleil.

—Quel désordre ! se dit monsieur d'Albon après avoir joui de la sombre expression que les ruines donnaient à ce paysage, qui paraissait frappé de malédiction. C'était comme un lieu funeste abandonné par les hommes. Le lierre avait étendu partout ses nerfs tortueux et ses riches manteaux. Des mousses brunes, verdâtres, jaunes ou rouges répandaient leurs teintes romantiques sur les arbres, sur les bancs, sur les toits, sur les pierres. Les fenêtres vermoulues étaient usées par la pluie, creusées par le temps ; les balcons étaient brisés, les terrasses démolies. Quelques persiennes ne tenaient plus que par un de leurs gonds. Les portes disjointes paraissaient ne pas devoir résister à un assaillant. Chargées des touffes luisantes du guy, les branches des arbres fruitiers négligés s'étendaient au loin sans donner de récolte. De hautes herbes croissaient dans les allées. Ces débris jetaient dans le tableau des effets d'une poésie ravissante, et des idées rêveuses dans l'âme du spectateur. Un poète serait resté là plongé dans une longue mélancolie, en admirant ce désordre plein d'harmonies, cette destruction qui n'était pas sans grâce. En ce moment, quelques rayons de soleil se firent jour à travers les crevasses des nuages, illuminèrent par des jets de mille couleurs cette scène à demi sauvage. Les tuiles brunes resplendirent, les mousses brillèrent, des ombres fantastiques s'agitèrent sur les prés, sous les arbres ; des couleurs mortes se réveillèrent, des oppositions piquantes se combattirent, les feuillages se découpèrent dans la clarté. Tout à coup, la lumière disparut. Ce paysage qui semblait avoir parlé, se tut, et redevint sombre, ou plutôt doux comme la plus douce teinte d'un crépuscule d'automne.

— C'est le palais de la Belle au Bois Dormant, se dit le conseiller qui ne voyait déjà plus cette maison qu'avec les yeux d'un propriétaire. A qui cela peut-il donc appartenir? Il faut être bien bête pour ne pas habiter une si jolie propriété.

Aussitôt, une femme s'élança de dessous un noyer planté à droite de la grille, et sans faire de bruit passa devant le conseiller aussi rapidement que l'ombre d'un nuage; cette vision le rendit muet de surprise.

— Eh! bien, d'Albon, qu'avez-vous? lui demanda le colonel.

— Je me frotte les yeux pour savoir si je dors ou si je veille, répondit le magistrat en se collant sur la grille pour tâcher de revoir le fantôme.

— Elle est probablement sous ce figuier, dit-il en montrant à Philippe le feuillage d'un arbre qui s'élevait au-dessus du mur, à gauche de la grille.

— Qui, elle?

— Eh ! puis-je le savoir ? reprit monsieur d'Albon. Il vient de se lever là, devant moi, dit-il à voix basse, une femme étrange; elle m'a semblé plutôt appartenir à la nature des ombres qu'au monde des vivants. Elle est si svelte, si légère, si vaporeuse, qu'elle doit être diaphane. Sa figure est aussi blanche que du lait. Ses vêtements, ses yeux, ses cheveux sont noirs. Elle m'a regardé en passant, et quoique je ne sois point peureux, son regard immobile et froid m'a figé le sang dans les veines.

— Est-elle jolie? demanda Philippe.

— Je ne sais pas. Je ne lui ai vu que les yeux dans la figure.

— Au diable le dîner de Cassan, s'écria le colonel, restons ici. J'ai une envie d'enfant d'entrer dans cette singulière propriété. Vois-tu ces châssis de fenêtres peints en rouge, et ces filets rouges dessinés sur les moulures des portes et des volets? Ne semble-t-il pas que ce soit la maison du diable, il aura peut-être hérité des moines. Allons, courons après la dame blanche et noire! En avant! s'écria Philippe avec une gaieté factice.

En ce moment, les deux chasseurs entendirent un cri assez semblable à celui d'une souris prise au piége. Ils écoutèrent. Le feuillage de quelques arbustes froissés retentit dans le silence, comme le murmure d'une onde agitée ; mais quoiqu'ils prêtassent l'oreille pour saisir quelques nouveaux sons, la terre resta silencieuse et garda le secret des pas de l'inconnue, si toutefois elle avait marché.

— Voilà qui est singulier, s'écria Philippe en suivant les contours que décrivaient les murs du parc.

Les deux amis arrivèrent bientôt à une allée de la forêt qui conduit au village de Chauvry. Après avoir remonté ce chemin vers la route de Paris, ils se trouvèrent devant une grande grille, et virent alors la façade principale de cette habitation mystérieuse. De ce côté, le désordre était à son comble. D'immenses lézardes sillonnaient les murs de trois corps de logis bâtis en équerre. Des débris de tuiles et d'ardoises amoncelés à terre et des toits dégradés annonçaient une complète incurie. Quelques fruits étaient tombés sous les arbres et pourrissaient sans qu'on les récoltât. Une vache paissait à travers les boulingrins, et foulait les fleurs des plates-bandes, tandis qu'une chèvre broutait les raisins verts et les pampres d'une treille.

— Ici, tout est harmonie, et le désordre y est en quelque sorte organisé, dit le colonel en tirant la chaîne d'une cloche ; mais la cloche était sans battant.

Les deux chasseurs n'entendirent que le bruit singulièrement aigre d'un ressort rouillé. Quoique très-délabrée, la petite porte pratiquée dans le mur auprès de la grille résista néanmoins à tout effort.

— Oh! oh! tout ceci devient très-curieux, dit-il à son compagnon.

— Si je n'étais pas magistrat, répondit monsieur d'Albon, je croirais que la femme noire est une sorcière.

A peine avait-il achevé ces mots, que la vache vint à la grille et leur présenta son mufle chaud, comme si elle éprouvait le besoin de voir des créatures humaines. Alors une femme, si toutefois ce nom pouvait appartenir à l'être indéfinissable qui se leva de dessous une touffe d'arbustes, tira la vache par sa corde. Cette femme portait sur la tête un mouchoir rouge d'où s'échappaient des mèches de cheveux blonds assez semblables à l'étoupe d'une quenouille. Elle n'avait pas de fichu. Un jupon de laine grossière à raies alternativement noires et grises, trop court de quelques pouces, permettait de voir ses jambes. L'on pouvait croire qu'elle appartenait à une des tribus de Peaux Rouges célébrées par Cooper; car ses jambes, son cou et ses bras nus semblaient avoir été peints en couleur de brique. Aucun rayon d'intelligence n'animait sa figure plate. Ses yeux bleuâtres étaient sans chaleur et ternes. Quelques poils blancs clair-semés lui tenaient lieu de sourcils. Enfin, sa bouche était contournée de manière à laisser passer des dents mal rangées, mais aussi blanches que celles d'un chien.

— Obé! la femme! cria monsieur de Sucy.

Elle arriva lentement jusqu'à la grille, en contemplant d'un air niais les deux chasseurs à la vue desquels il lui échappa un sourire pénible et forcé.

— Où sommes-nous? Quelle est cette maison-là? A qui est-elle? Qui êtes-vous? Êtes-vous d'ici?

A ces questions et à une foule d'autres que lui adressèrent successivement les deux amis, elle ne répondit que par des grognements gutturaux qui semblaient appartenir plus à l'animal qu'à la créature humaine.

— Ne voyez-vous pas qu'elle est sourde et muette, dit le magistrat.

— *Bons-Hommes!* s'écria la paysanne.

— Ah! elle a raison. Ceci pourrait bien être l'ancien couvent des Bons-Hommes, dit monsieur d'Albon.

Les questions recommencèrent. Mais, comme un enfant capricieux, la paysanne rougit, joua avec son sabot, tortilla la corde de la vache qui s'était remise à paître, regarda les deux chasseurs, examina toutes les parties de leur habillement; elle glapit, grogna, gloussa mais elle ne parla pas.

Cette femme semblait ensevelie dans une
méditation profonde.

(ADIEU)

— Ton nom? lui dit Philippe en la contemplant fixement comme s'il eût voulu l'ensorceler.

— Geneviève, dit-elle en riant d'un rire bête.

— Jusqu'à présent la vache est la créature la plus intelligente que nous ayons vue, s'écria le magistrat. Je vais tirer un coup de fusil pour faire venir du monde.

Au moment où d'Albon saisissait son arme, le colonel l'arrêta par un geste, et lui montra du doigt l'inconnue qui avait si vivement piqué leur curiosité. Cette femme semblait ensevelie dans une méditation profonde, et venait à pas lents par une allée assez éloignée, en sorte que les deux amis eurent le temps de l'examiner. Elle était vêtue d'une robe de satin noir tout usée. Ses longs cheveux tombaient en boucles nombreuses sur son front, autour de ses épaules, descendaient jusqu'en bas de sa taille, et lui servaient de châle. Accoutumée sans doute à ce désordre, elle ne chassait que rarement sa chevelure de chaque côté de ses tempes; mais alors, elle agitait la tête par un mouvement brusque, et ne s'y prenait pas à deux fois pour dégager son front ou ses yeux de ce voile épais. Son geste avait d'ailleurs, comme celui d'un animal, cette admirable sécurité de mécanisme dont la prestesse pouvait paraître un prodige dans une femme. Les deux chasseurs étonnés la virent sauter sur une branche de pommier et s'y attacher avec la légèreté d'un oiseau. Elle y saisit des fruits, les mangea, puis se laissa tomber à terre avec la gracieuse mollesse qu'on admire chez les écureuils. Ses membres possédaient une élasticité qui ôtait à ses moindres mouvements jusqu'à l'apparence de la gêne ou de l'effort. Elle joua sur le gazon, s'y roula comme aurait pu le faire un enfant; puis, tout à coup, elle jeta ses pieds et ses mains en avant, et resta étendue sur l'herbe avec l'abandon, la grâce, le naturel d'une jeune chatte endormie au soleil. Le tonnerre ayant grondé dans le lointain, elle se retourna subitement, et se mit à quatre pattes avec la miraculeuse adresse d'un chien qui entend venir un étranger. Par l'effet de cette bizarre attitude, sa noire chevelure se sépara tout à coup en deux larges bandeaux qui retombèrent de chaque côté de sa tête, et permit aux deux spectateurs de cette scène singulière d'admirer des épaules dont la peau blanche brilla comme des marguerites de la prairie, un cou dont la perfection faisait juger celle de toutes les proportions du corps.

Elle laissa échapper un cri douloureux, et se leva tout à fait sur ses pieds. Ses mouvements se succédaient si gracieusement, s'exécutaient si lestement, qu'elle semblait être, non pas une créature humaine, mais une de ces filles de l'air célébrées par les poésies d'Ossian. Elle alla vers une nappe d'eau, secoua légèrement une de ses jambes pour la débarrasser de son soulier, et parut se plaire à tremper son pied blanc comme l'albâtre dans la source en y admirant sans doute les ondulations qu'elle y produisait, et qui ressemblaient à des pierreries. Puis elle s'agenouilla sur le bord du bassin, s'amusa, comme un enfant, à y plonger ses longues tresses et à les en tirer brusquement pour voir tomber goutte à goutte l'eau dont elles étaient chargées, et qui, traversée par les rayons du jour, formaient comme des chapelets de perles.

— Cette femme est folle, s'écria le conseiller.

Un cri rauque, poussé par Geneviève, retentit et parut s'adresser à l'inconnue, qui se redressa vivement en chassant ses cheveux de chaque côté de son visage. En ce moment, le colonel et d'Albon purent voir distinctement les traits de cette femme, qui, en apercevant les deux amis, accourut en quelques bonds à la grille avec la légèreté d'une biche.

— *Adieu!* dit-elle d'une voix douce et harmonieuse, mais sans que cette mélodie, impatiemment attendue par les chasseurs, parût dévoiler le moindre sentiment ou la moindre idée.

Monsieur d'Albon admira les longs cils de ses yeux, ses sourcils noirs bien fournis, une peau d'une blancheur éblouissante et sans la plus légère nuance de rougeur. De petites veines bleues tranchaient seules sur son teint blanc. Quand le conseiller se tourna vers son ami pour lui faire part de l'étonnement que lui inspirait la vue de cette femme étrange, il le trouva étendu sur l'herbe et comme mort. Monsieur d'Albon déchargea son fusil en l'air pour appeler du monde, et cria : *Au secours!* en essayant de relever le colonel. Au bruit de la détonation, l'inconnue, qui était restée immobile, s'enfuit avec la rapidité d'une flèche, jeta des cris d'effroi comme un animal blessé, et tournoya sur la prairie en donnant les marques d'une terreur profonde. Monsieur d'Albon entendit le roulement d'une calèche sur la route de l'Ile-Adam, et implora l'assistance des promeneurs en agitant son mouchoir. Aussitôt, la voiture se dirigea vers les Bons-Hommes, et monsieur d'Albon y reconnut monsieur et madame de Grandville, ses voisins, qui s'empressèrent de descendre de leur voiture en l'offrant au magistrat. Madame de Granville avait, par hasard, un flacon de sels, que l'on fit respirer à monsieur de Sucy. Quand le colonel ouvrit les yeux, il les tourna vers la prairie où l'inconnue ne cessait de courir en criant, et laissa échapper une exclamation indistincte, mais qui révélait un sentiment d'horreur; puis il ferma de nouveau les yeux en faisant un geste comme pour demander à son ami de l'arracher à ce spectacle. Monsieur et madame de Grandville laissèrent le conseiller libre de disposer de leur voiture, en lui disant obligeamment qu'ils allaient continuer leur promenade à pied.

— Quelle est donc cette dame? demanda le magistrat en désignant l'inconnue.

— L'on présume qu'elle vient de Moulins, répondit monsieur de Grandville. Elle se nomme la comtesse de Vandières, on la dit folle; mais comme elle n'est ici que depuis deux mois, je ne saurais vous garantir la véracité de tous ces ouï-dire.

Monsieur d'Albon remercia monsieur et madame de Grandville et partit pour Cassan.

— C'est elle, s'écria Philippe en reprenant ses sens.

— Qui? elle! demanda d'Albon.

— Stéphanie. Ah! morte et vivante, vivante et folle, j'ai cru que j'allais mourir.

Le prudent magistrat, qui apprécia la gravité de la crise à laquelle son ami était tout en proie, se garda bien de le questionner ou de l'irriter, il souhaitait impatiemment arriver au château; car le changement qui s'opérait dans les traits et dans toute la personne du colonel lui faisait craindre que la comtesse n'eût communiqué à Philippe sa terrible maladie. Aussitôt que la voiture atteignit l'avenue de l'Ile-Adam, d'Albon envoya le laquais chez le médecin du bourg; en sorte qu'au moment où le colonel fut couché, le docteur se trouva au chevet de son lit.

— Si monsieur le colonel n'avait pas été presqu'à jeun, dit le chirurgien, il était mort. Sa fatigue l'a sauvé.

Après avoir indiqué les premières précautions à prendre, le docteur sortit pour aller préparer lui-même une potion calmante. Le lendemain matin monsieur de Sucy était mieux; mais le médecin avait voulu le veiller lui-même.

— Je vous avouerai, monsieur le marquis, dit le docteur à monsieur d'Albon, que j'ai craint une lésion au cerveau. Monsieur de Sucy a reçu une bien violente commotion, ses passions sont vives; mais, chez lui, le premier coup porté décide de tout. Demain il sera peut-être hors de danger.

Le médecin ne se trompa point, et le lendemain il permit au magistrat de revoir son ami.

— Mon cher d'Albon, dit Philippe en lui serrant la main, j'attends de toi un service! Cours promptement aux Bons-Hommes! informe-toi de tout ce qui concerne la dame que nous y avons vue, et reviens promptement; car je compterai les minutes.

Monsieur d'Albon sauta sur un cheval, et galopa jusqu'à l'ancienne abbaye. En y arrivant, il aperçut devant la grille un grand homme sec dont la figure était prévenante, et qui répondit affirmativement quand le magistrat lui demanda s'il habitait cette maison ruinée. Monsieur d'Albon lui raconta les motifs de sa visite.

— Eh! quoi, monsieur, s'écria l'inconnu, serait-ce vous qui avez tiré ce coup de fusil fatal? Vous avez failli tuer ma pauvre malade.

— Eh! monsieur, j'ai tiré en l'air.

— Vous auriez fait moins de mal à madame la comtesse, si vous l'eussiez atteinte.

— Eh! bien, nous n'avons rien à nous reprocher, car la vue de votre comtesse a failli tuer mon ami, monsieur de Sucy.

— Serait-ce le baron Philippe de Sucy? s'écria le médecin en joignant les mains. Est-il allé en Russie, au passage de la Bérésina?

— Oui, reprit d'Albon, il a été pris par des Cosaques et mené en Sibérie, d'où il est revenu depuis onze mois environ.

— Entrez, monsieur, dit l'inconnu en conduisant le magistrat dans un salon situé au rez-de-chaussée de l'habitation où tout portait les marques d'une dévastation capricieuse.

Des vases de porcelaine précieux étaient brisés à côté d'une pendule dont la cage était respectée. Les rideaux de soie drapés devant les fenêtres étaient déchirés, tandis que le double rideau de mousseline restait intact.

— Vous voyez, dit-il à monsieur d'Albon en entrant, les ravages exercés par la charmante créature à laquelle je me suis consacré. C'est ma nièce; malgré l'impuissance de mon art, j'espère lui rendre un jour la raison, en essayant une méthode qu'il n'est malheureusement permis qu'aux gens riches de suivre.

Puis, comme toutes les personnes qui vivent dans la solitude, en proie à une douleur renaissante, il raconta longuement au magistrat l'aventure suivante, dont le récit a été coordonné et dégagé des nombreuses digressions que firent le narrateur et le conseiller.

En quittant, sur les neuf heures du soir, les hauteurs de Studzianka, qu'il avait défendues pendant toute la journée du 28 novembre 1812, le maréchal Victor y laissa un millier d'hommes chargés de protéger jusqu'au dernier moment celui des deux ponts construits sur la Bérésina qui subsistait encore. Cette arrière-garde s'était dévouée pour tâcher de sauver une effroyable multitude de traînards engourdis par le froid, qui refusaient obstinément de quitter les équipages de l'armée. L'héroïsme de cette généreuse troupe devait être inutile. Les soldats qui affluaient par masses sur les bords de la Bérésina y trouvaient, par malheur l'immense quantité de voitures, de caissons et de meubles de toute espèce que l'armée avait été obligée d'abandonner en effectuant son passage pendant les journées des 27 et 28 novembre. Héritiers de richesses inespérées, ces malheureux, abrutis par le froid, se logeaient dans les bivouacs vides, brisaient le matériel de l'armée pour se construire des cabanes, faisaient du feu avec tout ce qui leur tombait sous la main, dépeçaient les chevaux pour se nourrir, arrachaient le drap ou les toiles des voitures pour se couvrir, et dormaient au lieu de continuer leur route et de franchir paisiblement pendant la nuit cette Bérésina qu'une incroyable fatalité avait déjà rendue si funeste à l'armée. L'apathie de ces pauvres soldats ne peut être comprise que par ceux qui se souviennent d'avoir traversé ces vastes déserts de neige, sans autre boisson que la neige, sans autre lit que la neige, sans autre perspective qu'un horizon de neige, sans autre aliment que la neige ou quelques betteraves gelées, quelques poignées de farine ou de la chair de cheval. Mourant de faim, de soif, de fatigue et de sommeil, ces infortunés arrivaient sur une plage où ils apercevaient du bois, des feux, des vivres, d'innombrables équipages abandonnés, des bivouacs, enfin toute une ville improvisée. Le village de Studzianka avait été entièrement dépecé, partagé, transporté des hauteurs dans la plaine. Quelque *dolente* et périlleuse que fût cette cité, ses misères et ses dangers souriaient à des gens qui ne voyaient devant eux que les épouvantables déserts de la Russie. Enfin c'était un vaste hôpital qui n'eut pas vingt heures d'existence. La lassitude de la vie ou le sentiment d'un bien-être inattendu rendait cette masse d'hommes inaccessible à toute pensée autre que celle du repos. Quoique l'artillerie de l'aile gauche des Russes tirât sans relâche sur cette masse qui se dessinait comme une grande tache, tantôt noire, tantôt flamboyante, au milieu de la neige, ces infatigables boulets ne semblaient à la foule engourdie qu'une incommodité de plus. C'était comme un orage dont la foudre était dédaignée par tout le monde, parce qu'elle devait n'atteindre, çà et là, que des mourants, des malades, ou des morts peut-être. A chaque instant, les traîneurs arrivaient par groupes. Ces espèces de cadavres ambulants se divisaient aussitôt, et allaient mendier une place de foyer en foyer ; puis, repoussés le plus souvent, ils se réunissaient de nouveau pour obtenir de force l'hospitalité qui leur était refusée. Sourds à la voix de quelques officiers qui leur prédisaient la mort pour le lendemain, ils dépensaient la somme de courage nécessaire pour passer le fleuve, à se construire un asile d'une nuit, à faire un repas souvent funeste; cette mort qui les attendait ne leur paraissait plus un mal, puisqu'elle leur laissait une heure de sommeil. Ils ne donnaient le nom de *mal* qu'à la faim, à la soif, au froid. Quand il ne se trouva plus ni bois, ni feu, ni toile, ni abris, d'horribles luttes s'établirent entre ceux qui survenaient dénués de tout et les riches qui possédaient une demeure. Les plus faibles succombèrent. Enfin, il arriva un moment où quelques hommes chassés par les Russes n'eurent plus que la neige pour bivouac, et s'y couchèrent pour ne plus se relever. Insensiblement, cette masse d'êtres presque anéantis devint si compacte, si sourde, si stupide, ou si heureuse peut-être, que le maréchal Victor, qui en avait été l'héroïque défenseur en résistant à vingt mille Russes commandés par Wittgenstein, fut obligé de s'ouvrir un passage, de vive force, à travers cette forêt d'hommes, afin de faire franchir la Bérésina aux cinq mille braves qu'il amenait à l'empereur. Ces infortunés se laissaient écraser plutôt que de bouger, et périssaient en silence, en souriant à leurs feux éteints, et sans penser à la France.

A dix heures du soir seulement, le duc de Bellune se trouva de l'autre côté du fleuve. Avant de s'engager sur les ponts qui menaient à Zembin, il confia le sort de l'arrière-garde de Studzianka à Éblé, ce sauveur de tous ceux qui survécurent aux calamités de la Bérésina. Ce fut environ vers minuit que ce grand général, suivi d'un officier de courage, quitta la petite cabane qu'il occupait auprès du pont, et se mit à contempler le spectacle que présentait le camp situé entre la rive de la Bérésina et le chemin de Borizof à Studzianka. Le canon des Russes avait cessé de tonner; des feux innombrables, qui au milieu de cet amas de neige, pâlissaient et semblaient ne pas jeter de lueur, éclairaient çà et là des figures qui n'avaient rien d'humain. Des malheureux, au nombre de trente mille environ, appartenant à toutes les nations que Napoléon avait jetées sur la Russie, étaient là, jouant leurs vies avec une brutale insouciance.

— Sauvons tout cela, dit le général à l'officier. Demain matin les Russes seront maîtres de Studzianka. Il faudra donc brûler le pont au moment où ils paraîtront; ainsi, mon ami, du courage! Fais-toi jour jusqu'à la hauteur. Dis au général Fournier qu'à peine a-t-il le temps d'évacuer sa position, de percer tout ce monde, et de passer le pont. Quand tu l'auras vu se mettre en marche, tu le suivras. Aidé par quelques hommes valides, tu brûleras sans pitié les bivouacs, les équipages, les caissons, les voitures, tout! Chasse ce monde-là sur le pont! Contrains tout ce qui a deux jambes à se réfugier sur l'autre rive. L'incendie est maintenant notre dernière ressource. Si Berthier m'avait laissé détruire ces damnés équipages, ce fleuve n'aurait englouti personne que mes pauvres pontonniers, ces cinquante héros qui ont sauvé l'armée et qu'on oubliera?

Le général porta la main à son front et resta silencieux. Il sentait que la Pologne serait son tombeau, et qu'aucune voix ne s'élèverait en faveur de ces hommes sublimes qui se tinrent dans l'eau, l'eau de la Bérésina! pour y enfoncer les chevalets des ponts. Un seul d'entre eux vit encore, ou, pour être exact, souffre dans un village, ignoré! L'aide de camp partit. A peine ce généreux officier avait-il fait cent pas vers Studzianka, que le général Éblé réveilla plusieurs de ses pontonniers souffrants, et commença son œuvre charitable en brûlant les bivouacs établis autour du pont, et obligeant ainsi les dormeurs qui l'entouraient à passer la Bérésina. Cependant le jeune aide de camp était arrivé, non sans peine, à la seule maison de bois qui fût restée debout, à Studzianka.

— Cette baraque est donc bien pleine, mon camarade? dit-il à un homme qu'il aperçut en dehors.

— Si vous y entrez, vous serez un habile troupier, répondit l'officier sans se détourner et sans cesser de démolir avec son sabre le bois de la maison.

— Est-ce vous? Philippe, dit l'aide de camp en reconnaissant au son de la voix l'un de ses amis.

— Oui. Ah! ah! c'est toi, mon vieux, répliqua monsieur de Sucy en regardant l'aide de camp, qui n'avait, comme lui, que vingt-trois ans. Je te croyais de l'autre côté de cette sacrée rivière. Viens-tu nous apporter des gâteaux et des confitures pour notre dessert? Tu seras bien reçu, ajouta-t-il en achevant de détacher l'écorce du bois qu'il donnait en guise de provende, à son cheval.

— Je cherche votre commandant pour le prévenir, de la part du général Éblé, de filer sur Zembin. Vous avez à peine le temps de percer cette masse de cadavres que je vais incendier tout à l'heure, afin de les faire marcher.

— Tu me réchauffes presque! ta nouvelle me fait suer. J'ai deux amis à sauver! Ah! sans ces deux marmottes, mon vieux, je serais déjà mort! C'est pour eux que je soigne mon cheval, et que je ne le mange pas. Par grâce, as-tu quelque croûte? Voilà trente heures que je n'ai rien mis dans mon coffre, et je me suis battu comme un enragé, afin de conserver le peu de chaleur et de courage qui me restent.

— Pauvre Philippe! rien, rien. Mais votre général est là!

— N'essaie pas d'entrer! Cette grange contient nos blessés. Monte encore plus haut! tu rencontreras, sur ta droite, une espèce de toit à porc, le général est là! Adieu, mon brave. Si jamais nous dansons la trénis sur un parquet de Paris...

Il n'acheva pas, la bise souffla dans ce moment avec une telle perfidie, que l'aide de camp marcha pour ne pas se geler, et que les lèvres du major Philippe se glacèrent. Le silence régna bientôt. Il n'était interrompu que par les gémissements qui partaient de la maison, et par le bruit sourd que faisait le cheval de monsieur de Sucy, en broyant, de faim et de rage, l'écorce glacée des arbres avec lesquels la maison était construite. Le major remit son sabre dans le fourreau, prit brusquement la bride du précieux animal qu'il avait su conserver, et l'arracha, malgré sa résistance, à la déplorable pâture dont il paraissait friand.

— En route, Bichette! en route. Il n'y a que toi, ma belle, qui puisse sauver Stéphanie. Va, plus tard, il nous sera permis de nous reposer, de mourir, sans doute.

Philippe, enveloppé d'une pelisse à laquelle il devait sa conservation et son énergie, se mit à courir en frappant de ses pieds la neige durcie pour entretenir la chaleur. A peine le major eut-il fait cinq cents pas, qu'il aperçut un feu considérable à la place où, depuis le matin, il avait laissé sa voiture sous la garde d'un vieux soldat. Une inquiétude horrible s'empara de lui. Comme tous ceux qui, pendant cette déroute, furent dominés par un sentiment puissant, il trouva, pour secourir ses amis, des forces qu'il n'aurait pas eues pour se sauver lui-même. Il arriva bientôt à quelques pas d'un pli formé par le terrain, et au fond duquel il avait mis à l'abri des boulets une jeune femme, sa compagne d'enfance et son bien le plus cher!

A quelques pas de la voiture, une trentaine de traînards étaient réunis devant un immense foyer qu'ils entretenaient en y jetant des planches, des dessus de caissons, des roues et des panneaux de voitures. Ces soldats étaient, sans doute, les derniers venus de tous ceux qui, depuis le large sillon décrit par le terrain au bas de Studzianka jusqu'à la fatale rivière, formaient comme un océan de têtes, de feux, de baraques, une mer vivante agitée par des mouvements presque insensibles, et d'où il s'échappait un sourd bruissement, parfois mêlé d'éclats terribles. Poussés par la faim et par le désespoir, ces malheureux avaient probablement visité de force la voiture. Le vieux général et la jeune femme qu'ils y trouvèrent couchés sur des hardes, enveloppés de manteaux et de pelisses, gisaient en ce moment accroupis devant le feu. L'une des portières de la voiture était brisée. Aussitôt que les hommes placés autour du feu entendirent les pas du cheval et du major, il s'éleva parmi eux un cri de rage inspiré par la faim.

— Un cheval! un cheval!

Les voix ne formèrent qu'une seule voix.

— Retirez-vous! gare à vous! s'écrièrent deux ou trois soldats en ajustant le cheval.

Philippe se mit devant sa jument en disant : — Gredins! je vais vous culbuter tous dans votre feu. Il y a des chevaux morts là-haut! Allez les chercher.

— Est-il farceur, cet officier-là! Une fois deux fois, te déranges-tu ? répliqua un grenadier colossal. Non ! Eh ! bien, comme tu voudras, alors.

Un cri de femme domina la détonation. Philippe ne fut heureusement pas atteint ; mais Bichette, qui avait succombé, se débattait contre la mort ; trois hommes s'élancèrent et l'achevèrent à coups de baïonnette.

— Cannibales ! laissez-moi prendre la couverture et mes pistolets, dit Philippe au désespoir.

— Va pour les pistolets, répliqua le grenadier. Quant à la couverture, voilà un fantassin qui depuis deux jours *n'a rien dans le fanal*, et qui grelotte avec son méchant habit de vinaigre. C'est notre général...

Philippe garda le silence en voyant un homme dont la chaussure était usée, le pantalon troué en dix endroits, et qui n'avait sur la tête qu'un mauvais bonnet de police chargé de givre. Il s'empressa de prendre ses pistolets. Cinq hommes amenèrent la jument devant le foyer, et se mirent à la dépecer avec autant d'adresse qu'auraient pu le faire des garçons bouchers de Paris. Les morceaux étaient miraculeusement enlevés et jetés sur des charbons. Le major alla se placer auprès de la femme qui avait poussé un cri d'épouvante en le reconnaissant, il la trouva immobile, assise sur un coussin de la voiture et se chauffant ; elle le regarda silencieusement, sans lui sourire. Philippe aperçut alors près de lui le soldat auquel il avait confié la défense de la voiture ; le pauvre homme était blessé. Accablé par le nombre, il venait de céder aux traînards qui l'avaient attaqué ; mais, comme le chien qui a défendu jusqu'au dernier moment le dîner de son maître, il avait pris sa part du butin, et s'était fait une espèce de manteau avec un drap blanc. En ce moment, il s'occupait à retourner un morceau de la jument, et le major vit sur sa figure la joie que lui causaient les apprêts du festin. Le comte de Vandières, tombé depuis trois jours comme en enfance, restait sur un coussin, près de sa femme, et regardait d'un œil fixe ces flammes dont la chaleur commençait à dissiper son engourdissement. Il n'avait pas été plus ému du danger et de l'arrivée de Philippe que du combat par suite duquel sa voiture venait d'être pillée. D'abord Sucy saisit la main de la jeune comtesse, comme pour lui donner un témoignage d'affection et lui exprimer la douleur qu'il éprouvait de la voir ainsi réduite à la dernière misère ; mais il resta silencieux près d'elle, assis sur un

tas de neige qui ruisselait en fondant, et céda lui-même au bonheur
de se chauffer, en oubliant le péril, en oubliant tout. Sa figure
contracta malgré lui une expression de joie presque stupide, et il
attendit avec impatience que le lambeau de jument donné à son
soldat fût rôti. L'odeur de cette chair charbonnée irritait sa faim,
et sa faim faisait taire son cœur, son courage et son amour. Il contempla sans colère les résultats du pillage de sa voiture. Tous les
hommes qui entouraient le foyer s'étaient partagé les couvertures,
les coussins, les pelisses, les robes, les vêtements d'homme et de
femme appartenant au comte, à la comtesse et au major. Philippe
se retourna pour voir si l'on pouvait encore tirer parti de la caisse.
Il aperçut, à la lueur des flammes, l'or, les diamants, l'argenterie,
éparpillés sans que personne songeât à s'en approprier la moindre
parcelle. Chacun des individus réunis par le hasard autour de ce
feu gardait un silence qui avait quelque chose d'horrible, et ne
faisait que ce qu'il jugeait nécessaire à son bien-être. Cette misère était grotesque. Les figures, décomposées par le froid, étaient
enduites d'une couche de boue sur laquelle les larmes traçaient, à
partir des yeux jusqu'au bas des joues, un sillon qui attestait l'é-
paisseur de ce masque. La malpropreté de leurs longues barbes
rendait ces soldats encore plus hideux. Les uns étaient enveloppés
dans des châles de femme ; les autres portaient des chabraques de
cheval, des couvertures crottées, des haillons empreints de givre
qui fondait ; quelques-uns avaient un pied dans une botte et l'autre dans un soulier ; enfin il n'y avait personne dont le costume
n'offrît une singularité risible. En présence de choses si plai-
santes, ces hommes restaient graves et sombres. Le silence n'était
interrompu que par le craquement du bois, par les pétillements de
la flamme, par le lointain murmure du camp, et par les coups de
sabre que les plus affamés donnaient à Bichette pour en arracher
les meilleurs morceaux. Quelques malheureux, plus las que les autres, dormaient, et si l'un d'eux venait à rouler dans le foyer, personne ne le relevait. Ces logiciens sévères pensaient que s'il n'était
pas mort, la brûlure devait l'avertir de se mettre en un lieu plus
commode. Si le malheureux se réveillait dans le feu et périssait,
personne ne le plaignait. Quelques soldats se regardaient, comme
pour justifier leur propre insouciance par l'indifférence des autres
La jeune comtesse eut deux fois ce spectacle, et resta muette.
Quand les différents morceaux que l'on avait mis sur des charbons

furent cuits, chacun satisfit sa faim avec cette gloutonnerie qui, vue chez les animaux, nous semble dégoûtante.

— Voilà la première fois qu'on aura vu trente fantassins sur un cheval, s'écria le grenadier qui avait abattu la jument.

Ce fut la seule plaisanterie qui attestât l'esprit national.

Bientôt la plupart de ces pauvres soldats se roulèrent dans leurs habits, se placèrent sur des planches, sur tout ce qui pouvait les préserver du contact de la neige, et dormirent, nonchalants du lendemain. Quand le major fut réchauffé et qu'il eut apaisé sa faim, un invincible besoin de dormir lui appesantit les paupières. Pendant le temps assez court que dura son débat avec le sommeil, il contempla cette jeune femme qui, s'étant tourné la figure vers le feu pour dormir, laissait voir ses yeux clos et une partie de son front ; elle était enveloppée dans une pelisse fourrée et dans un gros manteau de dragon ; sa tête portait sur un oreiller taché de sang ; son bonnet d'astracan, maintenu par un mouchoir noué sous le cou, lui préservait le visage du froid autant que cela était possible ; elle s'était caché les pieds dans le manteau. Ainsi roulée sur elle-même, elle ne ressemblait réellement à rien. Était-ce la dernière des vivandières ? était-ce cette charmante femme, la gloire d'un amant, la reine des bals parisiens ? Hélas ! l'œil même de son ami le plus dévoué n'apercevait plus rien de féminin dans cet amas de linges et de haillons. L'amour avait succombé sous le froid, dans le cœur d'une femme. A travers les voiles épais que le plus irrésistible de tous les sommeils étendait sur les yeux du major, il ne voyait plus le mari et la femme que comme deux points. Les flammes du foyer, ces figures étendues, ce froid terrible qui rugissait à trois pas d'une chaleur fugitive, tout était rêve. Une pensée importune effrayait Philippe.—Nous allons tous mourir, si je dors ; je ne veux pas dormir, se disait-il. Il dormait. Une clameur terrible et une explosion réveillèrent monsieur de Sucy après une heure de sommeil. Le sentiment de son devoir, le péril de son amie, retombèrent tout à coup sur son cœur. Il jeta un cri semblable à un rugissement. Lui et son soldat étaient seuls debout. Ils virent une mer de feu qui découpait devant eux, dans l'ombre de la nuit, une foule d'hommes, en dévorant les bivouacs et les cabanes ; ils entendirent des cris de désespoir, des hurlements ; ils aperçurent des milliers de figures désolées et de faces furieuses. Au milieu de cet enfer, une colonne de soldats se faisait un chemin vers le pont, entre deux haies de cadavres.

— C'est la retraite de notre arrière-garde, s'écria le major. Plus d'espoir.

— J'ai respecté votre voiture, Philippe, dit une voix amie.

En se retournant, Sucy reconnut le jeune aide de camp à la lueur des flammes.

— Ah! tout est perdu, répondit le major. Ils ont mangé mon cheval. D'ailleurs, comment pourrai-je faire marcher ce stupide général et sa femme?

— Prenez un tison, Philippe, et menacez-les!

— Menacer la comtesse!

— Adieu! s'écria l'aide de camp. Je n'ai que le temps de passer cette fatale rivière, et il le faut! J'ai une mère en France! Quelle nuit! Cette foule aime mieux rester sur la neige, et la plupart de ces malheureux se laissent brûler plutôt que de se lever. Il est quatre heures, Philippe! Dans deux heures, les Russes commenceront à se remuer. Je vous assure que vous verrez la Bérésina encore une fois chargée de cadavres. Philippe, songez à vous! Vous n'avez pas de chevaux, vous ne pouvez pas porter la comtesse; ainsi, allons, venez avec moi, dit-il en le prenant par le bras.

— Mon ami, abandonner Stéphanie!

Le major saisit la comtesse, la mit debout, la secoua avec la rudesse d'un homme au désespoir, et la contraignit de se réveiller, elle le regarda d'un œil fixe et mort.

— Il faut marcher, Stéphanie, ou nous mourrons ici.

Pour toute réponse, la comtesse essayait de se laisser aller à terre pour dormir. L'aide de camp saisit un tison, et l'agita devant la figure de Stéphanie.

— Sauvons-la malgré elle! s'écria Philippe en soulevant la comtesse, qu'il porta dans la voiture.

Il revint implorer l'aide de son ami. Tous deux prirent le vieux général, sans savoir s'il était mort ou vivant, et le mirent auprès de sa femme. Le major fit rouler avec le pied chacun des hommes qui gisaient à terre, leur reprit ce qu'ils avaient pillé, entassa toutes les hardes sur les deux époux, et jeta dans un coin de la voiture quelques lambeaux rôtis de sa jument.

— Que voulez-vous donc faire? lui dit l'aide de camp.

— La traîner, dit le major.

— Vous êtes fou!

— C'est vrai! s'écria Philippe en se croisant les bras sur la poitrine.

Il parut tout à coup saisi par une pensée de désespoir.

— Toi, dit-il en saisissant le bras valide de son soldat, je te la confie pour une heure! Songe que tu dois plutôt mourir que de laisser approcher qui que ce soit de cette voiture.

Le major s'empara des diamants de la comtesse, les tint d'une main, tira de l'autre son sabre, se mit à frapper rageusement ceux des dormeurs qu'il jugeait devoir être les plus intrépides, et réussit à réveiller le grenadier colossal et deux autres hommes dont il était impossible de connaître le grade.

— Nous sommes *flambés*, leur dit-il.

— Je le sais bien, répondit le grenadier, mais ça m'est égal.

— Hé! bien, mort pour mort, ne vaut-il pas mieux vendre sa vie pour une jolie femme, et risquer de revoir encore la France.

— J'aime mieux dormir, dit un homme en se roulant sur la neige, et si tu me tracasses encore, major, je te *fiche* mon briquet dans le ventre!

— De quoi s'agit-il, mon officier? reprit le grenadier. Cet homme est ivre! C'est un Parisien; ça aime ses aises.

— Ceci sera pour toi, brave grenadier! s'écria le major en lui présentant une rivière de diamants, si tu veux me suivre et te battre comme un enragé. Les Russes sont à dix minutes de marche; ils ont des chevaux; nous allons marcher sur leur première batterie et ramener deux lapins.

— Mais les sentinelles, major?

— L'un de nous trois, dit-il au soldat. Il s'interrompit, regarda l'aide de camp : — Vous venez, Hippolyte, n'est-ce pas?

Hippolyte consentit par un signe de tête.

— L'un de nous, reprit le major, se chargera de la sentinelle. D'ailleurs, ils dorment peut-être aussi, ces sacrés Russes.

— Va, major, tu es un brave! Mais tu me mettras dans ton berlingot? dit le grenadier.

— Oui, si tu ne laisses pas ta peau là-haut. — Si je succombais, Hippolyte, et toi, grenadier, dit le major en s'adressant à ses deux compagnons, promettez-moi de vous dévouer au salut de la comtesse.

— Convenu, s'écria le grenadier.

Ils se dirigèrent vers la ligne russe, sur les batteries qui avaient si cruellement foudroyé la masse de malheureux gisants sur le bord de la rivière. Quelques moments après leur départ, le galop de deux chevaux retentissait sur la neige, et la batterie réveillée envoyait des volées qui passaient sur la tête des dormeurs ; le pas des chevaux était si précipité, qu'on eût dit des maréchaux battant un fer. Le généreux aide de camp avait succombé. Le grenadier athlétique était sain et sauf. Philippe, en défendant son ami, avait reçu un coup de baïonnette dans l'épaule ; néanmoins il se cramponnait aux crins du cheval, et le serrait si bien avec ses jambes que l'animal se trouvait pris comme dans un étau.

— Dieu soit loué ! s'écria le major en retrouvant son soldat immobile et la voiture à sa place.

— Si vous êtes juste, mon officier, vous me ferez avoir la croix. Nous avons joliment joué de la clarinette et du bancal, hein ?

— Nous n'avons encore rien fait ! Attelons les chevaux. Prenez ces cordes.

— Il n'y en a pas assez.

— Eh ! bien, grenadier, mettez-moi la main sur ces dormeurs, et servez-vous de leurs châles, de leur linge...

— Tiens, il est mort, ce farceur-là ! s'écria le grenadier en dépouillant le premier auquel il s'adressa. Ah ! c'te farce, ils sont morts !

— Tous ?

— Oui, tous ! Il paraît que le cheval est indigeste quand on le mange à la neige.

Ces paroles firent trembler Philippe. Le froid avait redoublé.

— Dieu ! perdre une femme que j'ai déjà sauvée vingt fois.

Le major secoua la comtesse en criant : — Stéphanie, Stéphanie !

La jeune femme ouvrit les yeux.

— Madame ! nous sommes sauvés.

— Sauvés ! répéta-t-elle en retombant.

Les chevaux furent attelés tant bien que mal. Le major, tenant son sabre de sa meilleure main, gardant les guides de l'autre, armé de ses pistolets, monta sur un des chevaux, et le grenadier sur le second. Le vieux soldat, dont les pieds étaient gelés, avait été jeté en travers de la voiture, sur le général et sur la comtesse. Excités à coups de sabre, les chevaux emportèrent l'équipage avec une sorte de furie dans la plaine, où d'innombrables difficultés attendaient le major. Bientôt il fut impossible d'avancer sans risquer d'écraser des hommes, des femmes, et jusqu'à des enfants endormis, qui tous refusaient de bouger quand le grenadier les éveillait. En vain monsieur de Sucy chercha-t-il la route que l'arrière-garde s'était frayée naguère au milieu de cette masse d'hommes, elle s'était effacée comme s'efface le sillage du vaisseau sur la mer ; il n'allait qu'au pas, le plus souvent arrêté par des soldats qui le menaçaient de tuer ses chevaux.

— Voulez-vous arriver ? lui dit le grenadier.

— Au prix de tout mon sang, au prix du monde entier, répondit le major

— Marche ! On ne fait pas d'omelettes sans casser des œufs.

Et le grenadier de la garde poussa les chevaux sur les hommes, ensanglanta les roues, renversa les bivouacs, en se traçant un double sillon de morts à travers ce champ de têtes. Mais rendons-lui la justice de dire qu'il ne se fit jamais faute de crier d'une voix tonnante : — Gare donc, charognes !

— Les malheureux ! s'écria le major.

— Bah ! ça ou le froid, ça ou le canon ! dit le grenadier en animant les chevaux et les piquant avec la pointe de son briquet.

Une catastrophe qui aurait dû leur arriver bien plus tôt, et dont un hasard fabuleux les avait préservés jusque-là, vint tout à coup les arrêter dans leur marche. La voiture versa.

— Je m'y attendais, s'écria l'imperturbable grenadier. Oh ! oh ! le camarade est mort.

— Pauvre Laurent ! dit le major.

— Laurent ! N'est-il pas du 5e chasseurs ?

— Oui.

— C'est mon cousin. Bah ! la chienne de vie n'est pas assez heureuse pour qu'on la regrette par le temps qu'il fait.

La voiture ne fut pas relevée, les chevaux ne furent pas dégagés sans une perte de temps immense, irréparable. Le choc avait été si violent que la jeune comtesse, réveillée et tirée de son engourdissement par la commotion, se débarrassa de ses vêtements et se leva.

— Philippe, où sommes nous ? s'écria-t-elle d'une voix douce, en regardant autour d'elle.

— A cinq cents pas du pont. Nous allons passer la Bérésina. De l'autre côté de la rivière, Stéphanie, je ne vous tourmenterai plus, je vous laisserai dormir, nous serons en sûreté, nous gagnerons tranquillement Wilna. Dieu veuille que vous ne sachiez jamais ce que votre vie aura coûté !

— Tu es blessé?

— Ce n'est rien.

L'heure de la catastrophe était venue. Le canon des Russes annonça le jour. Maîtres de Studzianka, ils foudroyèrent la plaine ; et aux premières lueurs du matin, le major aperçut leurs colonnes se mouvoir et se former sur les hauteurs. Un cri d'alarme s'éleva du sein de la multitude, qui fut debout en un moment. Chacun comprit instinctivement son péril, et tous se dirigèrent vers le pont par un mouvement de vague. Les Russes descendaient avec la rapidité de l'incendie. Hommes, femmes, enfants, chevaux, tout marcha sur le pont. Heureusement le major et la comtesse se trouvaient encore éloignés de la rive. Le général Éblé venait de mettre le feu aux chevalets de l'autre bord. Malgré les avertissements donnés à ceux qui envahissaient cette planche de salut, personne ne voulut reculer. Non-seulement le pont s'abîma chargé de monde ; mais l'impétuosité du flot d'hommes lancés vers cette fatale berge était si furieuse, qu'une masse humaine fut précipitée dans les eaux comme une avalanche. On n'entendit pas un cri, mais le bruit sourd d'une pierre qui tombe à l'eau ; puis la Bérésina fut couverte de cadavres. Le mouvement rétrograde de ceux qui se reculèrent dans la plaine pour échapper à cette mort, fut si violent, et leur choc contre ceux qui marchaient en avant fut si terrible, qu'un grand nombre de gens moururent étouffés. Le comte et la comtesse de Vandières durent la vie à leur voiture. Les chevaux, après avoir écrasé, pétri une masse de mourants, périrent écrasés, foulés aux pieds par une trombe humaine qui se porta sur la rive. Le major et le grenadier trouvèrent leur salut dans leur force. Ils tuaient pour n'être pas tués. Cet ouragan de faces humaines, ce flux et reflux de corps animés par un même mouvement eut pour résultats de laisser pendant quelques moments la rive de la Bérésina déserte. La multitude s'était rejetée dans la plaine. Si quelques hommes se lancèrent à la rivière du haut de la berge, ce fut moins dans l'espoir d'atteindre l'autre rive qui, pour eux, était la France, que pour éviter les déserts de la Sibérie. Le désespoir devint une égide pour quelques gens hardis. Un officier sauta de glaçon en glaçon jusqu'à l'autre bord ; un soldat rampa miraculeusement sur un amas de cadavres et de glaçons. Cette immense population finit par comprendre que les Russes ne tueraient pas vingt mille hommes sans armes, engourdis, stupides, qui ne se défendaient pas, et chacun attendit son sort avec une horrible résignation. Alors le major, son grenadier, le vieux général et sa femme restèrent seuls, à quelques pas de l'endroit où était le pont. Ils étaient là, tous quatre debout, les yeux secs, silencieux, entourés d'une masse de morts. Quelques soldats valides, quelques officiers auxquels la circonstance rendait toute leur énergie se trouvaient avec eux. Ce groupe assez nombreux comptait environ cinquante hommes. Le major aperçut à deux cents pas de là les ruines du pont fait pour les voitures, et qui s'était brisé l'avant-veille.

— Construisons un radeau, s'écria-t-il.

A peine avait-il laissé tomber cette parole que le groupe entier courut vers ces débris. Une foule d'hommes se mit à ramasser des crampons de fer, à chercher des pièces de bois, des cordes, enfin tous les matériaux nécessaires à la construction du radeau. Une vingtaine de soldats et d'officiers armés formèrent une garde commandée par le major pour protéger les travailleurs contre les attaques désespérées que pourrait tenter la foule en devinant leur dessein. Le sentiment de la liberté qui anime les prisonniers et leur inspire des miracles ne peut pas se comparer à celui qui faisait agir en ce moment ces malheureux Français.

— Voilà les Russes! voilà les Russes! criaient aux travailleurs ceux qui les défendaient.

Et les bois criaient, le plancher croissait de largeur, de hauteur, de profondeur. Généraux, soldats, colonels, tous pliaient sous le poids des roues, des fers, des cordes, des planches : c'était une image réelle de la construction de l'arche de Noé. La jeune comtesse, assise auprès de son mari, contemplait ce spectacle avec le regret de ne pouvoir contribuer en rien à ce travail ; cependant elle aidait à faire des nœuds pour consolider les cordages. Enfin, le radeau fut achevé. Quarante hommes le lancèrent dans les eaux de la rivière, tandis qu'une dizaine de soldats tenaient les cordes qui devaient servir à l'amarrer près de la berge. Aussitôt que les constructeurs virent leur embarcation flottant sur la Bérésina, ils s'y jetèrent du haut de la rive avec un horrible égoïsme. Le major, craignant la fureur de ce premier mouvement, tenait Stéphanie et le général par la main ; mais il frissonna quand il vit l'embarcation noire de monde et les hommes pressés dessus comme des spectateurs au parterre d'un théâtre.

— Sauvages! s'écria-t-il, c'est moi qui vous ai donné l'idée de faire le radeau; je suis votre sauveur, et vous me refusez une place.

Une rumeur confuse servit de réponse. Les hommes placés au bord du radeau, et armés de bâtons qu'ils appuyaient sur la berge, poussaient avec violence le train de bois, pour le lancer vers l'autre bord et lui faire fendre les glaçons et les cadavres.

— Tonnerre de Dieu! je vous *fiche* à l'eau si vous ne recevez pas le major et ses deux compagnons, s'écria le grenadier, qui leva son sabre, empêcha le départ, et fit serrer les rangs, malgré des cris horribles.

— Je vais tomber! je tombe! criaient ses compagnons. Partons! en avant!

Le major regardait d'un œil sec sa maîtresse qui levait les yeux au ciel par un sentiment de résignation sublime.

— Mourir avec toi! dit-elle.

Il y avait quelque chose de comique dans la situation des gens installés sur le radeau. Quoiqu'ils poussassent des rugissements affreux, aucun d'eux n'osait résister au grenadier; car ils étaient si pressés, qu'il suffisait de pousser une seule personne pour tout renverser. Dans ce danger, un capitaine essaya de se débarrasser du soldat qui aperçut le mouvement hostile de l'officier, le saisit et le précipita dans l'eau en lui disant : — Ah! ah! canard, tu veux boire! Va!

— Voilà deux places! s'écria-t-il. Allons, major, jetez-nous votre petite femme et venez! Laissez ce vieux roquentin qui crèvera demain.

— Dépêchez-vous! cria une voix composée de cent voix.

— Allons, major. Ils grognent, les autres, et ils ont raison.

Le comte de Vandières se débarrassa de ses vêtements, et se montra debout dans son uniforme de général.

— Sauvons le comte, dit Philippe.

Stéphanie serra la main de son ami, se jeta sur lui et l'embrassa par une horrible étreinte.

— Adieu! dit-elle

Ils s'étaient compris. Le comte de Vandières retrouva ses forces et sa présence d'esprit pour sauter dans l'embarcation, où Stéphanie le suivit après avoir donné un dernier regard à Philippe.

— Major, voulez-vous ma place? Je me moque de la vie, s'écria le grenadier. Je n'ai ni femme, ni enfant, ni mère.

— Je te les confie, cria le major en désignant le comte et sa femme.

— Soyez tranquille, j'en aurai soin comme de mon œil.

Le radeau fut lancé avec tant de violence vers la rive opposée à celle où Philippe restait immobile, qu'en touchant terre la secousse ébranla tout. Le comte, qui était au bord, roula dans la rivière. Au moment où il y tombait, un glaçon lui coupa la tête, et la lança au loin, comme un boulet.

— Hein! major! cria le grenadier.

— Adieu! cria une femme.

Philippe de Sucy tomba glacé d'horreur, accablé par le froid, par le regret et par la fatigue.

— Ma pauvre nièce était devenue folle, ajouta le médecin après un moment de silence. Ah! monsieur, reprit-il en saisissant la main de monsieur d'Albon, combien la vie a été affreuse pour cette petite femme, si jeune, si délicate! Après avoir été, par un malheur inouï, séparée de ce grenadier de la garde, nommé Fleuriot, elle a été traînée, pendant deux ans, à la suite de l'armée, le jouet d'un tas de misérables. Elle allait, m'a-t-on dit, pieds nus, mal vêtue, restait des mois entiers sans soins, sans nourriture; tantôt gardée dans les hôpitaux, tantôt chassée comme un animal. Dieu seul connaît les malheurs auxquels cette infortunée a pourtant survécu. Elle était dans une petite ville d'Allemagne, enfermée avec des fous, pendant que ses parents, qui la croyaient morte, partageaient ici sa succession. En 1816, le grenadier Fleuriot la reconnut dans une auberge de Strasbourg, où elle venait d'arriver après s'être évadée de sa prison. Quelques paysans racontèrent au grenadier que la comtesse avait vécu un mois entier dans une forêt, et qu'ils l'avaient traquée pour s'emparer d'elle, sans pouvoir y parvenir. J'étais alors à quelques lieues de Strasbourg. En entendant parler d'une fille sauvage, j'eus le désir de vérifier les faits extraordinaires qui donnaient matière à des contes ridicules. Que devins-je en reconnaissant la comtesse? Fleuriot m'apprit tout ce qu'il savait de cette déplorable histoire. J'emmenai ce pauvre homme avec ma nièce en Auvergne, où j'eus le malheur de le perdre. Il avait un peu d'empire sur madame de Vandières. Lui seul a pu obtenir d'elle qu'elle s'habillât. *Adieu!* ce mot qui, pour elle, est toute la langue, elle le disait jadis rarement. Fleuriot avait entrepris de réveiller en elle quelques idées; mais il a échoué, et n'a gagné que de lui faire prononcer un peu plus souvent cette triste parole. Le grenadier savait la distraire et l'occuper en jouant avec elle; et par lui, j'espérais, mais...

L'oncle de Stéphanie se tut pendant un moment.

— Ici, reprit-il, elle a trouvé une autre créature avec laquelle elle paraît s'entendre. C'est une paysanne idiote, qui, malgré sa laideur et sa stupidité, a aimé un maçon. Ce maçon a voulu l'épouser, parce qu'elle possède quelques quartiers de terre. La pauvre Geneviève a été pendant un an la plus heureuse créature qu'il y eût au monde. Elle se parait, et allait le dimanche danser avec Dallot; elle comprenait l'amour; il y avait place dans son cœur, et dans son esprit pour un sentiment. Mais Dallot a fait des réflexions. Il a trouvé une jeune fille qui a son bon sens et deux quartiers de terre de plus que n'en a Geneviève. Dallot a donc laissé Geneviève. Cette pauvre créature a perdu le peu d'intelligence que l'amour avait développé en elle, et ne sait plus que garder les vaches ou faire de l'herbe. Ma nièce et cette pauvre fille sont en quelque sorte unies par la chaîne invisible de leur commune destinée, et par le sentiment qui cause leur folie. Tenez, voyez? dit l'oncle de Stéphanie en conduisant le marquis d'Albon à la fenêtre.

Le magistrat aperçut en effet la jolie comtesse assise à terre entre les jambes de Geneviève. La paysanne, armée d'un énorme peigne d'os, mettait toute son attention à démêler la longue chevelure noire de Stéphanie, qui se laissait faire en jetant des cris étouffés dont l'accent trahissait un plaisir instinctivement ressenti. Monsieur d'Albon frissonna en voyant l'abandon du corps et la nonchalance animale qui trahissait chez la comtesse une complète absence de l'âme.

— Philippe! Philippe! s'écria-t-il, les malheurs passés ne sont rien. — N'y a-t-il donc point d'espoir? demanda-t-il.

Le vieux médecin leva les yeux au ciel.

— Adieu, monsieur, dit monsieur d'Albon en serrant la main du vieillard. Mon ami m'attend, vous ne tarderez pas à le voir.

— C'est donc bien elle, s'écria Sucy après avoir entendu les premiers mots du marquis d'Albon. Ah ! j'en doutais encore ? ajouta-t-il en laissant tomber quelques larmes de ses yeux noirs, dont l'expression était habituellement sévère.

— Oui, c'est la comtesse de Vandières, répondit le magistrat.

Le colonel se leva brusquement et s'empressa de s'habiller.

— Hé ! bien, Philippe dit le magistrat stupéfait, deviendrais-tu fou ?

— Mais je ne souffre plus, répondit le colonel avec simplicité. Cette nouvelle a calmé toutes mes douleurs. Et quel mal pourrait se faire sentir quand je pense à Stéphanie ? Je vais aux Bons-Hommes, la voir, lui parler, la guérir. Elle est libre. Eh ! bien, le bonheur nous sourira, ou il n'y aurait pas de Providence. Crois-tu donc que cette pauvre femme puisse m'entendre et ne pas recouvrer la raison ?

— Elle t'a déjà vu sans te reconnaître, répliqua doucement le magistrat, qui, s'apercevant de l'espérance exaltée de son ami, cherchait à lui inspirer des doutes salutaires.

Le colonel tressaillit ; mais il se mit à sourire en laissant échapper un léger mouvement d'incrédulité. Personne n'osa s'opposer au dessein du colonel. En peu d'heures, il fut établi dans le vieux prieuré, auprès du médecin et de la comtesse de Vandières.

— Où est-elle ? s'écria-t-il en arrivant.

— Chut ! lui répondit l'oncle de Stéphanie. Elle dort. Tenez, la voici.

Philippe vit la pauvre folle accroupie au soleil sur un banc. Sa tête était protégée contre les ardeurs de l'air par une forêt de cheveux épars sur son visage ; ses bras pendaient avec grâce jusqu'à terre ; son corps gisait élégamment posé comme celui d'une biche ; ses pieds étaient pliés sous elle, sans effort ; son sein se soulevait par intervalles égaux ; sa peau, son teint, avaient cette blancheur de porcelaine qui nous fait tant admirer la figure transparente des enfants. Immobile auprès d'elle, Geneviève tenait à la main un rameau que Stéphanie était sans doute allée détacher de la plus haute cime d'un peuplier, et l'idiote agitait doucement ce feuillage au-dessus de sa compagne endormie, pour chasser les mouches et fraîchir l'atmosphère. La paysanne regarda monsieur Fanjat et le colonel ; puis, comme un animal qui a reconnu son maître, elle retourna lentement la tête vers la comtesse, et continua de veiller sur elle, sans avoir donné la moindre marque d'étonnement ou d'intelligence. L'air était brûlant. Le banc de pierre semblait étinceler, et la prairie élançait vers le ciel ces lutines vapeurs qui voltigent et flambent au-dessus des herbes comme une poussière d'or ; mais Geneviève paraissait ne pas sentir cette chaleur dévorante. Le colonel serra violemment les mains du médecin dans les siennes. Des pleurs échappés des yeux du militaire roulèrent le long de ses joues mâles, et tombèrent sur le gazon, aux pieds de Stéphanie.

— Monsieur, dit l'oncle, voilà deux ans que mon cœur se brise tous les jours. Bientôt vous serez comme moi. Si vous ne pleurez pas, vous n'en sentirez pas moins votre douleur.

— Vous l'avez soignée, dit le colonel dont les yeux exprimaient autant de reconnaissance que de jalousie.

Ces deux hommes s'entendirent ; et, de nouveau, se pressant fortement la main, ils restèrent immobiles, en contemplant le calme admirable que le sommeil répandait sur cette charmante créature. De temps en temps, Stéphanie poussait un soupir, et ce soupir, qui avait toutes les apparences de la sensibilité, faisait frissonner d'aise le malheureux colonel.

— Hélas, lui dit doucement monsieur Fanjat, ne vous abusez pas, monsieur, vous la voyez en ce moment dans toute sa raison.

Ceux qui sont restés avec délices pendant des heures entières occupés à voir dormir une personne tendrement aimée, dont les yeux devaient leur sourire au réveil, comprendront sans doute le sentiment doux et terrible qui agitait le colonel. Pour lui, ce sommeil était une illusion ; le réveil devait être une mort, et la plus horrible de toutes les morts. Tout à coup un jeune chevreau accourut en trois bonds vers le banc, flaira Stéphanie, que ce bruit réveilla ; elle se mit légèrement sur ses pieds, sans que ce mouvement effrayât le capricieux animal ; mais quand elle eut aperçu Philippe, elle se sauva, suivie de son compagnon quadrupède, jusqu'à une haie de sureaux ; puis, elle jeta ce petit cri d'oiseau effarouché que déjà le colonel avait entendu près de la grille où la comtesse était apparue à monsieur d'Albon pour la première fois. Enfin, elle grimpa sur un faux ébénier, se nicha dans la houppe verte de cet arbre, et se mit à regarder *l'étranger* avec l'attention du plus curieux de tous les rossignols de la forêt.

— Adieu, adieu, adieu ! dit-elle sans que l'âme communiquât une seule inflexion sensible à ce mot.

C'était l'impassibilité de l'oiseau sifflant son air.

— Elle ne me reconnaît pas, s'écria le colonel au désespoir. Stéphanie ! c'est Philippe, ton Philippe, Philippe.

Et le pauvre militaire s'avança vers l'ébénier ; mais quand il fut à trois pas de l'arbre, la comtesse le regarda, comme pour le défier, quoiqu'une sorte d'expression craintive passât dans son œil ; puis, d'un seul bond, elle se sauva de l'ébénier sur un acacia, et, de là, sur un sapin du Nord, où elle se balança de branche en branche avec une légèreté inouïe.

— Ne la poursuivez pas, dit monsieur Fanjat au colonel. Vous mettriez entre elle et vous une aversion qui pourrait devenir insurmontable ; je vous aiderai à vous en faire connaître et à l'apprivoiser. Venez sur ce banc. Si vous ne faites point attention à cette pauvre folle, alors vous ne tarderez pas à la voir s'approcher insensiblement pour vous examiner.

— *Elle !* ne pas me reconnaître, et me fuir, répéta le colonel en s'asseyant le dos contre un arbre dont le feuillage ombrageait un banc rustique ; et sa tête se pencha sur sa poitrine. Le docteur garda le silence. Bientôt la comtesse descendit doucement du haut de son sapin, en voltigeant comme un feu follet, en se laissant aller parfois aux ondulations que le vent imprimait aux arbres. Elle s'arrêtait à chaque branche pour épier l'étranger ; mais, en le voyant immobile, elle finit par sauter sur l'herbe, se mit debout, et vint à lui d'un pas lent, à travers la prairie. Quand elle se fut posée contre un arbre qui se trouvait à dix pieds environ du banc, monsieur Fanjat dit à voix basse au colonel : — Prenez adroitement, dans ma poche droite, quelques morceaux de sucre, et montrez-les-lui, elle viendra ; je renoncerai volontiers, en votre faveur, au plaisir de lui donner des friandises. A l'aide du sucre, qu'elle aime avec passion, vous l'habituerez à s'approcher de vous et à vous reconnaître.

— Quand elle était femme, répondit tristement Philippe, elle n'avait aucun goût pour les mets sucrés.

Lorsque le colonel agita vers Stéphanie le morceau de sucre qu'il tenait entre le pouce et l'index de la main droite, elle poussa de nouveau son cri sauvage, et s'élança vivement sur Philippe ; puis elle s'arrêta, combattue par la peur instinctive qu'il lui causait ; elle regardait le sucre et détournait la tête alternativement, comme ces malheureux chiens à qui leurs maîtres défendent de toucher à un mets avant qu'on ait dit une des dernières lettres de l'alphabet qu'on récite lentement. Enfin la passion bestiale triompha de la peur; Stéphanie se précipita sur Philippe, avança timidement sa jolie main brune pour saisir sa proie, toucha les doigts de son amant, attrapa le sucre et disparut dans un bouquet de bois. Cette horrible scène acheva d'accabler le colonel, qui fondit en larmes et s'enfuit dans le salon.

— L'amour aurait-il donc moins de courage que l'amitié? lui dit monsieur Fanjat. J'ai de l'espoir, monsieur le baron. Ma pauvre nièce était dans un état bien plus déplorable que celui où vous la voyez.

— Est-ce possible? s'écria Philippe.

— Elle restait nue, reprit le médecin.

Le colonel fit un geste d'horreur et pâlit; le docteur crut reconnaître dans cette pâleur quelques fâcheux symptômes, il vint lui tâter le pouls, et le trouva en proie à une fièvre violente; à force d'instances, il parvint à le faire mettre au lit, et lui prépara une légère dose d'opium, afin de lui procurer un sommeil calme.

Huit jours environ s'écoulèrent, pendant lesquels le baron de Sucy fut souvent aux prises avec des angoisses mortelles; aussi bientôt ses yeux n'eurent-ils plus de larmes. Son âme, souvent brisée, ne put s'accoutumer au spectacle que lui présentait la folie de la comtesse, mais il pactisa, pour ainsi dire, avec cette cruelle situation, et trouva des adoucissements dans sa douleur. Son héroïsme ne connut pas de bornes. Il eut le courage d'apprivoiser Stéphanie, en lui choisissant des friandises; il mit tant de soin à lui apporter cette nourriture, il sut si bien graduer les modestes conquêtes qu'il voulait faire sur l'instinct de sa maîtresse, ce dernier lambeau de son intelligence, qu'il parvint à la rendre plus *privée* qu'elle ne l'avait jamais été. Le colonel descendait chaque matin dans le parc; et si, après avoir longtemps cherché la comtesse, il ne pouvait deviner sur quel arbre elle se balançait mollement, ni le coin dans lequel elle s'était tapie pour y jouer avec un oiseau, ni sur quel toit elle s'était perchée, il sifflait l'air si célèbre de: *Partant pour la Syrie*, auquel se rattachait le souvenir d'une scène de leurs amours. Aussitôt Stéphanie accourait avec la légèreté d'un faon. Elle s'était si bien habituée à voir le colonel, qu'il ne l'effrayait plus; bientôt elle s'accoutuma à s'asseoir sur lui, à l'entourer de son bras sec et agile. Dans cette attitude, si chère aux amants, Philippe donnait lentement quelques sucreries à la friande comtesse. Après les avoir mangées toutes, il arrivait souvent à Stéphanie de visiter les poches de son ami par des gestes qui avaient la vélocité mécanique des mouvements du singe. Quand elle était bien sûre qu'il n'y avait plus rien, elle regardait Philippe d'un œil clair, sans idées, sans reconnaissance ; elle jouait alors avec lui ; elle essayait de lui ôter ses bottes pour voir son pied, elle déchirait ses gants, mettait son chapeau ; mais elle lui laissait passer les mains dans sa chevelure, lui permettait de la prendre dans ses bras, et recevait sans plaisir des baisers ardents ; enfin, elle le regardait silencieusement quand il versait des larmes ; elle comprenait bien le sifflement de : *Partant pour la Syrie* ; mais il ne put réussir à lui faire prononcer son propre nom de *Stéphanie!* Philippe était soutenu dans son horrible entreprise par un espoir qui ne l'abandonnait jamais. Si, par une belle matinée d'automne, il voyait la comtesse paisiblement assise sur un banc, sous un peuplier jauni, le pauvre amant se couchait à ses pieds, et la regardait dans les yeux aussi longtemps qu'elle voulait bien se laisser voir, en espérant que la lumière qui s'en échappait redeviendrait intelligente ; parfois, il se faisait illusion, il croyait avoir aperçu ces rayons durs et immobiles, vibrant de nouveau, amollis, vivants, et il s'écriait : — Stéphanie ! Stéphanie ! tu m'entends, tu me vois ! Mais elle écoutait le son de cette voix comme un bruit, comme l'effort du vent qui agitait les arbres, comme le mugissement de la vache sur laquelle elle grimpait ; et le colonel se tordait les mains de désespoir, désespoir toujours nouveau. Le temps et ces vaines épreuves ne faisaient qu'augmenter sa douleur. Un soir, par un ciel calme, au milieu du silence et de la paix de ce champêtre asile, le docteur aperçut de loin le baron occupé à charger un pistolet. Le vieux médecin comprit que Philippe n'avait plus d'espoir ; il sentit tout son sang affluer à son cœur, et s'il résista au vertige qui s'emparait de lui, c'est qu'il aimait mieux voir sa nièce vivante et folle que morte. Il accourut.

— Que faites-vous ! dit-il.

— Ceci est pour moi, répondit le colonel en montrant sur le banc un pistolet chargé, et voilà pour elle ! ajouta-t-il en achevant de fouler la bourre au fond de l'arme qu'il tenait.

La comtesse était étendue à terre, et jouait avec les balles.

— Vous ne savez donc pas, reprit froidement le médecin qui dissimula son épouvante, que cette nuit, en dormant, elle a dit :
— Philippe !

— Elle m'a nommé! s'écria le baron en laissant tomber son pistolet que Stéphanie ramassa ; mais il le lui arracha des mains, s'empara de celui qui était sur le banc et se sauva.

— Pauvre petite! s'écria le médecin, heureux du succès qu'avait eu sa supercherie. Il pressa la folle sur son sein, et dit en continuant : — Il t'aurait tuée, l'égoïste! il veut te donner la mort, parce qu'il souffre. Il ne sait pas t'aimer pour toi, mon enfant! Nous lui pardonnons, n'est-ce pas? il est insensé, et toi? tu n'es que folle. Va! Dieu seul doit te rappeler près de lui. Nous te croyons malheureuse, parce que tu ne participes plus à nos misères, sots que nous sommes! — Mais, dit-il en l'asseyant sur ses genoux, tu es heureuse, rien ne te gêne; tu vis comme l'oiseau, comme le daim.

Elle s'élança sur un jeune merle qui sautillait, le prit en jetant un petit cri de satisfaction, l'étouffa, le regarda mort, et le laissa au pied d'un arbre sans plus y penser.

Le lendemain, aussitôt qu'il fit jour, le colonel descendit dans les jardins, il chercha Stéphanie, il croyait au bonheur; ne la trouvant pas, il siffla. Quand sa maîtresse fut venue, il la prit par le bras; et, marchant pour la première fois ensemble, ils allèrent sous un berceau d'arbres flétris dont les feuilles tombaient sous la brise matinale. Le colonel s'assit, et Stéphanie se posa d'elle-même sur lui. Philippe en trembla d'aise.

— Mon amour, lui dit-il en baisant avec ardeur les mains de la comtesse, je suis Philippe.

Elle le regarda avec curiosité.

— Viens, ajouta-t-il en la pressant. Sens-tu battre mon cœur? Il n'a battu que pour toi. Je t'aime toujours. Philippe n'est pas mort, il est là, tu es sur lui. Tu es ma Stéphanie, et je suis ton Philippe.

— Adieu, dit-elle, adieu.

Le colonel frissonna, car il crut s'apercevoir que son exaltation se communiquait à sa maîtresse. Son cri déchirant, excité par l'espoir, ce dernier effort d'un amour éternel, d'une passion délirante, réveillait la raison de son amie.

— Ah! Stéphanie, nous serons heureux.

Elle laissa échapper un cri de satisfaction, et ses yeux eurent un vague éclair d'intelligence.

— Elle me reconnaît! Stéphanie!

Le colonel sentit son cœur se gonfler, ses paupières devenir humides. Mais il vit tout à coup la comtesse lui montrer un peu de sucre qu'elle avait trouvé en le fouillant pendant qu'il parlait. Il avait donc pris pour une pensée humaine ce degré de raison que suppose la malice du singe. Philippe perdit connaissance. Monsieur Fanjat trouva la comtesse assise sur le corps du colonel. Elle mordait son sucre en témoignant son plaisir par des minauderies qu'on aurait admirées si, quand elle avait sa raison, elle eût voulu imiter par plaisanterie sa perruche ou sa chatte.

— Ah ! mon ami, s'écria Philippe en reprenant ses sens, je meurs tous les jours, à tous les instants ! J'aime trop ! Je supporterais tout si, dans sa folie, elle avait gardé un peu du caractère féminin. Mais la voir toujours sauvage et même dénuée de pudeur, la voir...

— Il vous fallait donc une folie d'opéra, dit aigrement le docteur. Et vos dévouements d'amour sont donc soumis à des préjugés ? Hé quoi ! monsieur, je me suis privé pour vous du triste bonheur de nourrir ma nièce, je vous ai laissé le plaisir de jouer avec elle, je n'ai gardé pour moi que les charges les plus pesantes. Pendant que vous dormez, je veille sur elle, je... Allez, monsieur, abandonnez-la. Quittez ce triste ermitage. Je sais vivre avec cette chère petite créature ; je comprends sa folie, j'épie ses gestes, je suis dans ses secrets. Un jour vous me remercierez.

Le colonel quitta les Bons-Hommes, pour n'y plus revenir qu'une fois. Le docteur fut épouvanté de l'effet qu'il avait produit sur son hôte, il commençait à l'aimer à l'égal de sa nièce. Si des deux amants il y en avait un digne de pitié, c'était certes Philippe : ne portait-il pas à lui seul le fardeau d'une épouvantable douleur ! Le médecin fit prendre des renseignements sur le colonel, et apprit que le malheureux s'était réfugié dans une terre qu'il possédait près de Saint-Germain. Le baron avait, sur la foi d'un rêve, conçu un projet pour rendre la raison à la comtesse. A l'insu du docteur, il employait le reste de l'automne aux préparatifs de cette immense entreprise. Une petite rivière coulait dans son parc, où elle inondait en hiver un grand marais qui ressemblait à peu près à celui qui s'étendait le long de la rive droite de la Bérésina. Le village de Satout, situé sur une colline, achevait d'encadrer cette scène d'horreur, comme Studzianka enveloppait la plaine de la Bérésina. Le colonel rassembla des ouvriers pour faire creuser un canal qui représentât la dévorante rivière où s'étaient perdus les trésors de la France, Napoléon et son armée. Aidé par ses souvenirs, Philippe réussit à copier dans son parc la rive où le général Éblé avait construit ses ponts. Il planta des chevalets et les brûla de manière à figurer les ais noirs et à demi consumés qui, de chaque côté de la rive, avaient attesté aux traînards que la route de France leur était fermée. Le colonel fit apporter des débris semblables à ceux dont s'étaient servis ses compagnons d'infortune pour construire leur embarcation. Il ravagea son parc, afin de compléter l'illusion sur laquelle il fondait sa dernière espérance. Il commanda des uniformes et des costumes délabrés, afin d'en revêtir plusieurs centaines de paysans. Il éleva des cabanes, des bivouacs, des batteries qu'il incendia. Enfin, il n'oublia rien de ce qui pouvait reproduire la plus horrible de toutes les scènes, et il atteignit à son but. Vers les premiers jours du mois de décembre, quand la neige eut revêtu la terre d'un épais manteau blanc, il reconnut la Bérésina. Cette fausse Russie était d'une si épouvantable vérité, que plusieurs de ses compagnons d'armes reconnurent la scène de leurs anciennes misères. Monsieur de Sucy garda le secret de cette représentation tragique, de laquelle, à cette époque, plusieurs sociétés parisiennes s'entretinrent comme d'une folie.

Au commencement du mois de janvier 1820, le colonel monta dans une voiture semblable à celle qui avait amené monsieur et madame de Vandières de Moscou à Studzianka, et se dirigea vers la forêt de l'Ile-Adam. Il était traîné par des chevaux à peu près semblables à ceux qu'il était allé chercher au péril de sa vie dans les rangs des Russes. Il portait les vêtements souillés et bizarres, les armes, la coiffure qu'il avait le 29 novembre 1812. Il avait même laissé croître sa barbe, ses cheveux, et négligé son visage, pour que rien ne manquât à cette affreuse vérité.

— Je vous ai deviné, s'écria monsieur Fanjat en voyant le colonel descendre de voiture. Si vous voulez que votre projet réussisse, ne vous montrez pas dans cet équipage. Ce soir, je ferai prendre à ma nièce un peu d'opium. Pendant son sommeil, nous l'habillerons comme elle l'était à Studzianka, et nous la mettrons dans cette voiture. Je vous suivrai dans une berline.

Sur les deux heures du matin, la jeune comtesse fut portée dans la voiture, posée sur des coussins, et enveloppée d'une grossière couverture. Quelques paysans éclairaient ce singulier enlèvement.

Tout à coup un cri perçant retentit dans le silence de la nuit. Philippe et le médecin se retournèrent et virent Geneviève qui sortait demi-nue de la chambre basse où elle couchait.

— Adieu, adieu, c'est fini, adieu, criait-elle en pleurant à chaudes larmes.

— Hé bien, Geneviève, qu'as-tu ? lui dit monsieur Fanjat.

Geneviève agita la tête par un mouvement de désespoir, leva le bras vers le ciel, regarda la voiture, poussa un long grognement, donna des marques visibles d'une profonde terreur, et rentra silencieuse.

— Cela est de bon augure, s'écria le colonel. Cette fille regrette de n'avoir plus de compagne. Elle *voit* peut-être que Stéphanie va recouvrer la raison.

— Dieu le veuille, dit monsieur Fanjat qui parut affecté de cet incident.

Depuis qu'il s'était occupé de la folie, il avait rencontré plusieurs exemples de l'esprit prophétique et du don de seconde vue dont quelques preuves ont été données par des aliénés, et qui se retrouvent, au dire de plusieurs voyageurs, chez les tribus sauvages.

Ainsi que le colonel l'avait calculé, Stéphanie traversa la plaine fictive de la Bérésina sur les neuf heures du matin, elle fut réveillée par une boîte qui partit à cent pas de l'endroit où la scène avait lieu. C'était un signal. Mille paysans poussèrent une effroyable clameur, semblable au hourra de désespoir qui alla épouvanter les Russes quand vingt mille traînards se virent livrés par leur faute à la mort ou à l'esclavage. A ce cri, à ce coup de canon, la comtesse sauta hors de la voiture, courut avec une délirante angoisse sur la place neigeuse, vit les bivouacs brûlés, et le fatal radeau que l'on jetait dans une Bérésina glacée. Le major Philippe était là, faisant tournoyer son sabre sur la multitude. Madame de Vandières laissa échapper un cri qui glaça tous les cœurs, et se plaça devant le colonel, qui palpitait. Elle se recueillit, regarda d'abord vaguement cet étrange tableau. Pendant un instant aussi rapide que l'éclair, ses yeux eurent la lucidité dépourvue d'intelligence que nous admirons dans l'œil éclatant des oiseaux ; puis elle passa la main sur son front avec l'expression vive d'une personne qui médite, elle contempla ce souvenir vivant, cette vie passée traduite devant elle, tourna vivement la tête vers Philippe, et *le vit.* Un affreux silence régnait au milieu de la foule. Le colonel haletait et n'osait parler, le docteur pleurait. Le beau visage de Stéphanie se colora faiblement ; puis, de teinte en teinte, elle finit par reprendre l'éclat d'une jeune fille étincelante de fraîcheur. Son visage devint d'un beau pourpre. La vie et le bonheur, animés par une intelligence flamboyante, gagnaient de proche en proche comme un incendie. Un tremblement convulsif se communiqua des pieds au cœur. Puis ces phénomènes, qui éclatèrent en un moment, eurent comme un lien commun quand les yeux de Stéphanie lancèrent un rayon céleste, une flamme animée. Elle vivait, elle pensait ! Elle frissonna, de terreur peut-être ? Dieu déliait lui-même une seconde fois cette langue morte, et jetait de nouveau son feu dans cette âme éteinte. La volonté humaine vint avec ses torrents électriques et vivifia ce corps d'où elle avait été si longtemps absente.

— Stéphanie, cria le colonel.

— Oh! c'est Philippe, dit la pauvre comtesse.

Elle se précipita dans les bras tremblants que le colonel lui tendait, et l'étreinte des deux amants effraya les spectateurs. Stéphanie fondait en larmes. Tout à coup ses pleurs se séchèrent, elle se cadavérisa comme si la foudre l'eût touchée, et dit d'un son de voix faible : — Adieu, Philippe. Je t'aime, adieu !

— Oh ! elle est morte, s'écria le colonel en ouvrant les bras.

Le vieux médecin reçut le corps inanimé de sa nièce, l'embrassa comme eût fait un jeune homme, l'emporta et s'assit avec elle sur un tas de bois. Il regarda la comtesse en lui posant sur le cœur une main débile et convulsivement agitée. Le cœur ne battait plus.

— C'est donc vrai, dit-il en contemplant tour à tour le colonel immobile et la figure de Stéphanie sur laquelle la mort répandait cette beauté resplendissante, fugitive auréole, le gage peut-être d'un brillant avenir.

— Oui, elle est morte.

— Ah ! ce sourire, s'écria Philippe, voyez donc ce sourire ! Est-ce possible ?

— Elle est déjà froide, répondit monsieur Fanjat.

Monsieur de Sucy fit quelques pas pour s'arracher à ce spectacle ; mais il s'arrêta, siffla l'air qu'entendait la folle, et, ne voyant pas sa maîtresse accourir, il s'éloigna d'un pas chancelant, comme un homme ivre, sifflant toujours, mais ne se retournant plus.

Le général Philippe de Sucy passait dans le monde pour un homme très-aimable et surtout très-gai. Il y a quelques jours une dame le complimenta sur sa bonne humeur et sur l'égalité de son caractère.

— Ah! madame, lui dit-il, je paie mes plaisanteries bien cher, le soir, quand je suis seul.

— Êtes-vous donc jamais seul?

— Non, répondit-il en souriant.

Si un observateur judicieux de la nature humaine avait pu voir en ce moment l'expression du comte de Sucy, il en eût frissonné peut-être.

— Pourquoi ne vous mariez-vous pas? reprit cette dame qui avait plusieurs filles dans un pensionnat. Vous êtes riche, titré, de noblesse ancienne; vous avez des talents, de l'avenir, tout vous sourit.

— Oui, répondit-il, mais il est un sourire qui me tue.

Le lendemain la dame apprit avec étonnement que monsieur de Sucy s'était brûlé la cervelle pendant la nuit. La haute société s'entretint diversement de cet événement extraordinaire, et chacun en cherchait la cause. Selon les goûts de chaque raisonneur, le jeu, l'amour, l'ambition, des désordres cachés, expliquaient cette catastrophe, dernière scène d'un drame qui avait commencé en 1812. Deux hommes seulement, un magistrat et un vieux médecin, savaient que monsieur le comte de Sucy était un de ces hommes forts auxquels Dieu donne le malheureux pouvoir de sortir tous les jours triomphants d'un horrible combat qu'ils livrent à quelque monstre inconnu. Que, pendant un moment, Dieu leur retire sa main puissante, ils succombent.

Paris, mars 1830.

LE RÉQUISITIONNAIRE.

> « Tantôt ils lui voyaient, par un phénomène de vision ou de locomotion, abolir l'espace dans ses deux modes de Temps et de Distance, dont l'un est intellectuel et l'autre physique. »
>
> *Hist. intell.* de Louis Lambert.

A MON CHER ALBERT MARCHAND DE LA RIBELLERIE.

Tours, 1836.

Par un soir du mois de novembre 1793, les principaux personnages de Carentan se trouvaient dans le salon de madame de Dey, chez laquelle l'*assemblée* se tenait tous les jours. Quelques circonstances qui n'eussent point attiré l'attention d'une grande ville, mais qui devaient fortement en préoccuper une petite, prêtaient à ce rendez-vous habituel un intérêt inaccoutumé. La surveille, madame de Dey avait fermé sa porte à sa société, qu'elle s'était encore dispensée de recevoir la veille, en prétextant d'une indisposition. En temps ordinaire, ces deux événements eussent fait à Carentan le même effet que produit à Paris un *relâche* à tous les théâtres. Ces jours-là, l'existence est en quelque sorte incomplète. Mais, en 1793, la conduite de madame de Dey pouvait avoir les plus funestes résultats. La moindre démarche hasardée devenait alors presque toujours pour les nobles une question de vie ou de mort. Pour bien comprendre la curiosité vive et les étroites finesses qui animèrent pendant cette soirée les physionomies normandes de tous ces personnages, mais surtout pour partager les perplexités secrètes de madame de Dey, il est nécessaire d'expliquer le rôle qu'elle jouait à Carentan. La position critique dans laquelle elle se trouvait en ce moment ayant été sans doute celle de bien des gens pendant la Révolution, les sympathies de plus d'un lecteur achèveront de colorer ce récit.

Madame de Dey, veuve d'un lieutenant-général, chevalier des ordres, avait quitté la cour au commencement de l'émigration. Possédant des biens considérables aux environs de Carentan, elle s'y était réfugiée, en espérant que l'influence de la terreur s'y ferait peu sentir. Ce calcul, fondé sur une connaissance exacte du pays, était juste. La Révolution exerça peu de ravages en Basse-Normandie. Quoique madame de Dey ne vît jadis que les familles nobles du pays quand elle y venait visiter ses propriétés, elle avait, par politique, ouvert sa maison aux principaux bourgeois de la ville et aux nouvelles autorités, en s'efforçant de les rendre fiers de sa conquête, sans réveiller chez eux ni haine ni jalousie. Gracieuse et bonne, douée de cette inexprimable douceur qui sait plaire sans recourir à l'abaissement ou à la prière, elle avait réussi à se concilier l'estime générale par un tact exquis dont les sages avertissements lui permettaient de se tenir sur la ligne délicate où elle pouvait satisfaire aux exigences de cette société mêlée, sans humilier le rétif amour-propre des parvenus, ni choquer celui de ses anciens amis.

Agée d'environ trente-huit ans, elle conservait encore, non cette beauté fraîche et nourrie qui distingue les filles de la Basse-Normandie, mais une beauté grêle et pour ainsi dire aristocratique. Ses traits étaient fins et délicats ; sa taille était souple et déliée. Quand elle parlait, son pâle visage paraissait s'éclairer et prendre de la vie. Ses grands yeux noirs étaient pleins d'affabilité, mais leur expression calme et religieuse semblait annoncer que le principe de son existence n'était plus en elle. Mariée à la fleur de l'âge avec un militaire vieux et jaloux, la fausseté de sa position au milieu d'une cour galante contribua beaucoup sans doute à répandre un voile de grave mélancolie sur une figure où les charmes et la vivacité de l'amour avaient dû briller autrefois. Obligée de réprimer sans cesse les mouvements naïfs, les émotions de la femme alors qu'elle sent encore au lieu de réfléchir, la passion était restée vierge au fond de son cœur. Aussi, son principal attrait venait-il de cette intime jeunesse que, par moments, trahissait sa physionomie, et qui donnait à ses idées une innocente expression de désir. Son aspect commandait la retenue, mais il y avait toujours dans son maintien, dans sa voix, des élans vers un avenir inconnu, comme chez une jeune fille; bientôt l'homme le plus insensible se trouvait amoureux d'elle, et conservait néanmoins une sorte de crainte respectueuse, inspirée par ses manières polies qui imposaient. Son âme, nativement grande, mais fortifiée par des luttes cruelles semblait placée trop loin du vulgaire, et les hommes se faisaient justice. A cette âme, il fallait nécessairement une haute passion. Aussi les affections de madame de Dey s'étaient-elles concentrées dans un seul sentiment, celui de la maternité. Le bonheur et les plaisirs dont avait été privée sa vie de femme, elle les retrouvait dans l'amour extrême qu'elle portait à son fils. Elle ne l'aimait pas seulement avec le pur et profond dévouement d'une mère, mais avec la coquetterie d'une maîtresse, avec la jalousie d'une épouse. Elle était malheureuse loin de lui, inquiète pendant ses absences, ne le voyait jamais assez, ne vivait que par lui et pour lui. Afin de faire comprendre aux hommes la force de ce sentiment, il suffira d'ajouter que ce fils était non-seulement l'unique enfant de madame de Dey, mais son dernier parent, le seul être auquel elle pût rattacher les craintes, les espérances et les joies de sa vie. Le feu comte de Dey fut le dernier rejeton de sa famille, comme elle se trouva seule héritière de la sienne. Les calculs et les intérêts humains s'étaient donc accordés avec les plus nobles besoins de l'âme pour exalter dans le cœur de la comtesse un sentiment déjà si fort chez les femmes. Elle n'avait élevé son fils qu'avec des peines infinies, qui le lui avaient rendu plus cher encore; vingt fois les médecins lui en présagèrent la perte; mais, confiante en ses pressentiments, en ses espérances, elle eut la joie inexprimable de lui voir heureusement traverser les périls de l'enfance, d'admirer les progrès de sa constitution, en dépit des arrêts de la Faculté.

Grâce à des soins constants, ce fils avait grandi et s'était si gracieusement développé, qu'à vingt ans, il passait pour un des cavaliers les plus accomplis de Versailles. Enfin, par un bonheur qui ne couronne pas les efforts de toutes les mères, elle était adorée de son fils; leurs âmes s'entendaient par de fraternelles sympathies. S'ils n'eussent pas été liés déjà par le vœu de la nature, ils auraient instinctivement éprouvé l'un pour l'autre cette amitié d'homme à homme, si rare à rencontrer dans la vie. Nommé sous-lieutenant de dragons à dix-huit ans, le jeune comte avait obéi au point d'honneur de l'époque en suivant les princes dans leur émigration.

Ainsi madame de Dey, noble, riche, et mère d'un émigré, ne se dissimulait point les dangers de sa cruelle situation. Ne formant d'autre vœu que celui de conserver à son fils une grande fortune, elle avait renoncé au bonheur de l'accompagner ; mais en lisant les lois rigoureuses en vertu desquelles la République confisquait chaque jour les biens des émigrés à Carentan, elle s'applaudissait de cet acte de courage. Ne gardait-elle pas les trésors de son fils au péril de ses jours ? Puis, en apprenant les terribles exécutions ordonnées par la Convention, elle s'endormait heureuse de savoir sa seule richesse en sûreté, loin des dangers, loin des échafauds. Elle se complaisait à croire qu'elle avait pris le meilleur parti pour sauver à la fois toutes ses fortunes. Faisant à cette secrète pensée les concessions voulues par le malheur des temps, sans compromettre ni sa dignité de femme ni ses croyances aristocratiques, elle enveloppait ses douleurs dans un froid mystère. Elle avait compris les difficultés qui l'attendaient à Carentan. Venir y occuper la première place, n'était-ce pas y défier l'échafaud tous les jours ? Mais, soutenue par un courage de mère, elle sut conquérir l'affection des pauvres en soulageant indifféremment toutes les misères, et se rendit nécessaire aux riches en veillant à leurs plaisirs. Elle recevait le procureur de la commune, le maire, le président du district, l'accusateur public, et même les juges du tribunal révolutionnaire. Les quatre premiers de ces personnages, n'étant pas mariés, la courtisaient dans l'espoir de l'épouser, soit en l'effrayant par le mal qu'ils pouvaient lui faire, soit en lui offrant leur protection. L'accusateur public, ancien procureur à Caen, jadis chargé des intérêts de la comtesse, tentait de lui inspirer de l'amour par une conduite pleine de dévouement et de générosité ; finesse dangereuse ! Il était le plus redoutable de tous les prétendants. Lui seul connaissait à fond l'état de la fortune considérable de son ancienne cliente. Sa passion devait s'accroître de tous les désirs d'une avarice qui s'appuyait sur un pouvoir immense, sur le droit de vie et de mort dans le district. Cet homme, encore jeune, mettait tant de noblesse dans ses procédés, que madame de Dey n'avait pas encore pu le juger. Mais, méprisant le danger qu'il y avait à lutter d'adresse avec des Normands, elle employait l'esprit inventif et la ruse que la nature a départis aux femmes pour opposer ces rivalités les unes aux autres. En gagnant du temps, elle espérait arriver saine et sauve à la fin des troubles. A cet époque, les royalistes de l'intérieur se flattaient tous les jours de voir la Révolution terminée le lendemain ; et cette conviction a été la perte de beaucoup d'entre eux.

Malgré ces obstacles, la comtesse avait assez habilement maintenu son indépendance jusqu'au jour où, par une inexplicable imprudence, elle s'était avisée de fermer sa porte. Elle inspirait un intérêt si profond et si véritable, que les personnes venues ce soir-là chez elle conçurent de vives inquiétudes en apprenant qu'il lui devenait impossible de les recevoir ; puis, avec cette franchise de curiosité empreinte dans les mœurs provinciales, elles s'enquirent du malheur, du chagrin, de la maladie qui devait affliger madame de Dey. A ces questions une vieille femme de charge, nommée Brigitte, répondait que sa maîtresse s'était enfermée et ne voulait voir personne, pas même les gens de sa maison. L'existence, en quelque sorte claustrale, que mènent les habitants d'une petite ville crée en eux une habitude d'analyser et d'expliquer les actions d'autrui si naturellement invincible qu'après avoir plaint madame de Dey, sans savoir si elle était réellement heureuse ou chagrine, chacun se mit à rechercher les causes de sa soudaine retraite.

— Si elle était malade, dit le premier curieux, elle aurait envoyé chez le médecin ; mais le docteur est resté pendant toute la journée chez moi à jouer aux échecs. Il me disait en riant que, par le temps qui court, il n'y a qu'une maladie... et qu'elle est malheureusement incurable.

Cette plaisanterie fut prudemment hasardée. Femmes, hommes, vieillards et jeunes filles se mirent alors à parcourir le vaste champ des conjectures. Chacun crut entrevoir un secret, et ce secret occupa toutes les imaginations. Le lendemain les soupçons s'envenimèrent. Comme la vie est à jour dans une petite ville, les femmes apprirent les premières que Brigitte avait fait au marché des provisions plus considérables qu'à l'ordinaire. Ce fait ne pouvait être contesté. L'on avait vu Brigitte de grand matin sur la place, et, chose extraordinaire, elle y avait acheté le seul lièvre qui s'y trouvât. Toute la ville savait que madame de Dey n'aimait pas le gibier. Le lièvre devint un point de départ pour des suppositions infinies. En faisant leur promenade périodique, les vieillards remarquèrent dans la maison de la comtesse, une sorte d'activité concentrée qui se révélait par les précautions même dont se servaient les gens pour la cacher. Le valet de chambre battait un tapis dans le jardin ; la veille, personne n'y aurait pris garde ; mais ce tapis devint une pièce à l'appui des romans que tout le monde bâtissait. Chacun avait le sien. Le second jour, en apprenant que madame de Dey se disait indisposée, les principaux personnages de Carentan se réunirent le soir chez le frère du maire, vieux négociant marié, homme probe, généralement estimé, et pour lequel la comtesse avait beaucoup d'égards. Là, tous les aspirants à la main de la riche veuve eurent à raconter une fable plus ou moins probable ; et chacun d'eux pensait à faire tourner à son profit la circonstance secrète qui la forçait de se compromettre ainsi. L'accusateur public imaginait tout un drame pour amener nuitamment le fils de madame de Dey chez elle. Le maire croyait à un prêtre insermenté, venu de la Vendée, et qui lui aurait demandé un asile ; mais l'achat du lièvre, un vendredi, l'embarrassait beaucoup. Le président du district tenait fortement pour un chef de Chouans ou de Vendéens vivement poursuivi. D'autres voulaient un noble échappé des prisons de Paris. Enfin tous soupçonnaient la comtesse d'être coupable d'une de ces générosités que les lois d'alors nommaient un crime, et qui pouvaient conduire à l'échafaud. L'accusateur public disait d'ailleurs à voix basse qu'il fallait se taire, et tâcher de sauver l'infortunée de l'abîme vers lequel elle marchait à grands pas.

— Si vous ébruitez cette affaire, ajouta-t-il, je serai obligé d'intervenir, de faire des perquisitions chez elle, et alors !... Il n'acheva pas, mais chacun comprit cette réticence.

Les amis sincères de la comtesse s'alarmèrent tellement pour elle que, dans la matinée du troisième jour, le procureur-syndic de la commune lui fit écrire par sa femme un mot pour l'engager à recevoir pendant la soirée comme à l'ordinaire. Plus hardi, le vieux négociant se présenta dans la matinée chez madame de Dey. Fort du service qu'il voulait lui rendre, il exigea d'être introduit auprès d'elle, et resta stupéfait en l'apercevant dans le jardin, occupée à couper les dernières fleurs de ses plates-bandes pour en garnir des vases.

— Elle a sans doute donné asile à son amant, se dit le vieillard pris de pitié pour cette charmante femme. La singulière expression du visage de la comtesse le confirma dans ses soupçons. Vivement ému de ce dévouement si naturel aux femmes, mais qui nous touche toujours, parce que tous les hommes sont flattés par les sacrifices qu'une d'elles fait à un homme, le négociant instruisit la comtesse des bruits qui couraient dans la ville et du danger où elle se trouvait. — Car, lui dit-il en terminant, si, parmi nos fonctionnaires, il en est quelques-uns assez disposés à vous pardonner un héroïsme qui aurait un prêtre pour objet, personne ne vous plaindra si l'on vient à découvrir que vous vous immolez à des intérêts de cœur.

A ces mots, madame de Dey regarda le vieillard avec un air d'égarement et de folie qui le fit frissonner, lui, vieillard.

— Venez, lui dit-elle en le prenant par la main pour le conduire dans sa chambre, où, après s'être assurée qu'ils étaient seuls, elle tira de son sein une lettre sale et chiffonnée : — Lisez, s'écria-t-elle en faisant un violent effort pour prononcer ce mot.

Elle tomba dans son fauteuil, comme anéantie. Pendant que le vieux négociant cherchait ses lunettes et les nettoyait, elle leva les yeux sur lui, le contempla pour la première fois avec curiosité ; puis, d'une voix altérée : — Je me fie à vous, lui dit-elle doucement.

— Est-ce que je ne viens pas partager votre crime? répondit le bonhomme avec simplicité.

Elle tressaillit. Pour la première fois, dans cette petite ville, son âme sympathisait avec celle d'un autre. Le vieux négociant comprit tout à coup et l'abattement et la joie de la comtesse. Son fils avait fait partie de l'expédition de Granville, il écrivait à sa mère du fond de sa prison, en lui donnant un triste et doux espoir. Ne doutant pas de ses moyens d'évasion, il lui indiquait trois jours pendant lesquels il devait se présenter chez elle, déguisé. La fatale lettre contenait de déchirants adieux au cas où il ne serait pas à Carentan dans la soirée du troisième jour, et il priait sa mère de remettre une assez forte somme à l'émissaire qui s'était chargé de lui apporter cette dépêche, à travers mille dangers. Le papier tremblait dans les mains du vieillard.

— Et voici le troisième jour, s'écria madame de Dey qui se leva rapidement, reprit la lettre, et marcha.

— Vous avez commis des imprudences, lui dit le négociant. Pourquoi faire prendre des provisions ?

— Mais il peut arriver, mourant de faim, exténué de fatigue, et... Elle n'acheva pas.

— Je suis sûr de mon frère, reprit le vieillard, je vais aller le mettre dans vos intérêts.

Le négociant retrouva dans cette circonstance la finesse qu'il avait mise jadis dans les affaires, et lui dicta des conseils empreints de prudence et de sagacité. Après être convenus de tout ce qu'ils devaient dire et faire l'un ou l'autre, le vieillard alla, sous des prétextes habilement trouvés, dans les principales maisons de Carentan, où il annonça que madame de Dey qu'il venait de voir, recevrait dans la soirée, malgré son indisposition. Luttant de finesse avec les intelligences normandes dans l'interrogatoire que chaque famille lui imposa sur la nature de la maladie de la comtesse, il réussit à donner le change à presque toutes les personnes qui s'occupaient de cette mystérieuse affaire. Sa première visite fit merveille. Il raconta devant une vieille dame goutteuse que madame de Dey avait manqué périr d'une attaque de goutte à l'estomac; le fameux Tronchin lui ayant recommandé jadis, en pareille occurrence, de se mettre sur la poitrine la peau d'un lièvre écorché vif, et de rester au lit sans se permettre le moindre mouvement, la comtesse, en danger de mort il y a deux jours, se trouvait, après avoir suivi ponctuellement la bizarre ordonnance de Tronchin, assez bien rétablie pour recevoir ceux qui viendraient la voir pendant la soirée. Ce conte eut un succès prodigieux, et le médecin de Carentan, royaliste *in petto*, en augmenta l'effet par l'importance avec laquelle il discuta le spécifique. Néanmoins les soupçons avaient trop fortement pris racine dans l'esprit de quelques entêtés ou de quelques philosophes pour être entièrement dissipés; en sorte que, le soir, ceux qui étaient admis chez madame de Dey vinrent avec empressement et de bonne heure chez elle, les uns pour épier sa contenance, les autres par amitié, la plupart saisis par le merveilleux de sa guérison. Ils trouvèrent la comtesse assise au coin de la grande cheminée de son salon, à peu près aussi modeste que l'étaient ceux de Carentan; car, pour ne pas blesser les étroites pensées de ses hôtes, elle s'était refusée aux jouissances de luxe auxquelles elle était jadis habituée, elle n'avait donc rien changé chez elle. Le carreau de la salle de réception n'était même pas frotté. Elle laissait sur les murs de vieilles tapisseries sombres, conservait les meubles du pays, brûlait de la chandelle, et suivait les modes de la ville, en épousant la vie provinciale sans reculer ni devant les petitesses les plus dures, ni devant les privations les plus désagréables. Mais sachant que ses hôtes lui pardonneraient les magnificences qui auraient leur bien-être pour but, elle ne négligeait rien quand il s'agissait de leur procurer des jouissances personnelles. Aussi leur donnait-elle d'excellents dîners. Elle allait jusqu'à feindre de l'avarice pour plaire à ces esprits calculateurs ; et, après avoir eu l'art de se faire arracher certaines concessions de luxe, elle savait obéir avec grâce. Donc, vers sept heures du soir, la meilleure mauvaise compagnie de Carentan se trouvait chez elle, et décrivait un grand cercle devant la cheminée. La maîtresse du logis, soutenue dans son malheur par les regards compatissants que lui jetait le vieux négociant, se soumit avec un courage inouï aux questions minutieuses, aux raisonnements frivoles et stupides de ses hôtes. Mais à chaque coup de marteau frappé sur sa porte, ou toutes les fois que des pas retentissaient dans la rue, elle cachait ses émotions en soulevant des questions intéressantes pour la fortune du pays. Elle éleva de bruyantes discussions sur la qualité des cidres, et fut si bien secondée par son confident, que l'assemblée oublia presque de l'espionner en trouvant sa contenance naturelle et son aplomb imperturbable. L'accusateur public et l'un des juges du tribunal révolutionnaire restaient taciturnes, observaient avec attention les moindres mouvements de sa physionomie, écoutaient dans la maison, malgré le tumulte ; et, à plusieurs reprises, ils lui firent des questions embarrassantes, auxquelles la comtesse répondit cependant avec une admirable présence d'esprit. Les mères ont tant de courage ! Au moment où madame de Dey eut arrangé les parties, placé tout le monde à des tables de boston, de reversis ou de wisth. elle resta encore à causer auprès de quelques jeunes personnes avec un extrême laissez-aller, en jouant son rôle en actrice consommée. Elle se fit demander un loto, prétendit savoir seule où il était, et disparut.

— J'étouffe, ma pauvre Brigitte, s'écria-t-elle en essuyant des larmes qui sortirent vivement de ses yeux brillants de fièvre, de douleur et d'impatience. — Il ne vient pas, reprit-elle en regardant la chambre où elle était montée. Ici, je respire et je vis. Encore quelque moments, et il sera là, pourtant ! car il vit encore, j'en suis certaine. Mon cœur me le dit. N'entendez-vous rien, Brigitte ? Oh ! je donnerais le reste de ma vie pour savoir s'il est en prison ou s'il marche à travers la campagne ! Je voudrais ne pas penser.

Elle examina de nouveau si tout était en ordre dans l'appartement. Un bon feu brillait dans la cheminée ; les volets étaient soigneusement fermés ; les meubles reluisaient de propreté ; la manière dont avait été fait le lit, prouvait que la comtesse s'était occupée avec Brigitte des moindres détails ; et ses espérances se trahissaient dans les soins délicats qui paraissaient avoir été pris dans cette chambre où se respiraient et la gracieuse douceur de l'amour et ses plus chastes caresses dans les parfums exhalés par les fleurs. Une mère seule pouvait avoir prévu les désirs d'un soldat et lui préparer de si complètes satisfactions. Un repas exquis, des vins choisis, la chaussure, le linge, enfin tout ce qui devait être nécessaire ou agréable à un voyageur fatigué, se trouvait rassemblé pour que rien ne lui manquât, pour que les délices du chez-soi lui révélassent l'amour d'une mère.

— Brigitte ? dit la comtesse d'un son de voix déchirant en allant placer un siége devant la table, comme pour donner de la réalité à ses vœux, comme pour augmenter la force de ses illusions.

— Ah ! madame, il viendra. Il n'est pas loin. — Je ne doute pas qu'il ne vive et qu'il ne soit en marche, reprit Brigitte. J'ai mis une clef dans la Bible, et je l'ai tenue sur mes doigts pendant que Cottin lisait l'Évangile de Saint-Jean... et, madame ! la clef n'a pas tourné.

— Est-ce bien sûr ? demanda la comtesse.

— Oh ! madame, c'est connu. Je gagerais mon salut qu'il vit encore. Dieu ne peut pas se tromper.

— Malgré le danger qui l'attend ici, je voudrais bien cependant l'y voir.

— Pauvre monsieur Auguste, s'écria Brigitte, il est sans doute à pied, par les chemins.

— Et voilà huit heures qui sonnent au clocher, s'écria la comtesse avec terreur.

Elle eut peur d'être restée plus longtemps qu'elle ne le devait, dans cette chambre où elle croyait à la vie de son fils, en voyant tout ce qui lui en attestait la vie, elle descendit ; mais avant d'entrer au salon, elle resta pendant un moment sous le péristyle de l'escalier, en écoutant si quelque bruit ne réveillait pas les silencieux échos de la ville. Elle sourit au mari de Brigitte, qui se tenait en sentinelle, et dont les yeux semblaient hébétés à force de prêter attention aux murmures de la place et de la nuit. Elle voyait son fils en tout et partout. Elle rentra bientôt, en affectant un air g i, et se mit à jouer au loto avec des petites filles; mais, de temps en temps, elle se plaignit de souffrir, et revint occuper son fauteuil auprès de la cheminée.

Telle était la situation des choses et des esprits dans la maison de madame de Dey, pendant que, sur le chemin de Paris à Cherbourg, un jeune homme vêtu d'une carmagnole brune, costume de rigueur à cette époque, se dirigeait vers Carentan. A l'origine des réquisitions, il y avait peu ou point de discipline. Les exigences du moment ne permettaient guère à la République d'équiper sur-le-champ ses soldats, et il n'était pas rare de voir les chemins couverts de réquisitionnaires qui conservaient leurs habits bourgeois. Ces jeunes gens devançaient leurs bataillons aux lieux d'étape, ou restaient en arrière, car leur marche était soumise à leur manière de supporter les fatigues d'une longue route. Le voyageur dont il est ici question se trouvait assez en avant de la colonne de réquisitionnaires qui se rendait à Cherbourg, et que le maire de Carentan attendait d'heure en heure, afin de leur distribuer des billets de logement. Ce jeune homme marchait d'un pas alourdi, mais ferme encore, et son allure semblait annoncer qu'il s'était familiarisé depuis longtemps avec les rudesses de la vie militaire. Quoique la lune éclairât les herbages qui avoisinent Carentan, il avait remarqué de gros nuages blancs prêts à jeter de la neige sur la campagne; et la crainte d'être surpris par un ouragan animait sans doute sa démarche, alors plus vive que ne le comportait sa lassitude. Il avait sur le dos un sac presque vide, et tenait à la main une canne de buis, coupée dans les hautes et larges haies que cet arbuste forme autour de la plupart des héritages en Basse-Normandie. Ce voyageur solitaire entra dans Carentan, dont les tours, bordées de lueurs fantastiques par la lune, lui apparaissaient depuis un moment. Son pas réveilla les échos des rues silencieuses, où il ne rencontra personne; il fut obligé de demander la maison du maire à un tisserand qui travaillait encore. Ce magistrat demeurait à une faible distance, et le réquisitionnaire se vit bientôt à l'abri sous le porche de la maison du maire, et s'y assit sur un banc de pierre, en attendant le billet de logement qu'il avait réclamé. Mais mandé par ce fonctionnaire, il comparut devant lui, et devint l'objet d'un scrupuleux examen. Le fantassin était un jeune homme de bonne mine qui paraissait appartenir à une famille distinguée. Son air trahissait la noblesse. L'intelligence due à une bonne éducation respirait sur sa figure.

— Comment te nommes-tu ? lui demanda le maire en lui jetant un regard plein de finesse.

— Julien Jussieu, répondit le réquisitionnaire.

— Et tu viens ? dit le magistrat en laissant échapper un sourire d'incrédulité.

— De Paris.

— Tes camarades doivent être loin, reprit le Normand d'un ton railleur.

— J'ai trois lieues d'avance sur le bataillon.

— Quelque sentiment t'attire sans doute à Carentan, citoyen réquisitionnaire ? dit le maire d'un air fin. C'est bien, ajouta-t-il en imposant silence par un geste de main au jeune homme prêt à parler, nous savons où t'envoyer. Tiens, ajouta-t-il en lui remettant son billet de logement, va, *citoyen Jussieu !*

Une teinte d'ironie se fit sentir dans l'accent avec lequel le magistrat prononça ces deux derniers mots, en tendant un billet sur lequel la demeure de madame de Dey était indiquée. Le jeune homme lut l'adresse avec un air de curiosité.

— Il sait bien qu'il n'a pas loin à aller. Et quand il sera dehors, il aura bientôt traversé la place ! s'écria le maire en se parlant à lui-même pendant que le jeune homme sortait. Il est joliment hardi ! Que Dieu le conduise ! Il a réponse à tout. Oui, mais si un autre que moi lui avait demandé à voir ses papiers, il était perdu !

En ce moment, les horloges de Carentan avaient sonné neuf heures et demie ; les fallots s'allumaient dans l'antichambre de madame de Dey ; les domestiques aidaient leurs maîtresses et leurs maîtres à mettre leurs sabots, leurs houppelandes ou leurs mantelets ; les joueurs avaient soldé leurs comptes, et allaient se retirer tous ensemble, suivant l'usage établi dans toutes les petites villes.

— Il paraît que l'accusateur veut rester, dit une dame en s'apercevant que ce personnage important leur manquait au moment où chacun se sépara sur la place pour regagner son logis, après avoir épuisé toutes les formules d'adieu.

Ce terrible magistrat était en effet seul avec la comtesse, qui attendait, en tremblant qu'il lui plût de sortir.

— Citoyenne, dit-il enfin après un long silence qui eut quelque chose d'effrayant, je suis ici pour faire observer les lois de la république...

Madame de Dey frissonna.

— N'as-tu donc rien à me révéler? demanda-t-il.

— Rien, répondit-elle étonnée.

— Ah! madame, s'écria l'accusateur en s'asseyant auprès d'elle et changeant de ton, en ce moment, faute d'un mot, vous ou moi, nous pouvons porter notre tête sur l'échafaud. J'ai trop bien observé votre caractère, votre âme, vos manières pour partager l'erreur dans laquelle vous avez su mettre votre société ce soir. Vous attendez votre fils, je n'en saurais douter.

La comtesse laissa échapper un geste de dénégation; mais elle avait pâli, mais les muscles de son visage s'étaient contractés par la nécessité où elle se trouvait d'afficher une fermeté trompeuse, et l'œil implacable de l'accusateur public ne perdit aucun de ses mouvements.

— Eh! bien, recevez-le, reprit le magistrat révolutionnaire; mais qu'il ne reste pas plus tard que sept heures du matin sous votre toit. Demain, au jour, armé d'une dénonciation que je me ferai faire, je viendrai chez vous...

Elle le regarda d'un air stupide qui aurait fait pitié à un tigre.

— Je démontrerai, poursuivit-il d'une voix douce, la fausseté de la dénonciation par d'exactes perquisitions, et vous serez, par la nature de mon rapport, à l'abri de tous soupçons ultérieurs. Je parlerai de vos dons patriotiques, de votre civisme, et nous serons *tous* sauvés.

Madame de Dey craignait un piége, elle restait immobile, mais son visage était en feu et sa langue glacée. Un coup de marteau retentit dans la maison.

— Ah! cria la mère épouvantée, en tombant à genoux. Le sauver, le sauver!

— Oui, sauvons-le! reprit l'accusateur public, en lui lançant un regard de passion, dût-il *nous* en coûter la vie.

— Je suis perdue, s'écria-t-elle pendant que l'accusateur la relevait avec politesse.

— Eh! madame, répondit-il par un beau mouvement oratoire, je ne veux vous devoir à rien... qu'à vous-même.

— Madame, le voi..., s'écria Brigitte qui croyait sa maîtresse seule.

A l'aspect de l'accusateur public, la vieille servante, de rouge et joyeuse qu'elle était, devint immobile et blême.

— Qui est-ce, Brigitte? demanda le magistrat d'un air doux et intelligent.

— Un réquisitionnaire que le maire nous envoie à loger, répondit la servante en montrant le billet.

— C'est vrai, dit l'accusateur après avoir lu le papier. Il nous arrive un bataillon ce soir!

Et il sortit.

La comtesse avait trop besoin de croire en ce moment à la sincérité de son ancien procureur pour concevoir le moindre doute; elle monta rapidement l'escalier, ayant à peine la force de se soutenir; puis, elle ouvrit la porte de sa chambre, vit son fils, se précipita dans ses bras, mourante: — Oh! mon enfant, mon enfant! s'écria-t-elle en sanglotant et le couvrant de baisers empreints d'une sorte de frénésie.

— Madame, dit l'inconnu.

— Ah! ce n'est pas lui, cria-t-elle en reculant d'épouvante et restant debout devant le réquisitionnaire qu'elle contemplait d'un air hagard.

— O saint bon Dieu, quelle ressemblance! dit Brigitte.

Il y eut un moment de silence, et l'étranger lui-même tressaillit à l'aspect de madame de Dey.

— Ah! monsieur, dit-elle en s'appuyant sur le mari de Brigitte, et sentant alors dans toute son étendue une douleur dont la première atteinte avait failli la tuer; monsieur, je ne saurais vous voir plus longtemps, souffrez que mes gens me remplacent et s'occupent de vous.

Elle descendit chez elle, à demi portée par Brigitte et son vieux serviteur.

— Comment, madame, s'écria la femme de charge en asseyant sa maîtresse, cet homme va-t-il coucher dans le lit de monsieur Auguste, mettre les pantoufles de monsieur Auguste, manger le pâté que j'ai fait pour monsieur Auguste! quand on devrait me guillotiner, je...

— Brigitte! cria madame de Dey.

Brigitte resta muette.

— Tais-toi donc, bavarde, lui dit son mari à voix basse, veux-tu tuer madame?

En ce moment, le réquisitionnaire fit du bruit dans sa chambre en se mettant à table.

— Je ne resterai pas ici, s'écria madame de Dey, j'irai dans la serre d'où j'entendrai mieux ce qui se passera au dehors pendant la nuit.

Elle flottait encore entre la crainte d'avoir perdu son fils et l'espérance de le voir reparaître. La nuit fut horriblement silencieuse. Il y eut, pour la comtesse, un moment affreux, quand le bataillon des réquisitionnaires vint en ville et que chaque homme y chercha son logement. Ce fut des espérances trompées à chaque pas, chaque bruit : puis bientôt la nature reprit un calme effrayant. Vers le matin, la comtesse fut obligée de rentrer chez elle. Brigitte, qui surveillait les mouvements de sa maîtresse, ne la voyant pas sortir, entra dans la chambre et y trouva la comtesse morte.

— Elle aura probablement entendu ce réquisitionnaire qui achève de s'habiller et qui marche dans la chambre de monsieur Auguste en chantant leur damnée *Marseillaise*, comme s'il était dans une écurie, s'écria Brigitte. Ça l'aura tuée !

La mort de la comtesse fut causée par un sentiment plus grave, et sans doute par quelque vision terrible. A l'heure précise où madame de Dey mourait à Carentan, son fils était fusillé dans le Morbihan. Nous pouvons joindre ce fait tragique à toutes les observations sur les sympathies qui méconnaissent les lois de l'espace ; documents que rassemblent avec une savante curiosité quelques hommes de solitude, et qui serviront un jour à asseoir les bases d'une science nouvelle à laquelle il a manqué jusqu'à ce jour un homme de génie.

Paris, février 1831.

EL VERDUGO.

A MARTINEZ DE LA ROSA.

Le clocher de la petite ville de Menda venait de sonner minuit. En ce moment, un jeune officier français, appuyé sur le parapet d'une longue terrasse qui bordait les jardins du château de Menda, paraissait abîmé dans une contemplation plus profonde que ne le comportait l'insouciance de la vie militaire ; mais il faut dire aussi que jamais heure, site et nuit ne furent plus propices à la méditation. Le beau ciel d'Espagne étendait un dôme d'azur au-dessus de sa tête. Le scintillement des étoiles et la douce lumière de la lune éclairaient une vallée délicieuse qui se déroulait coquettement à ses pieds. Appuyé sur un oranger en fleur, le chef de bataillon pouvait voir, à cent pieds au-dessous de lui, la ville de Menda, qui semblait s'être mise à l'abri des vents du nord, au pied du rocher sur lequel était bâti le château. En tournant la tête, il apercevait la mer, dont les eaux brillantes encadraient le paysage d'une large lame d'argent. Le château était illuminé. Le joyeux tumulte d'un bal, les accents de l'orchestre, les rires de quelques officiers et de leurs danseuses arrivaient jusqu'à lui, mêlés au lointain murmure des flots. La fraîcheur de la nuit imprimait une sorte d'énergie à son corps fatigué par la chaleur du jour. Enfin les jardins étaient plantés d'arbres si odoriférants et de fleurs si suaves, que le jeune homme se trouvait comme plongé dans un bain de parfums.

Le château de Menda appartenait à un grand d'Espagne, qui l'habitait en ce moment avec sa famille. Pendant toute cette soirée, l'aînée des filles avait regardé l'officier avec un intérêt empreint d'une telle tristesse, que le sentiment de compassion exprimé par l'Espagnole pouvait bien causer la rêverie du Français. Clara était belle, et quoiqu'elle eût trois frères et une sœur, les biens du marquis de Léganès paraissaient assez considérables pour faire croire à Victor Marchand que la jeune personne aurait une riche dot. Mais comment oser croire que la fille du vieillard le plus entiché de sa grandesse qui fût en Espagne, pourrait être donnée au fils d'un épicier de Paris ! D'ailleurs, les Français étaient haïs. Le marquis ayant été soupçonné par le général G..t..r, qui gouvernait la province, de préparer un soulèvement en faveur de Ferdinand VII, le bataillon commandé par Victor Marchand avait été cantonné dans la petite ville de Menda pour contenir les campagnes voisines, qui obéissaient au marquis de Léganès. Une récente dépêche du maréchal Ney faisait craindre que les Anglais ne débarquassent prochainement sur la côte, et signalait le marquis comme un homme qui entretenait des intelligences avec le cabinet de Londres. Aussi, malgré le bon accueil que cet Espagnol avait fait à Victor Marchand et à ses soldats, le jeune officier se tenait-il constamment sur ses gardes. En se dirigeant vers cette terrasse où il venait examiner l'état de la ville et des campagnes confiées à sa surveillance, il se demandait comment il devait interpréter l'amitié que le marquis n'avait cessé de lui témoigner, et comment la tranquillité du pays pouvait se concilier avec les inquiétudes de son général ; mais depuis un moment, ces pensées avaient été chassées de l'esprit du jeune commandant par un sentiment de prudence et par une curiosité bien légitime. Il venait d'apercevoir dans la ville une assez grande quantité de lumières. Malgré la fête de saint Jacques, il avait ordonné, le matin même, que les feux fussent éteints à l'heure prescrite par son règlement. Le château seul avait été excepté de cette mesure. Il vit bien briller çà et là les baïonnettes de ses soldats aux postes accoutumés ; mais le silence était solennel, et rien n'annonçait que les Espagnols fussent en proie à l'ivresse d'une fête. Après avoir cherché à s'expliquer l'infraction dont se rendaient coupables les habitants, il trouva dans ce délit un mystère d'autant plus incompréhensible qu'il avait laissé des officiers chargés de la police nocturne et des rondes. Avec l'impétuosité de la jeunesse, il allait s'élancer par une brèche pour descendre rapidement les rochers, et parvenir ainsi plus tôt que par le chemin ordinaire à un petit poste placé à l'entrée de la ville du côté du château, quand un faible bruit l'arrêta dans sa course. Il crut entendre le sable des allées criant sous le pas léger d'une femme. Il retourna la tête et ne vit rien ; mais ses yeux furent saisis par l'éclat extraordinaire de l'Océan. Il y aperçut tout à coup un spectacle si funeste, qu'il demeura immobile de surprise, en accusant ses sens d'erreur. Les rayons blanchissants de la lune lui permirent de distinguer des voiles à une assez grande distance. Il tressaillit, et tâcha de se convaincre que cette vision était un piége d'optique offert par les fantaisies des ondes et de la lune. En ce moment, une voix enrouée prononça le nom de l'officier, qui regarda vers la brèche, et vit s'y élever lentement la tête du soldat par lequel il s'était fait accompagner au château.

— Est-ce vous, mon commandant?

— Oui. Eh ! bien ? lui dit à voix basse le jeune homme, qu'une sorte de pressentiment avertit d'agir avec mystère.

— Ces gredins-là se remuent comme des vers, et je me hâte, si vous le permettez, de vous communiquer mes petites observations.

— Parle, répondit Victor Marchand.

— Je viens de suivre un homme du château qui s'est dirigé par ici une lanterne à la main. Une lanterne est furieusement suspecte ! je ne crois pas que ce chrétien-là ait besoin d'allumer des cierges à cette heure-ci. Ils veulent nous manger ! que je me suis dit, et je me suis mis à lui examiner les talons. Aussi, mon commandant, ai-je découvert à trois pas d'ici, sur un quartier de roche, un certain amas de fagots.

Un cri terrible qui tout à coup retentit dans la ville, interrompit le soldat. Une lueur soudaine éclaira le commandant. Le pauvre grenadier reçut une balle dans la tête et tomba. Un feu de paille et de bois sec brillait comme un incendie à dix pas du jeune homme. Les instruments et les rires cessaient de se faire entendre dans la salle du bal. Un silence de mort, interrompu par des gémissements, avait soudain remplacé les rumeurs et la musique de la fête. Un coup de canon retentit sur la plaine blanche de l'Océan. Une sueur froide coula sur le front du jeune officier. Il était sans épée. Il comprenait que ses soldats avaient péri et que les Anglais allaient débarquer. Il se vit déshonoré s'il vivait, il se vit traduit devant un conseil de guerre; alors il mesura des yeux la profondeur de la vallée, et s'y élançait au moment où la main de Clara saisit la sienne.

— Fuyez! dit-elle, mes frères me suivent pour vous tuer. Au bas du rocher, par là, vous trouverez l'andaloux de Juanito. Allez!

Elle le poussa, le jeune homme stupéfait la regarda pendant un moment; mais, obéissant bientôt à l'instinct de conservation qui n'abandonne jamais l'homme, même le plus fort, il s'élança dans le parc en prenant la direction indiquée, et courut à travers des rochers que les chèvres avaient seules pratiqués jusqu'alors. Il entendit Clara crier à ses frères de le poursuivre; il entendit les pas de ses assassins; il entendit siffler à ses oreilles les balles de plusieurs décharges; mais il atteignit la vallée, trouva le cheval, monta dessus et disparut avec la rapidité de l'éclair.

En peu d'heures le jeune officier parvint au quartier du général G..t..r, qu'il trouva dînant avec son état-major.

— Je vous apporte ma tête! s'écria le chef de bataillon en apparaissant pâle et défait.

Il s'assit, et raconta l'horrible aventure. Un silence effrayant accueillit son récit.

— Je vous trouve plus malheureux que criminel, répondit enfin le terrible général. Vous n'êtes pas comptable du forfait des Espagnols; et à moins que le maréchal n'en décide autrement, je vous absous.

Ces paroles ne donnèrent qu'une bien faible consolation au malheureux officier.

— Quand l'empereur saura cela! s'écria-t-il.

— Il voudra vous faire fusiller, dit le général, mais nous verrons. Enfin, ne parlons plus de ceci, ajouta-t-il d'un ton sévère, que pour en tirer une vengeance qui imprime une terreur salutaire à ce pays où l'on fait la guerre à la façon des Sauvages.

Une heure après, un régiment entier, un détachement de cavalerie et un convoi d'artillerie étaient en route. Le général et Victor marchaient à la tête de cette colonne. Les soldats, instruits du massacre de leurs camarades, étaient possédés d'une fureur sans exemple. La distance qui séparait la ville de Menda du quartier général fut franchie avec une rapidité miraculeuse. Sur la route, le général trouva des villages entiers sous les armes. Chacune de ces misérables bourgades fut cernée et leurs habitants décimés.

Par une de ces fatalités inexplicables, les vaisseaux anglais étaient restés en panne sans avancer ; mais on sut plus tard que ces vaisseaux ne portaient que de l'artillerie et qu'ils avaient mieux marché que le reste des transports. Ainsi la ville de Menda, privée des défenseurs qu'elle attendait, et que l'apparition des voiles anglaises semblait lui promettre, fut entourée par les troupes françaises presque sans coup férir. Les habitants, saisis de terreur, offrirent de se rendre à discrétion. Par un de ces dévouements qui n'ont pas été rares dans la Péninsule, les assassins des Français, prévoyant, d'après la cruauté connue du général, que Menda serait peut-être livrée aux flammes et la population entière passée au fil de l'épée, proposèrent de se dénoncer eux-mêmes au général. Il accepta cette offre, en y mettant pour condition que les habitants du château, depuis le dernier valet jusqu'au marquis, seraient mis entre ses mains. Cette capitulation consentie, le général promit de faire grâce au reste de la population et d'empêcher ses soldats de piller la ville ou d'y mettre le feu. Une contribution énorme fut frappée, et les plus riches habitants se constituèrent prisonniers pour en garantir le paiement, qui devait être effectué dans les vingt-quatre heures.

Le général prit toutes les précautions nécessaires à la sûreté de ses troupes, pourvut à la défense du pays, et refusa de loger ses soldats dans les maisons. Après les avoir fait camper, il monta au château et s'en empara militairement. Les membres de la famille de Léganès et les domestiques furent soigneusement gardés à vue, garrottés, et enfermés dans la salle où le bal avait eu lieu. Des fenêtres de cette pièce on pouvait facilement embrasser la terrasse qui dominait la ville. L'état-major s'établit dans une galerie voisine, où le général tint d'abord conseil sur les mesures à prendre pour s'opposer au débarquement. Après avoir expédié un aide de camp au maréchal Ney, ordonné d'établir des batteries sur la côte, le général et son état-major s'occupèrent des prisonniers. Deux cents Espagnols que les habitants avaient livrés furent immédiatement fusillés sur la terrasse. Après cette exécution militaire, le général commanda de planter sur la terrasse autant de potences qu'il y avait de gens dans la salle du château et de faire venir le bourreau de la ville. Victor Marchand profita du temps qui allait s'écouler avant le dîner pour aller voir les prisonniers. Il revint bientôt vers le général.

— J'accours, lui dit-il d'une voix émue, vous demander des grâces.

— Vous! reprit le général avec un ton d'ironie amère.

— Hélas! répondit Victor, je demande de tristes grâces. Le marquis, en voyant planter les potences, a espéré que vous changeriez ce genre de supplice pour sa famille, et vous supplie de faire décapiter les nobles.

— Soit, dit le général.

— Ils demandent encore qu'on leur accorde les secours de la religion, et qu'on les délivre de leurs liens; ils promettent de ne pas chercher à fuir.

— J'y consens, dit le général; mais vous m'en répondez.

— Le vieillard vous offre encore toute sa fortune si vous voulez pardonner à son jeune fils.

— Vraiment! répondit le chef. Ses biens appartiennent déjà au roi Joseph. Il s'arrêta. Une pensée de mépris rida son front, et il ajouta : — Je vais surpasser leur désir. Je devine l'importance de sa dernière demande. Eh! bien, qu'il achète l'éternité de son nom, mais que l'Espagne se souvienne à jamais de sa trahison et de son supplice! Je laisse sa fortune et la vie à celui de ses fils qui remplira l'office de bourreau. Allez, et ne m'en parlez plus.

Le diner était servi. Les officiers attablés satisfaisaient un appétit que la fatigue avait aiguillonné. Un seul d'entre eux, Victor Marchand, manquait au festin. Après avoir hésité longtemps, il entra dans le salon où gémissait l'orgueilleuse famille de Léganès, et jeta des regards tristes sur le spectacle que présentait alors cette salle, où, la surveille, il avait vu tournoyer, emportées par la valse, les têtes des deux jeunes filles et des trois jeunes gens. Il frémit en pensant que dans peu elles devaient rouler tranchées par le sabre du bourreau. Attachés sur leurs fauteuils dorés, le père et la mère, les trois enfants et les deux filles, restaient dans un état d'immobilité complète. Huit serviteurs étaient debout, les mains liées derrière le dos. Ces quinze personnes se regardaient gravement, et leurs yeux trahissaient à peine les sentiments qui les animaient. Une résignation profonde et le regret d'avoir échoué dans leur entreprise se lisaient sur quelques fronts. Des soldats immobiles les gardaient en respectant la douleur de ces cruels ennemis. Un mouvement de curiosité anima les visages quand Victor parut. Il donna l'ordre de délier les condamnés, et alla lui-même détacher les cordes qui retenaient Clara prisonnière sur sa chaise. Elle sourit tristement. L'officier ne put s'empêcher d'effleurer les bras de la jeune fille, en admirant sa chevelure noire, sa taille souple. C'était une véritable Espagnole : elle avait le teint espagnol, les yeux espagnols, de longs cils recourbés, et une prunelle plus noire que ne l'est l'aile d'un corbeau.

— Avez-vous réussi? dit-elle en lui adressant un de ces sourires funèbres où il y a encore de la jeune fille.

Victor ne put s'empêcher de gémir. Il regarda tour à tour les trois frères et Clara. L'un, et c'était l'aîné, avait trente ans. Petit, assez mal fait, l'air fier et dédaigneux, il ne manquait pas d'une certaine noblesse dans les manières, et ne paraissait pas étranger à cette délicatesse de sentiment qui rendit autrefois la galanterie espagnole si célèbre. Il se nommait Juanito. Le second, Philippe, était âgé de vingt ans environ. Il ressemblait à Clara. Le dernier avait huit ans. Un peintre aurait trouvé dans les traits de Manuel un peu de cette constance romaine que David a prêtée aux enfants dans ses pages républicaines. Le vieux marquis avait une tête couverte de cheveux blancs qui semblait échappée d'un tableau de Murillo. A cet aspect, le jeune officier hocha la tête, en désespérant de voir accepter par un de ces quatre personnages le marché du général; néanmoins il osa le confier à Clara. L'Espagnole frissonna d'abord, mais elle reprit tout à coup un air calme et alla s'agenouiller devant son père.

— Oh! lui dit-elle, faites jurer à Juanito qu'il obéira fidèlement aux ordres que vous lui donnerez, et nous serons contents.

La marquise tressaillit d'espérance; mais quand, se penchant vers son mari, elle eut entendu l'horrible confidence de Clara, cette mère s'évanouit. Juanito comprit tout, il bondit comme un lion en cage. Victor prit sur lui de renvoyer les soldats, après avoir obtenu du marquis l'assurance d'une soumission parfaite. Les domestiques furent emmenés et livrés au bourreau, qui les pendit. Quand la famille n'eut plus que Victor pour surveillant, le vieux père se leva.

— Juanito! dit-il.

Juanito ne répondit que par une inclinaison de tête qui équivalait à un refus, retomba sur sa chaise, et regarda ses parents d'un œil sec et terrible. Clara vint s'asseoir sur ses genoux, et, d'un air gai : — Mon cher Juanito, dit-elle en lui passant le bras autour du cou et l'embrassant sur les paupières; si tu savais combien, donnée par toi, la mort me sera douce. Je n'aurai pas à subir l'odieux contact des mains d'un bourreau. Tu me guériras des maux qui m'attendaient, et... mon bon Juanito, tu ne me voulais voir à personne, eh! bien?

Ses yeux veloutés jetèrent un regard de feu sur Victor, comme pour réveiller dans le cœur de Juanito son horreur des Français.

— Aie du courage, lui dit son frère Philippe, autrement notre race presque royale est éteinte.

Tout à coup Clara se leva, le groupe qui s'était formé autour de Juanito se sépara; et cet enfant, rebelle à bon droit, vit devant lui, debout, son vieux père, qui d'un ton solennel s'écria : — Juanito, je te l'ordonne.

Le jeune comte restant immobile, son père tomba à ses genoux. Involontairement, Clara, Manuel et Philippe l'imitèrent. Tous tendirent les mains vers celui qui devait sauver la famille de l'oubli, et semblèrent répéter ces paroles paternelles : — Mon fils, manquerais-tu d'énergie espagnole et de vraie sensibilité? Veux-tu me laisser longtemps à genoux, et dois-tu considérer ta vie et tes souffrances? Est-ce mon fils, madame? ajouta le vieillard en se retournant vers la marquise.

— Il y consent! s'écria la mère avec désespoir en voyant Juanito faire un mouvement des sourcils dont la signification n'était connue que d'elle.

Mariquita, la seconde fille, se tenait à genoux en serrant sa mère dans ses faibles bras; et, comme elle pleurait à chaudes larmes, son petit frère Manuel vint la gronder. En ce moment l'aumônier du château entra, il fut aussitôt entouré de toute la famille, on l'amena à Juanito. Victor, ne pouvant supporter plus longtemps cette scène, fit un signe à Clara, et se hâta d'aller tenter un dernier effort auprès du général; il le trouva en belle humeur, au milieu du festin, et buvant avec ses officiers, qui commençaient à tenir de joyeux propos.

Une heure après, cent des plus notables habitants de Menda vinrent sur la terrasse pour être, suivant les ordres du général, témoins de l'exécution de la famille Léganès. Un détachement de soldats fut placé pour contenir les Espagnols, que l'on rangea sous les potences auxquelles les domestiques du marquis avaient été pendus. Les têtes de ces bourgeois touchaient presque les pieds de ces martyrs. A trente pas d'eux, s'élevait un billot et brillait un cimeterre. Le bourreau était là en cas de refus de la part de Juanito. Bientôt les Espagnols entendirent, au milieu du plus profond silence, les pas de plusieurs personnes, le son mesuré de la marche d'un piquet de soldats et le léger retentissement de leurs fusils. Ces différents bruits étaient mêlés aux accents joyeux du festin des officiers comme naguère les danses d'un bal avaient déguisé les apprêts de la sanglante trahison. Tous les regards se tournèrent vers le château, et l'on vit la noble famille qui s'avançait avec une incroyable assurance. Tous les fronts étaient calmes et sereins. Un seul homme, pâle et défait, s'appuyait sur le prêtre, qui prodiguait toutes les consolations de la religion à cet homme, le seul qui dût vivre. Le bourreau comprit, comme tout le monde, que Juanito avait accepté sa place pour un jour. Le vieux marquis et sa femme, Clara, Mariquita et leurs deux frères vinrent s'agenouiller à quelques pas du lieu fatal. Juanito fut conduit par le prêtre. Quand il arriva au billot, l'exécuteur, le tirant par la manche, le prit à part, et lui donna probablement quelques instructions. Le confesseur plaça les victimes de manière à ce qu'elles ne vissent pas le supplice. Mais c'était de vrais Espagnols qui se tinrent debout et sans faiblesse.

Clara s'élança la première vers son frère. — Juanito, lui dit-elle, aie pitié de mon peu de courage ! commence par moi ?

En ce moment, les pas précipités d'un homme retentirent. Victor arriva sur le lieu de cette scène. Clara était agenouillée déjà, déjà son cou blanc appelait le cimeterre. L'officier pâlit, mais il trouva la force d'accourir.

— Le général t'accorde la vie si tu veux m'épouser, lui dit-il à voix basse.

L'Espagnole lança sur l'officier un regard de mépris et de fierté.

— Allons, Juanito, dit-elle d'un son de voix profond.

Sa tête roula aux pieds de Victor. La marquise de Léganès laissa échapper un mouvement convulsif en entendant le bruit; ce fut la seule marque de sa douleur.

— Suis-je bien comme ça, mon bon Juanito ? fut la demande que fit le petit Manuel à son frère.

— Ah ! tu pleures, Mariquita ! dit Juanito à sa sœur.

— Oh ! oui, répliqua la jeune fille. Je pense à toi, mon pauvre Juanito, tu seras bien malheureux sans nous.

Bientôt la grande figure du marquis apparut. Il regarda le sang de ses enfants, se tourna vers les spectateurs muets et immobiles, étendit les mains vers Juanito, et dit d'une voix forte : — Espagnols, je donne à mon fils ma bénédiction paternelle ! Maintenant, *marquis*, frappe sans peur, tu es sans reproche.

Mais quand Juanito vit approcher sa mère, soutenue par le confesseur : — Elle m'a nourri, s'écria-t-il.

Sa voix arracha un cri d'horreur à l'assemblée. Le bruit du festin et les rires joyeux des officiers s'apaisèrent à cette terrible clameur. La marquise comprit que le courage de Juanito était épuisé, elle s'élança d'un bond par-dessus la balustrade, et alla se fendre la tête sur les rochers. Un cri d'admiration s'éleva. Juanito était tombé évanoui.

— Mon général, dit un officier à moitié ivre, Marchand vient de me raconter quelque chose de cette exécution, je parie que vous ne l'avez pas ordonnée...

— Oubliez-vous, messieurs, s'écria le général G...t...r, que, dans un mois, cinq cents familles françaises seront en larmes, et que nous sommes en Espagne ? Voulez-vous laisser nos os ici ?

Après cette allocution, il ne se trouva personne, pas même un sous-lieutenant, qui osât vider son verre.

Malgré les respects dont il est entouré, malgré le titre d'*El verdugo* (le bourreau) que le roi d'Espagne a donné comme titre de noblesse au marquis de Léganès, il est dévoré par le chagrin, il vit solitaire et se montre rarement. Accablé sous le fardeau de son admirable forfait, il semble attendre avec impatience que la naissance d'un second fils lui donne le droit de rejoindre les ombres qui l'accompagnent incessamment.

Paris, octobre 1829.

UN DRAME AU BORD DE LA MER.

A MADAME LA PRINCESSE CAROLINE GALLITZIN DE GENTHOD,
NÉE COMTESSE WALEWSKA.

Hommage et souvenir de l'auteur.

Les jeunes gens ont presque tous un compas avec lequel ils se plaisent à mesurer l'avenir; quand leur volonté s'accorde avec la hardiesse de l'angle qu'ils ouvrent, le monde est à eux. Mais ce phénomène de la vie morale n'a lieu qu'à un certain âge. Cet âge, qui pour tous les hommes se trouve entre vingt-deux et vingt-huit ans, est celui des grandes pensées, l'âge des conceptions premières, parce qu'il est l'âge des immenses désirs, l'âge où l'on ne doute de rien : qui dit doute, dit impuissance. Après cet âge rapide comme une semaison, vient celui de l'exécution. Il est en quelque sorte deux jeunesses, la jeunesse durant laquelle on croit, la jeunesse pendant laquelle on agit; souvent elles se confondent chez les hommes que la nature a favorisés, et qui sont, comme César, Newton et Bonaparte, les plus grands parmi les grands hommes.

Je mesurais ce qu'une pensée veut de temps pour se développer; et, mon compas à la main, debout sur un rocher, à cent toises au-dessus de l'Océan, dont les lames se jouaient dans les brisants, j'arpentais mon avenir en le meublant d'ouvrages, comme un ingénieur qui, sur un terrain vide, trace des forteresses et des palais. La mer était belle, je venais de m'habiller après avoir nagé, j'attendais Pauline, mon ange gardien, qui se baignait dans une cuve de granit pleine d'un sable fin, la plus coquette baignoire que la nature ait dessinée pour ses fées marines. Nous étions à l'extrémité du Croisic, une mignonne presqu'île de la Bretagne ; nous étions loin du port, dans un endroit que le Fisc a jugé tellement inabordable que le douanier n'y passe presque jamais. Nager dans les airs après avoir nagé dans la mer! ah! qui n'aurait nagé dans l'avenir? Pourquoi pensais-je? pourquoi vient un mal? qui le sait? Les idées vous tombent au cœur ou à la tête sans vous consulter. Nulle courtisane ne fut plus fantasque ni plus impérieuse que ne l'est la Conception pour les artistes ; il faut la prendre comme la Fortune, à pleins cheveux, quand elle vient. Grimpé sur ma pensée comme Astolphe sur son hippogriffe, je chevauchais donc à travers le monde, en y disposant de tout à mon gré. Quand je voulus chercher autour de moi quelque présage pour les audacieuses constructions que ma folle imagination me conseillait d'entreprendre, un joli cri, le cri d'une femme qui vous appelle dans le silence d'un désert, le cri d'une femme qui sort du bain, ranimée, joyeuse, domina le murmure des franges incessamment mobiles que dessinaient le flux et le reflux sur les découpures de la côte. En entendant cette note jaillie de l'âme, je crus avoir vu dans les rochers le pied d'un ange qui, déployant ses ailes, s'était écrié : — Tu réussiras! Je descendis, radieux, léger; je descendis en bondissant comme un caillou jeté sur une pente rapide. Quand elle me vit, elle me dit : — Qu'as-tu? Je ne répondis pas, mes yeux se mouillèrent. La veille, Pauline avait compris mes douleurs, comme elle comprenait en ce moment mes joies, avec la sensibilité magique d'une harpe qui obéit aux variations de l'atmosphère. La vie humaine a de beaux moments! Nous allâmes en silence le long des grèves. Le ciel était sans nuages, la mer était sans rides; d'autres n'y eussent vu que deux steppes bleus l'un sur l'autre; mais nous, nous qui nous entendions sans avoir besoin de la parole, nous qui pouvions faire jouer entre ces deux langes de l'infini, les illusions avec lesquelles on se repaît au jeune âge, nous nous serrions la main au moindre changement que présentaient, soit la nappe d'eau, soit les nappes de l'air, car nous prenions ces légers phénomènes pour des traductions matérielles de notre double pensée. Qui n'a pas savouré dans les plaisirs ce moment de joie illimitée où l'âme semble s'être débarrassée des liens de la chair, et se trouver comme rendue au monde d'où elle vient? Le plaisir n'est pas notre seul guide en ces régions. N'est-il pas des heures où les sentiments s'enlacent d'eux-mêmes et s'y élancent, comme souvent deux enfants se prennent par la main et se mettent à courir sans savoir pourquoi. Nous allions ainsi. Au moment où les toits de la ville apparurent à l'horizon en y traçant une ligne grisâtre, nous rencontrâmes un pauvre pêcheur qui retournait au Croisic; ses pieds étaient nus, son pantalon de toile était déchiqueté par le bas, troué, mal raccommodé; puis, il avait une chemise de toile à voile, de mauvaises bretelles en lisière, et pour veste un haillon. Cette misère nous fit mal, comme si c'eût été quelque dissonance au milieu de nos harmonies. Nous nous regardâmes pour nous plaindre l'un à l'autre de ne pas avoir en ce moment le pouvoir de puiser dans les trésors d'Aboul-Casem. Nous aperçûmes un superbe homard et une araignée de mer accrochés à une cordelette que le pêcheur balançait dans sa main droite, tandis que de l'autre il maintenait ses agrès et ses engins. Nous l'accostâmes, dans l'intention de lui acheter sa pêche, idée qui nous vint à tous deux et qui s'exprima dans un sourire auquel je répondis par une légère pression du bras que je tenais et que je ramenai près de mon cœur. C'est de ces riens dont plus tard le souvenir fait des poèmes, quand auprès du feu nous rappelons l'heure où ce rien nous a émus, le lieu où ce fut, et ce mirage dont les effets n'ont pas encore été constatés, mais qui s'exerce souvent sur les objets qui nous entourent dans les moments où la vie est légère et où nos cœurs sont pleins. Les sites les plus beaux ne sont que ce que nous les faisons. Quel homme un peu poète n'a dans ses souvenirs un quartier de roche qui tient plus de place que n'en ont pris les plus célèbres aspects de pays cherchés à grands frais! Près de ce rocher, de tumultueuses pensées; là, toute une vie employée; là, des craintes dissipées; là, des rayons d'espérance sont descendus dans l'âme. En ce moment, le soleil, sympathisant avec ces pensées d'amour ou d'avenir, a jeté sur les flancs fauves de cette roche une lueur ardente; quelques fleurs des montagnes attiraient l'attention; le calme et le silence grandissaient cette anfractuosité sombre en réalité, colorée par le rêveur; alors elle était belle avec ses maigres végétations, ses camomilles chaudes, ses cheveux de Vénus aux feuilles veloutées. Fête prolongée, décorations magnifiques, heureuse exaltation des forces humaines! Une fois déjà le lac de Bienne, vu de l'île Saint-Pierre, m'avait ainsi parlé; le rocher du Croisic sera peut-être la dernière de ces joies! Mais alors, que deviendra Pauline?

— Vous avez fait une belle pêche ce matin, mon brave homme? dis-je au pêcheur.

— Oui, monsieur, répondit-il en s'arrêtant et nous montrant la figure bistrée des gens qui restent pendant des heures entières exposés à la réverbération du soleil sur l'eau.

Ce visage annonçait une longue résignation, la patience du pêcheur et ses mœurs douces. Cet homme avait une voix sans rudesse, des lèvres bonnes, nulle ambition, je ne sais quoi de grêle, de chétif. Toute autre physionomie nous aurait déplu.

— Où allez-vous vendre ça?

— A la ville.

— Combien vous paiera-t-on le homard?

— Quinze sous.

— L'araignée?

— Vingt sous.

— Pourquoi tant de différence entre le homard et l'araignée!

— Monsieur, l'araignée (il la nommait une *iraigne*) est bien plus délicate! puis elle est maligne comme un singe, et se laisse rarement prendre.

— Voulez-vous nous donner le tout pour cent sous? dit Pauline.

L'homme resta pétrifié.

— Vous ne l'aurez pas! dis-je en riant, j'en donne dix francs. Il faut savoir payer les émotions ce qu'elles valent.

— Eh! bien, répondit-elle, je l'aurai! j'en donne dix francs deux sous.

— Dix sous.

— Douze francs.

— Quinze francs.

— Quinze francs cinquante centimes, dit-elle.

— Cent francs.

— Cent cinquante.

Je m'inclinai. Nous n'étions pas en ce moment assez riches pour pousser plus haut cette enchère. Notre pauvre pêcheur ne savait pas s'il devait se fâcher d'une mystification ou se livrer à la joie, nous le tirâmes de peine en lui donnant le nom de notre hôtesse et lui recommandant de porter chez elle le homard et l'araignée.

— Gagnez-vous votre vie? lui demandai-je pour savoir à quelle cause devait être attribué son dénûment.

— Avec bien de la peine et en souffrant bien des misères, me dit-il. La pêche au bord de la mer, quand on n'a ni barque ni filets et qu'on ne peut la faire qu'aux engins ou à la ligne, est un chanceux métier. Voyez-vous, il faut y attendre le poisson ou le coquillage, tandis que les grands pêcheurs vont le chercher en pleine mer. Il est si difficile de gagner sa vie ainsi, que je suis le seul qui pêche à la côte. Je passe des journées entières sans rien rapporter. Pour attraper quelque chose, il faut qu'une iraigne se soit oubliée à dormir comme celle-ci, ou qu'un homard soit assez étourdi pour rester dans les rochers. Quelquefois il y vient des lubines après la haute mer, alors je les empoigne.

— Enfin, l'un portant l'autre, que gagnez-vous par jour?

— Onze à douze sous. Je m'en tirerais, si j'étais seul, mais j'ai mon père à nourrir, et le bonhomme ne peut pas m'aider, il est aveugle.

A cette phrase, prononcée simplement, nous nous regardâmes, Pauline et moi, sans mot dire.

— Vous avez une femme ou quelque bonne amie?

Il nous jeta l'un des plus déplorables regards que j'aie vus, en répondant : — Si j'avais une femme, il faudrait donc abandonner mon père; je ne pourrais pas le nourrir et nourrir encore une femme et des enfants.

— Hé! bien, mon pauvre garçon, comment ne cherchez-vous pas à gagner davantage en portant du sel sur le port ou en travaillant aux marais salants!

— Ha! monsieur, je ne ferais pas ce métier pendant trois mois. Je ne suis pas assez fort, et si je mourais, mon père serait à la mendicité. Il me fallait un métier qui ne voulût qu'un peu d'adresse et beaucoup de patience.

— Et comment deux personnes peuvent-elles vivre avec douze sous par jour?

— Oh! monsieur, nous mangeons des galettes de sarrasin et des bernicles que je détache des rochers.

— Quel âge avez-vous donc?

— Trente-sept ans.

— Êtes-vous sorti d'ici?

— Je suis allé une fois à Guérande pour tirer à la milice, et suis allé à Savenay pour me faire voir à des messieurs qui m'ont mesuré. Si j'avais eu un pouce de plus, j'étais soldat. Je serais crevé à la première fatigue, et mon pauvre père demanderait aujourd'hui la charité.

J'avais pensé bien des drames ; Pauline était habituée à de grandes émotions, près d'un homme souffrant comme je le suis ; eh! bien, jamais ni l'un ni l'autre nous n'avions entendu de paroles plus émouvantes que ne l'étaient celles de ce pêcheur. Nous fîmes quelques pas en silence, mesurant tous deux la profondeur muette de cette vie inconnue, admirant la noblesse de ce dévouement qui s'ignorait lui-même ; la force de cette faiblesse nous étonna ; cette insoucieuse générosité nous rapetissa. Je voyais ce pauvre être tout instinctif rivé sur ce rocher comme un galérien l'est à son boulet, y guettant depuis vingt ans des coquillages pour gagner sa vie, et soutenu dans sa patience par un seul sentiment. Combien d'heures consumées au coin d'une grève! Combien d'espérances renversées par un grain, par un changement de temps! Il restait suspendu au bord d'une table de granit, le bras tendu comme celui d'un fakir de l'Inde, tandis que son père, assis sur une escabelle, attendait, dans le silence et dans les ténèbres, le plus grossier des coquillages, et du pain, si le voulait la mer.

— Buvez-vous quelquefois du vin ? lui demandai-je.

— Trois ou quatre fois par an.

— Hé! bien, vous en boirez aujourd'hui, vous et votre père, et nous vous enverrons un pain blanc.

— Vous êtes bien bon, monsieur.

— Nous vous donnerons à dîner si vous voulez nous conduire par le bord de la mer jusqu'à Batz, où nous irons voir la tour qui domine le bassin et les côtes entre Batz et le Croisic.

— Avec plaisir, nous dit-il. Allez droit devant vous, en suivant le chemin dans lequel vous êtes, je vous y retrouverai après m'être débarrassé de mes agrès et de ma pêche.

Nous fîmes un même signe de consentement, et il s'élança joyeusement vers la ville. Cette rencontre nous maintint dans la situation morale où nous étions, mais elle en avait affaibli la gaieté.

— Pauvre homme ! me dit Pauline avec cet accent qui ôte à la compassion d'une femme ce que la pitié peut avoir de blessant, n'a-t-on pas honte de se trouver heureux en voyant cette misère ?

— Rien n'est plus cruel que d'avoir des désirs impuissants, lui répondis-je. Ces deux pauvres êtres, le père et le fils, ne sauront pas plus combien ont été vives nos sympathies que le monde ne sait combien leur vie est belle, car ils amassent des trésors dans le ciel.

— Le pauvre pays! dit-elle en me montrant le long d'un champ environné d'un mur à pierres sèches, des bouses de vache appliquées symétriquement. J'ai demandé ce que c'était que cela. Une paysanne, occupée à les coller, m'a répondu qu'elle *faisait du bois*. Imaginez-vous, mon ami, que, quand ces bouses sont séchées, ces pauvres gens les récoltent, les entassent et s'en chauffent. Pendant l'hiver, on les vend comme on vend les mottes de tan. Enfin, que crois-tu que gagne la couturière la plus chèrement payée? Cinq sous par jour, dit-elle après une pause; mais on la nourrit.

— Vois, lui dis-je, les vents de mer dessèchent ou renversent tout, il n'y a point d'arbres; les débris des embarcations hors de service se vendent aux riches, car le prix des transports les empêche sans doute de consommer le bois de chauffage dont abonde la Bretagne. Ce pays n'est beau que pour les grandes âmes; les gens sans cœur n'y vivraient pas; il ne peut être habité que par des poètes ou par des bernicles. N'a-t-il pas fallu que l'entrepôt du sel se plaçât sur ce rocher pour qu'il fût habité. D'un côté, la mer; ici, des sables; en haut, l'espace.

Nous avions déjà dépassé la ville, et nous étions dans l'espèce de désert qui sépare le Croisic du bourg de Batz. Figurez-vous, mon cher oncle, une lande de deux lieues remplie par le sable luisant qui se trouve au bord de la mer. Çà et là quelques rochers y levaient leurs têtes, et vous eussiez dit des animaux gigantesques couchés dans les dunes. Le long de la mer apparaissaient quelques rescifs autour desquels se jouait l'eau en leur donnant l'apparence de grandes roses blanches flottant sur l'étendue liquide et venant se poser sur le rivage. En voyant cette savane terminée par l'Océan sur la droite, bordée sur la gauche par le grand lac que fait l'irruption de la mer entre le Croisic et les hauteurs sablonneuses de Guérande, au bas desquelles se trouvent des marais salants dénués de végétation, je regardai Pauline en lui demandant si elle se sentait le courage d'affronter les ardeurs du soleil et la force de marcher dans le sable.

— J'ai des brodequins, allons-y, me dit-elle en me montrant la tour de Batz qui arrêtait la vue par une immense construction placée là comme une pyramide, mais une pyramide fuselée, découpée, une pyramide si poétiquement ornée qu'elle permettait à l'imagination d'y voir la première des ruines d'une grande ville asiatique. Nous fîmes quelques pas pour aller nous asseoir sur la portion d'une roche qui se trouvait encore ombrée ; mais il était onze heures du matin, et cette ombre, qui cessait à nos pieds, s'effaçait avec rapidité.

— Combien ce silence est beau, me dit-elle, et comme la profondeur en est étendue par le retour égal du frémissement de la mer sur cette plage.

— Si tu veux livrer ton entendement aux trois immensités qui nous entourent, l'eau, l'air et les sables, en écoutant exclusivement le son répété du flux et du reflux, lui répondis-je, tu n'en supporteras pas le langage, tu croiras y découvrir une pensée qui t'accablera. Hier, au coucher du soleil, j'ai eu cette sensation ; elle m'a brisé.

— Oh ! oui, parlons, dit-elle après une longue pause. Aucun orateur n'est plus terrible. Je crois découvrir les causes des harmonies qui nous environnent, reprit-elle. Ce paysage, qui n'a que trois couleurs tranchées, le jaune brillant des sables, l'azur du ciel et le vert uni de la mer, est grand sans être sauvage ; il est immense, sans être désert ; il est monotone, sans être fatigant ; il n'a que trois éléments ; il est varié.

— Les femmes seules savent rendre ainsi leurs impressions, répondis-je, tu serais désespérante pour un poète, chère âme que j'ai si bien devinée !

— L'excessive chaleur du midi jette à ces trois expressions de l'infini une couleur dévorante, reprit Pauline en riant. Je conçois ici les poésies et les passions de l'Orient.

— Et moi, j'y conçois le désespoir.

— Oui, dit-elle, cette dune est un cloître sublime.

Nous entendîmes le pas pressé de notre guide ; il s'était endimanché. Nous lui adressâmes quelques paroles insignifiantes ; il crut voir que nos dispositions d'âme avaient changé ; et avec cette réserve que donne le malheur, il garda le silence. Quoique nous nous pressassions de temps en temps la main pour nous avertir de la mutualité de nos idées et de nos impressions, nous marchâmes pendant une demi-heure en silence, soit que nous fussions accablés par la chaleur qui s'élançait en ondées brillantes du milieu des sables, soit que la difficulté de la marche employât notre attention. Nous allions en nous tenant par la main, comme deux enfants; nous n'eussions pas fait douze pas si nous nous étions donné le bras. Le chemin qui mène au bourg de Batz n'était pas tracé; il suffisait d'un coup de vent pour effacer les marques que laissaient les pieds de chevaux ou les jantes de charrette; mais l'œil exercé de notre guide reconnaissait à quelques fientes de bestiaux, à quelques parcelles de crottin, ce chemin qui tantôt descendait vers la mer, tantôt remontait vers les terres au gré des pentes, ou pour tourner des roches. A midi nous n'étions qu'à mi-chemin.

— Nous nous reposerons là-bas, dis-je en montrant un promontoire composé de rochers assez élevés pour faire supposer que nous y trouverions une grotte.

En m'entendant, le pêcheur, qui avait suivi la direction de mon doigt, hocha la tête, et me dit : — Il y a là quelqu'un. Ceux qui viennent du bourg de Batz au Croisic, ou du Croisic au bourg de Batz, font tous un détour pour n'y point passer.

Les paroles de cet homme furent dites à voix basse, et supposaient un mystère.

— Est-ce donc un voleur, un assassin ?

Notre guide ne nous répondit que par une aspiration creusée qui redoubla notre curiosité.

— Mais, si nous y passons, nous arrivera-t-il quelque malheur ?
— Oh! non.
— Y passerez-vous avec nous ?
— Non, monsieur.
— Nous irons donc, si vous nous assurez qu'il n'y a nul danger pour nous.
— Je ne dis pas cela, répondit vivement le pêcheur. Je dis seulement que celui qui s'y trouve ne vous dira rien et ne vous fera aucun mal. Oh! mon Dieu, il ne bougera seulement pas de sa place.
— Qui est-ce donc?
— Un homme !

Jamais deux syllabes ne furent prononcées d'une façon si tragique. En ce moment nous étions à une vingtaine de pas de ce rescif dans lequel se jouait la mer; notre guide prit le chemin qui entourait les rochers; nous continuâmes droit devant nous; mais Pauline me prit le bras. Notre guide hâta le pas, afin de se trouver en même temps que nous à l'endroit où les deux chemins se rejoignaient. Il supposait sans doute qu'après avoir vu l'homme, nous irions d'un pas pressé. Cette circonstance alluma notre curiosité, qui devint alors si vive, que nos cœurs palpitèrent comme si nous eussions éprouvé un sentiment de peur. Malgré la chaleur du jour et l'espèce de fatigue que nous causait la marche dans les sables, nos âmes étaient encore livrées à la mollesse indicible d'une harmonieuse extase; elles étaient pleines de ce plaisir pur qu'on ne saurait peindre qu'en le comparant à celui qu'on ressent en écoutant quelque délicieuse musique, l'*andiamo mio ben* de Mozart. Deux sentiments purs qui se confondent, ne sont-ils pas comme deux belles voix qui chantent? Pour pouvoir bien apprécier l'émotion qui vint nous saisir, il faut donc partager l'état à demi voluptueux dans lequel nous avaient plongés les événements de cette matinée. Admirez pendant longtemps une tourterelle aux jolies couleurs, posée sur un souple rameau, près d'une source, vous jetterez un cri de douleur en voyant tomber sur elle un émouchet qui lui enfonce ses griffes d'acier jusqu'au cœur et l'emporte avec la rapidité meurtrière que la poudre communique au boulet. Quand nous eûmes fait un pas dans l'espace qui se trouvait devant la grotte, espèce d'esplanade située à cent pieds au-dessus de l'Océan, et défendue contre ses fureurs par une cascade de rochers abruptes, nous éprouvâmes un frémissement électrique assez semblable au sursaut que cause un bruit soudain au milieu d'une nuit silencieuse. Nous avions vu, sur un quartier de granit, un homme assis qui nous avait regardés. Son coup d'œil, semblable à la flamme d'un canon, sortit de deux yeux ensanglantés, et son immobilité stoïque ne pouvait se comparer qu'à l'inaltérable attitude des piles granitiques qui l'environnaient. Ses yeux se remuèrent par un mouvement lent, son corps demeura fixe, comme s'il eût été pétrifié; puis, après nous avoir jeté ce regard qui nous frappa violemment, il reporta ses yeux sur l'étendue de l'Océan, et la contempla malgré la lumière qui en jaillissait, comme on dit que les aigles contemplent le soleil, sans baisser ses paupières, qu'il ne releva plus. Chèrchez à vous rappeler, mon cher oncle, une de ces vieilles truisses de chêne, dont le tronc noueux, ébranché de la veille, s'élève fantastiquement sur un chemin désert, et vous aurez une image vraie de cet homme. C'était des formes herculéennes ruinées, un visage de Jupiter olympien, mais détruit par l'âge, par les rudes travaux de la mer, par le chagrin, par une nourriture grossière, et comme noirci par un éclat de foudre. En voyant ses mains poilues et dures, j'aperçus des nerfs qui ressemblaient à des veines de fer. D'ailleurs, tout en lui dénotait une constitution vigoureuse. Je remarquai dans un coin de la grotte une assez grande quantité de mousse, et sur une grossière tablette taillée par le hasard au milieu du granit, un pain rond cassé qui couvrait une cruche de grès. Jamais mon imagination, quand elle me reportait vers les déserts où vécurent les premiers anachorètes de la chrétienté, ne m'avait dessiné de figure plus grandement religieuse ni plus horriblement repentante que l'était celle de cet homme. Vous qui avez pratiqué le confessionnal, mon cher oncle, vous n'avez jamais peut-être vu un si beau remords, mais ce remords était noyé dans les ondes de la prière, la prière continue d'un muet désespoir. Ce pêcheur, ce marin, ce Breton grossier était sublime par un sentiment inconnu. Mais ces yeux avaient-ils pleuré? Cette main de statue ébauchée avait-elle frappé? Ce front rude, empreint de probité farouche, et sur lequel la force avait néanmoins laissé les vestiges de cette douceur qui est l'apanage de toute force vraie, ce front sillonné de rides, était-il en harmonie avec un grand cœur? Pourquoi cet homme dans le granit? Pourquoi ce granit dans cet homme? Où était l'homme, où était le granit? Il nous tomba tout un monde de pensées dans la tête. Comme l'avait supposé notre guide, nous passâmes en silence, promptement, et il nous revit émus de terreur ou saisis d'étonnement, mais il ne s'arma point contre nous de la réalité de ses prédictions.

— Vous l'avez vu? dit-il.
— Quel est cet homme? dis-je.
— On l'appelle *l'Homme-au-vœu.*

Vous figurez-vous bien à ce mot le mouvement par lequel nos deux têtes se tournèrent vers notre pêcheur! C'était un homme simple; il comprit notre muette interrogation, et voici ce qu'il nous dit dans son langage, auquel je tâche de conserver son allure populaire.

— Madame, ceux du Croisic comme ceux de Batz croient que cet homme est coupable de quelque chose, et fait une pénitence ordonnée par un fameux recteur auquel il est allé se confesser plus loin que Nantes. D'autres croient que Cambremer, c'est son nom, a une mauvaise chance qu'il communique à qui passe sous son air. Aussi plusieurs, avant de tourner sa roche, regardent-ils d'où vient le vent! S'il est de galerne, dit-il en nous montrant l'ouest, ils ne continueraient pas leur chemin quand il s'agirait d'aller querir un morceau de la vraie croix ; ils retournent, ils ont peur. D'autres, les riches du Croisic, disent que Cambremer a fait un vœu, d'où son nom d'Homme-au-vœu. Il est là nuit et jour, sans en sortir. Ces dires ont une apparence de raison. Voyez-vous, dit-il en se retournant pour nous montrer une chose que nous n'avions pas remarquée, il a planté là, à gauche, une croix de bois pour annoncer qu'il s'est mis sous la protection de Dieu, de la sainte Vierge et des saints. Il ne se serait pas sacré comme ça, que la frayeur qu'il donne au monde, fait qu'il est là en sûreté comme s'il était gardé par de la troupe. Il n'a pas dit un mot depuis qu'il s'est enfermé en plein air ; il se nourrit de pain et d'eau que lui apporte tous les matins la fille de son frère, une petite tronquette de douze ans à laquelle il a laissé ses biens, et qu'est une jolie créature, douce comme un agneau, une bien mignonne fille, bien plaisante. Elle vous a, dit-il en montrant son pouce, des yeux bleus *longs comme ça*, sous une chevelure de chérubin. Quand on lui demande : Dis donc, Pérotte ?... (Ça veut dire chez nous Pierrette, fit-il en s'interrompant ; elle est vouée à saint Pierre, Cambremer s'appelle Pierre, il a été son parrain.) — Dis donc, Pérotte, reprit-il, qué qui te dit ton oncle? — Il ne me dit rin, qu'elle répond, rin du tout, rin. — Eh! ben, qué qu'il te fait ? — Il m'embrasse au front le dimanche. — Tu n'en as pas peur? — Ah! ben, qu'a dit, il est mon parrain. Il n'a pas voulu d'autre personne pour lui apporter à manger. Pérotte prétend qu'il sourit quand elle vient, mais autant dire un rayon de soleil dans la brouine, car on dit qu'il est nuageux comme un brouillard.

— Mais, lui dis-je, vous excitez notre curiosité sans la satisfaire. Savez-vous ce qui l'a conduit là? Est-ce le chagrin, est-ce le repentir, est-ce une manie, est-ce un crime, est-ce...

— Eh! monsieur, il n'y a guère que mon père et moi qui sachions la vérité de la chose. Défunt ma mère servait un homme de justice à qui Cambremer a tout dit par ordre du prêtre qui ne lui a donné l'absolution qu'à cette condition-là, à entendre les gens du port. Ma pauvre mère a entendu Cambremer sans le vouloir, parce que la cuisine du justicier était à côté de sa salle, elle a écouté ! Elle est morte ; le juge qu'a écouté est défunt aussi. Ma mère nous a fait promettre, à mon père et à moi, de n'en rin afférer aux gens du pays, mais je puis vous dire à vous que le soir où ma mère nous a raconté ça, les cheveux me grésillaient dans la tête.

— Eh! bien, dis-nous ça, mon garçon, nous n'en parlerons à personne.

Le pêcheur nous regarda, et continua ainsi : Pierre Cambremer, que vous avez vu là, est l'aîné des Cambremer, qui de père en fils sont marins ; leur nom le dit, la mer a toujours plié sous eux. Celui que vous avez vu s'était fait pêcheur à bateaux. Il avait donc des barques, allait pêcher la sardine, il pêchait aussi le haut poisson, pour les marchands. Il aurait armé un bâtiment et pêché la morue, s'il n'avait pas tant aimé sa femme, qui était une belle femme, une Brouin de Guérande, une fille superbe, et qui avait bon cœur. Elle aimait tant Cambremer, qu'elle n'a jamais voulu que son homme la quittât plus du temps nécessaire à la pêche aux sardines. Ils demeuraient là-bas, tenez ! dit le pêcheur en montant sur une éminence pour nous montrer un îlot dans la petite méditerranée qui se trouve entre les dunes où nous marchions et les marais salants de Guérande, voyez-vous cette maison ? Elle était à lui. Jacquette Brouin et Cambremer n'ont eu qu'un enfant, un garçon qu'ils ont aimé... comme quoi dirai-je? dam ! comme on aime un enfant unique ; ils en étaient fous. Leur petit Jacques aurait fait, sous votre respect, dans la marmite qu'ils auraient trouvé que c'était du sucre. Combien donc que nous les avons vus de fois, à la foire, achetant les plus belles berloques pour lui ! C'était de la déraison, tout le monde le leur disait. Le petit Cambremer, voyant que tout lui était permis, est devenu méchant comme un âne rouge. Quand on venait dire au père Cambremer : — « Votre fils a manqué tuer le petit un tel ! » il riait et disait : — « Bah ! ce sera un fier marin ! il commandera les flottes du roi. » Un autre : — « Pierre Cambremer, savez-vous que votre gars a crevé l'œil de la petite Pougaud? — Il aimera les filles, » disait Pierre. Il trouvait tout bon. Alors mon petit mâtin, à dix ans, battait tout le monde et s'amusait à couper le cou aux poules, il éventrait les cochons, enfin il se roulait dans le sang comme une fouine. — « Ce sera un fameux soldat ! disait Cambremer, il a goût au sang. » Voyez-vous, moi, je me suis souvenu de tout ça, dit le pêcheur. Et Cambremer aussi, ajouta-t-il après une pause. A quinze ou seize ans, Jacques Cambremer était... quoi ? un requin. Il allait s'amuser à Guérande, ou faire le joli cœur à Savenay. Fallait des espèces.

Alors il se mit à voler sa mère, qui n'osait en rien dire à son mari. Cambremer était un homme probe à faire vingt lieues pour rendre à quelqu'un deux sous qu'on lui aurait donné de trop dans un compte. Enfin, un jour, la mère fut dépouillée de tout. Pendant une pêche de son père, le fils emporta le buffet, la mette, les draps, le linge, ne laissa que les quatre murs, il avait tout vendu pour aller faire ses frigousses à Nantes. La pauvre femme en a pleuré pendant des jours et des nuits. Fallait dire ça au père à son retour, elle craignait le père, pas pour elle, allez! Quand Pierre Cambremer revint, qu'il vit sa maison garnie des meubles que l'on avait prêtés à sa femme, il dit : Qu'est-ce que c'est que ça? La pauvre femme était plus morte que vive, elle dit : — Nous avons été volés. — Où donc est Jacques? — Jacques, il est en riolle! Personne ne savait où le drôle était allé. — Il s'amuse trop! dit Pierre. Six mois après, le pauvre père sut que son fils allait être pris par la justice à Nantes. Il fait la route à pied, y va plus vite que par mer, met la main sur son fils et l'amène ici. Il ne lui demanda pas : — Qu'as-tu fait? Il lui dit : Si tu ne te tiens pas sage deux ans ici avec ta mère et avec moi, allant à la pêche et te conduisant comme un honnête homme, tu auras affaire à moi. L'enragé, comptant sur la bêtise de ses père et mère, lui a fait la grimace. Pierre, là-dessus, lui flanque une mornifle qui vous a mis Jacques au lit pour six mois. La pauvre mère se mourait de chagrin. Un soir, elle dormait paisiblement à côté de son mari, elle entend du bruit, se lève, elle reçoit un coup de couteau dans le bras. Elle crie, on cherche de la lumière. Pierre Cambremer voit sa femme blessée; il croit que c'est un voleur, comme s'il y en avait dans notre pays, où l'on peut porter sans crainte dix mille francs en or, du Croisic à Saint-Nazaire, sans avoir à s'entendre demander ce qu'on a sous le bras. Pierre cherche Jacques, il ne trouve point son fils. Le matin ce monstre-là n'a-t-il pas eu le front de revenir en disant qu'il était allé à Batz. Faut vous dire que sa mère ne savait où cacher son argent. Cambremer, lui, mettait le sien chez monsieur Dupotet du Croisic. Les folies de leur fils leur avaient mangé des cent écus, des cent francs, des louis d'or, ils étaient quasiment ruinés, et c'était dur pour des gens qui avaient aux environs de douze mille livres, compris leur îlot. Personne ne sait ce que Cambremer a donné à Nantes pour ravoir son fils. Le guignon ravageait la famille. Il était arrivé des malheurs au frère de Cambremer, qui avait besoin de secours.

Pierre lui disait pour le consoler que Jacques et Pérotte (la fille au cadet Cambremer) se marieraient. Puis, pour lui faire gagner son pain, il l'employait à la pêche ; car Joseph Cambremer en était réduit à vivre de son travail. Sa femme avait péri de la fièvre, il fallait payer les mois de nourrice de Pérotte. La femme de Pierre Cambremer devait une somme de cent francs à diverses personnes pour cette petite, du linge, des hardes, et deux ou trois mois à la grande Frelu qu'avait un enfant de Simon Gaudry et qui nourrissait Pérotte. La Cambremer avait cousu une pièce d'Espagne dans la laine de son matelas, en mettant dessus : *A Pérotte.* Elle avait reçu beaucoup d'éducation, elle écrivait comme un greffier, et avait appris à lire à son fils, c'est ce qui l'a perdu. Personne n'a su comment ça c'est fait, mais ce gredin de Jacques avait flairé l'or, l'avait pris et était allé riboter au Croisic. Le bonhomme Cambremer, par un fait exprès, revenait avec sa barque chez lui. En abordant il voit flotter un bout de papier, le prend, l'apporte à sa femme qui tombe à la renverse en reconnaissant ses propres paroles écrites. Cambremer ne dit rien, va au Croisic, apprend là que son fils est au billard ; pour lors, il fait demander la bonne femme qui tient le café, et lui dit : — J'avais dit à Jacques de ne pas se servir d'une pièce d'or avec quoi il vous paiera ; rendez-la-moi, j'attendrai sur la porte, et vous donnerai de l'argent blanc pour. La bonne femme lui apporta la pièce. Cambremer la prend en disant : — Bon ! et revient chez lui. Toute la ville a su cela. Mais voilà ce que je sais et ce dont les autres ne font que de se douter en gros. Il dit à sa femme d'approprier leur chambre, qu'est par bas ; il fait du feu dans la cheminée, allume deux chandelles, place deux chaises d'un côté de l'âtre, et met de l'autre côté un escabeau. Puis dit à sa femme de lui apprêter ses habits de noces, en lui commandant de pouiller les siens. Il s'habille. Quand il est vêtu, il va chercher son frère, et lui dit de faire le guet devant la maison pour l'avertir s'il entendait du bruit sur les deux grèves, celle-ci et celle des marais de Guérande. Il rentre quand il juge que sa femme est habillée, il charge un fusil et le cache dans le coin de la cheminée. Voilà Jacques qui revient ; il revient tard ; il avait bu et joué jusqu'à dix heures ; il s'était fait passer à la pointe de Carnouf. Son oncle l'entend héler, va le chercher sur la grève des marais, et le passe sans rien dire. Quand il entre, son père lui dit : — Assieds-toi là, en lui montrant l'escabeau. Tu es, dit-il, devant ton père et ta mère que tu as offensés, et qui ont à te juger. Jacques se mit à beugler, parce que la figure de Cambremer était tortillée d'une singulière manière. La mère était roide comme une rame. — Si tu cries, si tu bouges, si tu ne te tiens pas comme un mât sur ton escabeau, dit Pierre en l'ajustant avec son fusil, je te tue comme un chien. Le fils devint muet comme un poisson; la mère n'a rin dit. — Voilà, dit Pierre à son fils, un papier qui enveloppait une pièce d'or espagnole; la pièce d'or était dans le lit de ta mère; ta mère seule savait l'endroit où elle l'avait mise; j'ai trouvé le papier sur l'eau en abordant ici ; tu viens de donner ce soir cette pièce d'or espagnole à la mère Fleurant, et ta mère n'a plus vu sa pièce dans son lit. Explique-toi. Jacques dit qu'il n'avait pas pris la pièce de sa mère, et que cette pièce lui était restée de Nantes, — Tant mieux, dit Pierre. Comment peux-tu nous prouver cela ? — Je l'avais. — Tu n'as pas pris celle de ta mère ? — Non. — Peux-tu le jurer sur ta vie éternelle ? Il allait le jurer ; sa mère leva les yeux sur lui et lui dit : — Jacques, mon enfant, prends garde, ne jure pas si ce n'est pas vrai ; tu peux t'amender, te repentir; il est temps encore. Et elle pleura. — Vous êtes une ci et une ça, lui dit-il, qu'avez toujours voulu ma perte. Cambremer pâlit et dit : — Ce que tu viens de dire à ta mère grossira ton compte. Allons au fait. Jures-tu ? — Oui. — Tiens, dit-il, y avait-il sur ta pièce cette croix que le marchand de sardines qui me l'a donnée avait faite sur la nôtre? Jacques se dégrisa et pleura. — Assez causé, dit Pierre. Je ne te parle pas de ce que tu as fait avant cela, je ne veux pas qu'un Cambremer soit fait mourir sur la place du Croisic. Fais tes prières, et dépêchons-nous ! Il va venir un prêtre pour te confesser. La mère était sortie, pour ne pas entendre condamner son fils. Quand elle fut dehors, Cambremer l'oncle vint avec le recteur de Piriac, auquel Jacques ne voulut rien dire. Il était malin, il connaissait assez son père pour savoir qu'il ne le tuerait pas sans confession. — Merci, excusez-nous, monsieur, dit Cambremer au prêtre, quand il vit l'obstination de Jacques. Je voulais donner une leçon à mon fils et vous prier de n'en rien dire. — Toi, dit-il à Jacques, si tu ne t'amendes pas, la première fois ce sera pour de bon, et j'en finirai sans confession. Il l'envoya se coucher. L'enfant crut cela et s'imagina qu'il pourrait se remettre avec son père. Il dormit. Le père veilla. Quand il vit son fils au fin fond de son sommeil, il lui couvrit la bouche avec du chanvre, la lui banda avec un chiffon de voile bien serré, puis il lui lia les mains et les pieds. Il rageait, il pleurait du sang, disait Cambremer au justicier. Que voulez-vous ! La mère se jeta aux pieds du père. — Il est jugé, qu'il dit, tu vas m'aider à le mettre dans la barque. Elle s'y refusa. Cambremer l'y mit tout seul, l'y assujettit au fond, lui mit une pierre au cou, sortit du bassin, gagna la mer, et vint à la hauteur de la roche où il est. Pour lors, la pauvre mère, qui s'était fait passer ici par son beau-frère, eut beau crier *grâce !* ça servit comme une pierre à un loup. Il y avait de la lune, elle a vu le père jetant à la mer son fils qui lui tenait encore aux entrailles, et comme il n'y avait pas d'air, elle a entendu blouf ! puis rin, ni trace, ni bouillon ; la mer est d'une fameuse garde, allez ! En abordant là pour faire taire sa femme qui gémissait, Cambremer la trouva quasi-morte, il fut impossible aux deux frères de la porter, il a fallu la mettre dans la barque qui venait de servir au fils, et ils l'ont ramenée chez elle en faisant le tour par la passe du Croisic. Ah ! ben, la belle Brouin, comme on l'appelait, n'a pas duré huit jours ; elle est morte en demandant à son mari de brûler la damnée barque. Oh ! il l'a fait. Lui il est devenu tout chose, il savait plus ce qu'il voulait ; il fringalait en marchant comme un homme qui ne peut pas porter le vin. Puis il a fait un voyage de dix jours, et est revenu se mettre où vous l'avez vu, et, depuis qu'il y est, il n'a pas dit une parole.

Le pêcheur ne mit qu'un moment à nous raconter cette histoire et nous la dit plus simplement encore que je ne l'écris. Les gens du peuple font peu de réflexions en contant, ils accusent le fait qui les a frappés, et le traduisent comme ils le sentent. Ce récit fut aussi aigrement incisif que l'est un coup de hache.

— Je n'irai pas à Batz, dit Pauline en arrivant au contour supérieur du lac. Nous revînmes au Croisic par les marais salants, dans le dédale desquels nous conduisit le pêcheur, devenu comme nous silencieux. La disposition de nos âmes était changée. Nous étions tous deux plongés en de funestes réflexions, attristés par ce drame qui expliquait le rapide pressentiment que nous en avions eu à l'aspect de Cambremer. Nous avions l'un et l'autre assez de connaissance du monde pour deviner de cette triple vie tout ce que nous en avait tu notre guide. Les malheurs de ces trois êtres se reproduisaient devant nous comme si nous les avions vus dans les tableaux d'un drame que ce père couronnait en expiant son crime nécessaire. Nous n'osions regarder la roche où était l'homme fatal qui faisait peur à toute une contrée. Quelques nuages embrumaient le ciel ; des vapeurs s'élevaient à l'horizon, nous marchions au milieu de la nature la plus âcrement sombre que j'aie jamais rencontrée. Nous foulions une nature qui semblait souffrante, maladive ; des marais salants, qu'on peut à bon droit nommer les écrouelles de la terre. Là, le sol est divisé en carrés inégaux de forme, tous encaissés par d'énormes talus de terre grise, tous pleins d'une eau saumâtre, à la surface de laquelle arrive le sel. Ces ravins faits à main d'hommes sont intérieurement partagés en plates-bandes, le long desquelles marchent des ouvriers armés de longs rateaux, à l'aide desquels ils écrèment cette saumure, et amènent sur des plates-formes rondes pratiquées de distance en distance ce sel quand il est bon à mettre en mulons. Nous côtoyâmes pendant deux heures ce triste damier, où le sel étouffe par son abondance la végétation, et où nous n'apercevions de loin en loin que quelques *paludiers*, nom donné à ceux qui cultivent le sel. Ces hommes, ou plutôt ce clan de Bretons porte un costume spécial, une jaquette blanche assez semblable à celle des brasseurs. Ils se marient entre eux. Il n'y a pas d'exemple qu'une fille de cette tribu ait épousé un autre homme qu'un paludier. L'horrible aspect de ces marécages, dont la boue était symétriquement ratissée, et de cette terre grise dont a horreur la Flore bretonne, s'harmoniait avec le deuil de notre âme. Quand nous arrivâmes à l'endroit où l'on passe le bras de mer formé par l'irruption des eaux dans ce fond, et qui sert sans doute à alimenter les marais salants, nous aperçûmes avec plaisir les maigres végétations qui garnissent les sables de la plage. Dans la traversée, nous aperçûmes au milieu du lac l'île où demeurent les Cambremer ; nous détournâmes la tête.

En arrivant à notre hôtel, nous remarquâmes un billard dans une salle basse, et quand nous apprîmes que c'était le seul billard public qu'il y eût au Croisic, nous fîmes nos apprêts de départ pendant la nuit ; le lendemain nous étions à Guérande. Pauline était encore triste, et moi je ressentais déjà les approches de cette flamme qui me brûle le cerveau. J'étais si cruellement tourmenté par les visions que j'avais de ces trois existences, qu'elle me dit :
— Louis, écris cela, tu donneras le change à la nature de cette fièvre.

Je vous ai donc écrit cette aventure, mon cher oncle; mais elle m'a déjà fait perdre le calme que je devais à mes bains et à notre séjour ici.

Paris, 20 novembre 1834.

L'AUBERGE ROUGE

A MONSIEUR LE MARQUIS DE CUSTINE.

En je ne sais quelle année, un banquier de Paris, qui avait des relations commerciales très-étendues en Allemagne, fêtait un de ces amis, longtemps inconnus, que les négociants se font de place en place, par correspondance. Cet ami, chef de je ne sais quelle maison assez importante de Nuremberg, était un bon gros Allemand, homme de goût et d'érudition, homme de pipe surtout, ayant une belle, une large figure nurembergeoise, au front carré, bien découvert, et décoré de quelques cheveux blonds assez rares. Il offrait le type des enfants de cette pure et noble Germanie, si fertile en caractères honorables, et dont les paisibles mœurs ne se sont jamais démenties, même après sept invasions. L'étranger riait avec simplesse, écoutait attentivement, et buvait remarquablement bien, en paraissant aimer le vin de Champagne autant peut-être que les vins paillés du Johannisberg. Il se nommait Hermann, comme presque tous les Allemands mis en scène par les auteurs. En homme qui ne sait rien faire légèrement, il était bien assis à la table du banquier, mangeait avec ce tudesque appétit si célèbre en Europe, et disait un adieu consciencieux à la cuisine du grand CARÊME. Pour faire honneur à son hôte, le maître du logis avait convié quelques amis intimes, capitalistes ou commerçants, plusieurs femmes aimables, jolies, dont le gracieux babil et les manières franches étaient en harmonie avec la cordialité germanique. Vraiment, si vous aviez pu voir, comme j'en eus le plaisir, cette joyeuse réunion de gens qui avaient rentré leurs griffes commerciales pour spéculer sur les plaisirs de la vie, il vous eût été difficile de haïr les escomptes usuraires ou de maudire les faillites. L'homme ne peut pas toujours mal faire. Aussi, même dans la société des pirates, doit-il se rencontrer quelques heures douces pendant lesquelles vous croyez être, dans leur sinistre vaisseau, comme sur une escarpolette.

— Avant de nous quitter, monsieur Hermann va nous raconter encore, je l'espère, une histoire allemande qui nous fasse bien peur.

Ces paroles furent prononcées au dessert par une jeune personne pâle et blonde qui, sans doute, avait lu les contes d'Hoffmann et les romans de Walter Scott. C'était la fille unique du banquier, ravissante créature dont l'éducation s'achevait au Gymnase, et qui raffolait des pièces qu'on y joue. En ce moment les convives se trouvaient dans cette heureuse disposition de paresse et de silence où nous met un repas exquis, quand nous avons un peu trop présumé de notre puissance digestive. Le dos appuyé sur sa chaise, le poignet légèrement soutenu par le bord de la table, chaque convive jouait indolemment avec la lame dorée de son couteau. Quand un dîner arrive à ce moment de déclin, certaines gens tourmentent le pepin d'une poire; d'autres roulent une mie de pain entre le pouce et l'index; les amoureux tracent des lettres informes avec les débris des fruits; les avares comptent leurs noyaux et les rangent sur leur assiette comme un dramaturge dispose ses comparses au fond d'un théâtre. C'est de petites félicités gastronomiques dont n'a pas tenu compte dans son livre Brillat-Savarin, auteur si complet d'ailleurs. Les valets avaient disparu. Le dessert était comme une escadre après le combat, tout désemparé, pillé, flétri. Les plats erraient sur la table, malgré l'obstination avec laquelle la maîtresse du logis essayait de les faire remettre en place. Quelques personnes regardaient des vues de Suisse symétriquement accrochées sur les parois grises de la salle à manger. Nul convive ne s'ennuyait. Nous ne connaissons point d'homme qui se soit encore attristé pendant la digestion d'un bon dîner. Nous aimons alors à rester dans je ne sais quel calme, espèce de juste milieu entre la rêverie du penseur et la satisfaction des animaux ruminants qu'il faudrait appeler la mélancolie matérielle de la gastronomie. Aussi les convives se tournèrent-ils spontanément vers le bon Allemand, enchantés tous d'avoir une ballade à écouter, fût-elle même sans intérêt. Pendant cette benoîte pause, la voix d'un conteur semble toujours délicieuse à nos sens engourdis, elle en favorise le bonheur négatif. Chercheur de tableaux, j'admirais ces visages égayés par un sourire, éclairés par les bougies, et que la bonne chère avait empourprés ; leurs expressions diverses produisaient de piquants effets à travers les candélabres, les corbeilles en porcelaine, les fruits et les cristaux.

Mon imagination fut tout à coup saisie par l'aspect du convive qui se trouvait précisément en face de moi. C'était un homme de moyenne taille, assez gras, rieur qui avait la tournure, les manières d'un agent de change, et qui paraissait n'être doué que d'un esprit fort ordinaire, je ne l'avais pas encore remarqué; en ce moment, sa figure, sans doute assombrie par un faux jour, me parut avoir changé de caractère; elle était devenue terreuse ; des teintes violâtres la sillonnaient. Vous eussiez dit de la tête cadavérique d'un agonisant. Immobile comme les personnages peints dans un Diorama, ses yeux hébétés restaient fixés sur les étincelantes facettes d'un bouchon de cristal; mais il ne les comptait certes pas, et semblait abîmé dans quelque contemplation fantastique de l'avenir ou du passé. Quand j'eus longtemps examiné cette face équivoque, elle me fit penser : — Souffre-t-il ? me dis-je. A-t-il trop bu? Est-il ruiné par la baisse des fonds publics? Songe-t-il à jouer ses créanciers ?

— Voyez! dis-je à ma voisine en lui montrant le visage de l'inconnu, n'est-ce pas une faillite en fleur ?

— Oh! me répondit-elle, il serait plus gai. Puis hochant gracieusement la tête, elle ajouta : — Si celui-là se ruine jamais, je l'irai dire à Pékin ! Il possède un million en fonds de terre ! C'est un ancien fournisseur des armées impériales, un bon homme assez original. Il s'est remarié par spéculation, et rend néanmoins sa femme extrêmement heureuse. Il a une jolie fille que, pendant fort longtemps, il n'a pas voulu reconnaître; mais la mort de son fils, tué malheureusement en duel, l'a contraint à la prendre avec lui, car il ne pouvait plus avoir d'enfants. La pauvre fille est ainsi devenue tout à coup une des plus riches héritières de Paris. La perte de son fils unique a plongé ce cher homme dans un chagrin qui reparaît quelquefois.

En ce moment, le fournisseur leva les yeux sur moi ; son regard me fit tressaillir, tant il était sombre et pensif! Assurément ce coup d'œil résumait toute une vie. Mais tout à coup sa physionomie devint gaie : il prit le bouchon de cristal, le mit, par un mouvement machinal, à une carafe pleine d'eau qui se trouvait devant son assiette, et tourna la tête vers monsieur Hermann en souriant. Cet homme, béatifié par ses jouissances gastronomiques, n'avait sans doute pas deux idées dans la cervelle, et ne songeait à rien. Aussi eus-je en quelque sorte, honte de prodiguer ma science divinatoire *in anima vili* d'un épais financier. Pendant que je faisais, en pure perte, des observations phrénologiques, le bon Allemand s'était lesté le nez d'une prise de tabac, et commençait son histoire. Il me serait assez difficile de la reproduire dans les mêmes termes, avec ses interruptions fréquentes et ses digressions verbeuses. Aussi l'ai-je écrite à ma guise, laissant les fautes au Nurembergeois, et m'emparant de ce qu'elle peut avoir de poétique et d'intéressant, avec la candeur des écrivains qui oublient de mettre au titre de leurs livres : *traduit de l'allemand.*

L'IDÉE ET LE FAIT.

— Vers la fin de vendémiaire, an VII, époque républicaine qui, dans le style actuel, correspond au 20 octobre 1799, deux jeunes gens, partis de Bonn dès le matin, étaient arrivés à la chute du jour aux environs d'Andernach, petite ville située sur la rive gauche du Rhin, à quelques lieues de Coblentz. En ce moment, l'armée française commandée par le général Augereau manœuvrait en présence des Autrichiens, qui occupaient la rive droite du fleuve. Le quartier général de la division républicaine était à Coblentz, et l'une des demi-brigades appartenant au corps d'Augereau se trouvait cantonnée à Andernach. Les deux voyageurs étaient Français. A voir leurs uniformes bleus mélangés de blanc, à parements de velours rouge, leurs sabres, surtout le chapeau couvert d'une toile cirée verte, et orné d'un plumet tricolore, les paysans allemands eux-mêmes auraient reconnu des chirurgiens militaires, hommes de science et de mérite, aimés pour la plupart, non-seulement à l'armée, mais encore dans les pays envahis par nos troupes. A cette époque, plusieurs enfants de famille arrachés à leur stage médical par la récente loi sur la conscription due au général

Jourdan, avaient naturellement mieux aimé continuer leurs études sur le champ de bataille que d'être astreints au service militaire, peu en harmonie avec leur éducation première et leurs paisibles destinées. Hommes de science, pacifiques et serviables, ces jeunes gens faisaient quelque bien au milieu de tant de malheurs, et sympathisaient avec les érudits des diverses contrées par lesquelles passait la cruelle civilisation de la République. Armés, l'un et l'autre d'une feuille de route et munis d'une commission de *sous-aide* signée Coste et Bernadotte, ces deux jeunes gens se rendaient à la demi-brigade à laquelle ils étaient attachés. Tous deux appartenaient à des familles bourgeoises de Beauvais médiocrement riches, mais où les mœurs douces et la loyauté des provinces se transmettaient comme une partie de l'héritage. Amenés sur le théâtre de la guerre avant l'époque indiquée pour leur entrée en fonctions, par une curiosité bien naturelle aux jeunes gens, ils avaient voyagé par la diligence jusqu'à Strasbourg. Quoique la prudence maternelle ne leur eût laissé emporter qu'une faible somme, ils se croyaient riches en possédant quelques louis, véritable trésor dans un temps où les assignats étaient arrivés au dernier degré d'avilissement, et où l'or valait beaucoup d'argent. Les deux sous-aides, âgés de vingt ans au plus, obéirent à la poésie de leur situation avec tout l'enthousiasme de la jeunesse. De Strasbourg à Bonn, ils avaient visité l'Électorat et les rives du Rhin en artistes, en philosophes, en observateurs. Quand nous avons une destinée scientifique, nous sommes à cet âge des êtres véritablement multiples. Même en faisant l'amour, ou en voyageant, un sous-aide doit thésauriser les rudiments de sa fortune ou de sa gloire à venir. Les deux jeunes gens s'étaient donc abandonnés à cette admiration profonde dont sont saisis les hommes instruits à l'aspect des rives du Rhin et des paysages de la Souabe, entre Mayence et Cologne; nature forte, riche, puissamment accidentée, pleine de souvenirs féodaux, verdoyante, mais qui garde en tous lieux les empreintes du fer et du feu. Louis XIV et Turenne ont cautérisé cette ravissante contrée. Çà et là, des ruines attestent l'orgueil, ou peut-être la prévoyance du roi de Versailles qui fit abattre les admirables châteaux dont était jadis ornée cette partie de l'Allemagne. En voyant cette terre merveilleuse, couverte de forêts, et où le pittoresque du moyen âge abonde, mais en ruines, vous concevez le génie allemand, ses rêveries et son mysticisme. Cependant le séjour des deux amis à Bonn avait un but de science et de plaisir tout à la fois. Le grand hôpital de l'armée gallo-batave et de la division d'Augereau était établi dans le palais même de l'Électeur. Les sous-aides de fraîche date y étaient donc allés voir des camarades, remettre des lettres de recommandation à leurs chefs, et s'y familiariser avec les premières impressions de leur métier. Mais aussi, là, comme ailleurs, ils dépouillèrent quelques-uns de ces préjugés exclusifs auxquels nous restons si longtemps fidèles en faveur des monuments et des beautés de notre pays natal. Surpris à l'aspect des colonnes de marbre dont est orné le palais électoral, ils allèrent admirant le grandiose des constructions allemandes, et trouvèrent à chaque pas de nouveaux trésors antiques ou modernes. De temps en temps, les chemins dans lesquels erraient les deux amis en se dirigeant vers Andernach les amenaient sur le piton d'une montagne de granit plus élevée que les autres. Là, par une découpure de la forêt, par une anfractuosité des rochers, ils apercevaient quelque vue du Rhin encadrée dans le grès ou festonnée par de vigoureuses végétations. Les vallées, les sentiers, les arbres exhalaient cette senteur automnale qui porte à la rêverie; les cimes des bois commençaient à se dorer, à prendre des tons chauds et bruns, signes de vieillesse; les feuilles tombaient, mais le ciel était encore d'un bel azur, et les chemins, secs, se dessinaient comme des lignes jaunes dans le paysage, alors éclairé par les obliques rayons du soleil couchant. A une demi-lieue d'Andernach, les deux amis marchèrent au milieu d'un profond silence, comme si la guerre ne dévastait pas ce beau pays, et suivirent un chemin pratiqué pour les chèvres à travers les hautes murailles de granit bleuâtre entre lesquelles le Rhin bouillonne. Bientôt ils descendirent par un des versants de la gorge au fond de laquelle se trouve la petite ville, assise avec coquetterie au bord du fleuve, où elle offre un joli port aux mariniers. — L'Allemagne est un bien beau pays, s'écria l'un des deux jeunes gens, nommé Prosper Magnan, à l'instant où il entrevit les maisons peintes d'Andernach, pressées comme des œufs dans un panier, séparées par des arbres, par des jardins et des fleurs. Puis il admira pendant un moment les toits pointus à solives saillantes, les escaliers de bois, les galeries de mille habitations paisibles, et les barques balancées par les flots dans le port...

Au moment où monsieur Hermann prononça le nom de Prosper

Magnan, le fournisseur saisit la carafe, se versa de l'eau dans son verre, et le vida d'un trait. Ce mouvement ayant attiré mon attention, je crus remarquer un léger tremblement dans ses mains et de l'humidité sur le front du capitaliste.

— Comment se nomme l'ancien fournisseur? demandai-je à ma complaisante voisine.

— Taillefer, me répondit-elle.

— Vous trouvez-vous indisposé? m'écriai-je en voyant pâlir ce singulier personnage.

— Nullement, dit-il en me remerciant par un geste de politesse. J'écoute, ajouta-t-il en faisant un signe de tête aux convives, qui le regardèrent tous simultanément.

— J'ai oublié, dit monsieur Hermann, le nom de l'autre jeune homme. Seulement, les confidences de Prosper Magnan m'ont appris que son compagnon était brun, assez maigre et jovial. Si vous le permettez, je l'appellerai Wilhem, pour donner plus de clarté au récit de cette histoire.

Le bon Allemand reprit sa narration après avoir ainsi, sans respect pour le romantisme et la couleur locale, baptisé le sous-aide français d'un nom germanique.

— Au moment où les deux jeunes gens arrivèrent à Andernach, il était donc nuit close. Présumant qu'ils perdraient beaucoup de temps à trouver leurs chefs, à s'en faire reconnaître, à obtenir d'eux un gîte militaire dans une ville déjà pleine de soldats, ils avaient résolu de passer leur dernière nuit de liberté dans une auberge située à une centaine de pas d'Andernach, et de laquelle ils avaient admiré, du haut des rochers, les riches couleurs embellies par les feux du soleil couchant. Entièrement peinte en rouge, cette auberge produisait un piquant effet dans le paysage, soit en se détachant sur la masse générale de la ville, soit en opposant son large rideau de pourpre à la verdure des différents feuillages, et sa teinte vive aux tons grisâtres de l'eau. Cette maison devait son nom à la décoration extérieure qui lui avait été sans doute imposée depuis un temps immémorial par le caprice de son fondateur. Une superstition mercantile assez naturelle aux différents possesseurs de ce logis, renommé parmi les mariniers du Rhin, en avait fait soigneusement conserver le costume. En entendant le pas des chevaux, le maître de *l'Auberge rouge* vint sur le seuil de la porte. — Par Dieu, s'écria-t-il, messieurs, un peu plus tard vous auriez été forcés de coucher à la belle étoile, comme la plupart de vos compatriotes qui bivouaquent de l'autre côté d'Andernach. Chez moi, tout est occupé ! Si vous tenez à coucher dans un bon lit, je n'ai plus que ma propre chambre à vous offrir. Quant à vos chevaux, je vais leur faire mettre une litière dans un coin de la cour. Aujourd'hui, mon écurie est pleine de chrétiens. — Ces messieurs viennent de France ? reprit-il après une légère pause. — De Bonn, s'écria Prosper. Et nous n'avons encore rien mangé depuis ce matin. — Oh ! quant aux vivres ! dit l'aubergiste en hochant la tête, on vient de dix lieues à la ronde faire des noces à *l'Auberge rouge*. Vous allez avoir un festin de prince, le poisson du Rhin ! c'est tout dire. Après avoir confié leurs montures fatiguées aux soins de l'hôte, qui appelait assez inutilement ses valets, les sous-aides entrèrent dans la salle commune de l'auberge. Les nuages épais et blanchâtres exhalés par une nombreuse assemblée de fumeurs ne leur permirent pas de distinguer d'abord les gens avec lesquels ils allaient se trouver; mais lorsqu'ils se furent assis près d'une table, avec la patience pratique de ces voyageurs philosophes qui ont reconnu l'inutilité du bruit, ils démêlèrent, à travers les vapeurs du tabac, les accessoires obligés d'une auberge allemande : le poêle, l'horloge, les tables, les pots de bière, les longues pipes; çà et là des figures hétéroclites, juives, allemandes; puis les visages rudes de quelques mariniers. Les épaulettes de plusieurs officiers français étincelaient dans ce brouillard, et le cliquetis des éperons et des sabres retentissait incessamment sur le carreau. Les uns jouaient aux cartes, d'autres se disputaient, se taisaient, mangeaient, buvaient ou se promenaient. Une grosse petite femme, ayant le bonnet de velours noir, la pièce d'estomac bleu et argent, la pelote, le trousseau de clefs, l'agrafe d'argent, les cheveux tressés, marques distinctives de toutes les maîtresses d'auberges allemandes, et dont le costume est, d'ailleurs, si exactement colorié dans une foule d'estampes, qu'il est trop vulgaire pour être décrit, la femme de l'aubergiste donc, fit patienter et impatienter les deux amis avec une habileté fort remarquable. Insensiblement le bruit diminua, les voyageurs se retirèrent, et le nuage de fumée se dissipa. Lorsque le couvert des sous-aides fut mis, que la classique carpe du Rhin parut sur la table, onze heures sonnaient, et la salle était vide. Le silence de la nuit laissait entendre vaguement, et le bruit que faisaient les chevaux en mangeant leur provende ou en piaffant, et le murmure des eaux du Rhin, et ces espèces de rumeurs indéfinissables qui animent une auberge pleine quand chacun s'y couche. Les portes et les fenêtres s'ouvraient et se fermaient, des voix murmuraient de vagues paroles, et quelques interpellations retentissaient dans les chambres. En ce moment de silence et de tumulte, les deux Français, et l'hôte occupé à leur vanter Andernach, le repas, son vin du Rhin, l'armée républicaine et sa femme, écoutèrent avec une sorte d'intérêt les cris rauques de quelques mariniers et les bruissements d'un bateau qui abordait au port. L'aubergiste, familiarisé sans doute avec les interrogations gutturales de ces bateliers, sortit précipitamment, et revint bientôt. Il ramena un gros petit homme derrière lequel marchaient deux mariniers portant une lourde valise et quelques ballots. Ses paquets déposés dans la salle, le petit homme prit lui-même sa valise et la garda près de lui, en s'asseyant sans cérémonie à table devant les deux sous-aides. — Allez coucher à votre bateau dit-il aux mariniers, puisque l'auberge est pleine. Tout bien considéré, cela vaudra mieux. — Monsieur, dit l'hôte au nouvel arrivé, voilà tout ce qui me reste de provisions. Et il montrait le souper servi aux deux Français. — Je n'ai pas une croûte de pain, pas un os. — Et de la choucroute? — Pas de quoi mettre dans le dé de ma femme! Comme j'ai eu l'honneur de vous le dire, vous ne pouvez avoir d'autre lit que la chaise sur laquelle vous êtes, et d'autre chambre que cette salle. A ces mots, le petit homme jeta sur l'hôte, sur la salle et sur les deux Français, un regard où la prudence et l'effroi se peignirent également.

— Ici je dois vous faire observer, dit monsieur Hermann en s'interrompant, que nous n'avons jamais su ni le véritable nom ni l'histoire de cet inconnu : seulement, ses papiers ont appris qu'il venait d'Aix-la-Chapelle; il avait pris le nom de Walhenfer, et possédait aux environs de Neuwied une manufacture d'épingles assez considérable. Comme tous les fabricants de ce pays, il portait une redingote de drap commun, une culotte et un gilet en velours vert foncé, des bottes et une large ceinture de cuir. Sa figure était toute ronde, ses manières franches et cordiales ; mais pendant cette soirée il lui fut très-difficile de déguiser entièrement des appréhensions secrètes ou peut-être de cruels soucis. L'opinion de l'aubergiste a toujours été que ce négociant allemand fuyait son pays. Plus tard, j'ai su que sa fabrique avait été brûlée par un de ces hasards malheureusement si fréquents en temps de guerre. Malgré son expression généralement soucieuse, sa physionomie annonçait une grande bonhomie. Il avait de beaux traits, et surtout un large cou dont la blancheur était si bien relevée par une cravate noire, que Wilhem le montra par raillerie à Prosper. . . . .

Ici, monsieur Taillefer but un verre d'eau.

— Prosper offrit avec courtoisie au négociant de partager leur souper, et Wahlenfer accepta sans façon, comme un homme qui se sentait en mesure de reconnaître cette politesse ; il coucha sa valise à terre, mit ses pieds dessus, ôta son chapeau, s'attabla, se débarrassa de ses gants et de deux pistolets qu'il avait à sa ceinture. L'hôte ayant promptement donné un couvert, les trois convives commencèrent à satisfaire assez silencieusement leur appétit. L'atmosphère de la salle était si chaude et les mouches si nombreuses, que Prosper pria l'hôte d'ouvrir la croisée qui donnait sur la porte, afin de renouveler l'air. Cette fenêtre était barricadée par une barre de fer dont les deux bouts entraient dans des trous pratiqués aux deux coins de l'embrasure. Pour plus de sécurité, deux écrous, attachés à chacun des volets, recevaient deux vis. Par hasard, Prosper examina la manière dont s'y prenait l'hôte pour ouvrir la fenêtre.

— Mais, puisque je vous parle des localités, nous dit monsieur Hermann, je dois vous dépeindre les dispositions intérieures de l'auberge ; car, de la connaissance exacte des lieux, dépend l'intérêt de cette histoire. La salle où se trouvaient les trois personnages dont je vous parle avait deux portes de sortie. L'une donnait sur le chemin d'Andernach qui longe le Rhin. Là, devant l'auberge, se trouvait naturellement un petit débarcadère où le bateau, loué par le négociant pour son voyage, était amarré. L'autre porte avait sa sortie sur la cour de l'auberge. Cette cour était entourée de murs très-élevés, et remplie, pour le moment, de bestiaux et de chevaux, les écuries étant pleines de monde. La grande porte venait d'être si soigneusement barricadée, que, pour plus de promptitude, l'hôte avait fait entrer le négociant et les mariniers par la porte de la salle qui donnait sur la rue. Après avoir ouvert la fenêtre, selon le désir de Prosper Magnan, il se mit à fermer cette porte, glissa les barres dans leurs trous, et vissa les écrous. La chambre de l'hôte, où devaient coucher les deux sous-aides était contiguë à la salle commune, et se trouvait séparée par un mur

assez léger de la cuisine, où l'hôtesse et son mari devaient probablement passer la nuit. La servante venait de sortir, et d'aller chercher son gîte dans quelque crèche, dans le coin d'un grenier, ou partout ailleurs. Il est facile de comprendre que la salle commune, la chambre de l'hôte et la cuisine, étaient en quelque sorte isolées du reste de l'auberge. Il y avait dans la cour deux gros chiens, dont les aboiements graves annonçaient des gardiens vigilants et très-irritables. — Quel silence et quelle belle nuit! dit Wilhem en regardant le ciel, lorsque l'hôte eut fini de fermer la porte. Alors le clapotis des flots était le seul bruit qui se fît entendre. — Messieurs, dit le négociant aux deux Français, permettez-moi de vous offrir quelques bouteilles de vin pour arroser votre carpe. Nous nous délasserons de la fatigue de la journée en buvant. A votre air et à l'état de vos vêtements, je vois que, comme moi, vous avez bien fait du chemin aujourd'hui. Les deux amis acceptèrent, et l'hôte sortit par la porte de la cuisine pour aller à sa cave, sans doute située sous cette partie du bâtiment. Lorsque cinq vénérables bouteilles, apportées par l'aubergiste, furent sur la table, sa femme achevait de servir le repas. Elle donna à la salle et aux mets son coup d'œil de maîtresse de maison; puis, certaine d'avoir prévenu toutes les exigences des voyageurs, elle rentra dans la cuisine. Les quatre convives, car l'hôte fut invité à boire, ne l'entendirent pas se coucher; mais, plus tard, pendant les intervalles de silence qui séparèrent les causeries des buveurs, quelques ronflements très-accentués, rendus encore plus sonores par les planches creuses de la soupente où elle s'était nichée, firent sourire les amis, et surtout l'hôte. Vers minuit, lorsqu'il n'y eut plus sur la table que des biscuits, du fromage, des fruits secs et du bon vin, les convives, principalement les deux jeunes Français, devinrent communicatifs. Ils parlèrent de leur pays, de leurs études, de la guerre. Enfin, la conversation s'anima. Prosper Magnan fit venir quelques larmes dans les yeux du négociant fugitif, quand, avec cette franchise picarde et la naïveté d'une nature bonne et tendre, il supposa ce que devait faire sa mère au moment où il se trouvait, lui, sur les bords du Rhin.
— Je la vois, disait-il, lisant sa prière du soir avant de se coucher! Elle ne m'oublie certes pas, et doit se demander: — Où est-il, mon pauvre Prosper? Mais si elle a gagné au jeu quelques sous à sa voisine, — à ta mère, peut-être, ajouta-t-il en poussant le

coude de Wilhem, elle va les mettre dans le grand pot de terre rouge où elle amasse la somme nécessaire à l'acquisition des trente arpents enclavés dans son petit domaine de Lescheville. Ces trente arpents valent bien environ soixante mille francs. Voilà de bonnes prairies. Ah! si je les avais un jour, je vivrais toute ma vie à Lescheville, sans ambition! Combien de fois mon père a-t-il désiré ces trente arpents et le joli ruisseau qui serpente dans ces prés-là! Enfin, il est mort sans pouvoir les acheter. J'y ai bien souvent joué! — Monsieur Walhenfer, n'avez-vous pas aussi votre *hoc erat in votis?* demanda Wilhem. — Oui, monsieur, oui! mais il était tout venu, et, maintenant... Le bonhomme garda le silence, sans achever sa phrase. — Moi, dit l'hôte dont le visage s'était légèrement empourpré, j'ai, l'année dernière, acheté un clos que je désirais avoir depuis dix ans. Ils causèrent ainsi en gens dont la langue était déliée par le vin, et prirent les uns pour les autres cette amitié passagère de laquelle nous sommes peu avares en voyage, en sorte qu'au moment où ils allèrent se coucher, Wilhem offrit son lit au négociant. — Vous pouvez d'autant mieux l'accepter, lui dit-il, que je puis coucher avec Prosper. Ce ne sera, certes, ni la première ni la dernière fois. Vous êtes notre doyen, nous devons honorer la vieillesse! — Bah! dit l'hôte, le lit de ma femme a plusieurs matelas, vous en mettrez un par terre. Et il alla fermer la croisée, en faisant le bruit que comportait cette prudente opération. — J'accepte, dit le négociant. J'avoue, ajouta-t-il en baissant la voix et regardant les deux amis, que je le désirais. Mes bateliers me semblent suspects. Pour cette nuit, je ne suis pas fâché d'être en compagnie de deux braves et bons jeunes gens, de deux militaires français! J'ai cent mille francs en or et en diamants dans ma valise! L'affectueuse réserve avec laquelle cette imprudente confidence fut reçue par les deux jeunes gens rassura le bon Allemand. L'hôte aida ses voyageurs à défaire un des lits. Puis, quand tout fut arrangé pour le mieux, il leur souhaita le bonsoir et alla se coucher. Le négociant et les deux sous-aides plaisantèrent sur la nature de leurs oreillers. Prosper mettait sa trousse d'instruments et celle de Wilhem sous son matelas, afin de l'exhausser et de remplacer le traversin qui lui manquait, au moment où, par un excès de prudence, Walhenfer plaçait sa valise sous son chevet.

— Nous dormirons tous deux sur notre fortune : vous, sur votre or; moi sur ma trousse! Reste à savoir si mes instruments me vaudront autant d'or que vous en avez acquis. — Vous pouvez l'espérer, dit le négociant. Le travail et la probité viennent à bout de tout, mais ayez de la patience. Bientôt Walhenfer et Wilhem s'endormirent. Soit que son lit fût trop dur, soit que son extrême fatigue fût une cause d'insomnie, soit par une fatale disposition d'âme, Prosper Magnan resta éveillé. Ses pensées prirent insensiblement une mauvaise pente. Il songea très-exclusivement aux cent mille francs sur lesquels dormait le négociant. Pour lui, cent mille francs étaient une immense fortune toute venue. Il commença par les employer de mille manières différentes, en faisant des châteaux en Espagne, comme nous en faisons tous avec tant de bonheur pendant le moment qui précède notre sommeil, à cette heure où les images naissent confuses dans notre entendement, et où souvent, par le silence de la nuit, la pensée acquiert une puissance magique. Il comblait les vœux de sa mère, il achetait les trente arpents de prairie, il épousait une demoiselle de Beauvais à laquelle la disproportion de leurs fortunes lui défendait d'aspirer en ce moment. Il s'arrangeait avec cette somme toute une vie de délices et se voyait heureux, père de famille, riche, considéré dans sa province, et peut-être maire de Beauvais. Sa tête picarde s'enflammant, il chercha les moyens de changer ses fictions en réalités. Il mit une chaleur extraordinaire à combiner un crime en théorie. Tout en rêvant la mort du négociant, il voyait distinctement l'or et les diamants. Il en avait les yeux éblouis. Son cœur palpitait. La délibération était déjà sans doute un crime. Fasciné par cette masse d'or, il s'enivra moralement par des raisonnements assassins. Il se demanda si ce pauvre Allemand avait bien besoin de vivre, et supposa qu'il n'avait jamais existé. Bref, il conçut le crime de manière à en assurer l'impunité. L'autre rive du Rhin était occupée par les Autrichiens ; il y avait au bas des fenêtres une barque et des bateliers ; il pouvait couper le cou de cet homme, le jeter dans le Rhin, se sauver par la croisée avec la valise, offrir de l'or aux mariniers, et passer en Autriche. Il alla jusqu'à calculer le degré d'adresse qu'il avait su acquérir en se servant de ses instruments de chirurgie, afin de trancher la tête de sa victime de manière à ce qu'elle ne poussât pas un seul cri...

Là monsieur Taillefer s'essuya le front et but encore un peu d'eau.

— Prosper se leva lentement et sans faire aucun bruit. Certain de n'avoir réveillé personne, il s'habilla, se rendit dans la salle commune ; puis, avec cette fatale intelligence que l'homme trouve soudainement en lui, avec cette puissance de tact et de volonté qui ne manque jamais ni aux prisonniers ni aux criminels dans l'accomplissement de leurs projets, il dévissa les barres de fer, les sortit de leurs trous sans faire le plus léger bruit, les plaça près du mur, et ouvrit les volets en pesant sur les gonds afin d'en assourdir les grincements. La lune ayant jeté sa pâle clarté sur cette scène, lui permit de voir faiblement les objets dans la chambre où dormaient Wilhem et Walhenfer. Là, il m'a dit s'être un moment arrêté. Les palpitations de son cœur étaient si fortes, si profondes, si sonores, qu'il en avait été comme épouvanté. Puis il craignait de ne pouvoir agir avec sang-froid ; ses mains tremblaient, et la plante de ses pieds lui paraissait appuyée sur des charbons ardents. Mais l'exécution de son dessein était accompagnée de tant de bonheur, qu'il vit une espèce de prédestination dans cette faveur du sort. Il ouvrit la fenêtre, revint dans la chambre, prit sa trousse, y chercha l'instrument le plus convenable pour achever son crime. — Quand j'arrivai près du lit, me dit-il, je me recommandai machinalement à Dieu. Au moment où il levait le bras en rassemblant toute sa force, il entendit en lui comme une voix, et crut apercevoir une lumière. Il jeta l'instrument sur son lit, se sauva dans l'autre pièce, et vint se placer à la fenêtre. Là, il conçut la plus profonde horreur pour lui-même ; et sentant néanmoins sa vertu faible, craignant encore de succomber à la fascination à laquelle il était en proie, il sauta vivement sur le chemin et se promena le long du Rhin, en faisant pour ainsi dire sentinelle devant l'auberge. Souvent il atteignait Andernach dans sa promenade précipitée ; souvent aussi ses pas le conduisaient au versant par lequel il était descendu pour arriver à l'auberge ; mais le silence de la nuit était si profond, il se fiait si bien sur les chiens de garde, que, parfois, il perdit de vue la fenêtre qu'il avait laissée ouverte. Son but était de se lasser et d'appeler le sommeil. Cependant en marchant ainsi sous un ciel sans nuages, en en admirant les belles étoiles, frappé peut-être aussi par l'air pur de la nuit et par le bruissement mélancolique des flots, il tomba dans une rêverie qui le ramena par degrés à de saines idées de morale. La raison finit par dissiper complètement sa frénésie momentanée. Les enseignements de son éducation, les préceptes religieux, et surtout, m'a-t-il dit, les images de la vie modeste qu'il avait jusqu'alors menée sous le toit paternel, triomphèrent de ses mauvaises pensées. Quand il revint, après une longue méditation au charme de laquelle il s'était abandonné sur le bord du Rhin, en restant accoudé sur une grosse pierre, il aurait pu, m'a-t-il dit, non pas dormir, mais veiller près d'un milliard en or. Au moment où sa probité se releva fière et forte de ce combat, il se mit à genoux dans un sentiment d'extase et de bonheur, remercia Dieu, se trouva heureux, léger, content, comme au jour de sa première communion, où il s'était cru digne des anges, parce qu'il avait passé la journée sans pécher ni en paroles, ni en actions, ni en pensée. Il revint à l'auberge, ferma la fenêtre sans craindre de faire du bruit, et se mit au lit sur-le-champ. Sa lassitude morale et physique le livra sans défense au sommeil. Peu de temps après avoir posé sa tête sur son matelas, il tomba dans cette somnolence première et fantastique qui précède toujours un profond sommeil. Alors les sens s'engourdissent, et la vie s'abolit graduellement; les pensées sont incomplètes, et les derniers tressaillements de nos sens simulent une sorte de rêverie. — Comme l'air est lourd, se dit Prosper. Il me semble que je respire une vapeur humide. Il s'expliqua vaguement cet effet de l'atmosphère par la différence qui devait exister entre la température de la chambre et l'air pur de la campagne. Mais il entendit bientôt un bruit périodique assez semblable à celui que font les gouttes d'eau d'une fontaine en tombant du robinet. Obéissant à une terreur panique, il voulut se lever et appeler l'hôte, réveiller le négociant ou Wilhem; mais il se souvint alors, pour son malheur, de l'horloge de bois; et croyant reconnaître le mouvement du balancier, il s'endormit dans cette indistincte et confuse perception. . . . .

— Voulez-vous de l'eau, monsieur Taillefer? dit le maître de la maison, en voyant le banquier prendre machinalement la carafe.

Elle étai vide.

Monsieur Hermann continua son récit, après la légère pause occasionnée par l'observation du banquier.

Le lendemain matin, dit-il, Prosper Magnan fut réveillé par un grand bruit. Il lui semblait avoir entendu des cris perçants, et il ressentait ce violent tressaillement de nerfs que nous subissons lorsque nous achevons, au réveil, une sensation pénible commencée pendant notre sommeil. Il s'accomplit en nous un fait physiologique, un sursaut, pour me servir de l'expression vulgaire, qui n'a pas encore été suffisamment observé, quoiqu'il contienne des phénomènes curieux pour la science. Cette terrible angoisse, produite peut-être par une réunion trop subite de nos deux natures, presque toujours séparées pendant le sommeil, est ordinairement rapide ; mais elle persista chez le pauvre sous-aide, s'accrut même tout à coup, et lui causa la plus affreuse horripilation, quand il aperçut une mare de sang entre son matelas et le lit de Walhenfer. La tête du pauvre Allemand gisait à terre, le corps était resté dans le lit. Tout le sang avait jailli par le cou. En voyant les yeux encore ouverts et fixes, en voyant le sang qui avait taché ses draps et même ses mains, en reconnaissant son instrument de chirurgie sur le lit, Prosper Magnan s'évanouit, et tomba dans le sang de Walhenfer. — C'était déjà, m'a-t-il dit, une punition de mes pensées. Quand il reprit connaissance, il se trouva dans la salle commune. Il était assis sur une chaise, environné de soldats français et devant une foule attentive et curieuse. Il regarda stupidement un officier républicain occupé à recueillir les dépositions de quelques témoins, et à rédiger sans doute un procès-verbal. Il reconnut l'hôte, sa femme, les deux mariniers et la servante de l'auberge. L'instrument de chirurgie dont s'était servi l'assassin...

Ici monsieur Taillefer toussa, tira son mouchoir de poche pour se moucher, et s'essuya le front. Ces mouvements assez naturels ne furent remarqués que par moi ; tous les convives avaient les yeux attachés sur monsieur Hermann, et l'écoutaient avec une sorte d'avidité. Le fournisseur appuya son coude sur la table, mit sa tête dans sa main droite, et regarda fixement Hermann. Dès lors il ne laissa plus échapper aucune marque d'émotion ni d'intérêt ; mais sa physionomie resta pensive et terreuse, comme au moment où il avait joué avec le bouchon de la carafe.

— L'instrument de chirurgie dont s'était servi l'assassin se trouvait sur la table avec la trousse, le portefeuille et les papiers de Prosper. Les regards de l'assemblée se dirigeaient alternativement sur ces pièces de conviction et sur le jeune homme, qui paraissait mourant, et dont les yeux éteints semblaient ne rien voir. La rumeur confuse qui se faisait entendre au dehors accusait la présence de la foule attirée devant l'auberge par la nouvelle du crime, et peut-être aussi par le désir de connaître l'assassin. Le pas des sentinelles placées sous les fenêtres de la salle, le bruit de leurs fusils dominaient le murmure des conversations populaires ; mais l'auberge était fermée, la cour était vide et silencieuse. Incapable de soutenir le regard de l'officier qui verbalisait, Prosper Magnan se sentit la main pressée par un homme, et leva les yeux pour voir quel était son protecteur parmi cette foule ennemie. Il reconnut, à l'uniforme, le chirurgien-major de la demi-brigade cantonnée à Andernach. Le regard de cet homme était si perçant, si sévère, que le pauvre jeune homme en frissonna, et laissa aller sa tête sur le dos de la chaise. Un soldat lui fit respirer du vinaigre, et il reprit aussitôt connaissance. Cependant, ses yeux hagards parurent tellement privés de vie et d'intelligence, que le chirurgien dit à l'officier, après avoir tâté le pouls de Prosper : — Capitaine, il est impossible d'interroger cet homme-là dans ce moment-ci. — Eh ! bien, emmenez-le, répondit le capitaine en interrompant le chirurgien et en s'adressant à un caporal qui se trouvait derrière le sous-aide. — Sacré lâche, lui dit à voix basse le soldat, tâche au moins de marcher ferme devant ces mâtins d'Allemands, afin de sauver l'honneur de la République. Cette interpellation réveilla Prosper Magnan, qui se leva, fit quelques pas ; mais lorsque la porte s'ouvrit, qu'il se sentit frappé par l'air extérieur, et qu'il vit entrer la foule, ses forces l'abandonnèrent, ses genoux fléchirent, il chancela. — Ce tonnerre de carabin-là mérite deux fois la mort ! Marche donc ! dirent les deux soldats qui lui prêtaient le secours de leurs bras afin de le soutenir. — Oh ! le lâche ! le lâche ! C'est lui ! c'est lui ! le voilà ! le voilà ! Ces mots lui semblaient dits par une seule voix, la voix tumultueuse de la foule qui l'accompagnait en l'injuriant, et grossissait à chaque pas. Pendant le trajet de l'auberge à la prison, le tapage que le peuple et les soldats faisaient en marchant, le murmure des différents colloques, la vue du ciel et la fraîcheur de l'air, l'aspect d'Andernach et le frissonnement des eaux du Rhin, ces impressions arrivaient à l'âme du sous-aide, vagues, confuses, ternes comme toutes les sensations qu'il avait éprouvées depuis son réveil. Par moments il croyait, m'a-t-il dit, ne plus exister.

— J'étais alors en prison, dit monsieur Hermann en s'interrompant. Enthousiaste comme nous le sommes tous à vingt ans, j'avais voulu défendre mon pays, et commandais une compagnie franche que j'avais organisée aux environs d'Andernach. Quelques jours auparavant j'étais tombé pendant la nuit au milieu d'un détachement français composé de huit cents hommes. Nous étions tout au plus deux cents. Mes espions m'avaient vendu. Je fus jeté dans la prison d'Andernach. Il s'agissait alors de me fusiller, pour faire un exemple qui intimidât le pays. Les Français parlaient aussi de représailles, mais le meurtre dont les républicains voulaient tirer vengeance sur moi ne s'était pas commis dans l'Électorat. Mon père avait obtenu un sursis de trois jours, afin de pouvoir aller demander ma grâce au général Augereau, qui la lui accorda. Je vis donc Prosper Magnan au moment où il entra dans la prison d'Andernach, et il m'inspira la plus profonde pitié. Quoiqu'il fût pâle, défait, taché de sang, sa physionomie avait un caractère de candeur et d'innocence qui me frappa vivement. Pour moi, l'Allemagne respirait dans ses longs cheveux blonds, dans ses yeux bleus. Véritable image de mon pays défaillant, il m'apparut comme une victime et non comme un meurtrier. Au moment où il passa sous ma fenêtre, il jeta, je ne sais où, le sourire amer et mélancolique d'un aliéné qui retrouve une fugitive lueur de raison. Ce sourire n'était certes pas celui d'un assassin. Quand je vis le geôlier, je le questionnai sur son nouveau prisonnier. — Il n'a pas parlé depuis qu'il est dans son cachot. Il s'est assis, a mis sa tête entre ses mains, et dort ou réfléchit à son affaire. A entendre les Français, il aura son compte demain matin, et sera fusillé dans les vingt-quatre heures. Je demeurai le soir sous la fenêtre du prisonnier, pendant le court instant qui m'était accordé pour faire une promenade dans la cour de la prison. Nous causâmes ensemble, et il me raconta naïvement son aventure, en répondant avec assez de justesse à mes différentes questions. Après cette première conversation, je ne doutai plus de son innocence. Je demandai, j'obtins la faveur de rester quelques heures près de lui. Je le vis donc à plusieurs reprises, et le pauvre enfant m'initia sans détour à toutes ses pensées. Il se croyait à la fois innocent et coupable. Se souvenant de l'horrible tentation à laquelle il avait eu la force de résister, il craignait d'avoir accompli, pendant son sommeil et dans un accès de somnambulisme, le crime qu'il rêvait, éveillé. — Mais votre compagnon? lui dis-je. — Oh! s'écria-t-il avec feu, Wilhem est incapable... Il n'acheva même pas. A cette parole chaleureuse, pleine de jeunesse et de vertu, je lui serrai la main. — A son réveil, reprit-il, il aura sans doute été épouvanté, il aura perdu la tête, il se sera sauvé. — Sans vous éveiller, lui dis-je. Mais alors votre défense sera facile, car la valise de Walhenfer n'aura pas été volée. Tout à coup il fondit en larmes. — Oh! oui, je suis innocent, s'écria-t-il. Je n'ai pas tué. Je me souviens de mes songes. Je jouais aux barres avec mes camarades de collége. Je n'ai pas dû couper la tête de ce négociant, en rêvant que je courais. Puis, malgré les lueurs d'espoir qui parfois lui rendirent un peu de calme, il se sentait toujours écrasé par un remords. Il avait bien certainement levé le bras pour trancher la tête du négociant. Il se faisait justice, et ne se trouvait pas le cœur pur, après avoir commis le crime dans sa pensée. — Et cependant! je suis bon! s'écriait-il. O ma pauvre mère! Peut-être en ce moment joue-t-elle gaiement à l'impériale avec ses voisines dans son petit salon de tapisserie. Si elle savait que j'ai seulement levé la main pour assassiner un homme... oh! elle mourrait! Et je suis en prison, accusé d'avoir commis un crime. Si je n'ai pas tué cet homme, je tuerai certainement ma mère! A ces mots il ne pleura pas; mais, animé de cette fureur courte et vive assez familière aux Picards, il s'élança vers la muraille, et, si je ne l'avais retenu, il s'y serait brisé la tête. — Attendez votre jugement, lui dis-je. Vous serez acquitté, vous êtes innocent. Et votre mère... — Ma mère, s'écria-t-il avec fureur, elle apprendra mon accusation avant tout. Dans les petites villes, cela se fait ainsi, la pauvre femme en mourra de chagrin. D'ailleurs, je ne suis pas innocent. Voulez-vous savoir toute la vérité? Je sens que j'ai perdu la virginité de ma conscience. Après ce terrible mot, il s'assit, se croisa les bras sur la poitrine, inclina la tête, et regarda la terre d'un air sombre. En ce moment, le porte-clefs vint me prier de rentrer dans ma chambre; mais, fâché d'abandonner mon compagnon en un instant où son découragement me paraissait si profond, je le serrai dans mes bras avec amitié. — Prenez patience, lui dis-je, tout ira bien, peut-être. Si la voix d'un honnête homme peut faire taire vos doutes, apprenez que je vous estime et vous aime. Acceptez mon amitié, et dormez sur mon cœur, si vous n'êtes pas en paix avec le vôtre. Le lendemain, un caporal et quatre fusiliers vinrent chercher le sous-aide vers neuf heures. En entendant le bruit que firent les soldats, je me mis à ma fenêtre. Lorsque le jeune homme traversa la cour, il jeta les yeux sur moi. Jamais je n'oublierai ce regard plein de pensées, de pressentiments, de résignation, et de je ne sais quelle grâce triste et mélancolique. Ce fut un espèce de testament silencieux et in-

telligible par lequel un ami léguait sa vie perdue à son dernier
ami. La nuit avait sans doute été bien dure, bien solitaire pour
lui; mais aussi peut-être la pâleur empreinte sur son visage accusait-elle un stoïcisme puisé dans une nouvelle estime de lui-
même. Peut-être s'était-il purifié par un remords, et croyait-il laver sa faute dans sa douleur et dans sa honte. Il marchait d'un pas
ferme; et, dès le matin, il avait fait disparaître les taches de sang
dont il s'était involontairement souillé. — Mes mains y ont fatalement trempé pendant que je dormais, car mon sommeil est toujours très-agité, m'avait-il dit la veille, avec un horrible accent de
désespoir. J'appris qu'il allait comparaître devant un conseil de
guerre. La division devait, le surlendemain, se porter en avant,
et le chef de demi-brigade ne voulait pas quitter Andernach sans
faire justice du crime sur les lieux mêmes où il avait été commis...
Je restai dans une mortelle angoisse pendant le temps que dura ce
conseil. Enfin, vers midi, Prosper Magnan fut ramené en prison.
Je faisais en ce moment ma promenade accoutumée; il m'aperçut,
et vint se jeter dans mes bras. — Perdu, me dit-il. Je suis perdu
sans espoir! Ici, pour tout le monde, je serai donc un assassin. Il
releva la tête avec fierté. — Cette injustice m'a rendu tout entier à
mon innocence. Ma vie aurait toujours été troublée, ma mort sera
sans reproche. Mais, y a-t-il un avenir? Tout le dix-huitième siècle
était dans cette interrogation soudaine. Il resta pensif. — Enfin,
lui dis-je, comment avez-vous répondu? que vous a-t-on demandé?
n'avez-vous pas dit naïvement le fait comme vous me l'avez raconté!
Il me regarda fixement pendant un moment; puis, après cette
pause effrayante, il me répondit avec une fiévreuse vivacité de paroles : — Ils m'ont demandé d'abord : « — Êtes-vous sorti de l'auberge pendant la nuit? » J'ai dit : — Oui. — « Par où? » J'ai rougi,
et j'ai répondu : — Par la fenêtre. — « Vous l'aviez donc ouverte? »
— Oui! ai-je dit. « Vous y avez mis bien de la précaution. L'aubergiste n'a rien entendu! » Je suis resté stupéfait. Les mariniers
ont déclaré m'avoir vu me promenant, allant tantôt à Andernach,
tantôt vers la forêt. — J'ai fait, disent-ils, plusieurs voyages. J'ai
enterré l'or et les diamants. Enfin, la valise ne s'est pas retrouvée!
Puis j'étais toujours en guerre avec mes remords. Quand je voulais parler : » Tu as voulu commettre le crime! » me criait une
voix impitoyable. Tout était contre moi, même moi!... Ils m'ont
questionné sur mon camarade, et je l'ai complètement défendu.

Alors ils m'ont dit : « — Nous devons trouver un coupable entre vous, votre camarade, l'aubergiste et sa femme? Ce matin, toutes les fenêtres et les portes se sont trouvées fermées! » — A cette observation, reprit-il, je suis resté sans voix, sans force, sans âme. Plus sûr de mon ami que de moi-même, je ne pouvais l'accuser. J'ai compris que nous étions regardés tous deux comme également complices de l'assassinat, et que je passais pour le plus maladroit! J'ai voulu expliquer le crime par le somnambulisme, et justifier mon ami; alors j'ai divagué. Je suis perdu. J'ai lu ma condamnation dans les yeux de mes juges. Ils ont laissé échapper des sourires d'incrédulité. Tout est dit. Plus d'incertitude. Demain je serai fusillé. — Je ne pense plus à moi, reprit-il, mais à ma pauvre mère! Il s'arrêta, regarda le ciel, et ne versa pas de larmes. Ses yeux étaient secs et fortement convulsés. — Frédéric! — Ah! l'autre se nommait Frédéric, Frédéric! Oui, c'est bien là le nom! s'écria monsieur Hermann d'un air de triomphe.

Ma voisine me poussa le pied, et me fit un signe en me montrant monsieur Taillefer. L'ancien fournisseur avait négligemment laissé tomber sa main sur ses yeux; mais, entre les intervalles de ses doigts, nous crûmes voir une flamme sombre dans son regard.

— Hein? me dit-elle à l'oreille. S'il se nommait Frédéric.

Je répondis en la guignant de l'œil comme pour lui dire : « Silence! »

Hermann reprit ainsi : — Frédéric, s'écria le sous-aide, Frédéric m'a lâchement abandonné. Il aura eu peur. Peut-être se sera-t-il caché dans l'auberge, car nos deux chevaux étaient encore le matin dans la cour. — Quel incompréhensible mystère, ajouta-t-il après un moment de silence. Le somnambulisme, le somnambulisme! Je n'en ai eu qu'un seul accès dans ma vie, et encore à l'âge de six ans. — M'en irai-je d'ici, reprit-il, frappant du pied sur la terre, en emportant tout ce qu'il y a d'amitié dans le monde? Mourrai-je donc deux fois en doutant d'une fraternité commencée à l'âge de cinq ans, et continuée au collége, aux écoles! Où est Frédéric? Il pleura. Nous tenons donc plus à un sentiment qu'à la vie. — Rentrons, me dit-il, je préfère être dans mon cachot. Je ne voudrais pas qu'on me vît pleurant. J'irai courageusement à la mort, mais je ne sais pas faire de l'héroïsme à contre-temps, et j'avoue que je regrette ma jeune et belle vie. Pendant cette nuit je n'ai pas dormi; je me suis rappelé les scènes de mon enfance, et me suis vu courant dans ces prairies dont le souvenir a peut-être causé ma perte. — J'avais de l'avenir, me dit-il en s'interrompant. Douze hommes; un sous-lieutenant qui criera : — Portez armes, en joue, feu! un roulement de tambours; et l'infamie! voilà mon avenir maintenant. Oh! il y a un Dieu, ou tout cela serait par trop niais. Alors il me prit et me serra dans ses bras en m'étreignant avec force. — Ah! vous êtes le dernier homme avec lequel j'aurai pu épancher mon âme. Vous serez libre, vous! vous verrez votre mère! Je ne sais si vous êtes riche ou pauvre, mais qu'importe! vous êtes le monde entier pour moi. Ils ne se battront pas toujours, ceux-ci. Eh! bien, quand ils seront en paix, allez à Beauvais. Si ma mère survit à la fatale nouvelle de ma mort, vous l'y trouverez. Dites-lui ces consolantes paroles : — Il était innocent! — Elle vous croira, reprit-il. Je vais lui écrire; mais vous lui porterez mon dernier regard, vous lui direz que vous êtes le dernier homme que j'aurai embrassé. Ah! combien elle vous aimera, la pauvre femme! vous qui aurez été mon dernier ami. — Ici, dit-il après un moment de silence pendant lequel il resta comme accablé sous le poids de ses souvenirs, chefs et soldats me sont inconnus, et je leur fais horreur à tous. Sans vous, mon innocence serait un secret entre le ciel et moi. Je lui jurai d'accomplir saintement ses dernières volontés. Mes paroles, mon effusion de cœur le touchèrent. Peu de temps après, les soldats revinrent le chercher et le ramenèrent au conseil de guerre. Il était condamné. J'ignore les formalités qui devaient suivre ou accompagner ce premier jugement, je ne sais pas si le jeune chirurgien défendit sa vie dans toutes les règles; mais il s'attendait à marcher au supplice le lendemain matin, et passa la nuit à écrire à sa mère. — Nous serons libres tous deux, me dit-il en souriant, quand je l'allai voir le lendemain; j'ai appris que le général a signé votre grâce. Je restai silencieux, et le regardai pour bien graver ses traits dans ma mémoire. Alors il prit une expression de dégoût, et me dit : — J'ai été tristement lâche! J'ai, pendant toute la nuit, demandé ma grâce à ces murailles. Et il me montrait le murs de son cachot. — Oui, oui, reprit-il, j'ai hurlé de désespoir, je me suis révolté, j'ai subi la plus terrible des agonies morales. — J'étais seul! Maintenant, je pense à ce que vont dire les autres... Le courage est un costume à prendre. Je dois aller décemment à la mort... Aussi...

LES DEUX JUSTICES.

— Oh ! n'achevez pas ! s'écria la jeune personne qui avait demandé cette histoire, et qui interrompit alors brusquement le Nurembergeois. Je veux demeurer dans l'incertitude et croire qu'il a été sauvé. Si j'apprenais aujourd'hui qu'il a été fusillé, je ne dormirais pas cette nuit. Demain vous me direz le reste.

Nous nous levâmes de table. En acceptant le bras de monsieur Hermann, ma voisine lui dit : — Il a été fusillé, n'est-ce pas ?

— Oui. Je fus témoin de l'exécution.

— Comment, monsieur, dit-elle, vous avez pu...

— Il l'avait désiré, madame. Il y a quelque chose de bien affreux à suivre le convoi d'un homme vivant, d'un homme que l'on aime, d'un innocent ! Ce pauvre jeune homme ne cessa pas de me regarder. Il semblait ne plus vivre qu'en moi ! Il voulait, disait-il, que je reportasse son dernier soupir à sa mère.

— Eh ! bien, l'avez-vous vue ?

— A la paix d'Amiens, je vins en France pour apporter à la mère cette belle parole : — Il était innocent. J'avais religieusement entrepris ce pèlerinage. Mais madame Magnan était morte de consomption. Ce ne fut pas sans une émotion profonde que je brûlai la lettre dont j'étais porteur. Vous vous moquerez peut-être de mon exaltation germanique, mais je vis un drame de mélancolie sublime dans le secret éternel qui allait ensevelir ces adieux jetés entre deux tombes, ignorés de toute la création, comme un cri poussé au milieu du désert par le voyageur que surprend un lion.

— Et si l'on vous mettait face à face avec un des hommes qui sont dans ce salon, en vous disant : — Voilà le meurtrier ! ne serait-ce pas un autre drame ? lui demandai-je en l'interrompant. Et que feriez-vous ?

Monsieur Hermann alla prendre son chapeau et sortit.

— Vous agissez en jeune homme, et bien légèrement, me dit ma voisine. Regardez Taillefer ! tenez ! assis dans la bergère, là, au coin de la cheminée, mademoiselle Fanny lui présente une tasse de café. Il sourit. Un assassin, que le récit de cette aventure aurait dû mettre au supplice, pourrait-il montrer tant de calme ? N'a-t-il pas un air vraiment patriarcal ?

— Oui, mais allez lui demander s'il a fait la guerre en Allemagne, m'écriai-je.

— Pourquoi non ?

Et avec cette audace dont les femmes manquent rarement, lorsqu'une entreprise leur sourit, ou que leur esprit est dominé par la curiosité, ma voisine s'avança vers le fournisseur.

— Vous êtes allé en Allemagne? lui dit-elle.

Taillefer faillit laisser tomber sa soucoupe.

— Moi ! madame? non, jamais.

— Que dis-tu donc là, Taillefer ! répliqua le banquier en l'interrompant, n'étais-tu pas dans les vivres, à la campagne de Wagram ?

— Ah, oui ! répondit monsieur Taillefer, cette fois-là, j'y suis allé.

— Vous vous trompez, c'est un bon homme, me dit ma voisine en revenant près de moi.

— Hé! bien, m'écriai-je, avant la fin de la soirée je chasserai le meurtrier hors de la fange où il se cache.

Il se passe tous les jours sous nos yeux un phénomène moral d'une profondeur étonnante, et cependant trop simple pour être remarqué. Si dans un salon deux hommes se rencontrent, dont l'un ait le droit de mépriser ou de haïr l'autre, soit par la connaissance d'un fait intime et latent dont il est entaché, soit par un état secret, ou même par une vengeance à venir, ces deux hommes se devinent et pressentent l'abîme qui les sépare ou doit les séparer. Ils s'observent à leur insu, se préoccupent d'eux-mêmes; leurs regards, leurs gestes, laissent transpirer une indéfinissable émanation de leur pensée, il y a un aimant entre eux. Je ne sais qui s'attire le plus fortement, de la vengeance ou du crime, de la haine ou de l'insulte. Semblables au prêtre qui ne pouvait consacrer l'hostie en présence du malin esprit, ils sont tous deux gênés, défiants : l'un est poli, l'autre sombre, je ne sais lequel; l'un rougit ou pâlit, l'autre tremble. Souvent le vengeur est aussi lâche que la victime. Peu de gens ont le courage de produire un mal, même nécessaire ; et bien des hommes se taisent ou pardonnent en haine du bruit, ou par peur d'un dénoûment tragique. Cette intussusception de nos âmes et de nos sentiments établissait une lutte mystérieuse entre le fournisseur et moi. Depuis la première interpellation que je lui avais faite pendant le récit de monsieur Hermann, il fuyait mes regards. Peut-être aussi évitait-il ceux de tous les convives ! Il causait avec l'inexpérimente Fanny, la fille du banquier ; éprouvant sans doute, comme tous les criminels, le besoin de se rapprocher de l'innocence, en espérant trouver du repos près d'elle. Mais, quoique loin de lui, je l'écoutais, et mon œil perçant fascinait le sien. Quand il croyait pouvoir m'épier impunément, nos regards se rencontraient, et ses paupières s'abaissaient aussitôt. Fatigué de ce supplice, Taillefer s'empressa de le faire cesser en se mettant à jouer. J'allai parier pour son adversaire, mais en désirant perdre mon argent. Ce souhait fut accompli. Je remplaçai le joueur sortant, et me trouvai face à face avec le meurtrier...

— Monsieur, lui dis-je pendant qu'il me donnait des cartes, auriez-vous la complaisance de *démarquer*?

Il fit passer assez précipitamment ses jetons de gauche à droite. Ma voisine était venue près de moi, je lui jetai un coup d'œil significatif.

— Seriez-vous, demandai-je en m'adressant au fournisseur, monsieur Frédéric Taillefer, de qui j'ai beaucoup connu la famille à Beauvais?

— Oui, monsieur, répondit-il.

Il laissa tomber ses cartes, pâlit, mit sa tête dans ses mains, pria l'un de ses parieurs de tenir son jeu, et se leva.

— Il fait trop chaud ici, s'écria-t-il. Je crains...

Il n'acheva pas. Sa figure exprima tout à coup d'horribles souffrances, et il sortit brusquement. Le maître de la maison accompagna Taillefer, en paraissant prendre un vif intérêt à sa position. Nous nous regardâmes, ma voisine et moi; mais je trouvai je ne sais quelle teinte d'amère tristesse répandue sur sa physionomie.

— Votre conduite est-elle bien miséricordieuse? me demanda-t-elle en m'emmenant dans une embrasure de fenêtre au moment où je quittai le jeu après avoir perdu. Voudriez-vous accepter le pouvoir de lire dans tous les cœurs? Pourquoi ne pas laisser agir la justice humaine et la justice divine? Si nous échappons à l'une, nous n'évitons jamais l'autre! Les priviléges d'un président d Cour d'assises sont-ils donc bien dignes d'envie! Vous avez presque fait l'office du bourreau.

— Après avoir partagé, stimulé ma curiosité, vous me faites de la morale!

— Vous m'avez fait réfléchir, me répondit-elle.

— Donc, paix aux scélérats, guerre aux malheureux, et déifions l'or! Mais laissons cela, ajoutai-je en riant. Regardez, je vous prie, la jeune personne qui entre en ce moment dans le salon.

— Eh! bien?

— Je l'ai vue il y a trois jours au bal de l'ambassadeur de Naples; j'en suis devenu passionnément amoureux. De grâce, dites-moi son nom. Personne n'a pu...

— C'est mademoiselle Victorine Taillefer!

J'eus un éblouissement.

— Sa belle-mère, me disait ma voisine, dont j'entendis à peine la voix, l'a retirée depuis peu du couvent où s'est tardivement achevée son éducation. Pendant longtemps son père a refusé de la reconnaître. Elle vient ici pour la première fois. Elle est bien belle et bien riche.

Ces paroles furent accompagnées d'un sourire sardonique. En ce moment, nous entendîmes des cris violents, mais étouffés. Ils semblaient sortir d'un appartement voisin et retentissaient faiblement dans les jardins.

— N'est-ce pas la voix de monsieur Taillefer? m'écriai-je.

Nous prêtâmes au bruit toute notre attention, et d'épouvantables gémissements parvinrent à nos oreilles. La femme du banquier accourut précipitamment vers nous, et ferma la fenêtre.

— Évitons les scènes, nous dit-elle. Si mademoiselle Taillefer entendait son père, elle pourrait bien avoir une attaque de nerfs!

Le banquier rentra dans le salon, y chercha Victorine, et lui dit un mot à voix basse. Aussitôt la jeune personne jeta un cri, s'élança vers la porte et disparut. Cet événement produisit une grande sensation. Les parties cessèrent. Chacun questionna son voisin. Le murmure des voix grossit, et des groupes se formèrent.

— M. Taillefer se serait-il... demandai-je.

— Tué, s'écria ma railleuse voisine. Vous en porteriez gaiement le deuil, je pense!

— Mais que lui est-il donc arrivé?

— Le pauvre bonhomme, répondit la maîtresse de la maison, est sujet à une maladie dont je n'ai pu retenir le nom, quoique monsieur Brousson me l'ait dit assez souvent, et il vient d'en avoir un accès.

— Quel est donc le genre de cette maladie? demanda soudain un juge d'instruction.

— Oh! c'est un terrible mal, monsieur, répondit-elle. Les médecins n'y connaissent pas de remède. Il paraît que les souffrances en sont atroces. Un jour, ce malheureux Taillefer ayant eu un accès pendant son séjour à ma terre, j'ai été obligée d'aller chez une de mes voisines pour ne pas l'entendre ; il pousse des cris terribles, il veut se tuer ; sa fille fut alors forcée de le faire attacher sur son lit, et de lui mettre la camisole des fous. Ce pauvre homme prétend avoir dans la tête des animaux qui lui rongent la cervelle : c'est des élancements, des coups de scie, des tiraillements horribles dans l'intérieur de chaque nerf. Il souffre tant à la tête qu'il ne sentait pas les moxas qu'on lui appliquait jadis pour essayer de le distraire ; mais monsieur Brousson, qu'il a pris pour médecin, les a défendus, en prétendant que c'était une affection nerveuse, une inflammation de nerfs, pour laquelle il fallait des sangsues au cou et de l'opium sur la tête ; et, en effet, les accès sont devenus plus rares, et n'ont plus paru que tous les ans, vers la fin de l'automne. Quand il est rétabli, Taillefer répète sans cesse qu'il aurait mieux aimé être roué que de ressentir de pareilles douleurs.

— Alors, il paraît qu'il souffre beaucoup, dit un agent de change, le bel esprit du salon.

— Oh ! reprit-elle, l'année dernière il a failli périr. Il était allé seul à sa terre, pour une affaire pressante ; faute de secours peut-être, il est resté vingt-deux heures étendu roide, et comme mort. Il n'a été sauvé que par un bain très-chaud.

— C'est donc une espèce de tétanos ? demanda l'agent de change.

— Je ne sais pas, reprit-elle. Voilà près de trente ans qu'il jouit de cette maladie gagnée aux armées ; il lui est entré, dit-il, un éclat de bois dans la tête en tombant dans un bateau ; mais Brousson espère le guérir. On prétend que les Anglais ont trouvé le moyen de traiter sans danger cette maladie-là par l'acide prussique.

En ce moment, un cri plus perçant que les autres retentit dans la maison et nous glaça d'horreur.

— Eh ! bien, voilà ce que j'entendais à tout moment, reprit la femme du banquier. Cela me faisait sauter sur ma chaise et m'agaçait les nerfs. Mais, chose extraordinaire ! ce pauvre Taillefer, tout en souffrant des douleurs inouïes, ne risque jamais de mourir. Il mange et boit comme à l'ordinaire pendant les moments de répit que lui laisse cet horrible supplice (la nature est bien bizarre !). Un médecin allemand lui a dit que c'était une espèce de goutte à la tête ; cela s'accorderait assez avec l'opinion de Brousson.

Je quittai le grouppe qui s'était formé autour de la maîtresse du logis, et sortis avec mademoiselle Taillefer, qu'un valet vint chercher...

— Oh! mon Dieu! mon Dieu! s'écria-t-elle en pleurant, qu'a donc fait mon père au ciel pour avoir mérité de souffrir ainsi?... un être si bon!

Je descendis l'escalier avec elle, et en l'aidant à monter dans la voiture, j'y vis son père courbé en deux. Mademoiselle Taillefer essayait d'étouffer les gémissements de son père en lui couvrant la bouche d'un mouchoir; malheureusement, il m'aperçut, sa figure parut se crisper encore davantage, un cri convulsif fendit les airs, il me jeta un regard horrible, et la voiture partit.

Ce dîner, cette soirée, exercèrent une cruelle influence sur ma vie et sur mes sentiments. J'aimai mademoiselle Taillefer, précisément peut-être parce que l'honneur et la délicatesse m'interdisaient de m'allier à un assassin, quelque bon père et bon époux qu'il pût être. Une incroyable fatalité m'entraînait à me faire présenter dans les maisons où je savais pouvoir rencontrer Victorine. Souvent, après m'être donné à moi-même ma parole d'honneur de renoncer à la voir, le soir même je me trouvais près d'elle. Mes plaisirs étaient immenses. Mon légitime amour, plein de remords chimériques, avait la couleur d'une passion criminelle. Je me méprisais de saluer Taillefer, quand par hasard il était avec sa fille; mais je le saluais! Enfin, par malheur, Victorine n'est pas seulement une jolie personne; de plus elle est instruite, remplie de talents, de grâces, sans la moindre pédanterie, sans la plus légère teinte de prétention. Elle cause avec réserve; et son caractère a des grâces mélancoliques auxquelles personnes ne sait résister; elle m'aime, ou du moins elle me le laisse croire; elle a un certain sourire qu'elle ne trouve que pour moi; et pour moi, sa voix s'adoucit encore. Oh! elle m'aime! mais elle adore son père, mais elle m'en vante la bonté, la douceur, les qualités exquises. Ces éloges sont autant de coups de poignard qu'elle me donne dans le cœur. Un jour, je me suis trouvé presque complice du crime sur lequel repose l'opulence de la famille Taillefer : j'ai voulu demander la main de Victorine. Alors j'ai fui, j'ai voyagé, je suis allé en Allemagne, à Andernach. Mais je suis revenu. J'ai retrouvé Victorine pâle, elle avait maigri! si je l'avais revue bien portante, gaie, j'étais sauvé Ma passion s'est rallumée avec une violence extraordinaire. Craignant que mes scrupules ne dégénérassent en monomanie, je résolus de convoquer un sanhédrin de consciences pures, afin de jeter quelque lumière sur ce problème de haute morale et de philosophie. La question s'était encore bien compliquée depuis mon retour. Avant-hier donc, j'ai réuni ceux de mes amis auxquels j'accorde le plus de probité, de délicatesse et d'honneur. J'avais invité deux Anglais, un secrétaire d'ambassade et un puritain ; un ancien ministre dans toute la maturité de la politique; des jeunes gens encore sous le charme de l'innocence; un prêtre, un vieillard ; puis mon ancien tuteur, homme naïf qui m'a rendu le plus beau compte de tutelle dont la mémoire soit restée au Palais ; un avocat, un notaire, un juge, enfin toutes les opinions sociales, toutes les vertus pratiques. Nous avons commencé par bien dîner, bien parler, bien crier ; puis, au dessert, j'ai raconté naïvement mon histoire, et demandé quelque bon avis en cachant le nom de ma prétendue.

— Conseillez-moi, mes amis, leur dis-je en terminant. Discutez longuement la question, comme s'il s'agissait d'un projet de loi. L'urne et les boules du billard vont vous être apportées, et vous voterez pour ou contre mon mariage, dans tout le secret voulu par un scrutin !

Un profond silence régna soudain. Le notaire se récusa.

— Il y a, dit-il, un contrat à faire.

Le vin avait réduit mon ancien tuteur au silence, et il fallait le mettre en tutelle pour qu'il ne lui arrivât aucun malheur en retournant chez lui.

— Je comprends! m'écriai-je. Ne pas donner son opinion, c'est me dire énergiquement ce que je dois faire.

Il y eut un mouvement dans l'assemblée.

Un propriétaire qui avait souscrit pour les enfants et la tombe du général Foy, s'écria :

— Ainsi que la vertu le crime a ses degrés !

— Bavard! me dit l'ancien ministre à voix basse en me poussant le coude.

— Où est la difficulté? demanda un duc dont la fortune consiste en biens confisqués à des protestants réfractaires lors de la révocation de l'édit de Nantes.

L'avocat se leva : — En droit, l'*espèce* qui nous est soumise ne constituerait pas la moindre difficulté. Monsieur le duc a raison ! s'écria l'organe de la loi. N'y a-t-il pas prescription ? Où en serions-nous tous s'il fallait rechercher l'origine des fortunes ! Ceci est une affaire de conscience. Si vous voulez absolument porter la cause devant un tribunal, allez à celui de la pénitence.

Le Code incarné se tut, s'assit et but un verre de vin de Champagne. L'homme chargé d'expliquer l'Évangile, le bon prêtre, se leva.

— Dieu nous a faits fragiles, dit-il avec fermeté. Si vous aimez l'héritière du crime, épousez-la, mais contentez-vous du bien matrimonial, et donnez aux pauvres celui du père.

— Mais, s'écria l'un de ces ergoteurs sans pitié qui se rencontrent si souvent dans le monde, le père n'a peut-être fait un beau mariage que parce qu'il s'était enrichi. Le moindre de ses bonheurs n'a-t-il donc pas toujours été un fruit du crime !

— La discussion est en elle-même une sentence ! Il est des choses sur lesquelles un homme ne délibère pas, s'écria mon ancien tuteur qui crut éclairer l'assemblée par une saillie d'ivresse.

— Oui ! dit le secrétaire d'ambassade.
— Oui ! s'écria le prêtre.

Ces deux hommes ne s'entendaient pas.

Un doctrinaire auquel il n'avait guère manqué que cent cinquante voix sur cent cinquante-cinq votants pour être élu, se leva.

— Messieurs, cet accident phénoménal de la nature intellectuelle est un de ceux qui sortent le plus vivement de l'état normal auquel est soumise la société, dit-il. Donc, la décision à prendre doit être un fait extemporané de notre conscience, un concept soudain, un jugement instructif, une nuance fugitive de notre appréhension intime assez semblable aux éclairs qui constituent le sentiment du goût. Votons.

— Votons ! s'écrièrent mes convives.

Je fis donner à chacun deux boules, l'une blanche, l'autre rouge. Le blanc, symbole de la virginité, devrait proscrire le mariage ; et la boule rouge, l'approuver. Je m'abstins de voter par délicatesse. Mes amis étaient dix-sept, le nombre neuf formait la majorité absolue. Chacun alla mettre sa boule dans le panier d'osier à col étroit où s'agitent les billes numérotées quand les joueurs tirent leurs places à la poule, et nous fûmes agités par une assez vive curiosité, car ce scrutin de morale épurée avait quelque chose d'original. Au dépouillement du scrutin, je trouvai neuf boules blanches ! Ce résultat ne me surprit pas ; mais je m'avisai de compter les jeunes gens de mon âge que j'avais mis parmi mes juges. Ces casuistes étaient au nombre de neuf, ils avaient tous eu la même pensée.

— Oh ! oh ! me dis-je, il y a unanimité secrète pour le mariage et unanimité pour me l'interdire ! Comment sortir d'embarras ?

— Où demeure le beau-père? demanda étourdiment un de mes camarades de collége, moins dissimulé que les autres.

— Il n'y a plus de beau-père, m'écriai-je. Jadis ma conscience parlait assez clairement pour rendre votre arrêt superflu. Et si aujourd'hui sa voix s'est affaiblie, voici les motifs de ma couardise. Je reçus, il y a deux mois, cette lettre séductrice.

Je leur montrai l'invitation suivante, que je tirai de mon portefeuille.

« VOUS ÊTES PRIÉ D'ASSISTER AUX CONVOI, SERVICE ET ENTERREMENT DE M. JEAN-FRÉDÉRIC TAILLEFER, DE LA MAISON TAILLEFER ET COMPAGNIE, ANCIEN FOURNISSEUR DES VIVRES-VIANDES, EN SON VIVANT CHEVALIER DE LA LÉGION D'HONNEUR ET DE L'ÉPERON D'OR, CAPITAINE DE LA PREMIÈRE COMPAGNIE DE GRENADIERS DE LA DEUXIÈME LÉGION DE LA GARDE NATIONALE DE PARIS, DÉCÉDÉ LE PREMIER MAI DANS SON HOTEL, RUE JOUBERT, ET QUI SE FERONT A... etc. »

« *De la part de... etc.* »

— Maintenant, que faire? repris-je. Je vais vous poser la question très-largement. Il y a bien certainement une mare de sang dans les terres de mademoiselle Taillefer, la succession de son père est un vaste *hacelma*. Je le sais. Mais Prosper Magnan n'a pas laissé d'héritiers ; mais il m'a été impossible de retrouver la famille du fabricant d'épingles assassiné à Andernach. A qui restituer la fortune ? Et doit-on restituer toute la fortune ? Ai-je le droit de trahir un secret surpris, d'augmenter d'une tête coupée la dot d'une innocente jeune fille, de lui faire faire de mauvais rêves, de lui ôter une belle illusion, de lui tuer son père une seconde fois, en lui disant : Tous vos écus sont tachés ? J'ai emprunté le *Dictionnaire des Cas de conscience* à un vieil ecclésiastique et n'y ai point trouvé de solution à mes doutes. Faire une fondation pieuse pour l'âme de Prosper Magnan, de Walhenfer, de Taillefer ? nous sommes en plein dix-neuvième siècle. Bâtir un hospice ou instituer un prix de vertu ? le prix de vertu sera donné à des fripons. Quant à la plupart de nos hôpitaux, ils me semblent devenus aujourd'hui les protecteurs du vice ! D'ailleurs ces placements plus ou moins profitables à la vanité constitueront-ils des réparations ? et les dois-je ? Puis j'aime, et j'aime avec passion. Mon amour est ma vie ! Si je propose sans motif à une jeune fille habituée au luxe, à l'élégance, à une vie fertile en jouissances d'arts, à une jeune fille qui aime à écouter paresseusement aux Bouffons la musique de Rossini, si donc je lui propose de se priver de quinze cent mille francs en faveur de vieillards stupides ou de galeux chimériques, elle me tournera le dos en riant, ou sa femme de confiance me prendra pour un mauvais plaisant ; si, dans une extase d'amour, je lui vante les charmes d'une vie médiocre et ma petite maison sur les bords de la Loire, si je lui demande le sacrifice de sa vie parisienne au nom de notre amour, ce sera d'abord un vertueux mensonge ; puis, je ferai peut-être là quelque triste expérience, et perdrai le cœur de cette jeune fille, amoureuse du bal, folle de parure, et de moi pour le moment. Elle me sera enlevée par un officier mince et pimpant, qui aura une moustache bien frisée, jouera du piano, vantera lord Byron, et montera joliment à cheval. Que faire ? Messieurs, de grâce, un conseil ?...

L'honnête homme, cette espèce de puritain assez semblable au père de Jenny Deans, de qui je vous ai déjà parlé, et qui jusque-là n'avait soufflé mot, haussa les épaules en me disant : — Imbécile, pourquoi lui as-tu demandé s'il était de Beauvais !

Paris, mai 1831.

L'ÉLIXIR DE LONGUE VIE

AU LECTEUR.

Au début de la vie littéraire de l'auteur, un ami, mort depuis longtemps, lui donna le sujet de cette Étude, que plus tard il trouva dans un recueil publié vers le commencement de ce siècle ; et, selon ses conjectures, c'est une fantaisie due à Hoffmann de Berlin, publiée dans quelque almanach d'Allemagne, et oubliée dans ses œuvres par les éditeurs. La Comédie Humaine est assez riche en inventions pour que l'auteur avoue un innocent emprunt ; comme le bon La Fontaine, il aura traité d'ailleurs à sa manière, et sans le savoir, un fait déjà conté. Ceci ne fut pas une de ces plaisanteries à la mode en 1830, époque à laquelle tout auteur faisait de l'atroce pour le plaisir des jeunes filles. Quand vous serez arrivé à l'élégant parricide de don Juan, essayez de deviner la conduite que tiendraient, en des conjonctures à peu près semblables, les honnêtes gens qui, au dix-neuvième siècle, prennent de l'argent à rentes viagères, sur la foi d'un catarrhe, ou ceux qui louent une maison à une vieille femme pour le reste de ses jours ? Ressusciteraient-ils leurs rentiers ? Je désirerais que des peseurs-jurés de conscience examinassent quel degré de similitude il peut exister entre don Juan et les pères qui marient leurs enfants à cause des espérances ? La société humaine, qui marche, à entendre quelques philosophes, dans une voie de progrès, considère-t-elle comme un pas vers le bien, l'art d'attendre les trépas ? Cette science a créé des métiers honorables, au moyen desquels on vit de la mort. Certaines personnes ont pour état d'espérer un décès, elles le couvent, elles s'accroupissent chaque matin sur un cadavre, et s'en font un oreiller le soir : c'est les coadjuteurs, les cardinaux, les surnuméraires, les tontiniers, etc. Ajoutez-y beaucoup de gens délicats, empressés d'acheter une propriété dont le prix dépasse leurs moyens, mais qui établissent logiquement et à froid les chances de vie qui restent à leurs pères ou à leurs belles-mères, octogénaires ou septuagénaires en disant : — « Avant trois ans, j'hériterai nécessairement, et alors... » Un meurtrier nous dégoûte moins qu'un espion. Le meurtrier a cédé peut-être à un mouvement de folie, il peut se repentir, s'ennoblir. Mais l'espion est toujours espion ; il est espion au lit, à table, en marchant, la nuit, le jour ; il est vil à toute minute. Que serait-ce donc d'être meurtrier comme un espion est vil? Hé! bien, ne venez-vous pas de reconnaître au sein de la société une foule d'êtres amenés par nos lois, par nos mœurs, par les usages, à penser sans cesse à la mort des leurs, à la convoiter? Ils pèsent ce que vaut un cercueil en marchandant des cachemires pour leurs femmes, en gravissant l'escalier d'un théâtre, en désirant aller aux Bouffons, en souhaitant une voiture. Ils assassinent au moment où de chères créatures, ravissantes d'innocence, leur apportent, le soir, des fronts enfantins à baiser en disant : « Bonsoir, père! » Ils voient à toute heure des yeux qu'ils voudraient fermer, et qui se rouvrent chaque matin à la lumière comme celui de Belvidéro dans cette ÉTUDE. Dieu seul sait le nombre des parricides qui se commettent par la pensée ! Figurez-vous un homme ayant à servir mille écus de rentes viagères à une vieille femme, et qui, tous deux, vivent à la campagne, séparés par un ruisseau, mais assez étrangers l'un à l'autre pour pouvoir se haïr cordialement sans manquer à ces convenances humaines qui mettent un masque sur le visage de deux frères dont l'un aura le majorat, et l'autre une légitime. Toute la civilisation européenne repose sur L'HÉRÉDITÉ comme sur un pivot, ce serait folie que de le supprimer ; mais ne pourrait-on, comme dans les machines qui font l'orgueil de notre âge, perfectionner ce rouage essentiel?

Si l'auteur a conservé cette vieille formule AU LECTEUR dans un ouvrage où il tâche de représenter toutes les formes littéraires, c'est pour placer une remarque relative à quelques Études et surtout à celle-ci. Chacune de ses compositions est basée sur des idées plus ou moins neuves, dont l'expression lui semble utile, il peut tenir à la priorité de certaines formes, de certaines pensées qui, depuis, ont passé dans le domaine littéraire, et s'y sont parfois vulgarisées. Les dates de la publication primitive de chaque Étude ne doivent donc pas être indifférentes à ceux des lecteurs qui voudront lui rendre justice.

La lecture nous donne des amis inconnus, et quel ami qu'un lecteur ! nous avons des amis connus qui ne lisent rien de nous! l'auteur espère avoir payé sa dette en dédiant cette œuvre DIIS IGNOTIS.

Dans un somptueux palais de Ferrare, par une soirée d'hiver, don Juan Belvidéro régalait un prince de la maison d'Este. A cette époque, une fête était un merveilleux spectacle que de royales richesses ou la puissance d'un seigneur pouvaient seules ordonner. Assises autour d'une table éclairée par des bougies parfumées, sept joyeuses femmes échangeaient de doux propos, parmi d'admirables chefs-d'œuvre dont les marbres blancs se détachaient sur des parois en stuc rouge et contrastaient avec de riches tapis de Turquie.

Vêtues de satin, étincelantes d'or et chargées de pierreries qui brillaient moins que leurs yeux, toutes racontaient des passions énergiques, mais diverses comme l'étaient leurs beautés. Elles ne différaient ni par les mots ni par les idées ; l'air, un regard, quelques gestes ou l'accent servaient à leurs paroles de commentaires libertins, lascifs, mélancoliques ou goguenards.

L'une semblait dire : — Ma beauté sait réchauffer le cœur glacé des vieillards.

L'autre : — J'aime à rester couchée sur des coussins, pour penser avec ivresse à ceux qui m'adorent.

Une troisième, novice de ces fêtes, voulait rougir : — Au fond du cœur je sens un remords ! disait-elle. Je suis catholique et j'ai peur de l'enfer. Mais je vous aime tant, oh ! tant et tant, que je puis vous sacrifier l'éternité.

La quatrième, vidant une coupe de vin de Chio, s'écriait : — Vive la gaieté ! Je prends une existence nouvelle à chaque aurore ! Oublieuse du passé, ivre encore des assauts de la veille, tous les soirs j'épuise une vie de bonheur, une vie pleine d'amour !

La femme assise auprès de Belvidéro le regardait d'un œil enflammé. Elle était silencieuse. — Je ne m'en remettrais pas à des *bravi* pour tuer mon amant, s'il m'abandonnait ! Puis elle avait ri ; mais sa main convulsive brisait un drageoir d'or miraculeusement sculpté.

— Quand seras-tu grand-duc ? demanda la sixième au prince avec une expression de joie meurtrière dans les dents, et du délire bachique dans les yeux.

— Et toi, quand ton père mourra-t-il ? dit la septième en riant, en jetant son bouquet à don Juan par un geste enivrant de folâtrerie. C'était une innocente jeune fille accoutumée à jouer avec toutes les choses sacrées.

— Ah ! ne m'en parlez pas, s'écria le jeune et beau don Juan Belvidéro, il n'y a qu'un père éternel dans le monde, et le malheur veut que je l'aie !

Les sept courtisanes de Ferrare, les amis de don Juan et le prince lui-même jetèrent un cri d'horreur. Deux cents ans après et sous Louis XV, les gens de bon goût eussent ri de cette saillie. Mais peut-être aussi, dans le commencement d'une orgie, les âmes avaient-elles encore trop de lucidité ? Malgré le feu des bougies, le cri des passions, l'aspect des vases d'or et d'argent, la fumée des vins, malgré la contemplation des femmes les plus ravissantes, peut-être y avait-il encore, au fond des cœurs, un peu de cette vergogne pour les choses humaines et divines qui lutte jusqu'à ce que l'orgie l'ait noyée dans les derniers flots d'un vin pétillant? Déjà néanmoins les fleurs avaient été froissées, les yeux s'hébétaient, et l'ivresse gagnait, selon l'expression de Rabelais, jusqu'aux sandales. En ce moment de silence, une porte s'ouvrit ; et, comme au festin de Balthazar, Dieu se fit reconnaître, il apparut sous les traits d'un vieux domestique en cheveux blancs, à la démarche tremblante, aux sourcils contractés ; il entra d'un air triste, flétrit d'un regard les couronnes, les coupes de vermeil, les pyramides de fruits, l'éclat de la fête, la pourpre des visages étonnés et les couleurs des coussins foulés par le bras blanc des femmes ; enfin, il mit un crêpe à cette folie en disant ces sombres paroles d'une voix creuse : — Monsieur, votre père se meurt.

Don Juan se leva en faisant à ses hôtes un geste qui peut se traduire par : « Excusez-moi, ceci n'arrive pas tous les jours. »

La mort d'un père ne surprend-elle pas souvent les jeunes gens au milieu des splendeurs de la vie, au sein des folles idées d'une orgie? La mort est aussi soudaine dans ses caprices qu'une courtisane l'est dans ses dédains ; mais plus fidèle, elle n'a jamais trompé personne.

Quand don Juan eut fermé la porte de la salle et qu'il marcha dans une longue galerie froide autant qu'obscure, il s'efforça de prendre une contenance de théâtre ; car, en songeant à son rôle de fils, il avait jeté sa joie avec sa serviette. La nuit était noire. Le silencieux serviteur qui conduisait le jeune homme vers une chambre mortuaire éclairait assez mal son maître, en sorte que la MORT, aidée par le froid, le silence, l'obscurité, par une réaction d'ivresse, peut-être, put glisser quelques réflexions dans l'âme de ce dissipateur, il interrogea sa vie et devint pensif comme un homme en procès qui s'achemine au tribunal.

Bartholoméo Belvidéro, père de don Juan, était un vieillard nonagénaire qui avait passé la majeure partie de sa vie dans les combinaisons du commerce. Ayant traversé souvent les talismaniques contrées de l'Orient, il y avait acquis d'immenses richesses et des connaissances plus précieuses, disait-il, que l'or et les diamants, desquels alors il ne se souciait plus guère. — Je préfère une dent à un rubis, et le pouvoir au savoir, s'écriait-il parfois en souriant. Ce bon père aimait à entendre don Juan lui raconter une étourderie de jeunesse, et disait d'un air goguenard, en lui prodiguant l'or : — Mon cher enfant, ne fais que les sottises qui t'amuseront. C'était le seul vieillard qui éprouvât du plaisir à voir un jeune homme, l'amour paternel trompait sa caducité par la contemplation d'une si brillante vie. A l'âge de soixante ans, Belvidéro s'était épris d'un ange de paix et de beauté. Don Juan avait été le seul fruit de cette tardive et passagère amour. Depuis quinze années, le bonhomme déplorait la perte de sa chère Juana. Ses nombreux serviteurs et son fils attribuaient à cette douleur de vieillard les habitudes singulières qu'il avait contractées. Réfugié dans l'aile la plus incommode de son palais, Bartholoméo n'en sortait que très-rarement, et don Juan lui-même ne pouvait pénétrer dans l'appartement de son père sans en avoir obtenu la permission. Si ce volontaire anachorète allait et venait dans le palais ou par les rues de Ferrare, il semblait chercher une chose qui lui manquait ; il marchait tout rêveur, indécis, préoccupé comme un homme en guerre avec une idée ou avec un souvenir. Pendant que le jeune homme donnait des fêtes somptueuses et que le palais retentissait des éclats de sa joie, que les chevaux piaffaient dans les cours, que les pages se disputaient en jouant aux dés sur les degrés, Bartholoméo mangeait sept onces de pain par jour et buvait de l'eau. S'il lui fallait un peu de volaille, c'était pour en donner les os à un barbet noir, son compagnon fidèle. Il ne se plaignait jamais du bruit. Durant sa maladie, si le son du cor et les aboiements des chiens le surprenaient dans son sommeil, il se contentait de dire : — Ah ! c'est don Juan qui rentre ! Jamais sur cette terre un père si commode et si indulgent ne s'était rencontré ; aussi le jeune Belvidéro, accoutumé à le traiter sans cérémonie, avait-il tous les défauts des enfants gâtés ; il vivait avec Bartholoméo comme vit une capricieuse courtisane avec un vieil amant, faisant excuser une impertinence par un sourire, vendant sa belle humeur, et se laissant aimer. En reconstruisant, par une pensée, le tableau de ses jeunes années, don Juan s'aperçut qu'il lui serait difficile de trouver la bonté de son père en faute. En entendant, au fond de son cœur, naître un remords, au moment où il traversait la galerie, il se sentit près de pardonner à Belvidéro d'avoir si longtemps vécu. Il revenait à des sentiments de piété filiale, comme un voleur devient honnête homme par la jouissance possible d'un million, bien dérobé. Bientôt le jeune homme franchit les hautes et froides salles qui composaient l'appartement de son père. Après avoir éprouvé les effets d'une atmosphère humide, respiré l'air épais, l'odeur rance qui s'exhalaient de vieilles tapisseries et d'armoires couvertes de poussière, il se trouva dans la chambre antique du vieillard, devant un lit nauséabond, auprès d'un foyer presque éteint. Une lampe, posée sur une table de forme gothique, jetait, par intervalles inégaux, des nappes de lumière plus ou moins forte sur le lit, et montrait ainsi la figure du vieillard sous des aspects toujours différents. Le froid sifflait à travers les fenêtres mal fermées; et la neige, en fouettant sur les vitraux, produisait un bruit sourd. Cette scène formait un contraste si heurté avec la scène que don Juan venait d'abandonner, qu'il ne put s'empêcher de tressaillir. Puis il eut froid, quand, en approchant du lit, une assez violente rafale de lueur, poussée par une bouffée de vent, illumina la tête de son père : les traits en étaient décomposés, la peau collée fortement sur les os avait des teintes verdâtres que la blancheur de l'oreiller, sur lequel le vieillard reposait, rendait encore plus horribles; contractée par la douleur, la bouche entr'ouverte et dénuée de dents laissait passer quelques soupirs dont l'énergie lugubre était soutenue par les hurlements de la tempête. Malgré ces signes de destruction, il éclatait sur cette tête un caractère incroyable de puissance. Un esprit supérieur y combattait la mort. Les yeux, creusés par la maladie, gardaient une fixité singulière. Il semblait que Bartholoméo cherchât à tuer, par son regard de mourant, un ennemi assis au pied de son lit. Ce regard, fixe et froid, était d'autant plus effrayant, que la tête restait dans une immobilité semblable à celle des crânes posés sur une table chez les médecins. Le corps entièrement dessiné par les draps du lit annonçait que les membres du vieillard gardaient la même roideur. Tout était mort, moins les yeux. Les sons qui sortaient de la bouche avaient enfin quelque chose de mécanique. Don Juan éprouva une certaine honte d'arriver auprès du lit de son père mourant en gardant un bouquet de courtisane dans son sein, en y apportant les parfums d'une fête et les senteurs du vin.

— Tu t'amusais ! s'écria le vieillard en apercevant son fils.

Au même moment, la voix pure et légère d'une cantatrice qui enchantait les convives, fortifiée par les accords de la viole sur laquelle elle s'accompagnait, domina le râle de l'ouragan, et retentit jusque dans cette chambre funèbre. Don Juan voulut ne rien entendre de cette sauvage affirmation donnée à son père.

Bartholoméo dit : — Je ne t'en veux pas, mon enfant.

Ce mot plein de douceur fit mal à don Juan, qui ne pardonna pas à son père cette poignante bonté.

— Quel remords pour moi, mon père ! lui dit-il hypocritement.

— Pauvre Juanino, reprit le mourant d'une voix sourde, j'ai toujours été si doux pour toi, que tu ne saurais désirer ma mort ?

— Oh ! s'écria don Juan, s'il était possible de vous rendre la vie en donnant une partie de la mienne ! (Ces choses-là peuvent toujours se dire, pensait le dissipateur, c'est comme si j'offrais le monde à ma maîtresse !) A peine sa pensée était-elle achevée, que le vieux barbet aboya. Cette voix intelligente fit frémir don Juan, il crut avoir été compris par le chien.

— Je savais bien, mon fils, que je pouvais compter sur toi, s'écria le moribond. Je vivrai. Va, tu seras content. Je vivrai, mais sans enlever un seul des jours qui t'appartiennent.

— Il a le délire, se dit don Juan. Puis il ajouta tout haut : — Oui, mon père chéri, vous vivrez, certes, autant que moi, car votre image sera sans cesse dans mon cœur.

— Il ne s'agit pas de cette vie-là, dit le vieux seigneur en rassemblant ses forces pour se dresser sur son séant, car il fut ému par un de ces soupçons qui ne naissent que sous le chevet des mourants. — Écoute, mon fils, reprit-il d'une voix affaiblie par ce dernier effort, je n'ai pas plus envie de mourir, que tu ne veux te passer de maîtresses, de vin, de chevaux, de faucons, de chiens et d'or.

— Je le crois bien, pensa encore le fils en s'agenouillant au chevet du lit et en baisant une des mains cadavéreuses de Bartholoméo. — Mais, reprit-il à haute voix, mon père, mon cher père, il faut se soumettre à la volonté de Dieu.

— Dieu, c'est moi, répliqua le vieillard en grommelant.

— Ne blasphémez pas, s'écria le jeune homme en voyant l'air menaçant que prirent les traits de son père. Gardez-vous-en bien, vous avez reçu l'extrême-onction, et je ne me consolerais pas de vous voir mourir en état de péché.

— Veux-tu m'écouter ! s'écria le mourant dont la bouche grinça.

Don Juan se tut. Un horrible silence régna. A travers les sifflements lourds de la neige, les accords de la viole et la voix délicieuse arrivèrent encore, faibles comme un jour naissant. Le moribond sourit.

— Je te remercie d'avoir invité des cantatrices, d'avoir amené de la musique ! Une fête, des femmes jeunes et belles, blanches, à cheveux noirs ! tous les plaisirs de la vie, fais-les rester, je vais renaître.

— Le délire est à son comble, dit don Juan.

— J'ai découvert un moyen de ressusciter. Tiens ! Cherche dans le tiroir de la table, tu l'ouvriras en pressant un ressort caché par le griffon.

— J'y suis, mon père.

— Là, bien, prends un petit flacon de cristal de roche.

— Le voici.

— J'ai employé vingt ans à... En ce moment, le vieillard sentit approcher sa fin, et rassembla toute son énergie pour dire : — Aussitôt que j'aurai rendu le dernier soupir, tu me frotteras tout entier de cette eau, je renaîtrai.

— Il y en a bien peu, répliqua le jeune homme.

Si Bartholoméo ne pouvait plus parler, il avait encore la faculté d'entendre et de voir ; sur ce mot, sa tête se tourna vers don Juan par un mouvement d'une effrayante brusquerie, son cou resta tordu comme celui d'une statue de marbre que la pensée du sculpteur a condamnée à regarder de côté, ses yeux agrandis contractèrent une hideuse immobilité. Il était mort, mort en perdant sa seule, sa dernière illusion. En cherchant un asile dans le cœur de son fils, il y trouvait une tombe plus creuse que les hommes ne la font d'habitude à leurs morts. Aussi, ses cheveux furent-ils éparpillés par l'horreur, et son regard convulsé parlait-il encore. C'était un père se levant avec rage de son sépulcre pour demander vengeance à Dieu !

— Tiens ! le bonhomme est fini, s'écria don Juan.

Empressé de présenter le mystérieux cristal à la lueur de la lampe, comme un buveur consulte sa bouteille à la fin d'un repas, il n'avait pas vu blanchir l'œil de son père. Le chien béant contemplait alternativement son maître mort et l'élixir, de même que don Juan regardait tour à tour son père et la fiole. La lampe jetait des flammes ondoyantes. Le silence était profond, la viole muette. Belvidéro tressaillit en croyant voir son père se remuer. Intimidé par l'expression roide de ses yeux accusateurs, il les ferma, comme il aurait poussé une persienne battue par le vent pendant une nuit d'automne. Il se tint debout, immobile, perdu dans un monde de pensées. Tout à coup un bruit aigre, semblable au cri d'un ressort rouillé, rompit ce silence. Don Juan, surpris, faillit laisser tomber le flacon. Une sueur, plus froide que ne l'est l'acier d'un poignard, sortit de ses pores. Un coq de bois peint surgit au-dessus d'une horloge et chanta trois fois. C'était une de ces ingénieuses machines à l'aide desquelles les savants de cette époque se faisaient éveiller à l'heure fixée pour leurs travaux. L'aube rougissait déjà les croisées. Don Juan avait passé dix heures à réfléchir. La vieille horloge était plus fidèle à son service qu'il ne l'était dans l'accomplissement de ses devoirs envers Bartholoméo. Ce mécanisme se composait de bois, de poulies, de cordes, de rouages, tandis que lui avait ce mécanisme particulier à l'homme, et nommé un cœur. Pour ne plus s'exposer à perdre la mystérieuse liqueur, le sceptique don Juan la replaça dans le tiroir de la petite table gothique. En ce moment solennel, il entendit dans les galeries un tumulte sourd : c'était des voix confuses, des rires étouffés, des pas légers, les froissements de la soie, enfin le bruit d'une troupe joyeuse qui tâche de se recueillir. La porte s'ouvrit, et le prince, les amis de don Juan, les sept courtisanes, les cantatrices apparurent dans le désordre bizarre où se trouvent des danseuses surprises par les lueurs du matin, quand le soleil lutte avec les feux pâlissants des bougies. Ils arrivaient tous pour donner au jeune héritier les consolations d'usage.

— Oh! oh! le pauvre don Juan aurait-il donc pris cette mort au sérieux, dit le prince à l'oreille de la Brambilla.

— Mais son père était un bien bon homme, répondit-elle.

Cependant les méditations nocturnes de don Juan avaient imprimé à ses traits une expression si frappante, qu'elle imposa silence à ce groupe. Les hommes restèrent immobiles. Les femmes, dont les lèvres étaient séchées par le vin, dont les joues avaient été marbrées par des baisers, s'agenouillèrent et se mirent à prier. Don Juan ne put s'empêcher de tressaillir en voyant les splendeurs, les joies, les rires, les chants, la jeunesse, la beauté, le pouvoir, toute la vie personnifiée se prosternant ainsi devant la mort. Mais, dans cette adorable Italie, la débauche et la religion s'accouplaient alors si bien, que la religion y était une débauche et la débauche une religion! Le prince serra affectueusement la main de don Juan; puis, toutes les figures ayant formulé simultanément une même grimace mi-partie de tristesse et d'indifférence, cette fantasmagorie disparut, laissant la salle vide. C'était bien une image de la vie ! En descendant les escaliers, le prince dit à la Rivabarella : — Hein ! qui aurait cru don Juan un fanfaron d'impiété ? Il aime son père !

— Avez-vous remarqué le chien noir ? demanda la Brambilla.

— Le voilà immensément riche, repartit en soupirant la Bianca Cavatolino.

— Que m'importe ! s'écria la fière Varonèse, celle qui avait brisé le drageoir.

— Comment, que t'importe ? s'écria le duc. Avec ses écus il est aussi prince que moi.

D'abord don Juan, balancé par mille pensées, flotta entre plusieurs partis. Après avoir pris conseil du trésor amassé par son père, il revint, sur le soir, dans la chambre mortuaire, l'âme grosse d'un effroyable égoïsme. Il trouva dans l'appartement tous les gens de sa maison occupés à rassembler les ornements du lit de parade sur lequel *feu monseigneur* allait être exposé le lendemain, au milieu d'une superbe chambre ardente, curieux spectacle que tout Ferrare devait venir admirer. Don Juan fit un signe, et ses gens s'arrêtèrent tous, interdits, tremblants.

— Laissez-moi seul ici, dit-il d'une voix altérée, vous n'y rentrerez qu'au moment où j'en sortirai.

Quand les pas du vieux serviteur qui s'en allait le dernier ne retentirent plus que faiblement sur les dalles, don Juan ferma précipitamment la porte, et, sûr d'être seul, il s'écria : — Essayons !

Le corps de Bartholoméo était couché sur une longue table. Pour dérober à tous les yeux le hideux spectacle d'un cadavre qu'une extrême décrépitude et la maigreur rendaient semblable à un squelette, les embaumeurs avaient posé sur le corps un drap qui l'enveloppait, moins la tête. Cette espèce de momie gisait au milieu de la chambre ; et le drap, naturellement souple, en dessinait vaguement les formes, mais aiguës, roides et grêles. Le visage était déjà marqué de larges taches violettes qui indiquaient la nécessité d'achever l'embaumement. Malgré le scepticisme dont il était armé, don Juan trembla en débouchant la magique fiole de cristal. Quand il arriva près de la tête, il fut même contraint d'attendre un moment, tant il frissonnait. Mais ce jeune homme avait été, de bonne heure, savamment corrompu par les mœurs d'une cour dissolue; une réflexion digne du duc d'Urbin vint donc lui donner un courage qu'aiguillonnait un vif sentiment de curiosité, il semblait même que le démon lui eût soufflé ces mots qui résonnèrent dans son cœur : — *Imbibe un œil!* Il prit un linge, et, après l'avoir parcimonieusement mouillé dans la précieuse liqueur, il le passa légèrement sur la paupière droite du cadavre. L'œil s'ouvrit.

— Ah! ah! dit don Juan en pressant le flacon dans sa main comme nous serrons en rêvant la branche à laquelle nous sommes suspendus au-dessus d'un précipice.

Il voyait un œil plein de vie, un œil d'enfant dans une tête de mort, la lumière y tremblait au milieu d'un jeune fluide; et, protégée par de beaux cils noirs, elle scintillait pareille à ces lueurs uniques que le voyageur aperçoit dans une campagne déserte, par les soirs d'hiver. Cet œil flamboyant paraissait vouloir s'élancer sur don Juan, et il pensait, accusait, condamnait, menaçait, jugeait, parlait, il criait, il mordait. Toutes les passions humaines s'y agitaient. C'était les supplications les plus tendres : une colère de roi, puis l'amour d'une jeune fille demandant grâce à ses bourreaux; enfin le regard profond que jette un homme sur les hommes en gravissant la dernière marche de l'échafaud. Il éclatait tant de vie dans ce fragment de vie, que don Juan épouvanté recula, il se promena par la chambre, sans oser regarder cet œil, qu'il revoyait sur les planchers, sur les tapisseries. La chambre était parsemée de pointes pleines de feu, de vie, d'intelligence. Partout brillaient des yeux qui aboyaient après lui!

— Il aurait bien revécu cent ans, s'écria-t-il involontairement au moment où, ramené devant son père par une influence diabolique, il contemplait cette étincelle lumineuse.

Tout à coup la paupière intelligente se ferma et se rouvrit brusquement, comme celle d'une femme qui consent. Une voix eût crié : « Oui! » don Juan n'aurait pas été plus effrayé.

— Que faire? pensa-t-il. Il eut le courage d'essayer de clore cette paupière blanche. Ses efforts furent inutiles.

— Le crever? Ce sera peut-être un parricide? se demanda-t-il.

— Oui, dit l'œil par un clignotement d'une étonnante ironie.

— Ha! ha! s'écria don Juan, il y a de la sorcellerie là dedans,

Et il s'approcha de l'œil pour l'écraser. Une grosse larme roula sur les joues creuses du cadavre, et tomba sur la main de Belvidéro.

— Elle est brûlante, s'écria-t-il en s'asseyant.

Cette lutte l'avait fatigué comme s'il avait combattu, à l'exemple de Jacob, contre un ange.

Enfin il se leva en se disant : — Pourvu qu'il n'y ait pas de sang ! Puis, rassemblant tout ce qu'il faut de courage pour être lâche, il écrasa l'œil, en le foulant avec un linge, mais sans le regarder. Un gémissement inattendu, mais terrible, se fit entendre. Le pauvre barbet expirait en hurlant.

— Serait-il dans le secret, se demanda don Juan en regardant le fidèle animal.

Don Juan Belvidéro passa pour un fils pieux. Il éleva un monument de marbre blanc sur la tombe de son père, et en confia l'exécution des figures aux plus célèbres artistes du temps. Il ne fut parfaitement tranquille que le jour où la statue paternelle, agenouillée devant la Religion, imposa son poids énorme sur cette fosse, au fond de laquelle il enterra le seul remords qui ait effleuré son cœur dans les moments de lassitude physique. En inventoriant les immenses richesses amassées par le vieil orientaliste, don Juan devint avare, n'avait-il pas deux vies humaines à pourvoir d'argent ? Son regard profondément scrutateur pénétra dans le principe de la vie sociale et embrassa d'autant mieux le monde qu'il le voyait à travers un tombeau. Il analysa les hommes et les choses pour en finir d'une seule fois avec le Passé, représenté par l'Histoire ; avec le Présent, configuré par la Loi ; avec l'Avenir, dévoilé par les Religions. Il prit l'âme et la matière, les jeta dans un creuset, n'y trouva rien, et dès lors il devint DON JUAN !

Maître des illusions de la vie, il s'élança, jeune et beau, dans la vie, méprisant le monde, mais s'emparant du monde. Son bonheur ne pouvait pas être cette félicité bourgeoise qui se repaît d'un *bouilli* périodique, d'une douce bassinoire en hiver, d'une lampe pour la nuit et de pantoufles neuves à chaque trimestre. Non, il se saisit de l'existence comme un singe qui attrape une noix, et sans s'amuser longtemps il dépouilla savamment les vulgaires enveloppes du fruit pour en discuter la pulpe savoureuse. La poésie et les sublimes transports de la passion humaine ne lui allèrent plus au cou-de-pied. Il ne commit point la faute de ces hommes puissants qui, s'imaginant parfois que les petites âmes croient aux grandes, s'avisent d'échanger les hautes pensées de l'avenir contre la petite monnaie de nos idées viagères. Il pouvait bien, comme eux, marcher les pieds sur terre et la tête dans les cieux ; mais il aimait mieux s'asseoir, et sécher, sous ses baisers, plus d'une lèvre de femme tendre, fraîche et parfumée ; car, semblable à la Mort, là où il passait, il dévorait tout sans pudeur, voulant un amour de possession, un amour oriental, aux plaisirs longs et faciles. N'aimant que *la femme* dans les femmes, il se fit de l'ironie une allure naturelle à son âme. Quand ses maîtresses se servaient d'un lit pour monter aux cieux où elles allaient se perdre au sein d'une extase enivrante, don Juan les y suivait, grave, expansif, sincère autant que sait l'être un étudiant allemand. Mais il disait JE, quand sa maîtresse, folle, éperdue, disait NOUS ! Il savait admirablement bien se laisser entraîner par une femme. Il était toujours assez fort pour lui faire croire qu'il tremblait comme un jeune lycéen qui dit à sa première danseuse, dans un bal : « Vous aimez la danse ? » Mais il savait aussi rugir à propos, tirer son épée puissante et briser les commandeurs. Il y avait de la raillerie dans sa simplicité et du rire dans ses larmes, car il sut toujours pleurer autant qu'une femme, quand elle dit à son mari : « Donne-moi un équipage, ou je meurs de la poitrine. » Pour les négociants, le monde est un ballot ou une masse de billets en circulation ; pour la plupart des jeunes gens, c'est une femme ; pour quelques femmes, c'est un homme ; pour certains esprits, c'est un salon, une coterie, un quartier, une ville ; pour don Juan, l'univers était lui ! Modèle de grâce et de noblesse, d'un esprit séduisant, il attacha sa barque à tous les rivages ; mais en se faisant conduire, il n'allait que jusqu'où il voulait être mené. Plus il vit, plus il douta. En examinant les hommes, il devina souvent que le courage était de la témérité ; la prudence, une poltronnerie ; la générosité, finesse ; la justice, un crime ; la délicatesse, une niaiserie ; la probité, une organisation : et, par une singulière fatalité, il s'aperçut que les gens vraiment probes, délicats, justes, généreux, prudents et courageux, n'obtenaient aucune considération parmi les hommes. — Quelle froide plaisanterie ! se dit-il. Elle ne vient pas d'un dieu. Et alors, renonçant à un monde meilleur, il ne se découvrit jamais en entendant prononcer un nom, et considéra les saints de pierre dans les églises comme des œuvres d'art. Aussi, comprenant le mécanisme des sociétés humaines, ne heurtait-il jamais trop les préjugés, parce qu'il n'était pas aussi puissant que le bourreau ; mais il tournait les lois sociales avec cette grâce et cet esprit si bien rendus dans sa scène avec monsieur Dimanche. Il fut en effet le type du *Don Juan* de Molière, du *Faust* de Gœthe, du *Manfred* de Byron et du *Melmoth* de Maturin. Grandes images tracées par les plus grands génies de l'Europe, et auxquelles les accords de Mozart ne manqueront pas plus que la lyre de Rossini peut-être ! Images terribles que le principe du mal, existant chez l'homme, éternise, et dont quelques copies se retrouvent de siècle en siècle : soit que ce type entre en pourparler avec les hommes en s'incarnant dans Mirabeau ; soit qu'il se contente d'agir en silence, comme Bonaparte ; ou de presser l'univers dans une ironie, comme le divin Rabelais ; ou bien encore qu'il se rie des êtres, au lieu d'insulter aux choses, comme le maréchal de Richelieu ; et mieux peut-être, soit qu'il se moque à la fois des hommes et des choses, comme le plus célèbre de nos ambassadeurs. Mais le génie profond de don Juan Belvidéro résuma, par avance, tous ces génies. Il se joua de tout. Sa vie était une moquerie qui embrassait hommes, choses, institutions, idées. Quant à l'éternité, il avait causé familièrement une demi-heure avec le pape Jules II, et à la fin de la conversation, il lui dit en riant : — S'il faut absolument choisir, j'aime mieux croire en Dieu qu'au diable ; la puissance unie à la bonté offre toujours plus de ressource que n'en a le Génie du Mal.

— Oui, mais Dieu veut qu'on fasse pénitence dans ce monde...

— Vous pensez donc toujours à vos indulgences ? répondit Belvidéro. Eh ! bien, j'ai, pour me repentir des fautes de ma première vie, toute une existence en réserve.

— Ah ! si tu comprends ainsi la vieillesse, s'écria le pape, tu risques d'être canonisé.

— Après votre élévation à la papauté, l'on peut tout croire.

Et ils allèrent voir les ouvriers occupés à bâtir l'immense basilique consacrée à saint Pierre.

— Saint Pierre est l'homme de génie qui nous a constitué notre double pouvoir, dit le pape à don Juan, il mérite ce monument. Mais parfois, la nuit, je pense qu'un déluge passera l'éponge sur cela, et ce sera à recommencer...

Don Juan et le pape se prirent à rirent, ils s'étaient entendus. Un sot serait allé, le lendemain, s'amuser avec Jules II chez Raphaël ou dans la délicieuse Villa-Madama ; mais Belvidéro alla le voir officier pontificalement, afin de se convaincre de ses doutes. Dans une débauche, La Rovère aurait pu se démentir et commenter.' l'*Apocalypse*.

Toutefois cette légende n'est pas entreprise pour fournir des matériaux à ceux qui voudront écrire des mémoires sur la vie de don Juan, elle est destinée à prouver aux honnêtes gens que Belvidéro n'est pas mort dans son duel avec une pierre, comme veulent le faire croire quelques lithographes. Lorsque don Juan Belvidéro atteignit l'âge de soixante ans, il vint se fixer en Espagne. Là, sur ses vieux jours, il épousa une jeune et ravissante Andalouse. Mais, par calcul, il ne fut ni bon père ni bon époux. Il avait observé que nous ne sommes jamais si tendrement aimés que par les femmes auxquelles nous ne songeons guère. Dona Elvire saintement élevée par une vieille tante au fond de l'Andalousie, dans un château, à quelques lieues de San-Lucar, était tout dévouement et tout grâce. Don Juan devina que cette jeune fille serait femme à longtemps combattre une passion avant d'y céder, il espéra donc pouvoir la conserver vertueuse jusqu'à sa mort. Ce fut une plaisanterie sérieuse, une partie d'échecs qu'il voulut se réserver de jouer pendant ses vieux jours. Fort de toutes les fautes commises par son père Bartholoméo, don Juan résolut de faire servir les moindres actions de sa vieillesse à la réussite du drame qui devait s'accomplir sur son lit de mort. Ainsi la plus grande partie de ses richesses resta enfouie dans les caves de son palais à Ferrare, où il allait rarement. Quant à l'autre moitié de sa fortune, elle fut placée en viager, afin d'intéresser à la durée de sa vie et sa femme et ses enfants, espèce de rouerie que son père aurait dû pratiquer ; mais cette spéculation de machiavélisme ne lui fut pas très-nécessaire. Le jeune Philippe Belvidéro, son fils, devint un Espagnol aussi consciencieusement religieux que son père était impie, en vertu peut-être du proverbe : *à père avare, enfant prodigue*. L'abbé de San-Lucar fut choisi par don Juan pour diriger les consciences de la duchesse de Belvidéro et de Philippe. Cet ecclésiastique était un saint homme, de belle taille, admirablement bien proportionné, ayant de beaux yeux noirs, une tête à la Tibère, fatiguée par les jeûnes, blanche de macérations, et journellement tenté comme le sont tous les solitaires. Le vieux seigneur espérait peut-être pouvoir encore tuer un moine avant de finir son premier bail de vie. Mais, soit que l'abbé fût aussi fort que don Juan pouvait l'être lui-même, soit que dona Elvire eût plus de prudence ou de vertu que l'Espagne n'en accorde aux femmes, don Juan fut contraint de passer ses derniers jours comme un vieux curé de campagne, sans scandale chez lui. Parfois il prenait plaisir à trouver son fils ou sa femme en faute sur leurs devoirs de religion, et voulait impérieusement qu'ils exécutassent toutes les obligations imposées aux fidèles par la cour de Rome. Enfin il n'était jamais si heureux qu'en entendant le galant abbé de San-Lucar, dona Elvire et Philippe occupés à discuter un cas de conscience. Cependant, malgré les soins prodigieux que le seigneur don Juan Belvidéro donnait à sa personne, les jours de la décrépitude arrivèrent ; avec cet âge de douleur, vinrent les cris de l'impuissance, cris d'autant plus déchirants, que plus riches étaient les souvenirs de sa bouillante jeunesse et de sa voluptueuse maturité. Cet homme, en qui le dernier degré de la raillerie était d'engager les autres à croire aux lois et aux principes dont il se moquait, s'endormait le soir sur un *peut-être!* Ce modèle du bon ton, ce duc, vigoureux dans une orgie, superbe dans les cours, gracieux auprès des femmes dont les cœurs avaient été tordus par lui comme un paysan tord un lien d'osier, cet homme de génie avait une pituite opiniâtre, une sciatique importune, une goutte brutale. Il voyait ses dents le quittant comme à la fin d'une soirée, les dames les plus blanches, les mieux parées, s'en vont, une à une, laissant le salon désert et démeublé. Enfin ses mains hardies tremblèrent, ses jambes sveltes chancelèrent, et un soir l'apoplexie lui pressa le cou de ses mains crochues et glaciales. Depuis ce jour fatal, il devint morose et dur. Il accusait le dévouement de son fils et de sa femme, en prétendant parfois que leurs soins touchants et délicats ne lui étaient si tendrement prodigués que parce qu'il avait placé toute sa fortune en rentes viagères. Elvire et Philippe versaient alors des larmes amères et redoublaient de caresses auprès du malicieux vieillard, dont la voix cassée devenait affectueuse pour leur dire : — « Mes amis, ma chère femme, vous me pardonnez, n'est-ce pas? Je vous tourmente un peu. Hélas! grand Dieu! comment te sers-tu de moi pour éprouver ces deux célestes créatures? Moi, qui devrais être leur joie, je suis leur fléau. » Ce fut ainsi qu'il les enchaîna au chevet de son lit, leur faisant oublier des mois entiers d'impatience et de cruauté par une heure où, pour eux, il déployait les trésors toujours nouveaux de sa grâce et d'une fausse tendresse. Système paternel qui lui réussit infiniment mieux que celui dont avait usé jadis son père envers lui. Enfin, il parvint à un tel degré de maladie que, pour le mettre au lit, il fallait le manœuvrer comme une felouque entrant dans un chenal dangereux. Puis le jour de la mort arriva. Ce brillant et sceptique personnage, dont l'entendement survivait seul à la plus affreuse de toutes les destructions, se vit entre un médecin et un confesseur, ses deux antipathies. Mais il fut jovial avec eux. N'y avait-il pas, pour lui, une lumière scintillante derrière le voile de l'avenir? Sur cette toile, de plomb pour les autres et diaphane pour lui, les légères, les ravissantes délices de la jeunesse se jouaient comme des ombres.

Ce fut par une belle soirée d'été que don Juan sentit les approches de la mort. Le ciel de l'Espagne était d'une admirable pureté, les orangers parfumaient l'air, les étoiles distillaient de vives et fraîches lumières, la nature semblait lui donner des gages certains de sa résurrection, un fils pieux et obéissant le contemplait avec amour et respect. Vers onze heures, il voulut rester seul avec cet être candide.

— Philippe, lui dit-il d'une voix si tendre et si affectueuse que le jeune homme tressaillit et pleura de bonheur. amais ce père inflexible n'avait prononcé ainsi : Philippe ! — Écoute-moi, mon fils, reprit le moribond. Je suis un grand pécheur. Aussi ai-je pensé, pendant toute ma vie, à ma mort. Jadis je fus l'ami du grand pape Jules II. Cette illustre pontife craignit que l'excessive irritation de mes sens ne me fît commettre quelque péché mortel entre le moment où j'expirerais et celui où j'aurais reçu les saintes huiles; il me fit présent d'une fiole dans laquelle existe l'eau sainte jaillie autrefois des rochers, dans le désert. J'ai gardé le secret sur cette dilapidation du trésor de l'Église, mais je suis autorisé à révéler ce mystère à mon fils, *in articulo mortis*. Vous trouverez cette fiole dans le tiroir de cette table gothique qui n'a jamais quitté le chevet de mon lit... Le précieux cristal pourra vous servir encore, mon bien-aimé Philippe. Jurez-moi, par votre salut éternel, d'exécuter ponctuellement mes ordres?

Philippe regarda son père. Don Juan se connaissait trop à l'expression des sentiments humains pour ne pas mourir en paix sur la foi d'un tel regard, comme son père était mort au désespoir sur la foi du sien.

— Tu méritais un autre père, reprit don Juan. J'ose t'avouer, mon enfant, qu'au moment où le respectable abbé de San-Lucar m'administrait le viatique, je pensais à l'icompatibilité de deux puissances aussi étendues que celles du diable et de Dieu...

— Oh! mon père!

— Et je me disais que, quand Satan fera sa paix, il devra, sous peine d'être un grand misérable, stipuler le pardon de ses adhérents. Cette pensée me poursuit. J'irais donc en enfer, mon fils, si tu n'accomplissais pas mes volontés.

— Oh! dites-les-moi promptement, mon père!

— Aussitôt que j'aurai fermé les yeux, reprit don Juan, dans quelques minutes peut-être, tu prendras mon corps, tout chaud même, et tu l'étendras sur une table au milieu de cette chambre. Puis tu éteindras cette lampe; la lueur des étoiles doit te suffire. Tu me dépouilleras de mes vêtements; et pendant que tu réciteras des *Pater* et des *Ave* en élevant ton âme à Dieu, tu auras soin d'humecter, avec cette eau sainte, mes yeux, mes lèvres, toute la tête d'abord, puis successivement les membres et le corps; mais, mon cher fils, la puissance de Dieu est si grande, qu'il ne faudra t'étonner de rien!

Ici, don Juan, qui sentit la mort venir, ajouta d'une voix terrible :
— Tiens bien le flacon. Puis il expira doucement dans les bras d'un fils dont les larmes abondantes coulèrent sur sa face ironique et blême.

Il était environ minuit quand don Philippe Belvidéro plaça le cadavre de son père sur la table. Après en avoir baisé le front menaçant et les cheveux gris, il éteignit la lampe. La lueur douce, produite par la clarté de la lune, dont les reflets bizarres illuminaient la campagne, permit au pieux Philippe d'entrevoir indistinctement le corps de son père, comme quelque chose de blanc au milieu de l'ombre. Le jeune homme imbiba un linge dans la liqueur, et, plongé dans la prière, il oignit fidèlement cette tête sacrée au milieu d'un profond silence. Il entendait bien des frémissements indescriptibles, mais il les attribuait aux jeux de la brise dans les cimes des arbres. Quand il eut mouillé le bras droit, il se sentit fortement étreindre le cou par un bras jeune et vigoureux, le bras de son père! Il jeta un cri déchirant, et laissa tomber la fiole, qui se cassa. La liqueur s'évapora. Les gens du château accoururent, armés de flambeaux. Ce cri les avait épouvantés et surpris, comme si la trompette du jugement dernier eût ébranlé l'univers.

En un moment, la chambre fut pleine de monde. La foule tremblante aperçut don Philippe évanoui, mais retenu par le bras puissant de son père, qui lui serrait le cou. Puis, chose surnaturelle, l'assistance vit la tête de don Juan, aussi jeune, aussi belle que celle de l'Antinoüs; une tête aux cheveux noirs, aux yeux brillants, à la bouche vermeille, et qui s'agitait effroyablement sans pouvoir remuer le squelette auquel elle appartenait. Un vieux serviteur cria : — Miracle ! Et tous ces Espagnols répétèrent : — Miracle ! Trop pieuse pour admettre les mystères de la magie, dona Elvire envoya chercher l'abbé de San-Lucar. Lorsque le prieur contempla de ses yeux le miracle, il résolut d'en profiter en homme d'esprit et en abbé qui ne demandait pas mieux que d'augmenter ses revenus. Déclarant aussitôt que le seigneur don Juan serait infailliblement canonisé, il indiqua la cérémonie de l'apothéose dans son couvent, qui désormais s'appellerait, dit-il, *San-Juan-de-Lucar*. A ces mots, la tête fit une grimace assez facétieuse.

Le goût des Espagnols pour ces sortes de solennités est si connu, qu'il ne doit pas être difficile de croire aux féeries religieuses par lesquelles l'abbaye de San-Lucar célébra la translation du *bienheureux don Juan Belvidéro* dans son église. Quelques jours après la mort de cet illustre seigneur, le miracle de son imparfaite résurrection s'était si drument conté de village en village, dans un rayon de plus de cinquante lieues autour de Saint-Lucar, que ce fut déjà une comédie que de voir les curieux par les chemins ; ils vinrent de tous côtés, affriandés par un *Te Deum* chanté aux flambeaux. L'antique mosquée du couvent de San-Lucar, merveilleux édifice bâti par les Maures, et dont les voûtes entendaient depuis trois siècles le nom de Jésus-Christ substitué à celui d'Allah, ne put contenir la foule accourue pour voir la cérémonie. Pressés comme des fourmis, des hidalgos en manteaux de velours, et armés de leurs bonnes épées, se tenaient debout autour des piliers, sans trouver de place pour plier leurs genoux qui ne se pliaient que là. De ravissantes paysannes, dont les basquines dessinaient les formes amoureuses, donnaient le bras à des vieillards en cheveux blancs. Des jeunes gens aux yeux de feu se trouvaient à côté de vieilles femmes parées. Puis c'était des couples frémissant d'aise, fiancées curieuses amenées par leurs bien-aimés; des mariés de la veille; des enfants se tenant craintifs par la main. Ce monde était là riche de couleurs, brillant de contrastes, chargé de fleurs, émaillé, faisant un doux tumulte dans le silence de la nuit. Les larges portes de l'église s'ouvrirent. Ceux qui, venus trop tard, restèrent en dehors, voyaient de loin, par les trois portails ouverts, une scène dont les décorations vaporeuses de nos opéras modernes ne sauraient donner une faible idée. Des dévotes et des pécheurs, pressés de gagner les bonnes grâces d'un nouveau saint, allumèrent en son honneur des milliers de cierges dans cette vaste église, lueurs intéressées qui donnèrent de magiques aspects au monument. Les noires arcades, les colonnes et leurs chapiteaux, les chapelles profondes et brillantes d'or et d'argent, les galeries, les découpures sarrasines, les traits les plus délicats de cette sculpture délicate, se dessinaient dans cette lumière surabondante, comme des figures capricieuses qui se forment dans un brasier rouge. C'était un océan de feux, dominé, au fond de l'église, par le chœur doré où s'élevait le maître-autel, dont la gloire eût rivalisé avec celle d'un soleil levant. En effet, la splendeur des lampes d'or, des candélabres d'argent, des bannières, des glands, des saints et des *ex-voto*, pâlissait devant la châsse où se trouvait don Juan. Le corps de l'impie étincelait de pierreries, de fleurs, de cristaux, de diamants, d'or, de plumes aussi blanches que les ailes d'un séraphin, et remplaçait sur l'autel un tableau du Christ. Autour de lui brillaient des cierges nombreux qui élançaient dans les airs de flamboyantes ondes. Le bon abbé de San-Lucar, paré des habits pontificaux, ayant sa mitre enrichie de pierres précieuses, son rochet, sa crosse d'or, siégeait, roi du chœur, sur un fauteuil d'un luxe impérial, au milieu de tout son clergé, composé d'impassibles vieillards en cheveux argentés, revêtus d'aubes fines, et qui l'entouraient, semblables aux saints confesseurs que les peintres groupent autour de l'Éternel. Le grand-chantre et les dignitaires du chapitre, décorés des brillants insignes de leurs vanités ecclésiastiques, allaient et venaient au sein des nuages formés par l'encens, pareils aux astres qui roulent sur le firmament. Quand l'heure du triomphe fut venue, les cloches réveillèrent les échos de la campagne, et cette immense assemblée jeta vers Dieu le premier cri de louanges par lequel commence le *Te Deum*. Cri sublime ! C'était des voix pures et légères, des voix de femmes en extase, mêlées aux voix graves et fortes des hommes, des milliers de voix si puissantes, que l'orgue n'en domina pas l'ensemble, malgré le mugissement de ses tuyaux. Seulement les notes perçantes de la jeune voix des enfants de chœur et les larges accents de quelques basses-tailles, suscitèrent des idées gracieuses, peignirent l'enfance et la force, dans ce ravissant concert de voix humaines confondues en sentiment d'amour.

— *Te Deum laudamus!*

Du sein de cette cathédrale noire de femmes et d'hommes agenouillés, ce chant partit semblable à une lumière qui scintille tout à coup dans la nuit, et le silence fut rompu comme par un coup de tonnerre. Les voix montèrent avec les nuages d'encens qui jetaient alors des voiles diaphanes et bleuâtres sur les fantastiques merveilles de l'architecture. Tout était richesse, parfum, lumière et mélodie. Au moment où cette musique d'amour et de reconnaissance s'élança vers l'autel, don Juan, trop poli pour ne pas remercier, trop spirituel pour ne pas entendre raillerie, répondit par un rire effrayant, et se prélassa dans sa châsse. Mais le diable l'ayant fait penser à la chance qu'il courait d'être pris pour un homme ordinaire, pour un saint, un Boniface, un Pantaléon, il troubla cette mélodie d'amour par un hurlement auquel se joignirent les mille voix de l'enfer. La terre bénissait, le ciel maudissait. L'église en trembla sur ses fondements antiques.

— *Te Deum laudamus!* disait l'assemblée.

— Allez à tous les diables, bêtes brutes que vous êtes! Dieu, Dieu! *Carajos demonios*, animaux, êtes-vous stupides avec votre Dieu-vieillard!

Et un torrent d'imprécations se déroula comme un ruisseau de laves brûlantes par une irruption de Vésuve.

— *Deus sabaoth! sabaoth!* crièrent les chrétiens.

— Vous insultez la majesté de l'enfer! répondit don Juan dont la bouche grinçait des dents.

Bientôt le bras vivant put passer par-dessus la châsse, et menaça l'assemblée par des gestes empreints de désespoir et d'ironie.

— Le saint nous bénit, dirent les vieilles femmes, les enfants et les fiancés, gens crédules.

Voilà comment nous sommes souvent trompés dans nos adorations. L'homme supérieur se moque de ceux qui le complimentent, et complimente quelquefois ceux dont il se moque au fond du cœur.

Au moment où l'abbé, prosterné devant l'autel, chantait : —

Sancte Johannes, ora pro nobis! Il entendit assez distinctement :
— *O coglione.*

— Que se passe-t-il donc là-haut ? s'écria le sous-prieur en voyant la châsse remuer.

— Le saint fait le diable, répondit l'abbé.

Alors cette tête vivante se détacha violemment du corps qui ne vivait plus et tomba sur le crâne jaune de l'officiant.

— Souviens-toi de dona Elvire, cria la tête en dévorant celle de l'abbé.

Ce dernier jeta un cri affreux qui troubla la cérémonie. Tous les prêtres accoururent et entourèrent leur souverain.

— Imbécile, dis donc qu'il y a un Dieu ? cria la voix au moment où l'abbé, mordu dans sa cervelle, allait expirer.

Paris octobre 1830.

MAITRE CORNELIUS.

A MONSIEUR LE COMTE GEORGES MNISZECH.

Quelque JALOUX pourrait croire en voyant briller à cette page un des plus vieux et plus illustres noms sarmates, que j'essaye, comme en orfévrerie, de rehausser un récent travail par un bijou ancien, fantaisie à la mode aujourd'hui ; mais, vous et quelques autres aussi, mon cher comte, sauront que je tâche d'acquitter ici ma dette au Talent, au Souvenir et à l'Amitié.

En 1479, le jour de la Toussaint, au moment où cette histoire commença, les vêpres finissaient à la cathédrale de Tours. L'archevêque Hélie de Bourdeilles se levait de son siége pour donner lui-même la bénédiction aux fidèles. Le sermon avait duré longtemps, la nuit était venue pendant l'office, et l'obscurité la plus profonde régnait dans certaines parties de cette belle église dont les deux tours n'étaient pas encore achevées. Cependant bon nombre de cierges brûlaient en l'honneur des saints sur les porte-cires triangulaires destinés à recevoir ces pieuses offrandes dont le mérite ou la signification n'ont jamais été suffisamment expliqués. Les luminaires de chaque autel et tous les candélabres du chœur étaient allumés. Inégalement semées à travers la forêt de piliers et d'arcades qui soutient les trois nefs de la cathédrale, ces masses de lumière éclairaient à peine l'immense vaisseau, car en projetant les fortes ombres des colonnes à travers les galeries de l'édifice, elles y produisaient mille fantaisies que rehaussaient encore les ténèbres dans lesquelles étaient ensevelis les cintres, les voussures et les chapelles latérales, déjà si sombres en plein jour. La foule offrait des effets non moins pittoresques. Certaines figures se dessinaient si vaguement dans le clair-obscur, qu'on pouvait les prendre pour des fantômes ; tandis que plusieurs autres, frappées par des lueurs éparses, attiraient l'attention comme les têtes principales d'un tableau. Les statues semblaient animées, et les hommes paraissaient pétrifiés. Çà et là, des yeux brillaient dans le creux des piliers, la pierre jetait des regards, les marbres parlaient, les voûtes répétaient des soupirs, l'édifice entier était doué de vie. L'existence des peuples n'a pas de scènes plus solennelles ni de moments plus majestueux. A l'homme en masse, il faut toujours du mouvement pour faire œuvre de poésie ; mais à ces heures de religieuses pensées, où les richesses humaines se marient aux grandeurs célestes, il se rencontre d'incroyables sublimités dans le silence ; il y a de la terreur dans les genoux pliés et de l'espoir dans les mains jointes. Le concert de sentiments par lequel toutes les âmes s'élancent au ciel produit alors un explicable phénomène de spiritualité. La mystique exaltation des fidèles assemblés réagit sur chacun d'eux, le plus faible est sans doute porté sur les flots de cet océan d'amour et de foi. Puissance tout électrique, la prière arrache ainsi notre nature à elle-même. Cette involontaire union de toutes les volontés, également prosternées à terre, également élevées aux cieux, contient sans doute le secret des magiques influences que possèdent le chant des prêtres et les mélodies de l'orgue, les parfums et les pompes de l'autel, les voix de la foule et ses contemplations silencieuses. Aussi ne devons-nous pas être étonnés de voir au Moyen-âge tant d'amours commencées à l'église après de longues extases, amours souvent dénouées peu saintement, mais desquelles les femmes finissaient, comme toujours, par faire pénitence. Le sentiment religieux avait alors certainement quelques affinités avec l'amour, il en était ou le principe ou la fin. L'amour était encore une religion, il avait encore son beau fanatisme, ses superstitions naïves, ses dévouements sublimes qui sympathisaient avec ceux du christianisme. Les mœurs de l'époque expliquent assez bien d'ailleurs l'alliance de la religion et de l'amour. D'abord, la société ne se trouvait guère en présence que devant les autels. Seigneurs et vassaux, hommes et femmes n'étaient égaux que là. Là seulement, les amants pouvaient se voir et correspondre. Enfin, les fêtes ecclésiastiques composaient le spectacle du temps, l'âme d'une femme était alors plus vivement remuée au milieu des cathédrales qu'elle ne l'est aujourd'hui dans un bal ou à l'Opéra. Les fortes émotions ne ramènent-elles pas toutes les femmes à l'amour? A force de se mêler à la vie et de la saisir dans tous ses actes, la religion s'était donc rendue également complice et des vertus et des vices. La religion avait passé dans la science, dans la politique, dans l'éloquence, dans les crimes, sur les trônes, dans la peau du malade et du pauvre; elle était tout. Ces observations demi-savantes justifieront peut-être la vérité de cette Étude dont certains détails pourraient effaroucher la morale perfectionnée de notre siècle, un peu trop *collet-monté*, comme chacun sait.

Au moment où le chant des prêtres cessa, quand les dernières notes de l'orgue se mêlèrent aux vibrations de l'*amen* sorti de la forte poitrine des chantres, pendant qu'un léger murmure retentissait encore sous les voûtes lointaines, au moment où l'assemblée recueillie attendait la bienfaisante parole du prélat, un bourgeois, pressé de rentrer en son logis, ou craignant pour sa bourse le tumulte de la sortie, se retira doucement, au risque d'être réputé mauvais catholique. Un gentilhomme, tapi contre l'un des énormes piliers qui environnent le chœur et où il était resté comme perdu dans l'ombre, s'empressa de venir prendre la place abandonnée par le prudent Tourangeau. En y arrivant, il se cacha promptement le visage dans les plumes qui ornaient son haut bonnet gris, et s'agenouilla sur la chaise avec un air de contrition auquel un inquisiteur aurait pu croire. Après avoir assez attentivement regardé ce garçon, ses voisins parurent le reconnaître, et se remirent à prier en laissant échapper certain geste par lequel ils exprimèrent une même pensée, pensée caustique, railleuse, une médisance muette. Deux vieilles femmes hochèrent la tête en se jetant un mutuel coup d'œil qui fouillait l'avenir. La chaise dont s'était emparé le jeune homme se trouvait près d'une chapelle pratiquée entre deux piliers, et fermée par une grille de fer. Le chapitre louait alors, moyennant d'assez fortes redevances, à certaines familles seigneuriales ou même à de riches bourgeois, le droit d'assister aux offices, exclusivement, eux et leurs gens, dans les chapelles latérales, situées le long des deux petites nefs qui tournent autour de la cathédrale. Cette simonie se pratique encore aujourd'hui. Une femme avait sa chapelle à l'église, comme de nos jours elle prend une loge aux Italiens. Les locataires de ces places privilégiées avaient en outre la charge d'entretenir l'autel qui leur était concédé. Chacun mettait donc son amour-propre à décorer somptueusement le sien, vanité dont s'accommodait assez bien l'église. Dans cette chapelle et près de la grille, une jeune dame était agenouillée sur un beau carreau de velours rouge à glands d'or, précisément auprès de la place précédemment occupée par le bourgeois. Une lampe d'argent vermeil suspendue à la voûte de la chapelle, devant un autel magnifiquement orné, jetait sa pâle lumière sur le livre d'Heures que tenait la dame. Ce livre trembla violemment dans ses mains quand le jeune homme vint près d'elle.

— *Amen!*

A ce répons, chanté d'une voix douce, mais cruellement agitée, et qui heureusement se confondit dans la clameur générale, elle ajouta vivement et à voix basse : — Vous me perdez.

Cette parole fut dite avec un accent d'innocence auquel devait obéir un homme délicat, elle allait au cœur et le perçait ; mais l'inconnu, sans doute emporté par un de ces paroxysmes de passion qui étouffent la conscience, resta sur sa chaise et releva légèrement la tête, pour jeter un coup d'œil dans la chapelle.

— Il dort ! répondit-il d'une voix si bien assourdie que cette réponse dut être entendue par la jeune femme comme un son par l'écho.

La dame pâlit, son regard furtif quitta pour un moment le vélin du livre et se dirigea sur un vieillard que le jeune homme avait regardé. Quelle terrible complicité ne se trouvait-il pas dans cette œillade? Lorsque la jeune femme eut examiné ce vieillard, elle respira fortement et leva son beau front orné d'une pierre précieuse vers un tableau où la Vierge était peinte ; ce simple mouvement, cette attitude, le regard mouillé disaient toute sa vie avec une imprudente naïveté; perverse, elle eût été dissimulée. Le personnage qui faisait tant de peur aux deux amants était un petit vieillard, bossu, presque chauve, de physionomie farouche, ayant une large barbe d'un blanc sale et taillée en éventail ; la croix de Saint-Michel brillait sur sa poitrine ; ses mains rudes, fortes, sillonnées de poils gris, et que d'abord il avait sans doute jointes, s'étaient légèrement désunies pendant le sommeil auquel il se laissait si imprudemment aller. Sa main droite semblait près de tomber sur sa dague, dont la garde formait une espèce de grosse coquille en fer sculpté ; par la manière dont il avait rangé son arme, le pommeau se trouvait sous sa main ; si, par malheur, elle venait à toucher le fer, nul doute qu'il ne s'éveillât aussitôt, et ne jetât un regard sur sa femme. Ses lèvres sardoniques, son menton pointu, capricieusement relevé, présentaient les signes caractéristiques d'un malicieux esprit, d'une sagacité froidement cruelle qui devait lui permettre de tout deviner, parce qu'il savait tout supposer. Son front jaune était plissé comme celui des hommes habitués à ne rien croire, à tout peser, et qui, semblables aux avares faisant trébucher leurs pièces d'or, cherchent le sens et la valeur exacte des actions humaines. Il avait une charpente osseuse et solide, paraissait être nerveux, partant irritable; bref, vous eussiez dit d'un ogre manqué. Donc, au réveil de ce terrible seigneur, un inévitable danger attendait la jeune dame. Ce mari jaloux ne manquerait pas de reconnaître la différence qui existait entre le vieux bourgeois duquel il n'avait pris aucun ombrage, et le nouveau venu, courtisan jeune, svelte, élégant.

— *Libera nos à malo*, dit-elle en essayant de faire comprendre ses craintes au cruel jeune homme.

Celui-ci leva la tête vers elle et la regarda. Il avait des pleurs dans les yeux, pleurs d'amour ou de désespoir. A cette vue la dame tressaillit, elle se perdit. Tous deux résistaient sans doute depuis longtemps, et ne pouvaient peut-être plus résister à un amour grandi de jour en jour par d'invincibles obstacles, couvé par la terreur, fortifié par la jeunesse. Cette femme était médiocrement belle, mais son teint pâle accusait de secrètes souffrances qui la rendaient intéressante. Elle avait d'ailleurs les formes distinguées et les plus beaux cheveux du monde. Gardée par un tigre, elle risquait peut-être sa vie en disant un mot, en se laissant presser la main, en accueillant un regard. Si jamais amour n'avait été plus profondément enseveli dans deux cœurs, plus délicieusement savouré, jamais aussi passion ne devait être plus périlleuse. Il était facile de deviner que, pour ces deux êtres, l'air, les sons, le bruit des pas sur les dalles, les choses les plus indifférentes aux autres hommes, offraient des qualités sensibles, des propriétés particulières qu'ils devinaient. Peut-être l'amour leur faisait-il trouver des truchements fidèles jusque dans les mains glacées du vieux prêtre auquel ils allaient dire leurs péchés, ou desquelles ils recevaient une hostie en approchant de la sainte table. Amour profond, amour entaillé dans l'âme comme dans le corps une cicatrice qu'il faut garder durant toute la vie. Quand ces deux jeunes gens se regardèrent, la femme sembla dire à son amant : — Périssons, mais aimons-nous. Et le cavalier parut lui répondre : — Nous nous aimerons, et ne périrons pas. Alors, par un mouvement de tête plein de mélancolie, elle lui montra une vieille duègne et deux pages. La duègne dormait. Les deux pages étaient jeunes, et paraissaient assez insouciants de ce qui pouvait arriver de bien ou de mal à leur maître.

— Ne vous effrayez pas à la sortie, et laissez-vous faire.

A peine le gentilhomme eut-il dit ces paroles à voix basse, que la main du vieux seigneur coula sur le pommeau de son épée. En sentant la froideur du fer, le vieillard s'éveilla soudain ; ses yeux jaunes se fixèrent aussitôt sur sa femme. Par un privilége assez rarement accordé même aux hommes de génie, il retrouva son intelligence aussi nette et ses idées aussi claires que s'il n'avait pas sommeillé. C'était un jaloux. Si le jeune cavalier donnait un œil à sa maîtresse, de l'autre il guignait le mari ; il se leva lestement, et s'effaça derrière le pilier au moment où la main du vieillard voulut se mouvoir ; puis il disparut, léger comme un oiseau. La dame baissa promptement les yeux, feignit de lire et tâcha de paraître calme ; mais elle ne pouvait empêcher ni son visage de rougir, ni son cœur de battre avec une violence inusitée. Le vieux seigneur entendit le bruit des pulsations profondes qui retentissaient dans la chapelle, et remarqua l'incarnat extraordinaire répandu sur les joues, sur le front, sur les paupières de sa femme ; il regarda prudemment autour de lui ; mais, ne voyant personne dont il dût se défier : — A quoi pensez-vous donc, ma mie ? lui dit-il.

— L'odeur de l'encens me fait mal, répondit-elle.

— Il est donc mauvais d'aujourd'hui, répliqua le seigneur.

Malgré cette observation, le rusé vieillard parut croire à cette défaite ; mais il soupçonna quelque trahison secrète et résolut de veiller encore plus attentivement sur son trésor. La bénédiction était donnée. Sans attendre la fin du *secula seculorum*, la foule se précipitait comme un torrent vers les portes de l'église. Suivant son habitude, le seigneur attendit prudemment que l'empressement général fût calmé, puis il sortit en faisant marcher devant lui la duègne et le plus jeune page qui portait un falot ; il donna le bras à sa femme, et se fit suivre par l'autre page. Au moment où le vieux seigneur allait atteindre la porte latérale ouverte dans la partie orientale du cloître et par laquelle il avait coutume de sortir, un flot de monde se détacha de la foule qui obstruait le grand portail, reflua vers la petite nef où il se trouvait avec son monde, et cette masse compacte l'empêcha de retourner sur ses pas. Le seigneur et sa femme furent alors poussés au dehors par la puissante pression de cette multitude. Le mari tâcha de passer le premier en tirant fortement la dame par le bras ; mais, en ce moment, il fut entraîné vigoureusement dans la rue, et sa femme lui fut arrachée par un étranger. Le terrible bossu comprit soudain qu'il était tombé dans une embûche préparée de longue main. Se repentant d'avoir dormi si longtemps, il rassembla toute sa force ; d'une main ressaisit sa femme par la manche de sa robe, et de l'autre essaya de se cramponner à la porte. Mais l'ardeur de l'amour l'emporta sur la rage de la jalousie. Le jeune gentilhomme prit sa maîtresse par la taille, l'enleva si rapidement et avec une telle force de désespoir, que l'étoffe de soie et d'or, le brocart et les baleines se déchirèrent bruyamment. La manche resta seule au mari. Un rugissement de lion couvrit aussitôt les cris poussés par la multitude, et l'on entendit bientôt une voix terrible hurlant ces mots : — A moi, Poitiers ! Au portail, les gens du comte de Saint-Vallier ! Au secours ! ici !

Et le comte Aymar de Poitiers, sire de Saint-Vallier, tenta de tirer son épée et de se faire faire place ; mais il se vit environné, pressé par trente ou quarante gentilshommes qu'il était dangereux de blesser. Plusieurs d'entre eux, qui étaient du plus haut rang, lui répondirent par des quolibets en l'entraînant dans le passage du cloître. Avec la rapidité de l'éclair, le ravisseur avait emmené la comtesse dans une chapelle ouverte où il l'assit derrière un confessionnal, sur un banc de bois. A la lueur des cierges qui brûlaient devant l'image du saint auquel cette chapelle était dédiée, ils se regardèrent un moment en silence, en se pressant les mains, étonnés l'un et l'autre de leur audace. La comtesse n'eut pas le cruel courage de reprocher au jeune homme la hardiesse à laquelle ils devaient ce périlleux, ce premier instant de bonheur,

— Voulez-vous fuir avec moi dans les États voisins ? lui dit vivement le gentilhomme. J'ai près d'ici deux genets d'Angleterre capables de faire trente lieues d'une seule traite.

— Eh ! s'écria-t-elle doucement, en quel lieu du monde trouverez-vous un asile pour une fille du roi Louis Onze ?

— C'est vrai répondit le jeune homme stupéfait de n'avoir pas prévu cette difficulté.

— Pourquoi donc m'avez-vous arrachée à mon mari ? demanda-t-elle avec une sorte de terreur.

— Hélas! reprit le cavalier, je n'ai pas compté sur le trouble où je suis en me trouvant près de vous, en vous entendant me parler. J'ai conçu deux ou trois plans, et maintenant tout me semble accompli, puisque je vous vois.

— Mais je suis perdue, dit la comtesse.

— Nous sommes sauvés, répliqua le gentilhomme avec l'aveugle enthousiasme de l'amour. Écoutez-moi bien.

— Ceci me coûtera la vie, reprit-elle en laissant couler les larmes qui roulaient dans ses yeux. Le comte me tuera ce soir peut-être! Mais, allez chez le roi, racontez-lui les tourments que depuis cinq ans sa fille a endurés. Il m'aimait bien quand j'étais petite, et m'appelait en riant : Marie-pleine-de-grâce, parce que j'étais laide. Ah! s'il savait à quel homme il m'a donnée, il se mettrait dans une terrible colère. Je n'ai pas osé me plaindre, par pitié pour le comte. D'ailleurs, comment ma voix parviendrait-elle au roi? Mon confesseur lui-même est un espion de Saint-Vallier. Aussi me suis-je prêtée à ce coupable enlèvement, dans l'espoir de conquérir un défenseur. Mais puis-je me fier à... — Oh! dit-elle en pâlissant et s'interrrompant, voici le page.

La pauvre comtesse se fit comme un voile avec ses mains pour se cacher la figure.

— Ne craignez rien, reprit le jeune seigneur, il est gagné! Vous pouvez vous servir de lui en toute assurance, il m'appartient. Quand le comte viendra vous chercher, il nous préviendra de son arrivée. — Dans ce confessionnal, ajouta-t-il à voix basse, est un chanoine de mes amis qui sera censé vous avoir retirée de la bagarre, et mise sous sa protection dans cette chapelle. Ainsi, tout est prévu pour tromper Saint-Vallier.

A ces mots, les larmes de la comtesse se séchèrent, mais une expression de tristesse vint rembrunir son front.

— On ne le trompe pas! dit-elle. Ce soir, il saura tout, prévenez ses coups? Allez au Plessis, voyez le roi, dites-lui que.... Elle hésita. Mais quelque souvenir lui ayant donné le courage d'avouer les secrets du mariage : — Eh! bien, oui, reprit-elle, dites-lui que pour se rendre maître de moi, le comte me fait saigner aux deux bras, et m'épuise. Dites qu'il m'a traînée par les cheveux, dites que je suis prisonnière, dites que...

Son cœur se gonfla, les sanglots expirèrent dans son gosier, quelques larmes tombèrent de ses yeux ; et dans son agitation, elle se laissa baiser les mains par le jeune homme auquel il échappait des mots sans suite.

— Personne ne peut parler au roi, pauvre petite! J'ai beau être le neveu du grand-maître des arbalétriers, je n'entrerai pas ce soir au Plessis. Ma chère dame, ma belle souveraine! Mon Dieu, a-t-elle souffert! Marie, laissez-moi vous dire deux mots, ou nous sommes perdus.

— Que devenir? dit-elle.

La comtesse aperçut à la noire muraille un tableau de la Vierge, sur lequel tombait la lueur de la lampe, et s'écria : — Sainte mère de Dieu, conseillez-nous!

— Ce soir, reprit le jeune seigneur, je serai chez vous.

— Et comment? demanda-t-elle naïvement.

Ils étaient dans un si grand péril, que leurs plus douces paroles semblaient dénuées d'amour.

— Ce soir, reprit le gentilhomme, je vais aller m'offrir en qualité d'apprenti à maître Cornélius, l'argentier du roi. J'ai su me procurer une lettre de recommandation qui me fera recevoir. Son logis est voisin du vôtre. Une fois sous le toit de ce vieux ladre, à l'aide d'une échelle de soie je saurai trouver le chemin de votre appartement.

— Oh! dit-elle pétrifiée d'horreur, si vous m'aimez, n'allez pas chez maître Cornélius!

— Ah! s'écria-t-il en la serrant contre son cœur avec toute la force que l'on se sent à son âge, vous m'aimez donc!

— Oui, dit-elle. N'êtes-vous pas mon espérance? Vous êtes gentilhomme, je vous confie mon honneur? — D'ailleurs, reprit-elle en le regardant avec dignité, je suis trop malheureuse pour que vous trahissiez ma foi. Mais à quoi bon tout ceci? Allez, laissez-moi mourir plutôt que d'entrer chez Cornélius! Ne savez-vous pas que tous ses apprentis...

— Ont été pendus, reprit en riant le gentilhomme. Croyez-vous que ses trésors me tentent?

— Oh! n'y allez pas, vous y seriez victime de quelque sorcellerie.

— Je ne saurais trop payer le bonheur de vous servir, répondit-il en lui lançant un regard de feu qui lui fit baisser les yeux.

— Et mon mari? dit-elle.

— Voici qui l'endormira, reprit le jeune homme en tirant de sa ceinture un petit flacon.

— Pas pour toujours? demanda la comtesse en tremblant.

Pour toute réponse, le gentilhomme fit un geste d'horreur.

— Je l'aurais déjà défié en combat singulier, s'il n'était pas si vieux, ajouta-t-il. Dieu me garde jamais de vous en défaire en lui donnant le boucon !

— Pardon, dit la comtesse en rougissant, je suis cruellement punie de mes péchés. Dans un moment de désespoir, j'ai voulu tuer le comte, je craignais que vous n'eussiez eu le même désir. Ma douleur est grande de n'avoir point encore pu me confesser de cette mauvaise pensée; mais j'ai eu peur que mon idée ne lui fût découverte, qu'il ne s'en vengeât. — Je vous fais honte, reprit-elle, offensée du silence que gardait le jeune homme. J'ai mérité ce blâme.

Elle brisa le flacon en le jetant à terre avec violence.

— Ne venez pas, s'écria-t-elle, le comte a le sommeil léger. mon devoir est d'attendre secours du ciel. Ainsi ferai-je !

Elle voulut sortir.

— Ah ! s'écria le gentilhomme, ordonnez, je le tuerai, madame. Vous me verrez ce soir.

— J'ai été sage de dissiper cette drogue, répliqua-t-elle d'une voix éteinte par le plaisir de se voir si ardemment aimée. La peur de réveiller mon mari nous sauvera de nous-mêmes.

— Je vous fiance ma vie, dit le jeune homme en lui serrant la main.

— Si le roi veut, le pape saura casser mon mariage. Nous serions unis, alors, reprit-elle en lui lançant un regard plein de délicieuses espérances.

— Voici mon seigneur ! s'écria le page en accourant.

Aussitôt le gentilhomme, étonné du peu de temps pendant lequel il était resté près de sa maîtresse, et surpris de la célérité du comte, prit un baiser que sa maîtresse ne sut pas refuser.

— A ce soir ! lui dit-il en s'esquivant de la chapelle.

A la faveur de l'obscurité, l'amoureux gagna le grand portail en s'évadant de pilier en pilier, dans la longue trace d'ombre que chaque grosse colonne projetait à travers l'église. Un vieux chanoine sortit tout à coup du confessionnal, vint se mettre auprès de la comtesse, et ferma doucement la grille devant laquelle le page se promena gravement avec une assurance de meurtrier. De vives clartés annoncèrent le comte. Accompagné de quelques amis et de gens qui portaient des torches, il tenait à la main son épée nue. Ses yeux sombres semblaient percer les ténèbres profondes et visiter les coins les plus obscurs de la cathédrale.

— Monseigneur, madame est là, lui dit le page en allant au-devant de lui.

Le sire de Saint-Vallier trouva sa femme agenouillée aux pieds de l'autel, et le chanoine debout, disant son bréviaire. A ce spectacle, il secoua vivement la grille, comme pour donner pâture à sa rage.

— Que voulez-vous, une épée nue à la main dans l'église? demanda le chanoine.

— Mon père, monsieur est mon mari, répondit la comtesse.

Le prêtre tira la clef de sa manche, et ouvrit la chapelle. Le comte jeta presque malgré lui des regards autour du confessionnal, y entra; puis, il se mit à écouter le silence de la cathédrale.

— Monsieur, lui dit sa femme, vous devez des remercîments à ce vénérable chanoine qui m'a retirée ici.

Le sire de Saint-Vallier pâlit de colère, n'osa regarder ses amis, venus là plus pour rire de lui que pour l'assister, et repartit brièvement : — Merci Dieu, mon père, je trouverai moyen de vous récompenser!

Il prit sa femme par le bras, et sans la laisser achever sa révérence au chanoine, il fit un signe à ses gens, et sortit de l'église sans dire un mot à ceux qui l'avaient accompagné. Son silence avait quelque chose de farouche. Impatient d'être au logis, préoccupé des moyens de découvrir la vérité, il se mit en marche à travers les rues tortueuses qui séparaient alors la cathédrale du portail de la Chancellerie où s'élevait le bel hôtel, alors récemment bâti par le chancelier Juvénal des Ursins, sur l'emplacement d'une ancienne fortification que Charles VII avait donnée à ce fidèle serviteur en récompense de ses glorieux labeurs. Là commençait une rue nommée depuis lors de la Scéellerie, en mémoire des sceaux qui y furent longtemps. Elle joignait le vieux Tours au bourg de Châteauneuf, où se trouvait la célèbre abbaye de Saint-Martin, dont tant de rois furent simples chanoines. Depuis cent ans, et après de longues discussions, ce bourg avait été réuni à la ville. Beaucoup de rues adjacentes à celle de la Scéellerie, et qui forment aujourd'hui le centre du Tours moderne, étaient déjà construites; mais les plus beaux hôtels, et notamment celui du trésorier Xancoings, maison qui subsiste encore dans la rue du Commerce, étaient situés dans la commune de Châteauneuf. Ce fut par là que les porte-flambeaux du sire de Saint-Vallier le guidèrent vers la partie du bourg qui avoisinait la Loire; il suivait machinalement ses gens en lançant de temps en temps un coup d'œil sombre à sa femme et au page, pour surprendre entre eux un regard d'intelligence qui jetât quelque lumière sur cette rencontre désespérante. Enfin, le comte arriva dans la rue du Mûrier, où son logis était situé. Lorsque son cortége fut entré, que la lourde porte fut fermée, un profond silence régna dans cette rue étroite où logeaient alors quelques seigneurs, car ce nouveau quartier de la ville avoisinait le Plessis, séjour habituel du roi, chez qui les courtisans pouvaient aller en un moment. La dernière maison de cette rue était aussi la dernière de la ville, et appartenait à maître Cornélius Hoogworst, vieux négociant brabançon, à qui le roi Louis XI accordait sa confiance dans les transactions financières que sa politique astucieuse l'obligeait à faire au dehors du royaume. Par des raisons favorables à la tyrannie qu'il exerçait sur sa femme, le comte Saint-Vallier s'était jadis établi dans un hôtel contigu au logis de ce maître Cornélius. La topographie des lieux expliquera les bénéfices que cette situation pouvait offrir à un jaloux. La maison du comte, nommée l'*hôtel de Poitiers*, avait un jardin bordé au nord par le mur et le fossé qui servaient d'enceinte à l'ancien bourg de Châteauneuf, et le long desquels passait la levée récemment construite par Louis XI entre Tours et le Plessis. De ce côté, des chiens défendaient l'accès du logis qu'une grande cour séparait à l'est, des maisons voisines, et qui à l'ouest se trouvait adossé au logis de maître Cornélius. La façade de la rue avait l'exposition du midi. Isolé de trois côtés, l'hôtel du défiant et rusé seigneur, ne pouvait donc être envahi que par les habitants de la maison brabançonne dont les combles et les chéneaux de pierre se mariaient à ceux de l'hôtel de Poitiers. Sur la rue, les fenêtres étroites et découpées dans la pierre, étaient garnies de barreaux en fer; puis la porte, basse et voûtée comme le guichet de nos plus vieilles prisons, avait une solidité à toute épreuve. Un banc de pierre, qui servait de montoir, se trouvait près du porche. En voyant le profil des logis occupés par maître Cornélius et par le comte de Poitiers, il était facile de croire que les deux maisons avaient été bâties par le même architecte, et destinées à des tyrans. Toutes deux d'aspect sinistre, ressemblaient à de petites forteresses, et pouvaient être longtemps défendues avec avantage contre une populace furieuse. Leurs angles étaient protégés par des tourelles semblables à celles que les amateurs d'antiquités remarquent dans certaines villes où le marteau des démolisseurs n'a pas encore pénétré. Les baies, qui avaient peu de largeur, permettaient de donner une force de résistance prodigieuse aux volets ferrés et aux portes. Les émeutes et les guerres civiles, si fréquentes en ces temps de discorde, justifiaient amplement toutes ces précautions.

Lorsque six heures sonnèrent au clocher de l'abbaye Saint-Martin, l'amoureux de la comtesse passa devant l'hôtel de Poitiers, s'y arrêta pendant un moment, et entendit dans la salle basse le bruit que faisaient les gens du comte en soupant. Après avoir jeté un regard sur la chambre où il présumait que devait être sa dame, il alla vers la porte du logis voisin. Partout, sur son chemin, le jeune seigneur avait entendu les joyeux accents des repas faits dans les maisons de la ville, en l'honneur de la fête. Toutes les fenêtres mal jointes laissaient passer des rayons de lumière, les cheminées fumaient, et la bonne odeur des rôtisseries égayait les rues. L'office achevé, la ville entière se rigolait, et poussait des murmures que l'imagination comprend mieux que la parole ne les peint. Mais, en cet endroit, régnait un profond silence, car dans ces deux logis vivaient deux passions qui ne se réjouissent jamais. Au delà les campagnes se taisaient; puis là, sous l'ombre des clochers de l'abbaye Saint-Martin, ces deux maisons muettes aussi, séparées des autres et situées dans le bout le plus tortueux de la rue, ressemblaient à une léproserie. Le logis qui leur faisait face, appartenant à des criminels d'État, était sous le séquestre. Un jeune homme devait être facilement impressionné par ce subit contraste. Aussi, sur le point de se lancer dans une entreprise horriblement hasardeuse, le gentilhomme resta-t-il pensif devant la maison du Lombard en se rappelant tous les contes que fournissait la vie de maître Cornélius et qui avaient causé le singulier effroi de la comtesse. A cette époque, un homme de guerre, et même un amoureux, tout tremblait au mot de magie. Il se rencontrait alors peu d'imaginations incrédules pour les faits bizarres, ou froides aux récits merveilleux. L'amant de la comtesse de Saint-Vallier, une des filles que Louis XI avait eues de madame de Sassenage, en Dauphiné, quelque hardi qu'il pût être, devait y regarder à deux fois au moment d'entrer dans une maison ensorcelée.

L'histoire de maître Cornélius Hoogworst expliquera complètement la sécurité que le Lombard avait inspirée au sire de Saint-Vallier, la terreur manifestée par la comtesse, et l'hésitation qui arrêtait l'amant. Mais, pour faire comprendre entièrement à des lecteurs du dix-neuvième siècle comment des événements assez vulgaires en apparence étaient devenus surnaturels, et pour leur faire partager les frayeurs du vieux temps, il est nécessaire d'interrompre cette histoire pour jeter un rapide coup d'œil sur les aventures de maître Cornélius.

Cornélius Hoogworst, l'un des plus riches commerçants de Gand, s'étant attiré l'inimitié de Charles, duc de Bourgogne, avait trouvé asile et protection à la cour de Louis XI. Le roi sentit les avantages qu'il pouvait tirer d'un homme lié avec les principales maisons de Flandre, de Venise et du Levant, il anoblit, naturalisa, flatta maître Cornélius, ce qui arrivait rarement à Louis XI. Le monarque plaisait d'ailleurs au Flamand autant que le Flamand plaisait au monarque. Rusés, défiants, avares; également politiques, également instruits; supérieurs tous deux à leur époque, tous deux se comprenaient à merveille; ils quittaient et reprenaient avec une même facilité, l'un sa conscience, l'autre sa dévotion; ils aimaient la même vierge, l'un par conviction, l'autre par flatterie; enfin, s'il fallait en croire les propos jaloux d'Olivier le Daim et de Tristan, le roi allait se divertir dans la maison du Lombard, comme se divertissait Louis XI. L'histoire a pris soin de nous transmettre les goûts licencieux de ce monarque auquel la débauche ne déplaisait pas. Le vieux Brabançon trouvait sans doute joie et profit à se prêter aux capricieux plaisirs de son royal client. Cornélius habitait la ville de Tours depuis neuf ans. Pendant ces neuf années, il s'était passé chez lui des événements extraordinaires qui l'avaient rendu l'objet de l'exécration générale. En arrivant, il dépensa dans sa maison des sommes assez considérables afin de mettre ses trésors en sûreté. Les inventions que les serruriers de la ville exécutèrent secrètement pour lui, les précautions bizarres qu'il avait prises pour les amener dans son logis de manière à s'assurer forcément de leur discrétion, furent pendant longtemps le sujet de mille contes merveilleux qui charmèrent les veillées de Touraine. Les singuliers artifices du vieillard le faisaient supposer possesseur de richesses orientales. Aussi les narrateurs de ce pays, la patrie du conte en France, bâtissaient-ils des chambres d'or et de pierreries chez le Flamand, sans manquer d'attribuer à des pactes magiques la source de cette immense fortune. Maître Cornélius avait amené jadis avec lui deux valets flamands, une vieille femme, plus un jeune apprenti de figure douce et prévenante ; ce jeune homme lui servait de secrétaire, de caissier, de factotum et de courrier. Dans la première année de son établissement à Tours, un vol considérable eut lieu chez lui. Les enquêtes judiciaires prouvèrent que le crime avait été commis par un habitant de la maison. Le vieil avare fit mettre en prison ses deux valets et son commis. Le jeune homme était faible, il périt dans les souffrances de la question, tout en protestant de son innocence. Les deux valets avouèrent le crime pour éviter les tortures ; mais quand le juge leur demanda où se trouvaient les sommes volées, ils gardèrent le silence, furent réappliqués à la question, jugés, condamnés et pendus. En allant à l'échafaud, ils persistèrent à se dire innocents, suivant l'habitude de tous les pendus. La ville de Tours s'entretint longtemps de cette singulière affaire. Les criminels étaient des Flamands, l'intérêt que ces malheureux et que le jeune commis avaient excité s'évanouit donc promptement. En ce temps-là les guerres et les séditions fournissaient des émotions perpétuelles, et le drame du jour faisait pâlir celui de la veille. Plus chagrin de la perte énorme qu'il avait éprouvée que de la mort de ses trois domestiques, maître Cornélius resta seul avec la vieille flamande qui était sa sœur. Il obtint du roi la faveur de se servir des courriers de l'État pour ses affaires particulières, mit ses mules chez un muletier du voisinage, et vécut, dès ce moment, dans la plus profonde solitude, ne voyant guère que le roi, faisant son commerce par le canal des juifs, habiles calculateurs, qui le servaient fidèlement, afin d'obtenir sa toute-puissante protection.

Quelque temps après cette aventure, le roi procura lui-même à son vieux *torçonnier* un jeune orphelin, auquel il portait beaucoup d'intérêt. Louis XI appelait familièrement maître Cornélius de ce vieux nom, qui sous le règne de saint Louis, signifiait un usurier, un collecteur d'impôts, un homme qui pressurait le monde par des moyens violents. L'épithète *tortionnaire*, restée au Palais, explique assez bien le mot *torçonnier* qui se trouve souvent écrit *tortionneur*. Le pauvre enfant s'adonna soigneusement aux affaires du Lombard, sut lui plaire, et gagna ses bonnes grâces. Pendant une nuit d'hiver, les diamants déposés entre les mains de

Cornélius par le roi d'Angleterre pour sûreté d'une somme de cent mille écus, furent volés, et les soupçons tombèrent sur l'orphelin ; Louis XI se montra d'autant plus sévère pour lui, qu'il avait répondu de sa fidélité. Aussi le malheureux fut-il pendu, après un interrogatoire assez sommairement fait par le grand-prévôt. Personne n'osait aller apprendre l'art de la banque et le change chez maître Cornélius. Cependant deux jeunes gens de la ville, Tourangeaux pleins d'honneur et désireux de fortune, y entrèrent successivement. Des vols considérables coïncidèrent avec l'admission des deux jeunes gens dans la maison du torçonnier ; les circonstances de ces crimes, la manière dont ils furent exécutés, prouvèrent clairement que les voleurs avaient des intelligences secrètes avec les habitants du logis ; il fut impossible de ne pas en accuser les nouveaux venus. Devenu de plus en plus soupçonneux et vindicatif, le Brabançon déféra sur-le-champ la connaissance de ce fait à Louis XI, qui chargea son grand-prévôt de ces affaires. Chaque procès fut promptement instruit, et plus promptement terminé. Le patriotisme des Tourangeaux donna secrètement tort à la promptitude de Tristan. Coupables ou non, les deux jeunes gens passèrent pour des victimes, et Cornélius pour un bourreau. Les deux familles en deuil étaient estimées, leurs plaintes furent écoutées ; et de conjectures en conjectures, elles parvinrent à faire croire à l'innocence de tous ceux que l'argentier du roi avait envoyés à la potence. Les uns prétendaient que le cruel avare imitait le roi, qu'il essayait de mettre la terreur et les gibets entre le monde et lui ; qu'il n'avait jamais été volé ; que ces tristes exécutions étaient le résultat d'un froid calcul, et qu'il voulait être sans crainte pour ses trésors. Le premier effet de ces rumeurs populaires fut d'isoler Cornélius ; les Tourangeaux le traitèrent comme un pestiféré, l'appelèrent *le tortionnaire*, et nommèrent son logis la *Malemaison*. Quand même le Lombard aurait pu trouver des étrangers assez hardis pour entrer chez lui, tous les habitants de la ville les en eussent empêchés par leurs dires. L'opinion la plus favorable à maître Cornélius était celle des gens qui le regardaient comme un homme funeste. Il inspirait aux uns une terreur instinctive ; aux autres, il imprimait ce respect profond que l'on porte à un pouvoir sans bornes ou à l'argent ; pour plusieurs personnes, il avait l'attrait du mystère. Son genre de vie, sa physionomie et la faveur du roi justifiaient tous les contes dont il était devenu le sujet. Cornélius voyageait assez souvent en pays étrangers, depuis la mort de son persécuteur le duc de Bourgogne; or, pendant son absence, le roi faisait garder le logis du banquier par des hommes de sa compagnie écossaise. Cette royale sollicitude faisait présumer aux courtisans que le vieillard avait légué sa fortune à Louis XI. Le torçonnier sortait très-peu, les seigneurs de la cour lui rendaient de fréquentes visites; il leur prêtait assez libéralement de l'argent, mais il était fantasque : à certains jours il ne leur aurait pas donné un sou parisis; le lendemain, il leur offrait des sommes immenses, moyennant toutefois un bon intérêt et de grandes sûretés. Bon catholique d'ailleurs, il allait régulièrement aux offices, mais il venait à Saint-Martin de très-bonne heure; et comme il y avait acheté une chapelle à perpétuité, là, comme ailleurs, il était séparé des autres chrétiens. Enfin un proverbe populaire de cette époque, et qui subsista longtemps à Tours, était cette phrase : — Vous avez passé devant le Lombard, il vous arrivera malheur. — *Vous avez passé devant le Lombard* expliquait les maux soudains, les tristesses involontaires et les mauvaises chances de fortune. Même à la cour, on attribuait à Cornélius cette fatale influence que les superstitions italienne, espagnole et asiatique, ont nommée le *mauvais œil*. Sans le pouvoir terrible de Louis XI qui s'était étendu comme un manteau sur cette maison, à la moindre occasion le peuple eût démoli la *Malemaison* de la rue du Mûrier. Et c'était pourtant chez Cornélius que les premiers mûriers plantés à Tours avaient été mis en terre; et les Tourangeaux le regardèrent alors comme un bon génie. Comptez donc sur la faveur populaire? Quelques seigneurs ayant rencontré maître Cornélius hors de France, furent surpris de sa bonne humeur. A Tours, il était toujours sombre et rêveur; mais il y revenait toujours. Une inexplicable puissance le ramenait à sa noire maison de la rue du Mûrier. Semblable au colimaçon dont la vie est si fortement unie à celle de sa coquille, il avouait au roi qu'il ne se trouvait bien que sous les pierres vermiculées et sous les verrous de sa petite bastille, tout en sachant que, Louis XI mort, ce lieu serait pour lui le plus dangereux de la terre.

— Le diable s'amuse aux dépens de notre compère le torçonnier, dit Louis XI à son barbier quelques jours avant la fête de la Toussaint. Il se plaint encore d'avoir été volé. Mais il ne peut plus pendre personne, à moins qu'il ne se pende lui-même. Ce vieux truand n'est-il pas venu me demander si je n'avais pas emporté hier par mégarde une chaine de rubis qu'il voulait me vendre? Pasques Dieu! je ne vole pas ce que je puis prendre, lui ai-je dit. — Et il a eu peur? fit le barbier. — Les avares n'ont peur que d'une seule chose, répondit le roi. Mon compère le torçonnier sait bien que je ne le dépouillerai pas sans raison, autrement je serais injuste, et je n'ai jamais rien fait que de juste et de nécessaire. — Cependant le vieux malandrin vous surfait, reprit le barbier. — Tu voudrais bien que ce fût vrai, hein? dit le roi en jetant un malicieux regard au barbier. — Ventre Mahom, sire, la succession serait belle à partager entre vous et le diable. — Assez, fit le roi. Ne me donne pas de mauvaises idées. Mon compère est un homme plus fidèle que tous ceux dont j'ai fait la fortune, parce qu'il ne me doit rien, peut-être.

Depuis deux ans maître Cornélius vivait donc seul avec sa vieille sœur, qui passait pour sorcière. Un tailleur du voisinage prétendait l'avoir souvent vue, pendant la nuit, attendant sur les toits l'heure d'aller au sabbat. Ce fait semblait d'autant plus extraordinaire que le vieil avare enfermait sa sœur dans une chambre dont les fenêtres étaient garnies de barreaux de fer. En vieillissant, Cornélius, toujours volé, craignant toujours d'être dupé par les hommes, les avait tous pris en haine, excepté le roi, qu'il estimait beaucoup. Il était tombé dans une excessive misanthropie, mais comme chez la plupart des avares, sa passion pour l'or, l'assimilation de ce métal avec sa substance avait été de plus en plus intime, et croissait d'intensité par l'âge. Sa sœur elle-même excitait ses soupçons, quoiqu'elle fût peut-être plus avare et plus économe que son frère qu'elle surpassait en inventions de ladrerie. Aussi leur existence avait-elle quelque chose de problématique et de mystérieux. La vieille femme prenait si rarement du pain chez le boulanger, elle apparaissait si peu au marché, que les observateurs les moins crédules avaient fini par attribuer à ces deux êtres bizarres la connaissance de quelque secret de vie. Ceux qui se mêlaient d'alchimie disaient que maître Cornélius savait faire de l'or. Les savants prétendaient qu'il avait trouvé la panacée universelle. Cornélius était pour beaucoup de campagnards, auxquels les gens de la ville en parlaient, un être chimérique, et plusieurs d'entre eux venaient voir la façade de son hôtel par curiosité.

Assis sur le banc du logis qui faisait face à celui de maître Cornélius, le gentilhomme regardait tour à tour l'hôtel de Poitiers et la Malemaison ; la lune en bordait les saillies de sa lueur, et colorait par des mélanges d'ombre et de lumière les creux et les reliefs de la sculpture. Les caprices de cette lueur blanche donnaient une physionomie sinistre à ces deux édifices ; il semblait que la nature elle-même se prêtât aux superstitions qui planaient sur cette demeure. Le jeune homme se rappela successivement toutes les traditions qui rendaient Cornélius un personnage tout à la fois curieux et redoutable. Quoique décidé par la violence de son amour à entrer dans cette maison, à y demeurer le temps nécessaire pour l'accomplissement de ses projets, il hésitait à risquer cette dernière démarche, tout en sachant qu'il allait la faire. Mais qui, dans les crises de sa vie, n'aime pas à écouter les pressentiments, à se balancer sur les abîmes de l'avenir? En amant digne d'aimer, le jeune homme craignait de mourir sans avoir été reçu à merci d'amour par la comtesse. Cette délibération secrète était si cruellement intéressante, qu'il ne sentait pas le froid sifflant dans ses jambes et sur les saillies des maisons. En entrant chez Cornélius, il devait se dépouiller de son nom, de même qu'il avait déjà quitté ses beaux vêtements de noble. Il lui était interdit, en cas de malheur, de réclamer les priviléges de sa naissance ou la protection de ses amis, à moins de perdre sans retour la comtesse de Saint-Vallier. S'il soupçonnait la visite nocturne d'un amant, ce vieux seigneur était capable de la faire périr à petit feu dans une cage de fer, de la tuer tous les jours au fond de quelque château fort. En regardant les vêtements misérables sous lesquels il s'était déguisé, le gentilhomme eut honte de lui-même. A voir sa ceinture de cuir noir, ses gros souliers, ses chausses drapées, son haut-de-chausses de tiretaine et son justaucorps de laine grise, il ressemblait au clerc du plus pauvre sergent de justice. Pour un noble du quinzième siècle, c'était déjà la mort que de jouer le rôle d'un bourgeois sans sou ni maille, et de renoncer aux priviléges du rang. Mais grimper sur le toit de l'hôtel où pleurait sa maîtresse, descendre par la cheminée ou courir sur les galeries, et, de gouttière en gouttière, parvenir jusqu'à la fenêtre de sa chambre ; risquer sa vie pour être près d'elle sur un coussin de soie, devant un bon feu, pendant le sommeil d'un sinistre mari, dont les ronflements redoubleraient leur joie ; défier le ciel et la terre en se donnant le plus audacieux de tous les baisers ; ne pas dire une parole qui ne pût être suivie de la mort, ou, tout au moins, d'un sanglant combat ; toutes ces voluptueuses images et les romanesques dangers de cette entreprise décidèrent le jeune homme. Plus léger devait être le prix de ses soins, ne pût-il même que baiser encore une fois la main de la comtesse, plus promptement il se résolut à tout tenter, poussé par l'esprit chevaleresque et passionné de cette époque. Puis, il ne supposa point que la comtesse osât lui refuser le plus doux plaisir de l'amour au milieu de dangers si mortels. Cette aventure était trop périlleuse, trop impossible pour n'être pas achevée.

En ce moment, toutes les cloches de la ville sonnèrent l'heure du couvre-feu, loi tombée en désuétude, mais dont l'observance subsistait dans les provinces où tout s'abolit lentement. Quoique les lumières ne s'éteignissent pas, les chefs de quartier firent tendre les chaînes des rues. Beaucoup de portes se fermèrent, les pas de quelques bourgeois attardés, marchant en troupe avec leurs valets armés jusqu'aux dents et portant des falots, retentirent dans le lointain ; puis, bientôt, la ville en quelque sorte garrottée parut s'endormir, et ne craignit plus les attaques des malfaiteurs que par ses toits. A cette époque, les combles des maisons étaient une voie très-fréquentée pendant la nuit. Les rues avaient si peu de largeur en province et même à Paris, que les voleurs sautaient d'un bord à l'autre. Ce périlleux métier servit longtemps de divertissement au roi Charles IX dans sa jeunesse, s'il faut en croire les mémoires du temps. Craignant de se présenter trop tard à maître Cornélius, le gentilhomme allait quitter sa place pour heurter à la porte de la Malemaison, lorsqu'en la regardant, son attention fut excitée par une sorte de vision que les écrivains du temps eussent appelée cornue. Il se frotta les yeux comme pour s'éclaircir la vue, et mille sentiments divers passèrent dans son âme à cet aspect. De chaque côté de cette porte se trouvait une figure encadrée entre les deux barreaux d'une espèce de meurtrière. Il avait pris d'abord ces deux visages pour des masques grotesques sculptés dans la pierre, tant ils étaient ridés, anguleux, contournés, saillants, immobiles, de couleur tannée, c'est-à-dire bruns ; mais le froid et la lueur de la lune lui permirent de distinguer le léger nuage blanc que la respiration faisait sortir des deux nez violâtres ; puis, il finit par voir, dans chaque figure creuse, sous l'ombre des sourcils, deux yeux d'un bleu faïence qui jetaient un feu clair, et ressemblaient à ceux d'un loup couché dans la feuillée, qui croit entendre les cris d'une meute. La lueur inquiète de ces yeux était dirigée sur lui si fixement, qu'après l'avoir reçue pendant le moment où il examina ce singulier spectacle, il se trouva comme un oiseau surpris par des chiens à l'arrêt, il se fit dans son âme un mouvement fébrile, promptement réprimé. Ces deux visages, tendus et soupçonneux, étaient sans doute ceux de Cornélius et de sa sœur. Alors le gentilhomme feignit de regarder où il était, de chercher à distinguer un logis indiqué sur une carte qu'il tira de sa poche en essayant de la lire aux clartés de la lune; puis, il alla droit à la porte du torçonnier, et y frappa trois coups qui retentirent au dedans de la maison, comme si c'eût été l'entrée d'une cave. Une faible lumière passa sous le porche, et, par une petite grille extrêmement forte, un œil vint à briller.

— Qui va là?
— Un ami envoyé par Oosterlinck de Bruges.
— Que demandez-vous?
— A entrer.
— Votre nom?
— Philippe Goulenoire.
— Avez-vous des lettres de créance?
— Les voici!
— Passez-les par le tronc.
— Où est-il?
— A gauche.

Philippe Goulenoire jeta la lettre par la fente d'un tronc en fer, au-dessus de laquelle se trouvait une meurtrière.

— Diable! pensa-t-il, on voit que le roi est venu ici, car il s'y trouve autant de précautions qu'il en a pris au Plessis!

Il attendit environ un quart d'heure dans la rue. Ce laps de temps écoulé, il entendit Cornélius qui disait à sa sœur. — Ferme les chausse-trapes de la porte.

Un cliquetis de chaînes et de fer retentit sous le portail. Philippe entendit les verrous aller, les serrures gronder; enfin une petite porte basse, garnie de fer, s'ouvrit de manière à décrire l'angle le plus aigu par lequel un homme mince pût passer. Au risque de déchirer ses vêtements, Philippe se glissa plutôt qu'il n'entra dans la Malemaison. Une vieille fille édentée, à visage de rebec, dont les sourcils ressemblaient à deux anses de chaudron, qui n'aurait pas pu mettre une noisette entre son nez et son menton crochu ; fille pâle et hâve, creusée des tempes et qui semblait être composée seulement d'os et de nerfs, guida silencieusement le soi-disant étranger dans une salle basse, tandis que Cornélius le suivait prudemment par derrière.

— Asseyez-vous là, dit-elle à Philippe en lui montrant un escabeau à trois pieds placé au coin d'une grande cheminée en pierre sculptée dont l'âtre propre n'avait pas de feu.

De l'autre côté de cette cheminée, était une table de noyer à pieds contournés, sur laquelle se trouvait un œuf dans une assiette, et dix ou douze petites mouillettes dures et sèches, coupées avec une studieuse parcimonie. Deux escabelles, sur l'une desquelles s'assit la vieille, annonçaient que les avares étaient en train de souper. Cornélius alla pousser deux volets de fer pour fermer sans doute les *judas* par lesquels il avait regardé si longtemps dans la rue, et vint reprendre sa place. Le prétendu Philippe Goulenoire vit alors le frère et la sœur trempant dans cet œuf, à tour de rôle, avec gravité, mais avec la même précision que les soldats mettent à plonger en temps égaux la cuiller dans la gamelle, leurs mouillettes respectives qu'ils teignaient à peine, afin de combiner la durée de l'œuf avec le nombre des mouillettes. Ce manège se faisait en silence. Tout en mangeant, Cornélius examinait le faux novice avec autant de sollicitude et de perspicacité que s'il eût pesé de vieux besans. Philippe, sentant un manteau de glace tomber sur ses épaules, était tenté de regarder autour de lui ; mais avec l'astuce que donne une entreprise amoureuse, il se garda bien de jeter un coup d'œil, même furtif, sur les murs ; car il comprit que si Cornélius le surprenait, il ne garderait pas un curieux en son logis. Donc, il se contentait de tenir modestement son regard tantôt sur l'œuf, tantôt sur la vieille fille ; et, parfois, il contemplait son futur maître.

L'argentier de Louis XI ressemblait à ce monarque, il en avait même pris certains gestes, comme il arrive assez souvent aux gens qui vivent ensemble dans une sorte d'intimité. Les sourcils épais du Flamand lui couvraient presque les yeux ; mais, en les relevant un peu, il lançait un regard lucide, pénétrant et plein de puissance, le regard des hommes habitués au silence et auxquels le phénomène de la concentration des forces intérieures est devenu familier. Ses lèvres minces, à rides verticales, lui donnaient un air de finesse incroyable. La partie inférieure du visage avait de vagues ressemblances avec le museau des renards; mais le front haut, bombé, tout plissé, semblait révéler de grandes et de belles qualités, une noblesse d'âme dont l'essor avait été modéré par l'expérience, et que les cruelles enseignements de la vie refoulaient sans doute dans les replis les plus cachés de cet être singulier. Ce n'était certes pas un avare ordinaire, et sa passion cachait sans doute de profondes jouissances, de secrètes conceptions.

— A quel taux se font les sequins de Venise? demanda-t-il brusquement à son futur apprenti.

— Trois quarts, à Bruges; un à Gand.

— Quel est le fret sur l'Escaut?

— Trois sous parisis.

— Il n'y a rien de nouveau à Gand?

— Le frère de Liéven-d'Herde est ruiné.

— Ah!

Après avoir laissé échapper cette exclamation, le vieillard se couvrit les genoux avec un pan de sa dalmatique, espèce de robe en velours noir, ouverte par devant, à grandes manches et sans collet, dont la somptueuse étoffe était miroitée. Ce reste du magnifique costume qu'il portait jadis comme président du tribunal des *Parchons*, fonctions qui lui avaient valu l'inimitié du duc de Bourgogne, n'était plus alors qu'un haillon. Philippe n'avait point froid, il suait dans son harnais en tremblant d'avoir à subir d'autres questions. Jusque-là les instructions sommaires qu'un juif auquel il avait sauvé la vie venait de lui donner la veille, suffisaient grâce à sa mémoire et à la parfaite connaissance que le juif possédait des manières et des habitudes de Cornélius. Mais le gentilhomme qui, dans le premier feu de la conception, n'avait douté de rien, commençait à entrevoir toutes les difficultés de son entreprise. La gravité solennelle, le sang-froid du terrible Flamand, agissaient sur lui. Puis, il se sentait sous les verrous, et voyait toutes les cordes du grand prévôt aux ordres de maître Cornélius.

— Avez-vous soupé? demanda l'argentier d'un ton qui signifiait: Ne soupez pas!

Malgré l'accent de son frère, la vieille fille tressaillit, elle regarda ce jeune commensal, comme pour jauger la capacité de cet estomac qu'il lui faudrait satisfaire, et dit alors avec un faux sourire : Vous n'avez pas volé votre nom, vous avez des cheveux et des moustaches plus noirs que la queue du diable !...

— J'ai soupé, répondit-il.

— Eh ! bien, reprit l'avare, vous reviendrez me voir demain. Depuis longtemps je suis habitué à me passer d'un apprenti. D'ailleurs, la nuit me portera conseil.

— Eh ! par saint Bavon, monsieur, je suis Flamand, je ne connais personne ici, les chaînes sont tendues, je vais être mis en prison. Cependant, ajouta-t-il effrayé de la vivacité qu'il mettait dans ses paroles, si cela vous convient, je vais sortir.

Le juron influença singulièrement le vieux Flamand.

— Allons, allons, par saint Bavon, vous coucherez ici.

— Mais, dit la sœur effrayée.

— Tais-toi, répliqua Cornélius. Par sa lettre, Oosterlinck me répond de ce jeune homme.

— N'avons-nous pas, lui dit-il à l'oreille en se penchant vers sa sœur, cent mille livres à Oosterlinck ? C'est une caution cela !

— Et s'il te vole les joyaux de Bavière ? Tiens, il ressemble mieux à un voleur qu'à un Flamand.

— Chut, fit le vieillard en prêtant l'oreille.

Les deux avares écoutèrent. Insensiblement, et un moment après le *chut*, un bruit produit par les pas de quelques hommes retentit dans le lointain, de l'autre côté des fossés de la ville.

— C'est la ronde du Plessis, dit la sœur.

— Allons, donne-moi la clef de la chambre aux apprentis, reprit Cornélius.

La vieille fille fit un geste pour prendre la lampe.

— Vas-tu nous laisser seuls sans lumière ? cria Cornélius d'un son de voix intelligent. Tu ne sais pas encore à ton âge te passer d'y voir. Est-il donc si difficile de prendre cette clef ?

La vieille comprit le sens caché sous ces paroles, et sortit. En regardant cette singulière créature au moment où elle gagnait la porte, Philippe Goulenoire put dérober à son maître le coup d'œil qu'il jeta furtivement sur cette salle. Elle était lambrissée en chêne à hauteur d'appui, et les murs étaient tapissés d'un cuir jaune orné d'arabesques noires ; mais ce qui le frappa le plus, fut un pistolet à mèche, garni de son long poignard à détente. Cette arme nouvelle et terrible se trouvait près de Cornélius.

— Comment comptez-vous gagner votre vie ? lui demanda le torçonnier.

— J'ai peu d'argent, répondit Goulenoire, mais je connais de bonnes rubriques. Si vous voulez seulement me donner un sou sur chaque marc que je vous ferai gagner, je serai content.

— Un sou, un sou ! répéta l'avare, mais c'est beaucoup.

Là-dessus la vieille sibylle rentra.

— Viens, dit Cornélius à Philippe.

Ils sortirent sous le porche et montèrent une vis en pierre, dont la cage ronde se trouvait à côté de la salle dans une haute tourelle. Au premier étage le jeune homme s'arrêta.

— Nenni, dit Cornélius. Diable ! ce pourpris est le gîte où le roi prend ses ébats.

L'architecte avait pratiqué le logement de l'apprenti sous le toit pointu de la tour où se trouvait la vis ; c'était une petite chambre ronde, tout en pierre, froide et sans ornement. Cette tour occupait le milieu de la façade située sur la cour qui, semblable à toutes les cours de province, était étroite et sombre. Au fond, à travers des arcades grillées, se voyait un jardin chétif où il n'y avait que des mûriers soignés sans doute par Cornélius. Le gentilhomme remarqua tout par les jours de la vis, à la lueur de la lune qui jetait heureusement une vive lumière. Un grabat, une escabelle, une cruche et un bahut disjoint composaient l'ameublement de cette espèce de loge. Le jour n'y venait que par de petites baies carrées, disposées de distance en distance autour du cordon extérieur de la tour, et qui formaient sans doute des ornements, suivant le caractère de cette gracieuse architecture.

— Voilà votre logis, il est simple, il est solide, il renferme tout ce qu'il faut pour dormir. Bonsoir ! n'en sortez pas comme les autres.

Après avoir lancé sur son apprenti un dernier regard empreint de mille pensées, Cornélius ferma la porte à double tour, en emporta la clef, et descendit en laissant le gentilhomme aussi sot qu'un fondeur de cloches qui ne trouve rien dans son moule. Seul, sans lumière, assis sur une escabelle, et dans ce petit grenier d'où ses quatre prédécesseurs n'étaient sortis que pour aller à l'échafaud, le gentilhomme se vit comme une bête fauve prise dans un sac. Il sauta sur l'escabeau, se dressa de toute sa hauteur pour atteindre aux petites ouvertures supérieures d'où tombait un jour blanchâtre, il aperçut la Loire, les beaux coteaux de Saint-Cyr, et les sombres merveilles du Plessis, où brillaient deux ou trois lumières dans les enfoncements de quelques croisées ; au loin, s'étendaient les belles campagnes de la Touraine, et les nappes argentées de son fleuve. Les moindres accidents de cette jolie nature avaient alors une grâce inconnue : les vitraux, les eaux, le faîte des maisons reluisaient comme des pierreries aux clartés tremblantes de la lune. L'âme du jeune seigneur ne put se défendre d'une émotion douce et triste. — Si c'était un adieu ! se dit-il.

Il resta là, savourant déjà les terribles émotions que son aventure lui avait promises, et se livrant à toutes les craintes du prisonnier quand il conserve une lueur d'espérance. Sa maîtresse s'embellissait à chaque difficulté. Ce n'était plus une femme pour lui, mais un être surnaturel entrevu à travers les brasiers du désir. Un faible cri qu'il crut avoir été jeté dans l'hôtel de Poitiers le rendit à lui-même et à sa véritable situation. En se remettant sur son grabat pour réfléchir à cette affaire, il entendit de légers frissonnements qui retentissaient dans la vis, il écouta fort attentivement, et alors ces mots : — « Il se couche ! » prononcés par la vieille, parvinrent à son oreille. Par un hasard ignoré de l'architecte, le moindre bruit se répercutait dans la chambre de l'apprenti, de sorte que le faux Goulenoire ne perdit pas un seul des mouvements de l'avare et de sa sœur qui l'espionnaient. Il se déshabilla, se coucha, feignit de dormir, et employa le temps pendant lequel ses deux hôtes restèrent en observation sur les marches de l'escalier à chercher les moyens d'aller de sa prison dans l'hôtel de Poitiers. Vers dix heures, Cornélius et sa sœur, persuadés que leur apprenti dormait, se retirèrent chez eux. Le gentilhomme étudia soigneusement les bruits sourds et lointains que firent les deux Flamands, et crut reconnaître la situation de leurs logements ; ils devaient occuper tout le second étage. Comme dans toutes les maisons de cette époque, cet étage était pris sur le toit d'où les croisées s'élevaient ornées de tympans découpés par de riches sculptures. La toiture était bordée par une espèce de balustrade qui cachait les chéneaux destinés à conduire les eaux pluviales que des gouttières figurant des gueules de crocodile rejetaient sur la rue. Le gentilhomme, qui avait étudié cette topographie aussi soigneusement que l'eût fait un chat, comptait trouver un passage de la tour au toit, et pouvoir aller chez madame de Saint-Vallier par les chéneaux, en s'aidant d'une gouttière ; mais il ignorait que les jours de sa tourelle fussent si petits, il était impossible d'y passer. Il résolut donc de sortir sur les toits de la maison par la fenêtre de la vis qui éclairait le palier du second étage. Pour accomplir ce hardi projet, il fallait sortir de sa chambre, et Cornélius en avait pris la clef. Par précaution, le jeune seigneur s'était armé d'un de ces poignards avec lesquels on donnait jadis le coup de grâce dans les duels à mort, quand l'adversaire vous suppliait de l'achever. Cette arme horrible avait un côté de la lame affilé comme l'est celle d'un rasoir, et l'autre denteté comme une scie, mais dentelé en sens inverse de celui que suivait le fer en entrant dans le corps. Le gentilhomme compta se servir du poignard pour scier le bois de la porte autour de la serrure. Heureusement pour lui, la gâche de la serrure était fixée en dehors par quatre grosses vis. A l'aide du poignard, il put dévisser, non sans de grandes peines, la gâche qui le retenait prisonnier, et posa soigneusement les vis sur le bahut. Vers minuit, il se trouva libre et descendit sans souliers afin de reconnaître les localités. Il ne fut pas médiocrement étonné de voir toute grande ouverte la porte d'un corridor par lequel on entrait dans plusieurs chambres, et au bout duquel se trouvait une fenêtre donnant sur l'espèce de vallée formée par les toits de l'hôtel de Poitiers et de la Malmaison qui se réunissaient là. Rien ne pourrait expliquer sa joie, si ce n'est le vœu qu'il fit aussitôt à la sainte Vierge de fonder à Tours une messe en son honneur à la célèbre paroisse de l'Escrignoles. Après avoir examiné les hautes et larges cheminées de l'hôtel de Poitiers, il revint sur ses pas pour prendre son poignard ; mais il aperçut en frissonnant de terreur une lumière qui éclaira vivement l'escalier, et il vit Cornélius lui-même en dalmatique, tenant sa lampe, les yeux bien ouverts et fixés sur le corridor, à l'entrée duquel il se montra comme un spectre.

— Ouvrir la fenêtre et sauter sur les toits, il m'entendra ! se dit le gentilhomme.

Et le terrible Cornélius avançait toujours, il avançait comme avance l'heure de la mort pour le criminel. Dans cette extrémité, Goulenoire, servi par l'amour, retrouva toute sa présence d'esprit ; il se jeta dans l'embrasure d'une porte, s'y serra vers le coin, et attendit l'avare au passage. Quand le torçonnier qui tenait sa lampe en avant, se trouva juste dans le rumb du vent que le gentilhomme pouvait produire en soufflant, il éteignit la lumière. Cornélius grommela de vagues paroles et un juron hollandais ; mais il retourna sur ses pas. Le gentilhomme courut alors à sa chambre, y prit son arme, revint à la bienheureuse fenêtre, l'ouvrit doucement et sauta sur le toit. Une fois en liberté sous le ciel, il se sentit défaillir tant il était heureux ; peut-être l'excessive agitation dans laquelle l'avait mis le danger, ou la hardiesse de l'entreprise, causait-elle son émotion, la victoire est souvent aussi périlleuse que le combat. Il s'accota sur un chéneau, tressaillant d'aise et se disant : — Par quelle cheminée dévalerai-je chez elle ? Il les regardait toutes. Avec un instinct donné par l'amour, il alla les tâter pour voir celle où il y avait eu du feu. Quand il se fut décidé, le hardi gentilhomme planta son poignard dans le joint de deux pierres, y accrocha son échelle, la jeta par la bouche de la cheminée, et se hasarda sans trembler, sur la foi de sa bonne lame, à descendre chez sa maîtresse. Il ignorait si Saint-Vallier serait éveillé ou endormi, mais il était bien décidé à serrer la comtesse dans ses bras, dût-il en coûter la vie à deux hommes ! Il posa doucement les pieds sur des cendres chaudes ; il se baissa plus doucement encore, et vit la comtesse assise dans un fauteuil. A la lueur d'une lampe, pâle de bonheur, palpitante, la craintive femme lui montra du doigt Saint-Vallier couché dans un lit à dix pas d'elle. Croyez que leur baiser brûlant et silencieux n'eut d'écho que dans leurs cœurs !

Le lendemain, sur les neuf heures du matin, au moment où Louis XI sortit de sa chapelle, après avoir entendu la messe, il trouva maître Cornélius sur son passage.

— Bonne chance, mon compère, dit-il sommairement en redressant son bonnet.

— Sire, je paierais bien volontiers mille écus d'or pour obtenir de vous un moment d'audience, vu que j'ai trouvé le voleur de la chaîne de rubis et de tous les joyaux de...

— Voyons cela, dit Louis XI en sortant dans la cour du Plessis, suivi de son argentier, de Coyctier, son médecin, d'Olivier-le-Daim, et du capitaine de sa garde écossaise. Conte-moi ton affaire. Nous aurons donc un pendu de ta façon. Holà ! Tristan ?

Le grand-prévôt, qui se promenait de long en large dans la cour, vint à pas lents, comme un chien qui se carre dans sa fidélité. Le groupe s'arrêta sous un arbre. Le roi s'assit sur un banc, et les courtisans décrivirent un cercle devant lui.

— Sire, un prétendu Flamand m'a si bien entortillé, dit Cornélius.

— Il doit être bien rusé celui-là, fit Louis XI en hochant la tête.

— Oh! oui, répondit l'argentier. Mais je ne sais s'il ne vous engluerait pas vous-même. Comment pouvais-je me défier d'un pauvre hère qui m'était recommandé par Oosterlinck, un homme à qui j'ai cent mille livres! Aussi, gagerais-je que le seing du juif est contrefait. Bref, sire, ce matin je me suis trouvé dénué de ces joyaux que vous avez admirés, tant ils étaient beaux. Ils m'ont été emblés, sire! Embler les joyaux de l'électeur de Bavière! les truands ne respectent rien, ils vous voleront votre royaume, si vous n'y prenez garde. Aussitôt je suis monté dans la chambre où était cet apprenti, qui, certes, est passé maître en volerie. Cette fois, nous ne manquerons pas de preuves. Il a dévissé la serrure; mais quand il est revenu, comme il n'y avait plus de lune, il n'a pas su retrouver toutes les vis! Heureusement, en entrant, j'ai senti une vis sous mon pied. Il dormait, le truand, il était fatigué. Figurez-vous, messieurs, qu'il est descendu dans mon cabinet par la cheminée. Demain, ce soir plutôt je la ferai griller. On apprend toujours quelque chose avec les voleurs. Il a sur lui une échelle de soie, et ses vêtements portent les traces du chemin qu'il a fait sur les toits et dans la cheminée. Il comptait rester chez moi, me ruiner, le hardi compère! où a-t-il enterré les joyaux? Les gens de campagne l'ont vu de bonne heure revenant chez moi par les toits. Il avait des complices qui l'attendaient sur la levée que vous avez construite. Ah! sire, vous êtes le complice des voleurs qui viennent en bateaux; et, crac, ils emportent tout, sans laisser de traces; mais nous tenons le chef, un hardi coquin, un gaillard qui ferait honneur à la mère d'un gentilhomme. Ah! ce sera un beau fruit de potence, et avec un petit bout de question, nous saurons tout! cela n'intéresse-t-il pas à la gloire de votre règne? Il ne devrait point y avoir de voleurs sous un si grand roi!

Le roi n'écoutait plus depuis longtemps. Il était tombé dans une de ces sombres méditations qui devinrent si fréquentes pendant les derniers jours de sa vie. Un profond silence régna.

— Cela te regarde, mon compère, dit-il enfin à Tristan, va grabeler cette affaire.

Il se leva, fit quelques pas en avant, et ses courtisans le laissèrent seul. Il aperçut alors Cornélius qui, monté sur sa mule, s'en allait en compagnie du grand-prévôt : — Et les mille écus ? lui dit-il.

— Ah ! sire, vous êtes un trop grand roi ! il n'y a pas de somme qui puisse payer votre justice...

Louis XI sourit. Les courtisans envièrent le franc-parler et les priviléges du vieil argentier qui disparut promptement dans l'avenue de mûriers plantée entre Tours et le Plessis.

Épuisé de fatigue, le gentilhomme dormait, en effet, du plus profond sommeil. Au retour de son expédition galante, il ne s'était plus senti, pour se défendre contre les dangers lointains ou imaginaires auxquels il ne croyait peut-être plus, le courage et l'ardeur avec lesquels il s'était élancé vers de périlleuses voluptés. Aussi avait-il remis au lendemain le soin de nettoyer ses vêtements souillés, et de faire disparaître les vestiges de son bonheur. Ce fut une grande faute, mais à laquelle tout conspira. En effet, quand, privé des clartés de la lune qui s'était couchée pendant la fête de son amour, il ne trouva pas toutes les vis de la maudite serrure, il manqua de patience. Puis, avec le laissez-aller d'un homme plein de joie ou affamé de repos, il se fia aux bons hasards de sa destinée, qui l'avait si heureusement servi jusque-là. Il fit bien avec lui-même une sorte de pacte, en vertu duquel il devait se réveiller au petit jour ; mais les événements de la journée et les agitations de la nuit ne lui permirent pas de se tenir parole à lui-même. Le bonheur est oublieux. Cornélius ne sembla plus si redoutable au jeune seigneur quand il se coucha sur le dur grabat d'où tant de malheureux ne s'étaient réveillés que pour aller au supplice, et cette insouciance le perdit. Pendant que l'argentier du roi revenait du Plessis-lès-Tours, accompagné du grand-prévôt et de ses redoutables archers, le faux Goulenoire était gardé par la vieille sœur, qui tricotait des bas pour Cornélius, assise sur une des marches de la vis, sans se soucier du froid.

Le jeune gentilhomme continuait les secrètes délices de cette nuit si charmante, ignorant le malheur qui accourait au grand galop. Il rêvait. Ses songes, comme tous ceux du jeune âge, étaient empreints de couleurs si vives qu'il ne savait plus où commençait l'illusion, où finissait la réalité. Il se voyait sur un coussin, aux pieds de la comtesse ; la tête sur ses genoux chauds d'amour, il écoutait le récit des persécutions et les détails de la tyrannie que le comte avait fait jusqu'alors éprouver à sa femme ; il s'attendrissait avec la comtesse, qui était en effet celle de ses filles naturelles que Louis XI aimait le plus ; il lui promettait d'aller, dès le lendemain, tout révéler à ce terrible père, ils en arrangeaient les vouloirs à leur gré, cassant le mariage et emprisonnant le mari, au moment où ils pouvaient être la proie de son épée au moindre bruit qui l'eût réveillé. Mais dans le songe, la lueur de la lampe, la flamme de leurs yeux, les couleurs des étoffes et des tapisseries étaient plus vives ; une odeur plus pénétrante s'exhalait des vêtements de nuit, il se trouvait plus d'amour dans l'air, plus de feu autour d'eux qu'il n'y en avait eu dans la scène réelle. Aussi, la Marie du sommeil résistait-elle bien moins que la véritable Marie à ces regards langoureux, à ces douces prières, à ces magiques interrogations, à ces adroits silences, à ces voluptueuses sollicitations, à ces fausses générosités qui rendent les premiers instants de la passion si complétement ardents, et répandent dans les âmes une ivresse nouvelle à chaque nouveau progrès de l'amour. Suivant la jurisprudence amoureuse de cette époque, Marie de Saint-Vallier octroyait à son amant les droits superficiels de *la petite oie*. Elle se laissait volontiers baiser les pieds, la robe, les mains, le cou ; elle avouait son amour, elle acceptait les soins et la vie de son amant, elle lui permettait de mourir pour elle, elle s'abandonnait à une ivresse que cette demi-chasteté, sévère, souvent cruelle, allumait encore ; mais elle restait intraitable, et faisait, des plus hautes récompenses de l'amour, le prix de sa délivrance. En ce temps, pour dissoudre un mariage, il fallait aller à Rome ; avoir à sa dévotion quelques cardinaux, et paraître devant le souverain pontife, armé de la faveur du roi. Marie voulait tenir sa liberté de l'amour, pour la lui sacrifier. Presque toutes les femmes avaient alors assez de puissance pour établir au cœur d'un homme leur empire de manière à faire d'une passion l'histoire de toute une vie, le principe des plus hautes déterminations ! Mais aussi, les dames se comptaient en France, elles y étaient autant de souveraines, elles avaient de belles fiertés, les amants leur appartenaient plus qu'elle ne se donnaient à eux, souvent leur amour coûtait bien du sang, et pour être à elles il fallait courir bien des dangers. Mais, plus clémente et touchée du dévouement de son bien-aimé, la Marie du rêve se défendait mal contre le violent amour du beau gentilhomme. Laquelle était la véritable ? Le faux apprenti voyait-il en songe la femme vraie? avait-il vu dans l'hôtel de Poitiers une dame masquée de vertu? La question est délicate à décider, aussi l'honneur des dames veut-il qu'elle reste en litige.

Au moment où peut-être la Marie rêvée allait oublier sa haute dignité de maîtresse, l'amant se sentit pris par un bras de fer, et la voix aigre-douce du grand-prévôt lui dit : — Allons, bon chrétien de minuit, qui cherchiez Dieu à tâtons, réveillons-nous !

Philippe vit la face noire de Tristan et reconnut son sourire sardonique; puis, sur les marches de la vis, il aperçut Cornélius, sa sœur, et derrière eux, les gardes de la prévôté. A ce spectacle, à l'aspect de tous ces visages diaboliques qui respiraient ou la haine ou la sombre curiosité de gens habitués à pendre, Philippe Goulenoire se mit sur son séant et se frotta les yeux.

— Par la mort Dieu ! s'écria-t-il en saisissant son poignard sous le chevet du lit, voici l'heure où il faut jouer des couteaux.

— Oh ! oh, répondit Tristan, voici du gentilhomme ! Il me semble voir Georges d'Estouteville, le neveu du grand-maître des arbalétriers.

En entendant prononcer son véritable nom par Tristan, le jeune d'Estouteville pensa moins à lui qu'aux dangers que courait son infortunée maîtresse, s'il était reconnu. Pour écarter tout soupçon, il cria : — Ventre Mahom ! à moi les truands !

Après cette horrible clameur, jetée par un homme véritablement au désespoir, le jeune courtisan fit un bond énorme, et, le poignard à la main, sauta sur le palier. Mais les acolytes du grand-prévôt étaient habitués à ces rencontres. Quand Georges d'Estouteville fut sur la marche, ils le saisirent avec dextérité, sans s'étonner du vigoureux coup de lame qu'il avait porté à l'un d'eux, et qui, heureusement glissa sur le corselet du garde; puis, ils le désarmèrent, lui lièrent les mains, et le rejetèrent sur le lit devant leur chef immobile et pensif.

Tristan regarda silencieusement les mains du prisonnier, et, se grattant la barbe, il dit à Cornélius en les lui montrant : — Il n'a pas plus les mains d'un truand que celles d'un apprenti. C'est un gentilhomme !

— Dites un Jean-pille-homme, s'écria douloureusement le torçonnier. Mon bon Tristan, noble ou serf, il m'a ruiné, le scélérat ! Je voudrais déjà lui voir les pieds et les mains chauffés ou serrés dans vos jolis petits brodequins. Il est, à n'en pas douter, le chef de cette légion de diables invisibles ou visibles qui connaissent tous mes secrets, ouvrent mes serrures, me dépouillent et m'assassinent. Ils sont bien riches, mon compère ! Ah ! cette fois nous aurons leur trésor, car celui-ci a la mine du roi d'Égypte. Je vais recouvrer mes chers rubis et mes notables sommes; notre digne roi aura des écus à foison...

— Oh, nos cachettes sont plus solides que les vôtres ! dit Georges en souriant.

— Ah ! le damné larron, il avoue, s'écria l'avare.

Le grand-prévôt était occupé à examiner attentivement les habits de Georges d'Estouteville et la serrure.

— Est-ce toi qui a dévissé toutes ces clavettes ?

Georges garda le silence.

— Oh ! bien, tais-toi, si tu veux. Bientôt tu te confesseras à saint chevalet, reprit Tristan.

— Voilà qui est parlé, s'écria Cornélius.

— Emmenez-le, dit le prévôt.

Georges d'Estouteville demanda la permission de se vêtir. Sur un signe de leur chef, les estafiers habillèrent le prisonnier avec l'habile prestesse d'une nourrice qui veut profiter, pour changer son marmot, d'un instant où il est tranquille.

Une foule immense encombrait la rue du Mûrier. Les murmures du peuple allaient grossissant, et paraissaient les avant-coureurs d'une sédition. Dès le matin, la nouvelle du vol s'était répandue dans la ville. Partout l'apprenti, que l'on disait jeune et joli, avait réveillé les sympathies en sa faveur, et ranimé la haine vouée à Cornélius ; en sorte qu'il ne fut fils de bonne mère, ni jeune femme ayant de jolis patins et une mine fraîche à montrer, qui ne voulussent voir la victime. Quand Georges sortit, emmené par un des gens du prévôt, qui, tout en montant à cheval, gardait, entortillée à son bras la forte lanière de cuir avec laquelle il tenait le prisonnier dont les mains avaient été fortement liées, il se fit un horrible brouhaha. Soit pour revoir Philippe Goulenoire, soit pour le délivrer, les derniers venus poussèrent les premiers sur le piquet de cavalerie qui se trouvait devant la Malemaison. En ce moment, Cornélius, aidé par sa sœur, ferma sa porte, et poussa ses volets avec la vivacité que donne une terreur panique. Tristan, qui n'avait pas été accoutumé à respecter le monde de ce temps-là, vu que le peuple n'était pas encore souverain, ne s'embarrassait guère d'une émeute.

— Poussez, poussez! dit-il à ses gens.

A la voix de leur chef, les archers lancèrent leurs montures vers l'entrée de la rue. En voyant un ou deux curieux tombés sous les pieds des chevaux, et quelques autres violemment serrés contre les murs où ils étouffaient, les gens attroupés prirent le sage parti de rentrer chacun chez eux.

— Place à la justice du roi, criait Tristan. Qu'avez-vous besoin ici? Voulez-vous qu'on vous pende? Allez chez vous, mes amis, votre rôti brûle! Hé! la femme, les chausses de votre mari sont trouées, retournez à votre aiguille.

Quoique ces dires annonçassent que le grand-prévôt était de bonne humeur, il faisait fuir les plus empressés, comme s'il eût lancé la peste noire. Au moment où le premier mouvement de la foule eut lieu, Georges d'Estouteville était resté stupéfait en voyant à l'une des fenêtres de l'hôtel de Poitiers, sa chère Marie de Saint-Vallier, riant avec le comte. Elle se moquait de lui, pauvre amant dévoué, marchant à la mort pour elle. Mais peut-être aussi, s'amusait-elle de ceux dont les bonnets étaient emportés par les armes des archers. Il faut avoir vingt-trois ans, être riche en illusions, oser croire à l'amour d'une femme, aimer de toutes les puissances de son être, avoir risqué sa vie avec délices sur la foi d'un baiser, et s'être vu trahi, pour comprendre ce qu'il entra de rage, de haine et de désespoir au cœur de Georges d'Estouteville, à l'aspect de sa maîtresse rieuse de laquelle il reçut un regard froid et indifférent. Elle était là sans doute depuis longtemps, car elle avait les bras appuyés sur un coussin; elle y était à son aise, et son vieillard paraissait content. Il riait aussi, le bossu maudit! Quelques larmes s'échappèrent des yeux du jeune homme; mais quand Marie de Saint-Vallier le vit pleurant, elle se rejeta vivement en arrière. Puis, les pleurs de Georges se séchèrent tout à coup, il entrevit les plumes noires et rouges du page qui lui était dévoué. Le comte ne s'aperçut pas de la venue de ce discret serviteur, qui marchait sur la pointe des pieds. Quand le page eut dit deux mots à l'oreille de sa maîtresse, Marie se remit à la fenêtre. Elle se déroba au perpétuel espionnage de son tyran, et lança sur Georges un regard où brillaient la finesse d'une femme qui trompe son argus, le feu de l'amour et les joies de l'espérance.

— Je veille sur toi. Ce mot, crié par elle, n'eût pas exprimé autant de choses qu'en disait ce coup d'œil empreint de mille pensées, et où éclataient les terreurs, les plaisirs, les dangers de leur situation mutuelle. C'était passer du ciel au martyre, et du martyre au ciel. Aussi, le jeune seigneur, léger, content, marcha-t-il gaiement au supplice, trouvant que les douleurs de la question ne paieraient pas encore les délices de son amour. Comme Tristan allait quitter la rue du Mûrier, ses gens s'arrêtèrent à l'aspect d'un officier des gardes écossaises, qui accourait à bride abattue.

— Qu'y a-t-il? demanda le prévôt.

— Rien qui vous regarde, répondit dédaigneusement l'officier. Le roi m'envoie quérir le comte et la comtesse de Saint-Vallier, qu'il convie à dîner.

A peine le grand-prévôt avait-il atteint la levée du Plessis, que le comte et sa femme, tous deux montés, elle sur une mule blanche, lui sur son cheval, et suivis de deux pages, rejoignirent les archers, afin d'entrer tous de compagnie au Plessis-lès-Tours. Tous allaient assez lentement, Georges était à pied, entre deux gardes, dont l'un le tenait toujours par sa lanière. Tristan, le comte et sa femme, étaient naturellement en avant, et le criminel les suivait. Mêlé aux archers, le jeune page les questionnait, et parlait aussi parfois au prisonnier, de sorte qu'il saisit adroitement une occasion de lui dire à voix basse : — J'ai sauté par-dessus les murs du jardin, et suis venu apporter au Plessis une lettre écrite au roi par madame. Elle a pensé mourir en apprenant le vol dont vous êtes accusé. Ayez bon courage! elle va parler de vous.

Déjà l'amour avait prêté sa force et sa ruse à la comtesse. Quand elle avait ri, son attitude et ses sourires étaient dus à cet héroïsme que déploient les femmes dans les grandes crises de leur vie.

Malgré la singulière fantaisie que l'auteur de *Quentin Durward* a eue de placer le château royal de Plessis-lès-Tours sur une hauteur, il faut se résoudre à le laisser où il était à cette époque, dans un fond, protégé de deux côtés par le Cher et la Loire; puis, par le canal Sainte-Anne, ainsi nommé par Louis XI en l'honneur de sa fille chérie, madame de Beaujeu. En réunissant les deux rivières entre la ville de Tours et le Plessis, ce canal donnait tout à la fois une redoutable fortification au château fort, et une route précieuse au commerce. Du côté du Bréhémont, vaste et fertile plaine, le parc était défendu par un fossé dont les vestiges accusent encore aujourd'hui la largeur et la profondeur énormes. A une époque où le pouvoir de l'artillerie était à sa naissance, la position du Plessis, dès longtemps choisie par Louis XI pour sa retraite, pouvait alors être regardée comme inexpugnable. Le château, bâti de briques et de pierres, n'avait rien de remarquable ; mais il était entouré de beaux ombrages ; et, de ses fenêtres, l'on découvrait par les percées du parc (*Plexitium*) les plus beaux points de vue du monde. Du reste, nulle maison rivale ne s'élevait auprès de ce château solitaire, placé précisément au centre de la petite plaine réservée au roi par quatre redoutables enceintes d'eau. S'il faut en croire les traditions, Louis XI occupait l'aile occidentale, et, de sa chambre, il pouvait voir, tout à la fois le cours de la Loire, de l'autre côté du fleuve, la jolie vallée qu'arrose la Choisille et une partie des coteaux de Saint-Cyr ; puis, par les croisées qui donnaient sur la cour, il embrassait l'entrée de sa forteresse et la levée par laquelle il avait joint sa demeure favorite à la ville de Tours. Le caractère défiant de ce monarque donne de la solidité à ces conjectures. D'ailleurs, si Louis XI eût répandu dans la construction de son château le luxe d'architecture que, plus tard, déploya François Ier à Chambord, la demeure des rois de France eût été pour toujours acquise à la Touraine. Il suffit d'aller voir cette admirable position et ses magiques aspects pour être convaincu de sa supériorité sur tous les sites des autres maisons royales.

Louis XI, arrivé à la cinquante-septième année de son âge, avait alors à peine trois ans à vivre, il sentait déjà les approches de la mort aux coups que lui portait la maladie. Délivré de ses ennemis, sur le point d'augmenter la France de toutes les possessions des ducs de Bourgogne, à la faveur d'un mariage entre le dauphin et Marguerite, héritière de Bourgogne, ménagé par les soins de Desquerdes, le commandant de ses troupes en Flandre ; ayant établi son autorité partout, méditant les plus heureuses améliorations, il voyait le temps lui échapper, et n'avait plus que les malheurs de son âge. Trompé par tout le monde, même par ses créatures, l'expérience avait encore augmenté sa défiance naturelle. Le désir de vivre devenait en lui l'égoïsme d'un roi qui s'était incarné à son peuple, et il voulait prolonger sa vie pour achever de vastes desseins. Tout ce que le bon sens des publicistes et le génie des révolutions a introduit de changements dans la monarchie, Louis XI le pensa. L'unité de l'impôt, l'égalité des sujets devant la loi (alors le prince était la loi), furent l'objet de ses tentatives hardies. La veille de la Toussaint, il avait mandé de savants orfévres, afin d'établir en France l'unité des mesures et des poids, comme il y avait établi déjà l'unité du pouvoir. Ainsi, cet esprit immense planait en aigle sur tout l'empire, et Louis XI joignait alors à toutes les précautions du roi les bizarreries naturelles aux hommes d'une haute portée. A aucune époque, cette grande figure n'a été ni plus poétique ni plus belle. Assemblage inouï de contrastes ! un grand pouvoir dans un corps débile, un esprit incrédule aux choses d'ici-bas, crédule aux pratiques religieuses, un homme luttant avec deux puissances plus fortes que les siennes, le présent et l'avenir; l'avenir, où il redoutait de rencontrer des tourments, et qui lui faisait faire tant de sacrifices à l'Église; le présent, ou sa vie elle-même, au nom de laquelle il obéissait à Coyctier. Ce roi, qui écrasait tout, était écrasé par des remords, et plus encore par la maladie, au milieu de toute la poésie qui s'attache aux rois soupçonneux, en qui le pouvoir s'est résumé. C'était le combat gigantesque et toujours magnifique de l'homme, dans la plus haute expression de ses forces, joutant contre la nature.

En attendant l'heure fixée pour son dîner, repas qui se faisait à cette époque entre onze heures et midi, Louis XI, revenu d'une courte promenade, était assis dans une grande chaire de tapisserie, au coin de la cheminée de sa chambre. Olivier-le-Daim et le médecin Coyctier se regardaient tous deux sans mot dire et restaient debout dans l'embrasure d'une fenêtre, en respectant le sommeil de leur maître. Le seul bruit que l'on entendît était celui que faisaient, en se promenant dans la première salle, deux chambellans de service, le sire de Montrésor, et Jean Dufou, sire de Montbazon. Ces deux seigneurs tourangeaux regardaient le capitaine des Écossais probablement endormi dans son fauteuil, suivant son habitude. Le roi paraissait assoupi. Sa tête était penchée sur sa poitrine; son bonnet, avancé sur le front, lui cachait presque entièrement les yeux. Ainsi posé dans sa haute chaire surmontée d'une couronne royale, il semblait ramassé comme un homme qui s'est endormi au milieu de quelque méditation.

En ce moment, Tristan et son cortége passaient sur le pont Sainte-Anne, qui se trouvait à deux cents pas de l'entrée du Plessis, sur le canal.

— Qui est-ce? dit le roi.

Les deux courtisans s'interrogèrent par un regard avec surprise.

— Il rêve, dit tout bas Coyctier.

— Pasques Dieu! reprit Louis XI, me croyez-vous fou? Il passe du monde sur le pont. Il est vrai que je suis près de la cheminée, et que je dois en entendre le bruit plus facilement que vous autres Cet effet de la nature pourrait s'utiliser.

— Quel homme! dit le Daim.

Louis XI se leva, alla vers celle de ses croisées par laquelle il pouvait voir la ville ; alors il aperçut le grand-prévôt, et dit : — Ah! ah! voici mon compère avec son voleur. Voilà de plus ma petite Marie de Saint-Vallier. J'ai oublié toute cette affaire. — Olivier, reprit-il en s'adressant au barbier, va dire à monsieur de Montbazon qu'il nous fasse servir du bon vin de Bourgueil à table. Vois à ce que le cuisinier ne nous manque pas la lamproie, c'est deux choses que madame la comtesse aime beaucoup.

— Puis-je manger de la lamproie? ajouta-t-il après une pause en regardant Coyctier d'un air inquiet.

Pour toute réponse, le serviteur se mit à examiner le visage de son maître. Ces deux hommes étaient à eux seuls un tableau.

Le romanciers et l'histoire ont consacré le surtout de camelot brun et le haut-de-chausses de même étoffe que portait Louis XI. Son bonnet garni de médailles en plomb et son collier de l'ordre de Saint-Michel ne sont pas moins célèbres ; mais aucun écrivain, nul peintre n'a représenté la figure de ce terrible monarque à ses derniers moments ; figure maladive, creusée, jaune et brune, dont tous les traits exprimaient une ruse amère, une ironie froide. Il y avait dans ce masque un front de grand homme, front sillonné de rides et chargé de hautes pensées ; puis, dans ses joues et sur ses lèvres, je ne sais quoi de vulgaire et de commun. A voir certains détails de cette physionomie, vous eussiez dit un vieux vigneron débauché, un commerçant avare ; mais à travers ces ressemblances vagues et la décrépitude d'un vieillard mourant, le roi, l'homme de pouvoir et d'action dominait. Ses yeux, d'un jaune clair, paraissaient éteints ; mais une étincelle de courage et de colère y couvait ; et au moindre choc, il pouvait en jaillir des flammes à tout embraser. Le médecin était un gros bourgeois, vêtu de noir, à face fleurie, tranchant, avide, et faisant l'important. Ces deux personnages avaient pour cadre une chambre boisée en noyer, tapissée en tissus de haute-lice de Flandre, et dont le plafond, formé de solives sculptées, était déjà noirci par la fumée. Les meubles, le lit, tous incrustés d'arabesques en étain, paraîtraient aujourd'hui plus précieux peut-être qu'ils ne l'étaient réellement à cette époque, où les arts commençaient à produire tant de chefs-d'œuvre.

— La lamproie ne vous vaut rien, répondit le *physicien*.

Ce nom, récemment substitué à celui de *maître myrrhe*, est resté aux docteurs en Angleterre. Le titre était alors donné partout aux médecins.

— Et que mangerai-je? demanda humblement le roi.

— De la macreuse au sel. Autrement, vous avez tant de bile en mouvement, que vous pourriez mourir le jour des Morts.

— Aujourd'hui, s'écria le roi frappé de terreur.

— Eh! sire, rassurez-vous, reprit Coyctier, je suis là. Tâchez de ne point vous tourmenter, et voyez à vous égayer.

— Ah! dit le roi, ma fille réussissait jadis à ce métier difficile.

Là-dessus, Imbert de Bastarnay, sire de Montrésor et de Bridoré, frappa doucement à l'huis royal. Sur le permis du roi, il entra pour lui annoncer le comte et la comtesse de Saint-Vallier. Louis XI fit un signe. Marie parut, suivie de son vieil époux, qui la laissa passer la première.

— Bonjour, mes enfants, dit le roi.

— Sire, répondit à voix basse la dame en l'embrassant, je voudrais vous parler en secret.

Louis XI n'eut pas l'air d'avoir entendu. Il se tourna vers la porte, et cria d'une voix creuse : — Holà, Dufou!

Dufou, seigneur de Montbazon et, de plus, grand échanson de France, vint en grande hâte.

— Va voir le maître d'hôtel, il me faut une macreuse à manger. Puis, tu iras chez madame de Beaujeu lui dire que je veux dîner seul aujourd'hui.

— Savez-vous, madame, reprit le roi en feignant d'être un peu en colère, que vous me négligez? Voici trois ans bientôt que je ne vous ai vue. — Allons, venez là, mignonne, ajouta-t-il en s'asseyant et lui tendant les bras. Vous êtes bien maigrie! — Et pourquoi la maigrissez-vous? demanda brusquement Louis XI au sieur de Poitiers.

Le jaloux jeta un regard si craintif à sa femme, qu'elle en eut presque pitié.

— Le bonheur, sire, répondit-il.

— Ah! vous vous aimez trop, dit le roi, qui tenait sa fille droit entre ses genoux. Allons, je vois que j'avais raison en te nommant Marie-pleine-de-grâce. — Coyctier, laissez-nous! — Que me voulez-vous? dit-il à sa fille au moment où le médecin s'en alla. Pour m'avoir envoyé votre...

Dans ce danger, Marie mit hardiment sa main sur la bouche du roi, en lui disant à l'oreille : — Je vous croyais toujours discret et pénétrant...

— Saint-Vallier, dit le roi en riant, je crois que Bridoré veut t'entretenir de quelque chose.

Le comte sortit. Mais il fit un geste d'épaule, bien connu de sa femme, qui devina les pensées du terrible jaloux et jugea qu'elle devait en prévenir les mauvais desseins.

— Dis-moi, mon enfant, comment me trouves-tu? Hein! Suis-je bien changé?

— En dà, sire, voulez-vous la vraie vérité? ou voulez-vous que je vous trompe?

— Non, dit-il à voix basse, j'ai besoin de savoir où j'en suis.

— En ce cas, vous avez aujourd'hui bien mauvais visage. Mais que ma véracité ne nuise pas au succès de mon affaire.

— Quelle est-elle? dit le roi en fronçant les sourcils et promenant une de ses mains sur son front.

— Ah bien! sire, dit-elle, le jeune homme que vous avez fait arrêter chez votre argentier Cornélius, et qui se trouve en ce moment livré à votre grand-prévôt, est innocent du vol des joyaux du duc de Bavière.

— Comment sais-tu cela? reprit le roi.

Marie baissa la tête et rougit.

— Il ne faut pas demander s'il y a de l'amour là-dessous, dit Louis XI en relevant avec douceur la tête de sa fille en en caressant le menton. Si tu ne te confesses pas tous les matins, fillette, tu iras en enfer.

— Ne pouvez-vous m'obliger, sans violer mes secrètes pensées?

— Où serait le plaisir? s'écria le roi en voyant dans cette affaire un sujet d'amusement.

— Ah! voulez-vous que votre plaisir me coûte des chagrins?

— Oh! rusée, n'as-tu pas confiance en moi?

— Alors, sire, faites mettre ce gentilhomme en liberté.

— Ah! c'est un gentilhomme, s'écria le roi. Ce n'est donc pas un apprenti?

— C'est bien sûrement un innocent, répondit-elle.

— Je ne vois pas ainsi, dit froidement le roi. Je suis le grand justicier de mon royaume, et dois punir les malfaiteurs...

— Allons, ne faites pas votre mine soucieuse, et donnez-moi la vie de ce jeune homme!

— Ne serait-ce pas reprendre ton bien?

— Sire, dit-elle, je suis sage et vertueuse! Vous vous moquez...

— Alors, dit Louis XI, comme je ne comprends rien à toute cette affaire, laissons Tristan l'éclaircir...

Marie de Sassenage pâlit, elle fit un violent effort et s'écria : — Sire, je vous assure que vous serez au désespoir de ceci. Le prétendu coupable n'a rien volé. Si vous m'accordez sa grâce, je vous révélerai tout, dussiez-vous me punir.

— Oh! oh! ceci devient sérieux! fit Louis XI en mettant son bonnet de côté. Parle, ma fille.

— Eh bien! reprit-elle à voix basse, en mettant ses lèvres à l'oreille de son père, ce gentilhomme est resté chez moi pendant toute la nuit.

— Il a bien pu tout ensemble aller chez toi et voler Cornélius, c'est rober deux fois...

— Sire, j'ai de votre sang dans les veines, et ne suis pas faite pour aimer un truand. Ce gentilhomme est neveu du capitaine général de vos arbalétriers.

— Allons donc! dit le roi. Tu es bien difficile à confesser.

A ces mots, Louis XI jeta sa fille loin de lui, toute tremblante, courut à la porte de sa chambre, mais sur la pointe des pieds, et de manière à ne faire aucun bruit. Depuis un moment, le jour d'une croisée de l'autre salle qui éclairait le dessous de l'huisserie lui avait permis de voir l'ombre des pieds d'un curieux projetée dans sa chambre. Il ouvrit brusquement l'huis garni de ferrures, et surprit le comte de Saint-Vallier aux écoutes.

— Pasques Dieu! s'écria-t-il, voici une hardiesse qui mérite la hache.

— Sire, répliqua fièrement Saint-Vallier, j'aime mieux un coup de hache à la tête que l'ornement du mariage à mon front.

— Vous pourrez avoir l'un et l'autre, dit Louis XI. Nul de vous n'est exempt de ces deux infirmités, messieurs. Retirez-vous dans l'autre salle. — Conyngham, reprit le roi en s'adressant à son capitaine des gardes, vous dormiez? Où donc est monsieur de Bridoré? Vous me laissez approcher ainsi? Pasques Dieu! le dernier bourgeois de Tours est mieux servi que je ne le suis.

Ayant ainsi grondé, Louis rentra dans sa chambre ; mais il eut soin de tirer la portière en tapisserie qui formait en dedans une seconde porte destinée à étouffer moins le sifflement de la bise que le bruit des paroles du roi.

— Ainsi, ma fille, reprit-il en prenant plaisir à jouer avec elle comme un chat joue avec la souris qu'il a saisie, hier Georges d'Estouteville a été ton galant.

— Oh! non, sire.

— Non! Ah! par saint Carpion! il mérite la mort! Le drôle n'a pas trouvé ma fille assez belle peut-être!

— Oh! n'est-ce que cela? dit-elle. Je vous assure qu'il m'a baisé les pieds et les mains avec une ardeur par laquelle la plus vertueuse de toutes les femmes eût été attendrie. Il m'aime en tout bien, tout honneur.

— Tu me prends donc pour saint Louis, en pensant que je croirai de telles sornettes? Un jeune gars tourné comme lui aurait risqué sa vie pour baiser tes patins ou tes manches? A d'autres.

— Oh! sire, cela est vrai. Mais il venait aussi pour un autre motif.

A ces mots, Marie sentit qu'elle avait risqué la vie de son mari, car aussitôt Louis XI demanda vivement : — Et pourquoi?

Cette aventure l'amusait infiniment. Certes, il ne s'attendait pas aux étranges confidences que sa fille finit par lui faire, après avoir stipulé le pardon de son mari.

— Ah! ah! monsieur de Saint-Vallier, vous versez ainsi le sang royal, s'écria le roi dont les yeux s'allumèrent de courroux.

En ce moment, la cloche du Plessis sonna le service du roi. Appuyé sur le bras de sa fille, Louis XI se montra les sourcils contractés, sur le seuil de sa porte, et trouva tous ses serviteurs sous les armes. Il jeta un regard douteux sur le comte de Saint-Vallier, en pensant à l'arrêt qu'il allait prononcer sur lui. Le profond silence qui régnait fut alors interrompu par les pas de Tristan, qui montait le grand escalier. Il vint jusque dans la salle, et, s'avançant vers le roi : — Sire, l'affaire est toisée.

— Quoi! tout est achevé? dit le roi.

— Notre homme est entre les mains des religieux. Il a fini par avouer le vol, après un moment de question.

La comtesse poussa un soupir, pâlit, ne trouva même pas de voix, et regarda le roi. Ce coup-d'œil fut saisi par Saint-Vallier, qui dit à voix basse : — Je suis trahi, le voleur est de la connaissance de ma femme.

— Silence ! cria le roi. Il se trouve ici quelqu'un qui veut me lasser. — Va vite surseoir à cette exécution, reprit-il en s'adressant au grand-prévôt. Tu me réponds du criminel corps pour corps, mon compère ! Cette affaire veut être mieux distillée, et je m'en réserve la connaissance. Mets provisoirement le coupable en liberté ! Je saurai le retrouver ; ces voleurs ont des retraites qu'ils aiment, des terriers où ils se blottissent. Fais savoir à Cornélius que j'irai chez lui, dès ce soir, pour instruire moi-même le procès. Monsieur de Saint-Vallier, dit le roi en le regardant fixement, j'ai de vos nouvelles. Tout votre sang ne saurait payer une goutte du mien, le savez-vous ? Par Notre-Dame de Cléry ! vous avez commis des crimes de lèse-majesté. Vous ai-je donné si gentille femme pour la rendre pâle et brehaigne ? En dà, rentrez chez vous de ce pas. Et allez-y faire vos apprêts pour un long voyage.

Le roi s'arrêta sur ces mots par une habitude de cruauté ; puis il ajouta : — Vous partirez ce soir pour voir à ménager mes affaires avec messieurs de Venise. Soyez sans inquiétude, je ramènerai votre femme ce soir en mon château du Plessis ; elle y sera, certes, en sûreté. Désormais, je veillerai sur elle mieux que je ne l'ai fait depuis votre mariage.

En entendant ces mots, Marie pressa silencieusement le bras de son père, comme pour le remercier de sa clémence et de sa belle humeur. Quant à Louis XI, il se divertissait sous cape.

Louis XI aimait beaucoup à intervenir dans les affaires de ses sujets, et mêlait volontiers la majesté royale aux scènes de la vie bourgeoise. Ce goût, sévèrement blâmé par quelques historiens, n'était cependant que la passion de l'*incognito*, l'un des plus grands plaisirs des princes, espèce d'abdication momentanée qui leur permet de mettre un peu de vie commune dans leur existence affadie par le défaut d'oppositions ; seulement Louis XI jouait l'*incognito* à découvert. En ces sortes de rencontres, il était d'ailleurs bon homme, et s'efforçait de plaire aux gens du tiers état, desquels il avait fait ses alliés contre la féodalité. Depuis longtemps, il n'avait pas trouvé l'occasion de se faire peuple, et d'épouser les intérêts domestiques d'un homme *engarrié* dans quelque affaire processive (vieux mot encore en usage à Tours), de sorte qu'il endossa passionnément les inquiétudes de maître Cornélius et les chagrins secrets de la comtesse de Saint-Vallier. A plusieurs reprises, pendant le dîner, il dit à sa fille : — Mais qui donc a pu voler mon compère? Voilà des larcins qui montent à plus de douze cent mille écus depuis huit ans. — Douze cent mille écus, messieurs, reprit-il en regardant les seigneurs qui le servaient. Notre-Dame! avec cette somme on aurait bien des absolutions en cour de Rome. J'aurais pu, Pasques Dieu! encaisser la Loire, ou mieux, conquérir le Piémont, une belle fortification toute faite pour notre royaume. Le dîner fini, Louis XI emmena sa fille, son médecin, le grand-prévôt, et suivi d'une escorte de gens d'armes, vint à l'hôtel de Poitiers, où il trouva encore, suivant ses présomptions, le sire de Saint-Vallier qui attendait sa femme, peut-être pour s'en défaire.

— Monsieur, lui dit le roi, je vous avais recommandé de partir plus vite. Dites adieu à votre femme, et gagnez la frontière, vous aurez une escorte d'honneur. Quant à vos instructions et lettres de créance, elles seront à Venise avant vous.

Louis XI donna l'ordre, non sans y joindre quelques instructions secrètes, à un lieutenant de la garde écossaise de prendre une escouade, et d'accompagner son ambassadeur jusqu'à Venise. Saint-Vallier partit en grande hâte, après avoir donné à sa femme un baiser froid qu'il aurait voulu pouvoir rendre mortel. Lorsque la comtesse fut rentrée chez elle, Louis XI vint à la Malemaison, fort empressé de dénouer la triste farce qui se jouait chez son compère le torçonnier, se flattant, en sa qualité de roi, d'avoir assez de perspicacité pour découvrir les secrets des voleurs. Cornélius ne vit pas sans quelque appréhension la compagnie de son maître.

— Est-ce que tous ces gens-là, lui dit-il à voix basse, seront de la cérémonie?

Louis XI ne put s'empêcher de sourire en voyant l'effroi de l'avare et de sa sœur.

— Non, mon compère, reprit-il, rassure-toi. Ils souperont avec nous dans mon logis, et nous serons seuls à faire l'enquête. Je suis si bon justicier, que je gage dix mille écus de te trouver le criminel.

— Trouvons-le, sire, et ne gageons pas.

Aussitôt, ils allèrent dans le cabinet où le Lombard avait mis ses trésors. Là, Louis XI s'étant fait montrer d'abord la layette où étaient les joyaux de l'électeur de Bavière, puis la cheminée par laquelle le prétendu voleur avait dû descendre, convainquit facilement le Brabançon de la fausseté de ses suppositions, attendu qu'il ne se trouvait point de suie dans l'âtre, où il se faisait, à vrai dire, rarement du feu ; nulle trace de route dans le tuyau ; et, de plus, la cheminée prenait naissance sur le toit dans une partie presque inaccessible. Enfin, après deux heures de perquisitions empreintes de cette sagacité qui distinguait le génie méfiant de Louis XI, il lui fut évidemment démontré que personne n'avait pu s'introduire dans le trésor de son compère. Aucune marque de violence n'existait ni dans l'intérieur des serrures, ni sur les coffres de fer où se trouvaient l'or, l'argent et les gages précieux donnés par de riches débiteurs.

— Si le voleur a ouvert cette layette, dit Louis XI, pourquoi n'a-t-il pris que les joyaux de Bavière ? Pour quelle raison a-t-il respecté ce collier de perles ? Singulier truand !

A cette réflexion, le pauvre torçonnier blêmit ; le roi et lui s'entre-regardèrent pendant un moment.

— Eh ! bien, sire, qu'est donc venu faire ici le voleur que vous avez pris sous votre protection, et qui s'est promené pendant la nuit ? demanda Cornélius.

— Si tu ne le devines pas, mon compère, je t'ordonne de toujours l'ignorer ; c'est un de mes secrets.

— Alors le diable est chez moi, dit piteusement l'avare.

En toute autre circonstance, le roi eût peut-être ri de l'exclamation de son argentier ; mais il était devenu pensif, et jetait sur maître Cornélius ces coups d'œil à traverser la tête qui sont si familiers aux hommes de talent et de pouvoir ; aussi, le Brabançon en fut-il effrayé, craignant d'avoir offensé son redoutable maître.

— Ange ou diable, je tiens les malfaiteurs, s'écria brusquement Louis XI. Si tu es volé cette nuit, je saurai dès demain par qui. Fais monter cette vieille guenon que tu nommes ta sœur, ajouta-t-il.

Cornélius hésita presque à laisser le roi tout seul dans la chambre où étaient ses trésors ; mais il sortit, vaincu par la puissance du sourire amer qui errait sur les lèvres flétries de Louis XI. Cependant, malgré sa confiance, il revint promptement suivi de la vieille.

— Avez-vous de la farine? demanda le roi.

— Oh! certes, nous avons fait notre provision pour l'hiver, répondit-elle.

— Eh! bien, montez-la, dit le roi.

— Et que voulez-vous faire de notre farine, sire? s'écria-t-elle effarée, sans être aucunement atteinte par la majesté royale, ressemblant en cela à toutes les personnes en proie à quelque violente passion.

— Vieille folle, veux-tu bien exécuter les ordres de notre gracieux maître, cria Cornélius. Le roi manque-t-il de farine?

— Achetez donc de la belle farine, dit-elle en grommelant dans les escaliers. Ah! ma farine! Elle revint et dit au roi : — Sire, est-ce donc une royale idée que de vouloir examiner ma farine!

Enfin, elle reparut armée d'une de ces poches en toile qui, de temps immémorial, servent en Touraine à porter au marché ou à en rapporter les noix, les fruits et le blé. La poche était à mi-pleine de farine; la ménagère l'ouvrit et la montra timidement au roi, sur lequel elle jetait ces regards fauves et rapides par lesquels les vieilles filles semblent vouloir darder du venin sur les hommes.

— Elle vaut six sous la septérée, dit-elle.

— Qu'importe, répondit le roi, répandez-la sur le plancher. Surtout, ayez soin de l'y étaler de manière à produire une couche bien égale, comme s'il y était tombé de la neige.

La vieille fille ne comprit pas. Cette proposition l'étonnait plus que n'eût fait la fin du monde.

— Ma farine, sire! par terre... mais...

Maître Cornélius commençant à concevoir, mais vaguement, les intentions du roi, saisit la poche, et la versa doucement sur le plancher. La vieille tressaillit, mais elle tendit la main pour reprendre la poche; et, quand son frère la lui eut rendue, elle disparut en poussant un grand soupir. Cornélius prit un plumeau, commença par un côté du cabinet à étendre la farine qui produisait comme une nappe de neige, en se reculant à mesure, suivi du roi qui paraissait s'amuser beaucoup de cette opération. Quand ils arrivèrent à l'huis, Louis XI dit à son compère : — Existe-t-il deux clefs de la serrure?

— Non, sire.

Le roi regarda le mécanisme de la porte qui était maintenue par de grandes plaques et par des barres en fer ; les pièces de cette armure aboutissaient toutes à une serrure à secret dont la clef était gardée par Cornélius. Après avoir tout examiné, Louis XI fit venir Tristan, il lui dit de poster à la nuit quelques-uns de ses gens d'armes dans le plus grand secret, soit sur les mûriers de la levée, soit sur les chéneaux des hôtels voisins, et de rassembler toute son escorte pour se rendre au Plessis, afin de faire croire qu'il ne souperait pas chez maître Cornélius ; puis, il recommanda sur toute chose à l'avare de fermer assez exactement ses croisées pour qu'il ne s'en échappât aucun rayon de lumière, et de préparer un festin sommaire, afin de ne pas donner lieu de penser qu'il le logeât pendant cette nuit. Le roi partit en cérémonie par la levée, et rentra secrètement, lui troisième, par la porte du rempart, chez son compère le torçonnier. Tout fut si bien disposé, que les voisins, les gens de ville et de cour pensèrent que le roi était retourné par fantaisie au Plessis, et devait revenir le lendemain soir souper chez son argentier. La sœur de Cornélius confirma cette croyance en achetant de la sauce verte à la boutique du bon faiseur, qui demeurait près du *quarroir aux herbes*, appelé depuis le *carroir de Beaune*, à cause de la magnifique fontaine en marbre blanc que le malheureux Semblançay (Jacques de Beaune) fit venir d'Italie pour orner la capitale de sa patrie. Vers les huit heures du soir, au moment où le roi soupait en compagnie de son médecin, de Cornélius et du capitaine de sa garde écossaise, disant de joyeux propos, et oubliant qu'il était Louis XI malade et presque mort, le plus profond silence régnait au dehors, et les passants, un voleur même, aurait pu prendre la Malemaison pour quelque maison inhabitée.

— J'espère, dit le roi en souriant, que mon compère sera volé cette nuit, pour que ma curiosité soit satisfaite. Or çà, messieurs, que nul ici ne sorte de sa chambre demain sans mon ordre, sous peine de quelque griève pénitence.

Là-dessus, chacun se coucha. Le lendemain matin, Louis XI sortit le premier de son appartement, et se dirigea vers le trésor de Cornélius ; mais il ne fut pas médiocrement étonné en apercevant les marques d'un large pied semées par les escaliers et les corridors de la maison. Respectant avec soin ces précieuses empreintes, il alla vers la porte du cabinet aux écus, et la trouva fermée sans aucunes traces de fracture. Il étudia la direction des pas, mais comme ils étaient graduellement plus faibles, et finissaient par ne plus laisser le moindre vestige, il lui fut impossible de découvrir par où s'était enfui le voleur.

— Ah! mon compère, cria le roi à Cornélius, tu as été bel et bien volé.

A ces mots, le vieux Brabançon sortit en proie à une visible épouvante. Louis XI le mena voir les pas tracés sur les planchers; et, tout en les examinant de rechef, le roi ayant regardé par hasard les pantoufles de l'avare, reconnut le type de la semelle, dont tant d'exemplaires étaient gravés sur les dalles. Il ne dit mot, et retint son rire, en pensant à tous les innocents qui avaient été pendus. L'avare alla promptement à son trésor. Le roi, lui ayant commandé de faire avec son pied une nouvelle marque auprès de celles qui existaient déjà, le convainquit que le voleur n'était autre que lui-même.

— Le collier de perles me manque, s'écria Cornélius. Il y a de la sorcellerie là-dessous. Je ne suis pas sorti de ma chambre.

— Nous allons le savoir au plus tôt, dit le roi, que la visible bonne foi de son argentier rendit encore plus pensif.

Aussitôt, il fit venir dans son appartement les gens d'armes de guette, et leur demanda : — Or çà, qu'avez-vous vu pendant la nuit?

— Ah! sire, un spectacle de magie! dit le lieutenant. Monsieur votre argentier a descendu comme un chat le long des murs, et si lestement que nous avons cru d'abord que c'était une ombre.

— Moi! cria Cornélius qui, après ce mot, resta debout et silencieux, comme un homme perclus de ses membres.

— Allez-vous-en, vous autres, reprit le roi en s'adressant aux archers, et dites à messieurs Conyngham, Coyctier, Bridoré, ainsi qu'à Tristan, qu'ils peuvent sortir de leurs lits et venir céans. — Tu as encouru la peine de mort, dit froidement Louis XI au Brabançon, qui heureusement ne l'entendit pas, tu en as au moins dix sur la conscience, toi! Là, Louis XI laissa échapper un rire muet, et fit une pause : — Mais, rassure-toi, reprit-il en remarquant la pâleur étrange répandue sur le visage de l'avare, tu es meilleur à saigner qu'à tuer! Et, moyennant quelque bonne grosse amende au profit de mon épargne, tu te tireras des griffes de ma justice; mais si tu ne fais pas bâtir au moins une chapelle en l'honneur de la Vierge, tu es en passe de le bailler des affaires graves et chaudes pendant toute l'éternité.

— Douze cent trente et quatre-vingt-sept mille écus font treize cent dix-sept mille écus, répondit machinalement Cornélius, absorbé dans ses calculs. Treize cent dix-sept mille écus de détournés!

— Il les aura enfouis dans quelque retrait, dit le roi qui commençait à trouver la somme royalement belle. Voilà l'aimant qui l'attirait toujours ici. Il sentait son trésor.

Là-dessus Coyctier entra. Voyant l'attitude de Cornélius, il l'observa savamment pendant que le roi lui racontait l'aventure.

— Sire, répondit le médecin, rien n'est surnaturel en cette affaire. Notre torçonnier a la propriété de marcher pendant son sommeil. Voici le troisième exemple que je rencontre de cette singulière maladie. Si vous vouliez vous donner le plaisir d'être témoin de ses effets, vous pourriez voir ce vieillard aller sans danger au bord des toits, à la première nuit où il sera pris par un accès. J'ai remarqué, dans les deux hommes que j'ai déjà observés, des liaisons curieuses entre les affections de cette vie nocturne et leurs affaires, ou leurs occupations du jour.

— Ah! maître Coyctier, tu es savant.

— Ne suis-je pas votre médecin? dit insolemment le physicien.

A cette réponse, Louis XI laissa échapper le geste qu'il lui était familier de faire lorsqu'il rencontrait une bonne idée, et qui consistait à rehausser vivement son bonnet.

— Dans cette occurrence, reprit Coyctier en continuant, les gens font leurs affaires en dormant. Comme celui-ci ne hait pas de thésauriser, il se sera livré tout doucement à sa plus chère habitude. Aussi a-t-il dû avoir des accès toutes les fois qu'il a pu concevoir pendant la journée des craintes pour ses trésors.

— Pasques Dieu! quel trésor, s'écria le roi.

— Où est-il? demanda Cornélius, qui par un singulier privilége de notre nature, entendait les propos du médecin et du roi, tout en restant presque engourdi par ses idées et par son malheur.

— Ah! reprit Coyctier avec un gros rire diabolique, les noctambules n'ont au réveil aucun souvenir de leurs faits et gestes.

— Laissez-nous, dit le roi.

Quand Louis XI fut seul avec son compère, il le regarda en ricanant à froid.

— Messire Hoogworst, ajouta-t-il en s'inclinant, tous les trésors enfouis en France sont au roi.

— Oui, sire, tout est à vous, et vous êtes le maître absolu de nos vies et de nos fortunes ; mais jusqu'à présent vous avez eu la clémence de ne prendre que ce qui vous était nécessaire.

— Écoute, mon compère? Si je t'aide à retrouver ce trésor, tu peux hardiment et sans crainte en faire le partage avec moi.

— Non, sire, je ne veux pas le partager, mais vous l'offrir tout entier, après ma mort. Mais quel est votre expédient?

— Je n'aurai qu'à t'épier moi-même pendant que tu feras tes courses nocturnes. Un autre que moi serait à craindre.

— Ah! sire, reprit Cornélius en se jetant aux pieds de Louis XI, vous êtes le seul homme du royaume à qui je voudrais me confier pour cet office, et je saurai bien vous prouver ma reconnaissance pour la bonté dont vous usez envers votre serviteur, en m'employant de mes quatre fers au mariage de l'héritière de Bourgogne avec monseigneur. Voilà un beau trésor, non plus d'écus, mais de domaines, qui saura rendre votre couronne toute ronde.

— La la, Flamand, tu me trompes, dit le roi en fronçant les sourcils, ou tu m'as mal servi.

— Comment, sire, pouvez-vous douter de mon dévouement? vous qui êtes le seul homme que j'aime.

— Paroles que ceci, reprit le roi en envisageant le Brabançon. Tu ne devais pas attendre cette occasion pour m'être utile. Tu me vends ta protection, Pasques Dieu! à moi Louis le Onzième. Est-ce toi qui es le maître, et suis-je donc le serviteur?

— Ah! sire, répliqua le vieux torçonnier, je voulais vous surprendre agréablement par la nouvelle des intelligences que je vous ai ménagées avec ceux de Gand ; et j'en attendais la confirmation par l'apprenti d'Oosterlinck. Mais, qu'est-il devenu?

— Assez, dit le roi. Nouvelle faute. Je n'aime pas qu'on se mêle, malgré moi, de mes affaires. Assez! Je veux réfléchir à tout ceci.

Maître Cornélius retrouva l'agilité de la jeunesse pour courir à la salle basse, où était sa sœur.

— Ah! Jeanne, ma chère âme, nous avons ici un trésor où j'ai mis les treize cent mille écus! Et c'est moi! moi! qui suis le voleur.

Jeanne Hoogworst se leva de son escabelle, et se dressa sur ses pieds, comme si le siège qu'elle quittait eût été de fer rouge. Cette secousse était si violente pour une vieille fille accoutumée depuis longues années à s'exténuer par des jeûnes volontaires, qu'elle tressaillit de tous ses membres et ressentit une horrible douleur dans le dos. Elle pâlit par degrés, et sa face, dont il était si difficile de déchiffrer les altérations parmi les rides, se décomposa pendant que son frère lui expliquait et la maladie dont il était la victime, et l'étrange situation dans laquelle ils se trouvaient tous deux.

— Nous venons, Louis XI et moi, dit-il en finissant, de nous mentir l'un à l'autre comme deux marchands de myrobolan. Tu comprends, mon enfant, que, s'il me suivait, il aurait à lui seul le secret du trésor. Le roi seul au monde peut épier mes courses nocturnes. Je ne sais si la conscience du roi, tout près qu'il soit de la mort, pourrait résister à treize cent dix-sept mille écus. Il faut le prévenir, dénicher les merles, envoyer tous nos trésors à Gand, et toi seule...

Cornélius s'arrêta soudain, en ayant l'air de peser le cœur de ce souverain, qui rêvait déjà le parricide à vingt-deux ans. Lorsque l'argentier eut jugé Louis XI, il se leva brusquement, comme un homme pressé de fuir un danger. A ce mouvement, sa sœur, trop faible ou trop forte pour une telle crise, tomba roide; elle était morte. Maître Cornélius saisit sa sœur, la remua violemment, en lui disant : — Il ne s'agit pas de mourir. Après, tu en auras tout le temps. Oh! c'est fini. La vieille guenon n'a jamais rien su faire à propos. Il lui ferma les yeux et la coucha sur le plancher; mais alors il revint à tous les sentiments nobles et bons qui étaient dans le plus profond de son âme; et, oubliant à demi son trésor inconnu : — Ma pauvre compagne, s'écria-t-il douloureusement, je t'ai donc perdue, toi qui me comprenais si bien! Oh! tu étais un vrai trésor. Le voilà, le trésor. Avec toi, s'en vont ma tranquillité, mes affections. Si tu avais su quel profit il y avait à vivre seulement encore deux nuits, tu ne serais pas morte, uniquement pour me plaire, pauvre petite! Eh! Jeanne, treize cent dix-sept mille écus! Ah! si cela ne te réveille pas... Non. Elle est morte!

Là-dessus, il s'assit, ne dit plus rien; mais deux grosses larmes sortirent de ses yeux et roulèrent dans ses joues creuses; puis, en laissant échapper plusieurs ha! ha! il ferma la salle et remonta chez le roi. Louis XI fut frappé par la douleur empreinte dans les traits mouillés de son vieil ami.

— Qu'est-ce ceci? demanda-t-il.

— Ah! sire, un malheur n'arrive jamais seul. Ma sœur est

morte. Elle me précède là-dessous, dit-il en montrant le plancher par un geste effrayant.

— Assez! s'écria Louis XI qui n'aimait pas à entendre parler de la mort.

— Je vous fais mon héritier. Je ne tiens plus à rien. Voilà mes clefs. Pendez-moi, si c'est votre bon plaisir, prenez tout, fouillez la maison, elle est pleine d'or. Je vous donne tout...

— Allons, compère, reprit Louis XI, qui fut à demi attendri par le spectacle de cette étrange peine, nous retrouverons le trésor par quelque belle nuit, et la vue de tant de richesses te redonnera cœur à la vie. Je reviendrai cette semaine...

— Quand il vous plaira, sire...

A cette réponse, Louis XI, qui avait fait quelques pas vers la porte de sa chambre, se retourna brusquement. Alors, ces deux hommes se regardèrent l'un l'autre avec une expression que ni le pinceau ni la parole ne peuvent reproduire.

— Adieu, mon compère! dit enfin Louis XI d'une voix brève et en redressant son bonnet.

— Que Dieu et la Vierge vous conservent leurs bonnes grâces! répondit humblement le torçonnier en reconduisant le roi.

Après une si longue amitié, ces deux hommes trouvaient entre eux une barrière élevée par la défiance et par l'argent, lorsqu'ils s'étaient toujours entendus en fait d'argent et de défiance ; mais ils se connaissaient si bien, ils avaient tous deux une telle habitude l'un de l'autre, que le roi devait deviner, par l'accent dont Cornélius prononça l'imprudent — *Quand il vous plaira, sire!* la répugnance que sa visite causerait désormais à l'argentier, comme celui-ci reconnut une déclaration de guerre dans — l'*Adieu, mon compère!* dit par le roi. Aussi, Louis XI et son torçonnier se quittèrent-ils bien embarrassés de la conduite qu'ils devaient tenir l'un envers l'autre. Le monarque possédait bien le secret du Brabançon ; mais celui-ci pouvait aussi, par ses relations, assurer le succès de la plus belle conquête que jamais roi de France ait pu faire, celle des domaines appartenant à la maison de Bourgogne, et qui excitaient alors l'envie de tous les souverains de l'Europe. Le mariage de la célèbre Marguerite dépendait des gens de Gand et des Flamands, qui l'entouraient. L'or et l'influence de Cornélius devaient puissamment servir les négociations entamées par Desquerdes, le général auquel Louis XI avait confié le commandement de l'armée campée sur la frontière de Belgique. Ces deux maîtres renards étaient donc comme deux duellistes dont les forces auraient été neutralisées par le hasard. Aussi, soit que depuis cette matinée la santé de Louis XI eût empiré, soit que Cornélius eût contribué à faire venir en France Marguerite de Bourgogne, qui arriva effectivement à Amboise, au mois de juillet de l'année 1438, pour épouser le dauphin, auquel elle fut fiancée dans la chapelle du château, le roi ne leva point d'amende sur son argentier, aucune procédure n'eut lieu, mais ils restèrent l'un et l'autre dans les demi-mesures d'une amitié armée. Heureusement pour le torçonnier, le bruit se répandit à Tours que sa sœur était l'auteur des vols, et qu'elle avait été secrètement mise à mort par Tristan. Autrement, si la véritable histoire y eût été connue, la ville entière se serait ameutée pour détruire la Malemaison avant qu'il eût été possible au roi de la défendre. Mais si toutes ces présomptions historiques ont quelque fondement relativement à l'inaction dans laquelle resta Louis XI, il n'en fut pas de même chez maître Cornélius Hoogworst. Le torçonnier passa les premiers jours qui suivirent cette fatale matinée dans une occupation continuelle. Semblable aux animaux carnassiers enfermés dans une cage, il allait et venait, flairant l'or à tous les coins de sa maison, il en étudiait les crevasses, il en consultait les murs, redemandant son trésor aux arbres du jardin, aux fondations et aux toits des tourelles, à la terre et au ciel. Souvent il demeurait pendant des heures entières debout, jetant ses yeux sur tout à la fois, les plongeant dans le vide. Sollicitant les miracles de l'extase et la puissance des sorciers, il tâchait de voir ses richesses à travers les espaces et les obstacles. Il était constamment perdu dans une pensée accablante, dévoré par un désir qui lui brûlait les entrailles, mais rongé plus grièvement encore par les angoisses renaissantes du duel qu'il avait avec lui-même, depuis que sa passion pour l'or s'était tournée contre elle-même ; espèce de suicide inachevé qui comprenait toutes les douleurs de la vie et celles de la mort. Jamais le vice ne s'était mieux étreint lui-même ; car l'avare, s'enfermant par imprudence dans le cachot souterrain où gît son or, a, comme Sardanapale, la jouissance de mourir au sein de sa fortune. Mais Cornélius, tout à la fois le voleur et le volé, n'ayant le secret ni de l'un ni de l'autre, possédait et ne possédait pas ses trésors : torture toute nouvelle, toute bizarre, mais continuellement terrible. Quelquefois, devenu presque oublieux, il laissait ouvertes les petites grilles de sa porte, et alors les passants pouvaient voir cet homme déjà desséché, planté sur ses deux jambes au milieu de son jardin inculte, y restant dans une immobilité complète, et jetant à ceux qui l'examinaient un regard fixe, dont la lueur insupportable les glaçait d'effroi. Si, par hasard, il allait dans les rues de Tours, vous eussiez dit d'un étranger ; il ne savait jamais où il était, ni s'il faisait soleil ou clair de lune. Souvent il demandait son chemin aux gens qui passaient, en se croyant à Gand, et semblait toujours en quête de son bien perdu. L'idée la plus vivace et la mieux matérialisée de toutes les idées humaines, l'idée par laquelle l'homme se représente lui-même en créant en dehors de lui cet être tout fictif, nommé la *propriété*, ce démon moral lui enfonçait à chaque instant ses griffes acérées dans le cœur. Puis, au milieu de ce supplice, la Peur se dressait avec tous les sentiments qui lui servent de cortége. En effet, deux hommes avaient son secret, ce secret qu'il ne connaissait pas lui-même. Louis XI ou Coyctier pouvaient aposter des gens pour surveiller ses démarches pendant son sommeil, et deviner l'abîme ignoré dans lequel il avait jeté ses richesses au milieu du sang de tant d'innocents ; car auprès de ses craintes veillait aussi le Remords. Pour ne pas se laisser enlever, de son vivant, son trésor inconnu, il prit, pendant les premiers jours qui suivirent son désastre, les précautions les plus sévères contre son sommeil ; puis ses relations commerciales lui permirent de se procurer les antinarcotiques les plus puissants. Ses veilles durent être affreuses ; il était seul aux prises avec la nuit, le silence, le remords, la peur, avec toutes les pensées que l'homme a le mieux personnifiées, instinctivement peut-être, obéissant ainsi à une vérité morale encore dénuée de preuves sensibles. Enfin, cet homme si puissant, ce cœur endurci par la vie politique et la vie commerciale, ce génie obscur dans l'histoire, dut succomber aux horreurs du supplice qu'il s'était créé. Tué par quelques pensées plus aiguës que toutes celles auxquelles il avait résisté jusqu'alors, il se coupa la gorge avec un rasoir. Cette mort coïncida presque avec celle de Louis XI, en sorte que la Malemaison fut entièrement pillée par le peuple. Quelques anciens du pays de Touraine ont prétendu qu'un traitant, nommé Bohier, trouva le trésor du torçonnier, et s'en servit pour commencer les constructions de Chenonceaux, château merveilleux qui, malgré les richesses de plusieurs rois, le goût de Diane de Poitiers et celui de sa rivale Catherine de Médicis pour les bâtiments, reste encore inachevé.

Heureusement pour Marie de Sassenages, le sire de Saint-Vallier mourut, comme on sait, dans son ambassade. Cette maison ne s'éteignit pas. La comtesse eut, après le départ du comte, un fils dont la destinée est fameuse dans notre histoire de France, sous le règne de François Ier. Il fut sauvé par sa fille, la célèbre Diane de Poitiers, l'arrière-petite-fille illégitime de Louis XI, laquelle devint l'épouse illégitime, la maîtresse bien-aimée de Henri II; car la bâtardise et l'amour furent héréditaires dans cette noble famille!

Au château de Saché, novembre et décembre 1831.

SUR CATHERINE DE MÉDICIS

A MONSIEUR LE MARQUIS DE PASTORET.

Membre de l'Académie des Beaux-Arts.

Quand on songe au nombre étonnant de volumes publiés pour rechercher le point des Alpes par lequel Annibal opéra son passage, sans qu'on puisse aujourd'hui savoir si ce fut, selon Witaker et Rivaz, par Lyon, Genève, le Saint-Bernard et le val d'Aoste; ou selon Letronne, Follard, Saint-Simon et Fortia d'Urban, par l'Isère, Grenoble, Saint-Bonnet, le Mont-Genèvre, Fenestrelle et le pas de Suze; ou, selon Larauza, par le Mont-Cenis et Suze; ou, selon Strabon, Polybe et de Luc, par le Rhône, Vienne, Yenne, et le Mont-du-Chat: ou, selon l'opinion de quelques gens d'esprit, par Gênes, la Bochetta et la Scrivia, opinion que je partage, et que Napoléon avait adoptée, sans compter le vinaigre avec lequel les roches alpestres ont été accommodées par quelques savants; doit-on s'étonner, monsieur le marquis, de voir l'histoire moderne si négligée, que les points es plus importants en soient obscurs et que les calomnies les plus odieuses pèsent encore sur des noms qui devraient être révérés? Remarquons, en passant, que le passage d'Annibal est devenu presque problématique à force d'éclaircissements. Ainsi le père Ménestrier croit que le Scoras désigné par Polybe est la Saône; Letronne, Larauza et Schweighauser y voient l'Isère, Cochard, un savant lyonnais, y voit la Drôme; pour quiconque a des yeux, il se trouve entre Scoras et Scrivia de grandes ressemblances géographiques et linguistiques, sans compter la presque certitude du mouillage de la flotte carthaginoise à la Spezzia ou dans la rade de Gênes? Je concevrais ces patientes recherches, si la bataille de Cannes était mise en doute; mais puisque ses résultats sont connus, à quoi bon noircir tant de papier par tant de suppositions qui sont en quelque sorte les arabesques de l'hypothèse; tandis que l'histoire la plus importante au temps actuel, celle de la Réformation, est pleine d'obscurités si fortes qu'on ignore le nom de l'homme[1] qui faisait naviguer un bateau par la vapeur à Barcelone dans le temps que Luther et Calvin inventaient l'insurrection de la pensée? Nous avons, je crois, la même

---

[1] L'auteur de l'expérience de Barcelone doit être SALOMON de CAUX, et non de CAUS. Ce grand homme a toujours du malheur, même après sa mort, son nom est encore tronqué. Salomon, dont le portrait original et fait à l'âge de quarante-six ans a été retrouvé par l'auteur de la Comédie Humaine, à Heidelberg, est né à Caux en Normandie.

opinion, après avoir fait, chacun de notre côté, les mêmes recherches sur la grande et belle figure de Catherine de Médicis. Aussi, ai-je pensé que mes études historiques sur cette reine seraient convenablement adressées à un écrivain qui depuis si longtemps travaille à l'histoire de la Réformation, et que je rendrais ainsi au caractère et à la fidélité de l'homme monarchique, un public hommage, peut-être précieux par sa rareté.

Paris, janvier 1842.

INTRODUCTION.

On crie assez généralement au paradoxe, lorsque des savants, frappés d'une erreur historique, essayent de la redresser ; mais pour quiconque étudie à fond l'histoire moderne, il est certain que les historiens sont des menteurs privilégiés qui prêtent leurs plumes aux croyances populaires, absolument comme la plupart des journaux d'aujourd'hui n'expriment que les opinions de leurs lecteurs.

L'indépendance historique a beaucoup moins brillé chez les laïques que chez les religieux. C'est des Bénédictins, une des gloires de la France, que nous viennent les plus pures lumières en fait d'histoire, pourvu toutefois que l'intérêt des religieux ne fût pas au jeu. Aussi, dès le milieu du dix-huitième siècle, s'est-il élevé de grands et de savants controversistes qui, frappés de la nécessité de redresser les erreurs populaires accréditées par les historiens, ont publié de remarquables travaux. Ainsi, M. de Launoy, surnommé le *Dénicheur de saints*, fit une guerre cruelle aux saints entrés par contrebande dans l'Église. Ainsi, les émules des Bénédictins, les membres trop peu connus de l'Académie des Inscriptions et Belles-Lettres, commencèrent sur des points historiques obscurs, leurs *mémoires* si admirables de patiences, d'érudition et de logique. Ainsi Voltaire, dans un intérêt malheureux, avec une passion triste, porta souvent la lumière de son esprit sur des préjugés historiques. Diderot entreprit, dans cette visée, un livre trop long sur une époque de l'histoire impériale de Rome. Sans la révolution française, la *critique*, appliquée à l'histoire, allait peut-être préparer les éléments d'une *bonne* et *vraie* histoire de France dont les preuves étaient depuis si longtemps amassées par nos grands Bénédictins. Louis XVI, esprit juste, a traduit lui-même l'ouvrage anglais par lequel Walpole a essayé d'expliquer Richard III, et dont s'occupa tant le siècle dernier.

Comment des personnages aussi célèbres que des rois ou des reines, comment des personnages aussi importants que des généraux d'armée deviennent-ils un objet d'horreur ou de dérision? Entre la chanson sur Malborough et l'histoire d'Angleterre, la moitié du monde hésite, comme on hésite entre l'histoire et la croyance populaire à propos de Charles IX. A toutes les époques où de grandes batailles ont lieu entre les masses et le pouvoir, le peuple se crée un personnage *ogresque*, s'il est permis de risquer un mot pour rendre une idée juste. Ainsi, de notre temps, sans le *Mémorial de Sainte-Hélène*, sans les controverses entre les royalistes et les bonapartistes, il n'a tenu presque à rien que le caractère de Napoléon ne fût méconnu. Quelques abbés de Pradt de plus, encore quelques articles de journaux, et d'empereur, Napoléon passait ogre. Comment l'erreur se propage-t-elle et s'accrédite-t-elle? ce mystère s'accomplit sous nos yeux sans que nous nous en apercevions. Personne ne se doute combien l'imprimerie a donné de consistance et à l'envie qui s'attache aux gens élevés et aux plaisanteries populaires qui résument en sens contraire un grand fait historique. Ainsi, le nom du prince de Polignac est donné dans toute la France aux mauvais chevaux sur lesquels on frappe. Et qui sait ce que l'avenir pensera du coup d'État du prince de Polignac? Par suite d'un caprice de Shakespeare, et peut-être fut-ce une vengeance comme celle de Beaumarchais contre Bergasse (Begearss), Falstaff est, en Angleterre, le type du ridicule, un nom qui provoque le rire; il est le roi des clowns. Au lieu d'être énormément replet, sottement amoureux, vain, ivrogne, vieux, corrupteur, Falstaff était un des personnages les plus importants de son siècle, chevalier de l'ordre de la Jarretière, et revêtu d'un commandement supérieur. A l'avénement de Henri V au trône, sir Falstaff avait au plus trente-quatre ans. Ce général, qui se signala pendant la bataille d'Azincourt et y fit prisonnier le duc d'Alençon, prit en 1420 Montereau, qui fut vigoureusement défendu. Enfin sous Henri VI, il battit dix mille Français avec quinze cents soldats fatigués et mourants de faim! Voilà pour la guerre. Si de là nous passons à la littérature, chez nous Rabelais, homme sobre qui ne buvait que de l'eau, passe pour un amateur de bonne chère, pour un buveur déterminé. Mille contes ridicules ont été faits sur l'auteur d'un des plus beaux livres de la littérature française, le Pantagruel. L'Arétin, l'ami de Titien et le Voltaire de son siècle, a, de nos jours, un renom en complète opposition avec ses œuvres, avec son caractère, et que lui vaut une débauche d'esprit en harmonie avec les écrits de ce siècle, où le drôlatique était en honneur, où les reines et les cardinaux écrivaient des contes, dits aujourd'hui licencieux. On pourrait multiplier à l'infini les exemples de ce genre. En France, et dans la partie la plus grave de l'histoire moderne, aucune femme, si ce n'est Brunehault ou Frédégonde, n'a plus souffert des erreurs populaires que Catherine de Médicis ; tandis que Marie de Médicis, dont toutes les actions ont été préjudiciables à la France, échappe à la honte qui devrait couvrir son nom. Marie a dissipé les trésors amassés par Henri IV, elle ne s'est jamais lavée du reproche d'avoir connu l'assassinat du roi, elle a eu pour *intime* d'Épernon qui n'a point paré le coup de Ravaillac et qui connaissait cet homme de longue main ; elle a forcé son fils de la bannir de France, où elle encourageait les révoltes de son autre fils Gaston ; enfin, la victoire de Richelieu sur elle, à la journée des Dupes, ne fut due qu'à la découverte que le cardinal fit à Louis XIII des documents tenus secrets sur la mort d'Henri IV. Catherine de Médicis, au contraire, a sauvé la couronne de France ; elle a maintenu l'autorité royale dans des circonstances au milieu desquelles plus d'un grand prince aurait succombé. Ayant en tête des factieux et des ambitions comme celles des Guise et de la maison de Bourbon, des hommes comme les deux cardinaux de Lorraine et comme les deux Balafré, les deux princes de Condé, la reine Jeanne d'Albret, Henri IV, le connétable de Montmorency, Calvin, les Coligny, Théodore de Bèze, il lui a fallu déployer les plus rares qualités, les plus précieux dons de l'homme d'État, sous le feu des railleries de la presse calviniste. Voilà des faits qui, certes, sont incontestables. Aussi, pour qui creuse l'histoire du seizième siècle en France, la figure de Catherine de Médicis apparaît-elle comme celle d'un grand roi. Les calomnies une fois dissipées par les faits péniblement retrouvés à travers les contradictions des pamphlets et les fausses anecdotes, tout s'explique à la gloire de cette femme extraordinaire, qui n'eut aucune des faiblesses de son sexe, qui vécut chaste au milieu des amours de la cour la plus galante de l'Europe, et qui sut, malgré sa pénurie d'argent, bâtir d'admirables monuments, comme pour réparer les pertes que causaient les démolitions des Calvinistes qui firent à l'art autant de blessures qu'au corps politique. Serrée entre des princes qui se disaient les héritiers de Charlemagne, et une factieuse branche cadette qui voulait enterrer la trahison du connétable de Bourbon sous le trône, Catherine, obligée de combattre une hérésie prête à dévorer la monarchie, sans amis, apercevant la trahison dans les chefs du parti catholique, et la république dans le parti calviniste, a employé l'arme la plus dangereuse, mais la plus certaine de la politique, l'adresse! Elle résolut de jouer successivement le parti qui voulait la ruine de la maison de Valois, les Bourbons qui voulaient la couronne, et les Réformés, les Radicaux de ce temps-là qui rêvaient une république impossible, comme ceux de ce temps-ci qui cependant n'ont rien à réformer. Aussi, tant qu'elle a vécu, les Valois ont-ils gardé le trône. Il comprenait bien la valeur de cette femme, le grand de Thou, quand, en apprenant sa mort, il s'écria : — Ce n'est pas une femme, c'est la royauté qui vient de mourir. Catherine avait en effet au plus haut degré le sentiment de la royauté ; aussi la défendit-elle avec un courage et une persistance admirables. Les reproches que les écrivains calvinistes lui ont faits sont évidemment sa gloire, elle ne les a encourus qu'à cause de ses triomphes. Pouvait-on triompher autrement que par la ruse? Toute la question est là. Quant à la violence, ce moyen touche à l'un des points les plus controversés de la politique et qui, de notre temps, a été résolu sur la place où l'on a mis un gros caillou d'Égypte pour faire oublier le régicide et offrir l'emblème du système actuel de la politique matérialiste qui nous gouverne ; il a été résolu aux Carmes et à l'Abbaye ; il a été résolu sur les marches de Saint-Roch ; il a été résolu devant le Louvre en 1830, encore une fois par le peuple contre le roi, comme depuis il a été résolu par la meilleure des républiques de La Fayette contre l'insurrection républicaine à Saint-Merri et rue Transnonnain. Tout pouvoir, légitime ou illégitime, doit se défendre quand il est attaqué ; mais, chose étrange, là où le peuple est héroïque dans sa victoire sur la noblesse, le pouvoir passe pour assassin dans son duel avec le peuple. Enfin, s'il succombe, après son appel à la force, le pouvoir passe encore pour imbécile. Le gouvernement actuel tentera de se sauver avec deux lois du même mal qui attaquait Charles X et duquel ce prince voulait se débarrasser par deux ordonnances. Ne sera-ce pas une amère dérision? La ruse est-elle permise au pouvoir contre la ruse? doit-il tuer ceux qui le veulent tuer? Les massacres de la Révolution répondent aux massacres de la Saint-Barthélemi. Le peuple devenu roi a fait contre la noblesse et le roi, ce que le roi et la noblesse ont fait contre les insurgés du seizième siècle. Ainsi les écrivains populaires, qui savent très-bien qu'en semblable occurrence le peuple agirait encore de même, sont sans excuse quand ils blâment Catherine de Médicis et Charles IX. Tout pouvoir, comme le disait Casimir Périer en apprenant ce que devait être le pouvoir, est une conspiration permanente. On admire les maximes antisociales que publient d'audacieux écrivains, pourquoi donc la défaveur qui s'attache en France aux vérités sociales quand elles se produisent hardiment? Cette question explique à elle seule toutes les erreurs historiques. Appliquez la solution de cette demande aux doctrines dévastatrices qui flattent les passions populaires et aux doctrines conservatrices qui répriment les sauvages ou folles entreprises du peuple; et vous trouverez la raison de l'impopularité, comme de la popularité de certains personnages. Laubardemont et Laffemas étaient, comme certaines gens d'aujourd'hui, dévoués à la défense du pouvoir auquel ils croyaient. Soldats ou juges, ils obéissaient les uns et les autres à une royauté. D'Orthez aujourd'hui serait destitué pour avoir méconnu les ordres du ministère, et Charles IX lui laissa le gouvernement de sa province. Le pouvoir de tous ne compte avec personne, le pouvoir d'un seul est obligé de compter avec les sujets, avec les grands comme avec les petits.

Catherine, comme Philippe II et le duc d'Albe, comme les Guise et le cardinal Granvelle, ont aperçu l'avenir que la Réformation réservait à l'Europe; ils ont vu les monarchies, la religion, le pouvoir ébranlés! Catherine écrivit aussitôt, au fond du cabinet des rois de France, un arrêt de mort contre cet esprit d'examen qui menaçait les sociétés modernes, arrêt que Louis XIV a fini par exécuter. La révocation de l'Édit de Nantes ne fut une mesure malheureuse qu'à cause de l'irritation de l'Europe contre Louis XIV. Dans un autre temps, l'Angleterre, la Hollande et l'Empire n'eussent pas encouragé chez eux les bannis français et la révolte en France.

Pourquoi refuser de nos jours à la majestueuse adversaire de la plus inféconde des hérésies la grandeur qu'elle a tirée de sa lutte même? Les Calvinistes ont beaucoup écrit contre le Stratagème de

Charles IX ; mais parcourez la France ? en reconnaissant les ruines de tant de belles églises abattues, en mesurant les énormes blessures faites par les Religionnaires au corps social, en apprenant combien de revanches ils ont prises, en déplorant les malheurs de l'individualisme, la plaie de la France actuelle et dont le germe était dans les questions de liberté de conscience agitées par eux, vous vous demanderez de quel côté sont les bourreaux ? Il y a, comme le dit Catherine dans la troisième partie de cette Étude, « malheureusement à toutes les époques des écrivains hypocrites « prêts à pleurer deux cents coquins tués à propos. » César, qui tâchait d'apitoyer le sénat sur le parti de Catilina, eût peut-être vaincu Cicéron, s'il avait eu des journaux et une Opposition à ses ordres.

Une autre considération explique la défaveur historique et populaire de Catherine. L'Opposition en France a toujours été protestante, parce qu'elle n'a jamais eu que la *négation* pour politique ; elle a hérité des théories des Luthériens, des Calvinistes et des Protestants sur les mots terribles de liberté, de tolérance, de progrès et de philosophie. Deux siècles ont été employés par les opposants au pouvoir à établir la douteuse doctrine du *libre arbitre*. Deux autres siècles ont été employés à développer le premier corollaire du libre arbitre, la liberté de conscience. Notre siècle essaye d'établir le second, la liberté politique.

Assise entre les champs déjà parcourus et les champs à parcourir, Catherine et l'Église ont proclamé le principe salutaire des sociétés modernes, *una fides, unus dominus,* en usant de leur droit de vie et de mort sur les novateurs. Encore qu'elle ait été vaincue, les siècles suivants ont donné raison à Catherine. Le produit du libre arbitre, de la liberté religieuse et de la liberté politique (ne confondons pas avec la liberté civile), est la France d'aujourd'hui. Qu'est-ce que la France de 1840 ? un pays exclusivement occupé d'intérêts matériels, sans patriotisme, sans conscience, où le pouvoir est sans force, où l'Élection, fruit du libre arbitre et de la liberté politique, n'élève que les médiocrités, où la force brutale est devenue nécessaire contre les violences populaires, et où la discussion, étendue aux moindres choses, étouffe toute action du corps politique ; où l'argent domine toutes les questions, et où l'individualisme, produit horrible de la division à l'infini des héritages qui supprime la famille, dévorera tout, même la nation, que l'égoïsme livrera quelque jour à l'invasion. On se dira : Pourquoi pas le tzar, comme on s'est dit : — Pourquoi pas le duc d'Orléans ? On ne tient pas à grand'chose ; mais dans cinquante ans, on ne tiendra plus à rien.

Ainsi, selon Catherine et selon tous ceux qui tiennent pour une société bien ordonnée, *l'homme social*, le sujet n'a pas de libre arbitre, ne doit point *professer* le dogme de la liberté de conscience, ni avoir de liberté politique. Mais, comme aucune société ne peut exister sans des garanties données au sujet contre le souverain, il en résulte pour le sujet *des libertés* soumises à des restrictions. La liberté, non ; mais des libertés, oui ; des libertés définies et caractérisées. Voici qui est conforme à la nature des choses. Ainsi, certes, il est hors du pouvoir humain d'empêcher la liberté de la pensée, et nul souverain ne peut atteindre l'argent. Les grands politiques qui furent vaincus dans cette longue lutte (elle a duré cinq siècles) reconnaissaient à leurs sujets de grandes libertés; mais ils n'admettaient ni la liberté de publier des pensées antisociales, ni la liberté indéfinie du sujet. Pour eux, *sujet* et *libre* sont en politique deux termes qui se contredisaient, de même que des citoyens *tous égaux* constitue un non-sens que la nature dément à toute heure. Reconnaître la nécessité d'une religion, la nécessité du pouvoir, et laisser aux sujets le droit de nier la religion, d'en attaquer le culte, de s'opposer à l'exercice du pouvoir par l'expression publique, communicable et communiquée de la pensée, est une impossibilité que ne voulaient point les Catholiques du seizième siècle. Hélas ! la victoire du calvinisme coûtera bien plus cher encore à la France qu'elle n'a coûté jusqu'aujourd'hui, car les sectes religieuses et politiques, humanitaires, égalitaires, etc., d'aujourd'hui, sont la queue du calvinisme ; et à voir les fautes du pouvoir, son mépris pour l'intelligence, son amour pour les intérêts matériels où il veut prendre ses points d'appui, et qui sont les plus trompeurs de tous les ressorts, à moins d'un secours providentiel, le génie de la destruction l'emportera de nouveau sur le génie de la conservation. Les assaillants, qui n'ont rien à perdre et tout à gagner, s'entendent admirablement ; tandis que leurs riches adversaires ne veulent pas faire un sacrifice en argent ou en amour-propre pour s'attacher des défenseurs.

L'imprimerie vint en aide à l'opposition commencée par les Vaudois et les Albigeois. Une fois que la pensée humaine, au lieu de se condenser comme elle était obligée de le faire pour rester sous la forme la plus communicable, revêtit une multitude d'habillements et devint le peuple lui-même au lieu de rester en quelque sorte divinement *axiomatique*, il y eut deux multitudes à combattre : la multitude des idées et la multitude des hommes. Le pouvoir royal a succombé dans cette guerre, et nous assistons de nos jours, en France, à sa dernière combinaison avec des éléments qui le rendent difficile, pour ne pas dire impossible. Le pouvoir est une *action*, et le principe électif est la *discussion*. Il n'y a pas de politique possible avec la discussion en permanence. Aussi, devons-nous trouver bien grande la femme qui sut deviner cet avenir et qui le combattit si courageusement. Si la maison de Bourbon a pu succéder à la maison de Valois, si elle a trouvé la couronne à prendre, elle l'a due à Catherine de Médicis. Supposez le second Balafré debout, quelque fort qu'ait été le Béarnais, il est douteux qu'il eût saisi la couronne, à voir combien chèrement le duc de Mayenne et les restes du parti des Guise la lui ont vendue. Les moyens nécessaires dont s'est servie Catherine, qui a dû se reprocher la mort de François II et celle de Charles IX, morts tous deux bien à temps pour la sauver, ne sont pas, remarquez-le, l'objet des accusations des écrivains calvinistes et modernes? S'il n'y eut point d'empoisonnement comme de graves auteurs l'ont dit, il y eut des combinaisons plus criminelles : il est hors de doute qu'elle empêcha Paré de sauver l'un, et qu'elle accomplit sur l'autre un long assassinat moral. La rapide mort de François II, celle de Charles IX si savamment amenée ne nuisaient point aux intérêts calvinistes, les causes de ces deux événements gisaient dans la sphère supérieure et ne furent soupçonnées ni par les écrivains, ni par le peuple de ce temps, elle n'étaient devinées que par les de Thou, les L'Hospital, par les esprits les plus élevés, ou par les chefs des deux partis qui convoitaient ou qui défendaient la couronne et qui trouvaient de tels moyens nécessaires. Les chansons populaires s'attaquaient, chose étrange, aux mœurs de Catherine. On connaît l'anecdote de ce soldat qui faisait rôtir une oie dans le corps de garde du château de Tours pendant la conférence de Catherine et de Henri IV, en chantant une chanson où la reine était outragée par une comparaison avec la bouche à feu du plus fort calibre que possédaient les Calvinistes. Henri IV tira son épée pour aller tuer le soldat; Catherine l'arrêta, et se contenta de crier à l'insulteur : — Hé! c'est Catherine qui te donne l'oie! Si les exécutions d'Amboise furent attribuées à Catherine, si les Calvinistes firent de cette femme supérieure l'éditeur responsable de tous les malheurs inévitables de cette lutte, il en fut d'elle, comme plus tard de Roberspierre qui reste à juger. Catherine fut d'ailleurs cruellement punie de sa préférence pour le duc d'Anjou, qui lui fit faire bon marché des deux aînés. Henri III, arrivé, comme tous les enfants gâtés, à la plus profonde indifférence envers sa mère, se plongea volontairement dans les débauches qui firent de lui ce que sa mère avait fait de Charles IX, un mari sans fils, un roi sans héritiers. Par malheur, le duc d'Alençon, le dernier enfant mâle de Catherine, mourut, et naturellement. Catherine fit des efforts inouïs pour combattre les passions de son fils. L'histoire a conservé le souvenir du souper de femmes nues donné dans la galerie de Chenonceaux, au retour de Pologne, et qui ne fit point revenir Henri III de ses mauvaises habitudes. La dernière parole de cette grande reine a résumé sa politique, qui d'ailleurs est si conforme au bon sens, que nous verrons tous les cabinets la mettant en pratique en de semblables circonstances. — *Bien coupé, mon fils*, dit-elle quand Henri III vint à son lit de mort lui annoncer que l'ennemi de la couronne avait été mis à mort, *maintenant il faut recoudre*. Elle indiquait ainsi que le trône devait aussitôt se raccommoder avec la maison de Lorraine et s'en servir, seul moyen d'empêcher les effets de la haine des Guise, en leur rendant l'espoir d'envelopper le roi ; mais cette persistante ruse de femme et d'Italienne qu'elle avait toujours employée, était incompatible avec la vie voluptueuse de Henri III. Une fois la grande mère morte (*mater castrorum*), la politique des Valois mourut.

Avant d'entreprendre d'écrire l'histoire des mœurs en action, l'auteur de cette Étude avait patiemment et minutieusement étudié les principaux règnes de l'histoire de France, la querelle des Bourguignons et des Armagnacs, celle des Guise et des Valois, qui, chacune, tiennent un siècle. Son intention fut d'écrire une histoire de France pittoresque. Isabelle de Bavière, Catherine et Marie de Médicis, ces trois femmes y tiennent une place énorme, dominent du quatorzième au dix-septième siècle, et aboutissent à Louis XIV. De ces trois reines, Catherine est la plus intéressante et la plus belle. Ce fut une domination virile que ne déshonorèrent ni les amours terribles d'Isabelle, ni les plus terribles encore, quoique moins connues, de Marie de Médicis. Isabelle appela les Anglais en France contre son fils, aima le duc d'Orléans, son beau-frère, et Boisbourdon. Le compte de Marie de Médicis est encore plus lourd. Ni l'une ni l'autre, elles n'eurent de génie politique. Dans ces études et dans ces parallèles, l'auteur acquit la conviction de la grandeur de Catherine : en s'initiant aux difficultés renaissantes de sa position, il reconnut combien les historiens, influencés tous par les protestants, avaient été injustes pour cette reine; et il lui en est resté les trois esquisses que voici, où sont combattues quelques opinions erronées sur elle, sur les personnages qui l'entouraient et sur les choses de son temps. Si ce travail se trouve parmi les ÉTUDES PHILOSOPHIQUES, c'est qu'il montre l'esprit d'un temps et qu'on y voit clairement l'influence de la pensée. Mais avant d'entrer dans l'arène politique où Catherine se voit aux prises avec les deux grandes difficultés de sa carrière, il est nécessaire de présenter un précis de sa vie antérieure, fait au point de vue d'une critique impartiale, afin qu'on embrasse le cours presque entier de cette vaste et royale existence, jusqu'au moment où commence la première partie de l'Étude.

Jamais il n'y eut, dans aucun temps, dans aucun pays et dans aucune famille souveraine, plus de mépris pour la *légitimité* que dans la fameuse maison des *Medici* (Méditchi), dont, en France, le nom se prononce Médicis. On y avait sur le pouvoir la même doctrine qu'aujourd'hui professe la Russie : tout chef à qui le trône va, devient le vrai, le légitime. Mirabeau avait raison de dire : « Il n'y a eu qu'une mésalliance dans ma famille, c'est celle des Médicis; » car, malgré les efforts des généalogistes à gages, il est certain que les Médicis, avant Avérard de Médicis, gonfalonier de Florence en 1314, étaient de simples commerçants de Florence qui devinrent très-riches. Le premier personnage de cette famille, qui commence à occuper une place importante dans l'histoire de la fameuse République toscane, fut Salvestro de Médicis, devenu gonfalonier en 1378. De ce Salvestro, naquirent deux fils, Cosme et Laurent de Médicis.

De Cosme sont descendus Laurent le Magnifique, le duc de Nemours, le duc d'Urbin, père de Catherine, le pape Léon X, le pap Clément VII, et Alexandre, non pas duc de Florence, comme on le dit, mais duc *della città di Penna*, titre donné par le pape Clément VII, comme un acheminement au titre de grand-duc de Toscane.

De Laurent sont descendus le Brutus florentin, Lorenzino qui tua le duc Alexandre; Cosme le premier grand-duc, et tous les souverains de la Toscane jusqu'en 1737, époque à laquelle s'eteignit la maison.

Mais aucune de ces deux branches, la branche Cosme et la branche Laurent ne règnent en ligne droite, jusqu'au moment où la Toscane, asservie par le père de Marie de Médicis, a vu ses grands-ducs se succédant naturellement. Ainsi, Alexandre de Médicis, celui qui eut le titre de duc *della città di Penna*, et qui fut assassiné par Lorenzino, était fils du duc d'Urbin, père de Catherine, et d'une esclave mauresque. Aussi Lorenzino, fils légitime de Laurent, avait-il doublement le droit de tuer Alexandre, et comme usurpateur dans sa maison, et comme oppresseur de la ville. Quelques historiens croient même qu'Alexandre était fils de Clément VII. Ce qui fit reconnaître ce bâtard pour chef de la république et de la famille Médicis, fut son mariage avec Marguerite d'Autriche, fille naturelle de Charles-Quint.

François Médicis, l'époux de Bianca Capello, accepta pour son fils, un enfant du peuple acheté par cette célèbre Vénitienne, et, chose étrange, Ferdinand en succédant à François, maintint cet enfant supposé dans ses droits. Cet enfant, nommé don Antoine de Médicis, fut considéré pendant quatre règnes comme étant de la famille, il se concilia l'affection de chacun, rendit d'importants services à la famille, et fut universellement regretté.

Presque tous les premiers Médicis eurent des enfants naturels, dont le sort a toujours été brillant. Ainsi, le cardinal Jules de Médicis, qui fut pape sous le nom de Clément VII, était fils illégitime de Julien Ier. Le cardinal Hippolyte de Médicis était également un bâtard, peu s'en fallut qu'il ne devînt pape, et chef de la famille.

Quelques faiseurs d'anecdotes veulent que le duc d'Urbin, père de Catherine, lui ait dit: *A figlia d'inganno non manca mai figlioanza* (une fille d'esprit sait toujours avoir des enfants), à propos d'un certain défaut de conformation dont était atteint Henri, second fils de François Ier, son prétendu. Or, Laurent II de Médicis, père de Catherine, qui avait épousé en 1518, en secondes noces, Madeleine de la Tour-d'Auvergne, mourut le 28 avril 1519, quelques jours après sa femme, dont la mort fut causée par l'accouchement de sa fille Catherine. Catherine fut donc orpheline de père et de mère aussitôt qu'elle vit le jour. De là, les étranges aventures de son enfance mêlée aux débats sanglants des Florentins, qui voulaient reconquérir leur liberté, contre les Médicis qui voulaient régner sur

Florence et se conduisaient avec tant de circonspection, que le père de Catherine portait le titre de duc d'Urbin. A la mort de Laurent, père de Catherine, le chef légitime de la maison de Médicis, était le pape Léon X, qui fit gouverner Florence par ce fils illégitime de Julien, Jules de Médicis, alors cardinal. Léon X était le grand-oncle de Catherine, et ce cardinal Jules, qui fut Clément VII, n'était son oncle que de *la main gauche.* C'est ce qui fit si plaisamment nommer ce pape par Brantôme, *un oncle en Notre-Dame.* Ce fut pendant le siége de Florence, entrepris par les Médicis pour y rentrer, que le parti républicain, non content d'avoir enfermé Catherine, âgée de neuf ans, dans un couvent, après l'avoir dépouillée de tous ses biens, voulut l'exposer entre deux créneaux au feu de l'artillerie, sur la proposition d'un nommé Baptiste Cei. Bernard Castiglone alla plus loin dans un conseil tenu pour aviser à terminer les affaires, il fut d'avis que, loin de remettre Catherine au pape qui la redemandait, il fallait la livrer aux soldats pour la déshonorer. On voit que toutes les révolutions populaires se ressemblent. La politique de Catherine qui favorisait tant le pouvoir royal, pouvait avoir été conseillée par de telles scènes, qu'une Italienne de neuf ans ne pouvait pas ignorer.

L'élévation d'Alexandre de Médicis, à laquelle le bâtard Clément VII contribua tant, eut sans doute pour principe son illégitimité même, et l'amour de Charles-Quint pour sa fameuse bâtarde Marguerite. Ainsi le pape et l'empereur furent inspirés par le même sentiment. A cette époque, Venise avait le commerce du monde, Rome en avait le gouvernement moral; l'Italie régnait encore par les poètes, par les généraux, par les hommes d'État nés chez elle. Dans aucun temps on ne vit dans un pays une si curieuse, une si abondante réunion d'hommes de génie. Il y en eut tant alors, que les moindres princes étaient des hommes supérieurs. L'Italie crevait de talent, d'audace, de science, de poésie, de richesse, de galanterie, quoique déchirée par de continuelles guerres intestines, et quoiqu'elle fût le rendez-vous de tous les conquérants qui se disputaient ses plus belles contrées. Quand les hommes sont si forts, ils ne craignent pas d'avouer leur faiblesse. De là, sans doute cet âge d'or des bâtards. Il faut d'ailleurs rendre cette justice aux enfants illégitimes de la maison de Médicis, qu'ils étaient ardents pour la gloire et l'augmentation de biens et de pouvoir de cette famille. Aussi dès que le duc *della città di Penna,* le fils de la Mauresque, fut installé comme tyran de Florence, épousa-t-il l'intérêt du pape Clément VII, pour la fille de Laurent II, alors âgée de onze ans.

Quand on étudie la marche des affaires et celle des hommes dans ce curieux seizième siècle, on ne doit jamais oublier que la politique eut alors pour élément une perpétuelle finesse qui détruisait, chez tous les caractères, cette allure droite, cette carrure que l'imagination exige des personnages éminents. Là, surtout, est l'absolution de Catherine. Cette observation fait justice de toutes les accusations banales et folles des écrivains de la Réformation. Ce fut le plus bel âge de cette politique dont le code a été écrit par Machiavel comme par Spinosa, par Hobbes comme par Montesquieu, car le dialogue de Sylla et d'Eucrate contient la vraie pensée de Montesquieu, que ses liaisons avec le parti encyclopédique ne lui permettaient pas de développer autrement. Ces principes sont aujourd'hui la morale secrète de tous les cabinets où se trament les plans de quelque vaste domination. En France, nous avons blâmé Napoléon quand il faisait usage de ce génie italien qu'il avait *in cute*, et dont les combinaisons n'ont pas toujours réussi ; mais Charles-Quint, Catherine, Philippe II, Jules II, ne se seraient pas conduits autrement que lui dans l'affaire d'Espagne. Dans le temps où naquit Catherine, l'histoire, si elle était rapportée au point de vue de la probité, paraîtrait un roman impossible. Charles-Quint, obligé de soutenir le catholicisme en présence des attaques de Luther, qui menaçait le Trône en menaçant la Tiare, laisse faire le siége de Rome et tient le pape Clément VII en prison. Ce même Clément VII, qui n'a pas d'ennemi plus cruel que Charles-Quint, lui fait la cour pour pouvoir placer Alexandre de Médicis à Florence, et Charles-Quint donne sa fille à ce bâtard. Aussitôt établi, Alexandre, de concert avec Clément, essaye de nuire à Charles-Quint, en s'alliant à François Ier, au moyen de Catherine de Médicis, et tous deux lui promettent de l'aider à reconquérir l'Italie. Lorenzino de Médicis se fait le compagnon de débauche et le complaisant du duc Alexandre, pour pouvoir le tuer. Philippe Strozzi, l'une des plus grandes âmes de ce temps, eut ce meurtre dans une telle estime, qu'il jura que chacun de ses fils épouserait une des filles du meurtrier, et chaque fils accomplit religieusement la promesse du père, quand chacun d'eux, protégé par Catherine, pouvait faire de brillantes alliances, car l'un fut l'émule de Doria, l'autre maréchal de France. Cosme de Médicis, le successeur d'Alexandre, avec lequel il n'avait aucune parenté, vengea la mort de ce tyran de la façon la plus cruelle, et avec une persistance de douze années, pendant lesquelles sa haine fut toujours aussi vivace contre des gens qui lui avaient, en définitif, donné le pouvoir. Il avait *dix-huit ans* au moment où il fut appelé à la souveraineté ; son premier acte fut de faire déclarer nuls les droits des fils légitimes d'Alexandre, tout en vengeant Alexandre !... Charles-Quint confirma l'exhérédation de son petit-fils, et reconnut Cosme à la place du fils d'Alexandre. Placé sur le trône par le cardinal Cibo, Cosme l'exila sur-le-champ. Aussi le cardinal Cibo accusa-t-il aussitôt sa créature, ce Cosme, qui fut le premier grand-duc, d'avoir voulu faire empoisonner le fils d'Alexandre. Ce grand-duc, jaloux de sa puissance autant que Charles-Quint l'était de la sienne, de même que l'empereur, abdiqua en faveur de son fils François, après avoir fait tuer son autre fils, don Garcias, pour venger la mort du cardinal Jean de Médicis, que Garcias avait assassiné. Cosme Ier et son fils François, qui auraient dû être dévoués corps et âme à la maison de France, la seule puissance qui pût les appuyer, furent les valets de Charles-Quint et de Philippe II, et par conséquent les ennemis secrets, lâches et perfides de Catherine de Médicis, l'une des gloires de leur maison. Tels sont les principaux traits contradictoires et illogiques, les fourberies, les noires intrigues de la seule maison de Médicis. Par cette esquisse, on peut juger des autres princes de l'Italie et de l'Europe ? Tous les envoyés de Cosme Ier à la cour de France eurent dans leurs instructions secrètes l'ordre d'empoisonner Strozzi, le parent de la reine Catherine, quand il s'y trouvait. Charles-Quint fit assassiner trois ambassadeurs de François Ier.

Ce fut au commencement du mois d'octobre 1533, que le duc *della città di Penna* partit de Florence pour Livourne, accompagné de l'unique héritière de Laurent II, Catherine de Médicis. Le duc et la princesse de Florence, car tel était le titre sous lequel cette jeune fille, alors âgée de quatorze ans, fut désignée, quittèrent la ville, entourés par une troupe considérable de serviteurs, d'officiers, de secrétaires, précédés de gens d'armes et suivis d'une escorte de cavaliers. La jeune princesse ne savait encore rien de sa destinée, si ce n'est que le pape allait avoir à Livourne une entrevue avec le duc Alexandre ; mais son oncle, Philippe Strozzi, lui révéla bientôt l'avenir auquel elle était promise.

Philippe Strozzi avait épousé Clarisse de Médicis, sœur consanguine de Laurent de Médicis, duc d'Urbin, père de Catherine; mais ce mariage, fait autant pour convertir à la cause des Médicis un des plus fermes appuis du parti populaire que pour ménager le rappel des Médicis, alors bannis, ne fit jamais varier ce rude champion, qui fut persécuté par son parti pour l'avoir conclu. Malgré les apparents changements de sa conduite, un peu dominée par cette alliance, il resta fidèle au parti populaire, et se déclara contre les Médicis dès qu'il eut pressenti leur dessein d'asservir Florence. Ce grand homme résista même à l'offre d'une principauté que lui fit Léon X. Philippe Strozzi se trouvait en ce moment victime de la politique des Médicis, si vacillante dans les moyens, mais si fixe dans son but. Après avoir partagé les malheurs de la captivité de Clément VII, quand, surpris par les Colonne, il s'était réfugié dans le château Saint-Ange, il fut livré par Clément comme otage et emmené à Naples. Comme le pape, une fois libre, tomba rudement sur ses ennemis, Strozzi faillit perdre la vie, et fut obligé de donner une somme énorme pour sortir de la prison où il était étroitement gardé. Quand il se vit libre, il eut, par une inspiration de la bonhomie naturelle à l'honnête homme, la simplicité de se présenter à Clément VII, qui s'était peut-être flatté de s'en être débarrassé. Le pape devait tellement rougir de sa conduite, qu'il fit à Strozzi le plus mauvais accueil. Strozzi avait ainsi commencé très-jeune l'apprentissage de la vie malheureuse de l'homme probe en politique, dont la conscience ne se prête point aux caprices des événements; dont les actions ne plaisent qu'à la vertu, qui se trouve alors persécuté par tous : par le peuple, en s'opposant à ses passions aveugles, par le pouvoir, en s'opposant à ses usurpations. La vie de ces grands citoyens est un martyre dans lequel ils ne sont soutenus que par la forte voix de leur conscience et par un héroïque sentiment du devoir social, qui leur dicte en toutes choses leur conduite. Il y eut beaucoup de ces hommes dans la république de Florence, tous aussi grands que Strozzi, et aussi complets que leurs adversaires du parti Médicis, quoique vaincus par leur ruse florentine. Qu'y a-t-il de plus digne d'admiration dans la conjuration des Pazzi, que la conduite du chef de cette maison, dont le commerce était immense, et qui règle tous ses comptes avec l'Asie, le Levant et l'Europe avant d'exécuter ce vaste dessein, afin que s'il succombait, ses correspondants n'eussent rien à perdre. Aussi l'histoire de l'établissement de la maison de Médicis du quatorzième au quinzième siècle est-elle une des plus belles qui restent à écrire, encore que de grands génies y aient mis les mains. Ce n'est pas l'histoire d'une république, ni d'une société, ni d'une civilisation particulière, c'est l'histoire de l'*homme politique*, et l'histoire éternelle de la Politique, celle des usurpateurs et des conquérants. Revenu à Florence, Philippe Strozzi y rétablit l'ancienne forme de gouvernement, et en fit sortir Hippolyte de Médicis, autre bâtard, et cet Alexandre avec lequel il marchait en ce moment. Il fut alors effrayé de l'inconstance du peuple; et comme il redoutait la vengeance de Clément VII, il alla surveiller une immense maison de commerce qu'il avait à Lyon, et qui correspondait avec des banquiers à lui à Venise, à Rome, en France et en Espagne. Chose étrange! ces hommes qui supportaient le poids des affaires publiques et celui d'une lutte constante avec les Médicis, sans compter leurs débats avec leur propre parti, soutenaient aussi le fardeau du commerce et de ses spéculations, celui de la banque et de ses complications, que l'excessive multiplicité des monnaies et leurs falsifications rendaient bien plus difficile alors qu'aujourd'hui. (Le nom de banquier vient du banc sur lequel ils siégeaient, et qui leur servait à faire sonner les pièces d'or et d'argent.) Philippe trouva dans la mort de sa femme, qu'il adorait, le prétexte à donner aux exigences du parti républicain, dont la police devient dans toutes les républiques d'autant plus terrible, que tout le monde se fait espion au nom de la liberté qui justifie tout. Philippe n'était revenu dans Florence qu'au moment où Florence fut obligée d'accepter le joug d'Alexandre; mais il était allé voir auparavant le pape Clément VII, dont les affaires étaient en assez bon état pour que ses dispositions à son égard fussent changées. Au moment de triompher, les Médicis avaient tant besoin d'un homme tel que Strozzi, ne fût-ce que pour ménager l'avénement d'Alexandre, que Clément sut le décider à siéger dans les conseils du bâtard qui allait commencer l'oppression de la ville, et Philippe avait accepté le diplôme de sénateur. Mais depuis deux ans et demi, de même que Sénèque et Burrhus auprès de Néron, il avait observé les commencements de la tyrannie. Il se voyait en ce moment en butte à tant de méfiance de la part du peuple et si suspect aux Médicis auxquels il résistait, qu'il prévoyait en ce moment une catastrophe. Aussi, dès qu'il apprit du duc Alexandre la négociation du mariage de Catherine avec un fils de France, dont la conclusion allait peut-être avoir lieu à Livourne, où les négociateurs s'étaient donné rendez-vous, forma-t-il le projet de passer en France et de s'attacher à la fortune de sa nièce, à laquelle il fallait un tuteur. Alexandre, enchanté de se débarrasser d'un homme si peu conciliant dans les affaires de Florence, appuya cette résolution qui lui épargnait un meurtre, et donna le conseil à Strozzi de se mettre à la tête de la maison de Catherine. En effet, pour éblouir la cour de France, les Médicis avaient composé brillamment la suite de celle qu'ils nommaient fort indûment *la princesse de Florence*, et qui s'appelait aussi la petite duchesse d'Urbin. Le cortége, à la tête duquel marchaient le duc Alexandre, Catherine et Strozzi, se composait de plus de mille personnes, sans compter l'escorte et les serviteurs ; et quand la queue était à la porte de Florence, la tête dépassait déjà le premier village, hors la ville, où se tresse aujourd'hui la paille des chapeaux. On commençait à savoir dans le peuple que Catherine allait épouser un fils de François Ier ; mais ce n'était encore qu'une rumeur qui prit de la consistance aux yeux de la Toscane par cette marche triomphale de Florence à Livourne. D'après les préparatifs qu'elle nécessitait, Catherine se doutait qu'il était question de son mariage, et son oncle lui révéla les projets avortés de son ambitieuse maison, qui avait voulu pour elle la main du Dauphin. Le duc Alexandre espérait encore que le duc d'Albany réussirait à faire changer la résolution du roi de France, qui, tout en voulant acheter l'appui des Médicis en Italie, ne voulait leur abandonner que le duc d'Orléans. Cette petitesse fit perdre l'Italie à la France et n'empêcha pas que Catherine fût reine.

Ce duc d'Albany, fils d'Alexandre Stuart, frère de Jacques III, roi d'Écosse, avait épousé Anne de la Tour-de-Boulogne, sœur de Madeleine de la Tour-de-Boulogne, mère de Catherine ; il se trouvait ainsi son oncle maternel. C'est par sa mère que Catherine était si riche et alliée à tant de familles ; car, chose étrange ! Diane de Poitiers, sa rivale, était aussi sa cousine. Jean de Poitiers, père de Diane, avait pour mère Jeanne de la Tour-de-Boulogne, tante de la duchesse d'Urbin. Catherine fut également parente de Marie Stuart, sa belle-fille.

Catherine sut alors que sa dot en argent serait de cent mille ducats. Le ducat était une pièce d'or de la dimension d'un de nos anciens louis, mais moitié moins épaisse. Ainsi cent mille ducats de ce temps représentent environ, en tenant compte de la haute valeur de l'or, six millions d'aujourd'hui, le ducat actuel valant presque douze francs. On peut juger de l'importance de la maison de banque que Philippe Strozzi avait à Lyon, puisque ce fut son facteur en cette ville qui délivra ces douze cent mille livres en or. Les comtés d'Auvergne et de Lauraguais devaient en outre être apportés en dot par Catherine, à qui le pape Clément faisait cadeau de cent mille autres ducats en bijoux, pierres précieuses et autres cadeaux de noces, auxquels le duc Alexandre contribuait.

En arrivant à Livourne, Catherine, encore si jeune, dut être flattée de la magnificence excessive que le pape Clément, son oncle en Notre-Dame, alors chef de la maison de Médicis, déploya pour écraser la cour de France. Il était arrivé déjà dans une de ses galères, entièrement tapissée de satin cramoisi, garnie de crépines d'or, et couverte d'une tente en drap d'or. Cette galère, dont la décoration coûta près de vingt mille ducats, contenait plusieurs chambres destinées à la future de Henri de France, toutes meublées des plus riches curiosités que les Médicis avaient pu rassembler. Les rameurs vêtus magnifiquement et l'équipage avaient pour capitaine un prieur de l'Ordre des Chevaliers de Rhodes. La maison du pape était dans trois autres galères. Les galères du duc d'Albany, à l'ancre auprès de celles de Clément VII, formaient avec elles une flottille assez respectable. Le duc Alexandre présenta les officiers de la maison de Catherine au pape, avec lequel il eut une conférence secrète dans laquelle il lui présenta vraisemblablement le comte Sébastien Montécuculli qui venait de quitter, un peu brusquement, dit-on, le service de l'empereur et ses deux généraux Antoine de Lèves et Ferdinand de Gonzague. Y eut-il entre les deux bâtards, Jules et Alexandre, une préméditation de rendre le duc d'Orléans Dauphin ? Quelle fut la récompense promise au comte Sébastien Montécuculli qui, avant de se mettre au service de Charles-Quint, avait étudié la médecine ? L'histoire est muette à ce sujet. Nous allons voir d'ailleurs de quels nuages ce fait est enveloppé. Cette obscurité est telle que récemment de graves et consciencieux historiens ont admis l'innocence de Montécuculli.

Catherine apprit alors officiellement de la bouche du pape l'alliance à laquelle elle était réservée. Le duc d'Albany n'avait pu que maintenir, et à grand'peine, le roi de France dans sa promesse de donner à Catherine la main de son second fils. Aussi l'impatience de Clément fut-elle si grande, il eut une telle peur de trouver ses projets renversés soit par quelque intrigue de l'empereur, soit par le dédain de la France, où les grands du royaume voyaient ce mariage de mauvais œil, qu'il s'embarqua sur-le-champ et se dirigea vers Marseille. Il y arriva vers la fin de ce mois d'octobre 1533. Malgré ses richesses, la maison de Médicis fut éclipsée par la maison de France. Pour montrer jusqu'où ces banquiers poussèrent la magnificence, le douzain mis dans la bourse de mariage par le pape, fut composé de médailles d'or d'une importance historique incalculable, car elles étaient alors uniques. Mais François Ier, qui aimait l'éclat et les fêtes, se distingua dans cette circonstance. Les noces de Henri de Valois et de Catherine durèrent trente-quatre jours. Il est entièrement inutile de répéter les détails connus dans toutes les histoires de Provence et de Marseille, à propos de cette illustre entrevue du pape et du roi de France, qui fut signalée par la plaisanterie du duc d'Albany sur l'obligation de faire maigre; quiproquo comique dont a parlé Brantôme, dont se régala beaucoup la cour et qui montre le ton des mœurs à cette époque. Quoique Henri de Valois n'eût que vingt jours de plus que Catherine de Médicis, le pape exigea que ces deux enfants consommassent le mariage, le jour même de sa célébration, tant il craignit les subterfuges de la politique et les ruses en usage à cette époque. Clément, qui, dit l'histoire, voulut avoir des preuves de la consommation, resta trente-quatre jours exprès à Marseille, en espérant que sa jeune parente en offrirait des preuves visibles; car, à quatorze ans, Catherine était nubile. Ce fut, sans doute, en interrogeant la nouvelle mariée avant son départ, qu'il lui dit pour la consoler ces fameuses paroles attribuées au père de Catherine: *A figlia d'inganno, non manca mai la figliuolanza.* A fille d'esprit, jamais la postérité ne manque.

Les plus étranges conjectures ont été faites sur la stérilité de Catherine, qui dura dix ans. Peu de personnes savent aujourd'hui que plusieurs traités de médecine contiennent, relativement à cette particularité des suppositions tellement indécentes qu'elles ne peuvent plus être racontées. On peut d'ailleurs lire Bayle, à l'article Fernel. Ceci donne la mesure des étranges calomnies qui pèsent encore sur cette reine dont toutes les actions ont été travesties. La faute de sa stérilité venait uniquement de Henri II. Il eût suffi de remarquer que par un temps où nul prince ne se gênait pour avoir des bâtards, Diane de Poitiers, beaucoup plus favorisée que la femme légitime, n'eut pas d'enfants. Il n'y a rien de plus connu, en médecine chirurgicale, que le défaut de conformation de Henri II, expliqué d'ailleurs par la plaisanterie des dames de la cour qui pouvaient le faire abbé de Saint-Victor, dans un temps où la langue française avait les mêmes priviléges que la langue latine. Dès que le prince se fut soumis à l'opération, Catherine eut onze grossesses et dix enfants. Il est heureux pour la France que Henri II ait tardé. S'il avait eu des enfants de Diane, la politique se serait étrangement compliquée. Quand cette opération se fit, la duchesse de Valentinois était arrivée à la seconde jeunesse des femmes. Cette seule remarque prouve que l'histoire de Catherine de Médicis est à faire en entier; et que, selon un mot très-profond de Napoléon, l'histoire de France doit n'avoir qu'un volume ou en avoir mille.

Le séjour à Marseille du pape Clément VII, quand on compare la conduite de Charles-Quint à celle du roi de France, donne une immense supériorité au Roi sur l'Empereur, comme en toute chose, d'ailleurs. Voici le résumé succinct de cette entrevue dû à un contemporain.

« Sa Saincteté le pape, après avoir esté conduite jusques au pa-
« lais que j'ai dit luy avoir esté préparé par delà le port, chacun se
« retira en son quartier, jusques au lendemain que sa dicte Sainc-
« teté se prépara pour faire son entrée. Laquelle fut faite en fort
« grande somptuosité et magnificence, luy estant assis sur une
« chaire portée sur les espaulles de deux hommes, et en ses habits
« pontificaux, hormis la tyare, marchant devant lui une haquenée
« blanche sur laquelle reposoit le sacrement de l'autel, et estoit
« ladite haquenée conduitte par deux hommes à pied en fort bon
« équipage avecque des resnes de soye blanche. Puis après, mar-
« choient tous les cardinaux en leurs habits montez sur leurs *mulles*
« *pontificales*, et madame la duchesse d'Urbin en grande magnifi-
« cence, accompagnée d'un grand nombre de dames et de gentils-
« hommes, tant de France que d'Italie. En ceste compagnie étant
« le Père Saint au lieu préparé pour son logis, chacun se retira ; et
« tout ce, fut ordonné, et conduit sans nul désordre ny tumulte. Or
« ce pendant que le pape faisoit son entrée, le Roy passa l'eau dans
« une frégate, et alla loger au lieu dont le pape estoit party, pour
« de ce lieu le lendemain venir faire l'obéissance au Père Saint,
« comme Roy très-chrestien. . . . .

« Estant le Roy préparé partit pour venir au palaiz où estoit le
« pape, accompagné des princes de son sang, comme monseigneur
« le duc de Vendosmois (père du vidame de Chartres), le comte
« de Sainct-Pol, messieurs de Montpensier et La Roche-sur-
« Yon, le duc de Nemours, frère du duc de Savoye, lequel mourut
« audit lieu, le duc d'Albany et plusieurs autres, tant comtes,
« barons que seigneurs, estant toujours près du Roy le seigneur
« de Montmorency, son grand maître. Estant le Roy arrivé au pa-
« laiz, fut reçu par le pape et tout le collége des cardinaux, *assem-
« blés en consistoire*, fort humainement. Ce faict, chacun se retira
« au lieu à luy ordonné, et le Roy mena avec luy plusieurs cardi-
« naux pour les festoyer, et entre autres le cardinal de Médicis,
« neveu du pape, homme fort magnifique et bien accompagné.
« Au lendemain, ceux ordonnés par Sa Saincteté et par le Roy
« commencèrent à s'assembler pour traiter des choses pour les-
« quelles l'entrevue se faisoit. Premièrement fut traisté du faict
« de la foy, et fut prêchée une bulle pour repprimer les Hérésies et
« empescher que les choses ne vinssent en plus grande combustion
« qu'elles n'estoient. Puis fut conclud le mariage du duc d'Or-
« léans, second fils du Roy, avec Catherine de Médicis, duchesse
« d'Urbin, nièce de Sa Saincteté, avec les conditions telles ou
« semblables que celles qui avoient été proposées autrefois au duc
« d'Albany. Le dict mariage fut consommé en grande magnifi-
« cence et les espousa nostre Saint-Père (italianisme qui ne s'est
« pas établi dans la langue. On disait alors en France comme en
« Italie, un tel a marié la une telle, pour dire l'a épousée). Ce ma-
« riage ainsi consommé, le Saint-Père tint un consistoire auquel
« il créa quatre cardinaux à la dévotion du Roy, sçavoir : le cardi-
« nal Le Veneur, devant évesque de Lisieux et grand aumosnier,
« le cardinal de Boulogne de la maison de la Chambre, frère ma-
« ternel du duc d'Albany, le cardinal de Châtillon de la maison de
« Coligny, nepveu du sire de Montmorency, le cardinal de Givry. »

Quand Strozzi délivra la dot en présence de la cour, il aperçut
un peu d'étonnement chez les seigneurs français, ils dirent assez
haut que c'était peu de chose pour une mésalliance (qu'auraient-ils
dit aujourd'hui ?). Le cardinal Hippolyte répondit alors : « — Vous
êtes donc mal instruits des secrets de votre Roy, Sa Saincteté
s'oblige à donner à la France trois perles d'une valeur inestima-
ble : Gênes, Milan et Naples. » Le pape laissa le comte Sébastien

Montécuculli se présenter lui-même à la cour de France, où il offrit ses services en se plaignant d'Antoine de Lèves et de Ferdinand de Gonzague, ce qui fut cause qu'on l'accepta. Montécuculli ne fit point partie de la maison de Catherine qui fut entièrement composée de Français et de Françaises ; car, par une loi de la monarchie dont l'exécution fut vue par le pape avec le plus grand plaisir, Catherine fut naturalisée Française avant le mariage, par lettres-patentes. Montécuculli, comme Espagnol, fut attaché d'abord à la maison de la reine, sœur de Charles-Quint. Puis il passa quelque temps après au service du Dauphin en qualité d'échanson.

La duchesse d'Orléans se vit entièrement perdue à la cour de François Ier. Son jeune mari s'était épris de Diane de Poitiers, qui certes, comme naissance, pouvait rivaliser Catherine, et se trouvait plus grande dame qu'elle. La fille des Médicis était primée par la reine Éléonor, sœur de Charles-Quint, et par la duchesse d'Étampes, que son mariage avec le chef de la maison de Brosse rendait une des femmes les plus puissantes et les mieux titrées de France. Sa tante la duchesse d'Albany, la reine de Navarre, la duchesse de Guise, la duchesse de Vendôme, la Connétable, plusieurs autres femmes tout aussi considérables, éclipsaient par leur naissance et par leurs droits autant que par leur pouvoir dans la cour la plus somptueuse qu'ait eue un roi de France, sans excepter Louis XIV, la fille des épiciers de Florence, plus illustre, plus riche par la maison de la Tour-de-Boulogne, que par sa propre maison de Médicis.

La position de sa nièce fut si mauvaise et si difficile, que le républicain Philippe Strozzi, très-incapable de la diriger au milieu d'intérêts si contraires, la quitta dès la première année, rappelé d'ailleurs en Italie par la mort de Clément VII. La conduite de Catherine, si l'on vient à songer qu'elle avait à peine quinze ans, fut un modèle de prudence : elle s'attacha très-étroitement au roi son beau-père, qu'elle quitta le moins qu'elle put, elle le suivait à cheval, à la chasse et à la guerre. Son idolâtrie pour François Ier sauva la maison de Médicis de tout soupçon, lors de l'empoisonnement du dauphin. Catherine se trouvait alors, ainsi que le duc d'Orléans, au quartier du roi en Provence, car la France fut bientôt envahie par Charles-Quint, beau-frère du roi. Toute la cour resta sur le théâtre des plaisirs du mariage, devenu celui d'une des guerres les plus cruelles. Au moment où Charles-Quint mis en fuite laissa les os de son armée en Provence, le dauphin revenait vers Lyon par le Rhône; il s'arrêta pour coucher à Tournon, et, par passe-temps, il fit quelques exercices violents qui furent presque toute l'éducation de son frère et de lui, par suite de leur captivité comme otages. Ce prince eut l'imprudence, ayant très-chaud, au mois d'août, de demander un verre d'eau que Montécuculli lui servit à la glace. Le Dauphin mourut presque subitement. François Ier adorait son fils. Le Dauphin était, selon tous les historiens, un prince accompli. Le père au désespoir donna le plus grand éclat à la procédure suivie contre Montécuculli, il en chargea les plus savants magistrats du temps. Après avoir subi héroïquement les premières tortures sans rien avouer, le comte fit des aveux par lesquels il impliqua constamment l'empereur et ses deux généraux Antoine de Lèves et Ferdinand de Gonzague. Cette procédure ne satisfit point François Ier. Aucune affaire ne fut plus solennellement débattue que celle-ci. Voici ce que fit le roi, d'après le récit d'un témoin oculaire.

« Le roy fit assembler à Lion tous les princes de son sang et tous
« les chevaliers de son ordre et austres gros personnages de son
« royaume : les légat et nonce du pape, les cardinaux qui se trou-
« vèrent en sa cour, aussi les ambassadeurs d'Angleterre, Escosse,
« Portugal, Venise, Ferrare et austres; ensemble tous les princes et
« gros seigneurs étrangers, tant d'Italie que d'Allemagne, qui pour
« ce temps-là résidoient en sa cour, comme le duc de Wittemberg,
« Alleman; les ducs de Somme, d'Arianne, d'Atrie; prince de
« Melphe (il avait voulu épouser Catherine), et de Stilliane Napoli-
« tain; le seigneur dom Hippolyte d'Est; le marquis de Vigeve de
« la maison Trivulce, Milanois; le seigneur Jean Paul de Cere, Ro-
« main; le seigneur César Frégose, Génevoi (*Génois de Genova*), le
« seigneur Annibal de Gonzague, Montouan, et autres en très-grand
« nombre. Lesquels assemblés il fit lire en la présence de eux, de-
« puis un bout jusqu'à l'autre, le procès du *malheureux homme*
« qui avoit empoisonné feu monsieur le Dauphin, avec les inter-
« rogatoires, confessions, confrontations, et austres solemnités ac-
« coutumés en procès criminel, ne voulant pas que l'arrêt fût exé-
« cuté, sans que tous les assistants eussent donné leur advis sur
« cest énorme et misérable cas. »

La fidélité, le dévouement et l'habileté du comte Montécuculli peuvent paraître extraordinaires par un temps d'indiscrétion générale où tout le monde, même les ministres, parlent du plus petit événement où l'on a mis le doigt ; mais alors les princes trouvaient des serviteurs dévoués, ou savaient les choisir. Il se rencontrait alors des Morey monarchiques, parce qu'il y avait de la foi. Ne demandez jamais rien de grand aux *intérêts*, parce que les intérêts peuvent changer ; mais attendez tout des sentiments, de la foi religieuse, de la foi monarchique, de la foi patriotique. Ces trois croyances produisent seules les Berthereau de Genève, les Sydney, les Strafford d'Angleterre, les assassins de Thomas Becket comme les Montécuculli, les Jacques Cœur et les Jeanne d'Arc, comme les Richelieu et les Danton, les Bonchamps, les Talmont et aussi les Clément, les Chabot, etc. Charles-Quint se servit des plus hauts personnages pour exécuter les assassinats de trois ambassadeurs de François Ier. Un an après, Lorenzino, cousin germain de Catherine, assassinait le duc Alexandre, après une dissimulation de trois années, et dans des circonstances qui l'ont fait surnommer le Brutus florentin. La qualité des personnages arrêtait si peu les entreprises, que ni la mort de Léon X ni celle de Clément VII n'ont paru naturelles. Mariana, l'historien de Philippe II, plaisante presque en annonçant l'empoisonnement de la reine d'Espagne, fille de France, en disant que : « *Pour la gloire du trône d'Espagne, Dieu permit l'aveuglement des médecins qui traitèrent la reine pour une hydropisie* » (elle était grosse). Quand le roi Henri II se permit une médisance qui méritait un coup d'épée, il trouva La Châteigneraie pour le recevoir. A cette époque, on servait aux princes et princesses leur manger enfermé dans des boîtes à cadenas, dont ils gardaient la clef. De là le *droit de cadenas*, honneur qui cessa sous Louis XIV.

Le Dauphin mourut empoisonné de la même manière et du même poison peut-être qui servit à *Madame* sous Louis XIV. Le pape Clément VII était mort depuis deux ans, le duc Alexandre, plongé dans ses débauches, ne paraissait avoir aucun intérêt à l'élévation du duc d'Orléans. Catherine, âgée de dix-sept ans et pleine d'admiration pour son beau-père, était auprès de lui lors de l'événement ; Charles-Quint seul paraissait avoir intérêt à cette mort, car François Ier réservait son fils à une alliance qui devait agrandir la France. Les aveux du comte furent donc très-habilement basés sur les passions et sur la politique du moment : Charles-Quint fuyait après avoir vu ses armées ensevelies en Provence avec son bonheur, sa réputation et ses espérances de domination. Remarquez que si la torture avait arraché des aveux à un innocent, François Ier lui rendait la liberté de parler, au milieu d'une assemblée imposante, et en présence de gens devant lesquels l'innocence avait quelques chances de triomphe. Le roi, qui voulait la vérité, la cherchait de bonne foi.

Malgré son brillant avenir, la situation de Catherine à la cour ne changea point à la mort du Dauphin ; sa stérilité faisait prévoir un divorce, au cas où son mari monterait sur le trône. Le Dauphin était sous le charme de Diane de Poitiers. Diane osait rivaliser madame d'Étampes. Aussi Catherine redoubla-t-elle de soins et de cajoleries envers son beau-père, en comprenant que son appui n'était que là. Les dix premières années de Catherine furent alors prises par les renaissants chagrins que lui donnaient ses espérances de grossesse incessamment détruites, et les ennuis de sa rivalité avec Diane. Jugez de ce que devait être la vie d'une princesse surveillée par une maîtresse jalouse, appuyée par un énorme parti, le parti catholique, et par les deux alliances énormes que la sénéchale fit en mariant ses deux filles, l'une à Robert de La Mark, duc de Bouillon, prince de Sedan, l'autre à Claude de Lorraine, duc d'Aumale.

Catherine, perdue au milieu du parti de madame d'Étampes et du parti de la sénéchale (tel fut pendant le règne de François Ier le titre de Diane) qui divisaient la cour et la politique entre ces deux ennemies mortelles, essaya d'être à la fois l'amie de la duchesse d'Étampes et l'amie de Diane de Poitiers. Celle qui devait être une si grande reine joua le rôle de servante. Elle fit ainsi l'apprentissage de cette politique à deux visages qui fut le secret de sa vie. La *reine* se trouva plus tard entre les Catholiques et les Calvinistes, comme la *femme* avait été pendant dix ans entre madame d'Étampes et madame de Poitiers. Elle étudia les contradictions de la politique française : François Ier soutenait Calvin et les Luthériens pour embarrasser Charles-Quint. Puis, après avoir sourdement et patiemment protégé la Réformation en Allemagne, après avoir toléré le séjour de Calvin à la cour de Navarre, il sévit contre elle avec une rigueur démesurée. Catherine vit donc cette cour et les femmes de cette cour jouant avec le feu de l'hérésie, Diane à la tête du parti catholique avec les Guise, uniquement parce que la duchesse d'Étampes soutenait Calvin et les Protestants. Telle fut l'éducation politique de cette reine qui remarqua dans le cabinet du roi de France les errements de la maison de Médicis. Le Dauphin contrecarrait son père en toutes choses, il fut mauvais fils. Il oublia la plus cruelle, mais la plus vraie maxime de la Royauté, à savoir que les trônes sont solitaires, et que le fils, qui peut faire de l'opposition pendant la vie de son père, doit en suivre la politique en montant sur le trône. Spinosa, qui ne fut pas moins profond politique que grand philosophe, a dit, pour le cas où un roi succède à un autre par une insurrection ou par un attentat : « Si le nouveau roi « veut assurer son trône et garantir sa vie, il faut qu'il montre tant « d'ardeur pour venger la mort de son prédécesseur, qu'il ne prenne « plus envie à personne de commettre un pareil forfait. Mais pour « le venger *dignement*, il ne lui suffit pas de répandre le sang de « ses sujets, il doit approuver les maximes de celui qu'il a rem- « placé, tenir la même route dans le gouvernement. » Ce fut l'application de cette maxime qui donna Florence aux Médicis. Cosme I er, le successeur du duc Alexandre, fit assassiner, après onze ans, le Brutus florentin à Venise, et, comme nous l'avons dit déjà, persécuta sans cesse les Strozzi. Ce fut l'oubli de cette maxime qui perdit Louis XVI. Ce roi manquait à tous les principes du gouvernement en rétablissant les parlements supprimés par son grand-père. Louis XV avait vu bien juste. Les parlements, notamment celui de Paris, furent pour la moitié dans les troubles qui nécessitèrent la convocation des États-Généraux. La faute de Louis XV fut, en abattant cette barrière qui séparait le trône du peuple, de ne pas lui en avoir substitué une plus forte, enfin de ne pas avoir remplacé les parlements par une forte constitution des provinces. Là se trouvait le remède aux maux de la Monarchie, là se trouvait le vote des impôts, leur régularisation, et une lente approbation des réformes nécessaires au régime de la Monarchie.

Le premier acte de Henri II fut de donner sa confiance au connétable de Montmorency, que son père lui avait enjoint de laisser dans la disgrâce. Le connétable de Montmorency fut, avec Diane de Poitiers, à qui il s'était étroitement lié, le maître de l'État. Catherine fut donc encore moins heureuse et moins puissante, quand elle se vit reine de France, que quand elle était Dauphine. D'abord, à partir de 1543, elle eut tous les ans un enfant pendant dix ans, et fut occupée de ses devoirs de maternité durant toute cette période qui embrasse les dernières années du règne de François I er et presque tout le règne de Henri II. Il est impossible de ne pas voir, dans cette fécondité continuelle, l'influence d'une rivale qui voulait ainsi se débarrasser de la femme légitime. Cette barbarie d'une politique femelle dut être un des griefs de Catherine contre Diane. Mise ainsi en dehors des affaires, cette femme supérieure passa le temps à observer les intérêts de tous les gens de la cour et de tous les partis qui s'y formèrent. Tous les Italiens qui l'avaient suivie excitaient de violentes suspicions. Après l'exécution de Montécuculli, le connétable de Montmorency, Diane et la plupart des fins politiques de la cour furent travaillés de soupçons contre les Médicis; mais François Ier les repoussa toujours. Aussi les Gondi, les Birague, les Strozzi, les Ruggieri, les Sardini, enfin ceux qu'on appelait les Italiens, venus à la suite de Catherine, furent-ils dans la nécessité de déployer d'immenses ressources d'esprit, de fine politique et de courage, pour demeurer à la cour sous le poids de la défaveur qui pesait sur eux. Pendant le règne de Diane de Poitiers, la complaisance de Catherine pour Diane alla si loin que des gens habiles y auraient eu la preuve de cette profonde dissimulation que les hommes, les événements et la conduite de Henri II ordonnaient à Catherine de déployer. On est allé trop loin en prétendant qu'elle ne réclama jamais ses droits ni comme épouse ni comme reine. D'abord, le sentiment de sa dignité, que Catherine eut au plus haut degré, lui interdisait de réclamer ce que les historiens appellent les droits d'épouse. Les onze grossesses et les dix enfants de Catherine expliquent assez la conduite de Henri II, que les grossesses de sa femme laissaient libre de passer son temps avec Diane de Poitiers. Mais le roi ne manqua certes à rien de ce qu'il se devait à lui-même, il fit à la reine une *entrée* digne de toutes celles qui avaient eu lieu jusqu'alors pour son couronnement comme reine. Les registres du Parlement et ceux de la Cour des Comptes indiquent que ces deux grands corps allèrent au-devant de Catherine hors Paris, jusqu'à Saint-Lazare. Voici d'ailleurs l'extrait du récit de Du Tillet.

« On avait dressé à Saint-Lazare un échafaud sur lequel était un
« trône que du Tillet, appelle *une chaire de parement*. Catherine
« y prit séance, vêtue d'un surcot, ou espèce de mantelet d'her-
« mine, couvert de pierreries, d'un corset de dessous avec le man-
« teau royal et ayant sur la tête une couronne enrichie de perles
« et de diamants, et soutenue par la maréchale de la Mark, sa dame
« d'honneur. Autour d'elle étaient *debout* les princes du sang, et
« autres princes et seigneurs richement habillés avec le chancelier
« de France *vêtu d'une robe de toile d'or*, figurée sur un fond cra-

« moisi rouge [1]. Devant la reine et sur le même échafaud, étaient
« assises sur deux rangs, douze duchesses ou comtesses, vêtues de
« surcots d'hermine, corsets, manteaux, et cercles, c'est-à-dire
« couronnes de duchesse ou comtesse. C'étaient les duchesses
« d'Estouteville, Montpensier, l'aînée et la jeune, la princesse de
« la Roche-sur-Yon ; les duchesses de Guise, de Nivernois, d'Au-
« male, de Valentinois (Diane de Poitiers). Mademoiselle la bâtarde
« légitimée de France (titre de la fille du roi, Diane, qui fut du-
« chesse de Castro-Farnèse, puis duchesse de Montmorency-
« Damville), madame la connétable et mademoiselle de Nemours,
« sans les autres demoiselles qui ne trouvèrent rang. Les quatre
« présidents à mortier, quelques autres membres de la cour, le
« greffier Du Tillet montèrent sur l'échafaud, firent leurs révé-
« rences, et ayant mis un genou en terre, le premier président Lizet
« harangua la reine. Le chancelier mit un genou en terre et répon-
« dit. Elle fit son entrée sur les trois heures après midi, en litière
« découverte, ayant madame Marguerite de France vis-à-vis d'elle,
« et aux côtés de sa litière les cardinaux d'Amboise, de Châtillon,
« de Boulogne et de Lenoncourt en rochet. Elle alla descendre à
« l'église Notre-Dame, et y fut reçue par le clergé. Après son
« oraison, on la conduisit par la rue de la Calandre au Palais, où
« le souper royal était préparé dans la grand'salle. Elle y parut
« assise au milieu de la table de marbre, et sous un dais de ve-
« lours parsemé de fleurs de lis d'or. »

C'est ici le lieu de détruire une de ces opinions populaires erronées que répètent quelques personnes, d'après Sauval d'ailleurs.
On a prétendu que Henri II poussa l'oubli des convenances jusqu'à
mettre le chiffre de sa maîtresse sur les monuments que Catherine
lui conseilla de continuer ou de commencer avec tant de magnificence. Mais le double chiffre qui se voit au Louvre dément tous les
jours ceux qui sont assez peu clairvoyants pour donner de la consistance à ces niaiseries qui déshonorent gratuitement nos rois et
nos reines. L'H de Henri et les deux C adossés de Catherine,
paraissent aussi former deux D pour Diane. Cette coïncidence a
dû plaire à Henri II, mais il n'en est pas moins vrai que le chiffre
royal contenait officiellement la lettre du roi et celle de la reine.

---

[1] Le mot cramoisi ne signifiait pas exclusivement la couleur rouge, il voulait dire aussi la perfection de la teinture. (*Voy.* Rabelais.)

Et cela est si vrai, que ce chiffre existe encore sur la colonne de la Halle au Blé, bâtie par Catherine seule. On peut d'ailleurs voir ce même chiffre dans les caveaux de Saint-Denis sur le tombeau que Catherine se fit élever à elle-même de son vivant à côté de celui de Henri II, et où elle est représentée d'après nature par le sculpteur pour qui elle a posé.

Dans une occasion solennelle, au moment où il partit pour son expédition d'Allemagne, Henri II déclara Catherine régente pendant son absence, aussi bien qu'en cas de mort, le 25 mars 1552. Le plus cruel ennemi de Catherine, l'auteur du *Discours merveilleux sur les déportements de Catherine II*, convient qu'elle s'acquitta de ce gouvernement à la louange générale et que le roi fut satisfait de son administration. Henri II eut à propos des hommes et de l'argent. Enfin, après la fatale journée de Saint-Quentin, Catherine obtint des Parisiens des sommes considérables, qu'elle envoya à Compiègne où se trouvait le roi.

En politique, Catherine fit des efforts inouïs pour obtenir un peu d'influence. Elle eut assez d'habileté pour mettre le connétable, tout-puissant sous Henri II, dans ses intérêts. On sait la terrible réponse que fit le roi tourmenté par Montmorency. Cette réponse était le résultat des bons conseils que Catherine donna, dans le peu de moments où elle se trouva seule avec le roi, et où elle lui exposa la politique florentine, qui était d'opposer les grands du royaume les uns aux autres, et d'établir l'autorité royale sur leurs ruines, le système de Louis XI, continué plus tard par elle et par Richelieu. Henri II, qui ne voyait que par les yeux de Diane et du connétable, fut un roi tout féodal et ami des grandes maisons de son royaume.

Après la tentative inutilement faite par le connétable en sa faveur, et qu'il faut reporter à l'année 1556, Catherine caressa beaucoup les Guise, et forma le projet de les détacher du parti de Diane afin de les opposer au connétable. Mais, malheureusement, Diane et le connétable étaient tout aussi animés que les Guise contre les Protestants. Il n'y eut donc pas dans leur lutte cette animosité qu'y aurait mise la question religieuse. D'ailleurs, Diane rompit en visière aux projets de la reine, en coquetant avec les Guise et donnant sa fille au duc d'Aumale. Elle alla si loin, que certains auteurs prétendent qu'elle accorda plus que ses bonnes grâces au galant cardinal de Lorraine.

Les satiriques du temps ont fait à ce sujet le quatrain suivant sur Henri II :

> Sire, si vous laissez, comme Charles [1] désire,
> Comme Diane veut, par trop vous gouverner,
> Fondre, pétrir, mollir, refondre, retourner,
> Sire, vous n'êtes plus, vous n'êtes plus que cire.

Il est impossible de regarder comme sincères les marques de douleur et l'ostentation des regrets de Catherine à la mort de Henri II. Par cela même que le roi était attaché par une inaltérable passion à Diane de Poitiers, Catherine devait jouer le rôle d'une femme délaissée qui adore son mari ; mais comme toutes les femmes de tête, elle persista dans sa dissimulation, et ne cessa de parler avec tendresse de Henri II. Diane, comme on sait, porta toute sa vie le deuil de M. de Brézé, son mari. Ses couleurs étaient blanc et noir, le roi les avait au tournoi où il mourut. Catherine, sans doute en imitation de sa rivale, garda le deuil de Henri II pendant toute sa vie. Elle eut envers Diane de Poitiers une perfection de perfidie à laquelle les historiens n'ont pas fait attention. A la mort du roi, la duchesse de Valentinois fut complétement disgraciée et malhonnêtement abandonnée par le connétable, homme tout à fait au-dessous de sa réputation. Diane fit offrir à la reine sa terre et son château de Chenonceaux à Catherine. Catherine dit alors en présence de témoins : — Je ne puis oublier qu'elle faisait les délices de mon cher Henri, j'ai honte d'accepter, je veux lui donner en échange un domaine, et lui propose celui de Chaumont-sur-Loire. En effet, l'acte d'échange fut passé à Blois en 1559. Diane, qui avait pour gendres les ducs d'Aumale et de Bouillon, alors prince souverain, conserva toute sa fortune et mourut en paix en 1566, âgée de soixante-six ans. Elle avait donc dix-neuf ans de plus que Henri II. Ces dates, tirées de son épitaphe copiée sur son tombeau par l'historien qui s'est occupé d'elle vers la fin du dernier siècle, éclaircissent bien des difficultés historiques ; car beaucoup d'historiens lui donnaient les uns quarante ans, les autres seize ans lors de la condamnation de son père en 1523. Elle avait alors vingt-quatre ans. Après avoir lu tout, pour et contre sa conduite avec François Ier, au moment où la maison de Poitiers courut un si grand danger, nous ne voudrions rien affirmer, ni rien contredire.

---

[1] Le cardinal de Lorraine.

Ceci est un de ces passages qui restent obscurs dans l'histoire. Nous pouvons voir, par ce qui se passe de nos jours, que l'histoire se fausse au moment même où elle se fait. Catherine, qui fonda de grandes espérances sur l'âge de sa rivale, avait essayé plusieurs fois de la renverser. Ce fut une lutte sourde et horrible. Un jour Catherine fut sur le point de faire réussir ses espérances. En 1554, madame Diane, étant malade, pria le roi d'aller à Saint-Germain pendant qu'elle se remettrait. Cette haute coquette ne voulait pas être vue au milieu de l'appareil nécessaire à la faculté, ni sans l'éclat de la toilette. Catherine fit composer, pour recevoir le roi à son retour, un magnifique ballet où six jeunes filles devaient lui réciter une pièce de vers. Parmi ces six filles, elle avait choisi miss Fleming, parente de son oncle le duc d'Albany, la plus belle personne qu'il fût possible de voir, blonde et blanche ; puis une de ses parentes, Clarisse Strozzi, magnifique Italienne dont la chevelure noire était superbe et les mains d'une beauté rare ; mademoiselle Lewiston, demoiselle d'honneur de Marie Stuart, Marie Stuart elle-même, madame Élisabeth de France, qui fut cette si malheureuse reine d'Espagne, et madame Claude. Élisabeth avait neuf ans, Claude huit ans, Marie Stuart douze. Évidemment, la reine avait voulu faire ressortir Clarisse Strozzi, miss Fleming, et les présenter sans rivales au choix du roi. Le roi ne résista point ; il aima miss Fleming, il eut d'elle un enfant naturel, Henri de Valois, comte d'Angoulême, grand-prieur de France. Mais le crédit et l'influence de Diane n'en furent point ébranlés. Comme plus tard, madame de Pompadour avec Louis XV, la duchesse de Valentinois pardonna. Mais, quel amour cette tentative annonce-t-elle chez Catherine ? est-ce l'amour du pouvoir, ou l'amour du mari ? Les femmes décideront.

On parle beaucoup aujourd'hui de la licence de la presse ; mais il est difficile d'imaginer à quel point elle fut portée à l'origine de l'imprimerie. D'abord on sait que l'Arétin, le Voltaire de son temps, faisait trembler les rois, et Charles-Quint tout le premier. Mais on ne sait peut-être pas jusqu'où allait l'audace des pamphlets. Ce château de Chenonceaux fut *donné* à Diane, non pas donné, elle fut suppliée de l'accepter, pour oublier une des plus horribles publications qui aient été faites contre une femme et qui montre quelle fut la violence de la guerre entre elle et madame d'Étampes. En 1537, quand elle avait trente-huit ans, un poëte champenois, nommé Jean Voûté, publia un recueil de poésies latines où se trouvent trois épigrammes contre elle. Il faut croire que le poète était assuré de quelque haute protection, car son recueil est précédé de son éloge fait par Salmon Macrin, premier valet de chambre du roi. Voici le seul passage, citable aujourd'hui, de ces épigrammes intitulées : IN PICTAVIAM, ANUM AULICAM. (CONTRE LA POITIERS, VIEILLE FEMME DE COUR.)

.....*Non trahit esca ficta prædam.*

« Un appât peint n'attrape point de gibier, » dit le poète, après lui avoir dit qu'elle se peignait le visage, qu'elle achetait ses dents et ses cheveux. « Et tu achèterais, dit-il, le superfin de ce qui
« constitue la femme, que tu n'obtiendrais pas encore ce que tu
« veux de ton amant, car il faudrait être en vie, et tu es morte. »

Ce recueil, imprimé chez Simon de Colines, était dédié A UN ÉVÊQUE !... à François Bohier, le frère de celui qui, pour sauver son crédit à la cour et racheter son crime, offrit à l'avénement de Henri II, le château de Chenonceaux, bâti par son père Thomas Bohier, conseiller d'État sous quatre rois : Louis XI, Charles VIII, Louis XII et François Ier. Qu'étaient les pamphlets publiés contre madame de Pompadour et contre Marie-Antoinette, comparés à des vers qu'on dirait écrits par Martial? Ce Voûté dut mal finir. Ainsi la terre et le château de Chenonceaux ne coûtaient à Diane que le pardon d'une injure ordonné par l'Évangile ! Pour ne pas être décrétées par un jury, les amendes infligées à la presse étaient un peu plus dures que celles d'aujourd'hui.

Les reines de France, devenues veuves, devaient rester dans la chambre du roi pendant quarante jours, sans voir d'autre clarté que celle des cierges ; elles n'en sortaient qu'après l'enterrement du roi. Cette coutume inviolable contrariait fort Catherine qui craignait les brigues, elle trouva moyen de s'en dispenser. Voici comment. Le cardinal de Lorraine sortant un jour (dans ce temps-là ! dans ce moment !) de grand matin de chez la Belle Romaine, une célèbre courtisane du temps de Henri II, qui demeurait rue Culture-Sainte-Catherine, fut maltraité par une troupe de libertins. « De quoi Sa Sainteté très-étonnée, » dit Henri Estienne, fit entendre que les hérétiques lui dressaient des embûches ; et pour ce fait, la cour alla de Paris à Saint-Germain. La reine ne voulut pas abandonner le roi son fils, et s'y transporta.

L'avénement de François II, époque à laquelle Catherine crut saisir le pouvoir, fut un moment de déception qui couronna cruellement les vingt-six ans de douleurs qu'elle avait déjà passés à la cour de France. Les Guise s'emparèrent alors du pouvoir avec une audace incroyable : le duc de Guise fut mis à la tête de l'armée, et le Connétable fut disgracié, le cardinal eut les finances et le clergé. Catherine commença sa carrière politique par un de ces drames qui, pour ne pas avoir eu l'éclat des autres, n'en fut pas moins le plus atroce, et qui l'accoutuma sans doute aux terribles émotions de sa vie. Tout en paraissant d'accord avec les Guise, elle essaya d'assurer son triomphe en s'appuyant sur la maison de Bourbon. Soit que Catherine, après avoir inutilement tenté les moyens les plus violents, eût voulu employer la jalousie pour ramener le roi ; soit qu'en arrivant à sa seconde jeunesse, il lui parût cruel de ne pas connaître l'amour, elle avait témoigné le plus vif intérêt à un seigneur du sang royal, François de Vendôme, fils de Louis de Vendôme (maison d'où est issue la maison de Bourbon), et Vidame de Chartres, nom sous lequel il est connu dans l'histoire. La haine secrète que Catherine portait à Diane se révélait en beaucoup de circonstances auxquelles les historiens préoccupés des intérêts politiques n'ont fait aucune attention. L'attachement de Catherine pour le Vidame vint d'une insulte que ce jeune homme fit à la favorite. Diane voulait les plus belles alliances pour ses filles qui, d'ailleurs, tenaient à la plus haute noblesse du royaume. Elle ambitionnait surtout l'honneur d'un mariage avec la maison de France : on proposa de sa part la main de sa seconde fille, qui fut depuis duchesse d'Aumale, au Vidame, que la politique fort sage de François I*er* maintenait dans la pauvreté. En effet, quand le Vidame de Chartres et le prince de Condé vinrent à la cour, François I*er* leur donna, quoi ? la charge de chambellans ordinaires avec douze cents écus de pension, ce qu'il baillait à de simples gentilshommes. Quoique Diane de Poitiers offrît d'immenses biens, quelque belle charge de la couronne et la faveur du roi, le Vidame refusa. Puis ce Bourbon, déjà factieux, épousa Jeanne, fille du baron d'Estissac, de laquelle il n'eut point d'enfants. Ce trait de fierté recommanda naturellement le Vidame à Catherine, qui l'accueillit avec une faveur marquée et s'en fit un ami dévoué. Les historiens ont comparé le dernier duc de Montmorency, décapité à Toulouse, au Vidame de Chartres, pour l'art de plaire, pour le mérite et le talent. Henri II ne se montra pas jaloux, il ne parut pas supposer qu'une reine de France manquât à ce qu'elle se devait, ni qu'une Médicis oubliât l'honneur qu'un Valois lui avait fait. Au moment où la reine coqueta, dit-on, avec le Vidame de Chartres, elle était à peu près abandonnée par le roi depuis la naissance de son dernier enfant. Cette tentative ne servit donc à rien, puisque ce prince mourut portant les couleurs de Diane de Poitiers.

A la mort du roi, la reine Catherine se trouva donc en commerce de galanterie avec le Vidame, situation qui n'avait rien que de conforme aux mœurs du temps, où l'amour fut à la fois si chevaleresque et si licencieux, que les plus belles actions y étaient aussi naturelles que les plus blâmables ; seulement, comme toujours, les historiens ont commis la faute de prendre l'exception pour la règle. Les quatre fils de Henri II rendaient nulle la position des Bourbons, tous excessivement pauvres, et accablés par le mépris que la trahison du Connétable jetait sur eux, malgré les raisons qui contraignirent le Connétable à sortir du royaume. Le Vidame de Chartres, qui fut au premier prince de Condé ce que Richelieu fut à Mazarin, son père en politique, son modèle, et de plus, son maître en galanterie, cacha l'excessive ambition de sa maison sous les dehors de la légèreté. Hors d'état de lutter avec les Guise, avec les Montmorency, les princes d'Écosse, les cardinaux, les Bouillon, il se fit distinguer par sa bonne grâce, par ses manières, par son esprit qui lui valurent les faveurs des plus charmantes femmes, et le cœur de celles auxquelles il ne songeait point. Ce fut un de ces hommes privilégiés, dont les séductions étaient irrésistibles et qui dut à l'amour les moyens de tenir son rang. Les Bourbons ne se seraient pas fâchés comme Jarnac de la médisance de la Châtaigneraie : ils acceptaient très-bien des terres et des châteaux de leurs maîtresses, témoin le prince de Condé qui accepta la terre de Saint-Valery de madame la maréchale de Saint-André.

A la mort de Henri II, pendant les vingt premiers jours de deuil, la situation du Vidame changea donc tout à coup. Objet des attentions de la reine-mère et lui faisant la cour comme on pouvait la faire à la reine, très-secrètement, il parut destiné à jouer un rôle, et Catherine résolut en effet de se servir de lui. Ce prince reçut d'elle des lettres pour le prince de Condé, dans lesquelles elle démontrait la nécessité de s'allier contre les Guise. Instruits de cette intrigue, les Guise entrèrent dans la chambre de la reine, pour lui arracher l'ordre de mettre le Vidame à la Bastille, et Catherine se trouva dans la dure nécessité d'obéir. Le Vidame mourut après quelques mois de captivité, le jour où il sortit de prison, quelque temps avant la conspiration d'Amboise. Tel fut le dénoûment du premier et du seul amour qu'ait eu Catherine de Médicis. Les écrivains protestants ont dit que la reine fit empoisonner le Vidame pour confier à la tombe le secret de ses galanteries!... Voilà quel fut pour cette femme l'apprentissage du pouvoir royal.

PREMIÈRE PARTIE.

LE MARTYR CALVINISTE.

Peu de personnes aujourd'hui savent combien étaient naïves les habitations des bourgeois de Paris au quatorzième siècle, et combien simple était leur vie. Peut-être cette simplicité d'action et de pensée a-t-elle été la cause des grandeurs de cette vieille bourgeoisie, qui fut, certes, grande, libre et noble, plus peut-être que la bourgeoisie d'aujourd'hui ; son histoire est à faire, elle demande et attend un homme de génie. Inspirée par l'incident peu connu qui forme le fond de cette Étude et qui sera l'un des plus remarquables de l'histoire de la bourgeoisie, cette réflexion arrivera sans doute sur les lèvres de tout le monde, après ce récit. Est-ce la première fois qu'en histoire la conclusion aura précédé les faits?

En 1560, les maisons de la rue de la Vieille-Pelleterie bordaient la rive gauche de la Seine, entre le pont Notre-Dame et le Pont-au-Change. La voie publique et les maisons occupaient l'espace pris par la seule chaussée du quai actuel. Chaque maison, assise sur la Seine même, permettait aux habitants d'y descendre par les escaliers en bois ou en pierre, que défendaient de fortes grilles en fer ou des portes en bois clouté. Ces maisons avaient, comme celles de Venise, une porte en terre ferme et une porte d'eau. Au moment où cette esquisse se publie, il n'existe plus qu'une seule maison de ce genre qui puisse rappeler le vieux Paris, encore disparaîtra-t-elle bientôt; elle est au coin du Petit-Pont, en face du corps de garde de l'Hôtel-Dieu Autrefois, chaque logis présentait du côté de la rivière la physionomie bizarre qu'y imprimaient soit le métier du locataire et ses habitudes, soit l'originalité des constructions inventées par les propriétaires pour user ou abuser de la Seine. Les ponts étant bâtis et presque tous encombrés de plus de moulins que les besoins de la navigation n'en pouvaient souffrir, la Seine comptait dans Paris autant de bassins clos que de ponts. Certains bassins de ce vieux Paris eussent offert à la peinture des tons précieux. Quelle forêt ne présentaient pas les poutres entre-croisées qui soutenaient les moulins, leurs immenses vannes et leurs roues? Quels effets singuliers que ceux des étais employés pour faire anticiper les maisons sur le fleuve? Malheureusement la peinture de genre n'existait pas alors, et la gravure était dans l'enfance; nous avons donc perdu ce curieux spectacle, offert encore, mais en petit, par certaines villes de province où les rivières sont crénelées de maisons en bois, et où, comme à Vendôme, les bassins pleins de longues herbes sont divisés par d'immenses grilles pour isoler les propriétés qui s'étendent sur les deux rives.

Le nom de cette rue, maintenant effacé sur la carte, indique assez le genre de commerce qui s'y faisait. Dans ce temps, les marchands adonnés à une même partie, loin de se disséminer par la ville, se mettaient ensemble et se protégeaient ainsi mutuellement. Confédérés socialement par la Corporation qui limitait leur nombre, ils étaient encore réunis en Confrérie par l'Église. Ainsi les prix se maintenaient. Puis les maîtres n'étaient pas la proie de leurs ouvriers, et n'obéissaient pas comme aujourd'hui à leurs caprices; au contraire, ils en avaient soin, ils en faisaient leurs enfants, et les initiaient aux finesses du travail. Pour devenir maître, un ouvrier devait alors produire un chef-d'œuvre, toujours offert au saint qui protégeait la Confrérie. Oserez-vous dire que le défaut de concurrence ôtait le sentiment de la perfection, empêchait la beauté des produits, vous dont l'admiration pour les œuvres des antiques Maîtrises a créé la profession nouvelle de marchand de bric-à-brac?

Aux quinzième et seizième siècles, le commerce de la pelleterie formait une des plus florissantes industries. La difficulté de se procurer les fourrures, qui tirées du Nord exigeaient de longs et périlleux voyages, donnait un prix excessif aux produits de la pelleterie. Alors comme à présent, le prix excessif provoquait la consommation, car la vanité ne connaît pas d'obstacles. En France et dans les autres royaumes, non-seulement des ordonnances réservaient le port des fourrures à la noblesse, ce qu'atteste le rôle de l'hermine dans les vieux blasons, mais encore certaines fourrures rares, comme le *vair*, qui sans aucun doute était la zibeline impériale, ne pouvaient être portées que par les rois, par les ducs et par les seigneurs revêtus de certaines charges. On distinguait le grand et le menu vair. Ce mot, depuis cent ans, est si bien tombé en désuétude que, dans un nombre infini d'éditions de contes de Perrault, la célèbre pantoufle de Cendrillon, sans doute de *menu vair*, est présentée comme étant de *verre*. Dernièrement, un de nos poètes les plus distingués, était obligé de rétablir la véritable orthographe de ce mot pour l'instruction de ses confrères les feuilletonnistes en rendant compte de la *Cenerentola*, où la pantoufle symbolique est remplacée par un anneau qui signifie peu de chose. Naturellement, les ordonnances sur le port de la fourrure étaient perpétuellement enfreintes au grand plaisir des pelletiers. Le haut prix des étoffes et celui des pelleteries faisaient alors d'un vêtement une de ces choses durables, appropriées aux meubles, aux armures, aux détails de la forte vie du quinzième siècle. Une femme noble, un seigneur, tout homme riche, comme tout bourgeois, possédaient au plus deux vêtements par saison, lesquels duraient leur vie et au delà. Ces habits se léguaient aux enfants. Aussi, la clause relative aux armes et aux vêtements dans les contrats de mariage, aujourd'hui presque inutile à cause du peu de valeur des garde-robes incessamment renouvelées, était-elle dans ce temps d'un immense intérêt. Le haut prix avait amené la solidité. La toilette d'une femme constituait un capital énorme, compté dans la maison, serré dans ces immenses bahuts qui menacent les plafonds de nos appartements modernes. La parure d'une femme de 1840 eût été le *déshabillé* d'une grande dame de 1540. Aujourd'hui, la découverte de l'Amérique, la facilité des transports, la ruine des distinctions sociales qui a préparé la ruine des distinctions apparentes, tout a réduit la pelleterie où elle en est, à presque rien. L'objet qu'un pelletier vend aujourd'hui, comme autrefois, vingt livres, a suivi l'abaissement de l'argent; autrefois, la livre valait plus de vingt francs d'aujourd'hui. Aujourd'hui la petite bourgeoise, la courtisane qui bordent de martre leurs pèlerines, ignorent qu'en 1440 un sergent de ville malveillant les eût incontinent arrêtées et menées par devant le juge du

Châtelet. Les Anglaises, si folles de l'hermine, ne savent pas que jadis les reines, les duchesses et les chanceliers de France pouvaient seuls porter cette royale fourrure. Il existe aujourd'hui plusieurs maisons anoblies, dont le nom véritable est Pelletier ou Lepelletier, et dont évidemment l'origine est due à quelque riche comptoir de pelleteries, car la plupart des noms bourgeois ont commencé par être des surnoms.

Cette digression explique non-seulement les longues querelles sur la préséance que la Confrérie des drapiers eut pendant deux siècles avec la Confrérie des pelletiers et des merciers (chacune d'elles voulait marcher la première, comme la plus considérable de Paris), mais encore l'importance du sieur Lecamus, pelletier honoré de la pratique des deux reines, Catherine de Médicis et Marie Stuart, de la pratique du parlement, depuis vingt ans le syndic de sa corporation, et qui demeurait dans cette rue.

La maison de Lecamus était une des trois qui formaient les trois encoignures du carrefour sis au bas du Pont-au-Change et où il ne reste plus aujourd'hui que la tour du Palais-de-Justice qui faisait la quatrième. A l'angle de cette maison, sise au coin du Pont-au-Change et du quai maintenant appelé le quai aux Fleurs, l'architecte avait ménagé un cul-de-lampe pour une madone, sans cesse éclairée par des cierges, ornée de vrais bouquets de fleurs dans la belle saison, et de fleurs artificielles en hiver. Du côté de la rue du Pont comme du côté de la rue de la Vieille-Pelleterie, la maison était appuyée sur des piliers en bois. Toutes les maisons des quartiers marchands offraient sous ces piliers une galerie où les passants marchaient à couvert sur un terrain durci par la boue qu'ils y apportaient et qui le rendait assez raboteux. Dans toutes les villes, ces galeries ont été nommées en France *les piliers*, mot générique auquel on ajoutait la qualification du commerce, comme les piliers des Halles, les piliers de la Boucherie. Ces galeries, nécessitées par l'atmosphère parisienne, si changeante, si pluvieuse, et qui donnaient à la ville sa physionomie, ont entièrement disparu. De même qu'il n'existe qu'une seule maison assise sur la rivière, il existe à peine une longueur de cent pieds des anciens piliers des Halles, les derniers qui aient résisté au temps; encore, dans quelques jours, ce reste du sombre dédale de l'ancien Paris sera-t-il démoli. Certes, l'existence de ces débris du Moyen-âge est incompatible avec les grandeurs du Paris moderne. Aussi ces observations tendent-elles moins à regretter ces fragments de la vieille cité qu'à consacrer leur peinture par les dernières preuves vivantes, près de mourir, et à faire absoudre des descriptions précieuses pour un avenir qui talonne le siècle actuel.

Les murs de cette maison étaient bâtis en bois couvert d'ardoises. Les intervalles entre chaque pièce de bois avaient été, comme on le voit encore dans quelques vieilles villes de province, remplis par des briques dont les épaisseurs contrariées formaient un dessin appelé point de Hongrie. Les appuis des croisées et leurs linteaux, également en bois, étaient richement sculptés, comme le pilier du coin qui s'élevait au-dessus de la madone, comme les piliers de la devanture du magasin. Chaque croisée, chaque maîtresse-poutre qui séparait les étages offrait des arabesques de personnages ou d'animaux fantastiques couchés dans des feuillages d'invention. Du côté de la rue, comme sur la rivière, la maison avait pour coiffure un toit semblable à deux cartes mises l'une contre l'autre, et présentait ainsi pignon sur rue et pignon sur l'eau. Le toit débordait comme le toit d'un chalet suisse, assez démesurément pour qu'il y eût au second étage une galerie extérieure, ornée de balustres, sur laquelle la bourgeoise se promenait à couvert en voyant sur toute la rue ou sur le bassin compris entre les deux ponts et les deux rangées de maisons.

Les maisons assises sur la rivière étaient alors d'une grande valeur. A cette époque le système des égouts et des fontaines était à créer, il n'existait encore que l'égout de ceinture achevé par Aubriot, le premier homme de génie et de puissant vouloir qui pensa, sous Charles V, à l'assainissement de Paris. Les maisons situées comme celle de Lecamus trouvaient dans la rivière à la fois l'eau nécessaire à la vie et l'écoulement naturel des eaux pluviales ou ménagères. Les immenses travaux que les *Prévôts des Marchands* ont faits en ce genre disparaissent encore. Aujourd'hui les quadragénaires seuls se souviennent d'avoir vu les gouffres où s'engloutissaient les eaux, rue Montmartre, rue du Temple, etc. Ces terribles gueules béantes furent, en ces vieux temps, d'immenses bienfaits. Leur place sera sans doute éternellement marquée par l'exhaussement subit de la chaussée à l'endroit où elles s'ouvraient ; autre détail archéologique inexplicable dans deux siècles pour l'historien. Un jour, vers 1816, une petite fille qui portait à une actrice de l'Ambigu ses diamants pour un rôle de reine, fut surprise par une averse, et fut si fatalement entraînée dans l'égout de la rue du Temple qu'elle allait y disparaître, sans les secours d'un passant ému par ses cris ; mais elle avait lâché les diamants, qui furent retrouvés dans un regard. Cet événement fit grand bruit, il donna du poids aux réclamations pour la suppression de ces avaloirs d'eau et de petites filles. Ces constructions curieuses, hautes de cinq pieds, étaient garnies de grilles plus ou moins mobiles ou grillagées qui déterminaient l'inondation des caves quand la rivière factice produite par une forte pluie s'arrêtait à la grille encombrée d'immondices que les riverains oubliaient souvent de lever.

La devanture de la boutique du sieur Lecamus était à jour, mais ornée d'un vitrage en plomb qui rendait le local très-obscur. Les fourrures se portaient à domicile chez les gens riches. Quant à ceux qui venaient acheter chez le pelletier, on leur montrait les marchandises au jour, entre les piliers, embarrassés tous, disons-le, pendant la journée, de tables et de commis assis sur des tabourets, comme on pouvait encore en voir sous les piliers des Halles, il y a quinze ans. De ces postes avancés, les commis, les apprentis et les apprenties parlaient, s'interrogeaient, se répondaient, interpellaient les passants, mœurs dont a tiré parti le grand Walter Scott dans les *Aventures de Nigel*. L'enseigne, qui représentait une hermine, pendait au dehors comme pendent encore celles de quelques hôtelleries de village, et sortait d'une riche potence en fer doré, travaillée à jour. Au-dessus de l'hermine était écrit, sur une face :

LECAMVS,

PELLETIER

DE MADAME LA ROYNE ET DV ROY NOSTRE SIRE ;

sur l'autre :

DE MADAME LA ROYNE-MÈRE

ET DE MESSIEURS DV PARLEMENT.

Ces mots de *madame la royne-mère* avaient été ajoutés depuis peu. La dorure était neuve. Ce changement indiquait la révolution récente produite par la mort subite et violente de Henri II, qui renversa bien des fortunes à la cour et qui commença celle des Guise.

L'arrière-boutique donnait sur la rivière. Dans cette pièce se tenaient le respectable bourgeois et sa femme, mademoiselle Lecamus. Dans ce temps, la femme d'un homme qui n'était pas noble n'avait point droit au titre de dame; mais les femmes des bourgeois de Paris avaient droit au titre de demoiselle, en raison des priviléges accordés et confirmés à leurs maris par plusieurs rois auxquels ils avaient rendu d'éminents services. Entre cette arrière-boutique et le magasin, tournait une vis en bois, espèce d'escalier en colimaçon par où l'on montait aux étages supérieurs où étaient le grand magasin, l'habitation du vieux couple, et aux combles éclairés par des lucarnes où demeuraient les enfants, la servante, les apprentis et les commis.

Cet entassement des familles, des serviteurs et des apprentis, le peu d'espace que chacun tenait à l'intérieur où les apprentis couchaient tous dans une grande chambre sous les toits, explique et l'énorme population de Paris alors agglomérée sur le dixième du terrain de la ville actuelle, et tous les détails bizarres de la vie privée au Moyen-âge, et les ruses d'amour qui, n'en déplaise aux historiens sérieux, ne se retrouvent que dans les conteurs, et qui sans eux eussent été perdus. A cette époque, un très-grand seigneur, comme l'amiral de Coligny, par exemple, occupait trois chambres dans Paris, et sa suite était dans une hôtellerie voisine. Il n'y avait pas alors cinquante hôtels dans Paris, c'est-à-dire, cinquante palais appartenant à des princes souverains ou à de grands vassaux dont l'existence était supérieure à celle des plus grands souverains allemands, tels que le duc de Bavière ou l'Électeur de Saxe.

La cuisine de la maison Lecamus se trouvait au-dessous de l'arrière-boutique sur la rivière. Elle avait une porte vitrée donnant sur une espèce de balcon en fer d'où la cuisinière pouvait tirer de l'eau avec un seau et où se blanchissait le linge de la maison. L'arrière-boutique était donc à la fois la salle à manger, le cabinet et le salon du marchand. Dans cette pièce importante, toujours garnie de riches boiseries, ornée de quelque objet d'art, d'un bahut, se passait la vie du marchand : là les joyeux soupers après le travail, là les conférences secrètes sur les intérêts politiques de la bourgeoisie et de la royauté. Les redoutables corporations de Paris pouvaient alors armer cent mille hommes. Aussi, dans ce temps-là, les résolutions des marchands étaient-elles appuyées par leurs serviteurs, par leurs commis, par leurs apprentis et par leurs ouvriers. Les bourgeois avaient dans le *Prévôt des Marchands* un chef qui les commandait, et à l'Hôtel-de-Ville, un palais où ils avaient le droit de se réunir. Dans ce fameux *parlouer aux bourgeois* se prirent des délibérations solennelles. Sans les continuels sacrifices qui avaient rendu la guerre insupportable aux Corporations lasses de leurs pertes et de la famine, Henri IV, ce factieux enfin devenu roi, ne serait peut-être jamais entré dans Paris. Chacun maintenant se peindra facilement la physionomie de ce coin du vieux Paris où tournent maintenant le pont et le quai, où s'élancent les arbres du quai aux Fleurs, et où il ne reste plus de ce temps que la haute et célèbre tour du Palais, qui donna le signal de la Saint-Barthélemi. Chose étrange! une des maisons situées au pied de cette tour alors entourée de boutiques en bois, celle de Lecamus, allait voir naître un des faits qui devaient préparer cette nuit de massacres malheureusement plus favorable que fatale au calvinisme.

Au moment où commence ce récit, l'audace des nouvelles doctrines religieuses mettait Paris en rumeur. Un Écossais nommé Stuart venait d'assassiner le président Minard, celui des membres du Parlement à qui l'opinion publique attribuait la plus grande part dans le supplice du conseiller Anne du Bourg, brûlé en place de Grève, après le *couturier* (le tailleur) du feu roi à qui Henri II et Diane de Poitiers avaient fait donner la question en leur présence. Paris était si surveillé, que les archers obligeaient les passants à prier devant la madone afin de découvrir les hérétiques qui s'y prêtaient de mauvaise grâce ou refusaient même un acte contraire à leurs idées. Les deux archers qui avaient occupé le coin de la maison de Lecamus venaient de partir; ainsi Christophe, le fils du pelletier, véhémentement soupçonné de déserter le catholicisme, avait pu sortir sans avoir à craindre qu'ils lui fissent adorer l'image de la Vierge. A sept heures du soir, en avril 1560, la nuit commençait; donc les apprentis, ne voyant plus que quelques personnes passant sous les piliers de droite et de gauche de la rue, rentraient les marchandises exposées comme échantillon, afin de fermer la boutique et la maison. Christophe Lecamus, ardent jeune homme de vingt-deux ans, était debout sur le seuil de la porte, en apparence occupé à regarder les apprentis.

— Monsieur, dit l'un d'eux à Christophe, en lui montrant un homme qui allait et venait sous la galerie d'un air indécis, voilà peut-être un voleur ou un espion; mais en tout cas, ce croquant ne peut être un honnête homme : s'il avait à parler d'affaires avec nous, il nous aborderait franchement au lieu de tourner comme il le fait... Et quelle mine! dit-il en singeant l'inconnu. Comme il a le nez dans son manteau! quel œil jaune! quel teint d'affamé!

Quand l'inconnu décrit ainsi par l'apprenti vit Christophe seul sur le pas de sa boutique, il quitta rapidement la galerie opposée où il se promenait, traversa la rue, vint sous les piliers de la maison Lecamus, et quand il passa le long de la boutique, avant que les apprentis ne revinssent pour fermer les volets, il aborda le jeune homme.

— Je suis Chaudieu! dit-il à voix basse.

En entendant le nom d'un des plus illustres ministres et des plus dévoués acteurs du drame terrible appelé la Réformation, Christophe tressaillit comme aurait tressailli un paysan fidèle en reconnaissant son roi déguisé.

— Vous voulez peut-être voir des fourrures? Quoiqu'il fasse presque nuit, je vais vous en montrer moi-même, dit Christophe qui voulut donner le change aux apprentis en les entendant derrière lui.

Il invita par un geste le ministre à entrer; mais celui-ci lui répondit qu'il aimait mieux l'entretenir dehors. Christophe alla prendre son bonnet et suivit le disciple de Calvin.

Quoique banni par un édit, Chaudieu, plénipotentiaire secret de Théodore de Bèze et de Calvin, qui, de Genève dirigeaient la Réformation française, allait et venait en bravant le cruel supplice auquel le Parlement, d'accord avec l'Église et la Royauté, pour faire un terrible exemple, avait condamné l'un de ses membres, le célèbre Anne du Bourg. Ce ministre, qui avait un frère capitaine, un des meilleurs soldats de l'amiral Coligny, fut un des bras avec lesquels Calvin remua la France au commencement des vingt-deux années de guerres religieuses alors près de s'allumer. Ce ministre est un de ces rouages secrets qui peuvent le mieux expliquer l'immense action de la Réforme. Chaudieu fit descendre Christophe au bord de l'eau par un passage souterrain semblable à celui de l'arche Marion, comblé il y a dix ans. Ce passage, situé entre la maison de Lecamus et la maison voisine, se trouvait sous la rue de la Vieille-Pelleterie, et se nommait le Pont-aux-Fourreurs. Il servait en effet aux teinturiers de la Cité pour aller laver leurs fils, leurs soies et leurs étoffes. Une barquette était là, gardée et menée par un seul marinier. Il s'y trouvait à la proue un inconnu de petite taille, vêtu fort simplement. En un moment la barque fut au milieu de la Seine, le marinier la dirigea sous une des arches en bois du Pont-au-Change, où il l'attacha lestement à un anneau de fer. Personne n'avait encore rien dit.

— Nous pouvons parler ici sans crainte, il n'y a ni espions ni traîtres, dit Chaudieu en regardant les deux inconnus, — Êtes-vous plein de ce dévouement qui doit animer les martyrs? Êtes-vous prêt à tout endurer pour notre sainte cause? Avez-vous peur des supplices qu'ont soufferts le couturier du feu roi, le conseiller du Bourg, et qui attendent la plupart de nous? demanda-t-il à Christophe en lui montrant un visage rayonnant.

— Je confesserai l'Évangile, répondit simplement Lecamus en regardant les fenêtres de l'arrière-boutique.

La lampe domestique posée sur la table où sans doute son père compulsait ses livres de commerce lui rappela par sa lueur les joies de la famille et la vie paisible à laquelle il renonçait. Ce fut une vision rapide, mais complète. Le jeune homme embrassa ce quartier plein d'harmonies bourgeoises, où son heureuse enfance s'était écoulée, où vivait Babette Lallier, sa promise, où tout lui promettait une existence douce et pleine ; il vit le passé, il vit son avenir, et sacrifia tout, ou du moins il le joua. Tels étaient les hommes de ce temps.

— N'allons pas plus loin, dit l'impétueux marinier, nous le connaissons pour un de nos *saints !* Si l'Écossais n'avait pas fait le coup, il aurait tué l'infâme président Minard.

— Oui, dit Lecamus. Ma vie appartient à l'Église, et je la donne avec joie pour le triomphe de la Réformation à laquelle j'ai sérieusement réfléchi. Je sais ce que nous faisons pour le bonheur des peuples. En deux mots, le papisme pousse au célibat, et la Réformation pousse à la famille. Il est temps d'écheniller la France de ses moines, de rendre leurs biens à la Couronne qui les vendra tôt ou tard à la bourgeoisie. Sachons mourir pour nos enfants et pour faire un jour nos familles libres et heureuses.

La figure du jeune enthousiaste, celle de Chaudieu, celle du marinier, celle de l'inconnu assis sur le banc, éclairées par les dernières lueurs de crépuscule, formaient un tableau qui doit d'autant plus être décrit, que cette description contient toute l'histoire de ce temps, s'il est vrai qu'il soit donné à certains hommes de résumer l'esprit de leur siècle.

La réforme religieuse tentée par Luther en Allemagne, par John Knox en Écosse, par Calvin en France, s'empara particulièrement des classes inférieures que la pensée avait pénétrées. Les grands seigneurs n'appuyèrent ce mouvement que pour servir des intérêts étrangers à la cause religieuse. A ces différents partis se joignirent des aventuriers, des seigneurs ruinés, des cadets à qui tous les troubles allaient également bien. Mais chez les artisans et chez les gens de commerce, la foi fut sincère et basée sur le calcul. Les peuples pauvres adhéraient aussitôt à une religion qui rendait à l'État les biens ecclésiastiques, qui supprimait les couvents, qui privait les dignitaires de l'Église de leurs immenses revenus. Le commerce entier supputa les bénéfices de cette opération religieuse, et s'y dévoua, corps, âme et bourse. Mais chez les jeunes gens de la bourgeoisie française, le Prêche rencontra cette disposition noble vers les sacrifices en tout genre, qui anime la jeunesse, à laquelle l'égoïsme est inconnu. Des hommes éminents, des esprits pénétrants, comme il s'en rencontre toujours au sein des masses, devinaient la République dans la Réformation, et voulaient établir dans toute l'Europe le gouvernement des Provinces-Unies qui finirent par triompher dans leur lutte avec la plus grande puissance de cette époque, l'Espagne gouvernée par Philippe II et représentée dans les Pays-Bas par le duc d'Albe. Jean Hotoman méditait alors son fameux livre où ce projet existe, et qui répandit en France le levain de ces idées, remuées à nouveau par la Ligue, comprimées par Richelieu, puis par Louis XIV; mais qui reparurent avec les Économistes, avec les Encyclopédistes sous Louis XV, et qui éclatèrent sous Louis XVI, toujours protégées par les branches cadettes, protégées par la maison d'Orléans en 1790 comme par la maison de Bourbon en 1590. Qui dit examen, dit révolte. Toute révolte est, ou le manteau sous lequel se cache un prince, ou les langes d'une domination nouvelle. La maison de Bourbon, les cadets des Valois s'agitaient au fond de la Réformation. La question, dans le moment où la barque flottait sous l'arche du Pont-au-Change, était étrangement compliquée par l'ambition des Guise qui rivalisaient les Bourbons; aussi la Couronne, représentée par Catherine de Médicis, pendant trente ans, put-elle soutenir le combat en les opposant les uns aux autres; tandis que plus tard la Couronne, au lieu d'être tiraillée par plusieurs mains, se trouva devant le peuple sans aucune barrière : Richelieu et Louis XIV avaient abattu celle de la Noblesse, Louis XV avait abattu celle des Parlements. Seul devant un peuple, comme le fut alors Louis XVI, un roi succombera toujours.

Christophe Lecamus représentait bien la portion ardente et dévouée du Peuple : sa figure pâle avait ce teint aigre et chaud qui distingue certains blonds ; ses cheveux tiraient sur le jaune du cuivre ; ses yeux d'un gris bleu scintillaient, sa belle âme se montrait là seulement ; car son visage mal dessiné ne couvrait point l'irrégularité de sa forme un peu triangulaire par cet air de noblesse que se donnent les gens élevés, et son front bas n'indiquait qu'une grande énergie. La vie semblait ne prendre son principe que dans sa poitrine un peu rentrée. Plus nerveux que sanguin, Christophe offrait au regard une carnation filandreuse, maigre, mais dure. Son nez pointu trahissait une finesse populaire, comme sa physionomie annonçait une intelligence capable de se bien conduire sur un point de la circonférence, sans avoir la faculté d'en embrasser l'étendue. Ses yeux, dont l'arcade sourcilière à peine garnie d'un duvet blanc saillait comme un auvent, étaient fortement cernés par une bande d'un bleu pâle, et d'un blanc luisant à la naissance du nez ; ce qui dénote presque toujours une excessive exaltation. Christophe était bien le Peuple qui se dévoue, qui se bat et qui se laisse tromper ; assez spirituel pour comprendre et servir une idée, trop noble pour en tirer parti, trop généreux pour se vendre.

A côté du fils unique de Lecamus, Chaudieu, ce ministre ardent, aux cheveux bruns, maigri par les veilles, au teint jaune, au front militant, à la bouche éloquente, aux yeux bruns et enflammés, au menton court et relevé, peignait bien cette foi chrétienne qui valut à la Réformation tant de pasteurs fanatiques et sincères dont l'esprit et le courage enflammèrent les populations. L'aide de camp de Calvin et de Théodore de Bèze contrastait admirablement avec le fils du pelletier. Il représentait bien la cause vive dont l'effet se voyait en Christophe. Vous n'auriez pas imaginé autrement le foyer conducteur des machines populaires.

Le marinier, homme impétueux, bruni par le grand air, fait à la rosée des nuits et aux feux du jour, à la bouche close, au geste prompt, à l'œil orange affamé comme celui d'un vautour, aux cheveux noirs et crépus, peignait bien l'aventurier qui risque tout dans une affaire, comme un joueur hasarde sa fortune sur une carte. Tout en lui révélait des passions terribles, une audace qui ne reculait devant rien. Ses muscles vivaces étaient faits à se taire aussi bien qu'à parler. Il avait l'air plus audacieux que noble. Son

CHRISTOPHE

Était bien le peuple qui se dévoue, qui se bat,
et qui se laisse tromper.

(CATHERINE DE MÉDICIS

nez, relevé quoique mince, aspirait au combat. Il paraissait agile et adroit. Vous l'eussiez pris en tout temps pour un chef de parti. S'il n'y avait pas eu de Réformation, il eût été Pizarre, Fernand Cortez ou Morgan l'Exterminateur, une violente action quelconque.

L'inconnu, assis sur un banc et enveloppé dans sa cape, appartenait évidemment à la classe la plus élevée de la société. La finesse de son linge, la coupe, l'étoffe et l'odeur de ses vêtements, la façon et la peau de ses gants indiquaient un homme de cour, de même que sa pose, sa fierté, son calme et son coup d'œil indiquaient l'homme de guerre. Son aspect inquiétait d'abord et disposait au respect. On respecte un homme qui se respecte lui-même. Petit et bossu, ses manières réparaient en un moment les désavantages de sa taille. Une fois la glace rompue, il avait la gaieté de la décision, et un entrain indéfinissable qui le rendait aimable. Il avait les yeux bleus, le nez courbe de la maison de Navarre, et la coupe espagnole de cette figure si accentuée, qui devait être le type des rois Bourbons.

En trois mots, la scène prit un intérêt immense.

— Eh! bien, dit Chaudieu au moment où le jeune Lecamus acheva sa phrase, ce batelier est la Renaudie, et voici monseigneur le prince de Condé, ajouta-t-il en montrant le petit bossu.

Ainsi ces quatre hommes représentaient la foi du Peuple, l'intelligence de la Parole, la Main du soldat et la Royauté cachée dans l'ombre.

— Vous allez savoir ce que nous attendons de vous, reprit le ministre après une pause laissée à l'étonnement du jeune Lecamus. Afin que vous ne commettiez point d'erreur, nous sommes forcés de vous initier aux plus importants secrets de la Réformation.

Le prince et la Renaudie continuèrent la parole au ministre par un geste, après qu'il se fut tu pour laisser le prince parler lui-même, s'il le voulait. Comme tous les grands engagés en des complots, et qui ont pour système de ne se montrer qu'au moment décisif, le prince garda le silence, non par couardise : dans ces conjonctures, il fut l'âme de la conspiration, ne recula devant aucun danger et risqua sa tête ; mais par une sorte de dignité royale, il abandonna l'explication de cette entreprise au ministre, et se contenta d'étudier le nouvel instrument dont il fallait se servir.

— Mon enfant, dit Chaudieu, dans le langage des Huguenots, nous allons livrer à la Prostituée romaine une première bataille

Dans quelques jours, nos milices mourront sur des échafauds, ou les Guise seront morts. Bientôt donc le roi et les deux reines seront en notre pouvoir. Voici la première prise d'armes de notre Religion en France, et la France ne les déposera qu'après avoir tout conquis : il s'agit de la Nation, voyez-vous, et non du Royaume. La plupart des grands du royaume voient où veulent en venir le cardinal de Lorraine et le duc son frère. Sous le prétexte de défendre la Religion Catholique, la maison de Lorraine veut réclamer la couronne de France comme son patrimoine. Appuyée sur l'Église, elle s'en est fait une alliée formidable, elle a les moines pour soutiens, pour acolytes, pour espions. Elle s'érige en tutrice du trône qu'elle veut usurper, en protectrice de la maison de Valois qu'elle veut anéantir. Si nous nous décidons à nous lever en armes, c'est qu'il s'agit à la fois des libertés du peuple et des intérêts de la noblesse également menacés. Étouffons à son début une faction aussi odieuse que celle des Bourguignons qui jadis ont mis Paris et la France à feu et à sang. Il a fallu un Louis XI pour finir la querelle des Bourguignons et de la Couronne ; mais aujourd'hui un prince de Condé saura empêcher les Lorrains de recommencer. Ce n'est pas une guerre civile, mais un duel entre les Guise et la Réformation, un duel à mort : nous ferons tomber leurs têtes, ou ils feront tomber les nôtres.

— Bien dit ! s'écria le prince.

— Dans ces conjonctures, Christophe, reprit la Renaudie, nous ne voulons rien négliger pour grossir notre parti, car il y a un parti dans la Réformation, le parti des intérêts froissés, des nobles sacrifiés aux Lorrains, des vieux capitaines indignement joués à Fontainebleau d'où le cardinal les a bannis en faisant planter des potences pour y accrocher ceux qui demandaient au roi l'argent de leurs montres et les payes arriérées.

— Voilà, mon enfant, reprit Chaudieu remarquant une sorte d'effroi chez Christophe, voilà ce qui nous oblige à triompher par les armes au lieu de triompher par la conviction et par le martyre. La reine-mère est sur le point d'entrer dans nos vues, non qu'elle veuille abjurer, elle n'en est pas là, mais elle y sera peut-être forcée par notre triomphe. Quoi qu'il en soit, humiliée et désespérée de voir passer entre les mains des Guise la puissance qu'elle espérait exercer après la mort du roi, effrayée de l'empire que prend la jeune reine Marie, nièce des Lorrains et leur auxiliaire, la reine Catherine doit être disposée à prêter son appui aux princes et aux seigneurs qui vont tenter un coup de main pour la délivrer. En ce moment, quoique dévouée aux Guise en apparence, elle les hait, elle souhaite leur perte et se servira de nous contre eux ; mais Monseigneur se servira d'elle contre tous. La reine-mère donnera son consentement à nos plans. Nous aurons pour nous le connétable, que Monseigneur vient d'aller voir à Chantilly, mais qui ne veut bouger que sur un ordre de ses maîtres. Oncle de Monseigneur, il ne le laissera jamais dans l'embarras, et ce généreux prince n'hésite pas à se jeter dans le danger pour décider Anne de Montmorency. Tout est prêt, et nous avons jeté les yeux sur vous pour communiquer à la reine Catherine notre traité d'alliance, les projets d'édits et les bases du nouveau gouvernement. La cour est à Blois. Beaucoup des nôtres y sont ; mais ceux-là sont nos futurs chefs... Et, comme Monseigneur, dit-il en montrant le prince, ils ne doivent jamais être soupçonnés : nous devons nous sacrifier tous pour eux. La reine-mère et nos amis sont l'objet d'une surveillance si minutieuse, qu'il est impossible d'employer pour intermédiaire une personne connue ou de quelque importance, elle serait incontinent soupçonnée et ne pourrait communiquer avec madame Catherine. Dieu nous doit en ce moment le berger David et sa fronde pour attaquer Goliath de Guise. Votre père, malheureusement pour lui bon catholique, est le pelletier des deux reines, il a toujours à leur fournir quelque ajustement, obtenez qu'il vous envoie à la cour. Vous n'éveillerez point les soupçons et ne compromettrez en rien la reine Catherine. Tous nos chefs peuvent payer de leur tête une imprudence qui laisserait croire à la connivence de la reine-mère avec eux. Là où les grands, une fois pris, donnent l'éveil, un petit comme vous est sans conséquence. Voyez ! les Guise ont tant d'espions que nous n'avons eu que la rivière pour pouvoir causer sans crainte. Vous voilà, mon fils, comme la sentinelle obligée de mourir à son poste. Sachez-le ! si vous êtes surpris, nous vous abandonnons tous, nous jetterons sur vous, s'il le faut, l'opprobre et l'infamie. Nous dirons au besoin que vous êtes une créature des Guise à laquelle ils font jouer ce rôle pour nous perdre. Ainsi nous vous demandons un sacrifice entier.

— Si vous périssez, dit le prince de Condé, je vous engage ma foi de gentilhomme que votre famille sera sacrée pour la maison de Navarre : je la porterai dans mon cœur et la servirai en toute chose.

— Cette parole, mon prince, suffit déjà, reprit Christophe sans songer que ce factieux était un Gascon. Nous sommes dans un temps où chacun, prince ou bourgeois, doit faire son devoir.

— Voilà un vrai Huguenot. Si tous nos hommes étaient ainsi, dit la Renaudie en posant une main sur l'épaule de Christophe, nous serions demain les maîtres.

— Jeune homme, reprit le prince, j'ai voulu vous montrer que si Chaudieu prêche, si le gentilhomme est armé, le prince se bat. Ainsi dans cette chaude partie tous les enjeux se valent.

— Écoutez, dit la Renaudie, je ne vous remettrai les papiers qu'à Beaugency, car il ne faut pas les compromettre pendant tout le voyage. Vous me trouverez sur le port : ma figure, ma voix, mes vêtements seront si changés, que vous ne pourrez me reconnaître. Mais je vous dirai : *Vous êtes un guêpin ?* et vous me répondrez : *Prêt à servir.* Quant à l'exécution, voici les moyens. Vous trouverez un cheval à la *Pinte-Fleurie*, proche Saint-Germain-l'Auxerrois. Vous y demanderez Jean-le-Breton, qui vous mènera à l'écurie, et vous donnera l'un de mes bidets connu pour faire ses trente lieues en huit heures. Sortez par la porte de Bussy, Breton a une passe pour moi, prenez-la pour vous, et filez en faisant le tour des villes. Vous pourrez ainsi arriver au petit jour à Orléans.

— Et le cheval ? dit le jeune Lecamus.

— Il ne crèvera pas avant Orléans, reprit la Renaudie. Laissez-le avant l'entrée du faubourg Bannier, car les portes sont bien gardées, il ne faut pas éveiller les soupçons. A vous, l'ami, à bien jouer votre rôle. Vous inventerez la fable qui vous paraîtra la meilleure pour arriver à la troisième maison à gauche en entrant dans Orléans ; elle appartient à un certain Tourillon, gantier. Vous frapperez trois coups à la porte en criant : — *Service de messieurs de Guise !* L'homme est en apparence un guisard enragé, mais il n'y a que nous quatre qui le sachions des nôtres ; il vous donnera un batelier dévoué, un autre guisard de sa trempe, bien entendu. Descendez incontinent au port, vous vous y embarquerez sur un bateau peint en vert et bordé de blanc. Vous aborderez sans doute à Beaugency demain matin à midi. Là, je vous ferai trouver une barque sur laquelle vous descendrez à Blois sans courir de dangers. Nos ennemis les Guise ne gardent pas la Loire, mais seulement les ports. Ainsi, vous pourrez voir la reine dans la journée ou le lendemain.

— Vos paroles sont gravées là, dit Christophe en montrant son front.

Chaudieu embrassa son enfant avec une singulière effusion religieuse, il en était fier.

— Dieu veille sur toi! dit-il en montrant le couchant qui rougissait les vieux toits couverts en bardeau et qui glissait ses lueurs à travers la forêt de poutres où bouillonnaient les eaux.

— Vous êtes de la race du vieux Jacques Bonhomme! dit la Renaudie à Christophe en lui serrant la main.

— Nous nous reverrons, *monsieur*, lui dit le prince en faisant un geste d'une grâce infinie et où il y avait presque de l'amitié.

D'un coup de rame, la Renaudie mit le jeune conspirateur sur une marche de l'escalier qui conduisait dans la maison, et la barque disparut aussitôt sous les arches du Pont-au-Change.

Christophe secoua la grille en fer qui fermait l'escalier sur la rivière et cria ; mademoiselle Lecamus l'entendit, ouvrit une des croisées de l'arrière-boutique et lui demanda comment il se trouvait là. Christophe répondit qu'il gelait et qu'il fallait d'abord le faire entrer.

— Notre maître, dit la Bourguignonne, vous êtes sorti par la porte de la rue, et vous revenez par celle de l'eau ? Votre père va joliment se fâcher.

Christophe, étourdi par une confidence qui venait de le mettre en rapport avec le prince de Condé, la Renaudie, Chaudieu, et encore plus ému du spectacle anticipé d'une guerre civile imminente, ne répondit rien, il monta précipitamment de la cuisine à l'arrière-boutique ; mais en le voyant, sa mère, vieille catholique enragée, ne put retenir sa colère.

— Je gage que les trois hommes avec lesquels tu causais là sont des Réf... demanda-t-elle.

— Tais-toi, ma femme, dit aussitôt le prudent vieillard en cheveux blancs qui feuilletait un gros livre. — Grands fainéants, reprit-il en s'adressant à trois jeunes garçons qui depuis longtemps avaient fini leur souper, qu'attendez-vous pour aller dormir ? Il est huit heures, il faudra vous lever à cinq heures du matin. Vous avez d'ailleurs à porter chez le président de Thou son mortier et sa robe. Allez-y tous trois en prenant vos bâtons et vos rapières. Si vous rencontrez des vauriens comme vous, au moins serez-vous en force.

— Faut-il porter aussi le surcot d'hermine que la jeune reine a demandé, et qui doit être remis à l'hôtel de Soissons où il y a un exprès pour Blois et pour la reine-mère ! demanda l'un des commis.

— Non, dit le syndic, le compte de la reine Catherine se monte à trois mille écus, il faudrait bien finir par les avoir, je compte aller à Blois.

— Mon père, je ne souffrirai pas qu'à votre âge et par le temps qui court, vous vous exposiez par les chemins. J'ai vingt-deux ans, vous pouvez m'employer à ceci, dit Christophe en lorgnant une boîte où devait être le surcot.

— Êtes-vous soudés au banc ? cria le vieillard aux apprentis qui soudain prirent leurs rapières, leurs manteaux et la fourrure de monsieur de Thou.

Le lendemain, le Parlement recevait au palais, comme président, cet homme illustre qui, après avoir signé l'arrêt de mort du conseiller du Bourg, devait, avant la fin de l'année, avoir à juger le prince de Condé.

— La Bourguignonne, dit le vieillard, allez demander à mon compère Lallier s'il veut venir souper avec nous en fournissant le vin, nous donnerons la fripe, dites-lui surtout d'amener sa fille.

Le syndic du corps des pelletiers était un beau vieillard de soixante ans, à cheveux blancs, à front large et découvert. Fourreur de la cour depuis quarante ans, il avait vu toutes les révolutions du règne de François Ier, et s'était tenu dans sa patente royale malgré les rivalités de femmes. Il avait été témoin de l'arrivée à la cour de la jeune Catherine de Médicis à peine âgée de quinze ans ; il l'avait observée pliant sous la duchesse d'Étampes, la maîtresse de son beau-père, pliant sous la duchesse de Valentinois, maîtresse de son mari, le feu roi. Mais le pelletier s'était bien tiré de ces phases étranges, où les marchands de la cour avaient été si souvent enveloppés dans la disgrâce des maîtresses. Sa prudence égalait sa fortune. Il demeurait dans une excessive humilité. Jamais l'orgueil ne l'avait pris en ses piéges. Ce marchand se faisait si petit, si doux, si complaisant, si pauvre à la cour, devant les princesses, les reines et les favorites, que cette modestie et sa bonhomie avaient conservé l'enseigne de sa maison. Une semblable politique annonçait nécessairement un homme fin et perspicace. Autant il paraissait humble au dehors, autant il devenait despote au logis ; il était absolu chez lui. Très-honoré par ses confrères, il devait à la longue possession de la première place dans son commerce une immense considération. Il rendait d'ailleurs volontiers service, et parmi ceux qu'il avait rendus, un des plus éclatants était certes l'assistance qu'il prêta longtemps au plus fameux chirurgien du seizième siècle, Ambroise Paré, qui lui devait d'avoir pu se livrer à ses études. Dans toutes les difficultés qui survenaient entre marchands, Lecamus se montrait conciliant. Aussi l'estime générale consolidait-elle sa position parmi ses égaux, comme son caractère d'emprunt le maintenait en faveur à la cour. Après avoir brigué par politique dans sa paroisse les honneurs de la fabrique, il faisait le nécessaire pour se conserver en bonne odeur de sainteté près du curé de Saint-Pierre-aux-Bœufs, qui le regardait comme un des hommes de Paris les plus dévoués à la religion catholique. Aussi, lors de la convocation des États-généraux, fut-il nommé tout d'une voix pour représenter le tiers-état par l'influence des curés de Paris qui dans ce temps était immense. Ce vieillard était un de ces sourds et profonds ambitieux qui se courbent pendant cinquante ans devant chacun, en se glissant de poste en poste, sans qu'on sache comment ils sont arrivés, mais qui se trouvent assis et au repos là où jamais personne, même parmi les plus audacieux, n'aurait osé s'avouer un pareil but au commencement de la vie : tant était forte la distance, tant d'abîmes étaient à franchir et où l'on devait rouler ! Lecamus, qui avait une immense fortune cachée, ne voulait courir aucun péril et préparait un brillant avenir à son fils. Au lieu d'avoir cette ambition personnelle qui souvent sacrifie l'avenir au présent, il avait l'ambition de famille, sentiment perdu de nos jours, étouffé par la sotte disposition de nos lois sur les successions. Lecamus se voyait premier président au parlement de Paris dans la personne de son petit-fils.

Christophe, filleul du fameux de Thou l'historien, avait reçu la plus solide éducation ; mais elle l'avait conduit au doute et à l'examen qui gagnait les étudiants et les Facultés de l'Université. Christophe faisait en ce moment ses études pour débuter au barreau, ce premier degré de la magistrature. Le vieux pelletier jouait l'hésitation à propos de son fils : il paraissait tantôt vouloir faire de Christophe son successeur, tantôt en faire un avocat ; mais sérieusement il ambitionnait pour ce fils une place de conseiller au parlement. Ce marchand voulait mettre la famille Lecamus au rang de ces vieilles et célèbres familles de bourgeoisie parisienne d'où sortirent les Pasquier, les Molé, les Miron, les Séguier, Lamoignon, du Tillet, Lecoigneux, Lescalopier, les Goix, les Arnauld, les fameux échevins et les grands prévôts des marchands parmi lesquels le trône trouva tant de défenseurs. Aussi, pour que Christophe pût soutenir un jour son rang, voulait-il le marier à la fille du plus riche orfévre de la Cité, son compère Lallier, dont le neveu devait présenter à Henri IV les clefs de Paris. Le dessein le plus profondément enfoncé dans le cœur de ce bourgeois était d'employer la moitié de sa fortune et la moitié de celle de l'orfévre à l'acquisition d'une grande et belle terre seigneuriale, affaire longue et difficile en ce temps. Mais ce profond politique connaissait trop bien son temps pour ignorer les grands mouvements qui se préparaient : il voyait bien et voyait juste, en prévoyant la division du royaume en deux camps. Les supplices inutiles de la place de l'Estrapade, l'exécution du couturier de Henri II, celle plus récente du conseiller Anne du Bourg, la connivence actuelle des grands seigneurs, celle d'une favorite, sous le règne de François I*er*, avec les Réformés, étaient de terribles indices. Le pelletier avait résolu de rester, quoi qu'il arrivât, catholique, royaliste et parlementaire; mais il lui convenait, *in petto*, que son fils appartînt à la Réformation. Il se savait assez riche pour racheter Christophe s'il était par trop compromis; puis si la France devenait calviniste, son fils pouvait sauver sa famille, dans une de ces furieuses émeutes parisiennes dont le souvenir vivait dans la bourgeoisie, et qu'elle devait recommencer pendant quatre règnes. Mais ces pensées, de même que Louis XI, le vieux pelletier ne se les disait pas à lui-même, sa profondeur allait jusqu'à tromper sa femme et son fils. Ce grave personnage était depuis longtemps le chef du plus riche, du plus populeux quartier de Paris, celui du centre, sous le titre de quartenier qui devait devenir si célèbre quinze ans plus tard. Vêtu de drap comme tous les bourgeois prudents qui obéissaient aux ordonnances somptuaires, le sieur Lecamus (il tenait à ce titre accordé par Charles V aux bourgeois de Paris, et qui leur permettait d'acheter des seigneuries et d'appeler leurs femmes du beau nom de Demoiselle), n'avait ni chaîne d'or, ni soie, mais un bon pourpoint à gros boutons d'argent noircis, des chausses drapées montant au-dessus du genou, et des souliers de cuirs agrafés. Sa chemise de fine toile sortait en gros bouillons, selon la mode du temps, par sa veste entr'ouverte et son haut-de-chausses. Quoique la belle et large figure de ce vieillard reçût toute la clarté de la lampe, il fut alors impossible à Christophe de deviner les pensées ensevelies sous la riche carnation hollandaise de son vieux père; mais il comprit néanmoins tout le parti que le vieillard voulait tirer de son affection pour la jolie Babette Lallier. Aussi, en homme qui avait pris sa résolution, Christophe sourit-il amèrement en entendant inviter sa future.

Quand la Bourguignonne fut partie avec les apprentis, le vieux Lecamus regarda sa femme en laissant voir alors tout son caractère ferme et absolu.

— Tu ne seras pas contente que tu n'aies fait pendre cet enfant, avec ta damnée langue? lui dit-il d'une voix sévère.

— Je l'aimerais mieux justicié mais sauvé, que vivant et Huguenot, dit-elle d'un air sombre. Penser qu'un enfant qui a logé neuf mois dans mes entrailles n'est pas bon catholique et mange de la vache à Colas, qu'il ira en enfer pour l'éternité!

Elle se mit à pleurer.

— Vieille bête, lui dit le pelletier, laisse-le donc vivre, quand ce ne serait que pour le convertir! Tu as dit, devant nos apprentis, un mot qui peut faire bouter le feu à notre maison et nous faire cuire tous comme des puces dans les paillasses.

La mère se signa, s'assit et resta muette.

— Or çà, toi, dit le bonhomme en jetant un regard de juge à son fils, explique-moi ce que tu faisais là sur l'eau avec... Viens ici que je te parle, dit-il en empoignant son fils par le bras et l'attirant à lui... avec le prince de Condé, souffla-t-il dans l'oreille de Christophe qui tressaillit. — Crois-tu que le pelletier de la cour n'en connaisse pas toutes les figures? Et crois-tu que j'ignore ce qui se passe? Monseigneur le Grand-Maître a donné l'ordre d'amener des troupes à Amboise. Retirer des troupes de Paris et les envoyer à Amboise, quand la cour est à Blois, les faire aller par Chartres et Vendôme, au lieu de prendre la route d'Orléans, est-ce clair? il va y avoir des troubles. Si les reines veulent leurs surcots, elles les enverront chercher. Le prince de Condé a peut-être résolu de tuer messieurs de Guise qui, de leur côté, pensent peut-être à se défaire de lui. Le prince se servira des Huguenots pour se défendre. A quoi servirait le fils d'un pelletier dans cette bagarre? Quand tu seras marié, quand tu seras avocat en parlement, tu seras tout aussi prudent que ton père. Pour être de la nouvelle religion, le fils d'un pelletier doit attendre que tout le monde en soit. Je ne condamne pas les réformateurs, ce n'est pas mon métier ; mais la cour est catholique, les deux reines sont catholiques, le Parlement est catholique ; nous les fournissons, nous devons être catholiques. Tu ne sortiras pas d'ici, Christophe, ou je te mets chez le président de Thou, ton parrain, qui te gardera près de lui nuit et jour et te fera noircir du papier au lieu de te laisser noircir l'âme en la cuisine de ces damnés Génevois.

— Mon père, dit Christophe en s'appuyant sur le dos de la chaise où était le vieillard, envoyez-moi donc à Blois porter le surcot à la reine Marie et réclamer notre argent de la reine-mère, sans cela, je suis perdu ! et vous tenez à moi.

— Perdu ? reprit le vieillard sans manifester le moindre étonnement. Si tu restes ici, tu ne seras point perdu, je te retrouverai toujours.

— On m'y tuera.

— Comment ?

— Les plus ardents des Huguenots ont jeté les yeux sur moi pour les servir en quelque chose, et si je manque à faire ce que je viens de promettre, ils me tueront en plein jour, dans la rue, ici, comme on a tué Minard. Mais si vous m'envoyez à la cour pour vos affaires, peut-être pourrai-je me justifier également bien des deux côtés. Ou je réussirai sans avoir couru aucun danger et saurai conquérir ainsi une belle place dans le parti, ou si le danger est trop grand, je ne ferai que vos affaires.

Le père se leva comme si son fauteuil eût été de fer rougi.

— Ma femme, dit-il, laisse-nous, et veille à ce que nous soyons bien seuls, Christophe et moi.

Quand mademoiselle Lecamus fut sortie, le pelletier prit son fils par un bouton et l'emmena dans le coin de la salle qui faisait l'encoignure du pont.

— Christophe, lui dit-il dans le tuyau de l'oreille comme quand il venait de lui parler du prince de Condé, sois Huguenot, si tu as ce vice-là, mais sois-le avec prudence, au fond du cœur et non de manière à te faire montrer au doigt dans le quartier. Ce que tu viens de m'avouer me prouve combien les chefs ont confiance en toi. Que vas-tu donc faire à la cour ?

— Je ne saurais vous le dire, répondit Christophe, je ne le sais pas encore bien moi-même.

— Hum! hum! fit le vieillard en regardant son fils, le drôle ve trupher son père, il ira loin. — Or çà, reprit-il à voix basse, tu ne v pas à la cour pour porter des avances à messieurs de Guise ni a petit roi notre maître, ni à la petite reine Marie. Tous ces cœurs là sont catholiques ; mais je jurerais bien que l'Italienne a quelqu chose contre l'Écossaise et contre les Lorrains, je la connais : ell avait une furieuse envie de mettre la main à la pâte ! le feu roi l craignait si bien qu'il a fait comme les orfèvres, il a usé le diama par le diamant, une femme par une autre. De là, cette haine de l reine Catherine contre la pauvre duchesse de Valentinois, à qui elle pris le beau château de Chenonceaux. Sans monsieur le connétabl la duchesse était pour le moins étranglée... Arrière, mon fils, ne t mets pas entre les mains de cette Italienne qui n'a de passion qu dans la cervelle : mauvaise espèce de femme ! Oui, ce qu'on t'en voie faire à la cour te causera peut-être un grand mal de tête s'écria le père en voyant Christophe prêt à répondre. Mon enfant, j'a des projets pour ton avenir, tu ne les dérangerais pas en te ren dant utile à la reine Catherine ; mais, Jésus ! ne risque point ta tête et ces messieurs de Guise la couperaient comme la Bourguignonn coupe un navet, car les gens qui t'emploient te désavoueront en tièrement.

— Je le sais, mon père, dit Christophe.

— Es-tu donc aussi fort que cela ? Tu le sais et tu te risques !

— Oui, mon père.

— Ventre de loup-cervier, s'écria le père qui serra son fils dan ses bras, nous pourrons nous entendre : tu es digne de ton père Mon enfant, tu seras l'honneur de la famille, et je vois que to vieux père peut s'expliquer avec toi. Mais ne sois pas plus Hugue not que messieurs de Coligny ? Ne tire pas l'épée, tu seras homm de plume, reste dans ton futur rôle de robin. Allons ne me di rien qu'après la réussite. Si tu ne m'as rien fait savoir quatre jou après ton arrivée à Blois, ce silence me dira que tu seras en danger Le vieillard ira sauver le jeune homme. Je n'ai pas vendu pendan trente-deux ans des fourrures sans connaître l'envers des robes d cour. J'aurai de quoi me faire ouvrir les portes.

Christophe ouvrait de grands yeux en entendant son père parle ainsi, mais il craignit quelque piége paternel et garda le silence.

— Eh ! bien, faites le compte, écrivez une lettre à la reine, je veu partir à l'instant, sans quoi les plus grands malheurs arriveraient.

— Partir ! Mais comment ?

— J'achèterai un cheval. Écrivez, au nom de Dieu !

— Hé ! la mère ? de l'argent à ton fils, cria le pelletier à sa femme.

La mère rentra, courut à son bahut et donna une bourse à Christophe, qui, tout ému, l'embrassa.

— Le compte était tout prêt, dit son père, le voici. Je vais écrire la lettre.

Christophe prit le compte et le mit dans sa poche.

— Mais tu souperas au moins avec nous, dit le bonhomme. Dans ces extrémités, il faut échanger vos anneaux, la fille à Lallier et toi.

— Eh ! bien, je vais l'aller quérir, s'écria Christophe.

Le jeune homme se défia des incertitudes de son père dont le caractère ne lui était pas encore assez connu ; il monta dans sa chambre, s'habilla, prit une valise, descendit à pas de loup, la posa sur un comptoir de la boutique, ainsi que sa rapière et son manteau.

— Que diable fais-tu ? lui dit son père en l'entendant.

Christophe vint baiser le vieillard sur les deux joues.

— Je ne veux pas qu'on voie mes apprêts de départ, j'ai tout mis sous un comptoir, lui répondit-il à l'oreille.

— Voici la lettre, dit le père.

Christophe prit le papier et sortit comme pour aller chercher la jeune voisine.

Quelques instants après le départ de Christophe, le compère Lallier et sa fille arrivèrent, précédés d'une servante qui apportait trois bouteilles de vin vieux.

— Hé ! bien, où est Christophe ? dirent les deux vieilles gens.

— Christophe ? s'écria Babette, nous ne l'avons pas vu.

— Mon fils est un fier drôle ! il me trompe comme si je n'avais pas de barbe. Mon compère, que va-t-il arriver ? Nous vivons dans un temps où les enfants ont plus d'esprit que les pères.

— Mais il y a longtemps que tout le quartier en fait un mangeur de vache à Colas, dit Lallier.

— Défendez-le sur ce point, compère, dit le pelletier à l'orfèvre, la jeunesse est folle, elle court après les choses neuves ; mais Babette le fera tenir tranquille, elle est encore plus neuve que Calvin.

Babette sourit ; elle aimait Christophe et s'offensait de tout ce que l'on disait contre lui. C'était une de ces filles de la vieille bourgeoisie, élevée sous les yeux de sa mère qui ne l'avait pas quittée : son maintien était doux, correct comme son visage ; elle était vêtue en étoffes de laine de couleurs grises et harmonieuses ; sa gorgerette, simplement plissée, tranchait par sa blancheur sur ses vêtements; elle avait un bonnet de velours brun qui ressemblait beaucoup à un béguin d'enfant ; mais il était orné de ruches et de barbes en gaze tannée, ou autrement couleur de tan, qui descendaient de chaque côté de sa figure. Quoique blonde et blanche comme une blonde, elle paraissait rusée, fine, tout en essayant de cacher sa malice sous l'air d'une fille honnêtement éduquée. Tant que les deux servantes allèrent et vinrent en mettant la nappe, les brocs, les grands plats d'étain et les couverts, l'orfévre et sa fille, le pelletier et sa femme, restèrent devant la haute cheminée à lambrequins de serge rouge bordée de franges noires, disant des riens. Babette avait beau demander où pouvait être Christophe, la mère et le père du jeune Huguenot donnaient des réponses évasives; mais quand les deux familles furent attablées, et que les deux servantes furent à la cuisine, Lecamus dit à sa future belle-fille :

— Christophe est parti pour la cour.

— A Blois ! faire un pareil voyage sans m'avoir dit adieu ! dit-elle.

— L'affaire était pressée, dit la vieille mère.

— Mon compère, dit le pelletier en reprenant la conversation abandonnée, nous allons avoir du grabuge en France : les Réformés se remuent.

— S'ils triomphent, ce ne sera qu'après de grosses guerres pendant lesquelles le commerce ira mal, dit Lallier incapable de s'élever plus haut que la sphère commerciale.

— Mon père, qui a vu la fin des guerres entre les Bourguignons et les Armagnacs, m'a dit que notre famille ne s'en serait pas sauvée si l'un de ses grands-pères, le père de sa mère, n'avait pas été un Goix, l'un de ces fameux bouchers de la Halle qui tenaient pour les Bourguignons, tandis que l'autre, un Lecamus, était du parti des Armagnacs; ils paraissaient vouloir s'arracher la peau devant le monde, mais ils s'entendaient en famille. Ainsi, tâchons de sauver Christophe, peut-être dans l'occasion nous sauvera-t-il.

— Vous êtes un fin matois, compère, dit l'orfévre.

— Non ! répondit Lecamus. La bourgeoisie doit penser à elle, le peuple et la noblesse lui en veulent également. La bourgeoisie parisienne donne des craintes à tout le monde, excepté au roi qui la sait son amie.

— Vous qui êtes si savant et qui avez tant vu de choses, demanda timidement Babette, expliquez-moi donc ce que veulent les Réformés.

— Dites-nous ça, compère, s'écria l'orfèvre. Je connaissais le couturier du feu roi et le tenais pour un homme de mœurs simples, sans grand génie ; il était quasi comme vous, on lui eût baillé Dieu sans confession, et cependant il trempait au fond de cette religion nouvelle, lui ! un homme dont les deux oreilles valaient quelque cent mille écus. Il devait donc avoir des secrets à révéler pour que le roi et la duchesse de Valentinois aient assisté à sa torture.

— Et de terribles ! dit le pelletier. La Réformation, mes amis, reprit-il à voix basse, ferait rentrer dans la bourgeoisie les terres de l'Église. Après les privilèges ecclésiastiques supprimés, les Réformés comptent demander que les nobles et bourgeois soient égaux pour les tailles, qu'il n'y ait que le roi au-dessus de tout le monde, si toutefois on laisse un roi dans l'État.

— Supprimer le trône ! s'écria Lallier.

— Hé ! compère, dit Lecamus, dans les Pays-Bas, les bourgeois se gouvernent eux-mêmes par des échevins à eux, lesquels élisent eux-mêmes un chef temporaire.

— Vive Dieu ! compère, on devrait faire ces belles choses et rester Catholiques, s'écria l'orfèvre.

— Nous sommes trop vieux pour voir le triomphe de la bourgeoisie de Paris, mais elle triomphera, compère ! dans le temps comme dans le temps ! Ah ! il faudra bien que le roi s'appuie sur elle pour résister, et nous avons toujours bien vendu notre appui. Enfin la dernière fois, tous les bourgeois ont été anoblis, il leur a été permis d'acheter des terres seigneuriales et d'en porter les noms sans qu'il soit besoin de lettres expresses du roi. Vous comme moi le petit-fils des Goix par les femmes, ne valons-nous pas bien des seigneurs ?

Cette parole effraya tant l'orfèvre et les deux femmes, qu'elle fut suivie d'un profond silence. Les ferments de 1789 piquaient déjà le sang de Lecamus qui n'était pas encore si vieux qu'il ne pût voir les audaces bourgeoises de la Ligue.

— Vendez-vous bien, malgré ce remue-ménage ? demanda Lallier à la Lecamus.

— Cela fait toujours du tort, répondit-elle.

— Aussi ai-je bien fort l'envie de faire un avocat de mon fils, dit Lecamus, car la chicane va toujours.

La conversation resta dès lors sur un terrain de lieux communs, au grand contentement de l'orfévre qui n'aimait ni les troubles politiques, ni les hardiesses de pensée.

Maintenant, suivons Christophe?

Les rives de la Loire, depuis Blois jusqu'à Angers, ont été l'objet de la prédilection des deux dernières branches de la race royale qui occupèrent le trône avant la maison de Bourbon. Ce beau bassin mérite si bien les honneurs que lui ont faits les rois, que voici ce qu'en disait naguère l'un de nos plus élégants écrivains :

« Il existe en France une province qu'on n'admire jamais assez.
« Parfumée comme l'Italie, fleurie comme les rives du Guadalquivir,
« et belle, en outre, de sa physionomie particulière, toute Fran-
« çaise, ayant toujours été Française, contrairement à nos provinces
« du Nord abâtardies par le contact allemand, et à nos provinces du
« Midi qui ont vécu en concubinage avec les Maures, les Espagnols
« et tous les peuples qui en ont voulu ; cette province pure, chaste,
« brave et loyale, c'est la Touraine ! La France historique est là !
« L'Auvergne est l'Auvergne, le Languedoc n'est que le Langue-
« doc ; mais la Touraine est la France, et le fleuve le plus national
« pour nous est la Loire qui arrose la Touraine. On doit dès lors
« moins s'étonner de la quantité de monuments enfermés dans les
« départements qui ont pris le nom et les dérivations du nom de la
« Loire. A chaque pas qu'on fait dans ce pays d'enchantements, on
« découvre un tableau dont la bordure est une rivière ou un ovale
« tranquille qui réfléchit dans ses profondeurs liquides un châ-
« teau, ses tourelles, ses bois, ses eaux jaillissantes. Il était naturel
« que là où vivait de préférence la Royauté, où elle établit si long-
« temps sa cour, vinssent se grouper les hautes fortunes, les dis-
« tinctions de race et de mérite, et qu'elles s'y élevassent des palais
« grands comme elles. »

N'est-il pas incompréhensible que la Royauté n'ait point suivi l'avis indirectement donné par Louis XI de placer à Tours la capitale du royaume. Là, sans de grandes dépenses, la Loire pouvait être rendue accessible aux vaisseaux de commerce et aux bâtiments de guerre légers. Là, le siége du gouvernement eût été à l'abri des coups de main d'une invasion. Les places du Nord n'eussent pas alors demandé tant d'argent pour leurs fortifications aussi coûteuses à elles seules que l'ont été les somptuosités de Versailles. Si Louis XIV avait écouté le conseil de Vauban, qui voulait lui bâtir sa résidence à Mont-Louis, entre la Loire et le Cher, peut-être la révolution de 1789 n'aurait-elle pas eu lieu. Ces belles rives portent donc, de place en place, les marques de la tendresse royale. Les châteaux de Chambord, de Blois, d'Amboise, de Chenonceaux, de Chaumont, du Plessis-lez-Tours, tous ceux que les maîtresses de nos rois, que les financiers et les seigneurs se bâtirent à Véretz, Azay-le-Rideau, Ussé, Villandri, Valençay, Chanteloup, Duretal, dont quelques-uns ont disparu, mais dont la plupart vivent encore, sont d'admirables monuments où respirent les merveilles de cette époque si mal comprise par la secte littéraire des moyen-âgistes. Entre tous ces châteaux, celui de Blois, où se trouvait alors la cour, est un de ceux où la magnificence des d'Orléans et des Valois a mis son plus brillant cachet, et le plus curieux pour les historiens, pour les archéologues, pour les Catholiques. Il était alors complétement isolé. La ville, enceinte de fortes murailles garnies de tours, s'étalait au bas de la forteresse, car ce château servait en effet tout à la fois de fort et de maison de plaisance. Au-dessus de la ville, dont les maisons pressées et les toits bleus s'étendaient, alors comme aujourd'hui, de la Loire jusqu'à la crête de la colline qui règne sur la rive droite du fleuve, se trouve un plateau triangulaire, coupé de l'ouest par un ruisseau sans importance aujourd'hui, car il coule sous la ville; mais qui, au quinzième siècle, disent les historiens, formait un ravin assez considérable, et duquel il reste un profond chemin creux, presque un abîme entre le faubourg et le château.

Ce fut sur ce plateau, à la double exposition du nord et du midi, que les comtes de Blois se bâtirent, dans le goût de l'architecture du douzième siècle, un castel où les fameux Thibault le Tricheur, Thibault le Vieux et autres, tinrent une cour célèbre. Dans ces temps de féodalité pure où le roi n'était que *inter primus pares*, selon la belle expression d'un roi de Pologne, les comtes de Champagne, les comtes de Blois, ceux d'Anjou, les simples barons de Normandie, les ducs de Bretagne menaient un train de souverains et donnaient des rois aux plus fiers royaumes. Les Plantagenet d'Anjou, les Lusignan de Poitou, les Robert de Normandie alimentaient par leur audace les races royales, et quelquefois, comme du Glaicquin, de simples chevaliers refusaient la pourpre, en préférant l'épée de connétable. Quand la Couronne eut réuni le comté de Blois à son domaine, Louis XII, qui affectionna ce site peut-être pour s'éloigner du Plessis, de sinistre mémoire, con-

struisit en retour, à la double exposition du levant et du couchant, un corps de logis qui joignit le château des comtes de Blois aux restes de vieilles constructions desquelles il ne subsiste aujourd'hui que l'immense salle où se tinrent les États-Généraux sous Henri III. Avant de s'amouracher de Chambord, François Ier voulut achever le château en y ajoutant deux autres ailes, ainsi le carré eût été parfait; mais Chambord le détourna de Blois, où il ne fit qu'un corps de logis qui, de son temps et pour ses petits-enfants, devint tout le château. Ce troisième château bâti par François Ier est beaucoup plus vaste et plus orné que le Louvre, appelé de Henri II. Il est ce que l'architecture dite de la Renaissance a élevé de plus fantastique. Aussi, dans un temps où régnait une architecture jalouse et où de moyen-âge on ne se souciait guère, dans une époque où la littérature ne se mariait pas aussi étroitement que de nos jours avec l'art, La Fontaine a-t-il dit du château de Blois, dans sa langue pleine de bonhomie : « Ce qu'a fait faire François Ier, à le regarder
« du dehors, me contenta plus que tout le reste : il y a force petites
« galeries, petites fenêtres, petits balcons, petits ornements sans
« régularité et sans ordre, cela fait quelque chose de grand qui me
« plaît assez. »

Le château de Blois avait donc alors le mérite de représenter trois genres d'architecture différents, trois époques, trois systèmes, trois dominations. Aussi, peut-être n'existe-t-il aucune demeure royale qui soit sous ce rapport comparable au château de Blois. Cette immense construction offre dans la même enceinte, dans la même cour, un tableau complet, exact de cette grande représentation des mœurs et de la vie des nations qui s'appelle l'Architecture. Au moment où Christophe allait voir la cour, la partie du château qui, de nos jours, est occupée par le quatrième palais que s'y bâtit soixante-dix ans plus tard, pendant son exil, Gaston, le factieux frère de Louis XIII, offrait un ensemble de parterres et de jardins aériens pittoresquement mêlés aux pierres d'attente et aux tours inachevées du château de François Ier. Ces jardins communiquaient par un pont d'une belle hardiesse, et que les vieillards du Blésois peuvent encore se souvenir d'avoir vu démolir, à un parterre qui s'élevait de l'autre côté du château et qui, par la disposition du sol, se trouvait au même niveau. Les gentilshommes attachés à la reine Anne de Bretagne, ou ceux qui de cette province venaient la solliciter, conférer avec elle ou l'éclairer sur le sort de la Bretagne, attendaient là l'heure de ses audiences, son lever ou sa promenade. Aussi l'histoire a-t-elle donné le nom de *Perchoir aux Bretons* à ce parterre, qui, de nos jours, est le jardin fruitier de quelque bourgeois et forme un promontoire sur la place des Jésuites. Cette place était alors comprise dans les jardins de cette belle résidence qui avait ses jardins du haut et ses jardins du bas. On voit encore aujourd'hui, à une assez grande distance de la place des Jésuites, un pavillon construit par Catherine de Médicis, et où, selon les historiens du Blésois, elle avait mis ses thermes. Ce détail permet de retrouver la disposition très-irrégulière des jardins qui montaient et descendaient en suivant les ondulations du sol, excessivement tourmenté tout autour du château, ce qui en faisait la force et causait, comme on va le voir, l'embarras du duc de Guise. On allait aux jardins par des galeries extérieures et intérieures, dont la principale se nommait la Galerie des Cerfs, à cause de ses ornements. Cette galerie aboutissait au magnifique escalier qui sans doute a inspiré le fameux escalier double de Chambord, et qui, d'étage en étage, menait aux appartements. Quoique La Fontaine ait préféré le château de François Ier à celui de Louis XII, peut-être la naïveté de celui du bon roi plaira-t-elle aux vrais artistes autant qu'ils admireront la magnificence du roi-chevalier. L'élégance des deux escaliers qui se trouvent à chaque extrémité du château de Louis XII, les sculptures fines, originales qui y abondaient et que le temps a dévorées, mais dont les restes charment encore les antiquaires, tout, jusqu'à la distribution quasi-claustrale des appartements, révèle une grande simplicité de mœurs. Évidemment la cour n'existait pas encore et n'avait pas pris les développements que François Ier et Catherine de Médicis devaient y donner, au grand détriment des mœurs féodales. En admirant la plupart des tribunes, les chapiteaux de quelques colonnes, certaines figurines d'une délicatesse exquise, il est impossible de ne pas imaginer que Michel Columb, ce grand sculpteur, le Michel-Ange de la Bretagne, n'ait pas passé par là pour plaire à sa reine Anne, qu'il a immortalisée dans le tombeau de son père, le dernier duc de Bretagne.

Quoi qu'en dise La Fontaine, rien n'est plus grandiose que la demeure du fastueux François Ier. Grâce à je ne sais quelle brutale indifférence, à l'oubli peut-être, les appartements qu'y occupaient alors Catherine de Médicis et son fils François II nous offrent encore aujourd'hui leurs principales dispositions. Aussi l'historien peut-il y revoir les tragiques scènes du drame de la Réformation dans lequel la double lutte des Guise et des Bourbons contre les Valois forme un des actes les plus compliqués et s'y dénoua.

Le château de François Ier écrase entièrement la naïve habitation de Louis XII par sa masse imposante. Du côté des jardins d'en bas, c'est-à-dire de la place moderne dite des Jésuites, le château présente une élévation presque double de celle qu'il a du côté de la cour. Le rez-de-chaussée, où se trouvaient les célèbres galeries, forme du côté des jardins le second étage. Ainsi, le premier où logeait alors la reine Catherine est le troisième, et les appartements royaux sont au quatrième au-dessus des jardins du bas qui, dans ce temps, étaient séparés des fondations par de profondes douves. Le château, déjà colossal dans la cour, paraît donc gigantesque, vu du bas de la place comme le vit La Fontaine, qui avoue n'être entré ni dans la cour ni dans les appartements. De la place des Jésuites, tout semble petit. Les balcons sur lesquels on se promène, les galeries d'une exécution merveilleuse, les fenêtres sculptées dont les embrasures sont aussi vastes que des boudoirs, et qui servaient alors de boudoirs, ressemblent aux fantaisies peintes des décorations de nos opéras modernes quand les peintres y font des palais de fées. Mais, dans la cour, quoique les trois étages au-dessus du rez-de-chaussée soient encore aussi élevés que le Pavillon de l'Horloge aux Tuileries, les délicatesses infinies de cette architecture se laissent voir complaisamment et ravissent les regards étonnés. Ce corps de logis, où tenaient la cour fastueuse de Catherine et celle de Marie Stuart, est partagé par une tour hexagone où tourne dans sa cage évidée un escalier en pierre, caprice moresque exécuté par des géants, travaillé par des nains, et qui donne à cette façade l'air d'un rêve. Les tribunes de l'escalier forment une spirale à compartiments carrés qui s'attache aux cinq pans de cette tour, et dessine, de distance en distance, des encorbellements transversaux brodés de sculptures arabesques au dehors et au dedans. On ne peut comparer cette création étourdissante de détails ingénieux et fins, pleine de merveilles qui donnent la parole à ces pierres, qu'aux sculptures abondantes et profondément fouillées des ivoires de Chine ou de Dieppe. Enfin la pierre y ressemble à une guipure. Les fleurs, les figures d'hommes ou d'animaux descendent le long des nervures, se multiplient de marche en marche et couronnent cette tour par une clef de voûte où les ciseaux de l'art du seizième siècle ont lutté avec les naïfs tailleurs d'images qui, cinquante ans auparavant, avaient sculpté les clefs de voûte des deux escaliers du château de Louis XII. Quelque ébloui que l'on soit en voyant ces formes renaissant avec une infatigable prolixité, l'on s'aperçoit que l'argent a manqué tout aussi bien à François Ier pour Blois, qu'à Louis XIV pour Versailles. Plus d'une figurine montre sa jolie tête fine qui sort d'un bloc à peine dégrossi. Plus d'une rosace fantasque est seulement indiquée par quelques coups de ciseau dans la pierre abandonnée et où l'humidité fait fleurir ses moisissures verdâtres. Sur la façade, à côté des dentelles d'une fenêtre, la fenêtre voisine offre ses masses de pierre déchiquetées par le Temps qui l'a sculptée à sa manière. Il existe là pour les yeux les moins artistes et les moins exercés un ravissant contraste entre cette façade où les merveilles ruissellent et la façade intérieure du château de Louis XII, composée au rez-de-chaussée de quelques arcades d'une légèreté vaporeuse soutenue par des colonnettes qui reposent en bas sur des tribunes élégantes, et de deux étages où les croisées sont sculptées avec une charmante sobriété. Sous les arcades s'étend une galerie dont les murailles offraient des peintures à fresque, et dont le plafond était également peint, car on retrouve encore aujourd'hui quelques traces de cette magnificence imitée de l'Italie et qui annonce les expéditions de nos rois, à qui le Milanais appartenait. En face du château de François Ier, se trouvait alors la chapelle des comtes de Blois dont la façade était presque en harmonie avec l'architecture de l'habitation de Louis XII. Aucune image ne saurait peindre la solidité majestueuse de ces trois corps de bâtiments, et malgré le désaccord de l'ornementation, la Royauté puissante et forte, qui démontrait la grandeur de ses craintes par la grandeur des précautions, servait de lien à ces trois édifices de natures différentes, dont deux s'adossent à l'immense salle des États-Généraux, vaste et haute comme une église. Certes, ni la naïveté, ni la force des existences bourgeoises qui sont dépeintes au commencement de cette histoire, et chez lesquelles l'Art était toujours représenté, ne manquaient à cette habitation royale. Blois était bien le thème fécond et brillant auquel la Bourgeoisie et la Féodalité, l'Argent et le Noble donnaient tant de vivantes répliques dans les villes et dans les campagnes. Vous n'eussiez pas autrement voulu la demeure du prince qui régnait sur le Paris du seizième siècle. La richesse des vêtements seigneuriaux, le luxe des toilettes de femmes, devaient admirablement s'harmonier à la toilette de ces pierres si curieusement travaillées. D'étage en étage, en montant le merveilleux escalier de son château de Blois, le roi de France découvrait une plus grande étendue de cette belle Loire qui lui apporte là des nouvelles de tout le royaume qu'elle partage en deux moitiés *affrontées* et quasi-rivales. Si, au lieu d'aller l'asseoir dans une plaine morte et sombre et à deux lieues de là, François Ier eût assis Chambord en retour de ce château et à la place où s'étendaient alors les parterres où Gaston mit son palais, jamais Versailles n'eût existé, Blois aurait été nécessairement la capitale de la France. Quatre Valois et Catherine de Médecis prodiguèrent leurs richesses dans le château de François Ier à Blois; mais qui ne devinerait combien la Couronne y fut prodigue, en admirant les puissantes murailles de refend, épine dorsale de ce château, où sont ménagés et de profondes alcôves, et des escaliers secrets, et des cabinets, qui enferment des salles aussi vastes que la salle du Conseil, celle des Gardes et des chambres royales, où de nos jours, se loge à l'aise une compagnie d'infanterie. Quand même le visiteur ne comprendrait pas tout d'abord que les merveilles du dedans correspondaient à celles du dehors, les vestiges du cabinet de Catherine de Médicis où Christophe allait être introduit, attesteraient suffisamment les élégances de l'Art qui a peuplé ces appartements de figurations animées, où les salamandres étincelaient dans les fleurs, où la Palette du seizième siècle décorait de ses plus brillantes peintures les plus sombres dégagements. Dans ce cabinet, l'observateur peut encore retrouver de nos jours les traces de ce goût de dorure que Catherine apporta d'Italie, car les princesses de sa maison aimaient, selon la charmante expression de l'auteur déjà cité, à plaquer dans les châteaux de la France l'or gagné dans le commerce par leurs ancêtres, et signaient leurs richesses sur les murs des salles royales.

La reine-mère occupait au premier étage les appartements de la reine Claude de France, femme de François Ier, où se voient encore les délicates sculptures des doubles C accompagnés des images de blancheur parfaite, de cygnes et de lis, ce qui signifiait : *candidior candidis*, plus blanche que les plus blanches choses, la devise de cette reine dont le nom commençait comme celui de Catherine par un C et qui convenait aussi bien à la fille de Louis XII qu'à la mère des derniers Valois ; car aucun soupçon, malgré la violence des calomnies calvinistes, n'a terni la fidélité que Catherine de Médicis gardait à Henri II.

Évidemment la reine-mère, chargée encore de deux enfants en bas âge (celui qui fut depuis le duc d'Alençon, et Marguerite, qui fut la femme d'Henri IV et que Charles IX appelait Margot), avait eu besoin de tout ce premier étage.

Le roi François II et la reine Marie Stuart occupaient au second étage les appartements royaux qui avaient été ceux de François Ier, et qui furent ceux de Henri III. L'appartement royal, de même que celui pris par la reine-mère, est divisé dans toute la longueur du château, et à chaque étage, en deux parties, par ce fameux mur de refend d'environ quatre pieds d'épaisseur, et sur lequel s'appuient les murs énormes qui séparent les salles entre elles. Ainsi, au premier comme au second étage, les appartements offrent deux parties distinctes. La partie éclairée au midi sur la cour servait à la réception et aux affaires publiques, tandis que, pour combattre la chaleur, les appartements avaient été distribués dans la partie exposée au nord, et qui forme la superbe façade à balcons, à galeries, ayant vue sur la campagne du Vendômois, sur le perchoir aux Bretons et sur les fossés de la ville, la seule dont a parlé notre grand fabuliste, le bon La Fontaine.

Le château de François Ier se trouvait alors terminé par une énorme tour commencée et qui devait servir à marquer l'angle colossal qu'aurait décrit le palais en tournant sur lui-même, et à laquelle Gaston plus tard ouvrit les flancs pour pouvoir y coudre son palais ; mais il n'acheva pas son œuvre, et la tour est restée en ruines. Ce donjon royal servait alors de prison ou d'oubliettes selon les traditions populaires. En parcourant aujourd'hui les salles de ce magnifique château, si précieuses et à l'art et à l'histoire, quel poète ne sera pris de mille regrets ou affligé pour la France, en voyant les délicieuses arabesques du cabinet de Catherine *blanchies à la chaux* et presque perdues par les ordres du commandant de la caserne (cette royale demeure est une caserne), lors du choléra. La boiserie du cabinet de Catherine de Médecis, dont il sera question bientôt, est la dernière relique du riche mobilier accumulé par cinq rois artistes. En parcourant ce dédale de chambres, de salles, d'escaliers, de tours, on peut se dire avec une affreuse certitude : Ici Marie Stuart cajolait son mari pour le compte des Guise. Là les

Guise insultèrent Catherine. Plus tard, à cette place, le second Balafré tomba sous les coups des vengeurs de la couronne. Un siècle auparavant, de cette fenêtre Louis XII faisait signe de venir au cardinal d'Amboise, son ami. De ce balcon, d'Épernon, le complice de Ravaillac, reçut la reine Marie de Médicis, qui savait, dit-on, le régicide projeté, et le laissa consommer! Dans la chapelle où se firent les fiançailles de Henri IV et de Marguerite de Valois, le seul reste du château des comtes de Blois, le régiment fabrique ses souliers. Ce merveilleux monument où revivent tant de styles, où se sont accomplies de si grandes choses, est dans un état de dégradation qui fait honte à la France. Quelle douleur pour ceux qui aiment les monuments de la vieille France, de savoir que bientôt il en sera de ces pierres éloquentes comme du coin de la rue de la Vieille-Pelleterie, elles n'existeront peut-être plus que dans ces pages!

Il est nécessaire de faire observer que, pour mieux surveiller la cour, quoique les Guise eussent en ville un hôtel à eux et qui existe encore, ils avaient obtenu de demeurer au-dessus des appartements du roi Louis XII, dans le logement que devait y avoir plus tard la duchesse de Nemours, dans les combles au second étage.

Le jeune François II et la jeune reine Marie Stuart, amoureux l'un de l'autre comme des enfants de seize ans qu'ils étaient, avaient été brusquement transportés par un rude hiver, du château de Saint-Germain que le duc de Guise trouva trop facile à surprendre, dans l'espèce de place forte que formait alors le château de Blois, isolé de trois côtés par des précipices et dont l'entrée était admirablement bien défendue. Les Guise, oncles de la reine, avaient des raisons majeures pour ne pas habiter Paris et pour retenir la cour dans un château dont l'enceinte pouvait être facilement surveillée et défendue. Il se passait autour du trône un combat entre la maison de Lorraine et la maison de Valois, qui ne fut terminé que dans ce même château, vingt-huit ans plus tard, en 1588, quand Henri III, sous les yeux mêmes de sa mère, en ce moment profondément humiliée par les Lorrains, entendit tomber le plus hardi de tous les Guise, le second Balafré, fils de ce premier Balafré par lequel Catherine de Médicis était alors jouée, emprisonnée, espionnée et menacée.

Ce beau château de Blois était pour Catherine la prison la plus étroite. A la mort de son mari, par lequel elle avait toujours été tenue en lisière, elle avait espéré régner; mais elle se voyait au contraire mise en esclavage par des étrangers dont les manières polies avaient mille fois plus de brutalité que celle des geôliers. Aucune de ses démarches ne pouvait être secrète. Celles de ses femmes qui lui étaient dévouées avaient ou des amants dévoués aux Guise ou des Argus autour d'elles. En effet, dans ce temps, les passions offraient la bizarrerie que leur communiquera toujours l'antagonisme puissant de deux intérêts contraires dans l'État. La galanterie, qui servit tant à Catherine, était aussi l'un des moyens des Guise. Ainsi le prince de Condé, premier chef de la Réformation, avait pour amie la maréchale de Saint-André dont le mari était l'âme damnée du grand-maître. Le cardinal, à qui l'affaire du Vidame de Chartres avait prouvé que Catherine était plus invaincue qu'invincible, lui faisait la cour. Le jeu de toutes les passions compliquait donc étrangement celui de la politique, en en faisant une partie d'échecs double, où il fallait observer et le cœur et la tête d'un homme, pour savoir si, à l'occasion, l'un ne démentirait pas l'autre. Quoique sans cesse en présence du cardinal de Lorraine ou du duc François de Guise, qui se défiaient d'elle, l'ennemie la plus intime et la plus habile de Catherine de Médicis était sa belle-fille, la reine Marie, petite blonde malicieuse comme une soubrette, fière comme une Stuart qui portait trois couronnes, instruite comme un vieux savant, espiègle comme une pensionnaire de couvent, amoureuse de son mari comme une courtisane l'est de son amant, dévouée à ses oncles qu'elle admirait, et heureuse de voir le roi François partager, elle y aidant, la bonne opinion qu'elle avait d'eux. Une belle-mère est toujours un personnage qu'une belle-fille n'aime point, surtout alors qu'elle a porté la couronne et qu'elle veut la conserver, ce que l'imprudente Catherine avait trop laissé voir. Sa situation précédente, quand Diane de Poitiers régnait sur le roi Henri II, était plus supportable : elle obtenait au moins les honneurs dus à une reine et les respects de la cour ; tandis qu'en ce moment le duc et le cardinal, qui n'avaient autour d'eux que leurs créatures, semblaient prendre plaisir à son abaissement ; Catherine, embastillée par des courtisans, recevait, non pas de jour en jour, mais d'heure en heure, des coups qui blessaient son amour-propre ; car les Guise tenaient à continuer avec elle le système qu'avait adopté contre elle le feu roi.

Les trente-six ans de malheurs qui désolèrent la France ont peut-être commencé par la scène dans laquelle le fils du pelletier des deux reines avait obtenu le plus périlleux des rôles, et qui en fait la principale figure de cette Étude. Le danger dans lequel allait tomber ce zélé Réformé devint flagrant durant la matinée même où il quittait le port de Beaugency, muni de documents précieux qui compromettaient les plus hautes têtes de la noblesse et embarqué pour Blois en compagnie d'un rusé partisan, par l'infatigable La Renaudie, venu sur le port avant lui.

Pendant que la toue où se trouvait Christophe, poussée par un petit vent d'est, descendait la Loire, le fameux cardinal Charles de Lorraine et le deuxième duc de Guise, un des plus grands hommes de guerre de ce temps, comme deux aigles du haut d'un rocher, contemplaient leur situation et regardaient prudemment autour d'eux avant de frapper le grand coup par lequel ils essayèrent une première fois de tuer en France la Réforme, à Amboise, et qui fut recommencé à Paris douze années après, le 24 août 1572.

Dans la nuit, trois seigneurs qui jouèrent un grand rôle dans le drame des douze années qui suivirent ce double complot également tramé par les Guise et par les Réformés, étaient arrivés chacun à bride abattue, laissant leurs chevaux quasi morts à la poterne du château, que gardaient des chefs et des soldats entièrement dévoués au duc de Guise, l'idole des gens de guerre.

Un mot sur ce grand homme, mais un mot qui dise d'abord où en était sa fortune.

Sa mère était Antoinette de Bourbon, grand'tante d'Henri IV. A quoi servent les alliances? il visait en ce moment son cousin le prince de Condé à la tête. Sa nièce était Marie Stuart. Sa femme était Anne, fille du duc de Ferrare. Le grand-connétable Anne de Montmorency écrivait au duc de Guise : Monseigneur, comme à un roi, et finissait par : Votre très-humble serviteur. Guise, grand-maître de la maison du roi, lui répondait : Monsieur le connétable, et signait comme il signait pour le parlement : *Votre bien bon ami*.

Quant au cardinal, appelé *le pape Transalpin* et nommé Sa Sainteté par Estienne, il avait toute l'Église monastique de France à lui, et traitait d'égal à égal avec le Saint-Père. Vain de son éloquence, il était un des plus forts théologiens du temps, et surveillait à la fois la France et l'Italie par trois ordres religieux qui lui étaient absolument dévoués, qui marchaient pour lui jour et nuit, lui servaient d'espions et de conseillers.

Ce peu de mots expliquent à quelle hauteur de pouvoir le cardinal et le duc étaient arrivés. Malgré leurs richesses et les revenus de leurs charges, ils furent si profondément désintéressés ou si vivement emportés par le courant de leur politique, si généreux aussi, que tous deux s'endettèrent ; mais sans doute à la façon de César. Aussi lorsque Henri III eut fait abattre le second Balafré qui le menaçait tant, la maison de Guise fut-elle nécessairement ruinée. Les dépenses faites pendant un siècle pour s'emparer de la couronne expliquent l'abaissement où cette maison se trouva sous Louis XIII et sous Louis XIV, alors que la mort subite de Madame a dit à l'Europe entière le rôle infâme auquel un chevalier de Lorraine était descendu. Se disant héritiers des Carlovingiens dépossédés, le cardinal et le duc agissaient donc très-insolemment à l'égard de Catherine de Médicis, belle-mère de leur nièce. La duchesse de Guise n'épargnait aucune mortification à Catherine. Cette duchesse était une d'Est, et Catherine était une Médicis, la fille de marchands florentins parvenus que les souverains de l'Europe n'avaient pas encore admis dans leur royale fraternité. Aussi François Ier avait-il considéré le mariage de son fils avec une Médicis comme une mésalliance, et ne l'avait-il permis qu'en ne croyant pas que ce fils deviendrait jamais dauphin. De là sa fureur quand le dauphin mourut empoisonné par le Florentin Montécuculli. Les d'Est refusaient de reconnaître les Médicis pour des princes italiens. Ces anciens négociants voulaient en effet dès ce temps résoudre le problème impossible d'un trône environné d'institutions républicaines. Le titre de grand-duc ne fut accordé que très-tard par Philippe II, roi d'Espagne, aux Médicis qui l'achetèrent en trahissant la France, leur bienfaitrice, et par un servile attachement à la cour d'Espagne qui les contrecarrait sourdement en Italie.

« Ne caressez que vos ennemis ! » ce grand mot de Catherine semble avoir été la loi politique de cette famille de marchands à laquelle il ne manqua de grands hommes qu'au moment où ses destinées devinrent grandes, et qui fut soumise un peu trop tôt à cette dégénérescence par laquelle finissent et les races royales et les grandes familles.

Pendant trois générations, il y eut un Lorrain homme de guerre, un Lorrain homme d'Eglise ; mais ce qui peut-être n'est pas moins extraordinaire, l'homme d'Église offrit toujours, comme l'offrait alors le cardinal dans son visage, une ressemblance avec la figure de Ximénès à qui a ressemblé aussi le cardinal de Richelieu. Ces cinq cardinaux ont eu tous une figure à la fois chafouine et terrible ; tandis que la figure de l'homme de guerre a présenté le type basque et montagnard qui s'est également trouvé dans celle de Henri IV, mais qu'une même blessure coutura chez le père et chez le fils sans leur ôter la grâce et l'affabilité par lesquelles ils séduisaient les soldats autant que par leur bravoure.

Il n'est pas inutile de dire où et comment le grand-maître reçut cette blessure, car elle fut guérie par l'audace d'un des personnages de ce drame, par Ambroise Paré, l'obligé du syndic des pelletiers. Au siège de Calais le duc eut le visage traversé de part en part d'un coup de lance dont le tronçon, après avoir percé la joue au-dessous de l'œil droit, pénétra jusqu'à la nuque au-dessous de l'oreille gauche et resta dans le visage. Le duc gisait dans sa tente au milieu d'une désolation générale, et serait mort sans l'action hardie et le dévouement d'Ambroise Paré. — Le duc n'est pas mort, messieurs, dit Ambroise en regardant les assistants qui fondaient en larmes ; mais il va bientôt mourir, dit-il en se reprenant, si je n'osais le traiter comme tel, et je vais m'y hasarder au risque de tout ce qui peut m'arriver. Voyez ? il mit le pied gauche sur la poitrine du duc, prit le bois de la lance avec ses ongles, l'ébranla par degrés, et finit par retirer le fer de la tête comme s'il s'agissait d'une chose et non d'un homme. S'il guérit le prince si audacieusement traité, il ne put empêcher qu'il ne lui restât dans le visage l'horrible blessure d'où lui vint son surnom. Par une cause semblable, ce surnom fut aussi celui de son fils.

Entièrement maîtres du roi François II, que sa femme dominait par un amour mutuel excessif duquel ils savaient tirer parti, ces deux grands princes lorrains régnaient alors en France et n'avaient d'autre ennemi à la cour que Catherine de Médicis. Aussi jamais plus grands politiques ne jouèrent-ils un jeu plus serré. La position mutuelle de l'ambitieuse veuve de Henri II et de l'ambitieuse maison de Lorraine, était pour ainsi dire expliquée par la place qu'ils occupaient sur la terrasse du château durant la matinée où Christophe devait arriver. La reine-mère, qui feignait un excessif attachement pour les Guise, avait demandé communication des nouvelles apportées par les trois seigneurs venus de différents endroits du royaume ; mais elle avait eu la mortification d'être poliment congédiée par le cardinal. Elle se promenait à l'extrémité des parterres, du côté de la Loire où elle faisait élever, pour son astrologue Ruggieri, un observatoire, qui s'y voit encore et d'où l'on plane sur le paysage de cette admirable vallée. Les deux princes lorrains étaient du côté opposé qui regarde le Vendômois et d'où l'on découvre la partie haute de la ville, le perchoir aux Bretons et la poterne du château. Catherine avait trompé les deux frères et les avait joués par un feint mécontentement, car elle était très-heureuse de pouvoir parler à l'un des seigneurs arrivés en toute hâte, son confident secret qui jouait hardiment un double jeu, mais qui certes en fut bien récompensé. Ce gentilhomme était Chiverni, en apparence l'âme damnée du cardinal de Lorraine, en réalité le serviteur de Catherine. Catherine comptait encore deux seigneurs dévoués dans les deux Gondi, ses créatures; mais ces deux Florentins étaient trop suspects aux Guise pour qu'elle pût les envoyer au dehors, elles les gardait à la cour où chacune de leurs paroles et de leurs démarches était étudiée, mais où ils étudiaient également les Guise et conseillaient Catherine. Ces deux Florentins maintenaient dans le parti de la reine-mère un autre Italien, Birague, adroit Piémontais qui paraissait, comme Chiverni, avoir abandonné la reine-mère pour s'attacher aux Guise, et qui les encourageait dans leurs entreprises en les espionnant pour le compte de Catherine. Chiverni venait d'Écouen et de Paris. Le dernier arrivé était Saint-André, qui fut maréchal de France et qui devint un si grand personnage que les Guise, dont il était la créature, en firent la troisième personne du triumvirat qu'ils formèrent l'année suivante contre Catherine. Avant eux, celui qui bâtit le château de Duretal, Vieilleville, qui, pour son dévouement aux Guise, fut aussi nommé maréchal, était secrètement débarqué, plus secrètement reparti, sans que personne eût pénétré le secret de la mission que le grand-maître lui avait donnée. Quant à Saint-André, il venait d'être chargé des mesures militaires à prendre pour attirer tous les Réformés en armes à Amboise, après un conseil tenu entre le cardinal de Lorraine, le duc de Guise, Birague, Chiverni, Vieilleville et Saint-André. Si les deux chefs de la maison de Lorraine employaient Birague, il est à croire qu'ils comptaient beaucoup sur leurs forces, ils le savaient attaché à la reine-mère; mais peut-être le gardaient-ils auprès d'eux pour pénétrer les secrets desseins de leur rivale, comme elle le laissait près d'eux. Dans cette époque curieuse, le double rôle de quelques hommes politiques était connu des deux partis qui les employaient, et ils étaient comme des cartes dans les mains des joueurs : la partie se gagnait par le plus fin. Les deux frères avaient été pendant ce conseil d'une impénétrable discrétion. La conversation de Catherine avec ses amis expliquera parfaitement l'objet du conseil tenu par les Guise en plein air, au point du jour, dans ces jardins suspendus, comme si tous avaient craint de parler entre les murailles du château de Blois.

La reine-mère, qui, sous le prétexte d'examiner l'observatoire qui se construisait pour ses astrologues, se promenait dès le matin avec les deux Gondi, en regardant d'un air inquiet et curieux le groupe ennemi, fut rejointe par Chiverni. Elle était à l'angle de la terrasse qui regarde l'église de Saint-Nicolas, et là ne craignait aucune indiscrétion. Le mur est à la hauteur des tours de l'église, et les Guise tenaient toujours conseil à l'autre angle de cette terrasse, au bas du donjon commencé, en allant et venant du perchoir aux Bretons à la galerie par le pont qui réunissait le parterre, la galerie et le perchoir. Personne n'était au bas de cet abîme. Chiverni prit la main de la reine-mère pour la lui baiser et lui glissa de main à main une petite lettre sans que les deux Italiens l'eussent vue. Catherine se retourna vivement, alla dans le coin du parapet, et lut ce qui suit :

« Vous estes puissante assez pour garder la balance entre les grands et les faire débattre à qui mieux mieux vous servira, vous avez votre maison pleine de rois, et vous n'avez à craindre ni les Lorrains ni les Bourbons, si vous les opposez les uns aux autres ; car les uns et les autres veulent embler la couronne de vos enfants. Soyez maîtresse et non serve de vos conseillers, maintenez donc les uns par les autres, sans quoi le royaume ira de mal en pis, et de grosses guerres pourront s'en esmouvoir.

« LHOSPITAL. »

La reine mit ce papier dans le creux de son corset et se promit de le brûler dès qu'elle serait seule.

— Quand l'avez-vous vu ? demanda-t-elle à Chiverni.

— En revenant de chez le connétable, à Melun où il passait avec madame la duchesse de Berri, qu'il était très-impatient de remettre en Savoie afin de revenir ici pour éclairer le chancelier Olivier, qui, du reste, est la dupe des Lorrains. Monsieur de Lhospital se décide à épouser vos intérêts en apercevant le but où tendent messieurs de Guise. Aussi va-t-il se hâter très-fort de revenir pour vous donner sa voix au conseil.

— Est-il sincère ? dit Catherine. Vous savez que, si les Lorrains l'ont fait entrer au conseil, c'est pour y régner?

— Lhospital est un Français de trop bonne roche pour ne pas être franc, dit Chiverni; d'ailleurs, son billet est un assez grand engagement.

— Quelle est la réponse du connétable à ces Lorrains ?

— Il s'est dit le serviteur du roi et attendra ses ordres. Sur cette réponse, le cardinal, pour éviter toute résistance, va proposer de nommer son frère lieutenant général du royaume.

— Déjà ! dit Catherine épouvantée. Eh ! bien, monsieur de Lhospital vous a-t-il donné pour moi quelque autre avis ?

— Il m'a dit que vous seule, madame, pouviez vous mettre entre la couronne et messieurs de Guise.

— Mais pensait-il que je pouvais me servir des Huguenots comme de chevaux de frise !

— Ah ! madame, s'écria Chiverni surpris de tant de profondeur, nous n'avons pas songé à vous jeter dans de pareilles difficultés.

— Savait-il en quelle situation je suis ? demanda la reine d'un air calme.

— A peu près. Il trouve que vous avez fait un marché de dupe en acceptant, à la mort du feu roi, pour votre part, les bribes de la ruine de madame Diane. Messieurs de Guise se sont crus quittes envers la reine en satisfaisant la femme.

— Oui, dit la reine en regardant les deux Gondi, j'ai fait alors une grande faute.

— Une faute que font les dieux, répliqua Charles de Gondi.

— Messieurs, dit la reine, si je passe ouvertement aux Réformés, je deviendrai l'esclave d'un parti.

— Madame, dit vivement Chiverni, je vous approuve fort, il faut se servir d'eux, mais non les servir.

— Quoique, pour le moment, votre appui soit là, dit Charles de Gondi, ne nous dissimulons pas que le succès et la défaite sont également périlleux.

— Je le sais ! dit la reine. Une fausse démarche sera un prétexte promptement saisi par les Guise pour se défaire de moi !

— La nièce d'un pape, la mère de quatre Valois, une reine de France, la veuve du plus ardent persécuteur des Huguenots, une catholique italienne, la tante de Léon X, peut-elle s'allier à la Réformation? demanda Charles de Gondi.

— Mais, lui répondit Albert, seconder les Guise, n'est-ce pas donner les mains à une usurpation? Vous avez à faire avec une maison qui entrevoit dans la lutte entre le catholicisme et la Réforme une couronne à prendre. On peut s'appuyer sur les Réformés sans abjurer.

— Pensez, madame, que votre maison, qui devrait être toute dévouée au roi de France, est en ce moment la servante du roi d'Espagne, dit Chiverni. Elle serait demain pour la Réformation, si la Réformation pouvait faire un roi du duc de Florence.

— Je suis assez disposée à prêter la main un moment aux Huguenots, dit Catherine, quand ce ne serait que pour me venger de ce soldat, de ce prêtre et de cette femme! Elle montra tour à tour, par un regard d'Italienne, le duc, le cardinal et l'étage du château où se trouvaient les appartements de son fils et de Marie Stuart. — Ce trio m'a pris entre les mains les rênes de l'État que j'ai attendues bien longtemps et que cette vieille a tenues à ma place, reprit-elle. Elle secoua la tête vers la Loire en indiquant Chenonceaux, le château qu'elle venait d'échanger contre celui de Chaumont avec Diane de Poitiers. — *Ma*, dit-elle en italien, il paraît que ces messieurs les rabats de Genève n'ont pas l'esprit de s'adresser à moi! Par ma conscience, je ne puis aller à eux. Pas un de vous ne pourrait se hasarder à leur porter des paroles! Elle frappa du pied. — J'espérais que vous auriez pu rencontrer à Écouen le bossu, il a de l'esprit, dit-elle à Chiverni.

— Il y était, madame, dit Chiverni; mais il n'a pu déterminer le connétable à se joindre à lui Monsieur de Montmorency veut bien renverser les Guise, qui l'ont fait disgracier; mais il ne veut pas aider l'hérésie.

— Qui brisera, messieurs, ces volontés particulières qui gênent la royauté? Vrai Dieu! il faut détruire ces grands les uns par les autres, comme a fait Louis XI, le plus grand de vos rois. Il y a dans ce royaume quatre ou cinq partis, le plus faible est celui de mes enfants.

— La Réformation est une idée, dit Charles de Gondi, et les partis qu'a brisés Louis le Onzième n'étaient que des intérêts.

— Il y a toujours des idées derrière les intérêts, répliqua Chiverni, sous Louis XI, l'idée s'appelait les Grands Fiefs...

— Faites de l'hérésie une hache! dit Albert de Gondi, vous n'aurez pas l'odieux des supplices.

— Eh! s'écria la reine, j'ignore les forces et les plans de ces gens, je ne puis communiquer avec eux par aucun intermédiaire sûr. Si j'étais surprise à quelque machination de ce genre, soit par la reine qui me couve des yeux comme un enfant au berceau, soit par ces deux geôliers qui ne laissent entrer personne au château, je serais bannie du royaume et reconduite à Florence avec une terrible escorte, commandée par quelque guisard forcené! Merci, mes amis! Oh! ma bru, je vous souhaite d'être quelque jour prisonnière chez vous, vous saurez alors ce que vous me faites souffrir.

— Leurs plans! s'écria Chiverni, le Grand-Maître et le cardinal les connaissent; mais ces deux renards ne les disent pas; sachez, madame, les leur faire dire, et je me dévouerai pour vous en m'entendant avec le prince de Condé.

— Quelles sont celles de leurs décisions qu'ils n'ont pas pu vous cacher? demanda la reine en montrant les deux frères.

— Monsieur de Vieilleville et monsieur de Saint-André viennent de recevoir des ordres qui nous sont inconnus; mais il paraît que le Grand-Maître concentre ses meilleures troupes sur la rive gauche. Sous peu de jours, vous serez à Amboise. Le Grand-Maître est venu sur cette terrasse examiner la position et ne trouve pas que Blois soit propice à ses desseins secrets. Or, que veut-il donc? dit Chiverni en montrant les précipices qui entourent le château. En aucune place la cour ne saurait être plus à l'abri d'un coup de main qu'elle ne l'est ici.

— Abdiquez ou régnez, dit Albert à l'oreille de la reine qui restait pensive.

Une terrible expression de rage intérieure passa sur le beau visage d'ivoire de la reine, qui n'avait pas encore quarante ans et qui vivait depuis vingt-six ans sans aucun pouvoir à la cour de France, elle qui, depuis son arrivée, y voulut jouer le premier rôle. Cette épouvantable phrase sortit de ses lèvres dans la langue de Dante : — Rien tant que ce fils vivra! sa petite femme l'ensorcèle, ajouta-t-elle après une pause.

L'exclamation de Catherine était inspirée par l'étrange prédiction qui lui fut faite peu de jours auparavant au château de Chaumont, sur la rive opposée de la Loire où elle fut conduite par Ruggieri, son astrologue, pour y consulter sur la vie de ses quatre enfants une célèbre devineresse secrètement amenée par Nostradamus, le chef des médecins qui, dans ce grand seizième siècle, tenaient, comme les Ruggieri, comme les Cardan, les Paracelse et tant d'autres, pour les sciences occultes. Cette femme, dont la vie a échappé à l'histoire, avait fixé à un an le règne de François II.

— Votre avis sur tout ceci? dit Catherine à Chiverni.

— Nous aurons une bataille, répondit le prudent gentilhomme. Le roi de Navarre...

— Oh! dites la reine! reprit Catherine.

— C'est vrai, la reine, dit Chiverni en souriant, a donné pour chef aux Réformés le prince de Condé, qui, dans sa position de cadet, peut tout hasarder; aussi monsieur le cardinal parle-t-il de le mander ici.

— Qu'il vienne, s'écria la reine, et je suis sauvée!

Ainsi les chefs du grand mouvement de la Réformation en France avaient bien deviné dans Catherine une alliée.

— Il y a ceci de plaisant, s'écria la reine, que les Bourbons jouent les Huguenots, et que les sieurs Calvin, de Bèze et autres jouent les Bourbons; mais serons-nous assez forts pour jouer Huguenots, Bourbons et Guise? En face de ces trois ennemis, il est permis de se tâter le pouls! dit-elle.

— Ils n'ont pas le roi, lui répondit Albert, et vous triompherez toujours en ayant le roi pour vous.

— *Maladetta Maria!* dit Catherine entre ses dents.

— Les Lorrains pensent déjà bien à vous ôter l'affection de la Bourgeoisie, dit Birague.

L'espérance d'avoir la couronne ne fut pas chez les deux chefs de la remuante famille des Guise le résultat d'un plan prémédité, rien n'autorisa ni le plan ni l'espérance, les circonstances firent leur audace. Les deux cardinaux et les deux Balafrés se trouvèrent être quatre ambitieux supérieurs en talents à tous les politiques qui les environnaient. Aussi cette famille ne fut-elle abattue que par Henri IV, factieux nourri à cette grande école dont les maîtres furent Catherine et les Guise, et qui profita de toutes leurs leçons.

En ce moment ces deux hommes se trouvaient être les arbitres de la plus grande révolution essayée en Europe depuis celle de Henri VIII en Angleterre, et qui fut la conséquence de la découverte de l'imprimerie. Adversaires de la Réformation, ils tenaient le pouvoir entre leurs mains et voulaient étouffer l'hérésie; mais s'il fut moins fameux que Luther, Calvin, leur adversaire, était plus fort que Luther. Calvin voyait alors le Gouvernement là où Luther n'avait vu que le Dogme. Là où le gras buveur de bière, l'amoureux Allemand se battait avec le diable et lui jetait son encrier à la figure, le Picard, souffreteux célibataire, faisait des plans de campagne, dirigeait des combats, armait des princes, et soulevait des peuples entiers en semant les doctrines républicaines au cœur des Bourgeoisies, afin de compenser ses continuelles défaites sur les champs de bataille par des progrès nouveaux dans l'esprit des nations.

Le cardinal de Lorraine et le duc de Guise, aussi bien que Philippe II et le duc d'Albe, savaient où la monarchie était visée et quelle étroite alliance existait entre le catholicisme et la royauté. Charles-Quint, ivre pour avoir trop bu à la coupe de Charlemagne et croyant trop à la force de sa monarchie en croyant partager le monde avec Soliman, n'avait pas senti d'abord sa tête attaquée, et quand le cardinal Granvelle lui fit apercevoir l'étendue de la plaie, il abdiqua. Les Guise eurent une pensée unique, celle d'abattre l'hérésie d'un seul coup. Ce coup, ils le tentaient alors pour la première fois à Amboise, et ils le firent tenter une seconde fois à la Saint-Barthélemi, alors d'accord avec Catherine de Médicis éclairée par les flammes de douze années de guerres, éclairée surtout par le mot significatif de république prononcé plus tard et imprimé par les écrivains de la Réforme, déjà devinés en ceci par Lecamus, ce type de la bourgeoisie parisienne. Les deux princes, au moment de frapper un coup meurtrier au cœur de la noblesse, afin de la séparer dès l'abord d'un parti religieux au triomphe duquel elle perdait tout, achevaient de se concerter sur la façon de découvrir leur coup d'État au roi, pendant que Catherine causait avec ses quatre conseillers.

— Jeanne d'Albret a bien su ce qu'elle faisait en se déclarant la protectrice des Huguenots ! Elle a dans la Réformation un bélier duquel elle joue très-bien ! dit le Grand-Maître qui comprenait la profondeur des desseins de la reine de Navarre.

Jeanne d'Albret fut en effet une des plus fortes têtes de ce temps.

— Théodore de Bèze est à Nérac, après être allé prendre les ordres de Calvin.

— Quels hommes ces bourgeois savent trouver ! s'écria le Grand-Maître.

— Ah! nous n'avons pas à nous un homme de la trempe de ce La Renaudie, s'écria le cardinal, c'est un vrai Catilina.

— De tels hommes agissent toujours pour leur propre compte, répondit le duc. N'avais-je pas deviné La Renaudie? je l'ai comblé de faveurs, je l'ai fait évader lors de sa condamnation par le parlement de Bourgogne, je l'ai fait rentrer dans le royaume en obtenant la révision de son procès, et je comptais tout faire pour lui pendant qu'il ourdissait contre nous une conspiration diabolique. Le drôle a rallié les Protestants d'Allemagne aux hérétiques de France en conciliant les difficultés survenues à propos de dogme entre Luther et Calvin. Il a rallié les grands seigneurs mécontents au parti de la Réforme, sans leur faire ostensiblement abjurer le catholicisme. Il avait, dès l'an dernier, trente capitaines à lui! Il était partout à la fois, à Lyon, en Languedoc, à Nantes! Enfin il a fait rédiger cette consultation colportée dans toute l'Allemagne, où les théologiens déclarent que l'on peut recourir à la force pour soustraire le roi à notre domination et qui se colporte de ville en ville. En le cherchant partout, on ne le rencontre nulle part! Cependant je ne lui ai fait que du bien! Il va falloir l'assommer comme un chien, ou essayer de lui faire un pont d'or pour qu'il entre dans notre maison.

— La Bretagne, le Languedoc, tout le royaume est travaillé pour nous donner un assaut mortel, dit le cardinal. Après la fête d'hier, j'ai passé le reste de la nuit à lire tous les renseignements que m'ont envoyés mes Religieux; mais il n'y a de compromis que des gentilshommes pauvres, des artisans, des gens qu'il est indifférent de pendre ou de laisser en vie. Les Coligny, Condé, ne paraissent pas encore, quoiqu'ils tiennent les fils de cette conspiration.

— Aussi, dit le duc, dès que cet avocat, cet Avenelles a vendu la mèche, ai-je dit à Braguelonne de laisser aller les conspirateurs jusqu'au bout, ils sont sans défiance, ils croient nous surprendre, peut-être alors les chefs se montreront-ils. Mon avis serait de nous laisser vaincre pendant quarante-huit heures...

— Ce serait trop d'une demi-heure, dit le cardinal effrayé.

— Voilà comment tu es brave, répondit le Balafré.

Le cardinal répliqua sans s'émouvoir :—Que le prince de Condé soit ou non compromis, si nous sommes sûrs qu'il soit le chef, abattons cette tête, et nous serons tranquilles. Nous n'avons pas tant besoin de soldats que de juges pour cette besogne, et jamais on ne manquera de juges. La victoire est toujours plus sûre au parlement que sur un champ de bataille, et coûte moins cher.

— J'y consens volontiers, répondit le duc; mais crois-tu que le prince de Condé soit assez puissant pour donner tant d'audace à ceux qui vont venir nous livrer ce premier assaut? n'y a-t-il pas...

— Le roi de Navarre, dit le cardinal.

— Un niais qui me parle chapeau bas! répondit le duc. Les coquetteries de la Florentine t'obscurcissent donc la vue...

— Oh! j'y ai déjà songé, fit le prêtre. Si je désire me trouver en commerce galant avec elle, n'est-ce pas pour lire au fond de son cœur?

— Elle n'a pas de cœur, dit vivement le duc, elle est encore plus ambitieuse que nous ne le sommes.

— Tu es un brave capitaine, dit le cardinal à son frère; mais crois-moi, nos deux robes sont bien près l'une de l'autre, et je la faisais surveiller par Marie avant que tu ne songeasses à la soupçonner. Catherine a moins de religion que n'en a mon soulier. Si elle n'est pas l'âme du complot, ce n'est pas faute de désir; mais nous allons la juger sur le terrain et voir comment elle nous appuiera. Jusqu'aujourd'hui j'ai la certitude qu'elle n'a pas eu la moindre communication avec les hérétiques.

— Il est temps de tout découvrir au roi et à la reine-mère qui ne sait rien, dit le duc, et voilà la seule preuve de son innocence; peut-être attend-on le dernier moment pour l'éblouir par les probabilités d'un succès. La Renaudie va savoir par mes dispositions que nous sommes avertis. Cette nuit, Nemours a dû suivre les détachements de Réformés qui arrivaient par les chemins de traverse, et les conjurés seront forcés de venir nous attaquer à Amboise, où je les laisserai tous entrer. Ici, dit-il en montrant les trois côtés du rocher sur lequel le château de Blois est assis comme venait de le faire Chiverni, nous aurions un assaut sans aucun résultat, les Huguenots viendraient et s'en iraient à volonté. Blois est une salle à quatre entrées, tandis qu'Amboise est un sac.

— Je ne quitterai pas la Florentine, dit le cardinal.

— Nous avons fait une faute, reprit le duc en s'amusant à lancer en l'air son poignard et à le rattraper par la coquille, il fallait se conduire avec elle comme avec les Réformés, lui donner la liberté de ses mouvements pour la prendre sur le fait.

Le cardinal regarda pendant un moment son frère en hochant la tête.

— Que nous veut Pardaillan? dit le Grand-Maître en voyant venir sur la terrasse ce jeune gentilhomme devenu célèbre par sa rencontre avec La Renaudie et par leur mort mutuelle.

— Monseigneur, un homme envoyé par le pelletier de la reine est à la porte, et dit avoir à lui remettre une parure d'hermine, faut-il le laisser entrer?

— Eh! oui, un surcot dont elle parlait hier, reprit le cardinal; laissez passer ce courtaud de boutique, elle aura besoin de cela pour voyager le long de la Loire.

— Par où donc est-il venu, pour n'être arrêté qu'à la porte du château? demanda le Grand-Maître.

— Je l'ignore, répondit Pardaillan.

— Je le lui demanderai chez la reine, se dit le Balafré, qu'il attende le lever dans la salle des gardes; mais, Pardaillan, est-il jeune?

— Oui, monseigneur; il se donne pour le fils de Lecamus.

— Lecamus est un bon catholique, fit le cardinal, qui, de même que le Grand-Maître, était doué de la mémoire de César. Le curé de Saint-Pierre-aux-Bœufs compte sur lui, car il est quartenier du Palais.

— Néanmoins fais causer le fils avec le capitaine de la garde écossaise, dit le Grand-Maître qui appuya sur ce verbe en y donnant un sens facile à comprendre. Mais Ambroise est au château, par lui nous saurons si c'est bien le fils de Lecamus qui l'a fort obligé jadis. Demande Ambroise Paré.

Ce fut en ce moment que la reine Catherine alla seule au-devant des deux frères qui s'empressèrent de venir à elle en lui témoignant un respect dans lequel l'Italienne voyait de constantes ironies.

— Messieurs, dit-elle, daignerez-vous me confier ce qui se prépare? La veuve de votre ancien maître serait-elle dans votre estime au-dessous des sieurs de Vieilleville, Birague et Chiverni?

— Madame, répondit le cardinal sur un ton galant, notre devoir d'hommes, avant celui de politiques, est de ne pas effrayer les dames par de faux bruits. Mais ce matin il y a lieu de conférer sur les affaires de l'État. Vous excuserez mon frère d'avoir commencé par donner des ordres purement militaires et auxquels vous deviez être étrangère : les choses importantes sont à décider. Si vous le trouvez bien, nous irons au lever du roi et de la reine, l'heure approche.

— Qu'y a-t-il, monsieur le Grand-Maître ? dit Catherine en jouant l'effroi.

— La Réformation, madame, n'est plus une hérésie, c'est un parti qui va venir en armes vous arracher le roi.

Catherine, le cardinal, le duc et les seigneurs se dirigèrent alors vers l'escalier par la galerie où se pressaient les courtisans qui n'avaient pas le droit d'entrée dans les appartements et qui se rangèrent en haie.

Gondi, qui, pendant que Catherine causait avec les deux princes lorrains, les avait examinés, dit en bon toscan, à l'oreille de la reine-mère, ces deux mots qui devinrent proverbes et qui expliquent une des faces de ce grand caractère royal : *Odiate e aspettate!* (*Haïssez et attendez.*)

Pardaillan, qui vint donner l'ordre à l'officier de garde à la conciergerie du château de laisser passer le commis du pelletier de la reine, trouva Christophe béant devant le porche et occupé à regarder la façade due au bon roi Louis XII où se trouvaient alors en plus grand nombre qu'aujourd'hui des sculptures drôlatiques, s'il faut en juger par ce qui nous en reste. Ainsi, les curieux remarquent une figurine de femme taillée dans le chapiteau d'une des colonnes de la porte, la robe retroussée et faisant railleusement voir

Ce que Brunel à Marphise montra

à un gros moine accroupi dans le chapiteau de la colonne correspondante à l'autre jambage du chambranle de cette porte, au-dessus de laquelle était alors la statue de Louis XII. Plusieurs des *croisées* de cette façade, travaillées dans ce goût et qui malheureusement ont été détruites, amusaient ou paraissaient amuser Christophe, sur qui les arquebusiers de garde faisaient déjà pleuvoir des plaisanteries.

— Il se logerait bien là, celui-ci, disait l'anspessade en caressant les charges d'arquebuse toutes préparées en forme de pain de sucre et accrochées sur son baudrier.

— Eh ! Parisien, dit un soldat, tu n'en as jamais tant vu !

— Il reconnaît le bon roi Louis XII, dit un autre.

Christophe feignait de ne pas entendre, et cherchait encore à outrer son ébahissement, en sorte que son attitude niaise devant le corps de garde lui fut un excellent passe-port aux yeux de Pardaillan.

— La reine n'est pas levée, dit le jeune capitaine, viens l'attendre dans la salle des gardes.

Christophe suivit Pardaillan assez lentement. Il fit exprès d'admirer la jolie galerie découpée en arcade où, sous le règne de Louis XII, les courtisans attendaient l'heure des réceptions à couvert quand il faisait mauvais temps, et où se trouvaient alors quelques seigneurs attachés aux Guise, car l'escalier, si bien conservé de nos jours, qui menait à leurs appartements, est au bout de cette galerie dans une tour que son architecture recommande à l'admiration des curieux.

— Hé! bien, es-tu venu pour faire des études de tailleur d'images? cria Pardaillan en voyant Lecamus arrêté devant les jolies sculptures des tribunes extérieures qui réunissent ou, si vous voulez, qui séparent les colonnes de chaque arcade.

Christophe suivit le jeune capitaine vers l'escalier d'honneur, non sans avoir mesuré cette tour quasi-moresque par un regard d'extase. Par cette belle matinée, la cour était pleine de capitaines d'ordonnance, de seigneurs qui causaient par groupes, et dont les brillants costumes animaient ce lieu que les merveilles de l'architecture répandues sur sa façade encore neuve rendaient déjà si brillant.

— Entre là, dit Pardaillan à Lecamus en lui faisant signe de le suivre par la porte en bois sculpté du deuxième étage et qu'un garde de la porte ouvrit en reconnaissant Pardaillan.

Chacun peut se figurer l'étonnement de Christophe en entrant dans cette salle des gardes, alors si vaste, qu'aujourd'hui le Génie militaire l'a divisée en deux par une cloison pour en faire deux chambrées; elle occupe en effet au second étage chez le roi, comme au premier chez la reine-mère, le tiers de la façade sur la cour, car elle est éclairée par deux croisées à gauche et deux croisées à droite de la tour où se développe le fameux escalier. Le jeune capitaine alla vers la porte de la chambre de la reine et du roi qui donnait dans cette vaste salle, et dit à l'un des deux pages de service d'avertir madame Dayelle, une des femmes de chambre de la reine, que le pelletier était dans la salle avec ses surcots.

Sur un geste de Pardaillan, Christophe alla se mettre près d'un officier assis sur une escabelle, au coin d'une cheminée grande comme la boutique de son père et qui se trouvait à l'un des bouts de cette immense salle en face d'une cheminée absolument pareille à l'autre bout. Tout en causant avec ce lieutenant, il finit par l'intéresser en lui contant les pénuries du commerce. Christophe parut si véritablement marchand, que l'officier fit partager cette opinion au capitaine de la garde écossaise qui vint de la cour questionner Christophe en l'examinant à la dérobée et avec soin.

Quelque prévenu que fût Christophe Lecamus, il ne pouvait comprendre la férocité froide des intérêts entre lesquels Chaudieu l'avait glissé. Pour un observateur qui eût connu le secret de cette scène, comme l'historien le connaît aujourd'hui, il y aurait eu de quoi trembler à voir ce jeune homme, l'espoir de deux familles, hasardé entre ces deux puissantes et impitoyables machines, Catherine et les Guise. Mais y a-t-il beaucoup de courages qui mesurent l'étendue de leurs dangers? Par la manière dont étaient gardés le port de Blois, la ville et le château, Christophe s'attendait à trouver des piéges et des espions partout, il avait donc résolu de cacher la gravité de sa mission et la tension de son esprit sous l'apparence niaise et commerciale avec laquelle il venait de se montrer aux yeux du jeune Pardaillan, de l'officier de garde et du capitaine.

L'agitation qui dans un château royal accompagne l'heure du lever commençait à se manifester. Les seigneurs, dont les chevaux et les pages ou les écuyers restaient dans la cour extérieure du château, car personne, excepté le roi et la reine, n'avait le droit d'entrer à cheval dans la cour intérieure, montaient par groupes le magnifique escalier, et envahissaient cette grande salle des gardes à deux cheminées, dont les fortes poutres sont aujourd'hui sans leurs ornements, où de méchants petits carreaux rouges remplacent les ingénieuses mosaïques des planchers, mais où les tapisseries de la Couronne cachaient alors les gros murs blanchis à la chaux aujourd'hui et où brillaient à l'envi les arts de cette époque unique dans les fastes de l'Humanité. Réformés et Catholiques venaient savoir les nouvelles, examiner les visages, autant que faire leur cour au roi. L'amour excessif de François II pour Marie Stuart, auquel ni les Guise ni la reine-mère ne s'opposaient, et la complaisance politique avec laquelle s'y prêtait Marie Stuart, ôtaient au roi tout pouvoir; aussi, quoiqu'il eût dix-sept ans, ne connaissait-il de la royauté que les plaisirs, et du mariage que les voluptés d'une première passion. Chacun faisait en réalité la cour à la reine Marie, à son oncle le cardinal de Lorraine et au Gand-Maître.

Ce mouvement eut lieu devant Christophe, qui étudiait l'arrivée de chaque personnage avec une avidité bien naturelle. Une magnifique portière de chaque côté de laquelle se tenaient deux pages et deux gardes de la compagnie écossaise, alors de service, lui indiquait l'entrée de cette chambre royale, si fatale au fils du Grand-Maître actuel, le second Balafré, qui vint expirer au pied du lit alors occupé par Marie Stuart et par François II. Les filles d'honneur de la reine occupaient la cheminée opposée à celle où Christophe *causait* toujours avec le capitaine des gardes. Par sa situation, cette seconde cheminée était *la cheminée d'honneur*, car elle est pratiquée dans le gros mur de la salle du Conseil, entre la porte de la chambre royale et celle du Conseil, en sorte que les filles et les seigneurs qui avaient le droit d'être là, se trouvaient sur le passage du roi et des reines. Les courtisans étaient certains de voir Catherine, car ses filles d'honneur, en deuil comme toute la cour, montèrent de chez elle, conduites par la comtesse de Fiesque, et prirent leur place du côté de la salle du Conseil, en face des filles de la jeune reine amenées par la duchesse de Guise, et qui occupaient le coin opposé, du côté de la chambre royale. Les courtisans laissaient entre ces demoiselles, qui appartenaient aux premières familles du royaume, un espace de quelques pas que les plus grands seigneurs avaient seuls la permission de franchir. La comtesse de Fiesque et la duchesse de Guise étaient, selon le droit de leurs charges, assises au milieu de ces nobles filles qui toutes restaient debout. L'un des premiers qui vint se mêler à ses deux escadrons si dangereux fut le duc d'Orléans, frère du roi, qui descendit de son appartement situé au-dessus, et qu'accompagnait monsieur de Cypierre, son gouverneur. Ce jeune prince, qui, avant la fin de cette année, devait régner sous le nom de Charles IX, alors âgé de dix ans, était d'une excessive timidité. Le duc d'Anjou et le duc d'Alençon, ses deux frères, ainsi que la princesse Marguerite qui fut la femme de Henri IV, encore trop jeunes pour venir à la cour, restaient sous la conduite de leur mère dans ses appartements. Le duc d'Orléans, richement vêtu, selon la mode du temps, d'un haut-de-chausses en soie, d'un justaucorps de drap d'or orné de fleurs noires, et d'un petit manteau de velours brodé, le tout noir (il portait encore le deuil du roi son père), salua les deux dames d'honneur et resta près des filles de sa mère. Déjà plein d'antipathie pour les adhérents de la maison de Guise, il répondit froidement aux paroles de la duchesse et appuya son bras sur le dossier de la haute chaise de la comtesse de Fiesque. Son gouverneur, un des plus beaux caractères de ce temps, monsieur de Cypierre, resta derrière lui comme une panoplie. Amyot, en simple soutane d'abbé, accompagnait aussi le prince, il était déjà son précepteur comme il fut aussi celui des trois autres princes dont l'affection lui devint si profitable. Entre la cheminée d'honneur et celle où se groupaient à l'autre extrémité de cette salle les gardes, leur capitaine, quelques courtisans et Christophe muni de son carton, le chancelier Olivier, protecteur et prédécesseur de Lhospital, costumé comme l'ont toujours été depuis les chanceliers de France, se promenait avec le cardinal de Tournon récemment arrivé de Rome, en échangeant quelques phrases d'oreille en oreille au milieu de l'attention générale que leur prêtaient les seigneurs massés le long du mur qui sépare cette salle de la chambre du roi comme une tapisserie vivante, devant la riche tapisserie aux mille personnages. Malgré la gravité des circonstances, la cour offrait l'aspect que toutes les cours offriront dans tous les pays, à toutes les époques et dans les plus grands dangers : des courtisans parlant toujours de choses indifférentes en pensant à des choses graves, plaisantant en étudiant les visages, et s'occupant d'amour et de mariages avec des héritières au milieu des catastrophes les plus sanglantes.

— Que dites-vous de la fête d'hier? demanda Bourdeilles, seigneur de Brantôme, en s'approchant de mademoiselle de Piennes, une des filles de la reine-mère.

— Messieurs du Baïf et du Bellay n'ont eu que de belles idées, dit-elle en montrant les deux ordonnateurs de la fête qui se trouvaient à quelques pas... — J'ai trouvé cela d'un goût exécrable, ajouta-t-elle à voix basse.

— Vous n'y aviez pas de rôle? dit mademoiselle de Lewiston de l'autre bord.

— Que lisez-vous là, madame? dit Amyot à madame de Fiesque.

— *L'Amadis de Gaule, par le seigneur des Essarts, commissaire ordinaire de l'hartillerie du Roi.*

— Un ouvrage charmant, dit la belle fille qui fut depuis si célèbre sous le nom de Fosseuse quand elle devint dame d'honneur de la reine Marguerite de Navarre.

— Le style est de forme nouvelle, dit Amyot. Adoptez-vous ces barbaries? ajouta-t-il en regardant Brantôme.

— Il plaît aux dames, que voulez-vous? s'écria Brantôme en allant saluer madame de Guise qui tenait les *Célèbres dames de Boccace*. — Il doit s'y trouver des femmes de votre maison, madame, dit-il; mais le sieur Boccace a eu tort de ne pas être de notre temps, il aurait trouvé d'amples matières pour augmenter ses volumes...

— Comme ce monsieur de Brantôme est adroit, dit la belle mademoiselle de Limeuil à la comtesse de Fiesque ; il est venu d'abord à nous, mais il restera dans le quartier des Guise.

— Chut, dit madame de Fiesque en regardant la belle Limeuil. Mêlez-vous de ce qui vous intéresse...

La jeune fille tourna les yeux vers la porte. Elle attendait Sardini, un noble Italien avec lequel la reine-mère, sa parente, la maria plus tard après l'accident qui lui arriva dans le cabinet de toilette même de Catherine, et qui lui valut l'honneur d'avoir une reine pour sage-femme.

— Par saint Alipantin, mademoiselle Davila me semble plus jolie chaque matin, dit monsieur de Robertet, secrétaire d'État, en saluant le groupe de la reine-mère.

L'arrivée du secrétaire d'État, qui cependant était exactement ce qu'est un ministre aujourd'hui, ne fit aucune sensation.

— Si cela est, monsieur, prêtez-moi donc le libelle fait contre messieurs de Guise, je sais qu'on vous l'a prêté, dit à Robertet mademoiselle Davila.

— Je ne l'ai plus, répondit le secrétaire en allant saluer madame de Guise.

— Je l'ai, dit le comte de Grammont à mademoiselle Davila, mais je ne vous le donne qu'à une condition...

— Sous condition !... fi ! dit madame de Fiesque.

— Vous ne savez pas ce que je veux, répondit Grammont.

— Oh! cela se devine, dit la Limeuil.

La coutume italienne de nommer les dames, comme font les paysans de leurs femmes, *la une telle*, était alors de mode à la cour de France.

— Vous vous trompez, reprit vivement le comte, il s'agit de remettre à mademoiselle de Matha, l'une des filles de l'autre bord, une lettre de mon cousin de Jarnac.

— Ne compromettez pas mes filles, dit la comtesse de Fiesque, je la donnerai moi-même !

— Savez-vous des nouvelles de ce qui se passe en Flandre? demanda madame de Fiesque au cardinal de Tournon. Il paraît que monsieur d'Egmont donne dans les nouveautés.

— Lui et le prince d'Orange, reprit Cypierre en faisant un geste d'épaules assez significatif.

— Le duc d'Albe et le cardinal Granvelle y vont, n'est-ce pas, monsieur? dit Amyot au cardinal de Tournon qui restait sombre et inquiet entre les deux groupes, après sa conversation avec le chancelier.

— Heureusement nous sommes tranquilles, et nous n'avons à vaincre l'Hérésie que sur le théâtre, dit le jeune duc d'Orléans en faisant allusion au rôle qu'il avait rempli la veille, celui d'un chevalier domptant une hydre qui avait sur le front le mot *Réformation*.

Catherine de Médicis, d'accord en ceci avec sa belle-fille, avait laissé faire une salle de spectacle de l'immense salle qui plus tard fut disposée pour les États de Blois, et où, comme il a été déjà dit, aboutissaient le château de François I*er* et celui de Louis XII.

Le cardinal ne répondit rien et reprit sa marche au milieu de la salle en causant à voix basse entre monsieur de Robertet et le chancelier. Beaucoup de personnes ignorent les difficultés que les Secrétaireries d'État, devenues depuis les Ministères, ont rencontrées dans leur établissement et combien de peines ont eues les rois de France à les créer. A cette époque un secrétaire d'État comme Robertet était purement et simplement un écrivain, il comptait à peine au milieu des princes et des grands, qui décidaient des affaires de l'État. Il n'y avait pas alors d'autres fonctions ministérielles que celles de Surintendant des finances, de Chancelier et de Garde-des-sceaux. Les rois accordaient une place dans leur Conseil par des lettres patentes à ceux de leurs sujets dont les avis leur paraissaient utiles à la conduite des affaires publiques. On donnait l'entrée au conseil à un président de chambre du Parlement, à un évêque, à un favori sans titre. Une fois admis au Conseil, le sujet y fortifiait sa position en se faisant revêtir des charges de la Couronne auxquelles étaient dévolues des attributions, telles que des Gouvernements, l'épée de connétable, la Grande-Maîtrise de l'artillerie, le bâton de Maréchal, la Colonelle-générale de quelque corps militaire, la Grande-Amirauté, la Capitainerie des Galères, ou souvent une charge de cour comme celle de Grand-Maître de la maison qu'avait alors le duc de Guise.

— Croyez-vous que le duc de Nemours épouse Françoise? demanda madame de Guise au précepteur du duc d'Orléans.

— Ah! madame, répondit-il, je ne sais que le latin.

Cette réponse fit sourire ceux qui furent à portée d'entendre. En ce moment, la séduction de Françoise de Rohan par le duc de Nemours était le sujet de toutes les conversations; mais, comme le duc de Nemours était cousin de François II, et doublement allié de la maison de Valois par sa mère, les Guise le regardaient plutôt comme séduit que comme séducteur. Néanmoins le crédit de la maison de Rohan fut tel, qu'après le règne de François II, le duc de Nemours fut obligé de quitter la France, à cause du procès que lui firent les Rohan, et que le crédit des Guise arrangea. Son mariage avec la duchesse de Guise, après l'assassinat de Poltrot, peut expliquer la question que la duchesse avait adressée à Amyot, en révélant la rivalité qui devait exister entre mademoiselle de Rohan et la duchesse.

— Mais voyez un peu le groupe des mécontents, là-bas, dit le comte de Grammont en montrant messieurs de Coligny, le cardinal de Châtillon, Danville, Thoré, Moret et plusieurs seigneurs soupçonnés de tremper dans la Réformation qui se tenaient tous entre deux croisées, du côté de l'autre cheminée.

— Les Huguenots se remuent, dit Cypierre. Nous savons que Théodore de Bèze est à Nérac pour obtenir de la reine de Navarre qu'elle se déclare pour les Réformés en abjurant publiquement, ajouta-t-il en regardant le bailli d'Orléans qui était aussi chancelier de la reine de Navarre et qui observait la cour.

— Elle le fera! répondit sèchement le bailli d'Orléans.

Ce personnage, le Jacques Cœur orléanais, un des plus riches bourgeois de ce temps, se nommait Groslot et faisait les affaires de Jeanne d'Albret à la cour de France.

— Vous le croyez? dit le chancelier de France au chancelier de Navarre en appréciant la portée de l'affirmation de Groslot.

— Ne savez-vous pas, dit le riche Orléanais, que cette reine n'a de la femme que le sexe? Elle est entière aux choses viriles, elle a l'esprit puissant aux grandes affaires, et le cœur invincible aux grandes adversités.

— Monsieur le Cardinal, dit le chancelier Olivier à monsieur de Tournon qui avait écouté Groslot, que pensez-vous de cette audace?

— La reine de Navarre a bien fait de choisir pour son chancelier un homme à qui la maison de Lorraine a des emprunts à faire et qui offre son logis au roi quand on parle d'aller à Orléans, répondit le cardinal.

Le chancelier et le cardinal se regardèrent alors sans oser se communiquer leurs pensées; mais Robertet les leur exprima, car il croyait nécessaire de montrer plus de dévouement aux Guise que ces grands personnages en se trouvant plus petit qu'eux.

— C'est un grand malheur que la maison de Navarre, au lieu d'abjurer la religion de ses pères, n'abjure pas l'esprit de vengeance et de révolte que lui a soufflé le connétable de Bourbon. Nous allons revoir les querelles des Armagnacs et des Bourguignons.

— Non, dit Groslot, car il y a du Louis XI dans le cardinal de Lorraine.

— Et aussi chez la reine Catherine, repondit Robertet.

En ce moment madame Dayelle, la femme de chambre favorite de la reine Marie Stuart, traversa la salle et alla vers la chambre de la reine. Le passage de la femme de chambre causa du mouvement.

— Nous allons bientôt entrer, dit madame de Fiesque.

— Je ne le crois pas, répondit madame de Guise, Leurs Majestés sortiront, car on va tenir un grand conseil.

La Dayelle se glissa dans la chambre royale après avoir gratté à la porte, façon respectueuse inventée par Catherine de Médicis, et qui fut adoptée à la cour de France.

— Quel temps fait-il, ma chère Dayelle? dit la reine Marie en montrant son blanc et frais visage hors du lit en en secouant les rideaux.

— Ah! madame...

— Qu'as-tu, ma Dayelle? on dirait que les archers sont à tes trousses.

— Oh! madame, le roi dort-il encore?

— Oui.

— Nous allons quitter le château, et monsieur le cardinal m'a priée de vous le dire, afin que vous y disposiez le roi.

— Sais-tu pourquoi, ma bonne Dayelle?

— Les Réformés veulent vous enlever...

— Ah! cette nouvelle religion ne me laissera pas de repos! J'ai rêvé cette nuit que j'étais en prison, moi qui réunirai les couronnes des trois plus beaux royaumes du monde.

— Aussi, madame, est-ce un rêve!

— Enlevée?... ce serait assez gentil; mais pour fait de religion et par des hérétiques, c'est une horreur.

La reine sauta hors du lit et vint s'asseoir dans une grande chaise couverte de velours rouge, devant la cheminée, après que Dayelle lui eut donné une robe de chambre en velours noir, qu'elle serra légèrement à la taille par une corde en soie. Dayelle alluma le feu, car les matinées du mois de mai sont assez fraîches aux bords de la Loire.

— Mes oncles ont donc appris ces nouvelles pendant la nuit? demanda la reine à Dayelle, avec laquelle elle agissait familièrement.

— Depuis ce matin, messieurs de Guise se promènent sur la terrasse pour n'être entendus de personne et y ont reçu des envoyés venus en toute hâte de différents points du royaume où les Réformés s'agitent. Madame la reine-mère y était avec ses Italiens en espérant qu'elle serait consultée; mais elle n'a pas été de ce petit conseil.

— Elle doit être furieuse!

— D'autant plus qu'il y avait un restant de colère d'hier, répondit Dayelle. On dit qu'en voyant paraître Votre Majesté dans sa robe d'or retors et avec son joli voile de crêpe tanné, elle n'a pas été gaie...

— Laisse-nous, ma bonne Dayelle, le roi s'éveille. Que personne, pas même les petites entrées, ne nous dérange, il s'agit d'affaires d'État, et mes oncles ne nous troubleront pas.

— Eh! bien, ma chère Marie, as-tu donc déjà quitté le lit? Est-il grand jour? dit le jeune roi en s'éveillant.

— Mon cher mignon, pendant que nous dormons, les méchants veillent et vont nous forcer de quitter cette belle demeure.

— Que parles-tu de méchants, ma mie! N'avons-nous pas eu la plus jolie fête du monde hier au soir, n'étaient les mots latins que ces messieurs ont jetés dans notre français?

— Ah! dit Marie, ce langage est de fort bon goût, et Rabelais l'a déjà mis en lumière.

— Tu es une savante, et je suis bien fâché de ne pouvoir te

célébrer en vers ; si je n'étais pas roi, je reprendrais à mon frère maître Amyot qui le rend si savant...

— N'enviez rien à votre frère qui fait des poésies et me les montre en me demandant de lui montrer les miennes. Allez, vous êtes le meilleur des quatre et serez aussi bon roi que vous êtes amant gentil. Aussi, peut-être est-ce pour cela que votre mère vous aime si peu ! Mais sois tranquille. Moi, mon cher cœur, je t'aimerai pour tout le monde.

— Je n'ai pas grand mérite à aimer une si parfaite reine, dit le petit roi. Je ne sais qui m'a retenu hier de t'embrasser devant toute la cour quand tu as dansé le branle au flambeau ! J'ai clairement vu que toutes les femmes ont l'air d'être des servantes auprès de toi, ma belle Marie...

— Pour ne parler qu'en prose, vous parlez à ravir, mon mignon ; mais aussi est-ce l'amour qui parle. Et vous, vous savez bien, mon aimé, que vous ne seriez qu'un pauvre petit page, encore vous aimerais-je autant que je vous aime, et il n'y a rien cependant de plus doux que de pouvoir se dire : Mon amant est roi.

— Oh ! le joli bras ! Pourquoi faut-il nous habiller ? J'aime tant à passer mes doigts dans tes cheveux si doux, à mêler leurs anneaux blonds. Ah ! çà, ma mie, ne donne plus à baiser à tes femmes ce cou si blanc et ce joli dos, ne le souffrez plus ! C'est déjà trop que les brouillards de l'Écosse y aient passé.

— Ne viendrez-vous pas voir mon cher pays ? Les Écossais vous aimeront, et il n'y aura pas de révolte comme ici.

— Qui se révolte dans notre royaume ? dit François de Valois en croisant sa robe et prenant Marie Stuart sur son genou.

— Oh ! ceci est assurément fort joli, dit-elle en dérobant sa joue au roi ; mais vous avez à régner, s'il vous plaît, mon doux sire.

— Que parles-tu de régner ? je veux ce matin...

— A-t-on besoin de dire *je veux* quand on peut tout ? Ceci n'est parler ni en roi, ni en amant. Mais, il ne s'agit point de cela, laisse ! Nous avons une affaire importante.

— Oh ! dit le roi, il y a longtemps que nous n'avons eu d'affaire. Est-elle amusante ?

— Non, dit Marie, il s'agit de déménager.

— Je gage, ma mie, que vous avez vu l'un de vos oncles, qui s'arrangent si bien, qu'à dix-sept ans, je me comporte en roi fainéant. Je ne sais pas, en vérité, pourquoi depuis le premier conseil j'ai continué d'assister aux autres? Ils y pourraient faire tout aussi bien les choses en mettant une couronne sur mon fauteuil, je ne vois rien que par leurs yeux et décide à l'aveugle.

— Oh! monsieur, s'écria la reine en se levant de dessus le roi et prenant un petit air de fâcherie, il était dit que vous ne me feriez plus la moindre peine à ce sujet, et que mes oncles useraient du pouvoir royal pour le bonheur de votre peuple. Il est gentil ton peuple? si tu voulais le régenter toi seul, il te goberait comme une fraise. Il lui faut des gens de guerre, un maître rude et à mains gantées de fer; tandis que toi tu es un mignon que j'aime ainsi, que je n'aimerais pas autrement, entendez-vous, monsieur? dit-elle en baisant au front cet enfant qui paraissait vouloir se révolter contre ce discours et que cette caresse adoucit.

— Oh! s'ils n'étaient pas vos oncles! s'écria François II. Ce cardinal me déplaît énormément, et quand il prend son air patelin et ses façons soumises pour me dire en s'inclinant : « Sire, il s'agit ici de l'honneur de la couronne et de la foi de vos pères, Votre Majesté ne saurait souffrir; » et ceci et cela... je suis sûr qu'il ne travaille que pour sa maudite maison de Lorraine.

— Comme tu l'as bien imité! dit la reine. Mais pourquoi n'employez-vous pas ces Lorrains à vous instruire de ce qui se passe, afin de régner par vous-même dans quelque temps, à votre grande majorité? Je suis votre femme, et votre honneur est le mien. Nous régnerons, va, mon mignon! Mais tout ne sera pas roses pour nous jusqu'au moment où nous ferons nos volontés! il n'y a rien de si difficile pour un roi que de régner! Suis-je reine, moi, par exemple? Croyez-vous que votre mère ne me rende pas en mal ce que mes oncles font de bien pour la splendeur de votre trône? Hé! quelle différence! Mes oncles sont de grands princes, neveux de Charlemagne, pleins d'égards et qui sauraient mourir pour vous; tandis que cette fille de médecin ou de marchand, reine de France par hasard, est grièche comme une bourgeoise qui ne règne pas dans son ménage. En femme mécontente de ne pas tout brouiller ici, cette Italienne me montre à tout propos sa figure pâle et sérieuse; puis, de sa bouche pincée : « Ma fille, vous êtes la reine, et je ne suis plus que la seconde femme du royaume, me dit-elle (Elle enrage, entends-tu, mon mignon?). Mais si j'étais en votre place, je ne porterais pas de velours incarnat pendant que la cour est en deuil, je ne paraîtrais pas en public avec mes cheveux unis et sans pierreries, parce que ce qui n'est point séant à une simple dame l'est encore moins chez une reine. Aussi ne danserais-je point de ma personne, je me contenterais de voir danser! » Voilà ce qu'elle me dit.

— Oh! mon Dieu, répondit le roi, je crois l'entendre. Dieu! si elle savait...

— Oh! vous tremblez encore devant elle. Elle t'ennuie, dis-le? nous la renverrons. Par ma foi! te tromper, passe encore, la bonne femme est de Florence; mais t'ennuyer...

— Au nom du Ciel, Marie, tais-toi, dit François inquiet et content tout à la fois, je ne voudrais pas que tu perdisses son amitié.

— N'ayez pas peur qu'elle se brouille jamais avec moi qui porterai les trois plus belles couronnes du monde, mon cher petit roi, dit Marie Stuart. Encore qu'elle me haïsse pour mille raisons, elle me caresse afin de me détacher de mes oncles.

— Te haïr!...

— Oui, mon ange, et si je n'en avais mille de ces preuves que les femmes se donnent entre elles de ce sentiment et dont la malice n'est comprise que par elles, je me contenterais de sa constante opposition à nos chères amours. Est-ce ma faute à moi, si ton père n'a jamais pu souffrir mademoiselle Médicis? Enfin elle m'aime si peu qu'il a fallu que vous vous missiez en colère pour que nous n'eussions pas chacun notre appartement, ici et à Saint-Germain. Elle prétendait que c'était l'usage des rois et reines de France. L'usage! c'était celui de votre père, et cela s'explique. Quant à votre aïeul François, le compère avait établi cet usage pour la commodité de ses amours. Aussi, veillez-y bien! Si nous nous en allons d'ici, que le Grand-Maître ne nous sépare point.

— Si nous nous en allons d'ici, Marie? Mais, moi, je ne veux point quitter ce joli château d'où nous voyons la Loire et le Blésois, une ville à nos pieds et le plus joli ciel du monde au-dessus de nos têtes et ces délicieux jardins. Si je m'en vais, ce sera pour aller en Italie avec toi, voir les peintures de Raphaël et Saint-Pierre.

— Et les orangers? Oh! mon mignon roi, si tu savais quelle envie ta Marie nourrit de se promener sous des orangers en fleur et en fruit! Hélas! peut-être n'en verrai-je jamais. Oh! entendre un chant italien sous ces arbres parfumés, au bord d'une mer bleue, sous un ciel bleu, et nous tenir ainsi !

— Partons, dit le roi.

— Partir! s'écria le Grand-Maître en entrant. Oui, sire, il s'agit de quitter Blois. Pardonnez-moi ma hardiesse; mais les circonstances sont plus fortes que l'étiquette, et je viens vous supplier de tenir conseil.

Marie et François s'étaient vivement séparés en se voyant surpris, et leurs visages offraient une même expression de majesté royale offensée.

— Vous êtes un trop grand maître, monsieur de Guise, dit le jeune roi tout en contenant sa colère.

— Au diable les amoureux ! dit le cardinal en murmurant à l'oreille de Catherine.

— Mon fils, répondit la reine-mère qui se montra derrière le cardinal, il s'agit de la sûreté de votre personne et de votre royaume.

— L'hérésie veillait pendant que vous dormiez, sire, dit le cardinal.

— Retirez-vous dans la salle, fit le petit roi, nous tiendrons alors conseil.

— Madame, dit le Grand-Maître à la reine, le fils de votre pelletier vous apporte vos fourrures, qui sont de saison pour le voyage, car il est probable que nous côtoierons la Loire. Mais, dit-il en se tournant vers la reine-mère, il veut aussi vous parler, madame. Pendant que le roi s'habillera, vous et madame la reine expédiez-le sur-le-champ, afin que nous n'ayons point la tête rompue de cette bagatelle.

— Volontiers, dit Catherine, en se disant à elle-même : S'il compte se défaire de moi par de semblables ruses, il ne me connaît point.

Le cardinal et le duc se retirèrent en laissant les deux reines et le roi. En passant dans la salle des gardes, qu'il traversa de nouveau pour aller dans la salle du conseil, le Grand-Maître dit à l'huissier de lui amener le pelletier de la reine. Quand Christophe vit venir à lui, d'un bout de la salle des gardes à l'autre, cet huissier, qu'il prit à son costume pour un personnage, le cœur lui faillit; mais cette sensation, si naturelle à l'approche du moment critique, devint terrible lorsque l'huissier, dont le mouvement eut pour résultat d'attirer les yeux de toute cette brillante assemblée sur Christophe, sur sa piètre mine et ses paquets, lui dit : — Messeigneurs le cardinal de Lorraine et le Grand-Maître vous mandent pour parler à vous dans la salle du conseil.

— Aurais-je été trahi? se demanda le frêle ambassadeur des Réformés.

Christophe suivit l'huissier en baissant les yeux, et ne les leva qu'en se trouvant dans l'immense salle du conseil, dont l'étendue est presque égale à celle de la salle des gardes. Les deux princes lorrains y étaient seuls debout devant la magnifique cheminée adossée à celle où, dans la salle des gardes, se tenaient les filles des deux reines.

— Tu viens de Paris, quelle route as-tu donc prise? dit le cardinal à Christophe.

— Je suis venu par eau, monseigneur, répondit le Réformé.

— Comment es-tu donc entré dans Blois? dit le Grand-Maître.

— Par le port, monseigneur.

— Personne ne t'a inquiété? fit le duc qui ne cessait d'examiner le jeune homme.

— Non, monseigneur. Au premier soldat qui a fait mine de m'arrêter, j'ai dit que je venais pour le service des deux reines, de qui mon père est le pelletier.

— Que faisait-on à Paris? demanda le cardinal.

— On recherchait toujours l'auteur du meurtre commis sur le président Minard.

— N'es-tu pas le fils du plus grand ami de mon chirurgien? dit le duc de Guise trompé par la candeur que Christophe exprimait, une fois son trouble apaisé.

— Oui, monseigneur.

Le Grand-Maître sortit, souleva brusquement la portière qui cachait la double porte de la salle du conseil, et montra sa figure à toute cette audience au milieu de laquelle il chercha le premier chirurgien du roi. Ambroise, debout dans un coin, fut frappé par une œillade que le duc lui lança, et vint à lui. Ambroise, qui inclinait déjà vers la religion réformée, finit par l'adopter; mais l'amitié des Guise et celle des rois de France le garantit de tous les malheurs qui atteignirent les Réformés. Le duc, qui se regardait comme obligé de la vie envers Ambroise Paré, l'avait fait nommer premier chirurgien du roi depuis quelques jours.

— Que voulez-vous, monseigneur? dit Ambroise. Le roi sera it-il malade? je le croirais assez.

— Comment?

— La reine est trop jolie, répliqua le chirurgien.

— Ah! fit le duc étonné. Néanmoins il ne s'agit pas de ceci, reprit-il après une pause. Ambroise, je veux te faire voir un de tes amis, dit-il en l'emmenant sur le pas de la porte de la chambre du conseil et lui montrant Christophe.

— Hé! c'est vrai, monseigneur, s'écria le chirurgien en tendant la main à Christophe. Comment va ton père, mon gars?

— Mais bien, maître Ambroise, répondit Christophe.

— Et que viens-tu faire à la cour, dit le chirurgien, ce n'est pas ton métier de porter les paquets, ton père te destine à la chicane. Veux-tu la protection de ces deux grands princes pour être avocat?

— Oh! mon Dieu oui, dit Christophe, mais pour les intérêts de mon père ; et si vous pouvez intercéder pour nous, joignez-vous à moi, fit-il en prenant un air piteux, pour obtenir de monseigneur le Grand-Maître une ordonnance de paiement des sommes qui sont dues à mon père, car il ne sait de quel bois faire flèche...

Le cardinal et le Grand-Maître se regardèrent et parurent satisfaits.

— Maintenant laissez-nous, dit le Grand-Maître à Ambroise en lui faisant un signe. Et vous, mon ami, dit-il à Christophe, faites promptement vos affaires et retournez à Paris. Mon secrétaire vous donnera une passe, car, mordieu, il ne fera pas bon sur les chemins!

Aucun des deux frères n'eut le moindre soupçon des graves intérêts qui reposaient sur Christophe, une fois assurés qu'il était bien le fils du bon catholique Lecamus, fournisseur de la cour, et qu'il ne venait que pour se faire payer.

— Mène-le auprès de la chambre de la reine, qui sans doute va le demander, dit le cardinal au chirurgien en lui montrant Christophe.

Pendant que le fils du pelletier subissait son interrogatoire dans la salle du conseil, le roi avait laissé la reine en compagnie de sa belle-mère, après avoir passé dans son cabinet de toilette où l'on allait par le cabinet contigu à la chambre.

Debout dans la vaste embrasure de l'immense croisée, la reine Catherine regardait les jardins, en proie aux plus tristes pensées.

Elle voyait l'un des plus grands capitaines de ce siècle substitué dans la matinée, à l'instant, à son fils, au roi de France, sous le terrible titre de lieutenant-général du royaume. Devant ce péril, elle était seule, sans action, sans défense. Aussi pouvait-on la comparer, dans son vêtement de deuil, qu'elle ne quitta jamais depuis la mort de Henri II, à un fantôme, tant sa figure pâle était immobile à force de réflexion. Son œil noir nageait dans cette indécision tant reprochée aux grands politiques, et qui chez eux vient de l'étendue même du coup d'œil par lequel ils embrassent toutes les difficultés, les compensant l'une par l'autre, et additionnant, pour ainsi dire, toutes les chances avant de prendre un parti. Ses oreilles tintaient, son sang s'agitait, et néanmoins elle demeurait calme, digne, tout en mesurant la profondeur de l'abîme politique au-dessus de l'abîme réel qui s'étendait sous ses pieds. Après celle de l'arrestation du Vidame de Chartres, cette journée était la seconde de ces terribles journées qui se trouvèrent en si grand nombre dans le reste de sa vie royale ; mais ce fut aussi sa dernière faute à l'école du pouvoir. Quoique le sceptre parût fuir ses mains, elle voulait le saisir et le saisit par un effet de cette puissance de volonté qui ne s'était lassée ni des dédains de son beau-père François Ier et de sa cour, où elle avait été peu de chose, quoique dauphine, ni des constants refus de Henri II, ni de la terrible opposition de Diane de Poitiers, sa rivale. Un homme n'eût rien compris à cette reine en échec ; mais la blonde Marie, si fine, si spirituelle, si jeune fille et déjà si instruite, l'examinait du coin de l'œil en affectant de fredonner un air italien et prenant une contenance insouciante. Sans deviner les orages d'ambition contenue qui causaient une légère sueur froide à la Florentine, la jolie Écossaise au visage mutin savait que l'élévation de son oncle le duc de Guise causait une rage intérieure à Catherine. Or, rien ne l'amusait tant que d'espionner sa belle-mère, en qui elle voyait une intrigante, une parvenue abaissée toujours prête à se venger. Le visage de l'une était grave et sombre, un peu terrible, à cause de cette lividité des Italiennes qui, durant le jour, fait ressembler leur teint à de l'ivoire jaune, quoiqu'il redevienne éclatant aux bougies, tandis que le visage de l'autre était frais et gai. A seize ans, la tête de Marie Stuart avait cette blancheur de blonde qui la rendit si célèbre. Son frais, son piquant visage si purement coupé, brillait de cette malice d'enfant exprimée franchement par la régularité de ses sourcils, par la vivacité de ses yeux, par la mutinerie de sa jolie bouche. Elle déployait alors ces grâces de jeune chatte que rien, ni la captivité, ni la vue de son effroyable échafaud, ne purent altérer. Ces deux reines, l'une à l'aurore, l'autre à l'été de sa vie, formaient donc alors le contraste le plus complet. Catherine était une reine imposante, une veuve impénétrable, sans autre passion que celle du pouvoir. Marie était une folâtre, une insoucieuse épousée, qui de ses couronnes faisait des jouets. L'une prévoyait d'immenses malheurs, elle entrevoyait l'assassinat des Guise en devinant que ce serait le seul moyen d'abattre des gens capables de s'élever au-dessus du trône et du Parlement; enfin elle apercevait les flots de sang d'une longue lutte ; l'autre ne se doutait pas qu'elle serait juridiquement assassinée. Une singulière réflexion rendit un peu de calme à l'Italienne.

— Selon la sorcière et au dire de Ruggieri, ce règne va finir ; mon embarras ne durera point, pensa-t-elle.

Ainsi, chose étrange, une science occulte, oubliée aujourd'hui, l'astrologie judiciaire servit alors à Catherine de point d'appui, comme dans toute sa vie, car sa croyance alla croissant, en voyant les prédictions de ceux qui pratiquaient cette science réalisées avec une minutieuse exactitude.

— Vous êtes bien sombre, madame? dit Marie Stuart en prenant des mains de Dayelle ce petit bonnet pincé sur la raie de ses cheveux et dont les deux ailes de riche dentelle tournaient autour des touffes blondes qui lui accompagnaient les tempes.

Le pinceau des peintres a si bien illustré cette coiffure, qu'elle appartient exclusivement à la reine d'Écosse, quoique Catherine l'ait inventée pour elle quand elle eut à prendre le deuil de Henri II ; mais elle ne sut pas la porter aussi bien que sa belle-fille, à qui elle seyait beaucoup mieux. Ce grief n'était pas le moindre parmi ceux de la reine-mère contre la jeune reine.

— Est-ce un reproche que me fait la reine? dit Catherine en se tournant vers sa belle-fille.

— Je vous dois le respect et n'oserais, répliqua malicieusement l'Écossaise qui regarda Dayelle.

Entre les deux reines, la femme de chambre favorite resta comme la figure d'un chenêt, un sourire d'approbation pouvait lui coûter la vie.

— Comment puis-je être gaie comme vous, après avoir perdu le feu roi et en voyant le royaume de mon fils sur le point de s'embraser?

— La politique regarde peu les femmes, répliqua Marie Stuart. D'ailleurs mes oncles sont là.

Ces deux mots étaient, dans les circonstances actuelles, deux flèches empoisonnées.

— Voyons donc nos fourrures, madame, répondit ironiquement l'Italienne, et nous pourrons nous occuper alors de nos véritables affaires pendant que vos oncles décideront de celles du royaume.

— Oh! mais nous serons du conseil, madame, nous y sommes plus utiles que vous ne croyez.

— Nous, dit Catherine avec un air d'étonnement. Mais moi, je ne sais pas le latin.

— Vous me croyez savante! dit en riant Marie Stuart. Eh! bien, je vous jure, madame, qu'en ce moment j'étudie pour être à la hauteur des Médicis, afin de savoir un jour *guérir* les plaies du royaume.

Catherine fut atteinte au cœur par ce trait piquant qui rappelait l'origine des Médicis, venus, disaient les uns, d'un médecin, et selon les autres, d'un riche droguiste. Elle resta sans réponse. Dayelle rougit lorsque sa maîtresse la regarda en cherchant ces applaudissements que tout le monde et même les reines demandent à des inférieurs quand il n'y a pas de spectateurs.

— Vos mots charmants, madame, ne peuvent malheureusement guérir ni les plaies de l'État, ni celles de l'Église, répondit Catherine avec une dignité calme et froide. La science de mes pères, en ce genre, leur a donné des trônes; tandis que si dans le danger vous continuez à plaisanter, vous pourrez perdre les vôtres.

En ce moment, Dayelle ouvrit la porte à Christophe, que le premier chirurgien annonça lui-même en grattant.

Le Réformé voulut étudier le visage de Catherine, en affectant un embarras assez naturel dans un pareil lieu; mais il fut surpris par la vivacité de la reine Marie qui sauta sur les cartons pour voir son surcot.

— Madame, dit Christophe en s'adressant à la Florentine.

Il tourna le dos à l'autre reine et à Dayelle, en profitant soudain de l'attention que ces deux femmes allaient donner aux fourrures pour frapper un coup hardi.

— Que voulez-vous de moi? dit Catherine en lui jetant un regard perçant.

Christophe avait mis le traité proposé par le prince de Condé, le plan des Réformés et le détail de leurs forces sur son cœur, entre sa chemise et son justaucorps de drap, mais en les enveloppant du mémoire dû par Catherine au pelletier.

— Madame, dit-il, mon père est dans un horrible besoin d'argent, et si vous daignez jeter les yeux sur vos mémoires, ajouta-t-il en dépliant le papier et mettant le traité en dessus, vous verrez que Votre Majesté lui doit six mille écus. Ayez la bonté de nous prendre en pitié. Voyez, madame! Et il lui tendit le traité. — Lisez. Ceci date de l'avénement au trône du feu roi.

Catherine fut éblouie par le préambule du traité, mais elle ne perdit pas la tête, elle roula vivement le papier en admirant l'audace et la présence d'esprit de ce jeune homme; elle sentit d'après ce coup de maître qu'elle serait comprise, et lui frappa la tête avec le rouleau de papier.

— Vous êtes bien maladroit, mon petit ami, de présenter le compte avant les fourrures. Apprenez à connaître les femmes! Il ne faut jamais nous présenter nos mémoires qu'au moment où nous sommes satisfaites.

— Est-ce une tradition? dit la jeune reine à sa belle-mère qui ne répondit rien.

— Ah! mesdames, excusez mon père, dit Christophe. S'il n'avait pas eu besoin d'argent, vous n'auriez pas eu vos pelleteries. Les pays sont en armes, et il y a tant de danger à courir sur les routes, qu'il a fallu notre détresse pour que je vinsse ici. Personne que moi n'a voulu se risquer.

Ce garçon est neuf, dit Marie Stuart en souriant.

Il n'est pas inutile, pour l'intelligence de cette petite scène si importante, de faire observer qu'un surcot était, ainsi que le mot l'indique (*sur cotte*), une espèce de spencer collant que les femmes mettaient sur leur corsage et qui les enveloppait jusqu'aux hanches en les dessinant. Ce vêtement garantissait le dos, la poitrine et le cou contre le froid. Les surcots étaient intérieurement doublés en fourrure qui bordait l'étoffe par une lisière plus ou moins large. Marie Stuart, en essayant son surcot, se regardait dans une grande glace de Venise pour en voir l'effet par derrière, elle avait ainsi laissé à sa belle-mère la facilité d'examiner les papiers dont le volume eût excité sa défiance sans cette circonstance.

— Parle-t-on jamais aux femmes des dangers qu'on a courus,

quand on est sain et sauf et qu'on les voit ! dit-elle en se montrant à Christophe.

— Ah ! madame, j'ai votre mémoire aussi, dit-il en la regardant avec une niaiserie bien jouée.

La jeune reine le toisa sans prendre le papier, et remarqua, mais sans en tirer alors la moindre conséquence, qu'il avait pris dans son sein le mémoire de la reine Catherine, tandis qu'il sortait le sien, à elle, de sa poche. Elle ne vit pas non plus dans les yeux de ce garçon l'admiration que son aspect excitait chez tout le monde ; mais elle était si occupée de son surcot, qu'elle ne se demanda pas d'abord d'où pouvait venir cette indifférence.

— Prends, Dayelle ? dit-elle à la femme de chambre, tu donneras le mémoire à monsieur de Versailles (Loménie), en lui disant de ma part de payer.

— Oh ! madame, si vous ne me faites signer une ordonnance par le roi ou par Monseigneur le Grand-Maître, qui est là, votre gracieuse parole resterait sans effet.

— Vous êtes plus vif qu'il ne sied à un sujet, mon ami, dit Marie Stuart. Vous ne croyez donc pas aux paroles royales ?

Le roi se montra vêtu de ses chausses de soie, et du *haut-de-chausses*, la culotte de ce temps, mais sans pourpoint ni manteau ; il avait une riche redingote de velours, bordée de menu-vair, car ce mot de la langue moderne peut seul donner l'idée du négligé du roi.

— Quel est le maraud qui doute de votre parole ? dit le jeune François II qui malgré la distance entendit le dernier mot de sa femme.

La porte du cabinet se trouvait masquée par le lit royal. Ce cabinet fut appelé plus tard cabinet vieux, pour le distinguer du riche cabinet de peintures que fit arranger Henri III à l'autre extrémité de cet appartement, du côté de la salle des États-Généraux. Henri III fit cacher les meurtriers dans le cabinet vieux, et envoya dire au duc de Guise de venir l'y trouver, tandis qu'il resta caché dans le cabinet neuf pendant le meurtre, et il n'en sortit que pour venir voir expirer cet audacieux sujet pour lequel il n'y avait plus ni prison, ni tribunal, ni juges, ni lois dans le royaume. Sans ces terribles circonstances, l'historien reconnaîtrait aujourd'hui difficilement la destination de ces salles et de ces cabinets pleins de soldats. Un fourrier écrit à sa maîtresse à la même place où jadis Catherine pensive décidait de sa lutte avec les partis.

— Venez, mon ami, dit la reine-mère, je vais vous faire payer, moi. Il faut que le commerce vive, et l'argent est son principal nerf.

— Allez, mon cher, dit en riant la jeune reine, mon auguste mère entend mieux que moi les affaires de commerce.

Catherine allait sortir sans répondre à cette nouvelle épigramme ; mais elle pensa que son indifférence pouvait éveiller un soupçon, elle répondit vivement à sa belle-fille : — Et vous, ma chère, le commerce de l'amour ! Puis elle descendit.

— Serrez tout cela, Dayelle, et venons au conseil, monsieur, dit au roi la jeune reine ravie de faire décider en l'absence de la reine-mère la question si grave de la lieutenance du royaume.

Marie Stuart prit le bras du roi. Dayelle sortit la première en disant un mot aux pages, et l'un d'eux, le jeune Téligny, qui devait périr si misérablement à la Saint-Barthélemy, cria : — Le Roi !

En entendant ce mot, les deux arquebusiers se mirent au port d'arme, et les deux pages allèrent en avant vers la chambre du conseil, au milieu de la haie de courtisans et de la haie formée par les filles des deux reines. Tous les membres du conseil se groupèrent alors à la porte de cette salle, qui se trouve à une faible distance de la porte de l'escalier. Le Grand-Maître, le cardinal et le Chancelier allèrent à la rencontre des deux jeunes souverains qui souriaient à quelques-unes des filles, ou répondaient à des demandes de quelques courtisans plus familiers que les autres. Mais la jeune reine, évidemment impatiente, entraînait François II vers l'immense salle du conseil. Quand le son lourd des arquebuses, en retentissant sur le plancher, annonça que le couple était entré, les pages remirent leurs bonnets sur leurs têtes, et les conversations particulières entre les seigneurs reprirent leur cours sur la gravité des affaires qui allaient se débattre.

— On a envoyé chercher le connétable par Chiverny, et il n'est pas venu, disait l'un.

— Il n'y a aucun prince du sang, faisait observer l'autre.

— Le Chancelier et monsieur de Tournon étaient soucieux !

— Le Grand-Maître a fait dire au garde-des-sceaux de ne pas manquer d'être à ce conseil, il en sortira sans doute quelques lettres patentes.

— Comment la reine-mère reste-t-elle en bas, chez elle, en un pareil moment !

— On va nous tailler des croupières, disait Groslot au cardinal de Châtillon.

Enfin chacun disait son mot. Les uns allaient et venaient dans cette immense salle, d'autres papillonnaient autour des filles des deux reines comme s'il était donné de saisir quelques paroles à travers un mur de trois pieds d'épaisseur, à travers deux portes et les riches portières qui les enveloppaient.

Assis en haut de la longue table couverte en velours bleu qui se trouvait au milieu de cette salle, le roi auprès de qui la jeune reine avait pris place sur un fauteuil, attendait sa mère. Robertet taillait ses plumes. Les deux cardinaux, le Grand-Maître, le chancelier, le garde-des-sceaux, tout le conseil enfin regardait le petit roi en se demandant pourquoi il ne donnait pas l'ordre pour s'asseoir.

— Délibérera-t-on en l'absence de madame la reine-mère ? dit alors le chancelier en s'adressant au jeune roi.

Les deux princes lorrains attribuèrent l'absence de Catherine à quelque ruse de leur nièce. Excité d'ailleurs par un regard significatif, l'audacieux cardinal dit au roi : — Le bon plaisir du Roi est-il que l'on commence sans madame sa mère ?

François II, sans oser se prononcer, répondit : — Messieurs, asseyez-vous.

Le cardinal expliqua succinctement les dangers de la situation. Ce grand politique, qui fut dans cette circonstance d'une habileté merveilleuse, amena la question de la lieutenance au milieu du profond silence des assistants. Le jeune roi sentit sans doute une oppression et devina que sa mère avait le sentiment des droits de la couronne et la connaissance du danger où était son pouvoir, il répondit alors à une demande positive du cardinal : — Attendons la reine ma mère.

Éclairée par le retard inconcevable de la reine Catherine, tout à coup Marie Stuart réunit en une seule pensée trois circonstances qu'elle se rappela vivement. D'abord la grosseur des mémoires présentés à sa belle-mère, et qui l'avait frappée, quelque distraite qu'elle fût, car une femme qui paraît ne rien voir est un lynx ; puis l'endroit où Christophe les avait mis pour les séparer des siens.

— Et pourquoi ? se demanda-t-elle. Enfin elle se souvint du regard froid de ce garçon, qu'elle attribua soudain à la haine des Réformés contre la nièce des Guise. Une voix lui cria : — Ne serait-ce pas un envoyé des Huguenots? Obéissant comme les natures vives à son premier mouvement, elle dit : — Je vais chercher moi-même ma mère! Puis elle sortit brusquement, se précipita dans l'escalier au grand étonnement des courtisans et des dames; elle descendit chez sa belle-mère, y traversa la salle des gardes, ouvrit la porte de la chambre avec des précautions de voleur, glissa comme une ombre sur les tapis, et ne l'aperçut nulle part; elle pensa devoir la surprendre dans le magnifique cabinet qui se trouve entre cette chambre et l'oratoire. On reconnaît encore aujourd'hui parfaitement bien les dispositions de cet oratoire, auquel les mœurs de cette époque avaient donné dans la vie privée le rôle que joue maintenant un boudoir.

Par un hasard inexplicable quand on songe à l'état de dégradation dans lequel la couronne laisse ce château, les admirables boiseries du cabinet de Catherine existent encore, et dans ces boiseries finement sculptées, les curieux peuvent encore de nos jours voir les traces de la splendeur italienne et reconnaître les cachettes que la reine-mère y avait établies. Une description exacte de ces curiosités est même nécessaire à l'intelligence de ce qui allait s'y passer. Cette boiserie était alors composée d'environ cent quatre-vingts petits panneaux oblongs dont une centaine subsistent encore, et qui tous offrent au regard des arabesques de dessins différents, évidemment suggérées par les plus charmantes arabesques de l'Italie. Le bois est du chêne vert. Le rouge qu'on retrouve sous la couche de chaux mise à propos du choléra, précaution inutile, indique assez que le fond des panneaux a été doré. Les endroits où le caustique manque, font supposer que certaines portions du dessin se détachaient de la dorure en couleur ou bleue, ou rouge, ou verte. La multitude de ces panneaux révèle bien l'intention de tromper les recherches; mais si l'on en pouvait douter, le concierge du château, tout en vouant à l'exécration des races actuelles la mémoire de Catherine, montre aux visiteurs, au bas de cette boiserie et au rez du plancher, une plinthe assez grossière qui se lève et sous laquelle existent encore des ressorts ingénieux. En pressant une détente ainsi déguisée, la reine pouvait ouvrir ceux de ces panneaux connus d'elle seule, et derrière lesquels il existe dans la muraille une cachette oblongue comme le panneau, mais plus ou moins profonde. Encore aujourd'hui, l'œil le plus exercé reconnaîtrait difficilement, entre tous ces panneaux, celui qui doit tomber sur ses charnières invisibles ; mais quand les yeux étaient amusés par les couleurs et par les dorures habilement combinées pour cacher les fentes, il est facile de croire que vouloir découvrir un ou deux panneaux entre deux cents était une chose impossible.

Au moment où Marie Stuart mit la main sur le loquet de la serrure assez compliquée de ce cabinet, l'Italienne, qui venait de se convaincre de la grandeur des plans du prince de Condé, venait de faire jouer le ressort caché dans la plinthe, un des panneaux s'était brusquement abaissé sur sa charnière, et Catherine se retournait pour prendre sur la table les papiers afin de les cacher et veiller à la sûreté de l'émissaire dévoué qui les lui apportait. En entendant ouvrir la porte, elle devina que la reine Marie pouvait seule venir sans se faire annoncer.

— Vous êtes perdu, dit-elle à Christophe en s'apercevant qu'elle ne pouvait plus serrer les papiers ni fermer assez promptement le panneau pour que le secret de sa cachette ne fût pas éventé.

Christophe répondit par un regard sublime.

— *Povero mio!* dit Catherine avant de regarder sa belle-fille.
— Trahison, madame! je les tiens, cria-t-elle. Faites venir le cardinal et le duc. Que celui-ci, dit-elle en montrant Christophe, ne sorte pas.

En un moment cette habile femme avait jugé nécessaire de livrer ce pauvre jeune homme : elle ne pouvait le cacher, il était impossible de le faire sauver ; et d'ailleurs, huit jours plus tôt il eût été temps, mais depuis la matinée les Guise connaissaient le complot, ils devaient avoir les listes qu'elle tenait à la main et attiraient évidemment les Réformés dans un piége. Ainsi tout heureuse d'avoir reconnu chez ses adversaires l'esprit qu'elle leur avait souhaité, la politique voulait que la mèche éventée, elle s'en fît un mérite. Ces effroyables calculs furent établis dans le rapide moment pendant lequel la jeune reine ouvrit la porte. Marie Stuart resta muette pendant un instant. Son regard perdit sa gaieté, prit l'acuteness que le soupçon donne aux yeux de tout le monde, et qui chez elle devint terrible par la rapidité du contraste. Ses yeux allèrent de Christophe à la reine-mère et de la reine-mère à Christophe en exprimant des doutes malicieux. Puis elle saisit une sonnette au bruit de laquelle arriva une des filles de la reine-mère.

— Mademoiselle du Rouet, faites venir le capitaine de service, dit Marie Stuart à la demoiselle d'honneur contrairement à l'étiquette, nécessairement violée en de semblables circonstances.

Pendant que la jeune reine donnait cet ordre, Catherine avait toisé Christophe en lui disant par son regard : — Du courage ! Le Réformé comprit tout et répondit par un regard qui voulait dire : — Sacrifiez-moi comme *ils* me sacrifient!

— Comptez sur moi, dit Catherine par un geste. Puis elle se plongea dans les papiers quand sa belle-fille se retourna.

— Vous êtes de la religion réformée ? dit Marie Stuart à Christophe.

— Oui, madame, répondit-il.

— Je ne m'étais pas trompée, ajouta-t-elle en murmurant quand elle retrouva dans les yeux du Réformé ce même regard où la froideur et la haine se cachaient sous une expression d'humilité.

Pardaillan se montra soudain, envoyé par les deux princes lorrains et par le roi. Le capitaine demandé par Marie Stuart suivait ce jeune gentilhomme, un des plus dévoués guisards.

— Allez dire de ma part au Roi, au Grand-Maître et au Cardinal de venir, en leur faisant observer que je ne prendrais point cette liberté s'il n'était survenu quelque chose de grave. Allez, Pardaillan. — Quant à toi, Lewiston, veille sur ce traître de Réformé, dit-elle à l'Écossais dans sa langue maternelle en lui désignant Christophe.

La jeune reine et la reine-mère gardèrent le silence jusqu'à l'arrivée des princes et du roi. Ce moment fut terrible.

Marie Stuart avait découvert à sa belle-mère et dans toute son étendue le rôle que lui faisaient jouer ses oncles; sa défiance habituelle et constante s'était trahie, et cette jeune conscience sentait tout ce qu'il y avait de déshonorant dans ce métier pour une grande reine. De son côté, Catherine venait de se livrer par peur et craignait d'être comprise, elle tremblait pour son avenir. Chacune de ces deux femmes, l'une honteuse et colère, l'autre haineuse et tranquille, alla dans l'embrasure de la croisée et s'appuya l'une à droite, l'autre à gauche; mais elles exprimèrent leurs sentiments dans des regards si parlants qu'elles baissèrent les yeux, et, par un mutuel artifice, regardèrent le ciel par la fenêtre. Ces deux femmes si supérieures n'eurent alors pas plus d'esprit que les plus vulgaires. Peut-être en est-il ainsi toutes les fois que les circonstances écrasent les hommes. Il y a toujours un moment où le génie lui-même sent sa petitesse en présence des grandes catastrophes. Quant à Christophe, il était comme un homme qui roule dans un abîme. Lewiston, le capitaine écossais, écoutait ce silence, il regardait le fils du pelletier et les deux reines avec une curiosité soldatesque. L'entrée du jeune roi et de ses deux oncles mit fin à cette situation pénible. Le cardinal alla droit à la reine.

— Je tiens tous les fils de la conspiration des hérétiques, ils m'envoyaient cet enfant chargé de ce traité et de ces documents, lui dit Catherine à voix basse.

Pendant le temps que Catherine s'expliquait avec le cardinal, la reine Marie disait quelques mots à l'oreille du Grand-Maître.

— De quoi s'agit-il? fit le jeune roi qui restait seul au milieu de ces violents intérêts entre-choqués.

— Les preuves de ce que je disais à Votre Majesté ne se sont pas fait attendre, dit le cardinal qui saisit les papiers.

Le duc de Guise prit son frère à part, sans se soucier d'interrompre, et lui dit à l'oreille : — De ce coup, me voici lieutenant-général, sans opposition.

Un fin regard fut toute la réponse du cardinal, il fit ainsi comprendre à son frère qu'il avait déjà saisi tous les avantages à recueillir de la fausse position de Catherine.

— Qui vous a envoyé? dit le duc à Christophe.

— Chaudieu le ministre, répondit-il.

— Jeune homme, tu mens! dit vivement l'homme de guerre, c'est le prince de Condé!

— Le prince de Condé, monseigneur! reprit Christophe d'un air étonné, je ne l'ai jamais rencontré. Je suis du Palais, j'étudie chez monsieur de Thou, je suis son secrétaire, et il ignore que je suis de la religion. Je n'ai cédé qu'aux prières du ministre.

— Assez, fit le cardinal. Appelez monsieur de Robertet, dit-il à Lewiston, car ce jeune drôle est plus rusé que de vieux politiques, il nous a trompés, mon frère et moi, qui lui aurais donné le bon Dieu sans confession.

— Tu n'es pas un enfant, morbleu! s'écria le duc, et nous te traiterons en homme.

— On voulait séduire votre auguste mère, dit le cardinal en s'adressant au roi et voulant le prendre à part pour l'amener à ses fins.

— Hélas! répondit la reine à son fils en prenant un air de reproche et l'arrêtant au moment où le cardinal l'emmenait dans l'oratoire pour le soumettre à sa dangereuse éloquence, vous voyez l'effet de la situation dans laquelle je suis : on me croit irritée du peu d'influence que j'ai dans les affaires publiques, moi la mère de quatre princes de la maison de Valois.

Le jeune roi devint attentif. Marie Stuart, en voyant le front du roi se plisser, le prit et l'emmena dans l'embrasure de la fenêtre, où elle le cajola par de douces paroles dites à voix basse, et sans doute semblables à celles qu'elle lui adressait naguère à son lever. Les deux frères lurent alors les papiers livrés par la reine Catherine. En y trouvant des renseignements que leurs espions, monsieur de Braguelonne, le lieutenant criminel du Châtelet, ignorait, ils furent tentés de croire à la bonne foi de Catherine de Médicis. Robertet vint et reçut quelques ordres secrets relatifs à Christophe. Le jeune instrument des chefs de la Réformation fut alors emmené par quatre gardes de la compagnie écossaise qui lui firent descendre l'escalier et le livrèrent à monsieur de Montrésor, le prévôt de l'hôtel. Ce terrible personnage conduisit lui-même Christophe, accompagné de cinq de ses sergents, dans la prison du château, située dans les caves voûtées de la tour aujourd'hui en ruine, que le concierge du château de Blois vous montre en disant que là se trouvaient les oubliettes.

Après un pareil événement, le conseil ne pouvait plus être qu'un simulacre : le roi, la jeune reine, le Grand-Maître, le cardinal de Lorraine y revinrent, emmenant Catherine vaincue, et qui n'y parla que pour approuver les mesures demandées par les Lorrains. Malgré la légère opposition du chancelier Olivier, le seul personnage qui fît entendre des paroles où poindait l'indépendance nécessaire à l'exercice de sa charge, le duc de Guise fut nommé lieutenant-général du royaume. Robertet apporta les provisions avec une célérité qui prouvait un dévouement qu'on pourrait appeler de la complicité. Le roi, donnant le bras à sa mère, traversa de nouveau la salle des gardes en annonçant à la cour qu'il allait le lendemain même au château d'Amboise. Cette résidence avait été abandonnée depuis que Charles VIII s'y était donné très-involontairement la mort en heurtant le chambranle d'une porte qu'il faisait sculpter, en croyant pouvoir entrer sans se baisser sous l'échafaudage. Catherine, pour masquer les projets des Guise, dit avoir l'intention de finir le château d'Amboise pour le compte de la couronne, en même temps qu'on achèverait son château de Chenonceaux. Mais personne ne fut la dupe de ce prétexte, et la cour s'attendit à de grands événements.

Après avoir passé deux heures environ à se reconnaître dans l'obscurité de son cachot, Christophe finit par le trouver garni d'une boiserie grossière, mais assez épaisse pour rendre ce trou carré salubre et habitable. La porte, semblable à celle d'un toit à porc, l'avait contraint à se plier en deux pour entrer. A côté de cette porte, une grosse grille en fer ouverte sur une espèce de corridor donnait un peu d'air et de lumière. Cette disposition du cachot, en tout point semblable à celle des puits de Venise, disait assez que l'architecte du château de Blois appartenait à cette école vénitienne qui, au Moyen-Age, donna tant de constructeurs à l'Europe. En sondant ce puits au-dessus de la boiserie, Christophe remarqua que les deux murs qui le séparaient, à droite et à gauche, de deux puits semblables, étaient en briques. En frappant pour reconnaître l'épaisseur, il fut assez surpris d'entendre frapper de l'autre côté.

— Qui êtes-vous? lui demanda son voisin qui lui parla par le corridor.

— Je suis Christophe Lecamus.

— Moi, répondit la voix, je suis le capitaine Chaudieu, frère du ministre. On m'a pris cette nuit à Beaugency; mais heureusement il n'y a rien contre moi.

— Tout est découvert, dit Christophe. Ainsi vous êtes sauvé de la bagarre.

— Nous avons trois mille hommes en ce moment dans les forêts du Vendomois, et tous gens assez déterminés pour enlever la reinemère et le roi pendant leur voyage. Heureusement la Renaudie a été plus fin que moi, il s'est sauvé. Vous veniez de nous quitter quand les guisards nous ont appris.

— Mais je ne connais point la Renaudie...

— Bah! mon frère m'a tout dit, répondit le capitaine.

Sur ce mot, Christophe s'assit sur son banc et ne répondit plus rien à tout ce que put lui demander le prétendu capitaine, car il avait assez pratiqué déjà les gens de justice, pour savoir combien il fallait de prudence dans les prisons. Au milieu de la nuit, il vit reluire la pâle lumière d'une lanterne dans le corridor, après avoir entendu manœuvrer les grosses serrures de la porte en fer qui fermait la cave. Le grand-prévôt venait lui-même chercher Christophe. Cette sollicitude pour un homme qu'on avait laissé dans son cachot sans nourriture parut singulière à Christophe ; mais le grand déménagement de la cour avait sans doute empêché de songer à lui. L'un des sergents du prévôt lui lia les mains avec une corde, et le tint par cette corde jusqu'à ce qu'il fût arrivé dans une des salles basses du château de Louis XII, qui servait évidemment d'antichambre au logement de quelque personnage. Le sergent et le grand-prévôt le firent asseoir sur un banc, où le sergent lui lia les pieds comme il lui avait lié les mains. Sur un signe de monsieur de Montrésor, le sergent sortit.

— Écoute-moi bien, mon ami, dit à Christophe le grand-prévôt qui jouait avec le collier de l'Ordre, car ce personnage était en costume à cette heure avancée de la nuit.

Cette petite circonstance donna beaucoup à penser au fils du pelletier. Christophe vit bien que tout n'était pas fini. Certes, en ce moment, il ne s'agissait ni de le pendre, ni de le juger.

— Mon ami, tu peux t'épargner de cruels tourments en me disant ici tout ce que tu sais des intelligences de monsieur le prince de Condé avec la reine Catherine. Non-seulement il ne te sera point fait de mal, mais encore tu entreras au service de monseigneur le lieutenant-général du royaume, qui aime les gens intelligents, et sur qui ta bonne mine a produit une vive impression. La reine-mère va être renvoyée à Florence, et monsieur de Condé sera sans doute mis en jugement. Ainsi, crois-moi, les petits doivent s'attacher aux grands qui règnent. Dis-moi le tout, tu t'en trouveras bien.

— Hélas ! monsieur, répondit Christophe, je n'ai rien à dire, j'ai avoué tout ce que je sais à messieurs de Guise dans la chambre de la reine. Chaudieu m'a entraîné à mettre des papiers sous les yeux de la reine-mère, en me faisant croire qu'il s'agissait de la paix du royaume.

— Vous n'avez jamais vu le prince de Condé ?

— Jamais, dit Christophe.

Là-dessus, monsieur de Montrésor laissa Christophe et alla dans une chambre voisine. Christophe ne resta pas longtemps seul. La porte par laquelle il était venu s'ouvrit bientôt, donna passage à plusieurs hommes, qui ne la fermèrent pas et qui firent entendre dans la cour des bruits peu récréatifs. On apportait des bois et des machines évidemment destinés au supplice de l'envoyé des Réformés. La curiosité de Christophe trouva bientôt matière à réflexion dans les préparatifs que les nouveaux venus firent dans la salle et sous ses yeux. Deux valets mal vêtus et grossiers obéissaient à un gros homme vigoureux et trapu qui, dès son entrée, avait jeté sur Christophe le regard de l'anthropophage sur sa victime; il l'avait toisé, évalué, estimant en connaisseur les nerfs, leur force et leur résistance. Cet homme était le bourreau de Blois. En plusieurs voyages, ses gens apportèrent un matelas, des maillets, des coins de bois, des planches et des objets dont l'usage ne parut ni clair ni sain au pauvre enfant que ces préparatifs concernaient, et dont le sang se glaça dans ses veines, par suite d'une appréhension terrible, mais indéterminée. Deux personnages entrèrent au moment où monsieur de Montrésor reparut.

— Hé! bien, rien n'est prêt? dit le grand-prévôt que les deux nouveaux venus saluèrent avec respect. — Savez-vous, ajouta-t-il en s'adressant au gros homme et à ses deux valets, que monseigneur le cardinal vous croit à la besogne. — Docteur, reprit-il en s'adressant à l'un des deux nouveaux personnages, voilà votre homme. Et il désigna Christophe.

Le médecin alla droit au prisonnier, lui délia les mains, lui frappa sur la poitrine et dans le dos. La science recommençait sérieusement l'examen sournois du bourreau. Pendant ce temps, un serviteur à la livrée de la maison de Guise apporta plusieurs fauteuils, une table et tout ce qui était nécessaire pour écrire.

— Commencez le procès-verbal, dit monsieur de Montrésor, en désignant la table au second personnage vêtu de noir, qui était un greffier. Puis il revint se placer auprès de Christophe, auquel il dit fort doucement : — Mon ami, le chancelier ayant appris que vous refusiez de répondre d'une manière satisfaisante à mes demandes, a résolu que vous seriez appliqué à la question ordinaire et extraordinaire.

— Est-il en bonne santé et peut-il la supporter? dit le greffier au médecin.

— Oui, répondit le savant qui était un des médecins de la maison de Lorraine.

— Eh! bien, retirez-vous dans la salle ici près, nous vous ferons appeler toutes les fois qu'il sera nécessaire de vous consulter.

Le médecin sortit.

Sa première terreur passée, Christophe rappela son courage : l'heure de son martyre était venue. Il regarda dès lors avec une froide curiosité les dispositions que faisaient le bourreau et ses valets. Après avoir dressé un lit à la hâte, ces deux hommes préparaient des machines appelées brodequins, consistant en plusieurs planches entre lesquelles on plaçait chacune des jambes du patient, qui s'y trouvait prise dans de petits matelas. Chaque jambe ainsi arrangée était rapprochée l'une de l'autre. L'appareil employé par les relieurs pour serrer leurs volumes entre deux planches qu'ils maintiennent avec des cordes, peut donner une idée très-exacte de la manière dont chaque jambe du patient était disposée. Chacun imaginera dès lors l'effet que produisait un coin chassé à coups de maillet entre les deux appareils où la jambe était comprimée, et qui, serrés eux-mêmes par des câbles, ne cédaient point. On enfonçait les coins à la hauteur des genoux et aux chevilles, comme s'il s'agissait de fendre un morceau de bois. Le choix de ces deux endroits dénués de chair, et où par conséquent le coin se faisait place aux dépens des os, rendait cette question horriblement douloureuse. Dans la question ordinaire, on chassait quatre coins, deux aux chevilles et deux aux genoux ; mais dans la question extraordinaire, on allait jusqu'à huit, pourvu que les médecins jugeassent que la sensibilité du prévenu n'était pas épuisée. A cette époque, les brodequins s'appliquaient également aux mains ; mais, pressés par le temps, le cardinal, le lieutenant-général du royaume et le chancelier en dispensèrent Christophe. Le procès-verbal était ouvert, le grand-prévôt en avait dicté quelques phrases en se promenant d'un air méditatif, et en faisant dire à Christophe ses noms, ses prénoms, son âge, sa profession ; puis il lui demanda de quelle personne il tenait les papiers qu'il avait remis à la reine.

— Du ministre Chaudieu, répondit-il.

— Où vous les a-t-il remis ?

— Chez moi, à Paris.

— En vous les remettant, il a dû vous dire si la reine-mère vous accueillerait avec plaisir.

— Il ne m'a rien dit de semblable, répondit Christophe. Il m'a seulement prié de les remettre à la reine Catherine en secret.

— Vous avez donc vu souvent Chaudieu, pour qu'il fût instruit de votre voyage.

— Le ministre n'a pas su par moi qu'en apportant leurs fourrures aux deux reines, je venais réclamer, de la part de mon père, la somme que lui doit la reine-mère, et je n'ai pas eu le temps de lui demander par qui.

— Mais ces papiers qui vous ont été donnés sans être enveloppés ni cachetés, contenaient un traité entre des rebelles et la reine Catherine; vous avez dû voir qu'ils vous exposaient à subir le supplice destiné aux gens qui trempent dans une rébellion.

— Oui.

— Les personnes qui vous ont décidé à cet acte de haute trahison ont dû vous promettre des récompenses et la protection de la reine-mère.

— Je l'ai fait par attachement pour Chaudieu, la seule personne que j'aie vue.

— Persistez-vous donc à dire que vous n'avez pas vu le prince de Condé?

— Oui !

— Le prince de Condé ne vous a-t-il pas dit que la reine-mère était disposée à entrer dans ses vues contre messieurs de Guise ?

— Je ne l'ai pas vu.

— Prenez garde ! Un de vos complices, La Renaudie, est arrêté. Quelque fort qu'il soit, il n'a pas résisté à la question qui vous attend, et il a fini par avouer avoir eu, de même que le prince, une entrevue avec vous. Si vous voulez éviter les tourments de la question, je vous engage à dire simplement la vérité. Peut-être obtiendrez-vous ainsi votre grâce.

Christophe répondit qu'il ne pouvait affirmer ce dont il n'avait jamais eu connaissance, ni se donner des complices quand il n'en avait point. En entendant ces paroles, le grand-prévôt fit un signe au bourreau et rentra dans la salle voisine. A ce signe, le front de Christophe se rida, il fronça les sourcils par une contraction nerveuse en se préparant à souffrir. Ses poignets se fermèrent par une contraction si violente, que ses ongles pénétrèrent dans sa chair sans qu'il le sentît. Les trois hommes s'emparèrent de lui, le placèrent sur le lit de camp, et l'y couchèrent en laissant pendre ses jambes. Pendant que le bourreau attachait son corps sur cette table par de grosses cordes, chacun de ses aides lui mettait une jambe dans les brodequins. Bientôt les cordes furent serrées au moyen d'une manivelle, sans que cette pression fît grand mal au

Réformé. Quand chaque jambe fut ainsi prise comme dans un étau, le bourreau saisit son maillet, ses coins, et regarda tour à tour le patient et le greffier.

— Persistez-vous à nier ? dit le greffier.

— J'ai dit la vérité, répondit Christophe.

— Eh! bien, allez, dit le greffier en fermant les yeux.

Les cordes furent serrées avec une vigueur extrême. Ce moment était peut-être le plus douloureux de la torture : les chairs étaient alors brusquement comprimées, le sang refluait violemment vers le buste. Aussi le pauvre enfant ne put-il retenir des cris effroyables, il parut près de s'évanouir. On appela le médecin. Ce personnage tâta le pouls de Christophe et dit au bourreau d'attendre un quart d'heure avant d'enfoncer les coins, pour laisser le temps au sang de se calmer, et à la sensibilité celui de revenir entièrement. Le greffier représenta charitablement à Christophe que s'il ne supportait pas mieux le commencement des douleurs auxquelles il ne pouvait se soustraire, il valait mieux révéler ; mais Christophe ne répondit que par ces mots : —*Le couturier du roi ! le couturier du roi !*

— Qu'entendez-vous par ces paroles ? lui demanda le greffier.

— En voyant à quel supplice je dois résister, dit lentement Christophe pour gagner du temps et se reposer, j'appelle toute ma force et cherche à l'augmenter en songeant au martyre qu'a enduré pour la sainte cause de la Réformation le couturier du feu roi, à qui la question a été donnée en présence de madame la duchesse de Valentinois et du roi, je tâcherai d'être digne de lui!

Pendant que le médecin exhortait le malheureux à ne pas laisser recourir aux moyens extraordinaires, le cardinal et le duc, impatients de connaître le résultat de cet interrogatoire, se montrèrent, et demandèrent à Christophe de dire incontinent la vérité. Le fils du pelletier répéta les seuls aveux qu'il se permettait de faire, et qui ne chargeaient que Chaudieu. Les deux princes firent un signe. A ce signe, le bourreau et son premier aide saisirent leurs maillets, prirent chacun un coin et l'enfoncèrent, l'un se tenant à droite, l'autre à gauche, entre les deux appareils. Le bourreau était à la hauteur des genoux, l'aide vis-à-vis des pieds, aux chevilles. Les yeux des témoins de cette scène horrible s'attachèrent à ceux de Christophe, qui, sans doute excité par la présence de ces grands personnages, leur lança des regards si animés, qu'ils prirent l'éclat d'une flamme. Aux deux autres coins, il laissa échapper un gémissement horrible. Quand il vit prendre les coins de la question extraordinaire, il se tut ; mais son regard contracta une fixité si violente, et jetait aux deux seigneurs qui le contemplaient un fluide si pénétrant, que le duc et le cardinal furent obligés de baisser les yeux. La même défaite fut essuyée par Philippe le Bel quand il fit donner la question du balancier en sa présence aux Templiers. Ce supplice consistait à soumettre la poitrine du patient au coup d'une des branches du balancier avec lequel on frappait la monnaie, et que l'on garnissait d'un tampon de cuir. Il y eut un chevalier de qui le regard s'attacha si violemment au roi, que le roi, fasciné, ne put détacher sa vue de celle du patient. Au troisième coup de barre, le roi sortit, après avoir entendu sa citation dans l'année au tribunal de Dieu, devant lequel il comparut. Au cinquième coin, le premier de la *question extraordinaire*, Christophe dit au cardinal : — Monseigneur, abrégez mon supplice, il est inutile !

Le cardinal et le duc rentrèrent dans la salle, et Christophe entendit alors ces paroles prononcées par la reine Catherine : — Allez toujours, car après tout ce n'est qu'un hérétique !

Elle jugea prudent de paraître plus sévère que les bourreaux envers son complice.

On enfonça le sixième et le septième coin sans que Christophe se plaignît : son visage brillait d'une splendeur extraordinaire, due sans doute à l'excès de force que lui prêtait le fanatisme excité. Où chercher ailleurs que dans le sentiment le point d'appui nécessaire pour résister à de pareilles souffrances ? Enfin Christophe se mit à sourire au moment où le bourreau prit le huitième coin. Cette horrible torture durait depuis une heure.

Le greffier alla chercher le médecin, afin de savoir si l'on pouvait enfoncer le huitième coin sans mettre la vie du patient en danger. Pendant ce temps, le duc revint voir Christophe.

— Ventre-de-biche ! tu es un fier compagnon, lui dit-il en se penchant à son oreille. J'aime les gens courageux. Entre à mon service, tu seras heureux et riche, mes faveurs panseront tes membres meurtris ; je ne te proposerai pas de lâcheté comme de rentrer dans ton parti pour nous en dire les projets : il y a toujours des traîtres, et la preuve en est dans les prisons de Blois ; mais dis-moi seulement en quels termes en sont la reine-mère et le prince de Condé.

— Je n'en sais rien, monseigneur, cria Lecamus.

Le médecin vint, examina la victime, et dit qu'elle pouvait encore supporter le huitième coin.

— Enfoncez-le, dit le cardinal. Après tout, comme l'a dit la reine, ce n'est qu'un hérétique, ajouta-t-il en regardant Christophe et lui jetant un affreux sourire.

Catherine sortit à pas lents de la salle voisine, se plaça devant Christophe et le contempla froidement. Elle fut alors l'objet de l'attention des deux frères, qui examinèrent alternativement Catherine et son complice. De cette épreuve solennelle dépendait pour cette femme ambitieuse tout son avenir : elle éprouvait une vive admiration pour le courage de Christophe, elle le regardait sévèrement; elle haïssait les Guise, elle leur souriait.

— Hé! bien, dit-elle, jeune homme, avouez que vous avez vu le prince de Condé, vous serez richement récompensé.

— Ah! quel métier faites-vous, madame? s'écria Christophe en la plaignant.

La reine tressaillit.

— Il m'insulte! ne le pendrez-vous pas? dit-elle aux deux frères qui demeuraient pensifs.

— Quelle femme! s'écria le Grand-Maître dans l'embrasure de la croisée en consultant son frère par un regard.

— Je reste en France, et je me vengerai d'eux, pensa la reine.
— Allez! qu'il avoue ou qu'il meure! s'écria-t-elle en s'adressant à monsieur de Montrésor.

Le grand-prévôt détourna les yeux, les bourreaux étaient occupés, Catherine put alors lancer au martyr un regard qui ne fut vu de personne et qui tomba sur Christophe comme une rosée. Les yeux de cette grande reine lui parurent humides, il y roulait en effet deux larmes contenues et séchées aussitôt. Le coin fut enfoncé, l'une des planches entre lesquelles on le chassait cassa. Christophe laissa partir de sa poitrine un cri horrible, après lequel il se tut et montra un visage rayonnant : il croyait mourir.

— Qu'il meure! s'écria le cardinal en répétant le dernier mot de la reine avec une sorte d'ironie, non, non! Ne rompons point ce fil, dit-il au grand-prévôt.

Le duc et le cardinal se consultèrent alors à voix basse.

— Qu'en fera-t-on? demanda le bourreau.

— Envoyez-le dans les prisons d'Orléans, dit le duc, et surtout, reprit-il en s'adressant à monsieur de Montrésor, ne le pendez point sans mon ordre.

La délicatesse excessive à laquelle était arrivée la sensibilité des organes intérieurs, montés par la résistance qui nécessitait l'emploi de toutes les forces humaines, existait au même degré dans tous les sens de Christophe. Lui seul entendit les paroles suivantes que le duc de Guise dit à l'oreille du cardinal : — Je ne renonce point à savoir la vérité par ce petit bonhomme.

Quand les deux princes eurent quitté la salle, les bourreaux débarrassèrent les jambes de leur patient sans aucune précaution.

— A-t-on jamais vu criminel de cette force ? dit le bourreau à ses aides. Le drôle a supporté le huitième coin, il devait mourir, je perds la valeur de son corps...

— Déliez-moi sans me faire souffrir, mes amis, dit le pauvre Christophe. Quelque jour je vous récompenserai.

— Allons, ayez de l'humanité ! s'écria le médecin. Monseigneur le duc estime ce jeune homme et me l'a recommandé.

— Je vais à Amboise avec mes aides, dit brutalement le bourreau, soignez-le vous-même. D'ailleurs, voilà le geôlier.

Le bourreau partit en laissant Christophe entre les mains du doucereux médecin qui, aidé par le futur gardien de Christophe, le porta sur un lit, lui apporta un bouillon, le lui fit prendre, s'assit à côté de lui, lui tâta le pouls et lui donna des consolations.

— Vous n'en mourrez pas, lui dit-il. Vous devez éprouver une douceur intérieure, en sachant que vous avez fait votre devoir. La reine m'a chargé de veiller sur vous, ajouta-t-il à voix basse.

— La reine est bien bonne, dit Christophe en qui les souffrances extrêmes avaient aussi développé une admirable lucidité d'esprit et qui, après avoir supporté de si grandes souffrances, ne voulut pas compromettre les résultats de son dévouement. Mais elle aurait bien pu m'épargner de si grandes douleurs en ne me livrant pas à mes persécuteurs et leur disant elle-même des secrets que j'ignore.

En entendant cette réponse, le médecin prit son bonnet, son manteau, et laissa là Christophe en jugeant qu'il ne pourrait rien obtenir d'un homme de cette trempe. Le geôlier de Blois fit emporter le pauvre enfant par quatre hommes sur une civière et l'emmena dans la prison de la ville, où Christophe s'endormit de ce profond sommeil qui, dit-on, saisit presque toutes les mères après les horribles douleurs de l'accouchement.

En transportant la cour au château d'Amboise, les deux princes lorrains n'espéraient pas y voir le chef du parti de la Réformation, le prince de Condé qu'ils y avaient fait mander par le roi, pour lui tendre un piége. Comme vassal de la couronne et comme prince du sang, Condé devait obéir aux mandements du roi. Ne pas venir à Amboise constituait un crime de félonie; mais en y venant, il se mettait à la disposition de la couronne. Or, en ce moment, la couronne, le conseil, la cour, tous les pouvoirs étaient réunis entre les mains du duc de Guise et du cardinal de Lorraine. Le prince de Condé montra, dans cette conjoncture si délicate, l'esprit de décision et la ruse qui firent de lui le digne interprète de Jeanne d'Albret et le valeureux général des Réformés. Il voyagea sur les derrières des conjurés à Vendôme, afin de les appuyer en cas de succès. Quand cette première prise d'armes fut terminée par la courte échauffourée où périt la fleur de la noblesse égarée par Calvin, le prince arriva, suivi de cinquante gentilshommes, au château d'Amboise, le lendemain même de cette affaire que la fine politique des Lorrains appela le Tumulte d'Amboise. En apprenant l'arrivée du prince, les Lorrains envoyèrent au-devant de lui le maréchal de Saint-André suivi de cent hommes d'ordonnance. Quand le Béarnais et son escorte arrivèrent à la porte du château, le maréchal en refusa l'entrée aux gentilshommes du prince.

— Vous devez y entrer seul, monseigneur, dirent au prince le chancelier Olivier, le cardinal de Tournon et Birague qui se trouvèrent en dehors de la herse.

— Et pourquoi?

— Vous êtes soupçonné de félonie, lui répliqua le chancelier.

Le prince, qui vit en ce moment sa suite cernée par le duc de Nemours, répondit tranquillement : — S'il en est ainsi, j'entrerai seul chez mon cousin et lui prouverai mon innocence.

Il mit pied à terre, causa dans une parfaite liberté d'esprit avec Birague, le cardinal de Tournon, le chancelier Olivier et le duc de Nemours, auxquels il demanda les détails du Tumulte.

— Monseigneur, dit le duc de Nemours, les rebelles avaient des intelligences dans Amboise. Le capitaine Lanoue y avait introduit des hommes d'armes qui leur ont ouvert cette porte, par où ils sont entrés dans la ville et de laquelle ils ont été les maîtres...

— C'est-à-dire que vous leur avez ouvert un sac, répondit le prince en regardant Birague.

— S'ils eussent été secondés par l'attaque que le capitaine Chaudieu, le frère du prédicant de Paris, devait faire sur la porte des Bons-Hommes, ils eussent réussi, répondit le duc de Nemours; mais d'après la position que le duc de Guise m'avait fait prendre, le capitaine Chaudieu a dû me tourner pour éviter un combat. Au lieu d'arriver la nuit, comme les autres, le rebelle n'est venu qu'à la diane, au moment où les troupes du Roi écrasaient les rebelles entrés en ville.

— Et vous aviez un corps de réserve pour gagner la porte qui leur avait été livrée?

— Monsieur le maréchal de Saint-André s'y trouvait avec cinq cents hommes d'armes.

Le prince donna les plus grands éloges sur ces dispositions militaires.

— Pour s'être conduit ainsi, fit-il en terminant, le lieutenant-général devait avoir les secrets des Réformés. Ces gens ont sans doute été trahis.

Le prince fut conduit de rigueur en rigueur; car, après l'avoir séparé des siens quand il voulut entrer au château, le cardinal et le chancelier lui barrèrent le passage quand il se dirigea vers l'escalier qui menait aux appartements du roi.

— Nous sommes chargés par le Roi, monseigneur, de vous conduire à votre appartement.

— Suis-je donc prisonnier?

— Si telle était l'intention du roi, vous ne seriez pas accompagné par un prince de l'Église et par moi, dit le chancelier.

Ces deux personnages conduisirent le prince à un appartement où des gardes lui furent donnés, soi-disant par honneur, et où il resta sans voir personne pendant quelques heures. De sa fenêtre, il regarda la Loire et les campagnes qui, d'Amboise à Tours, forment un si beau bassin; et il réfléchissait à sa situation, en se demandant ce que les Lorrains oseraient entreprendre sur sa personne, quand il entendit la porte de sa chambre s'ouvrir et vit entrer Chicot, le fou du roi, qui lui avait appartenu.

— On te disait en disgrâce, lui dit le prince.

— Vous ne sauriez croire combien, depuis la mort du roi Henri II, la cour est devenue sage.

— Le roi, cependant, doit aimer à rire.

— Lequel? François II ou François de Lorraine?

— Tu ne crains donc pas le duc, pour parler ainsi?

— Il ne me châtiera point pour cela, monseigneur, répondit Chicot en souriant.

— Et à quoi dois-je l'honneur de ta visite?

— Eh! ne vous revenait-elle pas de droit après votre arrivée? Je vous apporte ma marotte et mon bonnet.

— Je ne puis donc pas sortir?

— Essayez?

— Et si je sors?

— Je dirai que vous avez gagné au jeu en jouant contre les règles.

— Chicot, tu me fais peur... Es-tu donc envoyé par quelqu'un qui s'intéresse à moi?

— Oui! dit Chicot par un signe de tête. Il s'approcha du prince et lui fit comprendre qu'ils étaient observés et écoutés.

— Qu'as-tu donc à me dire? demanda le prince de Condé.

— Que l'audace seule peut vous tirer d'affaire, et ceci vient de la reine-mère, fit le fou qui glissa ses paroles dans l'oreille du prince.

— Dis à ceux qui t'envoient, répondit le prince, que je ne serais pas venu dans ce château, si j'avais quelque chose à me reprocher ou à craindre.

— Je cours reporter cette brave réponse! s'écria le fou.

Deux heures après, à une heure après-midi, avant le dîner du roi, le chancelier et le cardinal de Tournon vinrent chercher le prince pour le présenter à François II, dans la grande galerie où l'on avait tenu conseil. Là, devant toute la cour, le prince de Condé fit le surpris de la froideur que lui marqua le petit roi dans son accueil, et il en demanda la cause.

— On vous accuse, mon cousin, dit sévèrement la reine-mère, d'avoir trempé dans le complot des Réformés, et vous devez vous montrer sujet fidèle et bon catholique, si vous ne voulez attirer la colère du roi sur votre maison.

En entendant ces paroles, dites au milieu du plus profond silence par Catherine, qui donnait le bras au roi son fils et qui avait à sa gauche le duc d'Orléans, le prince se recula de trois pas, par un mouvement plein de fierté, mit la main sur son épée et regarda tous les personnages qui l'environnaient.

— Ceux qui ont dit cela, madame, cria-t-il d'une voix irritée, en ont menti par leur gorge.

Il jeta son gant aux pieds du roi, en disant : Que celui qui veut soutenir cette calomnie s'avance.

La cour entière frissonna, quand on vit le duc de Guise quittant sa place ; mais au lieu de ramasser le gant comme on le croyait, il alla vers l'intrépide bossu.

— S'il vous faut un second, mon prince, faites-moi l'honneur de m'accepter, dit-il. Je réponds de vous, et vous montrerez aux Réformés combien ils s'abusent s'ils veulent vous prendre pour chef...

Le prince fut forcé de tendre la main au lieutenant-général du royaume. Chicot ramassa le gant et le remit à monsieur de Condé.

— Mon cousin, fit le petit roi, vous ne devez tirer l'épée que pour la défense de la couronne, venez dîner?

Le cardinal de Lorraine, surpris du mouvement de son frère, l'emmena dans ses appartements. Le prince de Condé, sorti du plus grave de ses dangers, donna la main à la reine Marie Stuart pour se rendre dans la salle à manger; mais, tout en disant des flatteries à la jeune reine, il cherchait quel piége lui tendait en ce moment la politique du Balafré. Le prince eut beau se creuser la tête, il ne devina le projet du Lorrain que quand la reine Marie le lui découvrit.

— C'eût été dommage, lui dit-elle en riant, de voir tomber une tête si spirituelle, et avouez que mon oncle est généreux?

— Oui, madame, car ma tête ne va bien que sur mes épaules, encore que l'une soit sensiblement plus grosse que l'autre. Mais est-ce générosité chez votre oncle? Ne s'est-il pas fait un mérite à bon marché? Croyez-vous qu'il soit si facile de procéder contre un prince du sang?

— Tout n'est pas fini, reprit-elle. Nous verrons quelle sera votre conduite à l'exécution des gentilshommes de vos amis, pour laquelle le conseil a résolu de déployer le plus grand appareil.

— Je ferai, dit le prince, ce que fera le roi.

— Le roi, la reine-mère et moi-même, nous y assisterons avec toute la cour et les ambassadeurs...

— Une fête?... dit ironiquement le prince.

— Mieux que cela, dit la jeune reine, *un acte de foi*, un acte de haute politique. Il s'agit de soumettre les gentilshommes de France à la couronne, de leur faire passer leur goût pour les factions et pour les brigues...

Vous ne leur ôterez point leur humeur belliqueuse en leur montrant de tels périls, madame, et vous risquez à ce jeu la couronne elle-même, répondit le prince.

A la fin de ce dîner, qui fut assez solennel, la reine Marie eut alors la triste hardiesse de mettre publiquement la conversation sur le procès qui se faisait en ce moment aux seigneurs pris les armes à la main, et de parler de la nécessité de donner le plus grand appareil à leur exécution.

— Madame, dit François II, n'est-ce pas assez pour le roi de France de savoir que le sang de tant de braves gentilshommes coulera? faut-il en faire un triomphe?

— Non, sire; mais un exemple, répondit Catherine.

— Votre grand-père et votre père avaient coutume d'assister au brûlement des hérétiques, dit Marie Stuart.

— Les rois qui ont régné avant moi faisaient à leur guise, et je veux faire à la mienne, répondit le roi.

— Philippe II, reprit Catherine, qui certainement est un grand monarque, a fait dernièrement, étant dans les Pays-Bas, retarder un *acte de foi* jusqu'à ce qu'il fût de retour à Valladolid.

— Qu'en pensez-vous, mon cousin? dit le roi au prince de Condé.

— Sire, vous ne pouvez vous en dispenser, il y faut le nonce du pape et les ambassadeurs. J'irai volontiers, moi, du moment où les dames sont de la fête...

Le prince de Condé, sur un regard de Catherine de Médicis, avait pris bravement son parti.

Pendant que le prince de Condé entrait au château d'Amboise, le pelletier des deux reines y arrivait aussi de Paris, amené par l'inquiétude dans laquelle les événements du tumulte avaient plongé sa famille et celle de Lallier. A la porte du château, quand le vieillard se présenta, le capitaine, au mot de pelletier de la reine, lui répondit : — Brave homme, si tu veux être pendu, tu n'as qu'à mettre le pied à la cour. En entendant ces paroles, le père au désespoir s'assit sur une barrière à quelques pas et attendit qu'un serviteur d'une des deux reines ou quelque femme vînt à passer afin d'avoir des nouvelles de son fils; mais il resta pendant toute la journée sans voir personne de connaissance, et fut forcé de descendre en ville où il se logea, non sans peine, dans une hôtellerie sur la place où se faisaient les exécutions. Il fut obligé de payer une livre par jour pour avoir une chambre dont la fenêtre donnât sur la place. Le lendemain, il eut le courage d'assister, de sa fenêtre, à l'exécution des fauteurs de la rébellion qu'on avait condamnés à être roués ou pendus, en gens de peu d'importance. Le syndic de la confrérie des pelletiers fut bien heureux de ne pas apercevoir son fils parmi les patients. Quand l'exécution fut terminée, il alla se mettre sur le passage du greffier. Après s'être nommé, et lui avoir mis une bourse pleine d'écus dans la main, il le pria de rechercher si, dans les trois exécutions précédentes, il avait eu le nommé Christophe Lecamus. Le greffier, touché par les manières et par l'accent de la voix de ce père au désespoir, l'emmena jusque chez lui. Après une soigneuse vérification, il donna au vieillard l'assurance que ledit Christophe ne se trouvait ni parmi les gens exécutés jusqu'alors, ni parmi ceux qui devaient être mis à mort les jours suivants.

— Mon cher maître, dit le greffier au syndic, le parlement s'est chargé du procès des seigneurs impliqués dans l'affaire, et des principaux chefs. Ainsi, peut-être votre fils est-il détenu dans les prisons du château et fera-t-il partie de la magnifique exécution que préparent nos seigneurs le duc de Guise et le cardinal de Lorraine. On doit trancher la tête à vingt-sept barons, onze comtes et sept marquis, en tout cinquante gentilshommes ou chefs de Réformés. Comme la justice de la comté de Touraine n'a rien de commun avec le parlement de Paris, si vous voulez absolument avoir des nouvelles de votre fils, allez voir monseigneur le chancelier Olivier qui, par l'ordre du lieutenant-général du royaume, a la grande main sur le procès.

Le pauvre vieillard alla trois fois chez le chancelier, et y fit queue dans la cour en compagnie d'un grand nombre de personnes qui sollicitaient pour leurs parents; mais comme les gens titrés passaient avant les bourgeois, il fut obligé de renoncer à vouloir parler au chancelier qu'il vit plusieurs fois, sortant de sa maison pour se rendre soit au château, soit à la commission nommée par le parlement, au milieu d'une haie de solliciteurs que des gardes faisaient ranger pour lui laisser le passage libre. C'était une horrible scène de désolation, car il se trouvait parmi les solliciteurs des femmes, des filles ou des mères, des familles entières éplorées. Le vieux Lecamus donna beaucoup d'or à des valets du château en les priant de remettre des lettres qu'il écrivit soit à Dayelle, la femme de chambre de la reine Marie, soit à celle de la reine-mère ; mais les valets prenaient les écus du bonhomme et remettaient, selon l'ordre du cardinal, les lettres au grand-prévôt de la cour. En déployant une cruauté inouïe, les princes lorrains pouvaient craindre les vengeances, et jamais ils ne prirent plus de précautions que pendant le séjour de la cour à Amboise, en sorte que ni la corruption la plus puissante, celle de l'or, ni les démarches les plus actives ne donnèrent au Syndic des Pelletiers des lumières sur le sort de son fils. Il allait par cette petite ville d'un air morne, examinant les immenses préparatifs que faisait faire le cardinal pour le terrible spectacle auquel devait assister le prince de Condé. On stimulait alors la curiosité publique, de Paris à Nantes, par les moyens en usage à cette époque. L'exécution avait été annoncée en chaire par tous les prédicateurs et par les curés, en même temps que la victoire du roi sur les hérétiques. Trois tribunes élégantes, parmi lesquelles celle du milieu paraissait devoir être plus somptueuse que les autres, furent adossées à la plate-forme du château d'Amboise, au pied de laquelle devait avoir lieu l'exécution. Autour de cette place, on bâtissait des gradins en planches qui furent garnis d'une foule immense attirée par la célébrité donnée à *cet acte de foi*. Dix mille personnes environ campèrent dans les champs, la veille du jour où cet horrible spectacle devait avoir lieu. Les toits furent chargés de monde, et les croisées se louèrent jusqu'à dix livres, somme énorme pour le temps. Le pauvre père avait, comme bien on pense, une des meilleures places pour embrasser le théâtre où devaient périr tant de gentilshommes, et au milieu duquel il vit dresser un vaste échafaud couvert en drap noir. On y apporta, le matin du jour fatal, le *chouquet*, nom du billot où le condamné devait poser sa tête en se mettant à genoux, puis, un fauteuil drapé de noir pour le greffier du parlement chargé d'appeler les gentilshommes en énonçant leur sentence. L'enceinte fut gardée dès le matin par la compagnie écossaise et par les gendarmes de la maison du roi, pour empêcher que la foule ne l'envahît avant l'exécution.

Après une messe solennelle dite au château et dans les églises de la ville, on amena les seigneurs, les derniers qui restassent de tous les conjurés. Ces gentilshommes, dont quelques-uns avaient subi la torture, furent réunis au pied de l'échafaud et assistés par des moines qui essayèrent de les faire renoncer aux doctrines de Calvin ; mais aucun d'eux n'écouta la voix de ces gens que leur avait détachés le cardinal de Lorraine, et parmi lesquels ces gentilshommes craignirent sans doute de trouver des espions du Lorrain. Afin de se délivrer des persécutions de leurs antagonistes, ils entonnèrent un psaume mis en vers français par Clément Marot. Calvin, comme on sait, avait décrété de prier Dieu dans la langue de chaque pays, autant par raison que pour attaquer le culte romain. Ce fut une coïncidence touchante pour ceux qui, dans la foule, plaignaient ces gentilshommes que de leur entendre dire ce verset, au moment où la cour arriva :

> Dieu nous soit doux et favorable,
> Nous bénissant par sa bonté,
> Et de son visage adorable
> Nous fasse luire la clarté.

Tous les regards des Réformés se portèrent sur leur chef, le prince de Condé, qui fut, à dessein, placé entre la reine Marie et le duc d'Orléans. La reine Catherine de Médicis se trouvait après son fils, et avait le cardinal à sa gauche. Le nonce du pape était debout derrière les reines. Le lieutenant-général du royaume était à cheval au bas de l'estrade avec deux maréchaux de France et ses capitaines. Quant le prince de Condé parut, tous les gentilshommes qui devaient être décapités, et qui le connaissaient, le saluèrent, et l'intrépide bossu leur rendit ce salut.

— Il est difficile, dit-il au duc d'Orléans, de ne pas être poli avec des gens qui vont mourir.

Les deux autres tribunes furent remplies par les invités, par les courtisans et par les personnes de service à la cour. Ce fut enfin le monde du château de Blois, qui passait ainsi d'une fête aux supplices, comme plus tard il passa des plaisirs de la cour aux périls de la guerre avec une facilité qui sera toujours, pour les étrangers, un des ressorts de leur politique en France. Le pauvre Syndic des Pelletiers de Paris éprouva la joie la plus vive en ne voyant pas son fils parmi les cinquante-sept gentilshommes condamnés à mourir. A un signe du duc de Guise, le greffier, placé sur l'échafaud, cria sur-le-champ à haute voix : — *Jean-Louis-Albéric*, baron de Raunay, *coupable d'hérésie, de crime de lèze-majesté et d'attaque à main armée contre la personne du Roi.*

Un grand bel homme monta d'un pied sûr à l'échafaud, salua le peuple et la cour, et dit : — L'arrêt en a menti, je me suis armé pour délivrer le Roi de ses ennemis, les Lorrains! Il plaça sa tête sur le billot, et elle tomba.

Les Réformés chantèrent :

> Dieu, tu nous a mis à l'épreuve
> Et tu nous as examinés ;
> Comme l'argent que l'on éprouve,
> Par feu tu nous as affinés.

— *Robert-Jean-René* BRIQUEMAUT, comte de Villemongis, *coupable du crime de lèze-majesté et d'attentat contre la personne du Roi,* cria le greffier.

Le comte trempa ses mains dans le sang du baron de Raunay, et dit : — Que ce sang retombe sur les vrais coupables.

Les Réformés chantaient :

> Tu nous as fait entrer et joindre
> Aux piéges de nos ennemis,
> Tu nous as fait les reins astreindre
> Des filets où tu nous a mis.

— Avouez, monsieur le Nonce, dit le prince de Condé, que si les gentilshommes français savent conspirer, ils savent aussi mourir.

— Quelles haines, mon frère, dit la duchesse de Guise au cardinal de Lorraine, vous attirez sur la tête de nos enfants !

— Ce spectacle me fait mal, dit le jeune roi qui pâlissait à la vue du sang répandu.

— Bah ! des rebelles ?... dit Catherine de Médicis.

On entendait toujours les chants, et la hache allait toujours. Enfin, ce spectacle sublime de gens qui mouraient en chantant, et surtout l'impression que produisit sur la foule la diminution progressive des chants, fit passer par-dessus la crainte que les Lorrains inspiraient.

— Grâce ! cria le peuple tout d'une voix quand il n'entendit plus que les faibles accents d'un seigneur, le plus considérable de tous, réservé pour le dernier coup. Il était seul au pied de l'escabelle par laquelle on montait à l'échafaud, et chantait :

> Dieu nous soit doux et favorable,
> Nous bénissant par sa bonté,
> Et de son visage adorable
> Nous fasse luire la clarté,

— Allons, duc de Nemours, dit le prince de Condé qui se fatigua de son rôle, vous à qui l'on doit le gain de l'échauffourée et qui avez aidé à prendre ces gens-là, ne vous croyez-vous pas obligé de demander grâce pour celui-ci ? C'est Castelnau, qui, m'a-t-on dit, a reçu votre parole d'être traité courtoisement en se rendant...

— Ai-je donc attendu qu'il fût là pour le sauver ? dit le duc de Nemours atteint par ce dur reproche.

Le greffier appela lentement et à dessein sans doute.

—*Michel-Jean-Louis*, baron de CASTELNAU-CHALOSSE, *atteint et convaincu du crime de lèze-majesté et d'attentat à la personne du Roi.*

— Non, dit fièrement Castelnau, ce ne saurait être un crime que de s'être opposé à la tyrannie et à l'usurpation projetée des Guise !

L'exécuteur lassé, qui vit du mouvement dans la tribune, arrangea sa hache.

— Monsieur le baron, dit-il, je ne voudrais pas vous faire souffrir, et un moment de plus peut vous sauver.

Tout le peuple cria de nouveau : — Grâce !

— Allons, dit le roi, grâce à ce pauvre Castelnau qui a sauvé le duc d'Orléans.

Le cardinal se méprit avec intention sur le mot : allons. Il fit un signe à l'exécuteur, en sorte que la tête de Castelnau tomba quand le roi lui faisait grâce.

— Celui-là, cardinal, est sur votre compte, dit Catherine.

Le lendemain de cette affreuse exécution, le prince de Condé partit pour la Navarre.

Cette affaire produisit une grande sensation en France et dans toutes les cours étrangères; mais les torrents de sang noble qui furent alors versés causèrent une si grande douleur au chancelier Olivier, que ce digne magistrat, en apercevant enfin le but où tendaient les Guise, sous prétexte de défendre le trône et la religion, ne se sentit pas assez fort pour leur tenir tête. Quoiqu'il fût leur créature, il ne voulut pas leur sacrifier et son devoir et la monarchie, il se retira des affaires publiques, en leur désignant l'Hospital pour son successeur. Catherine, en apprenant le choix d'Olivier, proposa Birague pour chancelier et mit une excessive ardeur à sa sollicitation. Le cardinal, à qui la circonstance du billet écrit par l'Hospital à Catherine était inconnue, et qui le croyait toujours fidèle à la maison de Lorraine, en fit le concurrent de Birague, et la reine-mère eut l'air de se le laisser imposer. Dès son entrée en charge, l'Hospital prit des mesures contre l'inquisition, que le cardinal de Lorraine voulait importer en France, et contre-carra si bien toutes les mesures antigallicanes et politiques des Guise, il se montra si bon Français, que, pour le réduire, il fut, trois mois après sa nomination, exilé à sa terre du Vignay, près d'Étampes.

Le bonhomme Lecamus attendait avec impatience que la cour quittât Amboise, car il n'avait pu trouver l'occasion de parler ni à la reine Marie, ni à la reine Catherine, et il espérait se placer sur le passage de la cour au moment où elle voyagerait le long de la levée pour retourner à Blois. Le syndic se déguisa en pauvre, au risque de se faire prendre pour un espion, et à la faveur de ce déguisement, il put se mêler aux malheureux qui bordaient la route. Après le départ du prince de Condé, le duc et le cardinal crurent avoir imposé silence aux Réformés et laissèrent la reine-mère un peu plus libre. Lecamus savait qu'au lieu d'aller en litière, Catherine aimait à monter à cheval *à la planchette*, tel était le nom que l'on donnait alors à l'étrier inventé pour Catherine ou par Catherine qui s'était blessée à la jambe et qui appuyait ses deux pieds sur une espèce de bât de velours, en s'asseyant de côté sur le dos du cheval et passant une jambe dans une échancrure de la selle. Comme la reine avait de très-belles jambes, elle fut accusée d'avoir trouvé cette mode pour les montrer. Le vieillard put ainsi se présenter aux yeux de Catherine de Médicis; mais, dès qu'elle le reconnut, elle eut l'air de se courroucer.

— Éloignez-vous d'ici, bonhomme, et qu'on ne vous voie point me parler, lui dit-elle avec une sorte d'anxiété. Faites-vous nommer député par le corps des métiers de Paris aux États-Généraux, et soyez pour moi dans l'assemblée à Orléans, vous saurez à quoi vous en tenir sur votre fils...

— Existe-t-il? demanda le vieillard.

— Hélas! fit la reine, je l'espère.

Lecamus fut obligé de retourner à Paris avec cette triste parole et le secret de la convocation des États-Généraux que la reine venait de lui confier.

Depuis quelques jours, le cardinal de Lorraine avait obtenu des révélations sur la culpabilité de la cour de Navarre. A Lyon, à Mouvans en Dauphiné, des Réformés commandés par le prince le plus entreprenant de la maison de Bourbon, avaient essayé de soulever les populations. Cette audace, après les sanglantes exécutions d'Amboise, étonna les princes lorrains, qui, pour en finir sans doute avec l'hérésie par des moyens dont le secret fut gardé par eux, proposèrent de convoquer les États-Généraux à Orléans. Catherine de Médicis, qui avait aperçu un point d'appui pour sa politique dans la représentation nationale, y avait consenti avec joie. Le cardinal, qui voulait ressaisir sa proie et abattre la maison de Bourbon, ne convoquait les États que pour y faire venir le prince Condé et le roi de Navarre, Antoine de Bourbon, père de Henri IV, et il voulut alors se servir de Christophe pour convaincre le prince de haute trahison, s'il réussissait encore à le mettre au pouvoir du roi.

Après deux mois passés dans la prison de Blois, un matin Christophe fut apporté sur une civière, couché sur un lit, dans une toue, et remonta vers Orléans où le poussait un vent d'ouest. Il y arriva le soir et fut conduit dans la célèbre tour Saint-Agnan. Christophe, qui ne savait que penser de sa translation, eut tout le temps de réfléchir à sa conduite et à son avenir. Il resta là deux autres mois sur son grabat sans pouvoir remuer les jambes. Ses os étaient brisés. Quand il réclama l'assistance d'un chirurgien de la ville, le geôlier lui répondit que sa consigne était si rigoureuse envers lui, qu'il ne devait s'en remettre à personne du soin de lui apporter des aliments. Cette sévérité, dont l'effet était de le tenir au secret, étonna Christophe : dans ses idées, il devait être ou pendu ou relâché ; il ignorait entièrement les événements d'Amboise.

Malgré les avis secrets de rester chez eux que leur fit donner Catherine de Médicis, les deux chefs de la maison de Bourbon s'étaient déterminés à se rendre aux États, tant les lettres autographes du roi les avaient rassurés ; et quand la cour s'établissait à Orléans, on apprit, non sans étonnement, par Groslot, chancelier de Navarre, l'arrivée des princes.

François II s'établit dans l'hôtel du chancelier de Navarre, qui était aussi bailli d'Orléans. Ce Groslot, dont la double position est une des bizarreries de ce temps où les Réformés possédèrent des abbayes, Groslot, le Jacques Cœur orléanais, l'un des plus riches bourgeois de cette époque, ne laissa pas son nom à sa maison ; elle fut plus tard appelée le Bailliage, car elle fut sans doute acquise des héritiers par la couronne ou par la province pour y placer ce tribunal. Cette charmante construction, due à la bourgeoisie du seizième siècle, et qui complète si bien l'histoire de ce temps, où le roi, la noblesse et la bourgeoisie luttaient de grâce, d'élégance et de richesse dans la construction de leurs demeures, témoin Varangeville, le splendide manoir d'Ango; et l'hôtel, dit d'Hercules, à Paris, qui existe encore de nos jours, mais dans un état qui doit faire le désespoir des archéologues et des amis du moyen-âge. Il est difficile d'être allé à Orléans sans y avoir remarqué sur la place de l'Estape l'hôtel-de-ville. Cet hôtel-de-ville est l'ancien bailliage, l'hôtel de Groslot, la plus illustre maison d'Orléans et la plus négligée.

Les restes de cet hôtel annoncent, aux yeux de l'archéologue combien il fut magnifique, à une époque où les maisons bourgeoises se bâtissaient beaucoup plus en bois qu'en pierre, et où les seigneurs seuls avaient le droit de se faire des *manoirs*, mot significatif. Pour avoir servi de demeure au roi à une époque où la cour déployait tant de luxe et de pompe, l'hôtel Groslot devait être alors la plus grande et la plus splendide maison d'Orléans. Ce fut sur cette place de l'Estape que les Guise et le roi passèrent en revue la garde bourgeoise à laquelle on donna pour chef, durant le séjour du roi, M. de Cypierre. A cette époque, la cathédrale de Sainte-Croix, plus tard achevée par Henri IV, qui voulut donner ce gage de la sincérité de sa conversion, était en construction, et ses alentours, jonchés de pierres, embarrassés de chantiers, furent occupés par les Guise qui se logèrent dans l'hôtel de l'évêque, aujourd'hui détruit.

La ville fut occupée militairement, et les mesures que prirent les Lorrains indiquaient combien ils voulaient laisser peu de liberté aux États-Généraux dont les membres affluaient dans la ville et faisaient surenchérir les loyers des plus petits bouges. Aussi la cour, la milice bourgeoise, la noblesse et la bourgeoisie s'attendaient-elles à quelque coup d'État, et leur attente ne fut pas trompée à l'arrivée des princes du sang. Quand les deux princes entrèrent dans la chambre du roi, la cour vit avec effroi l'insolence du cardinal de Lorraine qui, pour afficher hautement ses prétentions, resta couvert, tandis que le roi de Navarre était devant lui, tête nue. En ce moment Catherine de Médicis baissa les yeux pour ne pas laisser voir son indignation. Il y eut alors une explication solennelle entre le jeune roi et les deux chefs de la branche cadette; elle fut courte, car aux premiers mots que dit le prince de Condé, François II la termina par ces terribles paroles : — Messieurs mes cousins, j'avais cru l'affaire d'Amboise terminée, il n'en est rien, et l'on veut nous faire regretter l'indulgence dont nous avons usé !

— Ce n'est pas tant le roi que messieurs de Guise qui nous parlent, répliqua le prince de Condé.

— Adieu, monsieur, fit le petit roi que la colère rendait pourpre.

Dans la grande salle, le prince eut le passage barré par les deux capitaines des gardes. Quand celui de la Compagnie Française s'avança, le prince tira une lettre de son pourpoint, et dit en face de toute la cour : — Pouvez-vous me lire ceci, monsieur de Maillé-Brézé ?

— Volontiers, dit le capitaine de la Compagnie Française.

« Mon cousin, venez en toute sûreté, je vous donne ma parole
« royale que vous le pouvez. Si vous avez besoin d'un sauf-conduit,
« ces présentes vous en serviront. »

— Signé ?... fit le malicieux et courageux bossu.

— Signé François, dit Maillé.

— Non, non, reprit le prince, il y a « votre bon cousin et ami François ! » — Messieurs, cria-t-il aux Écossais, je vous suis dans la prison où vous avez charge de me conduire de la part du roi. Il y a assez de noblesse en cette salle pour comprendre ceci !

Le profond silence qui régna dans la salle aurait dû éclairer les Guise ; mais le silence est ce que les princes écoutent le moins.

— Monseigneur, dit le cardinal de Tournon qui suivit le prince, depuis l'affaire d'Amboise, vous avez entrepris sur Lyon et à Mouvans en Dauphiné des choses contre l'autorité royale, desquelles le roi n'avait pas connaissance quand il vous écrivait ainsi.

— Fourbes ! s'écria le prince en riant.

— Vous avez fait une déclaration publique contre la messe et pour l'hérésie...

— Nous sommes maîtres en Navarre, dit le prince.

— Vous voulez dire le Béarn ? Mais vous devez hommage à la couronne, répondit le président de Thou.

— Ah! vous êtes ici, président ? s'écria le prince avec ironie. Y êtes-vous avec tout le parlement ?

Sur ce mot, le prince jeta sur le cardinal un regard de mépris et quitta la salle : il comprit qu'on en voulait à sa tête. Lorsque le lendemain messieurs de Thou, de Viole, d'Espesse, le procureur-général Bourdin et le greffier en chef Du Tillet entrèrent dans la prison, il les tint debout et leur exprima ses regrets de les voir chargés d'une affaire qui ne les regardait pas; puis il dit au greffier : Écrivez! et il dicta ceci :

« Moi, Louis de Bourbon, prince de Condé, pair du royaume, marquis de Conti, comte de Soissons, prince du sang de France, déclare refuser formellement de reconnaître aucune commission nommée pour me juger, attendu qu'en ma qualité et en vertu du privilége attaché à tout membre de la maison royale, je ne puis être accusé, entendu, jugé, que par le parlement garni de tous les pairs, toutes les chambres assemblées, et le roi séant en son lit de justice. »

— Vous deviez savoir cela mieux que d'autres, messieurs, c'est tout ce que vous aurez de moi. Pour le surplus, je me confie à mon droit et à Dieu !

Les magistrats procédèrent nonobstant le silence obstiné du prince. Le roi de Navarre était en liberté, mais observé; sa prison était plus grande que celle du prince, ce fut toute la différence de sa position et de celle de son frère; car la tête du prince de Condé et la sienne devaient tomber du même coup.

Christophe ne fut donc gardé si sévèrement au secret par les ordres du cardinal et du lieutenant-général du royaume, que pour donner aux magistrats une preuve de la culpabilité du prince. Les lettres saisies sur Lasagne, le secrétaire du prince, intelligibles pour des hommes d'État, n'étaient pas assez claires pour des juges. Le cardinal avait médité de confronter par hasard le prince et Christophe, qui n'avait pas été placé sans intention dans une salle basse de la tour de Saint-Agnan, dont la fenêtre donnait sur le préau. A chaque interrogatoire que les magistrats lui firent subir, Christophe se renferma dans un système de dénégation absolue, qui prolongea naturellement le procès jusqu'à l'ouverture des États.

Lecamus, qui n'avait pas manqué de se faire nommer député du Tiers-État par la bourgeoisie de Paris, arriva quelques jours après l'arrestation du prince à Orléans. Cette nouvelle, qui lui fut apprise à Étampes, redoubla ses inquiétudes, car il comprit, lui qui savait seul l'entrevue du prince et de son fils sous le Pont-au-Change, que le sort de Christophe était lié à celui de l'audacieux chef du parti de la Réformation. Aussi résolut-il d'étudier les ténébreux intérêts qui se croisaient à la cour depuis l'ouverture des États, afin de trouver un moyen de sauver son fils. Il ne devait pas songer à la reine Catherine, qui refusa de voir son pelletier. Aucune des personnes de la cour qu'il put voir ne lui donna de nouvelles satisfaisantes sur son fils, et il en était arrivé à un tel degré de désespoir, qu'il allait s'adresser au cardinal lui-même, quand il sut que M. de Thou avait accepté, ce qui fait une tache à sa vie, d'être un des juges du prince de Condé. Le syndic alla voir le protecteur de son fils, et apprit que Christophe était encore vivant, mais prisonnier.

Le gantier Tourillon, chez qui La Renaudie avait envoyé Christophe, avait offert dans sa maison une chambre au sieur Lecamus pour tout le temps de la durée des États. Le gantier croyait le pelletier secrètement attaché, comme lui, à la religion réformée ; mais il vit bientôt qu'un père qui craint pour les jours de son fils ne comprend plus les nuances religieuses, et se jette à corps perdu dans le sein de Dieu, sans se soucier de l'écharpe que lui mettent les hommes. Le vieillard, repoussé dans toutes ses tentatives, allait comme un hébété par les rues ; contre ses prévisions, son or ne lui servait à rien ; monsieur de Thou l'avait prévenu que s'il corrompait quelque serviteur de la maison de Guise, il en serait pour son argent, car le duc et le cardinal ne laissaient rien transpirer de ce qui regardait Christophe. Ce magistrat, dont la gloire est un peu ternie par le rôle qu'il jouait alors, avait essayé de donner quelque espérance au père désolé ; mais il tremblait tellement lui-même pour les jours de son filleul, que ses consolations alarmèrent davantage le pelletier. Le vieillard rôdait autour de la maison. En trois mois, il avait maigri. Son seul espoir, il le plaçait dans la vive amitié qui depuis longtemps l'unissait à l'Hippocrate du seizième siècle. Ambroise essaya de dire un mot à la reine Marie en sortant de la chambre du roi ; mais dès qu'il eut nommé Christophe, la fille des Stuarts, irritée à la perspective de son sort s'il arrivait malheur au roi, et qui le crut empoisonné par les Réformés, à cause de l'opportune soudaineté de sa maladie, répondit : — Si mes oncles m'écoutaient, un pareil fanatique serait déjà pendu ! Le soir où cette funeste réponse fut donnée à Lecamus par son ami Paré, sur la place de l'Estape, il revint à demi mort et rentra dans sa chambre en refusant de souper. Tourillon, inquiet, monta, trouva le vieillard en pleurs, et comme les yeux vieillis du pauvre pelletier laissaient voir la chair intérieure des paupières ridées et rougies, le gantier crut qu'il pleurait du sang.

— Consolez-vous, mon père, dit le Réformé, les Bourgeois d'Orléans sont furieux de voir leur ville traitée comme si elle eût été prise d'assaut, gardée par les soldats de monsieur de Cypierre; et si la vie du prince de Condé se trouvait en péril, nous aurions bientôt démoli la tour de Saint-Agnan; car toute notre ville est pour la Réforme et se révoltera, soyez-en sûr!

— Quand on pendrait les Lorrains, leur mort me rendrait-elle mon fils? répondit le père désolé.

En ce moment on frappa discrètement à la porte de Tourillon, qui descendit pour ouvrir lui-même. Il était nuit close. Dans ces temps de troubles, chaque maître de maison prenait des précautions minutieuses. Tourillon regarda par la grille du judas pratiqué dans sa porte, et vit un étranger dont l'accent trahissait un Italien. Cet homme, vêtu de noir, demandait à parler à Lecamus pour affaires de commerce, et Tourillon l'introduisit. A la vue de l'étranger, le pelletier tressaillit horriblement; mais l'étranger trouva le temps de se mettre un doigt sur les lèvres; Lecamus lui dit alors en comprenant ce geste : Vous venez sans doute pour m'offrir des fourrures?

— *Si*, répondit en italien l'étranger d'une façon discrète.

Ce personnage était en effet le fameux Ruggieri, l'astrologue de la reine-mère. Tourillon descendit chez lui, en comprenant qu'il était de trop chez son hôte.

— Où pouvons-nous causer sans avoir à craindre qu'on ne nous entende ? dit le prudent Florentin.

— Il nous faudrait être en plein champ, répondit Lecamus; mais on ne nous laissera pas sortir, vous connaissez la sévérité avec laquelle les portes sont gardées. Nul ne quitte la ville sans une passe de monsieur de Cypierre, fût-il, comme moi, membre des États. Aussi devons-nous dès demain, à notre séance, nous plaindre tous de ce défaut de liberté.

— Travaillez comme une taupe, mais ne laissez jamais voir vos pattes dans quoi que ce soit, lui dit le rusé Florentin. La journée de demain sera sans doute décisive. D'après mes observations, demain ou après vous aurez peut-être votre fils.

— Que Dieu vous entende, vous qui passez pour ne consulter que le diable !

— Venez donc chez moi, dit l'astrologue en souriant. J'ai pour observer les astres la tour du sieur Touchet de Beauvais, le lieutenant du Bailliage, dont la fille plaît fort au petit duc d'Orléans. J'ai fait le thème de cette petite, il indique en effet qu'elle sera une grande dame et aimée par un roi. Le lieutenant est un bel esprit, il aime les sciences, et la reine m'a fait loger chez ce bonhomme, qui a l'esprit d'être un forcené guisard en attendant le règne de Charles IX.

Le pelletier et l'astrologue se rendirent à l'hôtel du sieur de Beauvais sans être vus ni rencontrés; mais dans le cas où la visite de Lecamus serait découverte, le Florentin comptait lui donner le prétexte d'une consultation astrologique sur le sort de Christophe. Quand ils furent arrivés en haut de la tourelle où l'astrologue avait mis son cabinet, Lecamus lui dit : — Mon fils est donc bien certainement vivant?

— Encore, répondit Ruggieri, mais il s'agit de le sauver. Songez, marchand de peaux, que je ne donnerais pas deux liards de la vôtre, s'il vous échappait, dans toute votre vie, une seule syllabe de ce que je vais vous dire.

— Recommandation inutile, mon maître; je suis fournisseur de la cour depuis le défunt roi Louis XII, et voici le quatrième règne que je vois.

— Vous direz bientôt le cinquième, repartit Ruggieri.

— Que savez-vous de mon fils?

— Eh! bien, il a été mis à la question.

— Pauvre enfant! dit le bonhomme en levant les yeux au ciel.

— Il a les genoux et les chevilles un tantinet broyés; mais il a conquis une royale protection qui s'étendra sur toute sa vie, fit vivement le Florentin en voyant l'effroi du père. Votre petit Christophe a rendu service à notre grande reine Catherine. Si nous tirons votre fils des griffes du Lorrain, vous le verrez quelque jour conseiller au parlement. On se ferait casser trois fois les os pour être dans les bonnes grâces de cette chère souveraine, un bien beau génie, qui triomphera de tous les obstacles! J'ai fait le thème du duc de Guise : il sera tué dans un an d'ici! Voyons, Christophe a vu le prince de Condé...

— Vous qui savez l'avenir, ne savez-vous point le passé? dit le pelletier.

— Je ne vous interroge pas, bonhomme, je vous instruis. Or, si votre fils, qui sera mis demain sur le passage du prince, le reconnaît, ou si le prince reconnaît votre fils, la tête de monsieur de Condé sautera. Dieu sait ce qui adviendra de son complice! Rassurez-vous. Ni votre fils ni le prince ne seront mis à mort, j'ai fait leurs thèmes, ils doivent vivre; mais j'ignore par quels moyens ils se tireront d'affaire. Sans compter la certitude de mes calculs, nous allons y mettre ordre. Demain le prince recevra par des mains sûres un livre de prières où nous lui ferons passer un avis. Dieu veuille que votre fils soit discret, car il ne sera pas prévenu, lui! Un seul regard de connaissance coûtera la vie au prince. Aussi, quoique la reine-mère ait tout lieu de compter sur la fidélité de Cristophe...

— On l'a mise à de rudes épreuves! s'écria le pelletier.

— Ne parlez pas ainsi! Croyez-vous que la reine soit à la noce? Aussi va-t-elle prendre des mesures comme si les Guise avaient résolu la mort du prince; et bien fait-elle, la sage et prudente reine! Or, elle compte sur vous pour être aidée en toute chose. Vous avez quelque influence sur le Tiers-État, où vous représentez les corps de métiers de Paris, et quoique les guisards vous promettent de mettre votre fils en liberté, tâchez de les trupher, et soulevez votre Ordre contre les Lorrains. Demandez la reine-mère pour régente, le roi de Navarre y consentira demain publiquement à la séance des États.

— Mais le roi?

— Le roi mourra, répondit Ruggieri, j'ai dressé son thème. Ce que la reine vous demande de faire pour elle aux États est tout simple; mais elle attend de vous un plus grand service. Vous avez soutenu dans ses études le grand Ambroise Paré, vous êtes son ami...

— Ambroise aime aujourd'hui le duc de Guise plus qu'il ne m'aime, et il a raison, il lui doit sa charge; mais il est fidèle au roi. Aussi, quoiqu'il incline à la Réforme, ne fera-t-il rien contre son devoir.

— Peste soit de ces honnêtes gens! s'écria le Florentin. Ambroise s'est vanté ce soir de tirer le petit roi d'affaire. Si le roi recouvre la santé, les Guise triomphent, les princes meurent, la maison de Bourbon sera finie, nous retournerons à Florence, votre fils est pendu, et les Lorrains auront bon marché des autres enfants de France...

— Grand Dieu ! s'écria Lecamus.

— Ne vous exclamez pas ainsi, c'est d'un bourgeois qui ne sait rien de la cour ; mais allez aussitôt chez Ambroise, et sachez de lui ce qu'il compte faire pour sauver le roi. S'il y a quelque certitude, vous viendrez me confier l'opération en laquelle il a tant de foi.

— Mais... dit Lecamus.

— Obéissez aveuglément, mon cher, autrement vous seriez ébloui.

— Il a raison, pensa le pelletier. Et il alla chez le premier chirurgien du roi, qui logeait dans une hôtellerie sur la place du Martroi.

En ce moment, Catherine de Médicis se trouvait dans une extrémité politique semblable à celle où Christophe l'avait vue à Blois. Si elle s'était formée à la lutte, si elle avait exercé sa haute intelligence dans cette première défaite, sa situation, quoique exactement la même, était aussi devenue plus critique et plus périlleuse que lors du tumulte d'Amboise. Les événements avaient grandi autant que la femme. Quoiqu'elle parût marcher d'accord avec les deux princes lorrains, Catherine tenait les fils d'une conspiration savamment ourdie contre ses terribles associés, et attendait un moment propice pour lever le masque. Le Cardinal venait d'avoir la certitude d'être trompé par Catherine. Cette habile Italienne avait vu dans la maison cadette un obstacle à opposer aux prétentions des Guise ; et, malgré l'avis des deux Gondi, qui lui conseillaient de laisser les Guise se porter à des violences contre les Bourbons, elle avait fait manquer, en avertissant la reine de Navarre, le projet concerté par les Guise avec l'Espagne de s'emparer du Béarn. Comme ce secret d'État n'était connu que d'eux et de la reine-mère, les deux princes lorrains, certains de la duplicité de leur alliée, voulurent la renvoyer à Florence ; et, pour s'assurer de la trahison de Catherine envers l'État (la maison de Lorraine était l'État), le duc et le cardinal venaient de lui confier leur dessein de se défaire du roi de Navarre. Les précautions que prit à l'instant Antoine de Bourbon prouvèrent aux deux frères que ce secret, connu d'eux trois seulement, avait été divulgué par la reine-mère. Le cardinal de Lorraine reprocha sur-le-champ à la reine-mère son manque de foi devant François II, en la menaçant d'un édit de bannissement, au cas où de nouvelles indiscrétions mettraient l'État en péril. Catherine, qui se vit alors dans un extrême danger, devait agir en grand roi. Aussi donna-t-elle alors la preuve de sa haute capacité ; mais il faut avouer qu'elle fut aussi très-bien servie par ses intimes. L'Hospital fit parvenir à la reine un billet ainsi conçu : « Ne laissez pas mettre à mort un prince du sang par une commission, vous seriez bientôt enlevée aussi ! » Catherine envoya Birague au Vignay, pour faire dire au chancelier de venir aux États, malgré sa disgrâce. Birague arriva, cette nuit même, à trois lieues d'Orléans, avec L'Hospital, qui se déclarait ainsi pour la reine-mère. Chiverny, dont la fidélité fut alors à bon droit soupçonnée par messieurs de Guise, s'était sauvé d'Orléans ; et, par une marche qui faillit lui coûter la vie, il avait atteint Écouen en dix heures. Il apprit au connétable de Montmorency le péril de son neveu, le prince de Condé, et l'audace des Lorrains. Anne de Montmorency, furieux de savoir que le prince n'avait dû la vie qu'à la subite invasion du mal dont mourut François II, arrivait avec quinze cents chevaux et cent gentilshommes. Afin de mieux surprendre messieurs de Guise, il avait évité Paris en venant d'Écouen à Corbeil, et de Corbeil à Pithiviers par la vallée de l'Essonne.

— Capitaine contre capitaine, il y aura peu de laine, dit-il à l'occasion de cette marche hardie.

Anne de Montmorency, qui avait sauvé la France lors de l'invasion de Charles-Quint en Provence, et le duc de Guise, qui avait arrêté la seconde invasion de l'empereur à Metz, étaient en effet les deux plus grands hommes de guerre de la France à cette époque. Catherine avait attendu le moment précis de réveiller la haine du connétable disgracié par les Lorrains. Néanmoins, le marquis de Simeuse, commandant de Gien, en apprenant l'arrivée d'un corps aussi considérable que celui mené par le connétable, sauta sur son cheval, espérant pouvoir prévenir à temps le duc de Guise. Sûre que le connétable viendrait au secours de son neveu et pleine de confiance dans le dévouement du chancelier à la cause royale, la reine-mère avait ranimé les espérances et l'audace du parti de la Réforme. Les Coligny et les amis de la maison de Bourbon menacée avaient fait cause commune avec les partisans de la reine-mère. Une coalition entre des intérêts contraires attaqués par un ennemi commun, se forma sourdement au sein des États, où il fut hautement question de nommer Catherine régente du royaume, dans le cas où François II mourrait. Catherine, dont la foi dans l'astrologie judiciaire surpassait sa foi en l'Église, avait tout osé contre ses oppresseurs en voyant son fils mourant à l'expiration du terme assigné à sa vie par la fameuse sorcière que Nostradamus lui avait amenée au château de Chaumont.

Quelques jours avant le terrible dénoûment de ce règne, François II avait voulu se promener sur la Loire, afin de ne pas se trouver dans la ville au moment où le prince de Condé serait exécuté. Après avoir abandonné la tête de ce prince au cardinal de Lorraine, il craignit une sédition tout autant que les supplications de la princesse de Condé. Au moment de s'embarquer, un de ces vents frais qui s'élèvent sur la Loire aux approches de l'hiver lui donna un si cruel mal d'oreille qu'il fut obligé de rentrer; il se mit au lit pour n'en sortir que mort. En dépit de la controverse des médecins qui, hormis Chapelain, étaient ses ennemis et ses antagonistes, Paré soutint qu'un dépôt s'était formé à la tête du roi, et que si l'on ne donnait pas d'issue aux humeurs, de jour en jour les chances de mort augmenteraient. Malgré l'heure avancée et la loi du couvrefeu, sévèrement appliquée dans Orléans, alors exactement en état de siége, la lampe de Paré brillait à sa croisée, et il étudiait; Lecamus l'appela d'en bas, et quand il eut crié son nom, le chirurgien ordonna qu'on ouvrît à son vieil ami.

— Tu ne prends pas de repos, Ambroise, et tout en rendant la vie aux autres, tu dissiperas la tienne, dit le pelletier en entrant.

Il voyait en effet le chirurgien, ses livres ouverts, ses instruments épars, devant une tête de mort fraîchement enterré, prise au cimetière et trouée...

— Il s'agit de sauver le roi...

— En es-tu donc bien certain, Ambroise? s'écria le vieillard en frémissant.

— Comme de mon existence. Le roi, mon vieux protecteur, a des humeurs peccantes qui lui pèsent sur le cerveau, qui vont le lui remplir, et la crise est imminente; mais en lui forant le crâne, je compte faire sortir ces humeurs et lui dégager la tête. J'ai déjà pratiqué trois fois cette opération, inventée par un Piémontais, et que j'ai eu l'heur de perfectionner. La première s'est faite au siége de Metz, sur monsieur de Pienne, que je tirai d'affaire, et qui depuis n'en a été que plus sage : il avait un dépôt d'humeurs produit par une arquebusade au chef. La seconde a sauvé la vie d'un pauvre sur qui j'eus le désir d'éprouver la bonté de cette audacieuse opération à laquelle s'était prêté monsieur de Pienne. Enfin, la troisième a eu lieu à Paris, sur un gentilhomme qui se porte à merveille. Le trépan, tel est le nom donné à cette invention, est encore peu connu. Les malades y répugnent, à cause de l'imperfection de l'instrument, que j'ai fini par améliorer. Je m'essaie donc sur cette tête, afin de ne pas faillir demain sur celle du roi.

— Tu dois être bien sûr de ton fait, car ta tête serait en danger au cas où...

— Je gagerais ma vie qu'il sera guéri, répondit Ambroise avec la sécurité de l'homme de génie. Ah! mon vieil ami, qu'est-ce que trouer la tête avec précaution? n'est-ce pas faire ce que les soldats font tous les jours à la guerre sans en prendre aucune?

— Mon enfant, dit l'audacieux bourgeois, sais-tu que sauver le roi, c'est perdre la France? Sais-tu que cet instrument aura placé la couronne des Valois sur la tête du Lorrain qui se dit héritier de Charlemagne? Sais-tu que la chirurgie et la politique sont brouillées en ce moment? Oui, le triomphe de ton génie est la perte de ta religion. Si les Guise gardent la régence, le sang des Réformés va couler à flots? Sois plus grand citoyen que grand chirurgien, et dors demain la grasse matinée en laissant la chambre libre aux médecins qui, s'ils ne guérissent pas le roi, guériront la France!

— Moi! s'écria Paré, que je laisse périr un homme quand je puis le sauver! Non! non, dussé-je être pendu comme fauteur de Calvin, j'irai de bonne heure à la cour. Ne sais-tu pas que la seule grâce que je veux demander, après avoir sauvé le roi, est la vie de ton Christophe. Il y aura certes un moment où la reine Marie ne me refusera rien.

— Hélas! mon ami, reprit Lecamus, le petit roi n'a-t-il pas refusé la grâce du prince de Condé à la princesse? Ne tue pas ta religion en faisant vivre celui qui doit mourir.

— Ne vas-tu pas te mêler de chercher comment Dieu compte ordonner l'avenir? s'écria Paré. Les honnêtes gens n'ont qu'une devise : Fais ce que dois, advienne que pourra! Ainsi ai-je fait au siége de Calais en mettant le pied sur la face du Grand-Maître : je courais la chance d'être écharpé par tous ses amis, par ses serviteurs, et je suis aujourd'hui chirurgien du roi ; enfin, je suis de la Réforme, et j'ai messieurs de Guise pour amis. Je sauverai le roi! s'écria le chirurgien avec le saint enthousiasme de la conviction que donne le génie, et Dieu sauvera la France.

Un coup fut frappé à la porte, et quelques instants après un serviteur d'Ambroise remit un papier à Lecamus, qui lut à haute voix ces sinistres paroles :

« On dresse un échafaud au couvent des Récollets, pour décapiter demain le prince de Condé. »

Ambroise et Lecamus se regardèrent en proie l'un et l'autre à la plus profonde horreur.

— Je vais m'en assurer, dit le pelletier.

Sur la place, Ruggieri prit le bras de Lecamus en lui demandant le secret d'Ambroise pour sauver le roi, mais le vieillard craignit quelque ruse et voulut aller voir l'échafaud. L'astrologue et le pelletier allèrent donc de compagnie jusqu'aux Récollets, et trouvèrent en effet des charpentiers travaillant aux flambeaux.

— Hé! mon ami, dit Lecamus à un charpentier, quelle besogne faites-vous?

— Nous apprêtons la pendaison des hérétiques, puisque la saignée d'Amboise ne les a pas guéris, dit un jeune Récollet qui surveillait les ouvriers.

— Monseigneur le cardinal a bien raison, dit le prudent Ruggieri; mais dans notre pays, nous faisons mieux.

— Et que faites-vous? dit le Récollet.

— Mon frère, on les brûle.

Lecamus fut obligé de s'appuyer sur l'astrologue, ses jambes refusaient de le porter; car il pensait que son fils pouvait demain être accroché à l'une de ces potences. Le pauvre vieillard était entre deux sciences, entre l'astrologie judiciaire et la chirurgie, qui toutes deux lui promettaient le salut de son fils pour qui l'échafaud se dressait évidemment. Dans le trouble de ses idées, il se laissa manier comme une pâte par le Florentin.

— Eh! bien, mon respectable marchand de menu-vair, que dites-vous de ces plaisanteries lorraines? fit Ruggieri.

— Hélas! vous savez que je donnerais ma peau pour voir saine et sauve celle de mon fils!

— Voilà qui est parler en marchand d'hermine, reprit l'Italien; mais expliquez-moi bien l'opération que compte faire Ambroise sur le roi, je vous garantis la vie de votre fils...

— Vrai! s'écria le vieux pelletier.

— Que voulez-vous que je vous jure?... fit Ruggieri.

Sur ce mouvement, le pauvre vieillard répéta son entretien

avec Ambroise au Florentin qui laissa dans la rue le père au désespoir, dès que le secret du grand chirurgien lui fut divulgué.

— A qui diable en veut-il, ce mécréant! s'écria le vieillard en voyant Ruggieri se dirigeant au pas de course vers la place de l'Estape.

Lecamus ignorait la scène terrible qui se passait autour du lit royal, et qui avait motivé l'ordre d'élever l'échafaud du prince dont la condamnation avait été prononcée par défaut, pour ainsi dire, et dont l'exécution avait été remise à cause de la maladie du roi.

Il ne se trouvait dans la salle, dans les escaliers et dans la cour du Bailliage, que les gens absolument de service. La foule des courtisans encombrait l'hôtel du roi de Navarre, à qui la régence appartenait d'après les lois du royaume. La noblesse française, effrayée d'ailleurs par l'audace des Guise, éprouvait le besoin de se serrer autour du chef de la maison cadette, en voyant la reine-mère esclave des Guise et ne comprenant pas sa politique d'Italienne. Antoine de Bourbon, fidèle à son accord secret avec Catherine, ne devait renoncer en sa faveur à la régence qu'au moment où les États prononceraient sur cette question. Cette solitude profonde avait agi sur le Grand-Maître, quand, au retour d'une ronde faite par prudence dans la ville, il ne trouva chez le roi que les amis attachés à sa fortune. La chambre où l'on avait dressé le lit de François II est contiguë à la grande salle du Bailliage. Elle était alors revêtue de boiseries en chêne. Le plafond, composé de petites planches longues savamment ajustées et peintes, offrait des arabesques bleues sur un fond d'or, dont une partie arrachée il y a cinquante ans bientôt a été recueillie par un amateur d'antiquités. Cette chambre tendue de tapisseries et sur le plancher de laquelle s'étendait un tapis, était si sombre, que les torchères allumées y jetaient peu de lumière. Le vaste lit, à quatre colonnes et à rideaux de soie, ressemblait à un tombeau. D'un côté de ce lit, au chevet, se tenaient la reine Marie et le cardinal de Lorraine. Catherine était assise dans un fauteuil. Le fameux Jean Chapelain, médecin de service, et qui fut depuis le premier médecin de Charles IX, se trouvait debout à la cheminée. Le plus grand silence régnait. Le jeune roi, maigre, pâle, comme perdu dans ses draps, laissait à peine voir sur l'oreiller sa petite figure grimée. La duchesse de Guise, assise sur une escabelle, assistait la jeune reine Marie, et du côté de Catherine, dans l'embrasure de la croisée, madame de Fiesque épiait les gestes et les regards de la reine-mère, car elle connaissait les dangers de sa position.

Dans la salle, malgré l'heure avancée de la soirée, monsieur de Cypierre, gouverneur du duc d'Orléans, et nommé gouverneur de la ville, occupait un coin de la cheminée avec les deux Gondi. Le cardinal de Tournon, qui dans cette crise épousa les intérêts de la reine-mère en se voyant traité comme un inférieur par le cardinal de Lorraine, de qui certes il était ecclésiastiquement l'égal, causait à voix basse avec les Gondi. Les maréchaux de Vieilleville et de Saint-André, le garde-des-sceaux, qui présidait les États, s'entretenaient à voix basse des dangers auxquels les Guise étaient exposés.

Le lieutenant-général du royaume traversa la salle en y jetant un rapide coup d'œil, et y salua le duc d'Orléans qu'il y aperçut.

— Monseigneur, dit-il, voici qui peut vous apprendre à connaître les hommes : la noblesse catholique du royaume est chez un prince hérétique, en croyant que les États donneront la régence aux héritiers du traître qui fit retenir si longtemps en prison votre illustre grand-père !

Puis, après ces paroles destinées à faire un profond sillon au cœur d'un prince, il passa dans la chambre, où le jeune roi était alors moins endormi que plongé dans une lourde somnolence. Ordinairement, le duc de Guise savait vaincre par un air très-affable l'aspect sinistre de sa figure cicatrisée ; mais en ce moment il n'eut pas la force de sourire en voyant se briser l'instrument de son pouvoir. Le cardinal, qui avait autant de courage civil que son frère avait de courage militaire, fit deux pas et vint à la rencontre du lieutenant-général.

— Robertet croit que le petit Pinard est vendu à la reine-mère, lui dit-il à l'oreille en l'emmenant dans la salle, on s'est servi de lui pour travailler les membres des États.

— Eh ! qu'importe que nous soyons trahis par un secrétaire quand tout nous trahit ! s'écria le lieutenant-général. La ville est pour la Réformation, et nous sommes à la veille d'une révolte. Oui ! les *Guépins* sont mécontents, reprit-il en donnant aux Orléanais leur surnom, et si Paré ne sauve pas le roi, nous aurons une terrible levée de boucliers. Avant peu de temps nous aurons à faire le siége d'Orléans qui est une crapaudière de Huguenots.

— Depuis un moment, reprit le cardinal, je regarde cette Italienne qui reste là dans une insensibilité profonde, elle guette la mort de son fils, Dieu lui pardonne! je me demande si nous ne ferions pas bien de l'arrêter, ainsi que le roi de Navarre.

— C'est déjà trop d'avoir en prison le prince de Condé! répondit le duc.

Le bruit d'un cavalier arrivant à bride abattue retentit à la porte du Bailliage. Les deux princes lorrains allèrent à la fenêtre, et à la lueur des torches du concierge et de la sentinelle qui brûlaient toujours sous le porche, le duc reconnut au chapeau cette fameuse croix de Lorraine que le cardinal venait de faire prendre à ses partisans. Il envoya l'un des arquebusiers, qui étaient dans l'antichambre, dire de laisser entrer le survenant, à la rencontre duquel il alla sur le palier, suivi de son frère.

— Qu'y a-t-il, mon cher Simeuse? demanda le duc avec le charme de manières qu'il déployait pour les gens de guerre en voyant le gouverneur de Gien.

— Le connétable entre à Pithiviers, il a quitté Écouen avec quinze cents chevaux d'ordonnance et cent gentilshommes...

— Sont-ils accompagnés? dit le duc.

— Oui, monseigneur, répondit Simeuse, ils sont en tout deux mille six cents. Thoré, selon quelques-uns, est en arrière avec un parti d'infanterie. Si le connétable s'amuse à attendre son fils, vous avez le temps de le défaire...

— Vous ne savez rien de plus? Les motifs de cette prise d'armes sont-ils répandus?

— Anne parle aussi peu qu'il écrit, allez à sa rencontre, mon frère, pendant que je vais le saluer avec la tête de son neveu, dit le cardinal en donnant l'ordre d'aller chercher Robertet.

— Vieilleville! cria le duc au maréchal qui vint, le connétable a l'audace de se présenter en armes, si je vais à sa rencontre, répondez-vous de maintenir la ville?

— Dès que vous sortirez, les bourgeois prendront les armes. Et qui peut savoir le résultat d'une affaire entre des cavaliers et des bourgeois au milieu de ces rues étroites? répondit le maréchal.

— Monseigneur, dit Robertet en montant précipitamment l'escalier, le chancelier est aux portes et veut entrer, doit-on lui ouvrir?

— Ouvrez, répondit le cardinal de Lorraine. Connétable et chancelier ensemble, ils seraient trop dangereux, il faut les séparer. Nous avons été rudement joués par la reine-mère dans le choix de L'Hospital pour cette charge.

Robertet fit un signe de tête à un capitaine qui attendait une réponse au bas de l'escalier, et se retourna vivement pour écouter les ordres du cardinal.

— Monseigneur, je prends la liberté, dit-il en faisant encore un effort, de représenter que la sentence doit être *approuvée par le roi en son conseil*. Si vous violez la loi pour un prince du sang, on ne la respectera ni pour un cardinal, ni pour un duc de Guise.

— Pinard t'a dérangé, Robertet, dit sévèrement le cardinal. Ne sais-tu pas que le roi a signé l'arrêt, le jour où il est sorti pour nous le laisser exécuter!

— Quoique vous me demandiez à peu près ma tête en me commettant à cet office, qui sera d'ailleurs exécuté par le prévôt de la ville, j'y vais, monseigneur.

Le Grand-Maître entendit ce débat sans sourciller; mais il prit son frère par le bras et l'emmena dans un coin de la salle.

— Certes, lui dit-il, les héritiers de Charlemagne ont le droit de reprendre une couronne qui fut usurpée par Hugues Capet sur leur maison; mais le peuvent-ils? La poire n'est pas mûre. Notre neveu se meurt, et toute la cour est chez le roi de Navarre.

— Le cœur a failli au roi. Sans cela, le Béarnais eût été dagué, reprit le cardinal, et nous aurions eu bon marché de tous les enfants.

— Nous sommes mal placés ici, dit le duc. La sédition de la ville serait appuyée par les États. L'Hospital, que nous avons tant protégé, et à l'élévation duquel a résisté la reine Catherine, est aujourd'hui contre nous, et nous avons besoin de la justice. La reine-mère est soutenue par trop de monde aujourd'hui, pour que nous puissions la renvoyer... D'ailleurs, encore trois princes!

— Elle n'est plus mère, elle est toute reine, dit le cardinal; aussi, selon moi, serait-ce le moment d'en finir avec elle. De l'énergie et encore de l'énergie! voilà mon ordonnance.

Après ce mot, le cardinal rentra dans la chambre du roi, suivi du Grand-Maître. Ce prêtre alla droit à Catherine.

— Les papiers de La Sagne, secrétaire du prince de Condé, vous ont été communiqués, vous savez que les Bourbons veulent détrôner vos enfants? lui dit-il.

— Je sais tout cela, répondit l'Italienne.

— Hé! bien, voulez-vous faire arrêter le roi de Navarre?

— Il y a, dit-elle, un lieutenant-général du royaume.

En ce moment, François II se plaignit de douleurs violentes à l'oreille et se mit à geindre d'un ton lamentable. Le médecin quitta la cheminée où il se chauffait et vint examiner l'état de la tête.

— Hé! bien, monsieur? dit le Grand-Maître en s'adressant au premier médecin.

— Je n'ose prendre sur moi d'appliquer un cataplasme pour attirer les humeurs. Maître Ambroise a promis de sauver le roi par une opération, je la contrarierais.

— Remettons à demain, dit froidement Catherine, et que tous les médecins y soient, car vous savez les calomnies auxquelles donne lieu la mort des princes.

Elle alla baiser la main de son fils et se retira.

— Avec quelle tranquillité cette audacieuse fille de marchand parle de la mort du dauphin empoisonné par Montecuculli, un Florentin de sa suite! s'écria la reine Marie Stuart.

— Marie! cria le petit roi, mon grand-père n'a jamais mis son innocence en doute!...

— Peut-on empêcher cette femme de venir demain? dit la reine à ses deux oncles à voix basse.

— Que deviendrons-nous, si le roi mourait? répondit le cardinal, Catherine nous ferait rouler tous dans sa tombe.

Ainsi la question fut nettement posée pendant cette nuit entre Catherine de Médicis et la maison de Lorraine. L'arrivée du chancelier et celle du connétable indiquaient une révolte, la matinée du lendemain allait donc être décisive.

Le lendemain, la reine-mère arriva la première. Elle ne trouva dans la chambre de son fils que la reine Marie Stuart, pâle et fatiguée, qui avait passé la nuit en prières auprès du lit. La duchesse de Guise avait tenu compagnie à la reine, et les filles d'honneur s'étaient relevées. Le jeune roi dormait. Ni le duc, ni le cardinal n'avaient encore paru. Le prêtre, plus hardi que le soldat, déploya, dit-on, dans cette dernière nuit, toute son énergie, sans pouvoir décider le duc à se faire roi. En face des États-Généraux assemblés, et menacé d'une bataille à livrer au connétable de Montmorency, le Balafré ne trouva pas les circonstances favorables; il refusa d'arrêter le roi de Navarre, la reine-mère, le chancelier, le cardinal de Tournon, les Gondi, Ruggieri et Birague, en objectant le soulèvement qui suivrait des mesures si violentes. Il subordonna les projets de son frère à la vie de François II.

Le plus profond silence régnait dans la chambre du roi. Catherine accompagnée de madame de Fiesque, vint au bord du lit et contempla son fils d'un air dolent admirablement joué. Elle se mit son mouchoir sur les yeux et alla dans l'embrasure de la croisée, où madame de Fiesque lui apporta un siége. De là, ses yeux plongeaient sur la cour.

Il avait été convenu entre Catherine et le cardinal de Tournon, que si le connétable entrait heureusement en ville, le cardinal viendrait accompagné des deux Gondi, et qu'en cas de malheur, il serait seul. A neuf heures du matin, les deux princes lorrains, suivis de leurs gentilshommes qui restèrent dans le salon, se montrèrent chez le roi ; le capitaine de service les avait avertis qu'Ambroise Paré venait d'y arriver avec Chapelain et trois autres médecins suscités par Catherine, qui tous trois haïssaient Ambroise.

Dans quelques instants, la grande salle du Bailliage offrit absolument le même aspect que la salle des gardes à Blois, le jour où le duc de Guise fut nommé lieutenant-général du royaume, et où Christophe fut mis à la torture, à cette différence près, qu'alors l'amour et la joie remplissaient la chambre royale, que les Guise triomphaient : tandis que le deuil et la mort y régnaient, et que les Lorrains sentaient le pouvoir leur glisser des mains. Les filles des deux reines étaient en deux camps à chaque coin de la grande cheminée, où brillait un énorme feu. La salle était pleine de courtisans. La nouvelle répandue, on ne sait par qui, d'une audacieuse conception d'Ambroise pour sauver les jours du roi, amenait tous les seigneurs qui avaient droit d'entrer à la cour. L'escalier extérieur du Bailliage et la cour étaient pleins de groupes inquiets. L'échafaud dressé pour le prince en face du couvent des Récollets étonnait toute la noblesse. On causait à voix basse, et les discours offraient, comme à Blois, le même mélange de propos sérieux, frivoles, légers et graves. On commençait à prendre l'habitude des troubles, des brusques révolutions, des prises d'armes, des rébellions, des grands événements subits qui marquèrent la longue période pendant laquelle la maison de Valois s'éteignit, malgré les efforts de la reine Catherine. Il régnait un profond silence à une certaine distance autour de la porte de la chambre du roi, gardée par deux hallebardiers, par deux pages et par le capitaine de la garde écossaise. Antoine de Bourbon, emprisonné dans son hôtel, y apprit, en s'y voyant seul, les espérances de la cour, et fut accablé par la nouvelle des apprêts faits pendant la nuit pour l'exécution de son frère.

Devant la cheminée du Bailliage était l'une des plus belles et plus grandes figures de ce temps, le chancelier de L'Hospital, dans sa simarre rouge à retroussis d'hermine, couvert de son mortier, suivant le privilége de sa charge. Cet homme courageux, en voyant des factieux dans ses bienfaiteurs, avait épousé les intérêts de ses rois, représentés par la reine-mère; et, au risque de perdre la tête, il était allé se consulter avec le connétable, à Écouen; personne n'osait le tirer de la méditation où il était plongé. Robertet, le secrétaire d'État, deux maréchaux de France, Vieilleville et Saint-André, le garde-des-sceaux, formaient un groupe devant le chancelier. Les courtisans ne riaient pas précisément; mais leurs discours étaient malicieux, et surtout chez ceux qui ne tenaient pas pour les Guise.

Le cardinal avait enfin saisi l'Écossais Stuart, l'assassin du président Minard, et faisait commencer son procès à Tours. Il gardait également, dans le château de Blois et dans celui de Tours, un assez bon nombre de gentilshommes compromis, pour inspirer une sorte de terreur à la noblesse, qui ne se terrifiait point, et qui retrouvait dans la Réformation un appui pour cet amour de révolte inspiré par le sentiment de son égalité primitive avec le roi. Or, les prisonniers de Blois avaient trouvé moyen de s'évader, et, par une singulière fatalité, les prisonniers de Tours venaient d'imiter ceux de Blois.

— Madame, dit le cardinal de Châtillon à madame de Fiesque, si quelqu'un s'intéresse aux prisonniers de Tours, ils sont en grand danger.

En entendant cette phrase, le chancelier tourna la tête vers le groupe des filles de la reine-mère.

— Oui, le jeune Desvaux, l'écuyer du prince de Condé, qu'on retenait à Tours, vient d'ajouter une amère plaisanterie à sa fuite. Il a, dit-on, écrit à messieurs de Guise ce petit mot : « Nous avons « appris l'évasion de vos prisonniers de Blois; nous en avons été « si fâchés, que nous nous sommes mis à courir après eux; nous « vous les ramènerons dès que nous les aurons arrêtés. »

Quoique la plaisanterie lui allât, le chancelier regarda monsieur de Châtillon d'un air sévère. On entendit en ce moment des voix s'élevant dans la chambre du roi. Les deux maréchaux, Robertet et le chancelier s'approchèrent, car il ne s'agissait pas seulement pour le roi de vie et de mort; toute la cour était dans le secret du danger que couraient le chancelier, Catherine et ses adhérents. Aussi le silence qui se fit alors fut-il profond. Ambroise avait examiné le roi, le moment lui semblait propice pour son opération; si elle n'était pratiquée, François II pouvait mourir de moment en moment. Aussitôt que messieurs de Guise furent entrés, il avait expliqué les causes de la maladie du roi, il avait démontré que, dans ce cas extrême, il fallait le trépaner, et il attendait l'ordre des médecins.

— Percer la tête de mon fils comme une planche, et avec cet horrible instrument! s'écria Catherine de Médicis, maître Ambroise, je ne le souffrirai pas.

Les médecins se consultaient; mais les paroles de Catherine furent prononcées si haut, que, selon son intention, elles allèrent au delà de la porte.

— Mais, madame, s'il n'y a plus que ce moyen de salut? dit Marie Stuart en pleurant.

— Ambroise, s'écria Catherine, songez que votre tête répond de celle du roi.

— Nous nous opposons au moyen que propose maître Ambroise, dirent les trois médecins. On peut sauver le roi en injectant l'oreille d'un remède qui attirerait les humeurs par ce canal.

Le Grand-Maître qui étudiait le visage de Catherine, alla soudain à elle, et l'emmena dans l'embrasure de la croisée.

— Madame, lui dit-il, vous voulez la mort de votre enfant, vous êtes d'accord avec nos ennemis, et cela depuis Blois. Ce matin, le conseiller Viole a dit au fils de votre pelletier que le prince de Condé allait avoir la tête tranchée. Ce jeune homme, qui durant sa question avait nié toute relation avec le prince de Condé, lui a fait un signe d'adieu quand il a passé devant la croisée de son cachot. Vous avez vu votre malheureux complice à la question avec une royale insensibilité. Vous voulez aujourd'hui vous opposer au salut de votre fils aîné. Vous nous feriez croire que la mort du dauphin, qui a mis la couronne sur la tête du feu roi, n'a pas été naturelle, et que Montecuculli était votre...

— Monsieur le chancelier! cria Catherine sur un signe de laquelle madame de Fiesque ouvrit la porte à deux battants.

L'audience aperçut alors le spectacle de la chambre royale : le petit roi livide, la figure éteinte, les yeux sans lumière, mais bégayant le mot *Marie* et tenant la main de la jeune reine qui pleurait ; la duchesse de Guise debout, effrayée de l'audace de Catherine ; les deux princes lorrains, inquiets également, mais aux côtés de la reine-mère, et décidés à la faire arrêter par Maillé-Brézé ; enfin, le grand Ambroise Paré, assisté du médecin du roi et qui tenait ses instruments sans oser pratiquer son opération, pour laquelle un grand calme était aussi nécessaire que l'approbation des médecins.

— Monsieur le chancelier, dit Catherine, messieurs de Guise veulent autoriser sur la personne du roi une opération étrange, Ambroise offre de lui percer la tête. Moi, comme la mère, comme faisant partie du conseil de régence, je proteste contre ce qui me semble un crime de lèse-majesté. Les trois médecins sont pour une injection qui me semble tout aussi efficace et moins dangereuse que le sauvage procédé d'Ambroise.

En entendant ces paroles, il y eut une rumeur lugubre. Le cardinal laissa pénétrer le chancelier, et ferma la porte.

— Mais je suis lieutenant-général du royaume, dit le duc de Guise, et vous saurez, monsieur le chancelier, qu'Ambroise, chirurgien du roi, répond de sa vie.

— Ah ! les choses vont ainsi ! s'écria le grand Ambroise Paré, eh ! bien, voici ce que j'ai à faire. Il étendit le bras sur le lit. — Cette couche et le roi sont à moi, reprit-il. Je me fais seul maître et seul responsable, je connais les devoirs de ma charge, j'opérerai le roi sans l'ordre des médecins...

— Sauvez-le ! dit le cardinal, et vous serez le plus riche homme de France.

— Allez donc, dit Marie Stuart en pressant la main d'Ambroise.

— Je ne puis rien empêcher, dit le chancelier, mais je vais constater la protestation de madame la reine-mère.

— Robertet ! s'écria le duc de Guise.

Quand Robertet fut entré, le lieutenant-général du royaume lui montra le chancelier.

— Vous êtes chancelier de France à la place de ce félon, lui dit-il. Monsieur de Maillé, emmenez monsieur de L'Hospital dans la prison du prince de Condé. Quant à vous, madame, dit-il à Catherine, votre protestation ne sera pas reçue, et vous devriez songer que de semblables actes ont besoin d'être appuyé par des forces suffisantes. J'agis en sujet fidèle et loyal serviteur du roi François II, mon maître. Allez, Ambroise, ajouta-t-il en regardant le chirurgien.

— Monsieur de Guise, dit L'Hospital, si vous usez de violence soit sur le roi, soit sur le chancelier de France, songez qu'il y a dans cette salle assez de noblesse française pour arrêter des traîtres.

— Oh! messeigneurs, s'écria le grand chirurgien, si vous continuez ces débats, vous pouvez bien crier : Vive le roi Charles IX !... car le roi François va mourir.

Catherine impassible regardait par la croisée.

— Hé! bien, nous emploierons la force pour être les maîtres dans la chambre du roi, dit le cardinal qui voulut fermer la porte.

Le cardinal fut alors épouvanté, car il vit l'hôtel du Bailliage entièrement désert. La cour, sûre de la mort du roi, avait couru chez Antoine de Navarre.

— Hé! bien, faites donc, s'écria Marie Stuart à Ambroise. Moi, et vous, duchesse, dit-elle à madame de Guise, nous vous protégerons.

— Madame, dit Ambroise, mon zèle m'emportait, les médecins, moins mon ami Chapelain, sont pour une injection, je leur dois obéissance. Il était sauvé, si j'eusse été premier médecin et premier chirurgien ! Donnez, messieurs, dit-il en prenant une petite seringue des mains du premier médecin et la remplissant.

— Mon Dieu ! dit Marie Stuart, je vous ordonne...

— Hélas! madame, fit Ambroise, je suis sous la dépendance de ces messieurs.

La jeune reine se mit avec la Grande-Maîtresse entre le chirurgien, les médecins et les autres personnages. Le premier médecin prit la tête du roi, et Ambroise fit l'injection dans l'oreille. Les deux princes lorrains étaient attentifs. Robertet et monsieur de Maillé restaient immobiles. Madame de Fiesque sortit sans être vue, à un signe de Catherine. En ce moment L'Hospital ouvrit audacieusement la porte de la chambre du roi.

— J'arrive à propos, dit un homme dont les pas précipités retentirent dans la salle et qui fut en un moment sur le seuil de la chambre royale. Ah! messieurs, vous vouliez jeter à bas la tête de mon beau neveu, le prince de Condé ?... mais vous avez fait sortir le lion de son antre, et le voici! ajouta le connétable de Montmorency.

Ambroise, vous ne farfouillerez pas avec vos instruments la tête de mon roi! Les rois de France ne se laissent frapper ainsi que par le fer de leurs ennemis, à la bataille! Le premier prince du sang, Antoine de Bourbon, le prince de Condé, la reine-mère, le connétable et le chancelier s'opposent à cette opération.

A la grande satisfaction de Catherine, le roi de Navarre et le prince de Condé se montrèrent aussitôt.

— Qu'est-ce que cela signifie? dit le duc de Guise en mettant la main sur sa dague.

— En qualité de connétable, j'ai congédié les sentinelles à tous les postes. Tête-Dieu! vous n'êtes pas ici en pays ennemi, je pense. Le roi notre maître est au milieu de ses sujets, et les États du royaume doivent délibérer en toute liberté. J'en viens, messieurs, des États! j'y ai porté la protestation de mon neveu de Condé que trois cents gentilshommes ont délivré. Vous vouliez faire couler le sang royal et décimer la noblesse du royaume. Ah! désormais je me défie de tout ce que vous voudrez, messieurs de Lorraine. Si vous ordonnez d'ouvrir la tête du roi, par cette épée qui a sauvé la France de Charles-Quint sous son grand-père, cela ne se fera pas...

— D'autant plus, dit Ambroise Paré, que maintenant tout est inutile, l'épanchement commence.

— Votre règne est fini, messieurs, dit Catherine aux Lorrains, en voyant à l'air d'Ambroise qu'il n'y avait plus aucun espoir.

— Ah! madame, vous avez tué votre fils, lui dit Marie Stuart qui bondit comme une lionne du lit à la croisée et vint prendre la Florentine par le bras en le lui serrant avec violence.

— Ma mie, répondit Catherine à Marie en lui lançant un regard fin et froid où elle laissa déborder sa haine contenue depuis six mois, vous à la violente amour de qui nous devons cette mort, vous irez maintenant régner dans votre Écosse, et vous partirez demain. Je suis régente de fait. Les trois médecins avaient fait un signe à la reine-mère. — Messieurs, dit-elle en regardant les Guise, il est entendu entre monsieur de Bourbon, nommé lieutenant-général du royaume par les États, et moi, que la conduite des affaires nous regarde. Venez, monsieur le chancelier?

— Le roi est mort, dit le Grand-Maître obligé d'accomplir les devoirs de sa charge.

— Vive le roi Charles IX! crièrent les gentilshommes venus avec le roi de Navarre, le prince de Condé et le connétable.

Les cérémonies qui ont lieu lors de la mort d'un roi de France se firent dans la solitude. Quand le roi d'armes cria dans la salle trois fois : Le roi est mort ! après l'annonce officielle du duc de Guise, il n'y eut que quelques personnes pour répéter : Vive le roi !

La reine-mère, à qui la comtesse de Fiesque amena le duc d'Orléans, devenu depuis quelques instants Charles IX, sortit en tenant son fils par la main, et fut suivie de toute la cour. Il ne resta que les deux Lorrains, la duchesse de Guise, Marie Stuart et Dayelle dans la chambre où François II rendait le dernier soupir, avec deux gardes à la porte, les pages du Grand-Maître, ceux du cardinal et leurs secrétaires particuliers.

— Vive la France ! crièrent plusieurs Réformés en faisant entendre un premier cri d'opposition.

Robertet, qui devait tout au duc et au cardinal, effrayé de leurs projets et de leurs entreprises manquées, se rallia secrètement à la reine-mère, à la rencontre de laquelle les ambassadeurs d'Espagne, d'Angleterre, de l'Empire et de Pologne vinrent dans l'escalier, amenés par le cardinal de Tournon qui les alla prévenir, après s'être montré dans la cour à Catherine de Médicis, au moment où elle avait protesté contre l'opération d'Ambroise Paré.

— Hé ! bien, les fils de Louis d'Outre-mer, les héritiers de Charles de Lorraine ont manqué de courage, dit le cardinal au duc.

— On les aurait renvoyés en Lorraine, répondit le Grand-Maître. Je vous le déclare, Charles, si la couronne était là, je n'étendrais pas la main pour la prendre. Ce sera l'ouvrage de mon fils.

— Aura-t-il jamais comme vous l'Armée et l'Église ?

— Il aura mieux.

— Quoi ?

— Le Peuple !

— Il n'y a que moi qui le pleure, ce pauvre enfant qui m'aimait tant ! dit Marie Stuart en tenant la main froide de son premier mari expiré.

— Par qui renouer avec la reine ? dit le cardinal.

— Attendez qu'elle se brouille avec les Huguenots, répondit la duchesse.

Les intérêts de la maison de Bourbon, ceux de Catherine, ceux des Guise, ceux du parti des Réformés produisirent une telle confusion dans Orléans, que trois jours après, le corps du roi, complétement oublié dans le Bailliage et mis dans une bière par d'obscurs serviteurs, partit pour Saint-Denis dans un chariot couvert, accompagné seulement de l'évêque de Senlis et de deux gentilshommes. Quand ce triste convoi arriva dans la petite ville d'Étampes, un serviteur du chancelier de L'Hospital attacha sur le chariot cette terrible inscription, que l'histoire a recueillie : *Tanneguy du Chastel, où es-tu ? Mais tu étais Français !* Sanglant reproche qui tombait sur Catherine, sur Marie Stuart et sur les Lorrains. Quel est le Français qui puisse ignorer que Tanneguy du Chastel dépensa trente mille écus du temps (un million d'aujourd'hui) aux funérailles de Charles VII, le bienfaiteur de sa maison ?

Aussitôt que le bruit des cloches annonça dans Orléans que François II était mort, et dès que le connétable de Montmorency eut fait ouvrir les portes de la ville, Tourillon monta dans son grenier et se dirigea vers une cachette.

— Eh! bien, serait-il mort ? s'écria le gantier.

En entendant ce mot, un homme se leva qui répondit — *Prêt à servir !* le mot d'ordre des Réformés attachés à Calvin.

Cet homme était Chaudieu, à qui Tourillon raconta les événements des huit derniers jours, pendant lesquels il avait laissé le ministre seul dans sa cachette avec un pain de douze livres pour unique nourriture.

— Cours chez le prince de Condé, frère, demande-lui un sauf-conduit pour moi, et trouve un cheval, s'écria le ministre, il faut que je parte à l'instant.

— Écrivez-lui un mot, que je puisse être reçu.

— Tiens, dit Chaudieu après avoir écrit quelques lignes, demande une passe au roi de Navarre, car dans les circonstances actuelles, je dois courir à Genève.

En deux heures, tout fut prêt, et l'ardent ministre était en route pour la Suisse, accompagné d'un gentilhomme du roi de Navarre, de qui Chaudieu paraissait être le secrétaire et qui portait des instructions aux Réformés du Dauphiné. Ce départ subit de Chaudieu fut aussitôt autorisé dans l'intérêt de Catherine, qui fit pour gagner du temps, une hardie proposition sur laquelle on garda le plus profond secret. Cette singulière conception explique l'accord si soudainement fait entre elle et les chefs du parti de la Réforme. Cette rusée commère avait donné pour gage de sa bonne foi un certain désir d'accommoder les différends des deux Églises dans une assemblée qui ne pouvait être ni un synode, ni un conseil, ni un concile, et pour laquelle il fallait un nom nouveau, mais surtout l'assentiment de Calvin. Quand ce mystère éclata, disons-le en passant, il détermina l'alliance des Guise et du connétable de Montmorency contre Catherine et le roi de Navarre, alliance bizarre, connue dans l'histoire sous le nom de Triumvirat, parce que le maréchal de Saint-André fut le troisième personnage de cette coalition purement catholique à laquelle donna lieu cette étrange proposition du colloque. La profonde politique de Catherine fut alors bien jugée par les Guise : ils comprirent que la reine se souciait fort peu de cette assemblée, et voulait temporiser avec ses alliés pour arriver à l'époque de la majorité de Charles IX ; aussi trompèrent-ils le connétable en lui faisant croire à une collusion d'intérêts entre les Bourbons et Catherine, tandis que Catherine les jouait tous. Cette reine était, comme on le voit, devenue excessivement forte en peu de temps. L'esprit de discussion et de dispute qui régnait alors favorisait singulièrement cette proposition. Les Catholiques et les Réformés devaient briller tous les uns après les autres dans ce tournoi de paroles. Aussi est-ce précisément ce qui arriva. N'est-il pas extraordinaire que les historiens aient pris les ruses les plus habiles de la reine pour des incertitudes? Jamais Catherine n'alla plus directement à son but que dans ces inventions par lesquelles elle paraissait s'en éloigner. Le roi de Navarre, incapable de comprendre les raisons de Catherine, dépêcha donc vers Calvin Chaudieu, qui s'était dévoué secrètement à observer les événements d'Orléans, où, d'heure en heure, il pouvait être découvert et pendu sans procès, comme tout homme qui se trouvait sous le coup d'un arrêt de bannissement. A la façon dont se faisaient alors les voyages, Chaudieu ne devait pas arriver à Genève avant le mois de février, les négociations ne devaient être terminées que pour le mois de mars, et l'assemblée ne put en effet avoir lieu que vers le commencement de mai 1561. Catherine avait médité d'amuser la cour et les partis par le sacre du roi, par son premier lit de justice au parlement, où L'Hospital et de Thou firent enregistrer la lettre par laquelle Charles IX confia l'administration du royaume à sa mère, de concert avec le lieutenant-général du royaume, Antoine de Navarre, le prince le plus faible de ce temps!

N'est-ce pas un des spectacles les plus étranges que celui de tout un royaume en suspens pour le *oui* ou le *non* d'un bourgeois français, longtemps obscur et alors établi à Genève ! Le pape transalpin tenu en échec par le pape de Genève ! ces deux princes lorrains naguère si puissants, paralysés par cet accord momentané du premier prince du sang, de la reine-mère et de Calvin ! N'est-ce pas une des plus fécondes leçons données aux rois par l'histoire, une leçon qui leur apprend à juger les hommes, à faire promptement la part au génie, et à le chercher, comme fit Louis XIV, partout où Dieu le met.

Calvin, qui ne se nommait pas Calvin, mais Cauvin, était le fils d'un tonnelier de Noyon en Picardie. Le pays de Calvin explique jusqu'à un certain point l'entêtement mêlé de vivacité bizarre qui distingua cet arbitre des destinées de la France au seizième siècle. Il n'y a rien de moins connu que cet homme qui a engendré Genève et l'esprit de cette cité. Jean-Jacques Rousseau, qui possédait peu de connaissances historiques, a complétement ignoré l'influence de cet homme sur sa république. Et d'abord, Calvin, qui demeurait dans une des plus humbles maisons du haut Genève, près du temple Saint-Pierre, au-dessus d'un menuisier, première ressemblance entre lui et Robespierre, n'avait pas à Genève d'autorité bien grande. Pendant longtemps, sa puissance fut haineusement limitée par les Genevois. Au seizième siècle, Genève eut dans Farel un de ces fameux citoyens qui restent inconnus au monde entier, et souvent à Genève elle-même. Ce Farel arrêta, vers 1537, Calvin dans cette ville en la lui montrant comme la plus sûre place forte d'une réformation plus active que celle de Luther. Farel et Cauvin jugeaient le luthéranisme comme une œuvre incomplète, insuffisante et sans prise sur la France. Genève, assise entre l'Italie et la France, soumise à la langue française, était admirablement située pour correspondre avec l'Allemagne, avec l'Italie et avec la France. Calvin adopta Genève pour le siège de sa fortune morale, il en fit la citadelle de ses idées.

Le Conseil de Genève, sollicité par Farel, autorisa Calvin à donner des leçons de théologie au mois de septembre 1538. Calvin laissa la prédication à Farel, son premier disciple, et se livra patiemment à l'enseignement de sa doctrine. Cette autorité, qui devint souveraine dans les dernières années de sa vie, devait s'établir difficilement. Ce grand agitateur rencontra de si sérieux obstacles, qu'il fut pendant un certain temps banni de Genève à cause de la sévérité de sa réforme. Il y eut un parti d'honnêtes gens qui tenaient pour le vieux luxe et pour les anciennes mœurs. Mais, comme toujours, ces honnêtes gens craignirent le ridicule, ne voulurent pas avouer le but de leurs efforts, et l'on se battit sur des points étrangers à la vraie question. Calvin voulait qu'on se servît de *pain levé* pour la communion et qu'il n'y eût plus de fêtes, hormis le dimanche. Ces innovations furent désapprouvées à Berne et à Lausanne. On signifia donc aux Genevois de se conformer au rit de la Suisse. Calvin et Farel résistèrent, *leurs ennemis politiques* s'appuyèrent sur ce désaccord pour les chasser de Genève, d'où ils furent en effet bannis pour quelques années. Plus tard, Calvin rentra triomphalement, redemandé par son troupeau. Ces persécutions deviennent toujours la consécration du pouvoir moral, quand l'écrivain sait attendre. Aussi ce retour fut-il comme l'ère de ce prophète. Les exécutions commencèrent, et Calvin organisa sa terreur religieuse. Au moment où ce dominateur reparut, il fut admis dans la bourgeoisie genevoise ; mais après quatorze ans de séjour, il n'était pas encore du Conseil. Au moment où Catherine députait un ministre vers lui, ce roi des idées n'avait pas d'autre titre que celui de pasteur de l'Église de Genève. Calvin n'eut d'ailleurs jamais plus de cent cinquante francs en argent par année, quinze quintaux de blé, deux tonneaux de vin, pour tout appointement. Son frère, simple tailleur, avait sa boutique à quelques pas de la place Saint-Pierre, dans la rue où se trouve aujourd'hui l'une des imprimeries de Genève. Ce désintéressement, qui manque à Voltaire, à Newton, à Bacon, mais qui brille dans la vie de Rabelais, de Campanella, de Luther, de Vico, de Descartes, de Malebranche, de Spinosa, de Loyola, de Kant, de Jean-Jacques Rousseau, ne forme-t-il pas un magnifique cadre à ces ardentes et sublimes figures ?

L'existence si semblable de Roberspierre peut faire seule comprendre aux contemporains celle de Calvin, qui, fondant son pouvoir sur les mêmes bases, fut aussi cruel, aussi absolu que l'avocat d'Arras. Chose étrange ! La Picardie, Arras et Noyon, a fourni ces deux instruments de réformation ! Tous ceux qui voudront étudier les raisons des supplices ordonnés par Calvin trouveront, proportion gardée, tout 1793 à Genève. Calvin fit trancher la tête à Jacques Gruet « pour avoir écrit des lettres impies, des vers « libertins, et avoir *travaillé* à renverser les ordonnances ecclé-

« siastiques. » Réfléchissez à cette sentence, demandez-vous si les plus horribles tyrannies offrent dans leurs saturnales des considérants plus cruellement bouffons. Valentin Gentilis, condamné à mort « *pour hérésie involontaire,* » n'échappa au supplice que par une amende honorable plus ignominieuse que celles infligées par l'Église catholique. Sept ans avant la conférence qui allait avoir lieu chez Calvin sur les propositions de la reine-mère, Michel Servet, *Français*, passant par Genève, y avait été arrêté, jugé, condamné sur l'accusation de Calvin, et brûlé vif, « *pour avoir attaqué le mystère de la Trinité* » dans un livre qui n'avait été ni composé ni publié à Genève. Rappelez-vous les éloquentes défenses de Jean-Jacques Rousseau, dont le livre, qui renversait la religion catholique, écrit en France et publié en Hollande, mais débité dans Paris, fut seulement brûlé par la main du bourreau, et l'auteur, un *étranger*, seulement banni du royaume où il essayait de ruiner les vérités fondamentales de la religion et du pouvoir, et comparez la conduite du parlement à celle du tyran genevois. Enfin, Bolsée fut mis également en jugement « *pour avoir eu d'autres idées que celles de Calvin sur la prédestination.* » Pesez ces considérations, et demandez-vous si Fouquier-Tinville a fait pis. La farouche intolérance religieuse de Calvin a été, moralement, plus compacte, plus implacable que ne le fut la farouche intolérance politique de Roberspierre. Sur un théâtre plus vaste que Genève, Calvin eût fait couler plus de sang que n'en a fait couler le terrible apôtre de l'égalité politique assimilée à l'égalité catholique. Trois siècles auparavant, un moine, un Picard, avait entraîné l'Occident tout entier sur l'Orient. Pierre l'Hermite, Calvin et Roberspierre, chacun à trois cents ans de distance, ces trois Picards ont été, politiquement parlant, des leviers d'Archimède. C'était à chaque époque une pensée qui rencontrait un point d'appui dans les intérêts et chez les hommes.

Calvin est donc bien certainement l'éditeur presque inconnu de cette triste ville, appelée Genève, où, il y a dix ans, un homme disait, en montrant une porte cochère de la haute ville, la première qui ait été faite à Genève (il n'y avait que des portes bâtardes auparavant) : « *C'est par cette porte que le luxe est entré dans Genève!* » Calvin y introduisit, par la rigueur de ses exécutions et par celle de sa doctrine, ce sentiment hypocrite si bien nommé la *mômerie*. Avoir des mœurs, selon les *mômiers*, c'est renoncer aux arts, aux agréments de la vie, manger délicieusement, mais sans luxe, et amasser silencieusement de l'argent, sans en jouir autrement que comme Calvin jouissait de son pouvoir, par la pensée. Calvin donna à tous les citoyens la même livrée sombre qu'il étendit sur sa vie. Il avait créé dans le consistoire un vrai tribunal d'inquisition calviniste, absolument semblable au tribunal révolutionnaire de Roberspierre. Le consistoire déférait au Conseil les gens à condamner, et Calvin y régnait par le consistoire comme Roberspierre régnait sur la Convention par le club des Jacobins. Ainsi, un magistrat éminent à Genève fut condamné à deux mois de prison, à perdre ses emplois et la capacité d'en jamais exercer d'autres, « *parce qu'il menait une vie déréglée et qu'il s'était lié avec les ennemis de Calvin.* » Sous ce rapport, Calvin fut un législateur : il a créé les mœurs austères, sobres, bourgeoises, effroyablement tristes, mais irréprochables qui se sont conservées jusqu'aujourd'hui dans Genève, qui ont précédé les mœurs anglaises, universellement désignées sous le mot de puritanisme, dues à ces Caméroniens, disciples de Caméron, un des docteurs français issus de Calvin, et que Walter Scott a si bien peints! La pauvreté d'un homme, exactement souverain, qui traitait de puissance à puissance avec les rois, qui leur demandait des trésors, des armées, et qui puisait à pleines mains dans leurs épargnes pour les malheureux, prouve que la pensée, prise comme moyen unique de domination, engendre des avares politiques, des hommes qui jouissent par le cerveau, qui, semblables aux Jésuites, veulent le pouvoir pour le pouvoir. Pitt, Luther, Calvin, Roberspierre, tous ces Harpagons de domination meurent sans un sou. L'inventaire fait au logis de Calvin, après sa mort, et qui, *compris ses livres*, s'élève à cinquante écus, a été conservé par l'Histoire. Celui de Luther a offert la même somme : enfin, sa veuve, la fameuse Catherine de Bora, fut obligée de solliciter une pension de cent écus qui lui fut accordée par un électeur d'Allemagne. Potemkin, Mazarin, Richelieu, ces hommes de pensée et d'action qui tous trois ont fait ou préparé des empires, ont laissé chacun trois cents millions. Ceux-là avaient un cœur, ils aimaient les femmes et les arts, ils bâtissaient, ils conquéraient; tandis qu'excepté la femme de Luther, Hélène de cette Iliade, tous les autres n'ont pas un battement de cœur donné à une femme à se reprocher.

Cette explication très-succincte était nécessaire pour expliquer la position de Calvin à Genève.

Dans les premiers jours du mois de février de l'année 1561, par une de ces douces soirées qui se rencontrent dans cette saison sur le lac Léman, deux cavaliers arrivèrent au Pré-l'Évêque, ainsi nommé à cause de l'ancienne maison de campagne de l'évêque de Genève, chassé depuis trente ans. Ces deux hommes, qui san doute connaissaient les lois de Genève sur la fermeture des portes, alors nécessaires et assez ridicules aujourd'hui, se dirigèrent sur la porte de Rives ; mais ils arrêtèrent brusquement leurs chevaux à l'aspect d'un homme d'une cinquantaine d'années qui se promenait appuyé sur le bras d'une servante, et qui rentrait évidemment en ville ; cet homme, assez gras, marchait avec lenteur et difficulté, ne posant un pied qu'après l'autre et non sans douleur, car il portait des souliers ronds en velours noir et lacés.

— C'est lui, dit à Chaudieu l'autre cavalier qui descendit de cheval, tendit ses rênes à son compagnon et s'avança en ouvrant ses bras au promeneur.

Ce promeneur, qui était en effet Jean Calvin, se recula pour éviter l'embrassade, et jeta le coup d'œil le plus sévère à son disciple. A cinquante ans, Calvin paraissait en avoir soixante-dix. Gros et gras, il semblait d'autant plus petit, que d'horribles douleurs de gravelle l'obligeaient à marcher courbé. Ces douleurs se compliquaient avec les atteintes d'une goutte du plus mauvais caractère. Tout le monde eût tremblé devant cette figure presque aussi large que longue et sur laquelle, malgré sa rondeur, il n'y avait pas plus de bonhomie que dans celle du terrible Henri VIII, à qui Calvin ressemblait beaucoup ; les souffrances, qui ne lui donnèrent jamais de relâche, se trahissaient dans deux rides profondes qui partaient de chaque côté du nez en suivant le mouvement des moustaches et se confondant comme elles avec une ample barbe grise. Cette figure, quoique rouge et enflammée comme celle d'un buveur, offrait par places des marques où le teint était jaune ; mais malgré le bonnet de velours noir qui couvrait cette énorme tête carrée, on pouvait admirer un front vaste et de la plus belle forme, sous lequel brillaient deux yeux bruns, qui dans les accès de colère devaient lancer des flammes. Soit par l'effet de son obésité, soit à cause de son gros col court, soit à cause de ses veilles et de ses travaux continuels, la tête de Calvin rentrait dans ses larges épaules, ce qui l'obligeait à ne porter qu'une petite fraise courte à tuyaux, sur laquelle sa figure semblait être comme celle de saint

Jean-Baptiste dans un plat. Entre ses moustaches et sa barbe, on voyait, comme une rose, sa jolie bouche éloquente, petite et fraîche, dessinée avec une admirable perfection. Ce visage était partagé par un nez carré, remarquable par une flexuosité qui régnait dans toute la longueur, et qui produisait sur le bout des méplats significatifs, en harmonie avec la force prodigieuse exprimée dans cette tête impériale. Quoiqu'il fût difficile de reconnaître dans ces traits les traces des migraines hebdomadaires qui saisissaient Calvin pendant les intervalles d'une fièvre lente par laquelle il fut dévoré, la souffrance, incessamment combattue par l'Étude et par le Vouloir, donnait à ce masque en apparence fleuri quelque chose de terrible, assez explicable par la couleur de la couche de graisse due aux habitudes sédentaires du travailleur et qui portait les traces du combat perpétuel de ce tempérament valétudinaire avec l'une des plus fortes volontés connues dans l'histoire de l'esprit humain. Quoique charmante, la bouche avait une expression de cruauté. La chasteté commandée par de vastes desseins, exigée par tant de maladives dispositions, était écrite sur ce visage. Il y avait des regrets dans la sérénité de ce front puissant, et de la douleur dans le regard de ces yeux dont le calme effrayait.

Le costume de Calvin faisait bien ressortir sa tête, car il portait la fameuse soutane en drap noir, serrée par une ceinture de drap noir à boucle en cuivre, qui devint le costume des ministres calvinistes, et qui, désintéressant le regard, obligeait l'attention à ne s'occuper que du visage.

— Je souffre trop, Théodore, pour vous embrasser, dit alors Calvin à l'élégant cavalier.

Théodore de Bèze, alors âgé de quarante-deux ans et reçu bourgeois de Genève depuis deux ans à la demande de Calvin, formait le contraste le plus violent avec le terrible pasteur dont il avait fait son souverain. Calvin, comme tous les bourgeois qui s'élèvent à une souveraineté morale, ou comme tous les inventeurs de systèmes sociaux, était dévoré de jalousie. Il abhorrait ses disciples, il ne voulait pas d'égaux, et ne souffrait pas la moindre contradiction. Cependant il y avait entre Théodore de Bèze et lui tant de différence; cet élégant cavalier doué d'une figure agréable, plein de politesse, habitué à fréquenter les cours, il le trouvait si dissemblable de tous ses farouches janissaires, qu'il se départait avec lui de ses sentiments habituels; il ne l'aima jamais, car cet âpre législateur ignora totalement l'amitié ; mais ne craignant pas de trouver en lui son successeur, il aimait à jouer avec Théodore comme Richelieu joua plus tard avec son chat ; il le trouvait souple et léger. En voyant de Bèze réussir admirablement dans toutes ses missions, il aimait cet instrument poli dont il se croyait l'âme et le conducteur; tant il est vrai que les hommes les plus farouches ne peuvent se dispenser d'un semblant d'affection. Théodore fut l'enfant gâté de Calvin, le sévère réformateur ne le grondait pas, il lui passait ses déréglements, ses amours, ses beaux costumes et son élégance de langage. Peut-être Calvin était-il content de montrer que la Réforme pouvait lutter de grâce avec les gens de cour. Théodore de Bèze voulait introduire dans Genève le goût des arts, de la littérature, de la poésie, et Calvin écoutait ses plans sans froncer ses gros sourcils gris. Ainsi le contraste du caractère et de la personne était aussi complet que les contrastes de l'esprit entre ces deux hommes célèbres.

Calvin reçut le salut très-humble de Chaudieu, en répondant par une légère inclination de tête. Chaudieu passa dans son bras droit les brides des deux chevaux et suivit ces deux grands hommes de la Réformation, en se tenant à gauche de Théodore de Bèze, qui marchait à droite de Calvin. La bonne de Calvin courut pour empêcher qu'on ne fermât la porte de Rives, en faisant observer au capitaine de garde que le pasteur venait d'être pris de douleurs cuisantes.

Théodore de Bèze était un fils de cette commune de Vézelay, la première qui se confédéra et dont la curieuse histoire a été faite par l'un des Thierry. Ainsi l'esprit de bourgeoisie et de résistance, endémique à Vézelay, a sans doute fourni sa part dans la grande révolte des Réformés en la personne de cet homme qui certes est une des plus curieuses figures de l'Hérésie.

— Vous souffrez donc toujours ? dit Théodore à Calvin.

— Un Catholique dirait comme un damné, répondit le Réformateur avec cette amertume qu'il mettait dans ses moindres paroles. Ah ! je m'en vais, mon enfant ! Et que deviendrez-vous sans moi ?

— Nous combattrons à la clarté de vos livres ! dit Chaudieu.

Calvin sourit, son visage empourpré prit une expression gracieuse, et il regarda favorablement Chaudieu.

— Hé ! bien, vous m'apportez des nouvelles ? reprit-il. Nous a-t-on beaucoup massacré des nôtres? fit-il en souriant et montrant une railleuse joie qui brilla dans ses yeux bruns.

— Non, dit Chaudieu, tout est à la paix.

— Tant pis, tant pis! s'écria Calvin. Toute pacification serait un mal, si chaque fois ce ne devait pas être un piége. La persécution est notre force. Où en serions-nous, si l'Église s'emparait de la Réforme?

— Mais, dit Théodore, c'est ce que semble vouloir faire la reine-mère.

— Elle en est bien capable, dit Calvin. J'étudie cette femme...

— D'ici? s'écria Chaudieu.

— Y a-t-il des distances pour l'esprit, répliqua sévèrement Calvin qui trouva de l'irrévérence dans l'interruption. Catherine souhaite le pouvoir, et les femmes dans cette visée n'ont plus ni honneur ni foi. De quoi s'agit-il?

— Eh! bien, elle nous propose une espèce de concile, dit Théodore de Bèze.

— Auprès de Paris? demanda Calvin brusquement.

— Oui!

— Ah! tant mieux! fit Calvin.

— Et nous y essaierons de nous entendre et de dresser un acte public pour fondre les deux Églises.

— Ah! si elle avait le courage de séparer l'Église française de la cour de Rome et de créer en France un patriarche comme dans l'Église grecque, s'écria le Réformateur dont les yeux brillèrent à cette idée qui lui permettait de monter sur un trône. Mais, mon fils, la nièce d'un pape peut-elle être franche? elle veut gagner du temps.

— Ne nous en faut-il pas pour réparer notre échec d'Amboise, et organiser une résistance formidable sur tous les points du royaume?

— Elle a renvoyé la reine d'Écosse, dit Chaudieu.

— Une de moins! dit Calvin en passant sous la porte de Rives, Élisabeth d'Angleterre nous la contiendra. Deux reines voisines seront bientôt en guerre: l'une est belle et l'autre est assez laide, première cause d'irritation; puis il y a de plus la question d'illégitimité...

Il se frotta les mains, et sa joie eut un caractère si féroce, que de Bèze frissonna; car il aperçut alors la mare de sang que contemplait son maître depuis un moment.

— Les Guise ont irrité la maison de Bourbon, dit de Bèze après une pause, ils ont à Orléans brisé la paille entre eux.

— Eh ! bien, reprit Calvin, tu ne me croyais pas, mon fils, quand, à ton dernier départ pour Nérac, je te disais que nous finirions par susciter entre les deux branches de la maison de France une guerre à mort ! Enfin, j'ai une cour, un roi, une famille dans mon parti. Ma doctrine a fait maintenant son effet sur les masses. Les bourgeois m'ont compris, ils appelleront désormais idolâtres ceux qui vont à la messe, qui peignent les murailles de leurs temples, qui y mettent des tableaux et des statues. Ah ! il est bien plus facile au peuple de démolir des cathédrales et des palais, que de disputer sur la *foi iustifiante* ou sur *la présence réelle* ! Luther était un disputeur, moi je suis une armée ! il était un raisonneur, moi je suis un système ! Enfin, mes enfants, ce n'était qu'un taquin, moi je suis un Tarquin ! Oui, mes fidèles briseront les églises, ils briseront les tableaux, ils feront des meules avec des statues pour broyer les blé des peuples. Il y a des corps dans les États, je n'y veux que des individus ! Les corps résistent trop, et voient clair là où les multitudes sont aveugles ! Maintenant il faut mêler à cette doctrine agissante des intérêts politiques qui la consolident et qui entretiennent le matériel de mes armées. J'ai satisfait la logique des esprits économes et la tête des penseurs par ce culte nu, dépouillé qui transporte la religion dans le monde des idées. J'ai fait comprendre au peuple les avantages de la suppression des cérémonies. A toi, Théodore, à embaucher des intérêts. Ne sortez pas de là. Tout est fait, tout est dit maintenant comme doctrine, qu'on n'y ajoute pas un iota ! Pourquoi Caméron, ce petit pasteur de Gascogne, se mêle-t-il d'écrire ?...

Calvin, Théodore de Bèze et Chaudieu gravissaient les rues de la ville haute au milieu de la foule, sans que la foule fît la moindre attention à eux qui déchaînaient les foules dans les cités, qui ravageaient la France ! Après cette affreuse tirade, ils marchèrent en silence, arrivèrent sur la petite place Saint-Pierre, et se dirigèrent vers la maison du pasteur. Au second étage de cette maison à peine célèbre et de laquelle personne aujourd'hui ne vous parle à Genève, où d'ailleurs Calvin n'a pas de statue, son logement consistait en trois chambres parquetées en sapin, boisées en sapin et à côté desquelles se trouvaient la cuisine et la chambre de la servante. On entrait, comme dans la plupart des maisons bourgeoises de Genève, par la cuisine, qui menait à une petite salle à deux croisées, servant de parloir, de salon et de salle à manger. Le cabinet de travail où la pensée de Calvin se débattait avec les douleurs depuis quatorze ans venait ensuite, et la chambre à coucher y était contiguë. Quatre chaises en bois de chêne couvertes en tapisserie et placées autour d'une longue table carrée, composaient tout l'ameublement du parloir. Un poêle en faïence blanche, placé dans un des angles de cette pièce, y jetait une douce chaleur. Une boiserie de sapin naturel revêtait les murs, sans aucun décor. Ainsi la nudité des lieux était en harmonie avec la vie sobre et simple de ce réformateur.

— Eh ! bien, dit de Bèze en entrant et profitant du moment où Chaudieu les avait laissés seuls pour aller mettre les deux chevaux dans une auberge voisine, que dois-je faire? Acceptez-vous le colloque?

— Certes, dit Calvin. C'est vous, mon enfant, qui y combattrez. Soyez-y tranchant, absolu. Personne, ni la reine, ni les Guise, ni moi, nous ne voulons en faire sortir une pacification, qui ne nous convient point. J'ai confiance en Duplessis-Mornay, il faudra lui donner le premier rôle. Nous sommes seuls, dit-il en jetant un regard de défiance dans sa cuisine, dont la porte était entr'ouverte et où séchaient étendues sur une corde deux chemises et quelques collerettes. Va fermer tout. — Eh ! bien, reprit-il, quand Théodore eut fermé les portes, il faut pousser le roi de Navarre à se joindre aux Guise et au connétable en lui conseillant d'abandonner la reine Catherine de Médicis. Ayons tous les bénéfices de la faiblesse de ce triste sire. S'il tourne casaque à l'Italienne, en se voyant dénuée de cet appui, elle se joindra nécessairement au prince de Condé, à Coligny. Peut-être cette manœuvre la compromettra-t-elle si bien, qu'elle nous restera...

Théodore de Bèze prit le pan de la robe de Calvin et la baisa: — O mon maître, dit-il, vous êtes grand!

— Je me meurs malheureusement, cher Théodore. Si je mourais sans te revoir, dit-il à voix basse et dans l'oreille de son ministre des affaires étrangères, songe à faire frapper un grand coup par un de nos martyrs!...

— Encore un Minard à tuer?

— Mieux qu'un robin.

— Un roi?

— Encore plus ! un homme qui veut l'être.

— Le duc de Guise ! s'écria Théodore en laissant échapper un geste.

—Eh! bien, s'écria Calvin, qui crut apercevoir une dénégation ou un mouvement de résistance et qui ne vit pas entrer le ministre Chaudieu, n'avons-nous pas le droit de frapper comme on nous frappe? oui, dans l'ombre et le silence ? Ne pouvons-nous pas rendre blessure pour blessure, mort pour mort? Les Catholiques se feront-ils faute de nous tendre des piéges et de nous massacrer ? J'y compte bien ! Brûlez leurs églises ! allez, mes enfants. Si vous avez des jeunes gens dévoués...

— J'en ai, dit Chaudieu.

— Servez-vous-en comme de machines de guerre ! notre triomphe admet tous les moyens. Le Balafré, ce terrible soldat, est comme moi, plus qu'un homme, c'est une dynastie comme je suis un système, il est capable de nous anéantir ! A mort donc le Lorrain !

— J'aimerais mieux une victoire paisible amenée par le temps et par la raison, dit de Bèze.

— Par le temps ? s'écria Calvin, en jetant sa chaise par terre, par la raison ? Mais êtes-vous fou ? La raison, faire une conquête ? vous ne savez donc rien des hommes, vous qui les pratiquez, imbécile ! Ce qui nuit à ma doctrine, triple niais, c'est qu'elle est raisonnable ? Par la foudre de saint Paul, par l'épée du Fort, citrouille que vous êtes, Théodore, ne voyez-vous pas la vigueur communiquée à ma Réforme par la catastrophe d'Amboise? Les idées ne poussent qu'arrosées avec du sang ! L'assassinat du duc de Guise serait le motif d'une horrible persécution, et je l'appelle de tous mes vœux ! Nos revers sont préférables à des succès ! La Réforme a les moyens de se faire battre, entendez-vous, bélître ! tandis que le Catholicisme est perdu, si nous gagnons une seule bataille. Mais quels sont donc mes lieutenants ?... des chiffons mouillés au lieu d'hommes ! des tripes à deux pattes! des babouins baptisés. O mon Dieu, me donneras-tu dix ans de vie encore ! Si je meurs trop tôt, la cause de la vraie religion est perdue avec de pareils maroufles ! Tu es aussi bête qu'Antoine de Navarre ! sors, laisse-moi, je veux un meilleur négociateur ! Tu n'es qu'un âne, un godelureau, un poète, va faire des Catulleries, des Tibullades, des acrostiches ! Hue !

Les douleurs de la gravelle avaient entièrement été domptées par le feu de cette colère. La goutte se taisait devant cette horrible excitation. Le visage de Calvin était nuancé de pourpre comme un ciel à l'orage. Son vaste front brillait. Ses yeux flamboyaient. Il ne se ressemblait plus. Il s'abandonna à cette espèce de mouvement épileptique, plein de rage, qui lui était familier; mais saisi par le silence de ses deux auditeurs, et remarquant Chaudieu qui dit à de Bèze : « Le buisson d'Horeb! » le pasteur s'assit, se tut, et se voila le visage de ses deux mains aux articulations nouées et qui palpitaient malgré leur épaisseur.

Quelques instants après, encore en proie aux dernières secousses de ce grain engendré par la chasteté de sa vie, il leur dit d'une voix émue : — Mes vices, qui sont nombreux, me coûtent moins à dompter que *mon impatience!* Oh! bête féroce, ne te vaincrai-je jamais? ajouta-t-il en se frappant la poitrine.

— Mon cher maître, dit de Bèze d'une voix caressante et en prenant les mains de Calvin, qu'il baisa, Jupiter tonne, mais il sait sourire.

Calvin regarda son disciple d'un œil adouci en lui disant : — Comprenez-moi, mes amis.

— Je comprends que les pasteurs de peuples ont de terribles fardeaux, répondit Théodore. Vous avez un Monde sur vos épaules.

— J'ai, dit Chaudieu, que l'algarade du maître avait rendu pensif, j'ai trois martyrs sur lesquels nous pouvons compter. Stuart, qui a tué le président, est en liberté...

— Erreur! dit Calvin doucement et en souriant comme tous les grands hommes qui font succéder le beau temps sur leur figure, comme s'ils étaient honteux d'y avoir laissé régner l'orage. Je connais les hommes. On tue un président, on n'en tue pas deux.

— Est-ce absolument nécessaire? dit de Bèze.

— Encore? fit Calvin en enflant ses narines. Tenez, laissez-moi, vous me remettriez en fureur. Allez avec ma décision. Toi, Chaudieu, marche dans ta voie et maintiens ton troupeau de Paris. Que Dieu vous conduise! Dinah?... éclairez mes amis.

— Ne me permettrez-vous pas de vous embrasser? dit Théodore avec attendrissement. Qui de nous peut savoir ce qui lui adviendra demain? Nous pouvons être saisis malgré les sauf-conduits...

— Et tu veux les ménager? dit Calvin en embrassant de Bèze. Il prit la main de Chaudieu en lui disant : — Surtout pas de Huguenots, pas de Réformés, devenez Calvinistes! Ne parlez que du

Calvinisme… Hélas ! ce n'est pas ambition, car je me meurs… mais il faut détruire tout de Luther, jusqu'au nom de Luthérien et de luthéranisme !

— Mais, homme divin, s'écria Chaudieu, vous méritez bien de tels honneurs !

— Maintenez l'uniformité de la doctrine, ne laissez plus rien examiner ni refaire. Nous sommes perdus si de notre sein sortaient des sectes nouvelles.

En anticipant sur les évènements de cette Étude et pour en finir avec Théodore de Bèze, qui alla jusqu'à Paris avec Chaudieu, il faut faire observer que Poltrot, qui, dix-huit mois après, tira un coup de pistolet au duc de Guise, avoua dans la question avoir été poussé à ce crime par Théodore de Bèze ; néanmoins, il rétracta cet aveu dans les tortures postérieures. Aussi Bossuet, en pesant toutes les considérations historiques, n'a-t-il pas cru devoir attribuer la pensée de ce crime à Théodore de Bèze. Mais depuis Bossuet, une dissertation en apparence futile, faite à propos d'une célèbre chanson, a conduit un compilateur du dix-huitième siècle à prouver que la chanson sur la mort du duc de Guise, chantée dans toute la France par les Huguenots, était l'ouvrage de Théodore de Bèze, et il fut alors prouvé que la fameuse complainte sur Malborough est un plagiat de celle de Théodore de Bèze. (*Voir la note à la fin.*)

Le jour où Théodore de Bèze et Chaudieu arrivèrent à Paris, la cour y était revenue de Rheims, où Charles IX avait été sacré. Cette cérémonie, que Catherine rendit très-éclatante et qui fut l'occasion de fêtes splendides, lui avait permis de réunir autour d'elle les chefs de tous les partis. Après avoir étudié tous les intérêts et les partis, elle en était à choisir entre cette alternative : ou les rallier au trône, ou les opposer les uns aux autres. Catholique par excellence, le connétable de Montmorency, dont le neveu le prince de Condé était le chef de la Réformation et dont les fils inclinaient à cette religion, blâmait l'alliance de la reine-mère avec les Réformés. De leur côté, les Guise travaillaient à gagner Antoine de Bourbon, prince sans caractère, et à le mettre dans leur parti ; ce que sa femme, la reine de Navarre, avertie par de Bèze, laissa faire. Ces difficultés frappèrent Catherine, dont l'autorité naissante avait besoin de quelque temps de tranquillité ; aussi attendait-elle impatiemment la réponse de Calvin, à qui le prince de Condé, le roi de Navarre, Coligny, d'Andelot, le cardinal de Châtillon, avaient envoyé de Bèze et Chaudieu. Mais en attendant, la reine-mère fut fidèle à ses promesses envers le prince de Condé. Le chancelier mit fin à la procédure qui regardait Christophe en évoquant l'affaire au parlement de Paris, qui cassa l'arrêt de la commission en la déclarant sans pouvoir pour juger un prince du sang. Le parlement recommença le procès à la sollicitation des Guise et de la reine-mère. Les papiers de La Sague avaient été remis à Catherine qui les brûla. Cette remise fut un premier gage inutilement donné par les Guise à la reine-mère. Le parlement, ne trouvant plus ces preuves décisives, rétablit le prince dans tous ses droits, biens et honneurs. Christophe, délivré lors du tumulte d'Orléans à l'avénement du roi, fut mis hors de cause dès l'abord, et fut reçu, en dédommagement de ses souffrances, avocat au parlement, par les soins de M. de Thou.

Le triumvirat, cette coalition future d'intérêts menacés par les premiers actes de Catherine, se préparait donc sous ses yeux. De même qu'en chimie les substances ennemies finissent par se séparer au premier choc qui trouble leur union forcée, de même en politique les alliances d'intérêts contraires ont peu de durée. Catherine comprenait bien que tôt ou tard elle reviendrait au Guise et au connétable pour livrer bataille aux Huguenots. Ce Colloque qui flattait les amours-propres des orateurs de chaque parti, qui devait faire succéder une imposante cérémonie à celle du sacre et amuser le tapis sanglant de cette guerre religieuse commencée, était inutile aux yeux des Guise tout aussi bien qu'aux yeux de Catherine. Les Catholiques y perdaient, car les Huguenots allaient, sous prétexte de conférer, proclamer leur doctrine à la face de la France, sous la protection du roi et de sa mère. Le cardinal de Lorraine, flatté par Catherine d'y battre les hérétiques par l'éloquence des princes de l'Église, y fit consentir son frère. C'était beaucoup pour la reine-mère que six mois de paix.

Un petit événement faillit compromettre ce pouvoir que Catherine élevait si péniblement. Voici la scène, conservée par l'histoire et qui éclata le jour même où les envoyés de Genève arrivaient rue de Bussy, à l'hôtel de Coligny, près du Louvre. Au sacre, Charles IX, qui aimait beaucoup son précepteur Amyot, le nomma grand-aumônier de France. Cette amitié fut également partagée par le duc d'Anjou, Henri III, autre élève d'Amyot. Pendant le voyage de Reims à Paris, Catherine apprit cette nouvelle par les deux Gondi. Elle comptait sur cette charge de la couronne pour se faire dans l'Église un appui, pour y avoir un personnage à opposer au cardinal de Lorraine; elle voulait en revêtir le cardinal de Tournon, afin de trouver en lui, comme en L'Hospital, *une seconde béquille;* tel fut le mot dont elle se servit. En arrivant au Louvre, elle manda le précepteur. Sa colère fut telle, en voyant le désastre causé dans sa politique par l'ambition de ce fils de cordonnier parvenu, qu'elle lui dit ces étranges paroles répétées par quelques mémorialistes : — « Quoi! je fais bouquer les Guise, les Coligny, les connétables, la maison de Navarre, le prince de Condé, et j'aurai en tête un prestolet tel que toi qui n'es pas satisfait par l'évêché d'Auxerre! » Amyot s'excusa. En effet, il n'avait rien demandé, le roi l'avait revêtu, de son plein gré, de cette charge dont lui, pauvre précepteur, se regardait indigne. — Sois assuré, maître, lui répondit Catherine (tel était le nom que les rois Charles IX et Henri III donnaient à ce grand écrivain), de ne pas rester en pied vingt-quatre heures si tu ne fais changer d'avis à ton élève. Entre la mort annoncée sans plus de finesse, et la résignation de la plus grande charge ecclésiastique de la couronne, le fils du cordonnier, devenu très-avide et qui peut-être ambitionnait le chapeau de cardinal, prit le parti de temporiser, il se cacha dans l'abbaye Saint-Germain. A son premier dîner, Charles IX, ne voyant point Amyot, le demanda. Quelque Guisard instruisit sans doute le roi de ce qui s'était passé entre Amyot et la reine-mère. — Quoi! est-ce parce que je l'ai fait Grand-Aumônier qu'on la fait disparaître? dit-il. Il alla chez sa mère dans le violent état où sont les enfants quand un de leurs caprices est contrarié. — Madame, dit-il en entrant, n'ai-je pas complaisamment signé la lettre que vous m'avez demandée pour le parlement, et au moyen de laquelle vous gouvernerez mon royaume? Ne m'avez-vous pas promis en me la présentant que ma volonté serait la vôtre, et voici que la seule faveur que je tenais à donner excite votre jalousie. Le chancelier parle de me faire déclarer majeur à quatorze ans, dans trois ans d'ici, et vous voulez me traiter en enfant... Je serai, par Dieu! roi, et roi comme mon père et mon grand-père étaient rois!

A l'accent et à la manière dont ces paroles furent dites, Catherine eut une révélation du vrai caractère de son fils et reçut un coup de boutoir dans le sein. Il me parle ainsi, à moi qui l'ai fait roi! pensa-t-elle. — Monsieur, lui répondit-elle, le métier de roi, par le temps qui court, est bien difficile, et vous ne connaissez pas encore les maîtres à qui vous avez affaire. Vous n'aurez jamais d'autre ami sincère et sûr que votre mère, d'autres serviteurs que ceux qu'elle s'est attachés depuis longtemps, et sans les services desquels vous n'existeriez peut-être pas aujourd'hui. Les Guise en veulent et à votre trône et à votre personne, sachez-le. S'ils pouvaient me coudre dans un sac et me jeter dans la rivière, dit-elle en montrant la Seine, ce serait fait ce soir. Ces Lorrains sentent que je suis la lionne qui défend ses petits, qui arrête leurs mains hardies étendues sur la couronne. A qui, à quoi tient votre précepteur? où sont ses alliances? quelle est son autorité? quels services vous rendra-t-il? de quel poids sera sa parole! Au lieu d'un étai pour soutenir votre pouvoir, vous l'avez démuni. Le cardinal de Lorraine vous menace, il fait le roi, il garde son chapeau sur la tête devant le premier prince du sang; n'était-il donc pas urgent de lui opposer un autre cardinal revêtu d'une autorité supérieure à la sienne? Est-ce Amyot, ce cordonnier capable de lui nouer les rubans de ses souliers, qui lui rompra en visière? Enfin, vous aimez Amyot, vous l'avez nommé! que votre première volonté soit faite, monsieur! Mais, avant de vouloir, consultez-moi de bonne amitié. Prêtez-vous aux raisons d'État, et votre bon sens d'enfant s'accordera peut-être avec ma vieille expérience pour décider, quand vous connaîtrez les difficultés.

— Vous me rendrez mon maître! dit le roi sans trop écouter sa mère en ne voyant que des reproches dans sa réponse.

— Oui, vous l'aurez, répondit-elle. Mais ce n'est pas lui, ni même ce brutal de Cypierre, qui vous apprendront à régner.

— Ce sera vous, ma chère mère, dit-il adouci par son triomphe et en quittant cet air menaçant et sournois naturellement empreint sur sa physionomie.

Catherine envoya chercher le nouveau Grand-Aumônier par Gondi. Quand le Florentin eut découvert la retraite d'Amyot, et qu'on eut dit à l'évêque que le courtisan était envoyé par la reine, il fut pris de terreur et ne voulut pas sortir de l'abbaye. Dans cette extrémité, Catherine fut obligée d'écrire elle-même au précepteur dans de tels termes, qu'il revint et reçut d'elle l'assurance de sa protection, mais à la condition de la servir aveuglément, auprès de Charles IX.

Cette petite tempête domestique apaisée, Catherine, revenue au

Louvre après une absence de plus d'une année, y tint conseil avec ses intimes sur la conduite à tenir avec le jeune roi, que Cypierre avait complimenté sur sa fermeté.

— Que faire? dit-elle aux deux Gondi, à Ruggieri, à Birague et à Chiverny devenu gouverneur et chancelier du duc d'Anjou.

— Avant tout, dit Birague, changez Cypierre. Ce n'est pas un homme de cour, il ne s'accommoderait jamais à vos vues et croirait faire sa charge en vous contre-carrant.

— A qui me fier! s'écria la reine.

— A l'un de nous, dit Birague.

— Par ma foi, reprit Gondi, je vous promets de vous rendre le roi souple comme le roi de Navarre.

— Vous avez laissé périr le feu roi pour sauver vos autres enfants, eh! bien, faites comme chez les Grands-Seigneurs de Constantinople, annulez les colères et les fantaisies de celui-ci, dit Albert de Gondi. Il aime les arts, les poésies, la chasse, et une petite fille qu'il a vue à Orléans, en voilà bien assez pour l'occuper.

— Vous seriez donc le gouverneur du roi? dit Catherine au plus capable des deux Gondi.

— Si vous voulez me donner l'autorité nécessaire à un gouverneur, peut-être faudrait-il me nommer maréchal de France et duc. Cypierre est de trop petite taille pour continuer d'avoir cette charge. A l'avenir, le gouverneur d'un roi de France doit être quelque chose comme maréchal et duc...

— Il a raison, dit Birague.

— Poète et chasseur, dit Catherine du ton de la rêverie.

— Nous chasserons et nous aimerons! s'écria Gondi.

— D'ailleurs, dit Chiverny, vous êtes sûre d'Amyot, qui aura toujours peur du bouçon en cas de désobéissance, et avec Gondi vous tiendrez le roi en lisière.

— Vous vous êtes résignée à perdre un enfant pour sauver vos trois fils et la couronne, il faut avoir le courage d'*occuper* celui-ci pour sauver le royaume, peut-être pour vous sauver vous-même, dit Ruggieri.

— Il vient de m'offenser gravement, dit Catherine de Médicis.

— Il ne sait pas tout ce qu'il vous doit; et s'il le savait, vous seriez en danger, répondit gravement Birague en appuyant sur ses paroles.

— C'est entendu, reprit Catherine sur qui cette réponse produisit un effet violent, vous serez gouverneur du roi, Gondi. Le roi doit me rendre pour un des miens la faveur à laquelle je viens de souscrire pour ce pied-plat d'évêque. Le drôle vient de perdre le chapeau ; oui, tant que je vivrai, je m'opposerai à ce que le pape l'en coiffe ! Nous eussions été bien forts avec le cardinal de Tournon pour nous. Quel trio que le Grand-Aumônier, L'Hospital et de Thou ! Quant à la bourgeoisie de Paris, je songe à la faire cajoler par mon fils, et nous allons nous appuyer sur elle...

Et Gondi devint en effet maréchal, fut créé duc de Retz et gouverneur du roi quelques jours après.

Au moment où ce petit conseil finissait, le cardinal de Tournon vint annoncer à la reine les envoyés de Calvin, l'amiral Coligny les accompagnait pour les faire respecter au Louvre. Aussitôt la reine prit ses redoutables filles d'honneur et passa dans cette salle de réception bâtie par son mari, et qui n'existe plus dans le Louvre d'aujourd'hui.

Dans ce temps, l'escalier du Louvre était dans la tour de l'Horloge. Les appartements de Catherine se trouvaient dans les vieux bâtiments qui subsistent en partie dans la cour du Musée. L'escalier actuel du Musée a été bâti sur l'emplacement de la salle des ballets. Un ballet était alors une espèce de divertissement dramatique joué par toute la cour. Les passions révolutionnaires ont accrédité la plus risible erreur sur Charles IX à propos du Louvre. Pendant la Révolution, une croyance hostile à ce roi, dont le caractère a été travesti, en a fait un monstre. La tragédie de Chénier a été composée sous le coup d'un écriteau placé sur la fenêtre du corps avancé qui donne sur le quai. On y lisait cette inscription : *C'est de cette fenêtre que Charles IX, d'exécrable mémoire, a tiré sur des citoyens français.* Il convient de faire observer aux historiens futurs et aux gens graves, que toute cette partie du Louvre, appelée aujourd'hui le vieux Louvre en hache sur le quai et qui relie le salon au Louvre par la galerie dite d'Apollon et le Louvre aux Tuileries par les salles du Musée, n'a jamais existé sous Charles IX. La plus grande partie de l'emplacement où s'élève la façade du quai, où s'étend le jardin dit de l'Infante, était employée par l'hôtel de Bourbon, qui appartenait précisément à la maison de Navarre. Il a été matériellement impossible à Charles IX de tirer du Louvre de Henri II sur une barque chargée de Huguenots traversant la rivière, encore bien qu'il pût voir la Seine des fenêtres aujourd'hui condamnées de ce Louvre. Quand même les savants et les bibliothèques ne posséderaient pas de cartes où le Louvre sous Charles IX est parfaitement indiqué, le monument porte la réfutation de cette erreur. Tous les rois qui ont coopéré à cette œuvre immense n'ont jamais manqué d'y graver leur chiffre ou une anagramme quelconque. Or, cette partie vénérable et aujourd'hui toute noire du Louvre qui a vue sur le jardin dit de l'Infante, et qui s'avance sur le quai, porte les chiffres de Henri III et de Henri IV, bien différents de celui de Henri II, qui mariait son H aux deux C de Catherine en en faisant un D qui trompe les gens superficiels. Henri IV put réunir au domaine du Louvre son hôtel de Bourbon avec ses jardins et dépendances. Lui le premier, il eut l'idée de réunir le palais de Catherine de Médicis au Louvre par ses galeries inachevées et dont les précieuses sculptures sont très-négligées. Ni le plan de Paris sous Charles IX, ni les chiffres de Henri III et de Henri IV n'existeraient, que la différence d'architecture donnerait encore un démenti cruel à cette calomnie. Les bossages vermiculés de l'hôtel de la Force et de cette partie du Louvre marquent précisément la transition de l'architecture dite de la Renaissance à l'architecture sous Henri III, Henri IV et Louis XIII. Cette digression archéologique, en harmonie d'ailleurs avec les peintures par lesquelles cette histoire commence, permet d'apercevoir la vraie physionomie de cet autre coin de Paris duquel il n'existe plus que cette portion du Louvre dont les admirables bas-reliefs se détruisent tous les jours.

Quand la cour apprit que la reine allait donner audience à Théodore de Bèze et à Chaudieu, présentés par l'amiral Coligny, tous les courtisans qui avaient le droit d'entrer dans la salle d'audience y accoururent pour être témoins de cette entrevue. Il était environ six heures, l'amiral venait de souper, et se récurait les dents en montant les escaliers du Louvre, entre les deux Réformés. Le maniement du cure-dents était devenu chez l'amiral une habitude involontaire, il récurait son râtelier au milieu d'une bataille en pensant à faire retraite. *Défiez-vous du cure-dents de l'amiral, du non du connétable et du oui de Catherine,* était un proverbe du temps à la cour. Lors de la Saint-Barthélemi, la populace fit au cadavre de Coligny, qui resta pendu pendant trois jours à Montfaucon, une horrible épigramme en lui mettant un cure-dents grotesque à la bouche. Les chroniqueurs ont enregistré cette atroce plaisanterie. Ce petit fait au milieu d'une grande catastrophe peint d'ailleurs le peuple parisien qui mérite parfaitement ce travestissement plaisant du vers de Boileau :

Le Français né malin créa la guillotine.

Le Parisien, de tout temps, a fait des lazzi avant, pendant et après les plus horribles révolutions.

Théodore de Bèze était vêtu comme un courtisan, en chausses de soie noire, en souliers fenestrés, en haut-de-chausses côtelé, en pourpoint de soie noire à crevés, avec le petit manteau de velours noir sur lequel se rabattait une belle fraise blanche à tuyaux. Il portait la virgule et la moustache, gardait une épée au côté et tenait une canne. Quiconque parcourt les galeries de Versailles ou les recueils d'Odieuvre, connaît sa figure ronde, presque joviale, aux yeux vifs, surmontée de ce front remarquable par son ampleur qui caractérise les écrivains et les poëtes du temps. De Bèze avait, ce qui le servit beaucoup, un air agréable. Il contrastait avec Coligny, dont l'austère figure est populaire, et avec l'âpre, avec le bilieux Chaudieu, qui conservait le costume des ministres et le rabat calviniste. Ce qui se passe de nos jours à la Chambre des Députés, et ce qui se passait sans doute à la Convention, peut servir à faire comprendre comment, dans cette cour, dans cette époque, les gens qui devaient, six mois après, se battre à outrance et se faire une guerre acharnée, pouvaient se rencontrer, se parler avec courtoisie et plaisanter. A son arrivée dans la salle, Birague, qui devait froidement conseiller la Saint-Barthélemi, le cardinal de Lorraine qui devait recommander à Besme, son domestique, de ne pas manquer l'amiral, vinrent au-devant de Coligny, et le Piémontais lui dit en souriant : — Eh ! bien, mon cher amiral, vous vous chargez donc de présenter ces messieurs de Genève !

— Vous m'en ferez peut-être un crime, répondit l'amiral en raillant, tandis que si vous vous en étiez chargé, vous vous en feriez un mérite.

— On dit le sieur Calvin fort malade, demanda le cardinal de Lorraine à Théodore de Bèze. J'espère qu'on ne nous soupçonnera pas de lui avoir donné des bouillons ?

— Eh ! monseigneur, vous y perdriez trop ! répondit finement de Bèze.

Le duc de Guise, qui toisait Chaudieu, regarda fixement son frère et Birague, surpris tous deux de ce mot.

THÉODORE DE BÈZE

Était vêtu comme un courtisan...

(CATHERINE DE MÉDICIS.)

— Vrai Dieu! s'écria le cardinal, les hérétiques ne le sont pas en fine politique.

Pour éviter toute difficulté, la reine, qui fut annoncée en ce moment, prit le parti de rester debout. Elle commença par causer avec le connétable qui lui parlait vivement du scandale de recevoir les envoyés de Calvin.

— Vous voyez, mon cher connétable, que nous les recevons sans cérémonie.

— Madame, dit l'amiral allant à la reine, voici les deux docteurs de la nouvelle religion qui se sont entendus avec Calvin, et qui ont ses instructions relativement à une conférence où les Églises de France pourraient accommoder leurs différends.

— Voici monsieur Théodore de Bèze, que ma femme aime très-fort, dit le roi de Navarre en survenant et prenant Théodore de Bèze par la main.

— Et voici Chaudieu, s'écria le prince de Condé. *Mon ami* le duc de Guise connaît le capitaine, dit-il en regardant le Balafré, peut-être sera-t-il content de connaître le ministre.

Cette gasconnade fit rire toute la cour, et même Catherine.

— Par ma foi, répondit le duc de Guise, je suis enchanté de voir un gars qui sait si bien choisir les hommes et les employer dans leur sphère. L'un des vôtres, dit-il au ministre, a soutenu, sans mourir et sans rien avouer, la question extraordinaire; je me crois brave, et ne sais pas si je la supporterais ainsi!...

— Hum! fit Ambroise Paré, vous n'avez rien dit quand je vous ai tiré le javelot du visage, à Calais.

Catherine, au centre du demi-cercle décrit à droite et à gauche par ses filles d'honneur et par ses courtisans, gardait un profond silence. En examinant les deux célèbres Réformés, elle cherchait à les pénétrer par son beau regard noir et intelligent, elle les étudiait.

— L'un semble être le fourreau et l'autre la lame, lui dit à l'oreille Albert de Gondi.

— Hé! bien, messieurs, dit Catherine qui ne put retenir un sourire, votre maître vous a-t-il donné licence de faire une conférence publique où vous puissiez vous convertir à la parole de nouveaux Pères de l'Église qui sont la gloire de notre État?

— Nous n'avons pas d'autre maître que le Seigneur, dit Chaudieu.

— Ah! vous reconnaissez bien un peu d'autorité au roi de

France? reprit Catherine en souriant et interrompant le ministre.

— Et même beaucoup à la reine, fit de Bèze en s'inclinant.

— Vous verrez, répliqua-t-elle, que mes sujets les plus soumis seront les hérétiques.

— Ah! madame, s'écria Coligny, quel beau royaume nous vous ferions! L'Europe profite étrangement de nos divisions. Elle a toujours eu la moitié des Français contre l'autre, depuis cinquante ans.

— Mais sommes-nous là pour entendre chanter des antiennes à la gloire des hérétiques? dit brutalement le connétable.

— Non, mais pour les amener à résipiscence, lui dit à l'oreille le cardinal de Lorraine, et nous voudrions essayer de les attirer par un peu de douceur.

— Savez-vous ce que j'aurais fait sous le père du roi? dit Anne de Montmorency. J'aurais appelé le prévôt pour pendre ces deux pieds-plats haut et court au gibet du Louvre.

— Hé! bien, messieurs, quels sont les docteurs que vous nous opposerez? dit la reine en imposant silence au connétable par un regard.

— Duplessis-Mornay et Théodore de Bèze seront nos chefs, dit Chaudieu.

— La cour ira sans doute au château de Saint-Germain, et comme il serait malséant que ce *colloque* eût lieu dans la résidence royale, nous le ferons en la petite ville de Poissy, répondit Catherine.

— Nous y serons en sûreté, madame? dit Chaudieu.

— Ah! répondit la reine avec une sorte de naïveté, vous saurez bien prendre vos précautions. Monsieur l'amiral s'entendra sur ce sujet avec mes cousins de Guise et de Montmorency.

— Foin de ceci! fit le connétable, je n'y veux point tremper.

— Que faites-vous à vos sectaires pour leur donner tant de caractère? dit la reine en emmenant Chaudieu quelques pas à l'écart. Le fils de mon pelletier a été sublime...

— Nous avons la foi! dit Chaudieu.

En ce moment, la salle offrait l'aspect de groupes animés où s'agitait la question de cette assemblée qui, du mot de la reine, avait déjà pris le nom de colloque de Poissy. Catherine regarda Chaudieu, et put lui dire : — Oui, une foi nouvelle!

— Ah! madame, si vous n'étiez pas aveuglée par vos alliances avec la cour de Rome, vous verriez que nous revenons à la vraie doctrine de Jésus-Christ, qui en consacrant l'égalité des âmes, nous a donné à tous des droits égaux sur terre.

— Vous croyez-vous l'égal de Calvin ? demanda finement la reine. Allez, nous ne sommes égaux qu'à l'église. Mais, vraiment, délier les liens entre le peuple et les trônes! s'écria Catherine. Vous n'êtes pas seulement des hérétiques, vous vous révoltez contre l'obéissance au roi, en vous soustrayant à celle du pape! Elle le quitta brusquement, et revint à Théodore de Bèze. — Je compte sur vous, monsieur, lui dit-elle, pour faire ce colloque en conscience. Prenez tout votre temps.

— Je croyais, dit Chaudieu au prince de Condé, au roi de Navarre, et à l'amiral de Coligny, que les affaires de l'État se traitaient plus sérieusement.

— Oh! nous savons bien tous ce que nous voulons, fit le prince de Condé qui échangea un fin regard avec Théodore de Bèze.

Le bossu quitta ses adhérents pour aller à un rendez-vous. Ce grand prince de Condé, ce chef de parti était un des plus heureux galants de la cour; les deux plus belles femmes de ce temps se le disputaient avec un tel acharnement, que la maréchale de Saint-André, la femme d'un triumvir futur, lui donna sa belle terre de Saint-Valery pour l'emporter sur la duchesse de Guise, la femme de celui qui naguère voulait faire tomber sa tête sur un échafaud, et qui, ne pouvant pas détacher le duc de Nemours de son amourette avec mademoiselle de Rohan, aimait, en attendant, le chef des Réformés.

— Quelle différence avec Genève! dit Chaudieu sur le petit pont du Louvre à Théodore de Bèze.

— Ceux-ci sont plus gais. Aussi ne m'expliqué-je point pourquoi ils sont si traîtres! lui répondit de Bèze.

— A traître, traître et demi, répliqua Chaudieu dans l'oreille de Théodore. J'ai dans Paris des *Saints* sur lesquels je puis compter, et je vais faire de Calvin un prophète. Christophe nous débarrassera du plus dangereux de nos ennemis.

— La reine-mère, pour qui le pauvre diable a souffert la question, l'a déjà fait recevoir, haut la main, avocat au parlement, et les avocats sont plus délateurs qu'assassins. Souvenez-vous d'Avenelles qui a vendu les secrets de notre première prise d'armes.

— Je connais Christophe, dit Chaudieu d'un air convaincu, en quittant là l'ambassadeur de Genève.

Quelques jours après la réception des ambassadeurs secrets de Calvin par Catherine, vers la fin de la même année, car alors l'année commençait à Pâques, et le calendrier actuel ne fut adopté que sous ce nouveau règne, Christophe gisait encore sur un fauteuil au coin du feu, du côté qui lui permettait de voir la rivière, dans cette grande salle brune destinée à la vie de famille et où ce drame avait commencé. Il avait les pieds appuyés sur un tabouret. Mademoiselle Lecamus et Babette Lallier venaient de renouveler les compresses imbibées d'une préparation apportée par Ambroise, à qui Catherine avait recommandé de soigner Christophe. Une fois reconquis par sa famille, cet enfant y fut l'objet des soins les plus dévoués. Babette, autorisée par son père, vint tous les matins et ne quittait la maison Lecamus que le soir. Christophe, objet de l'admiration des apprentis, donnait lieu dans tout le quartier à des contes qui l'entouraient d'une poésie mystérieuse. Il avait subi la torture, et le célèbre Ambroise Paré mettait tout son art à le sauver. Qu'avait-il fait pour être ainsi traité? Ni Christophe ni son père ne disaient un mot à ce sujet. Catherine, alors toute-puissante, était intéressée à se taire ainsi que le prince de Condé. Les visites d'Ambroise, chirurgien du roi et de la maison de Guise, à qui la reine-mère et les Lorrains permettaient de soigner un garçon taxé d'hérésie, embrouillaient singulièrement cette aventure où personne ne voyait clair. Enfin, le curé de Saint-Pierre-aux-Bœufs vint à plusieurs reprises voir le fils de son marguillier, et de telles visites rendirent encore plus inexplicables les causes de l'état où se trouvait Christophe.

Le vieux syndic, qui avait son plan, répondait évasivement à ses confrères, aux marchands, aux amis qui lui parlaient de son fils: — Je suis bien heureux, mon compère, de l'avoir sauvé! — Que voulez-vous? entre l'arbre et l'écorce, il ne faut jamais mettre le doigt. — Mon fils a mis la main au bûcher, il y a pris de quoi brûler ma maison! — On a abusé de sa jeunesse, et nous autres bourgeois nous ne retirons que honte et mal à hanter les grands. — Ceci me décide à faire de mon gars un homme de justice, le Palais lui apprendra à peser ses actions et ses paroles. — La jeune reine, qui maintenant est en Écosse, y a été pour beaucoup; mais peut-être aussi mon fils a-t-il été bien imprudent! — J'ai eu de cruels chagrins. — Ceci me décidera peut-être à quitter les affaires, je ne veux plus jamais aller à la cour. — Mon fils en a maintenant assez de la Réformation, elle lui a cassé bras et jambes. Sans Ambroise, où en serais-je ?

Grâce à ces discours et à cette sage conduite, il fut avéré dans le quartier que Christophe ne mangeait plus de la vache à Colas. Chacun trouva naturel que le vieux syndic essayât de faire entrer son fils au parlement, et les visites du curé parurent naturelles. En pensant aux malheurs du syndic, on ne pensait pas à son ambition qui eût semblé monstrueuse. Le jeune avocat, resté nonante jours, pour employer un mot de ce temps, sur le lit qu'on lui avait dressé dans la vieille salle, ne se levait que depuis une semaine et avait encore besoin de deux béquilles pour marcher. L'amour de Babette et la tendresse de sa mère avaient profondément touché Christophe ; or, en le tenant au lit, ces deux femmes le chapitraient rudement sur l'article religion. Le président de Thou fit à son filleul une visite pendant laquelle il fut très-paternel. Christophe, avocat au parlement, devait être catholique, il allait être engagé par son serment ; mais le président, qui ne mit pas en doute l'orthodoxie de son filleul, ajouta gravement ces paroles : — Mon enfant, tu as été rudement éprouvé. J'ignore moi-même la raison qu'avaient messieurs de Guise pour te traiter ainsi, je t'engage à vivre désormais tranquillement, sans te mêler des troubles ; car la faveur de la reine et du roi ne se portera pas sur des artisans de tempêtes. Tu n'es pas assez grand pour mettre à ton roi le marché à la main, comme font messieurs de Guise. Si tu veux être un jour conseiller au Parlement, tu n'obtiendras cette noble charge que par un attachement sérieux à la cause royale.

Néanmoins, ni la visite du président de Thou, ni les séductions de Babette, ni les instances de mademoiselle Lecamus, sa mère, n'avaient ébranlé la foi du martyr de la Réforme. Christophe tenait d'autant plus à sa religion qu'il avait plus souffert pour elle.

— Mon père ne souffrira jamais que j'épouse un hérétique, lu disait Babette à l'oreille.

Christophe ne répondait que par des larmes qui rendaient la jolie fille muette et rêveuse.

Le vieux Lecamus gardait sa dignité paternelle et syndicale, il observait son fils et parlait peu. Ce vieillard, après avoir reconquis son cher Christophe, était presque mécontent de lui-même, il se repentait d'avoir montré toute sa tendresse pour ce fils unique ; mais il l'admirait en secret. A aucune époque de sa vie le syndic ne fit jouer plus de machines pour arriver à ses fins; car il apercevait le grain mûr de la moisson si péniblement semée, et voulait en tout recueillir. Quelques jours avant cette matinée, il avait eu, seul avec Christophe, une longue conversation pour surprendre le secret de la résistance de son fils. Christophe, qui ne manquait pas d'ambition, avait foi dans le prince de Condé. La parole généreuse du prince, qui avait fait tout bonnement son métier de prince, était gravée dans son cœur; mais il ne savait pas que Condé l'avait envoyé à tous les diables au moment où il lui criait son touchant adieu à travers les barreaux de sa prison, à Orléans, en se disant: — Un Gascon m'aurait compris!

Malgré ce sentiment d'admiration pour le prince, Christophe nourrissait aussi le plus profond respect pour cette grande reine Catherine, qui lui avait, par un regard, expliqué la nécessité où elle était de le sacrifier, et qui, pendant son supplice, lui avait jeté, par un autre regard, une promesse illimitée dans une faible larme. Par le profond silence des nonante jours et nuits qu'il employait à se guérir, le nouvel avocat repassait les événements de Blois et ceux d'Orléans. Il pesait, pour ainsi dire malgré lui, ces deux protections: il flottait entre la reine et le prince. Il avait certes plus servi Catherine que la Réforme, et chez un jeune homme, le cœur et l'esprit devaient incliner vers cette reine, moins à cause de cette différence qu'à cause de sa qualité de femme. En semblable occurrence, un homme espérera toujours plus d'une femme que d'un homme.

— Je me suis immolé pour elle, que fera-t-elle pour moi?

Cette question, il se la faisait presque involontairement, en se souvenant de l'accent qu'elle avait eu en disant: *Povero mio!* On ne saurait croire à quel point un homme, seul dans son lit et malade, devient personnel. Tout, jusqu'aux soins exclusifs dont il est l'objet, le pousse à ne penser qu'à lui. En s'exagérant les obligations du prince de Condé envers lui, Christophe s'attendait à être revêtu de quelque charge à la cour de Navarre. Cet enfant, encore neuf en politique, oubliait d'autant mieux les soucis et la rapide marche à travers les hommes et les événements qui dominent les chefs de parti, qu'il était comme au secret dans cette vieille salle brune. Tout parti est nécessairement ingrat quand il milite; et quand il triomphe, il a trop de monde à récompenser pour ne pas l'être encore. Les soldats se soumettent à cette ingratitude; mais les chefs se retournent contre le nouveau maître à l'égal duquel ils ont marché si longtemps. Christophe, le seul qui se souvînt de ses souffrances, se mettait déjà parmi les chefs de la Réformation en s'en proclamant l'un des martyrs. Lecamus, ce vieux loup du commerce, si fin et si perspicace, avait fini par deviner les secrètes pensées de son fils ; aussi toutes ses manœuvres étaient-elles basées sur l'hésitation naturelle à laquelle Christophe était livré.

— Ne serait-ce pas beau, disait-il la veille à Babette en famille, d'être la femme d'un conseiller au Parlement. On vous appellerait *madame* !

— Vous êtes fou, mon compère ! dit Lallier. Où prendriez-vous d'abord dix mille écus de rentes en fonds de terre, que doit avoir un conseiller, et de qui achèteriez-vous une charge ? Il faudrait que la reine-mère et régente n'eût que cela en tête pour que votre fils entrât au Parlement, et il sent un peu trop le fagot pour qu'on l'y mette.

— Que donneriez-vous pour voir votre fille la femme d'un conseiller ?

— Vous voulez voir le fond de ma bourse, vieux finaud ! dit Lallier.

Conseiller au Parlement ! Ce mot ravagea la cervelle de Christophe.

Longtemps après le colloque, un matin que Christophe contemplait la rivière qui lui rappelait et la scène par laquelle commence cette histoire et le prince de Condé, la Renaudie, et Chaudieu, le voyage à Blois, enfin toutes ses espérances, le syndic vint s'asseoir à côté de son fils en cachant mal un air joyeux sous cette gravité affectée.

— Mon fils, dit-il, après ce qui s'est passé entre toi et les chefs du Tumulte d'Amboise, ils te devaient assez pour que ton avenir regardât la maison de Navarre.

— Oui, dit Christophe.

— Hé ! bien, reprit le père, j'ai fait positivement demander pour toi la permission d'acheter une charge de justice dans le Béarn. Notre bon ami Paré s'est chargé de remettre les lettres que j'ai écrites en ton nom au prince de Condé et à la reine Jeanne. Tiens, lis la réponse de monsieur de Pibrac, vice-chancelier de Navarre.

« Au sieur Lecamus, syndic du corps des Pelletiers.

« Monseigneur le prince de Condé me charge de vous dire le

« regret qu'il a de ne pouvoir rien faire pour son compagnon de
« la tour Saint-Aignan, duquel il se souvient, et à qui, pour le
« moment, il offre une place de gendarme dans sa compagnie, en
« laquelle il sera bien à même de faire son chemin en homme de
« cœur, comme il est.

« La reine de Navarre attend l'occasion de récompenser le sieur
« Christophe, et n'y faudra point.

« Sur ce, monsieur le syndic, nous prions Dieu de vous avoir en
« sa garde.

« Nérac. « PIBRAC,
« Chancelier de Navarre. »

— Nérac, Pibrac, crac! dit Babette. Il n'y a rien à attendre des Gascons, ils ne songent qu'à eux.

Le vieux Lecamus regardait son fils d'un air railleur.

— Il propose de monter à cheval à un pauvre enfant qui a eu les genoux et les chevilles broyées pour lui! s'écria mademoiselle Lecamus, quelle affreuse plaisanterie!

— Je ne te vois guère conseiller en Navarre, dit le syndic des pelletiers.

— Je voudrais bien savoir ce que la reine Catherine ferait pour moi, si je la requérais dit Christophe atterré.

— Elle ne t'a rien promis, dit le vieux marchand, mais je suis certain qu'elle ne se moquerait pas de toi et se souviendrait de tes souffrances. Cependant, pourrait-elle faire un conseiller au parlement d'un bourgeois protestant?...

— Mais Christophe n'a pas abjuré! s'écria Babette. Il peut bien se garder le secret à lui-même sur ses opinions religieuses.

— Le prince de Condé serait moins dédaigneux avec un conseiller au Parlement de Paris, dit Lecamus.

— Conseiller, mon père! est-ce possible?

— Oui, si vous ne dérangez pas ce que je veux faire pour vous. Voici mon compère Lallier qui donnerait bien deux cent mille livres si j'en mettais autant pour l'acquisition d'une belle terre seigneuriale avec condition de substitution de mâle en mâle, et de laquelle nous vous doterions.

— Et j'ajouterais quelque chose de plus pour une maison à Paris, dit Lallier.

— Eh! bien Christophe? fit Babette.

— Vous parlez sans la reine, répondit le jeune avocat.

Quelques jours après cette déception assez amère, un apprenti remit à Christophe ce petit billet laconique.

« Chaudieu veut voir son enfant ! »

— Qu'il entre ! s'écria Christophe.

— O mon saint martyr ! dit le ministre en venant embrasser l'avocat, es-tu remis de tes douleurs ?

— Oui, grâce à Paré !

— Grâce à Dieu qui t'a donné la force de supporter la torture ! Mais qu'ai-je appris ? tu t'es fait recevoir avocat, tu as prêté le serment de fidélité, tu as reconnu la prostituée, l'Église catholique, apostolique et romaine ?...

— Mon père l'a voulu.

— Mais ne devons-nous pas quitter nos pères, nos enfants, nos femmes, tout pour la sainte cause du calvinisme, tout souffrir !... Ah ! Christophe, Calvin, le grand Calvin, tout le parti, le monde, l'avenir comptent sur ton courage et sur ta grandeur d'âme ! Il nous faut ta vie.

Il y a ceci de remarquable dans l'esprit de l'homme, que le plus dévoué, tout en se dévouant, se bâtit toujours un roman d'espérances dans les crises les plus dangereuses. Ainsi, quand, sur l'eau, sous le Pont-au-Change, le prince, le soldat et le ministre avaient demandé à Christophe d'aller porter à Catherine ce traité qui, surpris, devait lui coûter la vie, l'enfant comptait sur son esprit, sur le hasard, sur son intelligence, et il s'était audacieusement avancé entre ces deux terribles partis, les Guise et Catherine, où il avait failli être broyé. Pendant la question, il se disait encore :

— Je m'en tirerai ! ce n'est que de la douleur ! Mais à cette demande brutale : Meurs ! faite à un garçon qui se trouvait encore impotent, à peine remis de la torture et qui tenait d'autant plus à la vie qu'il avait vu la mort de plus près, il était impossible de s'abandonner à des illusions.

Christophe répondit tranquillement : — De quoi s'agit-il ?

— De tirer bravement un coup de pistolet comme Stuart sur Minard.

— Sur qui ?

— Sur le duc de Guise.

— Un assassinat ?

— Une vengeance ! Oublies-tu les cent gentilshommes massacrés

sur le même échafaud, à Amboise? Un enfant, le petit d'Aubign
a dit en voyant cette boucherie : *Ils ont haché la France!*

— Vous devez recevoir tous les coups et n'en pas porter, telle
est la religion de l'Évangile, répondit Christophe. Mais, pour imiter les Catholiques, à quoi bon réformer l'Église?

— Oh! Christophe, ils t'ont fait avocat, et tu raisonnes! dit
Chaudieu.

— Non, mon ami, répondit l'avocat. Mais les principes sont trop
ingrats, et vous serez, vous et les vôtres, les jouets de la maison de
Bourbon...

— Oh! Christophe, si tu avais entendu Calvin, tu saurais que
nous les manions comme des gants!... Les Bourbons sont les
gants, nous sommes la main.

— Lisez! dit Christophe en présentant au ministre la réponse
de Pibrac.

— Oh! mon enfant, tu es ambitieux, tu ne peux plus te dévouer!...
je te plains!

Chaudieu sortit sur cette belle parole.

Quelques jours après cette scène, Christophe, la famille Lallier et
la famille Lecamus étaient réunis, en l'honneur des accordailles de
Babette et de Christophe, dans la vieille salle brune où Christophe
ne couchait plus; car il pouvait alors monter les escaliers et commençait à se traîner sans béquilles. Il était neuf heures du soir, on
attendait Ambroise Paré. Le notaire de la famille se trouvait devant
une table chargée de contrats. Le pelletier vendait sa maison et
son fonds de commerce à son premier commis qui payait immédiatement la maison quarante mille livres, et qui engageait la maison pour répondre du paiement des marchandises sur lesquelles il
donnait déjà vingt mille livres en à-compte.

Lecamus acquérait pour son fils une magnifique maison en
pierre bâtie par Philibert de l'Orme, rue Saint-Pierre-aux-Bœufs,
et la lui donnait en dot. Le syndic prenait en outre deux cent cinquante mille livres sur sa fortune, et Lallier en donnait autant
pour l'acquisition d'une belle terre seigneuriale sise en Picardie,
de laquelle on avait demandé cinq cent mille livres. Cette terre
étant dans la mouvance de la couronne, il fallait des lettres-patentes, dites de *rescription*, accordées par le roi, outre le paiement de lods et ventes considérables. Aussi la conclusion du mariage était-elle ajournée jusqu'à l'obtention de cette faveur royale.

Si les bourgeois de Paris s'étaient fait octroyer le droit d'acheter des seigneuries, la sagesse du conseil privé y avait mis certaines restrictions relativement aux terres qui relevaient de la couronne, et la terre que Lecamus guignait depuis une dizaine d'années se trouvait dans l'exception. Ambroise s'était fait fort d'apporter l'ordonnance le soir même. Le vieux Lecamus allait de sa salle à sa porte dans une impatience qui montrait combien grande avait été son ambition. Enfin, Ambroise arriva.

— Mon vieil ami, dit le chirurgien assez effaré et regardant le souper, voyons tes nappes? Bien. Oh! mettez des chandelles de cire. Dépêchez, dépêchez! cherchez tout ce que vous aurez de plus beau.

— Qu'y a-t-il donc? demanda le curé de Saint-Pierre-aux-Bœufs.

— La reine-mère et le jeune roi viennent souper avec vous, répliqua le premier chirurgien. La reine et le roi attendent un vieux conseiller dont la charge sera vendue à Christophe, et M. de Thou qui a conclu le marché. N'ayez pas l'air d'avoir été prévenus, je me suis échappé du Louvre.

En un moment, les deux familles furent sur pied. La mère de Christophe et la tante de Babette allèrent et vinrent avec une célérité de ménagères surprises. Malgré la confusion que cet avis jeta dans l'assemblée de famille, les préparatifs se firent avec une activité qui tint du prodige. Christophe, ébahi, surpris, confondu d'une pareille faveur, était sans parole et regardait tout faire machinalement.

— La reine et le roi chez nous! disait la vieille mère.

— La reine! répétait Babette, que dire et que faire!

Au bout d'une heure tout fut changé : la vieille salle était parée, et la table étincelait. On entendit alors un bruit de chevaux dans la rue. La lueur des torches portées par les cavaliers de l'escorte fit mettre le nez à la fenêtre aux bourgeois du quartier. Ce tumulte fut rapide. Il ne resta sous les piliers que la reine-mère et son fils, le roi Charles IX, Charles de Gondi nommé grand-maître de la garde-robe et gouverneur du roi, M. de Thou, le vieux conseiller, le secrétaire d'État Pinard et deux pages.

— Braves gens, dit la reine en entrant, nous venons, le roi mon fils et moi, signer le contrat de mariage du fils à notre pelletier; mais c'est à la condition qu'il restera catholique. Il faut être catholique pour entrer au parlement, il faut être catholique pour posséder une terre qui relève de la couronne, il faut être catholique pour s'asseoir à la table du roi, n'est-ce pas, Pinard ?

Le secrétaire d'État parut en montrant des lettres-patentes.

— Si nous ne sommes pas ici tous catholiques, dit le petit roi, Pinard jettera tout au feu ; mais nous sommes tous catholiques ici ? reprit-il en jetant des yeux assez fiers sur toute l'assemblée.

— Oui, sire, dit Christophe Lecamus en fléchissant quoique avec peine le genou et baisant la main que le jeune roi lui tendit.

La reine Catherine, qui tendit aussi sa main à Christophe, le releva brusquement et, l'emmenant à quelques pas dans un coin, lui dit : — Ah! ça, mon garçon, pas de finauderies ? Nous jouons franc jeu !

— Oui, madame, reprit-il saisi par l'éclatante récompense et par l'honneur que lui faisait cette reine reconnaissante.

— Hé! bien, mons Lecamus, le roi mon fils et moi nous vous permettons de traiter de la charge du bonhomme Groslay, conseiller au Parlement, que voici, dit la reine. Vous y suivrez, j'espère, jeune homme, les errements de monsieur le Premier.

De Thou s'avança et dit : — Je réponds de lui, madame.

— Eh! bien, instrumentez, garde-notes, dit Pinard.

— Puisque le roi notre maître nous fait la faveur de signer le contrat de ma fille, s'écria Lallier, je paie tout le prix de la seigneurie.

— Les dames peuvent s'asseoir, dit le jeune roi d'une façon gracieuse. Pour présent de noces à l'accordée, je fais, avec l'agrément de ma mère, remise de mes droits.

Le vieux Lecamus et Lallier tombèrent à genoux et baisèrent la main du jeune roi.

— Mordieu! sire, combien ces bourgeois ont d'argent! lui dit Gondi à l'oreille.

Le jeune roi se prit à rire.

— Leurs seigneuries étant dans leurs bonnes, dit le vieux Lecamus, veulent-elles me permettre de leur présenter mon successeur et lui continuer la patente royale de la fourniture de leurs maisons?

— Voyons, dit le roi.

Lecamus fit avancer son successeur qui devint blême.

— Si ma chère mère le permet, nous nous mettrons tous à table, dit le jeune roi.

Le vieux Lecamus eut l'attention de donner au roi un gobelet d'argent qu'il avait obtenu de Benvenuto Cellini, lors de son séjour en France à l'hôtel de Nesle, et qui n'avait pas coûté moins de deux mille écus.

— Oh! ma mère, le beau travail ! s'écria le jeune roi en levant le gobelet par le pied.

— C'est de Florence, répondit Catherine.

— Pardonnez-moi, madame, dit Lecamus, c'est fait en France par un Florentin. Ce qui est de Florence serait à la reine, mais ce qui est fait en France est au roi.

— J'accepte, bonhomme, s'écria Charles IX, et désormais ce sera mon gobelet.

— Il est assez bien, dit la reine en examinant ce chef-d'œuvre, pour le comprendre dans les joyaux de la couronne. — Eh! bien, maître Ambroise, dit la reine à l'oreille de son chirurgien en désignant Christophe, l'avez-vous bien soigné? marchera-t-il?

— Il volera, dit en souriant le chirurgien. Ah! vous nous l'avez bien finement débauché.

— Faute d'un moine, l'abbaye ne chôme pas, répondit la reine avec cette légèreté qu'on lui a reprochée et qui n'était qu'à la surface.

Le souper fut gai, la reine trouva Babette jolie, et, en grande reine qu'elle fut toujours, elle lui passa au doigt un de ses diamants afin de compenser la perte que le gobelet faisait chez les Lecamus. Le roi Charles IX, qui depuis prit peut-être trop de goût à ces sortes d'invasions chez ses bourgeois, soupa de bon appétit ; puis, sur un mot de son nouveau gouverneur, qui, dit-on, avait charge de lui faire oublier les vertueuses instructions de Cypierre, il entraîna le premier président, le vieux conseiller démissionnaire, le secrétaire d'État, le curé, le notaire et les bourgeois à boire si drûment, que la reine Catherine sortit au moment où elle vit la gaieté sur le point de devenir bruyante. Au moment où la reine se leva, Christophe, son père et les deux femmes prirent des flambeaux et l'accompagnèrent jusque sur le seuil de la boutique. Là, Christophe osa tirer la reine par sa grande manche et lui fit un signe d'intelligence. Catherine s'arrêta, renvoya le vieux Lecamus et les deux femmes par un geste, et dit à Christophe : — Quoi?

— Si vous pouvez, madame, tirer parti de ceci, dit-il en parlant à l'oreille de la reine, sachez que le duc de Guise est visé par des assassins...

— Tu es un loyal sujet, dit Catherine en souriant, et je ne t'oublierai jamais.

Elle lui tendit sa main, si célèbre par sa beauté, mais en la dégantant, ce qui pouvait passer pour une marque de faveur ; aussi Christophe devint-il tout à fait royaliste en baisant cette adorable main.

— Ils m'en débarrasseront donc, de ce soudard, sans que j'y sois pour quelque chose ! pensa-t-elle en mettant son gant.

Elle monta sur sa mule et regagna le Louvre avec ses deux pages.

Christophe resta sombre tout en buvant, la figure austère d'Ambroise lui reprochait son apostasie ; mais les événements postérieurs donnèrent gain de cause au vieux syndic. Christophe n'aurait certes pas échappé aux massacres de la Saint-Barthélemi, ses richesses et sa terre l'eussent désigné aux meurtriers. L'histoire a enregistré le sort cruel de la femme du successeur de Lallier, belle créature dont le corps resta nu, accroché par les cheveux à l'un des étais du Pont-au-Change pendant trois jours. Babette frémit alors, en pensant qu'elle aurait pu subir un pareil traitement, si Christophe fût demeuré Calviniste, car tel fut bientôt le nom des Réformés. L'ambition de Calvin fut satisfaite, mais après sa mort.

Telle fut l'origine de la célèbre maison parlementaire des Lecamus. Tallemant des Réaux a commis une erreur en les faisant venir de Picardie. Les Lecamus eurent intérêt plus tard à dater de l'acquisition de leur principale terre, située en ce pays. Le fils de Christophe, qui lui succéda sous Louis XIII, fut le père de ce riche président Lecamus qui, sous Louis XIV, édifia le magnifique hôtel qui disputait à l'hôtel Lambert l'admiration des Parisiens et des étrangers ; mais qui, certes, est l'un des plus beaux monuments de Paris. L'hôtel Lecamus existe encore rue de Thorigny, quoiqu'au commencement de la Révolution, il ait été pillé comme appartenant à M. de Juigné, l'archevêque de Paris. Toutes les peintures y ont alors été effacées ; et, depuis, les pensionnats qui s'y sont logés l'ont fortement endommagé. Ce palais, gagné dans le vieux logis de la rue de la Pelleterie, montre encore les beaux résultats qu'obtenait jadis l'Esprit de Famille. Il est permis de douter que l'individualisme moderne, engendré par le partage égal des successions, élève de pareils monuments.

FIN DU MARTYR CALVINISTE.

NOTE.

Voici cette chanson publiée par l'abbé de La Place dans son Recueil de pièces intéressantes, où se trouve la dissertation dont nous avons parlé.

LE CONVOI DU DUC DE GUISE.

Qui veut ouïr chanson ? (*bis*)
C'est du grand duc de Guise ;
Et bon, bon, bon, bon,
Di, dan, di, dan, bon,
C'est du grand duc de Guise !

(*Ce dernier vers se parlait et se disait sans doute comiquement.*)

Qui est mort et enterré.

Qui est mort et enterré. (*bis*)
Aux quatre coins du poêle,
Et bon, etc.,
Quatre gentilshomm's y avoit.

Quatre gentilshomm's y avoit, (*bis*)
L'un portoit son grand casque,
Et bon, etc.,
Et l'autre ses pistolets.

Et l'autre ses pistolets, (*bis*)
Et l'autre son épée,
Et bon, etc.,
Qui tant d'hugu'nots a tués.

Qui tant d'hugu'nots a tués. (*bis*)
Venoit le quatrième,
Et bon, etc.,
Qui étoit le plus dolent.

> Qui étoit le plus dolent ; (*bis*)
> Après venoient les pages,
> Et bon, etc.,
> *Et les valets de pied.*
>
> Et les valets de pied, (*bis*)
> Avecque de grands crêpes,
> Et bon, etc.,
> *Et des souliers cirés.*
>
> Et des souliers cirés, (*bis*)
> Et des beaux bas d'estame,
> Et bon, etc.,
> *Et des culottes de piau.*
>
> Et des culottes de piau, (*bis*)
> La cérémonie faite,
> Et bon, etc.,
> *Chacun s'alla coucher.*
>
> Chacun s'alla coucher, (*bis*)
> Les uns avec leurs femmes,
> Et bon, etc.,
> *Et les autres tout seul.*

Cette découverte curieuse prouverait jusqu'à un certain point la culpabilité de Théodore de Bèze, qui voulut alors diminuer par le ridicule l'horreur que causait cet assassinat. Il paraît que l'air faisait le principal mérite de cette ronde.

TABLE DES MATIÈRES.

ÉTUDES PHILOSOPHIQUES.

Massimilla Doni..	1
Gambara...	74
L'Enfant maudit...	129
Les Marana..	220
Adieu..	275
Le Réquisitionnaire...	315
El Verdugo..	330
Un Drame au bord de la mer..	340
L'Auberge rouge...	359
L'Élixir de longue vie..	391
Maître Cornélius..	413
Sur Catherine de Médicis..	468
Introduction.....................................	469
Première partie. — Le Martyr calviniste..........	503

FIN DE LA TABLE.

www.ingramcontent.com/pod-product-compliance
Lightning Source LLC
Chambersburg PA
CBHW050314240426
43673CB00042B/1409